Gereon Heuft · Andreas Kruse · Hartmut Radebold

Lehrbuch der Gerontopsychosomatik und Alterspsychotherapie

36 Abbildungen und 20 Tabellen

Ernst Reinhardt Verlag München Basel

Univ.-Prof. Dr. med. Gereon Heuft, Facharzt für Neurologie und Psychiatrie, Facharzt für Psychotherapeutische Medizin – Psychoanalyse – Klinische Geriatrie, Direktor der Klinik und Poliklinik für Psychosomatik und Psychotherapie der Universität Münster, Domagkstr. 22, D-48129 Münster

Univ.-Prof. Dr. phil. Dipl.-Psych. Andreas Kruse, Direktor des Instituts für Gerontologie der Universität Heidelberg, Bergheimer Str. 20, D-69115 Heidelberg

Univ.-Prof. i. R. Dr. med. Hartmut Radebold, Facharzt für Psychiatrie und Neurologie, Facharzt für Psychotherapeutische Medizin – Psychoanalyse, Habichtswalderstr. 19, D-34119 Kassel

Die Deutsche Bibliothek – CIP-Einheitsaufnahme

Heuft, Gereon:
Lehrbuch der Gerontopsychosomatik und Alterspsychotherapie :
20 Tabellen / Gereon Heuft ; Andreas Kruse ; Hartmut Radebold. –
München ; Basel : E. Reinhardt, 2000
  (UTB für Wissenschaft : Uni-Taschenbücher ; 8201)
  ISBN 3-8252-8201-5
  ISBN 3-497-01536-9

Einbandgestaltung: Atelier Reichert, Stuttgart   Printed in Germany
ISBN 3-8252-8201-5 (UTB-Bestellnummer)

Ernst Reinhardt Verlag, Postfach 38 02 80, D-80615 München
Net: www.reinhardt-verlag.de   Mail: info@reinhardt-verlag.de

Inhalt

Zur Arbeit mit diesem Buch

Das Buch ist als Lehrbuch mit einer über alle Kapitel hinweg gleichen Konzeption aufgebaut. Durch die zahlreichen → Querverweise ist es möglich, sich auch in einem Kapitel zu einem speziellen Thema zu informieren, um von dort aus bei Bedarf auch allgemeine Inhalte auffinden zu können. In dem Teil, in dem einzelne Störungsbilder bearbeitet werden, haben wir durchweg den Bezug zur ICD-10 herzustellen versucht. Damit soll nach Einführung dieses Klassifikationssystems den Anwendern im Bereich der Altersmedizin eine leichtere Orientierung ermöglicht werden. Wir weisen allerdings auch darauf hin, wo wir Defizite in der ICD-10 sehen, die sich auf alte Menschen beziehen.

Historisch interessante Entwicklungen oder Diskussionsbemerkungen zur **Entwicklung von Begriffen und Konzepten** sind durch graue Linien markiert. Der eilige Leser kann sie überspringen, ohne den Sinnzusammenhang zu verlieren. Oft ist es jedoch so, daß man aktuelle Konzepte mit Hilfe solcher Herleitungen besser verstehen kann.

Zur Verdeutlichung der einzelnen Krankheitsbilder oder der therapeutischen Haltungen und Techniken haben wir zahlreiche authentische Fallgeschichten als **Behandlungsbeispiele** mit aufgenommen. Diese Fallgeschichten sind aus Gründen der Schweigepflicht allerdings so anonymisiert worden, daß vermutlich nicht einmal die Betroffenen selber sich wiedererkennen würden. Eine vermeintliche Identifizierung durch Dritte kann somit als ausgeschlossen gelten. Im Text wird auf diese Fallgeschichten zur Illustration wiederholt Bezug genommen.

Obwohl Gerontopsychosomatik unter demographischen Gesichtspunkten vor allem eine Wissenschaft der älteren *Frau* ist, haben wir uns aus Gründen der Lesbarkeit für die Verwendung des generischen Maskulinums („der Patient"; „der Psychotherapeut") entschieden. Die kritische Leserin möge uns dies nicht als Sexismus auslegen und dies an den Inhalten des Buches überprüfen.

Was das Zitieren von wissenschaftlicher Literatur betrifft, haben wir einen Kompromiß gesucht, indem wir einerseits für das Verständnis wichtige historische Quellen angegeben haben, andererseits jedoch jedem aussichtslosen Perfektionismus konsequent widerstanden haben. Auch hier war unsere oberste Maxime die Lesbarkeit, so daß im wesentlichen Quellen mit einem direkten Bezug zu den jeweils diskutierten Konzepten aufgenommen wurden. Wegen der Erreichbarkeit für den Leser haben wir insbesondere auf deutschsprachige Textstellen verwiesen.

Sofern Medikamente, Dosierungen oder Applikationsformen sowie psychotherapeutische Empfehlungen gegeben werden, haben Autoren und Verlag große Sorgfalt darauf verwandt, daß diese Ausgabe dem **Wissensstand bei Fertigstellung** des Buches entspricht. Es kann vom Verlag jedoch keine Gewähr übernommen werden, da jeder Benutzer angehalten ist, sowohl bei der (psycho-)pharmakologischen als auch bei der psychotherapeutischen Behandlung neuere Erkenntnisse durch Prüfung von Beipackzetteln und Studium aktueller Literatur in seine Entscheidungen zu integrieren. Insofern erfolgt jede therapeutische Intervention auf eigene Gefahr des Benutzers.

Authentische, anonymisierte Behandlungsbeispiele

Beispiel	Kapitel	Seite	Störung	Autoren (Quelle)
1	3.2	107-108	Aktualkonflikt	Heuft (pers. Mitt.)
2	3.2	109	Aktualkonflikt	Heuft (pers. Mitt.)
3	3.3	118	Traumatisierung	Heuft (pers. Mitt.)
4	3.3	120	Traumatisierung	Heuft (pers. Mitt.)
5	3.3	120-121	Traumatisierung	Heuft (pers. Mitt.)
6	3.7	147	Zwangsstörung	Heuft (pers. Mitt.)
7	3.7	148-152	Zwangsstörung	Heuft & Herpertz (1993)
8	3.9	155	Persönlichkeitsstörung	Heuft (pers. Mitt.)
9	4.2	162-163	Somatisierungsstörung, Herzschmerzen	Heuft (pers. Mitt.)
10	4.3	165-166	funktionelle Dyspepsie	Heuft & Langkafel (2000)
11	4.6	176	Sexuelle Störung	Heuft (pers. Mitt.)
12	4.6	176-177	"	Heuft (pers. Mitt.)
13	4.8	183	Funktioneller Schwindel	Heuft (pers. Mitt.)
14	4.8	183-184	"	Radebold (pers. Mitt.)
15	5	208-209	Krankheitsbewältigung	Heuft (pers. Mitt.)
16	6	229	persistierender neurot. Konflikt	Radebold (1992, S. 21-22)
17	6	263	Aktualkonflikt bei neurotischen Zügen	Radebold (1992, S. 145-146)
18	6	247, 248, 264	Aktualkonflikt	Radebold (1992, S. 147)
19	6	264-265	Aktualkonflikt	Radebold (1992, S. 148-149)
20	6	266-267	rezidiv. neurot. Konflikt	Radebold (1992, S. 147-148)
21	6	230, 231, 248, 249, 268, 269	perstistierender neurot. Konflikt	Radebold (1992, S. 146-147)
22	6	251, 267, 268	Aktualkonflikt bei neurotischen Zügen	Radebold (pers. Mitt.)
23	6	250, 251	Traumareaktivierung	Radebold (pers. Mitt.)
24	6	268	chron. neurot. Entw.	Radebold (1992, S. 153-154)
25	6	270, 271	chron. neurot. Entw.	Radebold (1992, S. 156-157)
26	6	271, 272	persistierender neurot. Konflikt	Radebold (1992, S. 154-155)
27	6	230, 249, 250	Aktualkonflikt bei neurotischen Zügen	Radebold (1992, S. 23-24)
28	6	276	Depression	Hautzinger (1994, S. 67-68)
29	6	282	chron. Paarkonflikt	Radebold (1992, S. 194-195)
30	6	284, 285	Anpassungsstörung	Linster (pers. Mitt.)

Beispiel	Kapitel	Seite	Störung	Autoren (Quelle)
31	6	287	Funktionelle Störung	Hirsch (1994, S. 99)
32	6	298	patholog. Regression	Radebold (pers. Mitt.)
33	6	299-301	Suizidversuch	Teising (1995, S. 156-158)
34	6	302, 303	Alkoholkrankheit	Voßmann & Wernado (1996, S.17)
35	6	307	Aktualkonflikt	Radebold (pers. Mitt.)
36	6	314	Paarkonflikt der erwachsenen Kinder	Radebold (pers. Mitt.)
37	6	314	Familiäre Reaktion nach Suizid	Radebold (pers. Mitt.)

Abkürzungen

AÄGP	Allgemeine Ärztliche Gesellschaft für Psychotherapie
ADAS	Alzheimer´s Disease Assessment Scale
ADL	Activities of Daily Living
AHG	Allgemeine Hospital-Gesellschaft
AT	Autogenes Training
AWMF	Arbeitsgemeinschaft Wissenschaftlich-Medizinischer Fachgesellschaften
BMI	Body Mass Index
BSS	Beeinträchtigungsschwere- Score
CCT	Craniale Computertomographie
CED	Chronisch entzündliche Darmerkrankungen
CIDI	Composite International Diagnostic Interview
DÄVT	Dt. Ärztliche Gesellschaft für Verhaltenstherapie
DAT	Demenz vom Alzheimer-Typ
DGGG	Dt. Gesellschaft für Gerontologie und Geriatrie
DGGP	Dt. Gesellschaft für Gerontopsychiatrie
DGGPP	Dt. Gesellschaft für Gerontopsychiatrie und Psychotherapie
DGMP	Dt. Gesellschaft für Medizinische Psychologie
DGMP	Dt. Gesellschaft für Psychotherapeutische Medizin
DGPPN	Dt. Gesellschaft für Psychiatrie, Psychotherapie und Nervenheilkunde
DGPR	Dt. Gesellschaft für Psychosomatische Rehabilitation
DGPT	Dt. Gesellschaft für Psychoanalyse, Psychotherapie, Psychosomatik u. Tiefen-psychologie
DIPS	Diagnostisches Interview bei Psychischen Störungen
DKPM	Dt. Kollegium für Psychosomatische Medizin
DSM-IV	Diagnostisches und Statistisches Manual psychischer Störungen (IV. Fassung)
DSM-Systematik	(siehe DSM-IV)
DVT	Demenz vom vaskulären Typ
EbG	Ereignis – bewertender Gedanke – Gefühle (VT-Technik)
EBM	Einheitlicher Bewertungsmaßstab
EGO	Einheitliche Gebührenordnung
EMDR	Eye Movement Desensitization and Reprozessing
Erge-Doku	Ergebnis-Dokumentation in der Fachpsychotherapie (Teil der Psy-BaDo)
FAD	Familiäre Alzheimer-Demenz
FPI	Freiburger Persönlichkeitsinventar
GAF	Global Assessment of Functioning Scale
GAS	Goal Attainment Scaling
GBB	Gießener Beschwerdebogen
GDS	Global Deterioration Scale
GOÄ	Gebührenordnung für Ärzte
GRG	Gesundheitsreformgesetz
IADL	Instrumental Activities of Daily Living
ICD-Systematik	International Classification of Diseases-Systematik

IPT-LL	Interpersonelle Psychotherapie – Late Life
IS	Ischämic Score
ITZ	Individuelle Therapieziele
KASSL	Kieler änderungssensitive Symptomliste
KB	Katathymes Bilderleben
KBT	Konzentrative Bewegungstherapie
KTL	Klassifikation Therapeutischer Leistungen
KVT	Kognitive Verhaltenstherapie
MdE	Minderung der Erwerbsfähigkeit
MID	Multi-Infarkt-Demenz
MMS	Mini-Mental-Status
MWT-B	Mehrfachwahl-Wortschatz-Test-B
ÖAGG	Österreichische Arbeitsgemeinschaft für Geriatrie
OGB	Objektive Gesundheitliche Belastung
OPD	Operationalisierte Psychodynamische Diagnostik
PET	Positronen Emissions-Tomographie
PGC	Philadelphia Geriatric Center Moral Scale
PMR	Progressive Muskelrelaxation
PSKB-Se	Psychischer und Sozial-Kommunikativer Befund – Selbstrating
Psy-BaDo	Manual zur Basis- und Ergebnisdokumentation in der Fachpsychotherapie
PTSD	Posttraumatic Stress Disorder
RET	Rational emotive Therapie
SBAS	Strukturierte Biographische Anamnese für Schmerzpatienten
SCL-90-R	Symptom-Check-Liste-90-Revidiert
SIDAM	Strukturiertes Interview für die Diagnostik einer Demenz vom Alzheimer-Typ, der Multiinfarkt- (oder vaskulären) Demenz und Demenzen anderer Ätiologie nach DSM-IV und ICD-10
SKT	Kurztest zur Erfassung von Gedächtnis- und Aufmerksamkeitsstörungen
SOK	Selektive Optimierung mit Kompensation
SPECT	Spektrographie
TEP	Totalendoprothese (Hüfte)
VT	Verhaltenstherapie

Einleitung

Dieses Buch ist als weiterführendes Lehrbuch das erste seiner Art für die **Gerontopsychosomatik** und die Behandlungsmöglichkeiten der **Alterspsychotherapie.** Der Lehrstoff, den wir vermitteln möchten, gründet sowohl in den Ergebnissen empirischer Forschung als auch in umfangreichen klinischen Erfahrungen. Da es genügend Darstellungen der allgemeinen und der speziellen Neurosenlehre sowie der kognitiv-behavioralen Problemanalyse und Behandlungstechniken gibt, bauen wir auf diesen Basis-Kenntnissen auf. Dieses Lehrbuch vermittelt umfassende Kenntnisse u. a. für die Weiterbildung zum *Facharzt für Psychotherapeutische Medizin* (5 Jahre) bzw. zum *Facharzt für Psychiatrie und Psychotherapie* (6 Jahre), oder in der Ausbildung zum *Psychologischen Psychotherapeuten* (3 Jahre).

Wir wollen bei der Besprechung spezieller Krankheitsbilder keineswegs mit internistisch-geriatrischen Lehrbüchern konkurrieren. Beispielsweise geht es im Kapitel über die psychogenen Eßstörungen um die *Besonderheiten dieser Störungen unter einer gerontopsychosomatischen Perspektive* und weniger um die Diagnostik und Behandlung von u. U. auftretenden schweren internistischen Komplikationen (Elektrolytstörungen; Therapie einer Avitaminose etc.). Insbesondere dort, wo die Diagnostik und Therapie anerkannten allgemeinärztlich-internistischen oder neurologischen Prinzipien folgt, sei auf die einschlägigen Lehrbücher verwiesen. Dem aufmerksamen Leser wird gerade bei der Besprechung spezieller Störungsbilder rasch auffallen, in wievielen Bereichen noch fundierte empirische Forschungsergebnisse fehlen. Wir halten uns in solchen Fällen bewußt mit Spekulationen zurück und verweisen mit aller gebotenen Zurückhaltung auf einzelne Behandlungserfahrungen aus unserer Praxis. Die somit bei Alternden auch offenkundig werdenden Forschungsdesiderate mögen zugleich für Einzelne oder Arbeitsgruppen Ansporn sein, weitere Fragestellungen konsequent wissenschaftlich zu bearbeiten.

Unser Ziel ist es, einen Beitrag zum Verständnis der lebenslangen Entwicklungsaufgaben und deren Besonderheiten im höheren Lebensalter sowohl unter der intrapsychischen Perspektive als auch unter Berücksichtigung der sich verändernden sozialen Rahmenbedingungen zu leisten. Wie Abb. 1 in einer Übersicht darstellt, betrug der Anteil der über 65jährigen an der Allgemeinbevölkerung in den meisten EU-Staaten 1997 bereits mehr als 15 % (durchschnittlich etwa 16 %) mit bisher noch unerklärten Differenzen: Schweden liegt mit 17,4 % an der Spitze, während der Bevölkerungsanteil über 65jähriger in Irland bei nur 11,4 % liegt. Auch bei der Lebenserwartung liegen die schwedischen Männer mit 76,7 am höchsten, während bei den Frauen die Französinnen mit 82,1 Jahren durchschnittlich am ältesten werden. – Die durchschnittliche Lebenserwartung eines heute 60jährigen liegt in unserem Land bei weiteren 18,7 Jahren, die einer gleichaltrigen Frau bei 23 Jahren.

In der Bundesrepublik Deutschland lebten 1998 knapp 13 Mio. Menschen ≥65 Jahre (Bevölkerungsanteil von 15,7 %), davon waren 63 % Frauen. Nach Modellrech-

Bevölkerung 65 Jahre und älter (Stand 1997)

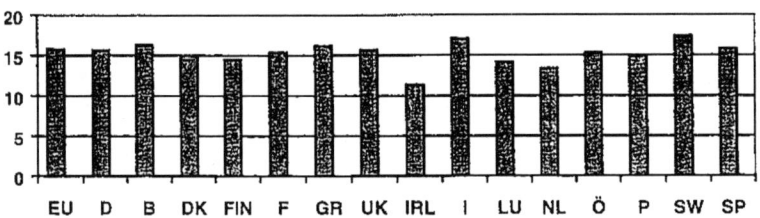

Lebenserwartung bei der Geburt (Stand 1997)

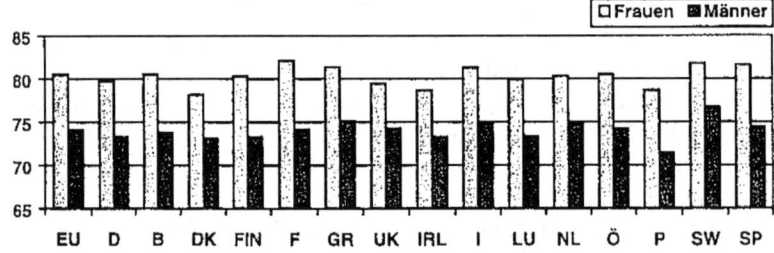

Abb. 1: Alter und Lebenserwartung in der Europäischen Union (Quelle: Statistisches Bundes-amt 1999)

nungen des Statistischen Bundesamtes (1995) sind für 2030 von 19,8 Mio. Menschen ≥ 65 Jahre (Bevölkerungsanteil von 26,7 %), davon 56 % Frauen auszugehen.

Betrachtet man unter einer soziologischen Perspektive die Altersrelation wesentlicher Lebensabschnitte von Frauen, die in ihrem Leben heirateten, im Vergleich über das letzte Jahrhundert hinweg (Abb. 2) hat sich das Heiratsalter im Durchschnitt bei rund 30 Jahren gehalten. Dagegen liegt die Geburt des letzten Kindes heute im Mittel deutlich früher als vor hundert Jahren, erklärbar über die fehlenden antikonzeptiven Möglichkeiten mit der sogenannten „Nachzügler"-Problematik. Parallel zu diesem über das letzte Jahrhundert absinkenden letzten Geburtstermin in der Biographie von Frauen sinkt auch die Schwellenerfahrung, daß das letzte Kind 18 Jahre alt wird und potentiell das Haus verläßt. Während die darauf folgende Phase der *nachelterlichen Gefährtenschaft* und einer etwaigen Pflegebedürftigkeit vor rund hundert Jahren durchschnittlich kaum fünf Jahre umfaßte, sind heute für Frauen etwa 30 Lebensjahre – mehr als eine Generation – zu gestalten. Abbildung 2 macht auch deutlich, daß die im Zusammenhang mit der Pflegeversicherung immer wieder laut werdende Idealisierung des Pflegeeinsatzes früherer Generationen so nicht zutrifft. Vor hundert Jahren war die Phase einer Pflegebedürftigkeit in der Regel viel kürzer und wurde zudem oft von einer größeren Zahl von Angehörigen/Kindern getragen. Heute sehen wir nicht selten zwei Alterspatienten: die 65jährige, die mit chronischen, organisch nicht erklärbaren Rückenschmerzen in die Ambulanz kommt, wobei dann deutlich wird, daß sie ihre 96jährige Mutter heute wirklich nicht mehr weiter pflegen könne. Das Konflikthafte der Situation besteht darin, daß die Tochter ihrer Mutter vor mehr als 10 Jahren

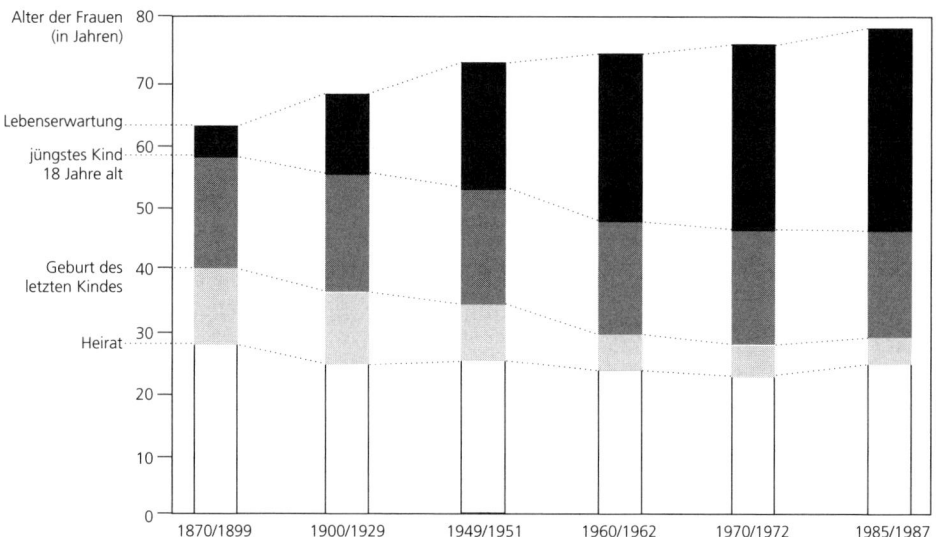

Abb. 2: Veränderung in den Lebensphasen heiratender Frauen.
1870-1929: Angaben nach Imhoff (1981, 164–196). 1949–1987: Angaben über das durchschnittliche Heiratsalter lediger Frauen, Alter bei der Geburt des letzten Kindes (1960/62:
3. Kind, danach jeweils 2. Kind) und die fernere Lebenserwartung im Alter von 25 Jahren für
das Bundesgebiet

versprochen hat, sie „auf keinen Fall in ein Heim" zu geben, ohne die Langzeitfolgen
eines solchen Versprechens auch nur geahnt zu haben.

Im Falle einer psychosomatischen oder einer psychischen Symptombildung stehen
mit den *psychoanalytischen* und den *kognitiv-behavioralen Psychotherapieverfahren*
zwei auch bei Alternden hinreichend erfolgreich erprobte Grundverfahren mit ihren
verschiedenen Methoden und Techniken zur Verfügung. Obwohl unter den Autoren
zwei ausgebildete Psychoanalytiker sind (G. H. und H. R.), versuchen wir eine Therapieschulen übergreifende Perspektive der Alterspsychotherapie zu realisieren. Denn
auch nach erst kürzlich durchgeführten neuen Erhebungen sind Menschen über 60
Jahre weiterhin in der ambulanten psychotherapeutischen Versorgung massiv unterre-
präsentiert – ganz unabhängig vom eingesetzten psychotherapeutischen Grundverfahren. Wie im folgenden aufgezeigt werden wird, steht diese Versorgungsrealität im
krassen Gegensatz zur Prävalenz und Inzidenz psychosomatischer und psychoneuroti-
scher Symptombildung in dieser Altersgruppe. Zugespitzt formuliert finden wir noch
heute eine fortgesetzte Behandlungsverweigerung gegenüber Alternden. Die Motive
dafür mögen vielfältig sein. Soweit es sich auch um die Folge von Defiziten in der
Aus- und Weiterbildung handelt, hoffen wir mit diesem Buch einen Beitrag zur professionellen Qualifizierung zu leisten.

Grundsätzlich gehen wir davon aus, daß es für Alternde keiner „neuen" Psychotherapie bedarf. Vielmehr gilt es, die bestehenden psychotherapeutischen Methoden und
Techniken auf notwendige Modifikationen hinsichtlich ihres Einsatzes in der Alters-

psychotherapie zu untersuchen. Wir sehen unsere Aufgabe also darin, den Leser bei der Erarbeitung einer differentiellen Therapieindikation Alternder zu unterstützen. Dabei haben wir bewußt versucht, uns einer *Manualisierung* der Alterspsychotherapie anzunähern. Die hier gegebenen Empfehlungen sind nach dem bisherigen Erkenntnisstand durch empirische Ergebnisse und klinische Erfahrungen abgesichert.

In der Regel werden Lehrbücher heute von einer ganzen Reihe von „Spezialisten" geschrieben, wobei die einzelnen Kapitel zwar aufeinander abgestimmt, jedoch von dem einzelnen Autor namentlich gezeichnet sind. Da unsere Autorengruppe seit mehr als einem Jahrzehnt intensiv zusammenarbeitet und diskutiert, haben wir uns entschlossen, dieses Buch gemeinsam zu verantworten. Natürlich gibt es für die einzelnen Bereiche jeweils einen federführenden Autor. Wir haben jedoch alle Kapitel in der Autorengruppe gegengelesen und wollen mit dem vorgelegten Werk einen gemeinsamen Diskussionsstand dokumentieren.

Welcher der Autoren für welches Kapitel die Hauptverantwortung trägt, erschließt sich aufgrund unserer Forschungsschwerpunkte. So hat G. Heuft das Konzept einer *Entwicklungspsychologie des Lebenslaufs* federführend bearbeitet als Basis für das Verständnis der *allgemeinen* und der *speziellen Gerontopsychosomatik*. In seiner Arbeitsgruppe wurden auch die Erhebungen zu den Outcomestudien in der Alterspsychotherapie durchgeführt. Seine umfangreichen – auch berufspolitisch motivierten – Bemühungen um eine *Qualitätssicherung* in der Fachpsychotherapie bereiteten die Erprobung vorliegender Konzepte im Bereich der Alterspsychotherapie vor. Da seine erste erfolgreich abgeschlossene Praktikabilitätsstudie zur Qualitätssicherung in der Alterspsychotherapie 1998 von der Arbeitsgruppe „Alterspsychotherapie" unter Leitung von Prof. Dr. Dr. Rolf D. Hirsch (Bonn) mit einem Preis ausgezeichnet wurde, sollte dieser heute aus Sicht der Kostenträger so wichtige Aspekt unbedingt in diesem Lehrbuch seinen Niederschlag finden.

A. Kruse und G. Heuft arbeiten bereits seit Ende der 80er Jahre sowohl in der Forschung (Eldermen-Study) als auch in der Lehre (Aufbaustudiengang Gerontologie in Heidelberg) zusammen. Als Gerontologe ist A. Kruse insbesondere dafür prädestiniert, die Bedeutung der *Sozialen Gerontologie* für die Gerontopsychosomatik herauszuarbeiten. Eine Grundlage gerontologischer Forschung bilden die Zusammenhänge zwischen Entwicklungsprozessen in frühen Lebensjahren und im Alter. Da das Alter immer auch im Kontext der gesamten Lebensspanne untersucht wird, bestehen enge wissenschaftliche Berührungspunkte zwischen der Gerontologie und der Gerontopsychosomatik. In beiden Disziplinen wird dem Lebensrückblick eine große Bedeutung in der empirischen Forschung eingeräumt. So hat das von G. Heuft entwickelte Konzept der Traumareaktivierung (1993) die von A. Kruse (zusammen mit E. Schmitt) durchgeführte Untersuchung über den Lebensrückblick bei ehemaligen jüdischen Emigranten und Lagerhäftlingen deutlich beeinflußt. Die Konzepte der *Mehrdimensionalität* und der *Kompetenz* machen deutlich, in welch hohem Maße sich die intrapsychische Realität (Biographie und aktuelle innerseelische Entwicklungsaufgaben) und die äußere Realität durchdringen.

Aufgrund seiner dreißigjährigen psychoanalytischen Behandlungs- und Forschungspraxis Älterer beschreibt H. Radebold erstmals in sehr konzentrierter Form die Besonderheiten *psychotherapeutischer Grundverfahren und Techniken*, die bei über 60jährigen angewandt werden. Die technischen Hinweise werden durch zahlreiche authentische Fallbeispiele illustriert.

Wir führen den Leser von den wichtigen Fragen des *Erstgespräches* über den weiteren diagnostisch-therapeutischen Prozeß bis zur Einschätzung von *Indikation* und *Prognose*. Einen besonderen Schwerpunkt entdeckt der Leser bei der Beachtung von *Übertragung*, *Gegenübertragung* und *Eigenübertragung*. Insbesondere ist uns daran gelegen, die Lehr- und Lernbarkeit von alterspsychotherapeutischen Interventionen voranzubringen. Aufgenommen wurden vor allem die Grundverfahren, für die zur Zeit eine gesicherte Wirksamkeit empirisch belegt ist und für die nach der Richtlinien-Psychotherapie auch die Kostenübernahme bei den gesetzlich Versicherten unabhängig von deren Lebensalter gewährleistet ist. Weitere Methoden und Techniken wurden ebenfalls berücksichtigt, soweit heute eine klinische Relevanz erkennbar ist.

Zu besonderem Dank sind wir der Deutschen Forschungsgemeinschaft DFG und deren Gutachter verpflichtet, die (unter Leitung von G. H.) unsere grundlagenwissenschaftlichen Forschungsvorhaben im Bereich der Gerontopsychosomatik über Jahre gefördert hat. Die Untersuchungen, auf denen ein Teil der hier berichteten Konzepte und Ergebnisse basieren, erforderten durch den qualifizierten persönlichen Umgang mit den Studienteilnehmern einen hohen personellen Aufwand. Ohne diese zusätzliche Unterstützung durch Drittmittel wären solche Studien heute nicht mehr durchführbar, auch wenn sich die vorhandenen wissenschaftlichen Mitarbeiter neben ihren Aufgaben in der studentischen Lehre und der klinischen Versorgung der Patienten zusätzlich mit hohem Engagement und fundierter Sachkenntnis für die Durchführung der Studie und die Auswertung der Ergebnisse eingesetzt haben. Stellvertretend für alle Mitarbeiter sei an dieser Stelle Frau Dr. med. Gudrun Schneider gedankt, die sich – zunächst als wissenschaftliche Assistentin und später als Studienleiterin – besondere Verdienste um die DFG-geförderte Eldermen-Studie (He 1898/2-1; He 1898/2-2) erworben hat.

Unser Dank gilt auch Prof. Dr. med. Hans Georg Nehen, dem Ärztlichen Leiter des Geriatriezentrums des Elisabeth-Krankenhauses – Haus Berge Krankenhaus – in Essen, zugleich akademisches Lehrkrankenhaus des Universitätsklinikums Essen. In dieser von ihm geleiteten Akutgeriatrie konnten wir einen wesentlichen Teil unserer Untersuchungen durchführen, stets von seinem Engagement unterstützt. Mit ihm verbindet uns ebenfalls über viele Jahre ein lebhafter fachlicher Austausch, getragen von einer freundschaftlichen Basis und einem gemeinsamen Interesse, die Situation für Alternde interdisziplinär zu verbessern.

Nicht zuletzt danken wir unseren Patienten und denjenigen, die unseren Rat gesucht haben. Oftmals mehr als eine Generation älter als wir selber, haben sie sich in dem Vertrauen an uns gewandt, ihre Offenheit gegenüber ihren anstehenden psychischen Aufgaben, deren Bewältigung ihnen passager aus eigener Kraft nicht möglich war, könne ihnen bei den weiteren Schritten helfen. Wir hoffen, daß wir der weitaus größten Zahl von Patienten, die sich zuvor z. T. schon mehrfach mit Ablehnung ihres Hilfeersuchens im Versorgungssystem konfrontiert gesehen hatten, helfen konnten. Letztlich hat uns diese Zuversicht unserer Patienten, die von außen kaum Ermutigung fand und sicher keinem Modetrend folgte, vorangetrieben. Die Patienten selber haben uns gelehrt, daß auch im höheren Lebensalter Veränderungen und Entwicklungen noch bewußt gewagt werden können mit dem Ziel, körperliche oder psychische Symptombildungen zu verändern. Von ihnen wissen wir, daß Psychotherapie im Alter möglich und sinnvoll ist. Unsere Untersuchungsteilnehmer haben uns auf die anstehenden Aufgaben in der zweiten Hälfte des Erwachsenenlebens aufmerksam gemacht. Im Gegenzug haben wir versucht, ihnen stets offen zu begegnen. Da wir den Betroffenen nicht mit vorgefaßten theoretischen Konzepten gegenübergetreten sind, wird dem Leser manche unserer Überlegungen überraschend und neu erscheinen. Sollte er daraus für sich und seine psychotherapeutische Praxis mit Alternden Gewinn ziehen, ja sollte er durch die Lektüre sogar erstmals Mut zur Arbeit mit Alternden finden, hätte sich unsere Mühe gelohnt.

Wir wünschen uns, daß mit diesem Buch die Diskussion um Konzepte der Gerontopsychosomatik und Alterspsychotherapie zum Nutzen sowohl der zukünftigen Patienten wie auch ihrer Therapeuten befruchtet wird. Darüber hinaus wünschen wir uns, daß sich der Austausch zwischen der *Gerontopsychosomatik,* der *Geriatrie* als Teil der Allgemeinmedizin und Inneren Medizin sowie der *Gerontopsychiatrie* als psychiatrisches Spezialgebiet weiter vertieft. Gerade der Alternde ist darauf angewiesen, daß dieser interdisziplinäre Austausch nicht durch Fachgrenzen behindert wird.

1 Grundlagen

1.1 Gerontopsychosomatik – eine Definition

In der internationalen Literatur wurden bisher psychosomatische Aspekte alter Menschen kaum bearbeitet oder bezogen sich auch in Handbüchern eher auf Situationen der körperlichen Pflege und des Lebensendes (z. B. Engel 1997). Das **Lehr-** und **Forschungsgebiet der Gerontopsychosomatik** befaßt sich mit

- den psychischen Auswirkungen bzw. der Bewältigung des normalen körperlichen Alternsprozesses – verstanden als Entwicklungsaufgabe,
- der besonderen Phänomenologie und Symptomatik psychischer Störungen und Persönlichkeitsstörungen im Alter,
- den funktionellen Störungen und Somatisierungsstörungen alter Menschen,
- den Folgen psychischer Traumatisierungen auch in früheren Lebensabschnitten,
- den im Alter vermehrt auftretenden somato-psychosomatischen Wechselwirkungen (Coping; Compliance) bei schweren Körperkrankheiten und
- der Erforschung adaptiver Prozesse im Kontext der im Alter auftretenden Gewinne („späte Freiheit") und Verluste (Rollenverluste; Gefährdung des sozialen Netzwerkes).

Methodisch bedient sich die Gerontopsychosomatik sowohl gerontologisch-psychologischer Forschungsmethoden, wobei die Biographie-Forschung zugleich in der Psychoanalyse wurzelt, als auch somatisch-biologischer Meßmethoden. Unter dem Aspekt der klinischen Behandlung diskutiert Gerontopsychosomatik spezielle psychotherapeutische Behandlungsprobleme aller genannten Forschungsbereiche bei alten Menschen. Zur psychotherapeutischen Intervention stehen die psychoanalytischen und die kognitiv-behavioralen Grundverfahren zur Verfügung, ergänzt um spezielle Entspannungsverfahren. Die kompetente Differentialdiagnose gerontopsychiatrischer Störungen ist ebenso wichtig wie die Differentialdiagnose internistischer Erkrankungen.

Durch die Formulierung des Konzeptes **Gerontopsychosomatik** in einem 1989 eingereichten Manuskript für die *Zeitschrift für Gerontologie* (Heuft 1990b) und kurz darauf in der Zeitschrift *Psycho* (Lamprecht 1990) entstand ein zunehmendes Bewußtsein für die Notwendigkeit, auch die normal-konflikthafte Entwicklung in der zweiten Hälfte des Erwachsenenalters zu beschreiben. Diese Konzeptbildung hat sicher dazu beigetragen, daß sich ein zunehmendes Interesse an der Bedeutung des körperlichen Alterns für die psychische Entwicklung in der zweite Hälfte des Erwachsenenlebens entwickeln konnte. Da die Bedeutung vertiefter gerontopsychosomatischer Kenntnisse für die differentielle Therapieindikation bei älteren und alten Patienten dennoch in den Anfängen steckt, muß die gerontopsychosomatische Perspektive historisch gesehen als ein Desiderat bezeichnet werden. Der Leser dieses Lehrbuches hat vermutlich das Anliegen, sich hier weitergehend zu informieren. Es würde uns freuen, wenn wir seine Erwartungen wenigsten z. T. mit Hilfe dessen, was wir heute zu wissen meinen, erfüllen könnten. Um unseren heutigen Kenntnisstand historisch besser einordnen zu können, erscheint ein kurzer Rückblick auf die Entwicklung hilfreich.

Unter der programmatischen Überschrift „Psychosomatische Probleme in der Geriatrie" stellte 1979 Radebold in der ersten Auflage des Lehrbuchs von v. Uexküll fest: „Der Bereich Alter und Altern stellt innerhalb der Psychosomatischen Forschung ein weitgehend vernachlässigtes Gebiet dar" (S. 728). Auch die weiteren Auflagen (einschl. 4. Aufl. 1990) verdeutlichen einen gleichbleibend geringen Wissensstand. Die Geriatrie als ein seinerzeit wenig wertgeschätztes Aufgabengebiet innerhalb der Inneren Medizin interessierte sich für die psychischen Auswirkungen körperlicher Alternsprozesse nicht. Gleiches galt für die Gerontopsychiatrie: Zwischen 1971 und 1979 führte die „Bibliographia Gerontopsychiatrica" lediglich 43 sehr heterogene Publikationen zu psychischen Aspekten im Alter auf. Lehrbuchbeiträge fehlten bis dahin praktisch völlig (Ausnahme: Christian Müller 1967).

In den 70er Jahren begriff die psychologische Gerontologie Altern als einen „Vorgang der Veränderung" (Lehr 1977) in scharfer Abgrenzung zu den bis dahin dominierenden biologischen und physiologischen Alterstheorien, die Altern vor allem als defizitär, defekthaft und involutiv sehen. Parallel beschrieb die Soziologie (Tews 1974) und die Biologie (Platt 1972) die Situation des alten Menschen mit seinen objektiven Veränderungen. Auch wenn man aus heutiger Sicht dem damaligen pointierten gerontologischen Standpunkt eine gewisse Idealisierung des Alters vorhalten kann, waren die Ergebnisse zur anhaltenden *Lernfähigkeit* und *Kompetenz* alter Menschen für den weiteren Diskussionsprozeß eminent wichtig. Der Alternsprozeß wurde zunehmend als eine eigenständige Phase wesentlicher Entwicklungen begriffen: „Jeder Arzt und therapeutisch Tätige muß sich vergegenwärtigen, daß der Mensch im höheren und hohen Lebensalter jetzt nach der Kindheit zum zweiten Mal innerhalb seines Lebenszyklus in eine zunehmend von ihm selbst wenig beeinflußbare und fremdbestimmte Situation kommen kann" (Radebold 1979, S. 729). Bei unserer nachfolgenden Darstellung aktueller Konzepte zur Entwicklungspsychologie (→ Kap. 2.3) wird jedoch herausgestellt, daß die drohende Abhängigkeit in diese Lebensphase sich von der Abhängigkeit in der Kindheitsentwicklung grundlegend unterscheidet.

Im Hinblick auf die Prävalenz psychischer Störungen im Alter zeigt sich, daß die Schätzungen der *Psychiatrie-Enquête* (Bericht zur Lage der Psychiatrie in der BRD; 1975) der heutigen Datenlage entspricht (→ Kap. 3.1), auch wenn die Diagnosegruppen unter dem Einfluß der Weiterentwicklung der ICD- bzw. DSM-Systematik heute z. T. anders benannt werden würden.

Die 70er und auch noch die 80er Jahre erscheinen im wesentlichen geprägt durch Arbeiten, die die psychotherapeutische Behandelbarkeit von vor allem psychoneurotisch erkrankten Patienten jenseits des 45. Lebensjahres herausstellten. Im Zentrum ging es um die Fragen, ob (damals vor allem: psychoanalytische) Therapieverfahren auch im Alter einsetzbar und wirksam seien, und ob es besonderer Therapietechniken bei alten Menschen bedürfe (siehe Lit. von Radebold in → Kap. 6.1).

Wenn auch aus heutiger Sicht kaum vorstellbar, geschah dies in einer Atmosphäre versteckter oder gar offener Ablehnung durch einschlägige Fachgesellschaften bzw. Meinungsführer. Jeder, der noch Mitte der 80er Jahre einen über 50jährigen in eine ambulante Fachpsychotherapie zu vermitteln versuchte, konnte dies unmittelbar erfahren. Es ist von keinem psychoanalytischen Weiterbildungsinstitut in dieser Zeit bekannt, daß es von sich aus das Thema der psychoanalytischen Alterspsychotherapie in der Weiterbildung angeboten hätte. Daß Weiterbildungskandidaten im Rahmen der supervidierten Behandlungen Therapien bei Patienten übernommen hätten, die deutlich älter als sie selber waren, blieb „unvorstellbar". Damit wurde ein Weiterbildungsdefizit lange Zeit systematisch tradiert.

Solche Behandlungen mit inverser Altersrelation durch jüngere Weiterbildungskandidaten hätte diese auch mit Erfahrungen der aktiven Generation aus der Zeit der nationalsozialistischen Diktatur und des II. Weltkrieges in Kontakt gebracht. Die Konsequenzen können hier nur angedeutet werden. Mit hoher Wahrscheinlichkeit trafen hier zwei Ursachen in synergistischer Weise zusammen: Die noch mangelhaft ausgearbeiteten Konzepte eines Verständnisses von psychischen bzw. psychosomatischen Altersprozessen mit einer Abschottung gegenüber massenhaften traumatischen Erfahrungen der Täter oder/und Opfer. Dieser Abwehr der *politischen Biographie alter Menschen* (Lohmann & Heuft 1997) entsprach auf der politischen Ebene die Ablehnung der „Eltern- und Großelterngeneration" Ende der 60er und Anfang der 70er Jahre.

Die offensichtlich konfliktbegründete Rationalisierung der Nicht-Behandelbarkeit alter Menschen durch fast eine ganze Generation von Fachpsychotherapeuten führte zur konzeptuellen Erweiterung des *Übertragungs-Gegenübertragungs-Paradigmas* um die Dimension der *Eigenübertragung* des Diagnostikers oder Therapeuten (Heuft 1990a). Die Unfähigkeit zu einer differentiellen Psychotherapieindikation oder gar die Behandlungsverweigerung bei Menschen jenseits des 50. Lebensjahres wurde als Ausdruck einer (unanalysierten) Therapeutenvariablen begriffen, die im Gewand scheinbarer Objektivität und Berufskompetenz einherkam („In Ihrem Alter geht eine solche Behandlung nicht mehr"). Der daraus resultierende Beweisdruck führte zwischenzeitlich zu einer befriedigenden Dokumentation der Wirksamkeit psychoanalytischer (z. B. Heuft 1993; Radebold 1992; Radebold & Schweizer 1996) und kognitiv-behavioraler Psychotherapie (Bayen & Haag 1996). Zur Jahrtausendwende gibt es praktisch kaum noch ein allgemeines Lehrbuch im Fachgebiet Psychosomatische Medizin und Psychotherapie, in dem nicht zumindest auf die Notwendigkeit einer gerontopsychosomatischen Perspektive hingewiesen würde (z. B. Heuft et al. 2000). Dagegen sieht die Berufspraxis weiterhin ganz überwiegend so aus, daß sich für Alternde trotz vorhandener Indikation und Motivation nur sehr mühsam ein fachpsychotherapeutischer Behandlungsplatz finden läßt.

1.2 Die Bedeutung des körperlichen Alternsprozesses – ein psychosomatisches Paradigma

Groen bezeichnete 1982 den Alternsprozeß als ein psychosomatisches Paradigma. Nachdem Erikson (1950) in seinem Stufenmodell mit der achten psychosozialen Entwicklungsstufe „Alter" als eine Lebensspanne von mehr als 30 Jahren idealisierend beschrieben hatte, wurde der körperliche Alternsprozeß in den letzten Jahren als eine unabdingbare „Zumutung" der Biologie (im doppelten Wortsinne) und als *Organisator* der Entwicklung in dieser Lebensspanne verstanden (→ Kap. 2.3.2). Dieses theoretisch-klinische Modell ließ sich in den folgenden Jahren auch empirisch belegen (Schneider et al. 1999).

Ausgangspunkt war die Beobachtung, daß ältere Menschen in systematischen offenen Interviews sehr oft ihr Zeiterleben eng mit dem körperlichen Altern in Verbindung
bringen: „Ich kann dieses Jahr noch Handarbeiten, ob ich das nächstes Jahr mit meinen
Augen noch schaffe, weiß ich nicht". Auch bei bisher nicht neurotisch erkrankten
Menschen können diese mit dem Alternsprozeß notwendigen Entwicklungsaufgaben,
die im bisherigen Lebensverlauf nicht eingeübt werden konnten, für den Älteren zu
zunächst unlösbaren motivationalen Konflikten wie Triebkonflikten, narzißtischen
Konflikten oder konflikthaften Objektbeziehungen führen.

Dieses Verständnis führte letztlich in Abgrenzung zu den repetitiv-dysfunktionalen
(neurotischen) Konfliktmustern zur Formulierung des Konzeptes Aktualkonflikt
(Heuft et al. 1997a und b) in der Operationalisierten Psychodynamischen Diagnostik
(OPD) (1996). Das Verhältnis von Aktualkonflikten (→ Kap. 3.2) sowie akut exacer-
bierten neurotischen Konflikten bzw. chronischen Konflikten (→ Kap. 3.1; 3.9) ist derzeit eine noch offene empirische Frage.

Unter präventiven Gesichtspunkten deutet sich jedoch die Notwendigkeit an,
das Wissen um die notwendigen Entwicklungsaufgaben möglichst früh im Lebenslauf bewußt zu machen. Vor allem ältere Männer scheinen diese Entwicklungsaufgaben länger als Frauen zu verleugnen, bis sie sich „plötzlich" mit ihnen konfrontiert sehen. Ob ein Zusammenhang mit der erhöhten Suizidalität gerade der älteren
Männer aus dieser Dynamik heraus besteht, kann derzeit nur vermutet werden
(→ Kap. 3.5).

1.3 Forschung und Gesundheitspolitik

Auf der (forschungs-)politischen Ebene ist die Bedeutung gerontopsychosomatischer
Fragestellungen fast noch eher erkannt worden als in der klinischen Versorgung.
Neben der Förderung seitens der Deutschen Forschungsgemeinschaft (DFG) ist vor
allem der Bericht „*Gesundheit im Alter*", der von einer Expertenkommission im Auftrag der **Bundesärztekammer** erstellt und mit überwältigender Mehrheit vom Deutschen Ärztetag 1998 angenommen wurde, hervorzuheben. Dort wird erstmals der
Versorgungsbereich der **Gerontopsychosomatik und Alterspsychotherapie** in einer
offiziellen Entschließung der deutschen Ärzteschaft neben den Versorgungsbereichen
der *Inneren Medizin/Geriatrie* und der *Gerontopsychiatrie* dargestellt. So ist es nur
folgerichtig, daß jetzt die Expertenkommission zur Erstellung des *3. Altenberichtes
der Bundesregierung* eine eigenständige Expertise zur gleichen Thematik in Auftrag
gegeben hat (Sprecher: G. Heuft). Zwischenzeitlich hat die Altenberichtskommission
der Bundesregierung (Vorsitz A. Kruse) in ihrem Bericht an die Bundesregierung und
den Bundestag dafür plädiert, daß bei den Empfehlungen hinsichtlich der Entwicklung
neuer Versorgungskonzepte für ältere Menschen der Gerontopsychosomatik und
Alterspsychotherapie eine gleich bedeutsame Stellung zugeordnet wird wie der Geriatrie und Gerontopsychiatrie.

Anläßlich des Weltgesundheitstags der WHO 1999 zum Thema „Alter", der vom
Bundesgesundheitsministerium ausgerichtet wurde (wiss. Leitung A. Kruse), wurde
ein eigenes Forum zum Thema Gerontopsychosomatik und Alterspsychotherapie
(wiss. Leitung G. Heuft) durchgeführt. Die in diesem Forum erarbeiteten politischen

Empfehlungen wurden in den Gesamtkatalog der für das Bundesgesundheitsministerium erarbeiteten politischen Empfehlungen aufgenommen (Kruse 1999).

Für Fachärzte bzw. Fachpsychotherapeuten beider *psychotherapeutischer Grundverfahren* (psychoanalytische Psychotherapie bzw. kognitiv-behaviorale Psychotherapie) ist ein vertieftes Wissen sowohl über mögliche präventive Maßnahmen als auch über somatische Risikofaktoren im höheren Erwachsenenalter sinnvoll. Werden diese körperlichen Risikofaktoren von Patienten ignoriert bzw. unzureichend behandelt, sollte der Diagnostiker auch über die Psychodynamik sowie die Lerngeschichte dieses riskanten Verhaltens nachdenken und sich nicht durch die Fehlinformation lähmen lassen, eine Berücksichtigung dieser somatischen Faktoren sei bei über 60jährigen ohne Belang. Darüber hinaus gibt es zwischenzeitlich gute Übersichten über physiologische Altersveränderungen, wie etwa über die sich im Lebenslauf verändernde Sexualität, deren Kenntnis bereits auf der Ebene von Beratung Alternder unverzichtbar erscheint.

Bei dem Verdacht auf eine funktionelle bzw. somatoforme Störung ist es oft nicht einfach, unter dem Eindruck der stetig mit dem Alter steigenden Variabilität somatischer Befunde, z. B. zwischen einem organisch bedingten Schmerzerleben und einer psychogenen Beeinträchtigung (i. S. einer somatoformen Störung), zu differenzieren. Bei sorgfältiger Abklärung der somatischen und psychogenen Aspekte findet man etwa die *gleiche Prävalenz psychogener Beeinträchtigung*, wie sie Schepank 1987 für jüngere Erwachsene beschrieben hat. Bei den betroffenen Älteren leidet 1/3 erst seit rund einem Jahr unter manifesten psychogenen Störungen. Das bedeutet, daß sich auch bei alten Menschen nicht nur chronifizierte gerontopsychosomatische Störungen finden, bei denen auf Grund einer eingetretenen Chronifizierung per se eine schlechtere Prognose anzunehmen wäre. – Dieser differenzierenden Sicht trägt in den letzten Jahren auch die Adaption psychometrischer Instrumente für Menschen jenseits des 60. Lebensjahres Rechnung (z. B. Brähler & Unger 1994; Schneider et al. 1997).

Weitere Studien, die das Verhältnis von biologischen Alternsprozessen, Einschränkungen der funktionalen Kapazität im Alter, Auswirkungen auf die Lebenszufriedenheit und den Grad psychogener Störungen im Alter zueinander klären helfen, werden für die Zeitspanne zwischen dem 60. und 90. Lebensjahr unterschiedliche Entwicklungsschritte erkennen lassen. So kann heute schon nicht mehr undifferenziert „das Alter" beschrieben werden, da die Ergebnisse der Berliner Altersstudie BASE deutlich gemacht haben, daß die Besonderheiten des 3. Lebensalters (Leslett 1991) ab dem 60. Lebensjahr von denen des 4. Lebensalters ab dem 75. Lebensjahr deutlicher unterschieden werden müssen (Mayer & Baltes 1996).

Alter ist der einzige prädiktive Risikofaktor für die Entwicklung einer Demenz vom Alzheimer Typ (DAT), der bisher gesichert werden konnte, sieht man von den rund 100 weltweit bekannten Familien mit einer genetisch identifizierten Form ab. Neben einer kompetenten geriatrisch-gerontopsychiatrischen Differentialdiagnose der demenziellen Erkrankungen zeigen umfangreiche Untersuchungen an alten Menschen mit Verdacht auf eine Gedächtnisstörung im Alter, daß ein erheblicher Prozentsatz tatsächlich unter einer neurotischen Störung oder Persönlichkeitsstörung leidet (Heuft et al. 1997b). Die Ängste der Betroffenen vor einer demenziellen Störung weisen teilweise interessante Parallelen zu somatoformen Störungen jüngerer Altersgruppen auf (➡ Kap. 4.9).

Bei gleichbleibender soziodemographischer Entwicklung erwarten wir in den nächsten beiden Jahrzehnten einen weiterhin steigenden Anteil alter Menschen in der

Gesamtbevölkerung. Daher sollte die Fachpsychotherapie alten Patienten, die dies wünschen, helfen, sich mit vorzeitigen regressiven Entwicklungen, die auf neurotische oder aktualkonflikthafte Prozesse zurückzuführen sind, auseinanderzusetzen. Die notwendigen psychotherapeutischen Kenntnisse sind in → Kap. 6 zusammengestellt. Sowohl aus dem Verständnis der normal-konflikthaften Entwicklung, die aus dem körperlichen Alternsprozeß resultiert, als auch aus den psychotherapeutischen Behandlungserfahrungen bei Symptombildungen könnten alle Generationen im Sinne einer bewußteren Lebenslaufperspektive gewinnen.

2 Biographie und Alternsprozeß

2.1 Zum Zusammenhang von körperlicher und psychischer Gesundheit im Alter

Ein weit verbreitetes Vorurteil lautet: „Wer alt ist, ist auch körperlich krank; wer alt und körperlich krank ist, der ist auch psychisch krank." Wir wissen heute auch aufgrund eigener Untersuchungen, daß diese Behauptungen nicht mehr aufrechterhalten werden können. Um zu einer Aussage zum tatsächlichen Zusammenhang zwischen körperlicher und psychischer Gesundheit im Alter zu kommen, sollen kurz wesentliche Instrumente zur Abbildung dieser Konstrukte angesprochen werden.

Objektive Gesundheitliche Belastung (OGB)

In der Literatur existieren verschiedene Ansätze zur Operationalisierung gesundheitlicher Belastung alter Menschen. Das Konzept „Objektive Gesundheit" ist per se problematisch. Unter anderem wurde der Versuch beschrieben, mit Hilfe von 20 verschiedenen somatischen Parametern die „Cutpoints" zu bestimmen, an denen die Grenze zwischen „gesund versus krank" im Alter verlaufen könnte: z. B. systolischer und diastolischer Blutdruck, Cholesterin, Triglyceride, HDL (high density lipoprotein), Ferritin, Hämoglobin, MCV (mean cell volume), Leukozyten, Thrombozyten, Blutzucker, Puls und verschiedene EKG-Parameter (Perrig-Chiello et al. 1996).

Um über die Vielzahl der somatischen Diagnosen alter Menschen hinweg eine Vergleichbarkeit des Ratings „Schwere körperlicher Störung" zu ermöglichen, wurde der Grad Objektive Gesundheitliche Belastung (OGB) mit einer 5stufigen Skala in der Arbeitsgruppe von Heuft entwickelt und folgendermaßen operationalisiert:

OGB 0: keine gesundheitliche Belastung
OGB 1: geringe gesundheitliche Belastung
OGB 2: mittelschwere gesundheitliche Belastung
OGB 3: starke gesundheitliche Belastung
OGB 4: sehr starke gesundheitliche Belastung.

Kriterien sind die allgemeine körperliche Leistungsfähigkeit (z. B. Grad der Dyspnoe bei körperlicher Anstrengung), das allgemeine körperliche Wohlbefinden (versus Mißempfindungen wie Juckreiz, Schmerzen etc.), Einschränkungen der Lebensführung durch notwendige somatische Behandlungen und körperliche Funktionseinschränkungen (z. B. Bewegungseinschränkungen in den Gelenken, Amputation) sowie das Ausmaß vitaler Gefährdung unter relativierender Berücksichtigung des absoluten Lebensalters (Schneider et al. 1999).

Bei der Überprüfung, ob sich bei Patienten eines geriatrischen Akutkrankenhauses ein Zusammenhang mit einigen wenigen somatischen Diagnosen (sog. Tracer-Diagnosen für den Grad Objektiver Gesundheitlicher Belastung) und dem OGB finden läßt, zeigte sich, daß zwischen dem OGB und den einzelnen somatischen Diagnosen kein Zusammenhang und auch zwischen dem OGB und der Gesamtzahl der somatischen

Diagnosen nur ein sehr schwacher Zusammenhang bestand. Diese Ergebnisse belegen, daß weder die einzelnen somatischen Diagnosen an sich noch deren Anzahl eine Aussage darüber erlauben, wie stark gesundheitlich belastet der alte Mensch ist, da eine zuverlässige Einschätzung dessen, was man auch als den „Allgemeinzustand" benennen könnte, auf einer komplexeren geriatrisch-psychosomatischen Ebene erfolgt.

Funktionale Kapazität im Alter – Activities of daily living (ADL)

Die Notwenigkeit einer Erfassung der funktionalen Kapazität ist ein Spezifikum der Geriatrie und auch der Gerontopsychosomatik, da die somatischen Diagnosen weder eine differenzierende Einschätzung der Möglichkeiten zu basalen Aktivitäten des täglichen Lebens (Basic-ADL wie Toilettenbesuch, Essenkochen etc.), noch eine Einschätzung der weiteren wesentlichen Aktivitäten des täglichen Lebens (Instrumental-ADL; IADL wie die eigenen finanziellen Angelegenheiten regeln etc.) erlauben. Konkret bedeutet diese Aussage, daß ein 75jähriger mit einer Herzinsuffizienz, einer Hüftgelenksarthrose beidseits und einem Diabetes mellitus im einen Extrem trotz dieser Diagnosen einen selbständigen Haushalt führen (gut funktionale Kapazität) oder im anderen Extrem praktisch vollständig auf äußere Hilfen angewiesen sein kann (geringe funktionale Kapazität).

Der Beeinträchtigungsschwere-Score (BSS)

Mit dem Beeinträchtigungsschwere-Score (BSS) (Schepank 1995) steht ein langjährig erprobtes Instrument zur Verfügung, das konzeptübergreifend und weitgehend theorieunabhängig Fachleuten verschiedener Therapierichtungen eine Schwere-Einstufung psychogener Erkrankungen ermöglicht. Der BSS beschreibt in einem Summenscore der drei Dimensionen „psychogen-körperlich", „psychisch" und „sozialkommunikativ" die Schwere der Beeinträchtigung (Abb. 3). Zwischenzeitlich wurde der BSS für Menschen jenseits des 60. Lebensjahres adaptiert (Schneider et al. 1997).

In einer eigenen Studie wurden Patienten eines geriatrischen Akutkrankenhauses mit einer mittleren Verweildauer von 19,2 Tagen im letzten Drittel ihres stationären Aufenthaltes zusätzlich intensiv psychiatrisch und psychosomatisch untersucht. Ziel war, sorgfältig unter Berücksichtigung der kompletten somatischen Befunde die „wahre" Prävalenz psychischer Störungen bei Menschen jenseits des 60. Lebensjahres in einem Krankenhaus der Regelversorgung zu erfassen.

Aus den Ergebnissen sei hier berichtet (Abb. 4), daß im doppelt erhobenen Expertenrating 26,7 % aller Patienten des geriatrischen Akutkrankenhauses mindestens eine ICD-10-Diagnose der psychiatrischen Kategorien F1 bzw. F3-F6 erhielten *und* zugleich hinsichtlich des Schweregrades die Fall-Kriterien einer psychogenen Beeinträchtigung erfüllten: einen Beeinträchtigungsschwere-Score BSS ≥5 nach Schepank. Durch die Festsetzung eines Schwellenwertes des BSS ≥5 ist eine klinisch relevante Beeinträchtigung von einer „Befindlichkeitsstörung" abgrenzbar. Von diesen genannten 26,7 % litten rund ein Drittel erst seit kürzerem unter ihren behandlungsbedürftigen psychischen bzw. psychosomatischen Symptomen.

Obwohl es sich also selbst im Alter nicht um durchweg chronifizierte Störungen handelt, wird eine psychosomatisch-psychotherapeutische Behandlungsindikation bisher kaum diskutiert (➜ Kap. 6.3).

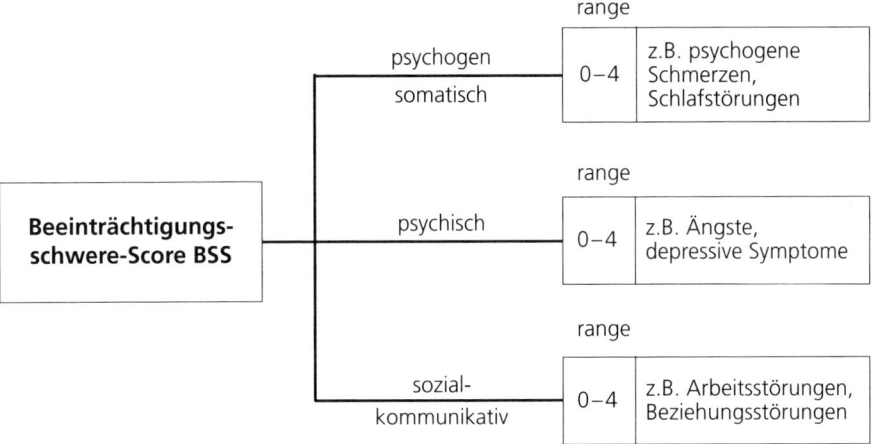

Abb. 3: Der Beeinträchtigungsschwere-Score (Schepank 1995) erlaubt die Einteilung des Schweregrades psychogener Symptome (range 0-12)

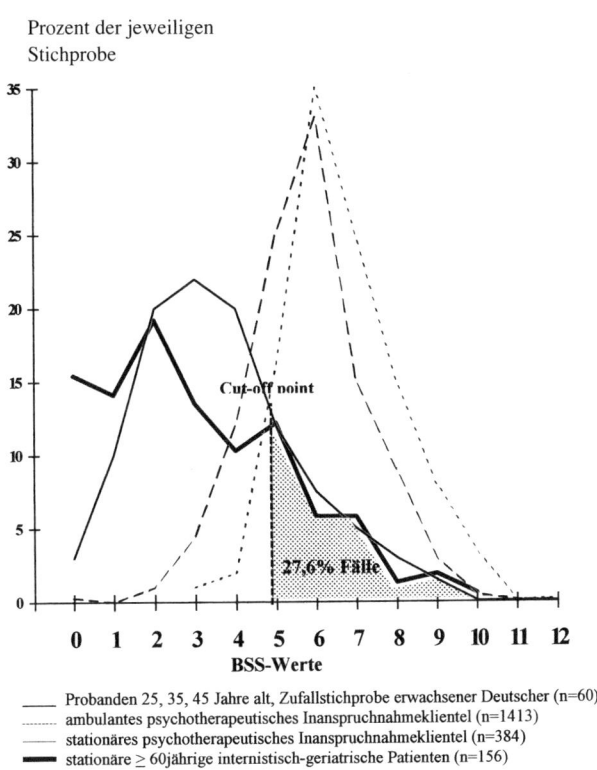

Abb. 4: Beeinträchtigungsschwere-Score in den letzten 7 Tagen – Vergleich zwischen über 60jährigen in einem geriatrischen Akutkrankenhaus, einer Stichprobe aus der Allgemein-bevölkerung und Psychotherapiepatienten

Zusammenhangsanalyse von körperlicher und psychischer Gesundheit

Der Grad Objektiver Gesundheitlicher Belastung (OGB) korreliert nicht mit dem Alter. Im Gegensatz dazu besteht erwartungsgemäß ein deutlicher Zusammenhang zwischen dem OGB und den ADL-Einschränkungen sowie den ADL-Einschränkungen und dem Alter. Alle gerontologischen Studien weisen nach, daß mit steigendem Lebensalter die funktionalen Behinderungen ansteigen – jedoch hat Lebensalter auf die gesundheitliche Gefährdung keinen direkten Einfluß. Um das Eingangsstatement dieses Kapitels wieder aufzugreifen: interessanter Weise zeigen weder der OGB noch die ADL-Skalen noch das Alter einen bedeutsamen Zusammenhang mit dem Beeinträchtigungsschwere-Score. Seelische Gesundheit im Alter hängt nicht mit diesen drei Faktoren zusammen (Abb. 5). Gesundheitliche Belastungen und funktionelle Einschränkungen sind somit nicht nur aus der Perspektive alterstypischer Verluste, sondern auch aus der Perspektive möglicher psychischer Entwicklungsprozesse in Grenzsituationen zu interpretieren.

In unseren eigenen Untersuchungen sind Hochbetagte psychogen weniger beeinträchtigt als die „jungen Alten", wobei es sein könnte, daß diese Ergebnisse auch durch positive Selektionseffekte relativ gesunder Hochbetagter akzentuiert sind. In dem Maße, in dem es Alternden gelingt, unter dem Eindruck der genannten Belastungen ihr psychisches Gleichgewicht aufrechtzuerhalten oder wiederherzustellen, kann von einer erfolgreichen Durcharbeitung dieser Anforderungen gesprochen werden. Bei selbständig lebenden Alternden findet sich ein deutlich höheres Maß an Variabilität in der Art und Weise sowie im Erfolg der „Durcharbeitung" gesundheitsbedingter Belastungen als bei ausschließlich pflegebedürftigen Menschen, bei denen Niedergeschlagenheit und Resignation sehr viel häufiger zu beobachten sind (→ Kap. 2.4.3).

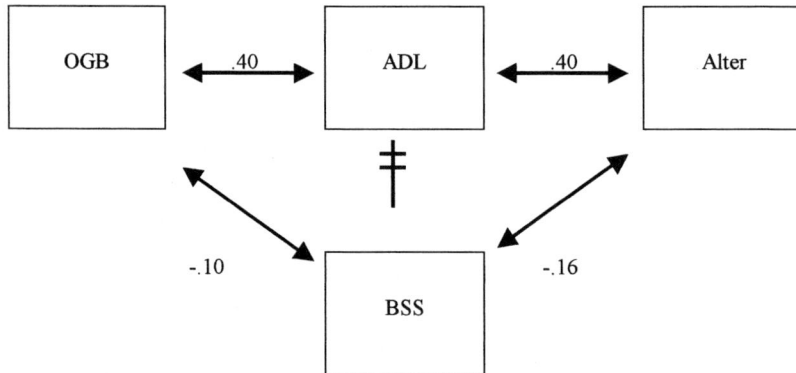

Abb. 5: Korrelationsmatrix für die ADL-, OGB- und BSS-Ratings von 446 Patienten über 60 Jahre im geriatrischen Akutkrankenhaus (weitere Erläuterungen zu den Instrumenten im Text)

Das subjektive Wohlbefinden – Philadelphia Geriatric Center Moral Scale (PGC)

Die Philadelphia Geriatric Center Moral Scale (PGC) (Lawton 1975) wurde insbesondere mit Blick auf körperlich eingeschränkte alte Menschen formuliert und bildet in ihrem Summenscore die Lebenszufriedenheit ab. In einer Zusammenhangsanalyse mit den ADL-Behinderungen zeigte sich, daß die Lebenszufriedenheit zwischen dem 60. und etwa dem 75. Lebensjahr signifikant absinkt, während die ADL-Einschränkungen erwartungsgemäß signifikant zunehmen. Im nachfolgenden Lebensabschnitt fanden wir im querschnittlichen Studiendesign ein interessantes Phänomen: obwohl jenseits des 75. Lebensjahres die ADL-Einschränkungen weiter deutlich steigen, nimmt die Lebenszufriedenheit wieder zu. Unterstellt man, daß aus längsschnittlicher Perspektive betrachtet einige stark Belastete (und Unzufriedene) vor dem 75. Lebensjahr verstorben sind und somit zusätzlich ein Selektionsfaktor besteht, ist der Befund jedoch so bedeutsam, daß er in längsschnittlichen Studiendesigns überprüft werden sollte. Denn bei Bestätigung dieser Befunde wäre dies ein weiterer Hinweis auf einen (erfolgreichen) psychischen Durcharbeitungsprozeß von überwiegend körperlich erlebten Einschränkungen des täglichen Lebens zwischen dem 70. und 80. Lebensjahr.

Zusammenfassend bleibt festzuhalten, daß der gegenseitige Einfluß von körperlichen Veränderungen bzw. Krankheiten auf die psychische Gesundheit bzw. Beeinträchtigung und auf die Lebenszufriedenheit im Alter keinen einfachen Regeln folgt. Dieser individuellen Komplexität wollen wir uns in den nächsten Kapiteln stellen, in dem wir auf die Bedeutung der Biographie (→ Kap. 2.2), aktuelle Modelle zur Entwicklungspsychologie (→ Kap. 2.3) und gerontologische Theoriebildungen zu den Stärken und Einschränkungen (→ Kap. 2.4) sowie zur Kompetenz (→ Kap. 2.5) eingehen werden.

2.2 Zur Bedeutung der Biographie

In diesem theoretischen Kapitel beschäftigen wir uns aus einer grundlagenwissenschaftlichen Perspektive mit der Bedeutung der Biographie und Lebensgeschichte des älteren Patienten. Implizit diskutieren wir damit auch die Frage, ob es eine psychotherapeutische Behandlung Älterer ohne eine solche lebensgeschichtliche Betrachtung geben kann. Selbst die Problemanalyse in der kognitiven Verhaltenstherapie wird sich um ein Verständnis der Lerngeschichte und der bisherigen Problemlösestrategien bemühen, legt den Fokus der Behandlung dann allerdings eher auf die Erarbeitung neuer Verhaltens- oder Denkmöglichkeiten. Beiden psychotherapeutischen Grundverfahren gemeinsam scheint die Beachtung von im Lebenslauf gewonnenen Erfahrungen als Ressourcen für die therapeutische Arbeit zu sein. Zur Unterstützung der konkreten therapeutischen Praxis explizieren wir im → Kap. 6.8 die Erhebung einer biographiezentrierten Erstuntersuchung Alternder mit konkreten Fragen und Beispielen.

2.2.1 Die Querschnittdiagnose

Die Querschnittdiagnose umfaßt neben der biologischen Dimension somatischer Symptome und Krankheiten die aktuelle psychische Situation und die soziale Situation. Wie eng verschränkt und damit gemeinsam wirksam diese drei bio-psycho-sozialen Dimensionen für die Diagnostik sein können, durchzieht als psychosomatisches Paradigma praktisch das gesamte Buch.

2.2.2 Die Längsschnittdiagnose

Daß biographische Belastungen in frühen Lebensphasen deutliche Zusammenhänge zu psychogenen und psychosomatischen Erkrankungen im späteren Leben zeigen, gehört zu den Grundannahmen der psychoanalytischen Verfahren und konnte bei jüngeren *Patienten* durch kontrollierte Untersuchungen, z. B. bei psychogenen Schmerzpatienten (Egle et al. 1991) sowie durch epidemiologische Studien, belegt werden (Schepank 1987; Franz et al. 1995). Als besonderer Risikofaktor für psychogene Erkrankungen im Erwachsenenalter erwies sich das Fehlen einer konstanten guten Bezugsperson in der Kindheit (Tress 1986). Durch die längsschnittlichen Untersuchungen von Franz et al. (1999), in der das gleiche Sample inzwischen älter gewordener Probanden der Mannheimer Kohortenstudie nachuntersucht wurde, konnte insbesondere die Bedeutung einer väterlichen Repräsentanz in der frühen Biographie für die psychische Gesundheit Älterer herausgearbeitet werden.

Weniger gut untersucht sind die Folgen biographischer Einflüsse in den weiteren Phasen des Erwachsenenlebens, mit zwei Ausnahmen: Unter dem Aspekt der Längsschnittdiagnose betrachtet, hat die „Life-Event-Forschung" versucht, Zusammenhänge zwischen umschriebenen belastenden Lebensereignissen sowie der Entstehung körperlicher und psychischer Erkrankungen aufzudecken, ohne jedoch die Ressourcen des Individuums mitzudenken. Ihre Kritiker haben auf die Notwendigkeit hingewiesen, die subjektive Belastung durch die Lebensereignisse nicht anhand vorgegebener Punktwerte, sondern durch das Einholen individuumspezifischer Informationen zu bewerten (Siegrist 1980; Cooper 1980; Katschnig 1980). Daß weniger das objektive Ereignis als das subjektive Erleben von *Förderung und Belastung* bedeutsam dafür ist, wie das Individuum sich mit diesen **Entwicklungsaufgaben** (Havighurst 1956) auseinandersetzt, haben u. a. Lehr & Thomae (1987) ausführlich diskutiert. Die Folgen von Extrembelastungen, die außerhalb der üblichen menschlichen Erfahrung liegen, sind unter der Krankheitsentität der Posttraumatischen Belastungsstörung (PTSD) (→ Kap. 3.3) und der andauernden Persönlichkeitsänderung nach Extrembelastungen (→ Kap. 3.9) in die operationalisierten diagnostischen Manuale ICD-10 und DSM-IV aufgenommen worden.

Um die Bedeutung fördernder und belastender Erfahrungen über die gesamte Biographie für die psychische Gesundheit aufzuklären, gingen wir in der ELDERMEN-Studie von der Hypothese aus, daß die Integration des körperlichen Alternsprozesses dann besser gelingt, wenn im Lebenslauf Erfahrungen im Umgang mit zeitlich begrenzten Belastungen gewonnen worden sind. Zur Überprüfung dieser Hypothese wurde die *Lebenszufriedenheit* (PGC) (→ Kap. 2.1) im Alter in Bezug gesetzt zu den *objektiven Belastungen* (Expertenrating) im Lebenslauf und den *subjektiven Belastun-*

gen und subjektiven Förderungen im Lebenslauf. Belastung und Förderung wurden aufgrund vorweg getroffener Operationalisierungen als Expertenratings an Hand der ausführlichen *biographischen Interviews* eingeschätzt. Dabei wurden die Biographien über den Lebenslauf in sechs Lebensabschnitte untergliedert, wobei die Grenzen der einzelnen Abschnitte nicht durch strikte Altersgrenzen, sondern mit Hilfe soziologischer Marker dynamisch definiert waren. Kontrolliert wurde der Einfluß des Alters, der Objektiven Gesundheitlichen Belastung (OGB) (→ Kap. 2.1) und der funktionalen Einschränkung (ADL) (→ Kap. 2.1).

Bei Untersuchung der Zusammenhänge zwischen biographischen Einflüssen in den einzelnen Lebensphasen und dem Ausmaß psychogener Beeinträchtigung zum Zeitpunkt der Untersuchung (erfaßt mit dem *Beeinträchtigungsschwere-Score* BSS) (→ Kap. 2.1) zeigte sich bereits bei der Anzahl aus Expertensicht *objektiv stark belasteter Lebensphasen* ein signifikanter Zusammenhang mit dem BSS. Bei Betrachtung der Anzahl *subjektiv stark belasteter Lebensphasen* wird der Zusammenhang mit einem BSS-Anstieg im Alter noch deutlicher. Die größte Varianzaufklärung erhält man jedoch, wenn man die *Relation zwischen subjektiver Belastung und Förderung* und dem BSS betrachtet (Tab. 1).

Die steigende Wahrscheinlichkeit (p ≤ .000), mit zunehmender Anzahl subjektiv stark belasteter und abnehmender Anzahl subjektiv geförderter Lebensphasen zum „Fall" einer psychogenen Erkrankung zu werden, verdeutlicht Abb. 6. Dabei orientiert sich die „Fall"-Definition an den im Rahmen der Mannheimer Kohortenstudie definierten Kriterien mit einem cut-off-Point bei einem BSS-Summenscore von ≥ 5 (Schepank 1987) (→ Kap. 2.1).

Tab. 1: Zusammenhänge zwischen Anzahl der Lebensphasen mit „objektiv" hoher Belastung, Anzahl der Lebensphasen mit subjektiv hoher Belastung sowie Anzahl der Lebensphasen mit einem Überwiegen subjektiv erlebter Belastung gegenüber der subjektiven Förderung und der psychogenen Beeinträchtigungs-Schwere (BSS)

	Zusammenhänge zwischen Anzahl der belasteten Phasen und BSS aktuell	Signifikanzniveau p ≤ .000
Anzahl der „objektiv" stark bis sehr stark belasteten Lebensphasen	.25	.002
Anzahl der subjektiv stark bis sehr stark belasteten Lebensphasen	.42	.000
Anzahl der Phasen mit Überwiegen der subjektiven Belastung gegenüber der subjektiven Förderung	.48	.000

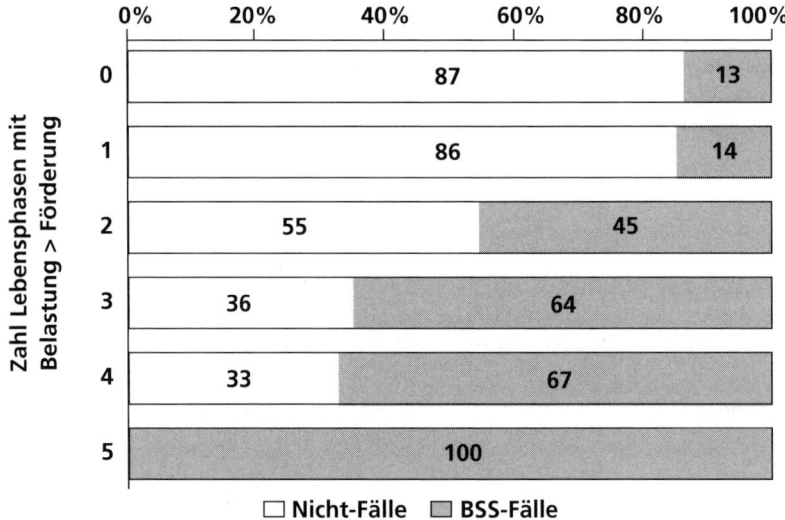

Abb. 6: Zunahme des Fallrisikos mit steigender Anzahl subjektiv stärker belasteter als geförderter Lebensphasen

Nach dieser Definition waren 27,6 % der hier untersuchten geriatrischen Patienten „Fälle" einer psychogenen Erkrankung (→ Kap. 2.1).

Unter Beachtung der bedeutsamen Relation von belastenden und fördernden Faktoren lassen sich bei Berücksichtigung des gesamten Lebenslaufes drei Gruppen bilden:

- Probanden, die in ihrem Leben in *keiner* Phase subjektiv stärker belastet als gefördert waren;
- Probanden, die in nur *einer* Lebensphase mehr Belastung als Förderung erfahren hatten;
- Probanden, die in *mindestens zwei* Lebensphasen subjektiv mehr Belastung als Förderung erfahren hatten.

Zwischen diesen Biographie-Gruppen fanden sich bei den objektiven Gesundheitsvariablen (OGB und ADL) keine signifikanten Gruppenunterschiede. Dies gilt auch für die getrennte Betrachtung der Basic-ADL und der Instrumental-ADL.

Die Gruppe von Probanden, bei denen in mindestens zwei Lebensphasen die subjektive Belastung die Förderung überwog, war am stärksten *aktuell* psychogen beeinträchtigt. Dies gilt auch für alle drei Dimensionen des BSS einzeln betrachtet. Auch hinsichtlich ihrer Lebenszufriedenheit (PGC) stellte sich diese Gruppe der subjektiv lange stark belasteten und wenig geförderten Probanden am negativsten dar.

Um zu überprüfen, ob das eher positive bzw. negative aktuelle Selbstkonzept der Probanden, hier erfaßt durch die Selbstauskunftskalen, den positiven bzw. negativen biographischen Rückblick erklärt (z. B. hieße das, daß aktuell depressive Patienten eher belastende und weniger fördernde Ereignisse erinnerten), was den Wert der biographischen Exploration generell in Frage stellen würde, wurde untersucht, ob sich die in der Selbstauskunft clusteranalytisch gefundenen Muster mit den empirisch gefundenen biographischen Gruppen in Übereinstimmung bringen lassen. Dabei ließ sich nachweisen, daß das aktuelle Selbstkonzept der älteren Untersuchungsteilnehmer, erfaßt über die Selbstauskunftsskalen, das im biographischen Rückblick angegebene Ausmaß an subjektiv erlebter Belastung und Förderung nicht hinreichend erklärt.

Die Charakterisierung der drei Biographiegruppen über eine Clusteranalyse der Selbstauskunftsskalen weist somit eindeutig darauf hin, daß es keinen „linearen" Zusammenhang zwischen ansteigender subjektiv erlebter Belastung, aktuellem somatischen Beschwerdedruck und absinkender Lebenszufriedenheit gibt. Bemerkenswerterweise fanden sich diejenigen Untersuchungsteilnehmer mit der positivsten Selbstauskunft nicht unter denjenigen, die sich nie stärker subjektiv belastet als gefördert erlebt haben, sondern in der Gruppe derer, die in *einer* Lebensphase stärker belastet als gefördert war.

Diese Ergebnisse sprechen gegen die Annahme, daß ausschließlich das aktuelle Befinden den biographischen Rückblick bestimmt. Wenn eine aktuelle – auch subdiagnostische – depressive Verstimmung eine hinreichende Erklärung dafür wäre, daß manche Probanden aus ihrem Leben viele und schwer belastete Phasen mit wenig supportiven Faktoren erinnern, wäre im Gegenschluß dann eigentlich zu erwarten, daß Probanden, die sich selbst in den Selbstauskunfts-Skalen positiv darstellen, auch ihre Biographie „rosig" schildern und psychogen am „gesündesten" sind. Die Untersuchung zeigt jedoch, daß nicht die Probanden, die in den Selbstauskunfts-Skalen das höchste Maß an aktueller Lebenszufriedenheit angaben, auch die geringsten biographischen Belastungen und viele supportive Elemente erinnerten. Wie oben schon dargelegt, stellten sich am positivsten in der Selbstauskunft vielmehr die Probanden dar, die in *einer* Lebensphase subjektiv mehr Belastung als Förderung erlebt hatten. Möglicherweise haben diese Probanden die Erfahrung gemacht, daß sie diese Belastung überwinden konnten, und sind durch diese positive Erfahrung auch im späteren Leben befähigt, mit neu auftretenden belastenden Entwicklungsaufgaben, z. B. durch den somatischen Alternsprozeß, fertig zu werden. Diese Gruppenunterschiede sind weder durch Altersunterschiede, noch durch den Grad gesundheitlicher Einschränkung und auch nicht durch das Ausmaß funktionaler Behinderung im Alltag erklärbar.

Daß Untersuchungsteilnehmer, die ohne Überwiegen von Belastung (im Verhältnis zur erlebten Förderung) in einer Lebensphase oder mit überwiegender Belastung nur in einer Lebensphase ein höheres Ausmaß an subjektiver Belastung als Förderung erlebt hatten, diese Erfahrung im Sinne einer Ressource nutzen konnten und das positivste Befinden und Selbstbild zeigten, findet eine interessante Entsprechung in den Ergebnissen von Lesperance et al. (1996). Diese Autoren untersuchten Zusammenhänge zwischen Depression und Mortalitätsrate bei Patienten, die aufgrund eines Myokardinfarktes stationär behandelt wurden. Patienten mit Depressionen in der Vorgeschichte wurden auch während des stationären Aufenthaltes häufiger depressiv und zeigten die höchsten Mortalitätsraten. Besonders interessant erscheint jedoch die Gruppe von Patienten, die zwar eine depressive Episode in der Vorgeschichte angaben, jedoch im Zusammenhang mit dem Myokardinfarkt nicht depressiv wurden: Sie hatten in der gesamten Stichprobe die besten Überlebensrate: „It is as if those with a previous depression who managed to resist the stresses of the myocardial infarction without becoming depressed had enhanced physical or psychic ressources that enabled them to survive" (Lesperance et al. 1996, S. 107).

Anhand der hier vorgestellten Daten läßt sich im Allgemeinkrankenhaus eine bedeutsame Gruppe von ≥ 60jährigen Patienten identifizieren, die sich durch ein hohes Ausmaß an psychogener und psychosomatischer Beeinträchtigung, ein negatives Selbstbild und hohe subjektiv erlebte Belastungen mit wenig supportiven Faktoren in der Biographie auszeichnet, obwohl diese Patienten nicht somatisch „kränker" und auch nicht stärker funktional behindert sind. Zur Identifikation dieser Risikopopulation kann es für die internistisch-somatische Behandlung oder im psychosomatischen Konsiliar- und Liaisondienst hilfreich sein, mit dem Patienten zusammen sein „biographisches Muster" zu evaluieren. Dies könnte gerade bei den häufigen Schmerzsyndromen und anderen funktionellen Störungen im Alter die schwierige Differentialdiagnostik zwischen den somatischen und psychogenen Aspekten der Erkrankungen erleichtern und dazu anregen, für diese Patientengruppe geeignete psychosomatisch-psychotherapeutische Interventionen zu entwickeln.

Neben der Aktivierung psychosexueller Konflikte (→ Kap. 3.1) oder Reaktivierungen von Traumata (→ Kap. 3.3) können neuauftretende altersspezifische Belastungen in der 2. Hälfte des Erwachsenenlebens, die die Bewältigungsmöglichkeiten des Individuums überfordern, selbst bei bis dahin geglückter Lebensgestaltung zu psychischer Dekompensation und Symptombildung führen (Heuft 1993). Diese Beobachtung hat zur Entwicklung des Konzepts „Aktualkonflikt" geführt (→ Kap. 3.2) (Heuft et al. 1997a; 1997b) und Eingang in die Operationalisierte Psychodynamische Diagnostik (OPD) gefunden (Arbeitskreis zur Operationalisierung Psychodynamischer Diagnostik 1996).

Die großen Belastungen, die gerade das Alter durch z. B. degenerative körperliche Veränderungen und Erkrankungen, eingeschränkte Mobilität, Ausdünnen des sozialen Netzwerkes etc. mit sich bringen kann, wurden durch die Berliner Altersstudie (Mayer & Baltes 1996) empirisch belegt. Das Modell der selektiven Optimierung und Kompensation (Baltes & Baltes 1990) trifft sich mit den von Kruse (1990a) hervorgehobenen „Potentialen im Alter", wobei der Autor die Verschiedenartigkeit der Alternsformen und deren enge Verknüpfung mit der Biographie betont (Kruse 1990b).

Die in Tabelle 1 aufgeführten Ergebnisse weisen auf, daß dem *subjektiven* Erleben einer Belastung (versus Förderung) in Bezug auf psychogene Beeinträchtigung im Alter mehr Gewicht zukommt als der Experteneinschätzung der objektiven Belastung in der Biographie. Anhaltende oder wiederholt als schwer erlebte Belastungen über mehrere Lebensphasen hinweg, besonders in Relation mit wenig subjektiv erlebter Förderung (z. B. Leben mit einem alkoholkranken gewalttätigen Ehemann und gleichzeitiger körperlicher Pflege der Eltern ohne jegliche Unterstützung und finanzielle Ressourcen über lange Zeit), zeigten signifikante Zusammenhänge mit einem höheren Ausmaß psychogener Beeinträchtigung, einem negativeren Selbstbild und einer erhöhten Wahrscheinlichkeit, im Alter zum „Fall" einer psychogenen Erkrankung zu werden.

Unter methodischen Gesichtspunkten ist bei allen biographiezentrierten Untersuchungsinstrumenten, wie etwa dem biographischen Interview der Mannheimer Kohortenstudie (Schepank 1987) oder dem SBAS für Schmerzpatienten (Egle et al. 1991) die Validität der Angaben über subjektive wie objektive Belastungserfahrungen und hier auch über subjektiv erlebte Förderung zu diskutieren. Angesichts des retrospektiven Untersuchungsdesigns ist zu überlegen, ob in der Realität tatsächlich wenige unterstützende Faktoren vorhanden waren, oder ob das Individuum diese aus intrapsychischen Gründen nicht wahrnehmen und für sich nutzen konnte. Allerdings wären prospektive lebenslange Studien abgesehen von dem enormen Aufwand auch aus ethischen Gründen (Pflicht zur Intervention, z. B. bei Kindesmißhandlungen, Vergewaltigungen etc.) schwerlich durchführbar.

Auch wenn eine grundsätzliche Diskussion der Validität biographischer Erhebungen den hier gesetzten Rahmen sprengen würde, konnten Untersuchungen zum „autobiographischen Gedächtnis" zeigen (Süttemann & Thomae 1987), daß Ereignisse, die unter hoher emotionaler Beteiligung erlebt wurden, unabhängig davon, ob sie angenehm oder unangenehm waren, besser erinnerbar waren (Keller 1996). Dies unterstützt die Annahme biographiezentrierter Forschung, daß die von den Probanden erinnerten belastenden und fördernden Ereignisse für das jeweilige Individuum von hoher subjektiver Bedeutung sind.

2.3 Entwicklungspsychologie des Lebenslaufs

2.3.1 Bisherige entwicklungspsychologische Modelle

Befragt man professionelle Helfer aller Berufsgruppen, die mit alten Menschen arbeiten, nach ihrem Bild des Lebenslaufes, begegnet man immer wieder dem „Halbkreis-Modell": nach dem Scheitelpunkt des Lebens, der mit 40-50 Jahren angesetzt wird, gehe „alles den Berg hinunter". Das Halbkreis-Modell suggeriert, daß sich der Alternsprozeß im „absteigenden" Schenkel des Halbkreises auf der gleichen Ebene abspielt wie seinerzeit die Entwicklung in der Kindheit. Mit dem aus dieser Vorstellung resultierenden Vorurteil, die Alten würden wieder wie die Kinder, wird unmerklich dem Defizit- und Defekt-Modell des Alterns Vorschub geleistet. Dieses Modell entspricht weder den aktuellen gerontologischen Ergebnissen zu Lernfähigkeit und Kompetenz im Alter, noch der mit dem Alter stetig zunehmenden Variabilität physiologischer Befunde. Wir weisen hier schon einmal darauf hin, daß ein Mensch auch dann, wenn er unter einer mittelschweren Demenz leidet, mit seinem selbstreflexiven Ich diese Situation in einer ganz anderen Weise erlebt (und erleidet) als ein Kind, das eben das Laufen erlernt.

Das Halbkreis-Modell des Lebenslaufs findet sich auch in zahlreichen Schriften, die den psychoanalytischen Therapieverfahren zuzurechnen sind. So symbolisierte C. G. Jung den Lebenslauf mit einem auf- und einem absteigenden Ast durch den Lauf der Sonne. An anderer Stelle in der Jungschen Tradition wird der Lebenslauf mit einer Wasserfontäne verglichen. In der traditionellen psychiatrischen Literatur legen Begriffe wie „Involutionsdepression im Alter" ähnliche Vorstellungen einer regelhaften Regression Alternder auf prägenitale Stufen nahe (grenze ab: Regression im Dienste des Ich) (Kap. 6.13.1). Der Verlust des Genitalprimates im Alter stellt eine (vorurteilsbeladene) Sonderform des allgemeinen Regressionskonzeptes dar. Alternativ hat die sog. Chicago-Schule einen Geschlechtershift postuliert: Männer leben im Alter mehr ihre Abhängigkeitswünsche und Frauen ihre aggressiven Anteile (Hildebrand 1982).

Besonders für Ärzte und Pflegekräfte scheint das Modell einer Regression im Alter besonders verstärkt zu werden durch die Beobachtung abhängiger Verhaltensweisen alter Menschen, die als „kindisch" eingestuft werden (z. B. Suche nach Versorgung, Verlust von Kontrolle über Ausscheidungsfunktionen etc.). Nicht selten wird dieses Verhalten sogar als Übertragungsangebot eines „Kleinkindes" an einen sorgenden Elternteil verstanden. Diese Beobachtungen, die an kranken bzw. institutionell Pflegebedürftigen gewonnen wurden, werden unzutreffenderweise auf alle Alternden hin generalisiert. Außerdem wird der Einfluß der Professionellen selber auf diese als Regression beschriebenen Prozesse weitgehend geleugnet. A. Mitscherlich kennzeichnete diese regressiven Phänomene Alternder besonders in Institutionen als ein gesellschaftlich verhängtes Schicksal, das jeden ereilen könne, wenn er nur in eine entsprechende abhängige Situation gebracht werde. Um nicht rebellieren zu müssen (und damit diejenigen gegen sich aufzubringen, die einen versorgen), bleibe nur ein regressives Gebaren. Daß Pflegende auf diese Weise letztlich oft durch Mehrbelastung wiederum für ihr autoritäres Verhalten „bestraft" werden, ist die tragische Ironie dieser Wechselwirkung.

So wesentlich die gerontologischen Forschungsergebnisse zur Kompetenz alter Menschen z. B. für das Verständnis von Lernfähigkeit bis ins hohe Alter waren, ist mit solchen Daten dennoch nicht die Gefahr eines (latenten) Defizit-Modells des Alterns vermieden. Unterschwellig wird damit die Botschaft transportiert, die jungen Alten sollten sich möglichst lange „fit" halten, um gerade das „Defizitäre" auf einen möglichst späten Lebensabschnitt zu verschieben bzw. bis dahin zu verleugnen. Gerade durch eine mögliche Idealisierung des frühen Alters würden tragischerweise die anstehenden Entwicklungsschritte Alternder aufgeschoben.

Ein Psychotherapeut ist bei der Indikationsstellung darauf angewiesen, Entwicklungsaufgaben für seinen alten Patienten vorzuphantasieren, die es ihm erlauben, ein aussichtsreiches Arbeitsbündnis von seiner Seite anzubieten. Wenn er selber keine entsprechenden Modelle zur Verfügung hat, wird er dies explizit oder implizit seinem alten Patienten bereits während der Diagnostik mitteilen. Die Folge wird mit hoher Wahrscheinlichkeit ein Abschied vor jedem Therapieversuch sein, bei dem der Therapeut froh ist, daß der Alternde nicht stetiger auf eine Psychotherapie gedrängt hat, und in der der Patient in seiner Ambivalenz neben einer möglichen Trauer auch Entlastung von Verantwortung für seine eigenen Entwicklungsaufgaben verspürt. Insoweit ist den Herausgebern der Berliner Altersstudie (BASE) voll zuzustimmen: „Was wir über das Alter als Lebensphase und über das Altern als Prozeß zu wissen meinen, ist außerordentlich folgenreich" (Mayer et al. 1996, S. 599).

In jüngster Zeit ist aus Kinder- und Jugendpsychiatrischer Sicht eine fundierte Übersicht über die historischen und aktuellen entwicklungspsychologischen Modelle erarbeitet worden (Resch 1996). Tab. 2 gibt eine systematisierende Übersicht über die von den jeweiligen Modellen unterschiedlich gesetzten Schwerpunkte vor allem im Hinblick auf die Bedeutung von individueller (Trieb-)Kraft versus Umwelteinflüssen. Dabei nehmen die interaktionistischen Theorien die „älteren" Theorien (wie z. B. den zentralen Stellenwert unbewußter Phantasien des Trieb-Konflikt-Modells) in der Regel mit auf.

Durch die Rekonstruktion der Lern-Erfahrungen beziehen auch die kognitiv-behavioralen Theorien die historische Dimension in das Verständnis des Individuums mit ein (z. B. Karlbauer-Helgenberger et al. 1996; Zarbock 1996). – Der Versuch der traditionellen psychoanalytischen Theoriebildung, umschriebenen psychosexuellen Entwicklungsstufen dieser Modelle spezifische Konflikttypologien zuzuordnen, muß heute als überholt angesehen werden. Abhängigkeitskonflikte entstehen nicht nur in der sog. „oralen" und Aggressions- und Autonomie-Konflikte nicht ausschließlich in der „analen" Entwicklungsphase, sondern beginnen bereits mit der Symbolisierungs- und Rollenfähigkeit des Kindes (Hoffmann 1994; Schüßler & Bertl-Schüßler 1992).

Tab. 2: Entwicklungspsychologische Modelle (modifiziert und erweitert nach Resch 1996)

Theorie	Stichwort	Individuum	Umwelt	Modell
Endogenetische Theorien	Reifung	passiv	passiv	Psychoanalytisches Trieb-konflikt-Modell mit biolo-gisch verankerter Trieb- und Affektstruktur (z. B. Freud 1905)
Exogenetische Theorien	Prägung	passiv	aktiv	Umwelteinflüsse prägen das Individuum (Entwick-lungsdefizit-Modell) (z. B. Kohut 1973; Winnicott 1974)
Früh-Konstruk-tivistische Theorien	Selbst-konstruktion	aktiv	passiv	Selbstkonstruktion des Individuums – Umwelt als Anregung und Matrix (z. B. Piaget 1978)
Inter-aktionistische Theorien	Mensch-Umwelt-Gesamt-system	aktiv	aktiv	Aktives, selbstmotiviertes Individuum in Interaktion mit aktiver, fordernder und erfüllender Umwelt (Bezie-hungskonflikt-Modell) (z. B. Sullivan 1953; Bau-riedl 1980) (affekt-logische Schemata; z. B. Ciompi 1988) (kognitive Problemanalyse; z. B. Caspar & Grawe 1982) und seinem eigenen (alternden) Körper (Heuft 1994)

Durch eine solche „Entkopplung" von Psychopathologie und entwicklungspsychologi-schen Konzepten sind letztere keineswegs weniger wichtig geworden. In der Regel enden diese entwicklungspsychologischen Konzepte jedoch mit Erreichen des Erwachsenenalters.

Neben der klinisch fundierten Annahme, daß ungelöste Konflikte aus Kindheit und Jugend auch im Alter neurosefördernd sein können, versuchen die life-cycle-Theorien (acht Phasen bei E. H. Erikson 1982), das Leben als aufeinander bezogene zentrale Entwicklungsaufgaben oder als lebenslanges Schicksal von Kernthemen (wie Liebe, Sexualität, Arbeit, Tod etc.) (bei Colarusso & Nemiroff 1987) zu beschreiben. Das Eriksonsche Konzept ist eines der wenigen psychodynamischen Modelle einer Ent-wicklung über den gesamten Lebenslauf. Abb. 7 gibt das epigenetische Diagramm mit

	1	2	3	4	5	6	7	8
VIII Alter								Integrität vs.Verzweiflung, Hochmut, WEISHEIT
VII Er- wachsenen- alter							Generativität vs. Stagnation. FÜRSORGE	
VI Frühes Er- wachsenen- alter						Intimität vs. Isolation. LIEBE		
V Adoleszenz					Identität vs. Identitätskonfusion. TREUE			
IV Schulalter				Fleiß vs. Inferiorität. KOMPETENZ				
III Spielalter			Initiative vs. Schuldgefühl. ENTSCHLUSSKRAFT					
II Frühe Kindheit		Autonomie vs. Scham, Zweifel. WILLE						
I Säuglings- alter	Grundvertrauen vs. Grundmißtrauen. HOFFNUNG							

Abb. 7: Psychosoziale Krisen. Epigenetisches Diagramm von E. H. Erikson 1982

den bereits angesprochenen acht Phasen wider. Das Bild einer „halbkreisförmigen" Entwicklung über den Lebenslauf wird bei Erikson durch das Modell einer Treppe mit acht Stufe abgelöst.

Das Treppenbild symbolisiert eine „aufsteigende" Entwicklung. Die damit verbundene Vorstellung des Erreichens eines „höheren Niveaus" spiegelt sich in der Begrifflichkeit zur achten Stufe „Alter" wider: „. . . die Frucht dieser sieben [vorausgegangenen] Phasen ernten" (Erikson 1987, S. 263), womit das Stadium der „Ich-Integrität" erreicht würde. Mangel oder Verlust dieser gewachsenen Ich-Integrität ist nach Erikson durch Verzweiflung und Todesfurcht gekennzeichnet mit dem Gefühl, „daß die Zeit zu kurz ist, zu kurz für den Versuch, ein anderes Leben zu beginnen und andere Wege der Integrität zu suchen" (a. a. O.). Die mit Erreichen der achten Stufe erworbene Grundtugend wird „Weisheit" genannt.

Damit kommen diese Begriffe und Kategorien über eine „idealisierende" Deskription des Alterns nicht eigentlich hinaus. Außerdem erscheint heute die Phase acht „Alter", die 30 Lebensjahre und mehr umfaßt (etwa vom 60.-90. Lebensjahr), zu undifferenziert angesichts empirischer Befunde, die die Abgrenzung eines sog. dritten Alters (vom 60.-75. Lebensjahr) von einem vierten Alter (jenseits des 75. Lebensjahres) nahelegen.

Unstrittig ist die Bedeutung einer solchen Konzeption für die Wahrnehmungseinstellung sich verändernder psychosozialer Entwicklungskrisen über die gesamte Lebensspanne. Das Modell veranschaulicht auch, daß die Hypothek ungelöster früherer Entwicklungsaufgaben in den späteren psychosozialen Krisen eine zusätzliche Belastung bedeuten kann. Es hat jedoch drei entscheidende Nachteile:

- Das Stufenmodell beantwortet nicht, wie es zu einer Entwicklungsnotwendigkeit von der einen zur nächsten Stufe kommt. Provozierend gefragt: Entwicklung „geschieht" anscheinend irgendwie – aber was treibt den Erwachsenen zu weiteren je immer auch konflikthaften Entwicklungsschritten? Und warum kann ein Erwachsener sich nicht verweigern, z. B. von der Stufe sechs auf die Stufe sieben zu wechseln wie ein später „Oskar mit der Blechtrommel"?
- Mit dem Modell von Erikson läßt sich im Falle von Symptombildungen bzw. Störungen nicht diagnostizieren. Die einzelnen Entwicklungsphasen sind in sich antithetisch und damit potentiell konflikthaft formuliert. Allerdings erlaubt das Modell nur eine deskriptive Orientierung über den Stand der psychosozialen Entwicklung in dem Modell. Das pathogenetische Verständnis für das Mißlingen einer „idealen" Entwicklung gründet sich auch bei Erikson in einem reduktionistischen Ansatz auf nicht befriedigend oder defizitär gelöste Entwicklungsaufgaben während Kindheit und Jugend.
- Damit gibt der Eriksonsche Ansatz in der Frage einer adaptiven differentiellen Therapieindikation keine (entwicklungsfördernden) Antworten.

Notwendig ist der Versuch, besser verstehen zu können, was Erwachsene auch in der zweiten Lebenshälfte zu weiteren – je immer auch konflikthaften – Entwicklungsschritten treibt.

2.3.2 Organisatoren als Triebfeder der Entwicklung

Befragt man systematisch Menschen beiderlei Geschlechts jenseits des 60. Lebensjahres zu ihrem jetzigen Zeiterleben, zeigt sich, daß das Zeiterleben im Alter vor allem eine körperliche Dimension hat. In ausführlichen biographischen Interviews alter Menschen antworteten rund 80 % auf die Frage: „Woran merken Sie, daß die Zeit vergeht?" unter Bezugnahme auf den körperlichen Alternsprozeß. Während der Körper im mittleren Erwachsenenalter außerhalb von Krankheiten im engeren Sinne in der Regel als selbstverständlich „funktionierend" erlebt wird, entfällt diese Selbstverständlichkeit bei Alternden zunehmend. Ein Mensch im mittleren Erwachsenenalter, der seinen Körper ständig beobachtet, leidet möglicherweise unter körperbezogenen hypochondrischen Ängsten. Im Alter gehört jedoch die tägliche aktive Auseinandersetzung mit den körperlich erlebten Veränderungen typischerweise zu den unabweisbaren Aufgaben.

Fallbeispiele: Beispielweise antwortete eine 75jährige Frau, sie sei über die von Jahr zu Jahr fortschreitende Abnahme ihrer Sehkraft, die ärztlicherseits nicht aufgehalten werden könne, sehr in Sorge. Sie sei gehbehindert und ihr ganzer Stolz seien ihre Handarbeiten, die sie für Freunde, Verwandte und einen Wohltätigkeitsbazar mit großer Resonanz anfertige. Jedes Jahr frage sie sich, ob sie nächstes Jahr noch dazu in der Lage sei, die feinen Stiche zu sehen.

Ein 79jähriger Mann berichtete von seinen geliebten Bergwanderungen, die wegen einer Arthrose beider Hüftgelenke immer schmerzhafter geworden seien. Daran merke er, wie er altere. Und er hoffe von Mal zu Mal, daß er diese Touren nicht aufgeben müsse.

Die Thematik körperlich vermittelter Veränderungen in der Zeit treten auch dann oft in den Vordergrund, wenn der Bezug zur Entwicklung der nachfolgenden Generationen hergestellt wird. So schilderte ein 80jähriger, insgesamt noch rüstiger Mann, daß sein Enkel jetzt schon so groß sei, daß er längst schon nicht mehr beim Radfahren mit ihm mithalten könne. Und mit ihm Spazieren zu gehen, dazu habe der Enkel wenig Lust . . .

Die Berliner Altersstudie BASE bestätigt diese Befunde: „Im Unterschied zum jüngeren und mittleren Erwachsenenalter, wo die Beschäftigung mit Beruf, Freunden und Familie im Mittelpunkt steht, hat im hohen Alter . . . die Beschäftigung mit der eigenen Gesundheit und geistigen Leistungsfähigkeit einen zentralen Stellenwert" (Mayer et al. 1996, S. 614). Übereinstimmend wird immer wieder berichtet, daß dagegen die Auseinandersetzung mit dem eigenen Tod bei alten Menschen vergleichsweise emotional weniger besetzt ist.

Geht man davon aus, daß das Zeitbewußtsein „aus dem doppelten Gefühl von Unveränderlichkeit und Veränderung" besteht (Høeg 1995, S. 266), führen diese Ergebnisse zu einem entwicklungspsychologischen Modell (Heuft 1994), in dem der somatische Alternsprozeß als **Organisator** der Entwicklung in der zweiten Hälfte des Erwachsenenlebens verstanden wird. Die Verwendung des Begriffes Organisator als das im jeweiligen Lebensabschnitt die Entwicklung führende „Organ" steht in der Tradition von Needham (1931; „embryologischer Organisator"), Spitz (1965; „kritische Knotenpunkte in der Entwicklung des Kleinkindes") und A. Freud (1963; „konvergierende Entwicklungslinien"). Der Organisator einer Entwicklungsphase stellt somit das die Entwicklung jeweils zentral vorantreibende „Organ" dar, dem sich das Individuum nicht entziehen kann. Die resultierenden Entwicklungsaufgaben wachsen dem Individuum damit zwingend zu.

Im folgenden wird die – empirisch gestützte – Modellbildung einer Entwicklung über den gesamten Lebenslauf unter dem Einfluß wechselnder Organisatoren dargestellt.

Der *Trieb* kann als *Organisator* der psychosexuellen Entwicklung *in den ersten Lebensjahren* begriffen werden. Daher steht er in Abb. 8 am oberen Pol. Die individuelle Triebausstattung als Resultat einer biologischen Variante drängt zur Auseinandersetzung mit den bekannten psychosexuellen Reifungsphasen und den entsprechenden typischen psychosozialen Krisen in Kindheit und Jugend. In Tab. 2 war bei den endogenetischen Theorien schon auf den stets gesehenen Zusammenhang von Biologie und Trieb hingewiesen worden. Triebentwicklung ohne biologische Reifung (neuronal und endokrinologisch) ist nicht denkbar. Umgekehrt wird die individuelle Entwicklung im sozialen Feld nicht von der Biologie, sondern vom sich ausdifferenzierenden psychischen Apparat und Selbst-Erleben organisiert. Neben der Triebentwicklung konsti-

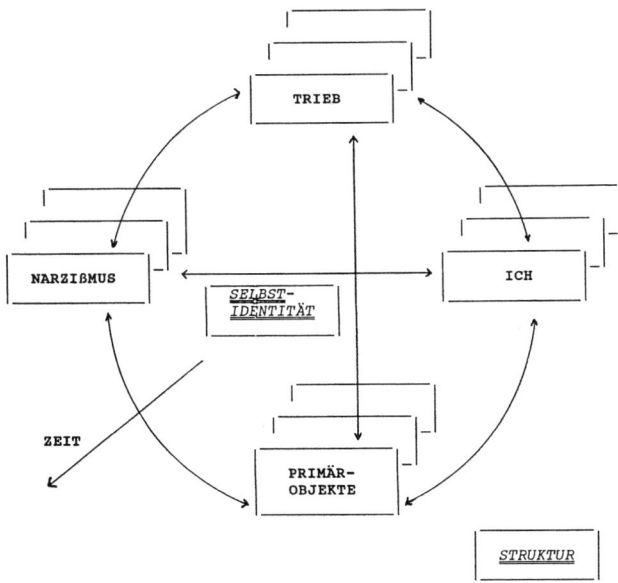

Abb. 8: Dynamische Beziehung der vier Entwicklungsdimensionen von Selbst-Identität und Struktur zueinander (aus: Heuft 1994, S. 118)

tuieren sich in einer gleichzeitigen Wechselwirkung das autonome Ich (Hartmann 1939), der Narzißmus (Kohut 1973) und die sich zunehmend internalisierenden Beziehungen zu den (Primär-)Objekten. Eine mögliche Traumagenese und deren Folgen bleiben hier für die Diskussion einer normal konflikthaften Entwicklung unberücksichtigt (→ Kap. 3.3). Damit sind vier Entwicklungssäulen in den ersten Lebensjahren angesprochen: Der psychosexuelle Trieb, die Ich-Funktionen, das Selbstwertregulationssystem (Narzißmus) und die Objektbeziehungen. Jede dieser vier genannten Entwicklungssäulen stellt eine komplexe Funktion sowohl der individuell-historischen Zeitdimension als auch der soziokulturellen Bedingtheiten dar. In Abb. 8 symbolisieren die räumlich hintereinander liegenden Felder diese Entwicklung in der Zeit.

Die Vernetzung des Individuums im sozialen Raum konstituiert dann die „Wirklichkeit" eines Menschen (v. Uexküll 1984). Die Selbstidentität beschreibt das Binnenerleben des Menschen in der genannten Komplexität („Ich bin so: mit diesen [Trieb-]Kräften, mit diesen [Ich-]Fähigkeiten, mit diesem Selbstwertgefühl und mit diesem Bindungs- und Beziehungsverhalten"). Aus einer diagnostizierenden Außensicht wird die Wahrnehmung von Selbststeuerung, Selbsterleben, Kommunikations- und Abwehrverhalten sowie Objektwahrnehmung eines Individuums als Struktur (Arbeitskreis OPD 1996) beschrieben („Dieser Mensch hat diese Fähigkeiten (Ressourcen) bzw. leidet unter ...").

Nach Erreichen des Erwachsenenalters übernimmt der *objektale Organisator* die Schrittmacherfunktion für die weitere Entwicklung. In Abb. 9 ist der Entwicklungsschwerpunkt im mittleren Erwachsenenalter durch den zweiten Ring symbolisiert, an deren oberem Pol wiederum der Organisator dieser Entwicklungsphase steht. Dabei baut die Entwicklung in dieser Lebensphase auf den angesprochenen vier Entwick-

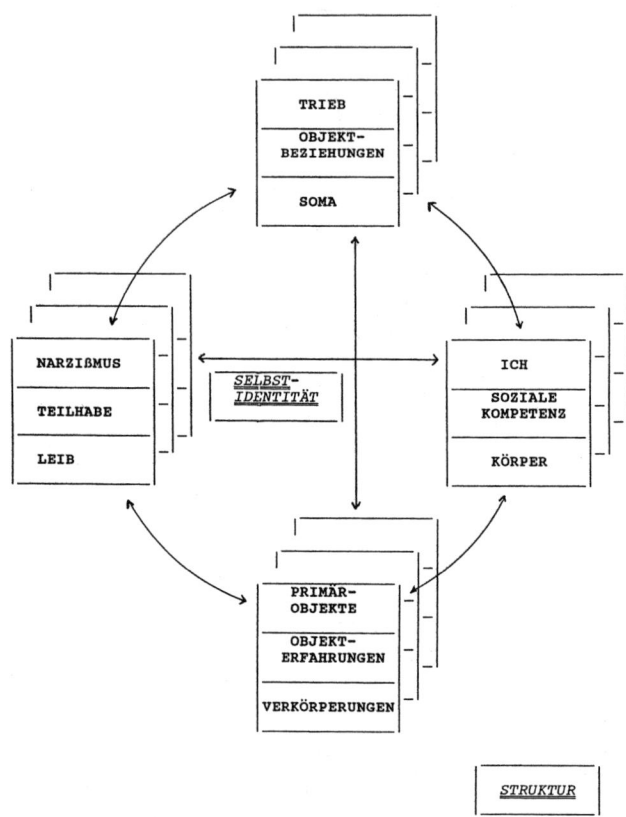

Abb. 9: Drei Organisatoren der Entwicklung im Lebenslauf – die dynamische Beziehung der vier Dimensionen von Selbst-Identität und Struktur zueinander (aus: Heuft 1994, S. 119)

lungssäulen von Kindheit und Jugendzeit auf. Unvermeidliche Veränderungen in den gelebten Objektbeziehungen (wie Partnerschaft, Auszug der Kinder, nachelterliche Gefährtenschaft, berufliche Veränderungen etc.) müssen unter Einbeziehung der funktionalen Komponente von „sozialer Kompetenz" stets aufs Neue mit den internalisierten Objektbeziehungen und den hinzukommenden Objekterfahrungen im weiteren Lebenslauf abgeglichen werden. Unter dem Aspekt des „sekundären Narzißmus" (Freud 1923, S. 275) ist das Ich des Individuums ständig aufgefordert, zwischen Objektnähe und Objektferne im Sinne einer „Teilhabe" an den Beziehungen und damit der „Welt" die Waage zu halten.

Es sei daran erinnert, daß diese anstehenden Entwicklungsaufgaben im Erwachsenenalter unabhängig von jeder möglichen Pathologie zu gestalten sind. Ungelöste Problem- und Konfliktlagen z. B. aus den ersten Lebensjahren sowie akute psychische Traumatisierungen können die Entwicklungsaufgaben im Erwachsenenalter naturgemäß zusätzlich erschweren.

In der zweiten Hälfte des Erwachsenenalters kommt es unbewußt zu einer weiteren, schrittweisen Verschiebung der Organisatorfunktion zum Soma hin (*somatogener Organisator*). Unter Fortführung des auf den vier Säulen ruhenden Entwicklungsmodells entspricht dem psychischen Ich der Körper, den ich habe (funktionaler Aspekt), während der Leib, der ich bin, dem narzißtischen Aspekt entspricht (Abb. 9). Der Ebene der internalen Objekbeziehungen und der späteren grundlegenden Objekterfahrungen analog sind die Körpererinnerungen, Somatisierungen oder Verkörperungen. Die oben berichteten Studienergebnisse sprechen für eine veränderte Wahrnehmung des Körpers und seiner Funktion in der Weise, daß die leibliche Existenz und die körperliche Funktion nicht mehr als ausschließlich selbstverständlich gegeben wahrgenommen wird. Analog zur Veränderung der Körperfunktionen besteht das Ich-strukturelle Problem der kognitiven Bewältigung dieser Veränderungen ebenso wie der narzißtische Umgang mit der sich verändernden Leiblichkeit. Die sich verändernde Körperlichkeit im Alternsprozeß stellt zugleich auch eine intrapsychische Symbolisierungsebene für das Zeiterleben und die Strukturierung der Zukunftsperspektive dar. Die interaktionistischen entwicklungspsychologischen Theorien (Tab. 2) wurden deshalb um eine wesentliche Dimension, die des körperlichen Alternsprozesses, ergänzt.

Das hier vorgestellte Entwicklungsmodell folgt am ehesten einer spiraligen Figur in Raum und Zeit mit einer Durchdringung aller angesprochenen Strukturelemente über alle Ebenen hinweg, jedoch mit wechselnden Organisatoren als „Schwunggeber" einer voranschreitenden Entwicklung.

Theoretische Überlegungen, die von einer grundsätzlich im Regulationssystem des Narzißmus begründeten Entwicklungsanforderung im Alter ausgehen, übersehen unseres Erachtens die Schrittmacherfunktion des körperlichen Alternsprozesses, der zweifellos zu auch klinisch relevanten narzißtischen Konflikten und Krisen führen kann. Der Alternsprozeß ist insoweit eine biologische Zumutung im doppelten Wortsinne: von der Biologie abverlangt und unter dem Aspekt des Selbstwertes zu verarbeiten.

Fragt man, warum nicht die Ich-Funktionen oder die sich weiter verändernden Objektbeziehungen in der Organisatorfunktion gesehen werden, sprechen sowohl empirische als auch klinische Befunde dagegen. Ein Alternder kann im Extrem alle äußeren Parameter stabil halten (stabile Ehe, alle Kinder wohnen fußläufig in gelungenen Partnerschaften, der Freundeskreis ist weitgehend erhalten, die geistigen Funktionen unbeeinträchtigt etc.), dennoch wird er sich mit dem körperlichen Alternsprozeß, der im Idealfall ganz undramatisch verlaufen mag, auseinanderzusetzen haben. – Die Kenntnis dieser Zusammenhänge wird das Verständnis des in → Kap. 3.2 referierten Konzeptes „Aktualkonflikt", das auch in die Konfliktachse der Operationalisierten Psychodynamischen Diagnostik (Arbeitskreis OPD 1996) aufgenommen wurde, erleichtern.

Es bedarf an dieser Stelle keiner weiteren Erläuterung, daß diese Modellbildung das Individuum stets in seinem historischen und soziokulturellen Kontext mitdenkt. In den Abb. 8 und 9 könnte man außen herum jeweils einen Rahmen spannen, um diesen Kontext in seiner Vielfältigkeit zu symbolisieren. Die durch den jeweiligen Organisator der Entwicklung vorangetriebenen Aufgaben sind in einem transaktionalen Prozeß auch immer mit der aktuellen Umwelt, die eher förderlich oder eher hinderlich sein kann, in Bezug zu setzen.

Aus kognitiv-behavioraler Sicht gibt es bisher keine expliziten Entwicklungsmodelle für die zweite Hälfte des Erwachsenenlebens. Allerdings wird von verhaltenstherapeutischer Seite ebenfalls z. B. das erstmalige Auftreten depressiver Erkrankungen im Alter mit chronischer körperlicher Krankheit oder ungünstigeren Lebensumständen in Verbindung gebracht (z. B. Roth 1993). Nach Murrel et al. (1991) besteht eine signifikante Beziehung zwischen der Verschlechterung der körperlichen Gesundheit und dem Auftreten depressiver Syndrome. Und Oxman et al. (1992) wiesen eine hohe Korrelation zwischen einer Verschlechterung des Funktionsniveaus und einer Erhöhung der Depressionswerte nach. Was die negativ konnotierten Altersstereotypien, die therapeutisch angehbar sind (Freedman 1986), hervorbringen, bleibt offen. Thomae (1970) betont die Bedeutung des Gleichgewichtes zwischen den kognitiven und den motivationalen Systemen des Individuums vor allem für alte Menschen.

2.3.3 Vulnerabilität und Resilienz – klinische Konsequenzen

Das Entwicklungsmodell wechselnder Organisatoren legt zugleich die Vorstellung einer Entwicklung über den gesamten Lebenslauf nahe, die das Bild eines stets anzustrebenden höheren Organisationsniveaus („Stufenmodell") ersetzt durch die Vorstellung einer beständigen Neuordnung bisheriger Systeme unter je besonderen Entwicklungsanforderungen. Aus gerontologischer Sicht sind in diesem Prozeß bei Alternden sowohl Risikofaktoren als auch protektive Faktoren zu unterscheiden.

Wie Abb. 10 verdeutlicht, sind sowohl bei den Risikofaktoren als auch bei den protektiven Faktoren individuumszentrierte Bedingungen von „übergreifenden" Rahmenbedingungen zu unterscheiden. Unter die Rahmenbedingungen fallen externe Faktoren, wie z. B. geringe soziale Bildung, Armut im Alter, problematische Wohngebiete bzw. nicht altengerechte Wohnungen und Randgruppenzugehörigkeit. Auch Lebens-

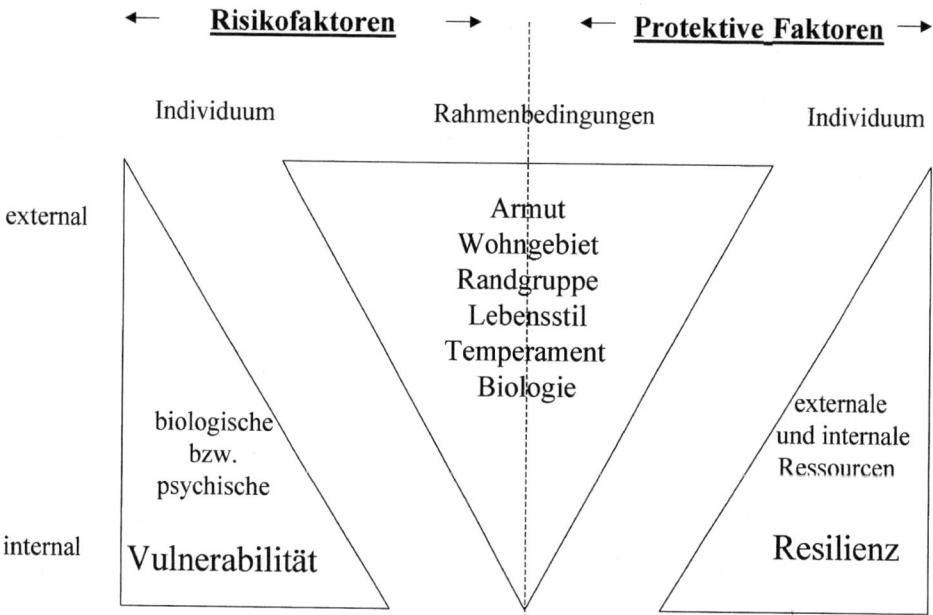

Abb. 10: Zur Dynamik von Vulnerabilität, Rahmenbedingungen und Resilienz: Risikofaktoren und protektive Faktoren unter dem Gesichtspunkt externalen und internalen Erlebens Alternder

stil, Temperament und biologische Ausstattung können aus Sicht des Individuums noch einen externalen Aspekt haben – jedoch deutlich weniger ausgeprägt. In Abb. 10 werden sie symbolisiert durch das auf der Spitze stehende, sich in Richtung der intrapsychischen Konnotation verjüngende Dreieck.

Unter dem Aspekt der Risikofaktoren wird, auf das Individuum bezogen, von einer *psychischen Vulnerabilität* gesprochen, deren biologischer Aspekt in gewissen Grenzen auch „external" imponieren kann. Unter die protektiven Faktoren werden die auf das Individuum bezogenen Schutzfaktoren durch das Konzept der *Resilienz* (Werner & Smith 1982) gefaßt, wobei Resilienz auf Nutzung sowohl externaler als auch internaler Ressourcen fußt.

Das Verständnis dieser Zusammenhänge von Rahmenbedingungen, Vulnerabilität und Resilienz wird zusätzlich dadurch kompliziert, daß z. B. äußere Umstände nicht in stets gleicher Weise die Entwicklung der inneren Repräsentanz von Resilienz fördern. So können spezifische Verhaltensweisen dabei helfen, eine bestimmte Extremsituation überleben zu können, während die gleichen Verhaltensweisen in normalen Alltagssituationen u. U. sogar hinderlich wären. Da Vulnerabilität und Resilienz keine stabilen Persönlichkeitsmerkmale sind, sondern über die Zeit und in verschiedenen Situationen variieren, kann zwischen einer *konstitutionellen Resilienz* bzw. *Vulnerabilität* und einer *Resilienz-* bzw. *Vulnerabilitätsentwicklung* gesprochen werden (Noam 1997). Unter einer systemischen Perspektive werden die unabhängig erscheinenden Schutz–bzw. Risikofaktoren Teil der Gesamtperson. Resilienzentwicklung und die Entwicklung von Vulnerabilitätserleben wirkt somit in einer komplex-variablen Weise auf das Selbsterleben der Person ein. Diese Zusammenhänge machen verständlich, daß insbesondere die mit dem Alter ansteigende biologisch begründete Vulnerabilität Hochbetagten erhebliche psychische Leistungen abfordert, die so im mittleren Lebensalter in der Regel nicht nötig waren.

Die möglichen Relationen von Vulnerabilität – Rahmenbedingungen – Resilienz lassen sich prototypisch in Beziehung zum Risiko psychischer Gesundheit vs. Krankheit setzen:

- Hohe Vulnerabilität + ungünstige Rahmenbedingungen + geringe Resilienz ⇒ Krankheitsrisiko ↑

- Hohe Vulnerabilität + günstige Rahmenbedingungen + geringe Resilienz ⇒ Krankheitsrisiko ↑

- Ungünstige Rahmenbedingungen + ausgeglichenes Verhältnis von Vulnerabilität und Resilienz ⇒ Krankheitsrisiko →

- Geringe Vulnerabilität + ungünstige Rahmenbedingungen + hohe Resilienz ⇒ Krankheitsrisiko →

- Geringe Vulnerabilität + günstige Rahmenbedingungen + hohe Resilienz ⇒ Krankheitsrisiko ↓

Für diese Zusammenhänge gibt es bei jüngeren Erwachsenen inzwischen zahlreiche empirische Befunde. So kann als belegt gelten, daß Jugendliche trotz eines hohen Potentials an äußeren Risikofaktoren eine günstige Entwicklung nehmen können (Egle et al. 1997). Umgekehrt ist auch die Rückkehr zu einer adaptiven Ebene der entwicklungspsychologischen Organisation nach einer Zeit der Pathologisierung wahrscheinlicher, wenn die Organisationsebene vor dem Zusammenbruch kompetent und adaptiv funktionierte (Sroufe et al. 1990).

Die komplexe Variabilität von Vulnerabilität – Rahmenbedingungen – Resilienz läßt sich nicht in einfachen empirischen Modellen von abhängigen und unabhängigen Variablen beschreiben. Aufgrund des notwendigen hohen Forschungsstandards zur Aufklärung dieser Zusammenhänge ist nur mit ausschnitthaften empirischen Erkenntnissen zu rechnen. Daß keine stringenten Kausalketten als Erklärungsmodell für psychische Gesundheit im Alter zu erwarten sind, sondern viele Bedingungen und Entwicklungswege zum gleichen Erscheinungsbild führen, wird als *Äquifinalität* bezeichnet (Kusch & Petermann 1998). Im umgekehrten Sinne wird das Phänomen, daß Menschen mit gleichartigen Entwicklungswegen und ähnlichen Rahmenbedingungen unterschiedliche Krankheitsbilder bzw. Störungen entwickeln, als *Multifinalität* benannt (Cicchetti & Rogosch 1996).

Äquifinalität und Multifinalität haben insbesondere im Hinblick auf die Bedeutung der syndromalen Diagnostik (ICD-10, DSM-IV) bei Alternden eine große Bedeutung. Beispielsweise können sowohl schwere Kränkungen im Lebenslauf als auch die Notwendigkeit der Verarbeitung einer chronischen Krankheit oder eine Störung in den Transmittersystemen des Gehirns eine depressive Störung begründen (Äquifinalität). Umgekehrt kann klinisch gesehen ein syndromal diagnostiziertes Untergewicht bei Menschen mit vergleichbarer Biographie und aktuellen Lebenssituation u. a. begründet sein in psychotischen Vergiftungsängsten, einer depressiven (Eß-)Störung, einer Anorexia nervosa, einer Fehlernährung bei anakastischer Persönlichkeitsstörung, einem Irritable Bowel Syndrom oder einer Tumor-Kachexie (Multifinalität). Diese wenigen Beispiele zeigen, daß gerade in der gerontopsychosomatischen Diagnostik gute internistisch-geriatrische wie auch gerontopsychiatrische Kenntnisse gleichermaßen wichtig sind, um neben Biographie und Lerngeschichte alle relevanten Faktoren zu erfassen, die den Menschen mit seiner bisherigen Entwicklung beschreiben. Die Erfassung dieser Komplexität ist nicht durch einfache Diagnose-Algorithmen zu ersetzen. Es erfordert umfangreiche klinische Erfahrung, um zusammen mit dem Alternden im zweiten Schritt entwicklungfördernde psychotherapeutische Interventionen zu erarbeiten (→ Kap. 6).

Wenn wir derart konsequent auf die Bedeutung von Vorannahmen für das Altersbild und die in dieser Lebensphase notwendigen Entwicklungen hinweisen, könnte man uns eine Nähe zum Konstruktivismus unterstellen. In der Tat halten wir das konstruktive Moment der menschlichen Psyche für gewichtig: Beispiele sind der ständige Hang, Erklärungen und Deutungen für unbekannte Phänomene zu finden/zu konstruieren. Der *radikale Konstruktivismus* (Maturana 1987; Luhmann 1990) vertritt die Auffassung, alle Wahrnehmungen seien Konstrukte; daher sei eine objektive Erkenntnis unmöglich. Bedeutungszuweisungen vollzögen sich in geschlossenen, selbstreferentiellen und selbstexplikativen Systemen. Obwohl der Konstruktivismus gerade in einer immer komplexeren Gesellschaft zur Orientierung beitragen kann, indem die oft absolut gesetzten Forderungen einzelner Gruppen als Konstrukte von Wirklichkeit relativiert werden können, folgen wir aus klinischer Sicht den Annahmen der beiden psychotherapeutischen Grundverfahren. Aus Sicht des psychoanalytischen und des kognitiv-behavioralen Grundverfahrens erlebt der Mensch jeweils – im Gegensatz zur Auffassung des Konstruktivismus – ein unterscheidbares „Innen" und „Außen" mit einer je gegebenen Relation von

Selbst- und Objektwert bzw. Selbstwirksamkeit. Er sieht sich in einem dialogischen Prozeß zur „objektiven" Welt der „signifikanten Anderen". Intrapsychische Prozesse wie
Projektionen oder dysfunktionale Gedanken können zu Verzerrungen der Wahrnehmung führen, die sich jedoch im „objektivierenden" Dialog einer psychotherapeutischen
Behandlung relativieren lassen. Letztlich würde eine radikal-konstruktivistische Haltung
es nicht mehr erlauben, eine „objektivierende" Diagnostik als Basis für eine differenzielle Psychotherapie-Indikation und eine psychosomatisch-psychotherapeutische Krankenbehandlung vorzunehmen.

Dem körperlichen Alternsprozeß die Rolle einer Organisator-Funktion bei Alternden
zuzuweisen, läßt sich auch aus Sicht gerontologischer Forschungsergebnisse stützen.
So dienen im Metamodell der *Selektiven Optimierung mit Kompensation (SOK)* die
Prozesse Selektion, Optimierung und Kompensation dazu, Entwicklung im Angesicht
vielfältiger Einbußen zu ermöglichen (Baltes & Baltes 1990). Diese Einbußen werden
in der Literatur ebenfalls vor allem unter physischen Gesichtspunkten diskutiert:

- Selektion von Zielen, Bereichen und Aktivitäten: Wenn z. B. nach einem Schlaganfall Gartenarbeit unmöglich geworden ist, können entwicklungsorientierte Interventionen die notwendigen Selektionsprozesse (hier: Verzicht auf Aktivität in
  einem Lebensbereich) unterstützen.
- Optimierung zur Verbesserung von Mitteln und Wegen zur Zielerreichung: z. B.
  durch Erwerb neuer Fähigkeiten und Fertigkeiten oder zur Verfeinerung vorhandener Mittel, wie etwa der Orientierung über das Gehör bei zunehmenden Sehstörun-
  gen.
- Kompensation zum Ausgleich von Defiziten in den Mitteln zur Zielerreichung: Die
  angestrebten Veränderungen erfolgen aufgrund eines Verlustes; Hörgerät, Brille
  und Rollstuhl sind klassische Beispiele für Kompensationsstrategien.

Das SOK-Modell ist somit eine Amplifizierung für die Plastizität und Veränderbarkeit
von Alternsverläufen. Interventionen, die sich auf das SOK-Modell beziehen, haben
nicht zwangsläufig eine allgemeine Verbesserung zur Folge. Bei Alternden kann das
Ziel einer erfolgreichen Intervention auch bedeuten, eine drohende Verschlechterung
der Gesamtsituation zu verhindern oder auch eine Verlangsamung drohender Abhängigkeiten zu erreichen.

2.4 Mehrdimensionalität und Multidirektionalität der Entwicklung: Stärken und Schwächen im Alter

In der öffentlichen Diskussion über die gesellschaftlichen Folgen, die aus der zunehmenden Anzahl älterer Menschen erwachsen, sind *zwei gegensätzliche Standpunkte*
erkennbar. Der eine betont die „Stärken" im Alter und die daraus erwachsenden
Gewinne für die Gesellschaft, der andere die „Defizite" im Alter und die mit diesen
verbundenen Belastungen für die Gesellschaft.

2.4.1 Stärken im Alter: Fachkompetenzen und Daseinskompetenzen

Als Beispiel für die *Stärken* im Alter und die daraus erwachsenden Gewinne für die Gesellschaft werden Erfahrungen und bereichsspezifische Wissenssysteme genannt, die auch eine Grundlage für die Bewältigung der Anforderungen und Belastungen im Alter sowie für die kompetente Ausübung ehrenamtlicher Tätigkeiten im Alter bilden. In diesem Zusammenhang ist die Unterscheidung zwischen *Daseinskompetenzen* und *Fachkompetenzen* wichtig (siehe Zweiter Altenbericht der Bundesregierung 1998).

Daseinskompetenzen beschreiben die Fähigkeiten und Fertigkeiten des Menschen zur Bewältigung von Anforderungen, Aufgaben, Belastungen und Konflikten sowie zur kreativen Nutzung von Möglichkeiten, die das Leben bietet. Diese Daseinskompetenzen spiegeln sich zunächst im *Lebenswissen* wider, das in *Faktenwissen* und *Strategiewissen* differenziert werden kann. Mit *Faktenwissen* wird das Wissen über jene Aufgaben und Anforderungen bezeichnet, die das Leben in den verschiedenen Lebensaltern an den Menschen richtet, mit *Strategiewissen* das Wissen über jene Daseinstechniken, die sich in besonderer Weise für die Meisterung dieser Aufgaben und Anforderungen eignen. Die Daseinskompetenzen bilden weiterhin eine Grundlage der „psychischen Widerstandsfähigkeit" („Resilienz"), die sich in der Aufrechterhaltung oder Wiederherstellung der psychischen Anpassung bei hohen psychischen Belastungen widerspiegelt. Die Tatsache, daß im Alter die Lebenszufriedenheit nicht niedriger und die Prävalenz für schwere Depressionen nicht höher ist als in früheren Lebensaltern, spricht für die in diesem Lebensabschnitt gegebene Widerstandsfähigkeit. Dabei wird von einigen Autoren betont, daß diese Daseinskompetenzen ebenfalls im Sinne von „gesellschaftlicher Produktivität" interpretiert werden können, da jene älteren Menschen, die diese Fähigkeit entwickelt haben, anderen Menschen durchaus ein Vorbild sein können (Staudinger 1996).

Fachkompetenzen beschreiben hingegen die Fähigkeiten und Fertigkeiten des Menschen zum effektiven Umgang mit beruflichen Anforderungen. Stärken des Alters können sowohl in den Daseinskompetenzen (als Ergebnis einer bewußten und reflektierten Auseinandersetzung mit Entwicklungsaufgaben im Lebenslauf) als auch in bereichsspezifischen Fachkompetenzen (als Ergebnis der Entwicklung effektiver Strategien sowie des Aufbaus von Wissenssystemen) gesehen werden. Das von der Bundesregierung seit 1993 geförderte Programm der „*Seniorenbüros*" (siehe dazu Bundesministerium für Familie und Senioren 1994; Fachinger 1999) geht von möglichen Stärken des Alters aus, die durch die Schaffung einer geeigneten Infrastruktur gesellschaftlich genutzt werden sollen. Daneben bestehen bereits seit vielen Jahren ehrenamtliche Initiativen, die von älteren Menschen selbst ins Leben gerufen wurden, so zum Beispiel die „*Kompanie des guten Willens*", die „*Wissensbörse*" oder der „*Senioren-Experten-Service*", die das Ziel verfolgen, die im Lebenslauf entwickelten Fähigkeiten, Fertigkeiten und Wissenssysteme auf sozial konstruktive Weise zu nutzen. Diese Initiativen werden in der Gerontologie als ein bedeutsamer Beitrag zum *produktiven Alter* (Baltes & Montada 1996) sowie zur Umsetzung individueller Potentiale in gesellschaftliche Potentiale (Riley & Riley 1994) gewertet. In ganz ähnliche Richtung weisen die Ende der 80er und Anfang der 90er Jahre unterbreiteten Vorschläge, leitende Mitarbeiter und Mitarbeiterinnen, die bereits in das Rentenalter eingetreten sind, für die Ausübung spezifischer Aufgaben wieder in den Betrieb zurückzuholen (Balk 1992; Bundesministerium für Arbeit und Sozialordnung 1993; Skarpelis-Sperk 1992). Als Grundlage für diese Unternehmensstrategie wurde das breite Spektrum beruflicher Erfahrungen („Schlüsselqualifikationen") genannt, die dazu qualifizieren, beratend bei der Neuorganisation von Arbeitsabläufen, bei der Verbesserung der innerbetrieblichen Kommunikation sowie bei der Einarbeitung von jungen Mitarbeitern tätig zu sein. In einer Untersuchung von Klemp & McClelland (1986) zur beruflichen Expertise älterer Manager, die sehr gute Bilanzen erzielt hatten und die von den Unternehmen als besonders erfolgreich eingeschätzt worden waren, wurden acht Bereiche „beruflicher Fachkompetenzen" ermittelt, die auch als Stärken im höheren Erwachsenenalter interpretiert werden können:

(1) Planung, kausales Denken (Beispiel: Entwicklung von Strategien zum effektiven Umgang mit neuen beruflichen Anforderungen sowie zur Personalentwicklung),
(2) synthetisches und konzeptuelles Denken (Beispiel: Identifikation der wichtigen Merkmale eines Arbeitsablaufes),
(3) aktive Informationssuche zum besseren Verständnis möglicher Problemen bei einzelnen Arbeitsabläufen und möglicher Ursachen dieser Probleme,
(4) Bedürfnis nach Einflußnahme,
(5) direkte Einflußnahme (Beispiel: Problem- und ergebnisorientierte Gespräche mit Mitarbeiterinnen und Mitarbeitern),
(6) Kooperations- und Teamfähigkeit (Beispiel: Delegation spezifischer Aufgaben und Entscheidungen an Mitarbeiter sowie systematisches Abrufen der erzielten Ergebnisse),
(7) symbolische Einflußnahme durch Vorbild-Funktion,
(8) Selbstvertrauen und hohe berufliche Motivation.

2.4.2 Schwächen im Alter: Erhöhte Verletzbarkeit des Organismus

Den möglichen gesellschaftlichen Gewinnen, die aus den genannten Stärken des Alters erwachsen können, werden in der öffentlichen Diskussion die möglichen gesellschaftlichen Belastungen gegenübergestellt, die durch die Schwächen oder Risiken des Alters verursacht werden. In diesem Zusammenhang ist zunächst zu betonen, daß im „vierten Lebensalter", d.h. ab dem neunten Lebensjahrzehnt, die „Vulnerabilität" (Verletzbarkeit) des Organismus erkennbar zunimmt und die Ressourcen zur Wiederherstellung des Funktionsniveaus deutlich zurückgehen (Baltes 1999). In besonderer Weise äußert sich die erhöhte Vulnerabilität des Organismus in der Zunahme chronischer Erkrankungen und der Multimorbidität, in der Zunahme der Hilfs- und Pflegebedürftigkeit sowie in der Zunahme dementieller Erkrankungen im neunten und vor allem im zehnten Lebensjahrzehnt. Der Anteil der pflegebedürftigen Menschen liegt in der Altersgruppe der 65-69jährigen bei 1,7 %, in der Altersgruppe der 75-79jährigen bei 6,2 %, in der Altersgruppe der über 85jährigen hingegen bei 23,3 % (Infratest 1993). Ergebnissen mehrerer epidemiologischer Studien zufolge liegt die Prävalenz für Demenzen bei den 80-84jährigen zwischen 8 % und 15 %, bei den über 90jährigen bei über 40 % (Bergener 1998; Helmchen et al. 1996). Die genannten Risiken des vierten Lebensalters werden in der öffentlichen Diskussion betont. In der demographischen Entwicklung – und hier vor allem im wachsenden Anteil 80jähriger und älterer Menschen (von fast 4 % im Jahre 2000 auf 11-12 %) – wird eine der zentralen sozialpolitischen Herausforderungen der kommenden Jahrzehnte gesehen, weil eine deutliche Zunahme der pflegebedürftigen älteren Menschen sowie der psychisch erkrankten Menschen erwartet wird (siehe dazu Enquête-Kommission 1998). Das 1994 und 1995 in zwei Stufen eingeführte Pflegeversicherungsgesetz (SGB XI) ist eine Antwort auf diese sozialpolitische Herausforderung.

Stärken und Schwächen im Alter wurden mit Absicht einander gegenübergestellt, weil sie deutlich machen, daß verallgemeinernde Aussagen über „die“ Gruppe älterer Menschen nicht möglich sind. Das Alter ist ein komplexes Phänomen, das nicht durch eine einzelne allgemeine Aussage über die Leistungsfähigkeit eines Menschen ausreichend charakterisiert werden kann. Diese Komplexität zeigt sich im *gleichzeitigen Auftreten von Stärken und Schwächen*. Die Stärken sind eher in jenen Bereichen der Person erkennbar, die in hohem Maße von der Kultur, von unserem Wissen und von unseren Erfahrungen beeinflußt sind. Beispiele dafür sind (a) die *„kristalline“, erfahrungsgebundene Intelligenz*, die die Fähigkeit zur Lösung vertrauter kognitiver Probleme beschreibt, (b) *Wissenssysteme*, die im Lebenslauf ausgebildet wurden und die im Alter weiter differenziert werden können, und (c) die *Auseinandersetzung mit Entwicklungsaufgaben* sowie mit Anforderungen, Konflikten und Belastungen, wobei in dieser Auseinandersetzung Daseinskompetenzen sichtbar werden können, die Menschen in früheren Lebensaltern entwickelt haben. Die Schwächen sind hingegen vor allem in jenen Bereichen der Person erkennbar, die primär von biologischen Prozessen beeinflußt sind. Beispiele dafür sind (a) die *körperliche Leistungsfähigkeit* sowie die *Adaptationsfähigkeit* des Organismus, (b) die *Kapazität der sensorischen Organe*, (c) *sensomotorische Funktionen* und (d) die *fluide Intelligenz*, die grundlegende Prozesse der Informationsverarbeitung, der Wahrnehmung und des Gedächtnisses beschreibt und die sich vor allem in der Fähigkeit zur Lösung neuartiger kognitiver Probleme widerspiegelt.

2.4.3 „Reifekurve“ vs. „Alterskurve“: Möglichkeit weiteren Wachstums der Person trotz bestehender Verletzbarkeit des Organismus

Die genannten Beispiele für Stärken und Schwächen im Alter sprechen für die Notwendigkeit, Altern als einen Prozeß zu verstehen, der *verschiedenartige* Entwicklungsverläufe umfaßt. Die mit dem Altern verbundenen Veränderungen des Organismus und des Zentralnervensystems beschreiben ein qualitativ anderes Geschehen als die mit dem Altern verbundenen Veränderungen unseres Wissens, unserer Erfahrungen, unseres Umgangs mit Lebensanforderungen und unserer Persönlichkeit. Während erstere eher auf Verluste deuten, sind in letzteren eher Stabilität oder sogar weitere Differenzierung erkennbar. Mit anderen Worten: Entwicklung im Lebenslauf ist als ein *mehrdimensionales* Geschehen zu verstehen, und bereits im mittleren, vor allem aber im höheren Erwachsenenalter sind Unterschiede zwischen den Dimensionen in der *Richtung* der Entwicklungsprozesse erkennbar, so daß nicht nur von der *Mehrdimen-*

sionalität, sondern auch von der ***Multidirektionalität*** der Entwicklung im Alter gesprochen wird.

In der frühen Literatur zur Persönlichkeitspsychologie finden sich unseres Erachtens anschauliche Beispiele für die Mehrdimensionalität und Multidirektionalität von Entwicklung, das heißt auch für das gleichzeitige Auftreten von Stärken und Schwächen im Alter. In dem Buch „Schichten der Persönlichkeit" (1932, S. 152f) schreibt der Philosoph und Psychologe Erich Rothacker unter der Überschrift „Exkurs über Altern und Reifen":

> „Während die medizinische Alternsforschung überwiegend und wohl noch geraume Zeit damit beschäftigt sein dürfte, die Symptome und Relationen eines mit dem Altern verbundenen Nachlassens der Organe zu prüfen, zeigt die Analyse der kulturellen Dokumentationen höheren geistigen Schaffens, das auf dem methodischen Studium einiger hundert oeuvres und ihrer Vergleichung zu begründen wäre, schon auf den ersten Blick, daß die größten geistigen Leistungen oft gerade in Lebensaltern gelingen, in denen, nach unwiderleglichen Feststellungen, die Leistungsfähigkeit vieler einzelner Organe und Funktionen bereits wesentlich nachgelassen hat. . . . Für den Geist des schaffenden Menschen und dessen Leistungen gibt es offenbar eine Reifungskurve, welche sich mit der Alterskurve schneidet. Ja, man kann wohl sagen, wo die letztere bereits sichtlich dominiert, da ist oft die erstere kaum zur Geltung gekommen. Ist die steigende Reifungskurve aber da, dann muß sie sich mit der Alterskurve schneiden."

In dem Buch „Persönlichkeit – eine dynamische Interpretation" (1951, S. 337f) schreibt der Psychologe Hans Thomae unter der Überschrift „Altern und Reifen":

> „Die Alterskurve schließt alle . . . Phänomene der zunehmenden Einengung des Gesichtskreises, der Stereotypisierung der Funktionen, des Nachlassens der Affektivität und der Selektivität der Reizaufnahme ein. Die Reifekurve dagegen ist diejenige der zunehmenden Präzision, Verläßlichkeit und Differenziertheit von Äußerungen und Wirkungen, sie ist das Ergebnis höchstmöglicher Integration von Erfahrung und Verhalten. . . . Die Variationen der Zuwendung zum Daseins und der Verarbeitung von Erlebnissen, wie sie sich mit höherem Lebensalter einstellen, sind sicherlich sowohl im Vorgang der Reifung (als der zunehmenden Durchdringung aller Abläufe mit einigen Grunderfahrungen, ihrer Integration zu bestimmten Zielen und Einstellungen hin) und des Alters (als der zunehmenden Verengung des Gesichts- und Wirkungskreises) impliziert. Dennoch würde eine ‚Psychologie des Alters und Reifens', welche nicht das Leben von schöpferischen Menschen und nicht in erster Linie bestimmte Werkgestaltungen und ihre Variabilität im hohen Alter in Betracht zieht, eine Reihe anderer Momente hervorheben als die vorhin erwähnten. So könnte man etwa als Maßstab der ‚Reife' die Art nehmen, wie der Tod ‚integriert' oder ‚desintegriert' wird, wie das Dasein im ganzen eingeschätzt und empfunden wird, als gerundetes oder unerfüllt und Fragment gebliebenes, wie Versagungen, Fehlschläge und Enttäuschungen, die sich auf einmal als endgültige abzeichnen, abgefangen oder ertragen werden, wie Lebenslügen, Hoffnungen, Ideale, Vorlieben, Gewohnheiten konserviert oder revidiert werden. Güte, Gefaßtheit, Abgeklärtheit sind Endpunkte einer Entwicklung zur ‚Reife' hin, Verhärtung, Protest, ständig um sich greifende Abwertung solche eines anderen Verlaufs."

In diesen beiden Beispielen wird zwischen „Altern" und „Reifen" differenziert; dabei werden diese beiden Prozesse verschiedenen Dimensionen der Person zugeordnet. „Altern" beschreibt den Veränderungsprozeß des Organismus, der einzelnen Organe und Organsysteme sowie des Zentralnervensystems, wobei eine abnehmende Leistungskapazität in diesen Bereichen angenommen wird. „Reifen" beschreibt hingegen den Veränderungsprozeß in den Bereichen der Erfahrung, des Wissens, der Kreativität und der Einstellung zum Leben, wobei von der Möglichkeit des kontinuierlichen Wachstums und der Differenzierung in diesen Bereichen ausgegangen wird.

2.4.4 Der Subjekt-Begriff in der Medizin

In dem für die Psychosomatik klassischen Werk „Der Gestaltkreis" (1940) des Arztes Viktor von Weizsäcker wird an zahlreichen Stellen hervorgehoben, daß das tiefere Verständnis der Ursachen von Erkrankungen einen *ganzheitlichen Analyseansatz* erfordere, der erst durch die „Einführung des Subjekts in die Medizin" (S. 150) ermöglicht werde.

> „Die Anfänge des Gestaltkreises liegen, wie ich glaube, besonders deutlich und anschaulich in den Erfahrungen und Aussagen bestimmter Kranker, die freilich nur wahrgenommen werden, wenn man, die Angst vor dem Subjektiven überwindend, sich auch den zartesten Eindrücken überläßt. Der Kliniker ist darin weniger besorgt als der Experimentalforscher. Er nimmt die Bausteine zu seiner Diagnose, wo er sie bekommt, und mischt unbedenklich die subjektiven Aussagen des Kranken mit den objektiven Symptomen, wenn er auch nach seiner modernen Erziehung die letzteren meistens vorzieht. ... Daß aber jenes Mischen ganz zufällig sei, ist doch nicht zu folgern. Wir erwarten vielmehr, daß es ihm doch nur darum nützlich sein kann, weil in ipsa natura rerum eine bestimmte Ordnung zwischen Subjektivem und Objektivem herrscht. Der Kliniker weiß nur, daß er sich der Fahrlässigkeit schuldig machte, wenn er notfalls nicht auch die allerkleinste subjektive Äußerung benutzte, um in einem dunklen Falle doch noch einen Weg zur Erkenntnis zu finden. Schon dies aber weist auf eine tiefe Verbundenheit der Subjektivität mit der Objektivität hin. ... Ein besonders starker Druck, dem Subjektiven nachzuspüren, geht von den Fällen aus, in denen die objektive Methode der Physiologie versagt. Es ist angenehm, wenn wir eine Lähmung durch eine Unterbrechung der Nerven, eine Gewichtsabnahme durch eine Steigerung des Grundumsatzes kausal erklären können. Dann aber kommen Zustände und Ereignisse, in welchen der Lebensvorgang aus der so gewiesenen Bahn der Kausalketten auszubrechen scheint. Wir können als ein Beispiel die Phänomene erkennen, die wir mit dem Namen der Krise zusammenfassen wollen. Da ist es dann so, daß der Ablauf bestimmter Ordnungen mehr oder weniger plötzlich unterbrochen wird, indem ein ganz und gar stürmisches Geschehen sich einstellt; mit diesem, durch dieses kann es zur Entstehung eines neuen, andersartigen Bildes kommen, dessen wieder stabile Ordnung dann auch wieder die durchsichtigere, erklärbare Struktur besitzt, die eine neue Kausalanalyse gestattet. Es gelingt aber nicht, diesen neuen Zustand aus dem früheren einfach abzuleiten (S. 151).

Die „tiefe Verbundenheit" der Subjektivität mit der Objektivität, von der Viktor von Weizsäcker hier spricht, sowie die „Krise", mit der er die „Unterbrechung einer Ordnung" beschreibt, weisen auf die Bedeutung hin, die das *Subjekt* sowohl für die Gesundheit als auch für die Entstehung und den Verlauf einer Erkrankung besitzt. Drei Aspekte sind hier besonders zu betonen.

(1) Krankheiten treffen das Subjekt in seiner Ganzheit, oder wie es Viktor von Weizsäcker an anderer Stelle ausdrückt, *den ganzen Menschen*. Wir „haben nicht eine

Krankheit", sondern „wir sind krank", d. h. die Krankheit berührt die verschiedenen Dimensionen der Existenz. Dieser Aspekt ist auch in der Hinsicht von Bedeutung, als der „Zustand" (oder das Funktions- und Anpassungsniveau) auf den verschiedenen Dimensionen Einfluß auf den weiteren Verlauf der Erkrankung ausübt: Inwieweit gelingt es dem Menschen, die Krise zu überwinden und zu einer „neuen Ordnung" zu gelangen? Ein Beispiel: Im Falle einer hohen psychischen Belastung oder einer existentiellen Krise kann eine Erkrankung an Schwere gewinnen oder die Heilung von dieser Erkrankung verzögert sich. Die Tatsache, daß die Krankheit alle Dimensionen der Existenz berührt, erklärt unseres Erachtens auch die in der medizinischen und psychologischen Forschung immer wieder nachgewiesenen Unterschiede zwischen der „objektiven", d. h. vom Arzt beurteilten, und der „subjektiven", d. h. vom Patienten bewerteten Gesundheit. Diese Unterschiede, die sowohl bei „jungen" als auch bei „alten Alten" gefunden wurden (Lehr 1997; Perrig-Chiello et al. 1996; Smith et al. 1996), hängen mit zahlreichen Merkmalen der „Gesamtsituation" (v. Weizsäcker 1940) zusammen, unter denen vor allem die Lebenseinstellung („Lebenszufriedenheit"), der Grad der physischen, psychischen, kognitiven und sozialen Aktivität sowie der Grad der sozialen Integration sowie die subjektive Bewertung der sozialen Beziehungen zentrale Bedeutung besitzen.

(2) Die Aufrechterhaltung der Gesundheit oder, umgekehrt, das Eintreten einer Erkrankung ist nicht allein vom Zustand auf der physischen Dimension beeinflußt, sondern auch vom Zustand auf den anderen Dimensionen der Person sowie von der Art der Interaktion zwischen den verschiedenen Dimensionen. Bei hoher psychischer Belastung oder im Falle einer existentiellen Krise – in der die Aufrechterhaltung der inneren Ordnung gefährdet oder sogar gestört ist – kann plötzlich eine Erkrankung auftreten, durch die in besonderer Weise deutlich wird, daß sich das Subjekt in einer Krise befindet. In einer empirischen Studie zur psychischen Situation älterer Patienten, die einen Schlaganfall erlitten haben (Kruse 1989b), wurde deutlich, daß nicht wenige Patienten – retrospektiv – den Schlaganfall als ein Geschehen deuteten, das inmitten einer persönlichen Krise, die durch eine Vielzahl von Belastungen und Konflikten verursacht war, auftrat. Andere Patienten stellten im Interview ihre psychische und soziale Situation im Vorfeld des Schlaganfalls so dar, daß bestehende Belastungen und Konflikte kontinuierlich zunahmen oder immer wieder neue Belastungen und Konflikte auftraten, so daß sich allmählich der Zustand der psychischen Überforderung und Erschöpfung einstellte; die Schilderung der Belastungen und Konflikte mündete schließlich in die Aussage: „Und dann kam der Schlag."

(3) Die Überwindung der Krise, d. h. die Herstellung einer „neuen Ordnung", ist nicht allein ein organisches, sondern vielmehr ein *personales Geschehen,* in dem die verschiedenen Dimensionen des Menschen angesprochen sind. Es wurde bereits hervorgehoben, daß der Zustand auf den einzelnen Dimensionen Einfluß auf den Verlauf der Erkrankung und die Heilung von dieser Erkrankung ausübt. Damit ist gleichzeitig die Bedeutung der *psychischen Auseinandersetzung mit der Erkrankung* für die Überwindung der Krise angesprochen. Inwieweit gelingt es dem Menschen, sich erfolgreich mit der Erkrankung auseinanderzusetzen, d. h. das frühere psychische Anpassungsniveau wiederzuerlangen? Manche Patienten weisen auch darauf hin, daß sie im Prozeß der Auseinandersetzung mit einer Erkrankung „gereift" seien und zu einer „veränder-

ten Lebenseinstellung" gefunden hätten, durch die ihr Leben eine – im Rückblick positiv bewertete – Wendung erfahren habe. In Längsschnittstudien, in denen der Prozeß der psychischen Auseinandersetzung mit einer lebensbedrohlichen Erkrankung erfaßt wurde (Filipp 1992; Kruse 1995a), fanden sich interindividuell verschiedenartige Verläufe im Erleben und Verhalten der Patienten; diese Verläufe variierten zwischen Hoffnung, Optimismus und positiver Lebenseinstellung einerseits und Niedergeschlagenheit, Resignation und Rückzug andererseits. Dabei waren Zusammenhänge zwischen der Art der psychischen Auseinandersetzung und der Überlebenswahrscheinlichkeit erkennbar (Ferring et al. 1994): Jene Patienten, bei denen sich Hoffnung, Optimismus und eine positive Lebenseinstellung ausbildeten, hatten eine deutlich bessere Prognose als Patienten, bei denen Niedergeschlagenheit, Resignation und Rückzug dominierten. Diese empirischen Beispiele zeigen, daß es Menschen auch bei einer lebensbedrohlichen Erkrankung gelingen kann, sich erfolgreich mit dieser Erkrankung auseinanderzusetzen und das frühere psychische Anpassungsniveau wiederherzustellen oder sogar zu einer veränderten Lebenseinstellung zu finden: In der Studie von Kruse (1987a; 1995a) fanden sich zwei Auseinandersetzungsformen, die wie folgt umschrieben wurden: *„Linderung der Ängste durch das Erleben der Sinnhaftigkeit des eigenen Lebens und durch die Überzeugung, im Leben noch wichtige Aufgaben wahrnehmen zu können"*; *„Akzeptanz der Endlichkeit bei gleichzeitiger Suche nach jenen Möglichkeiten, die das Leben noch bietet"*. Unseres Erachtens spiegeln sich in diesen beiden Auseinandersetzungsformen entweder die Entwicklung einer veränderten Lebenseinstellung (siehe die erste Form) oder die Wiederherstellung des früheren psychischen Anpassungsniveaus (siehe die zweite Form) wider. Dabei wird deutlich, daß die Auseinandersetzung mit einer Erkrankung im Alter als ein Geschehen zu interpretieren ist, das von allen Dimensionen der Person beeinflußt ist.

2.4.5 Der Subjekt-Begriff als Grundlage für ein psychosomatisches Verständnis von Gesundheit im Alter

Es wurde mehrfach von „den" Dimensionen der Person gesprochen, die bei der Analyse von Gesundheit und Krankheit zu berücksichtigen seien. In den Arbeiten von Viktor von Weizsäcker werden vier Dimensionen angesprochen: *(1)* die körperliche (biologische, physiologische), *(2)* die seelisch-geistige, *(3)* die soziale und *(4)* die existentielle Dimension. Die *körperliche* Dimension umfaßt die physiologischen und biochemischen Prozesse in unserem Organismus sowie in den einzelnen Organen und Organsystemen, die *seelisch-geistige* Dimension die Prozesse des Erlebens und Verhaltens, des Planens, Entscheidens und Handelns, der Wahrnehmung, der Informationsverarbeitung, des Lernens und Denkens, die *soziale* Dimension die grundlegende Bezogenheit des Menschen auf andere, die Fähigkeit zur Begegnung sowie die sozialkommunikativen Fertigkeiten, die *existentielle* Dimension schließlich die Bezogenheit des Menschen auf Sinn. In den Wechselwirkungen zwischen diesen vier Dimensionen spiegelt sich das Subjekt wider. Die verstehende Annäherung an das Subjekt erfordert zum einen den Einblick in Prozesse auf den einzelnen Dimensionen, zum anderen den Einblick in die Wechselwirkungen zwischen diesen vier Dimensionen (siehe den Überblick in Christian 1986; Frankl 1979; Sborowitz 1979; Wyss 1981).

Wir verstehen diese Differenzierung zwischen den vier grundlegenden Dimensionen der Person auch als bedeutende Grundlage für ein ganzheitliches Verständnis von Gesundheit im Alter. Bei der Entwicklung eines umfassenden Gesundheitsbegriffes sollten folgende Merkmale berücksichtigt werden:

- Körperliches und seelisches Wohlbefinden
- Körperliche und geistige Leistungsfähigkeit
- Erhaltene Aktivität im Sinne der Ausübung persönlich bedeutsamer Aufgaben
- Selbständigkeit im Alltag
- Selbstverantwortung in der Alltagsgestaltung und Lebensplanung
- Offenheit für neue Erfahrungen und Anregungen
- Fähigkeit zur Aufrechterhaltung und Gründung tragfähiger sozialer Beziehungen
- Fähigkeit zum reflektierten Umgang mit Belastungen und Konflikten
- Fähigkeit zur psychischen Verarbeitung bleibender Einschränkungen und Verluste
- Fähigkeit zur Kompensation bleibender Einschränkungen und Verluste

Die Weltgesundheitsorganisation definiert in der *Ottawa-Erklärung* (1986) gesundes Älterwerden primär im Sinne der *aktiven Lebensgestaltung;* sie beschränkt sich also bei der Definition von Gesundheit nicht allein auf das körperliche und seelische Wohlbefinden sowie auf die körperliche und geistige (kognitive) Leistungsfähigkeit, sondern sie bezieht in diese Definition auch die aktive Lebensgestaltung ein. Als zentrale Merkmale der aktiven Lebensgestaltung werten wir (a) die Selbständigkeit (im Sinne der selbständigen Ausführung von Aktivitäten des täglichen Lebens) als **funktionale Grundlage** für die aktive Lebensgestaltung, (b) die Selbstverantwortung (im Sinne der selbstverantwortlichen Gestaltung des Alltags) als **psychologische Grundlage** für die aktive Lebensgestaltung, (c) die aktive Teilhabe an der sozialen, kulturellen und gesellschaftlichen Umwelt als **soziale Grundlage** für die aktive Lebensgestaltung und (d) die persönliche Sinnerfahrung als **existentielle Grundlage** für die aktive Lebensgestaltung (Kruse 1989b; 1996a).

Die o. g. Merkmale der Gesundheit berücksichtigen die genannten Aspekte der aktiven Lebensgestaltung und damit die vier verschiedenen Dimensionen des Subjekts. Entscheidend für dieses mehrdimensionale Verständnis von Gesundheit ist die Tatsache, daß sich die Diagnostik nicht allein auf körperliche und seelische Erkrankungen, sondern in gleichem Maße auf Fähigkeiten und Fertigkeiten konzentriert, die den Menschen in die Lage versetzen, ein *aktives,* d. h. ein *selbständiges, selbstverantwortliches, bezogenes und persönlich sinnerfülltes Leben* zu führen. Erkrankungen können sich negativ auf einzelne Fähigkeiten und Fertigkeiten auswirken; gerade in diesem Falle ist die Frage zu stellen, durch welche Therapiekonzepte zur Aufrechterhaltung und Wiedergewinnung dieser Fähigkeiten und Fertigkeiten beigetragen werden kann. Weiterhin sind Aussagen über Fähigkeiten und Fertigkeiten zu treffen, die nicht von der Erkrankung berührt wurden und die zudem den Menschen in die Lage versetzen, die eingetretene Erkrankung zu verarbeiten.

Im folgenden seien einige Beispiele für die Notwendigkeit dieses mehrdimensionalen Verständnisses von Gesundheit genannt:

- Es können körperliche Erkrankungen aufgetreten sein, die Fähigkeiten und Fertigkeiten zu einem „aktiven" Leben sind jedoch in vollem Umfang erhalten.

■ Es können gesundheitliche und funktionelle Einschränkungen aufgetreten sein, die zur Hilfsbedürftigkeit geführt haben; die betreffende Person ist jedoch nicht in ihrer kognitiven Leistungsfähigkeit beeinträchtigt, sie ist aktiv (im Sinne der Ausübung persönlich bedeutsamer Aufgaben), sie führt ein selbstverantwortliches Leben, sie nimmt aktiv an Prozessen in ihrer sozialen, kulturellen und gesellschaftlichen Umwelt teil, sie nimmt in ihrem Leben Möglichkeiten zur kreativen Lebensgestaltung sowie Aufgaben wahr.

■ Es können bleibende Einschränkungen und Verluste aufgetreten sein, und trotzdem ist die Person offen für neue Erfahrungen und Anregungen; sie besitzt die Fähigkeit, Einschränkungen und Verluste psychisch zu verarbeiten und in Teilen zu kompensieren.

Diese Beispiele machen deutlich, daß es *verschiedene Formen von Gesundheit* gibt. Sie zeigen weiterhin, daß ein aktives, d. h. ein selbständiges, selbstverantwortliches, bezogenes und persönlich sinnerfülltes Leben auch dann möglich ist, wenn Erkrankungen eingetreten sind. Die therapeutischen Ansätze sind nicht allein auf die Krankheit und die Krankheitssymptome gerichtet, sondern auch auf die Selbständigkeit und Selbstverantwortung des Menschen sowie – im weiteren Sinne – auf seine spezifischen Aktivitäten, Fähigkeiten und Fertigkeiten.

2.4.6 Dimensionen des Alterns

Die gerontologische Forschung differenziert zwischen drei Dimensionen des Alterns: der **biologischen**, der **psychologischen** und der **sozialen Dimension** des Alterns und untersucht Alternsprozesse auf diesen drei Dimensionen. Die durch Ergebnisse der empirischen Forschung belegte Aussage, daß im Alter nicht nur stark ausgeprägte interindividuelle, sondern auch stark ausgeprägte intraindividuelle Unterschiede beobachtet werden können, machen die Verschiedenartigkeit der Alternsprozesse auf den genannten Dimensionen deutlich. Die biologische und die psychologische Dimension werden dabei in ähnlicher Weise definiert wie in den medizinisch-anthropologischen Beiträgen zum Subjekt-Begriff. Unterschiede finden sich hingegen in der Definition der sozialen Dimension des Alterns: Diese beschreibt zum einen die Rollen und sozialen Funktionen, die die jeweilige Gesellschaft älteren Menschen und „dem Alter" zuordnet, zum anderen die sozial definierten Leitbilder eines „guten" Lebens im Alter (oder eines „erfolgreichen Alters"). Mit anderen Worten: Altern ist nicht nur ein personal bestimmtes, sondern auch ein gesellschaftlich bestimmtes Geschehen, denn die Gesellschaft definiert bestimmte *Altersgrenzen,* und in der Gesellschaft finden sich bestimmte kollektive Repräsentationen des Alters („gesellschaftliche Altersbilder"), die Einfluß auf das Selbstkonzept älterer Menschen sowie auf die Einstellung jüngerer Menschen zu älteren Menschen sowie zum Alter ausüben. Die Differenzierung einer *existentiellen* Dimension findet sich in der Gerontologie nicht. Aspekte wie jener der „Bezogenheit des Menschen auf Sinn", der „Offenheit für Sinnerfahrungen" oder der „Beschäftigung mit der Endgültigkeit und Endlichkeit der eigenen Existenz" werden als Bereiche der psychologischen Dimension interpretiert.

Nachfolgend sollen die drei genannten Dimensionen – das biologische Altern, das psychologische Altern und das soziale Altern – kurz charakterisiert werden, wobei uns vor allem die Frage nach den Stärken und Schwächen interessiert (→ Kap. 2.4.1 und 2.4.2), die in diesen Dimensionen erkennbar sind. Diese Frage ist für die Gerontopsychosomatik und Alterspsychotherapie in zweifacher Hinsicht von Bedeutung: Die möglichen Stärken im Alter sind auch als eine bedeutende Grundlage für die erfolgreiche Auseinandersetzung mit den verschiedenen Daseinsthemen im Alter zu verstehen. Zu diesen Daseinsthemen gehört in vielen Fällen das Innewerden der im Alter eintretenden Einbußen und Verluste.

2.4.6.1 Biologisches Altern

Die genetische Ausstattung als Potential

Aus biologisch-genetischer Sicht ist „Altern" zunächst zu verstehen im Sinne der Realisierung der genetischen Programme, wobei für die verschiedenen Organsysteme unterschiedliche genetische Programme verantwortlich sind und die Alternsprozesse in den verschiedenen Organsystemen in unterschiedlichem Maße genetisch kontrolliert werden. Altern wird weiterhin als Folge zunehmender Schädigungen des genetischen Materials verstanden; die biologisch-genetischen Befunde zeigen altersabhängige Zunahmen von DNA- und Chromosomenschäden. Durch die Schädigungen des genetischen Materials (vor allem durch den Verlust der Chromosomenendstücke, sog. Telomere, im Verlauf des Alternsprozesses) werden Organe und Organsysteme in ihrer Funktion und Leistungsfähigkeit beeinträchtigt, wodurch wachsende Anfälligkeit für Erkrankungen (Vulnerabilität) sowie abnehmende Heilungsfähigkeit nach Eintritt von Erkrankungen bedingt sind. – Dabei ist die *Reparaturkapazität* der DNA zu berücksichtigen, d. h. die Fähigkeit zur Identifikation und Korrektur von Schädigungen des genetischen Materials. Möglicherweise besteht ein Zusammenhang zwischen Reparaturvorgängen an der DNA und der Lebenserwartung (ausführlich Finch 1996). Auch wenn genetische Programme, zunehmende Schädigungen des genetischen Materials, sowie die Reparatur einzelner Schädigungen zentrale genetische Grundlagen des Alterns bilden, so ist damit nicht gesagt, daß diese Grundlagen individuelles Altern determinieren. Das genetische Material ist als *Potential* zu verstehen. Es bestimmt zwar die Grenzen möglicher Entwicklungen, doch gleichzeitig sind diese Grenzen weit gefaßt, d. h., unsere Freiheitsgrade sind hoch. Menschen mit ähnlicher genetischer Ausstattung können sich sehr verschiedenartig entwickeln: bei dem einen werden die genetischen Potentiale in höherem, bei dem anderen in geringerem Maße ausgeschöpft. Umweltbedingungen entscheiden in allen Lebensaltern mit darüber, in welchem Umfang das genetische Potential verwirklicht werden kann: Eine anregende, motivierende, fordernde Umwelt fördert die Realisierung des genetischen Potentials. Dies zeigt sich zum Beispiel darin, daß eine stimulierende Umwelt, die unsere Sinnesorgane und unsere kognitiven Funktionen anregt, zu einer stärkeren Vernetzung der Nervenzellen führt, welche sich ihrerseits positiv auf die Erregungsübertragung und Informationsverarbeitung auswirkt. Damit eine stimulierende Umwelt entwicklungsfördernd wirken kann, ist es notwendig, daß wir die Entwicklungsmöglichkeiten aufgreifen. Damit ist unser Lebensstil angesprochen. Körperliche, seelisch-geistige und soziale Aktivität (und zwar in allen Lebensaltern) bildet eine zentrale Voraussetzung dafür, daß eine stimulierende Umwelt *entwicklungsfördernd* wirken kann. Dabei ist zu berücksichtigen, daß die Umwelt, in der wir leben, Einfluß auf unseren Lebensstil ausübt – sie ermöglicht, fördert, behindert oder erschwert körperliche, seelisch-geistige und soziale Aktivität. Gleichzeitig gestalten wir durch unseren Lebensstil die Umwelt, in der wir leben, mit.

Biologisch determinierte Begrenzungen im hohen Alter

Allerdings sind die Aussagen über die erhaltende und fördernde (oder regulierende) Kraft der Umwelt im „vierten Lebensalter", d. h. ab dem neunten Lebensjahrzehnt, zu relativieren. Folgt man Ergebnissen aus Interventionsstudien im Bereich des Gedächtnisses und der Intelligenz, so ist eine deutlich verringerte Lernkapazität und Veränderungsfähigkeit (Plastizität) im hohen Lebensalter festzustellen: Dies zeigt sich in „Testing-the-Limits"-Experimenten, in denen Maximalleistungen der „kognitiven Mechanik", d. h. der neurophysiologischen Grundlagen der Informationsverarbeitung (z. B. Geschwindigkeit der Informationsverarbeitung, Umstellungsfähigkeit des Denkens, Orientierung in neuartigen kognitiven Problemsituationen), erfaßt werden (Baltes & Kliegl 1992; Singer 1999). Darüber hinaus wurde in der Berliner Altersstudie (Altersbereich: 75-103 Jahre) nachgewiesen, daß im hohen Alter nicht nur deutliche Einbußen in der *fluiden Intelligenz* (Fähigkeit zur Lösung neuartiger Aufgaben) eintreten, sondern daß auch Einbußen in der *kristallisierten Intelligenz* (Fähigkeit zur Lösung vertrauter Aufgaben; erfahrungsgebundene Intelligenz) erkennbar sind. Die Tatsache, daß im hohen Alter auch in jenen kognitiven Leistungen Verluste eintreten, die eigentlich primär dem Einfluß der Kultur unterliegen, zeigt der Auffassung von Baltes (1999) zufolge zweierlei: Erstens dominieren die *biologisch determinierten Begrenzungen* der grundlegenden neurophysiologischen Informationsverarbeitung immer mehr über die erfahrungsgebundene Intelligenz; zweitens tritt im hohen Alter das Biologische im Vergleich zum Kulturellen immer mehr in den Vordergrund. Damit geht die Möglichkeiten zur Kompensation biologischer Mängel durch die Kultur im hohen Alter kontinuierlich zurück.

Die zunehmende Vulnerabilität des Organismus, die in besonderer Weise auf den Menschen als „biologisches Mängelwesen" (Gehlen 1966) deutet, wird von Baltes & Montada (1996) mit der „radikalen Unvollendetheit des hohen Alters" umschrieben. Biologisch-genetisch läßt sich diese in der Weise erklären, daß das hohe Alter – aufgrund der vergleichsweise kurzen Lebenserwartung zu Beginn der menschlichen Evolution – keinem Selektionsprozeß unterworfen war; die meisten Menschen waren verstorben, bevor genetische Variationen auftreten und einem Selektionsprozeß unterworfen werden konnten (Schmidt et al. 1996). Mit anderen Worten: „Perhaps thousands of gene variations have escaped the force of natural selection" (Martin et al. 1996, S. 32).

Wir sehen die psychische Auseinandersetzung des alten Menschen mit der Erfahrung zunehmender Begrenztheit der physischen und psychischen Leistungsfähigkeit und der erhöhten Verletzbarkeit des Organismus als eine bedeutsame Entwicklungsaufgabe des hohen Alters an. Es finden sich empirische Beispiele dafür, daß hochbetagte Menschen diese Entwicklungsaufgabe erfolgreich bewältigen können; die erfolgreiche Bewältigung zeigt sich in der Aufrechterhaltung oder Wiederherstellung der Lebenszufriedenheit, einer positiven Lebenseinstellung und einer tragfähigen Zukunftsperspektive bei schwerer chronischer Erkrankung (Kruse 1987a; 1989a), bei Pflegebedürftigkeit (vgl. Kruse & Schmitt 1995a) sowie bei Patienten im Finalstadium einer Erkrankung (Filipp 1992; Kruse 1995a; 1996a). Diese „Lebenskunst" im hohen

Alter wurde von Kruse (1995b) unter dem Aspekt der ***Entwicklungspotentiale*** sowie von Staudinger et al. (1995) unter dem Aspekt der ***psychischen Widerstandsfähigkeit*** diskutiert. Aus philosophischer Sicht drückt sich darin das „Werden des Menschen zu sich selbst" aus (Rentsch 1994). Baltes (1999, S. 445) charakterisiert auf der Grundlage der Ergebnisse der Berliner Altersstudie diese Beziehung zwischen Körperlichem und Psychischem wie folgt:

> „Personen, denen es psychologisch gut geht, weisen im Datensatz der Berliner Altersstudie eine etwa dreifach bessere Chance auf, sechs Jahre später noch am Leben zu sein. Selbst wenn medizinische Information über den Krankheitszustand zuerst berücksichtigt wird, ist der psychologische Funktionsstatus bei der Vorhersage des Überlebens hoch bedeutsam. Auch dieses Beispiel demonstriert, wie sehr sich im Alter das Psychische als kompensatorisches Element ins Spiel bringt. Das Geistige bäumt sich auf, um dem Verfall des Körpers entgegenzuwirken."

Interindividuelle Unterschiede im Altern – Einflüsse des Lebenslaufes und der aktuellen Situation im Alter

Gerontologische Studien zeigen übereinstimmend ein Ergebnis: Ältere Menschen weisen zwar im Durchschnitt eine geringere physiologische Kapazität auf als jüngere, hinter den Durchschnittswerten verbergen sich aber große interindividuelle Unterschiede; jede Person altert auf höchst eigene Weise.

> „Unsere Daten weisen darauf hin, daß Altern ein individueller Prozeß ist. Obwohl Querschnittuntersuchungen einen signifikanten Rückgang in zahlreichen physiologischen Variablen über den gesamten Lebenslauf zeigen, sind die interindividuellen Unterschiede doch sehr groß. In einigen Variablen erbringen manche Achtzigjährige genauso gute Leistungen wie der Durchschnitt der Fünfzigjährigen. Der Prozeß des Alterns verläuft nicht nur hochspezifisch für jeden Menschen, sondern auch für die verschiedenen Organsysteme desselben Menschen" (Shock 1984, S. 415).

Der Alternsprozeß läßt sich also einerseits durch charakteristische Verläufe in einzelnen physiologischen und biochemischen Merkmalen beschreiben; hier ist von alterstypischen Verlusten zu sprechen. Es handelt sich beispielsweise um folgende Phänomene: (*a*) verringerte Funktionsreserve der Organe, (*b*) abnehmende Vitalkapazität, (*c*) zunehmender Blutdruck, (*d*) erhöhter Cholesteringehalt im Blut, (*e*) verminderte Glukosetoleranz, (*f*) Veränderungen der Muskulatur (mit einer Abnahme der Muskelfasern und Kapillaren bei Zunahme des Bindegewebes), (*g*) biochemische Veränderungen der Faserbestandteile und der Grundsubstanz des Bindegewebes, (*h*) Abnahme des Mineralgehaltes des Skeletts, (*i*) Trübung der Augenlinse, (*k*) Verlust des Hörvermögens für hohe Frequenzen (Steinhagen-Thiessen et al. 1994).

Andererseits finden sich große interindividuelle Unterschiede in den Verlusten, die auf mehrere Faktoren zurückzuführen sind: (*1*) auf die genetische Information, (*2*) auf die körperliche Aktivität in früheren Lebensjahren sowie im Alter, (*3*) auf Anzahl, Art und Dauer von Risikofaktoren und Erkrankungen in früheren Lebensjahren und im Alter sowie (*4*) auf Umweltbedingungen.

Alter ist nicht mit Krankheit gleichzusetzen. Es ist auch im Alter ein von Krankheiten und funktionellen Einschränkungen freies Leben möglich. Zu dieser positiven Entwicklung trägt der Mensch durch aktive Lebensführung, positive Lebenseinstellung und gesundheitsbewußtes Verhalten im Lebenslauf bei. Des weiteren fördern günstige Entwicklungsbedingungen im Lebenslauf ein von Krankheiten und funktionellen Einschränkungen freies Leben im Alter. Zu diesen Entwicklungsbedingungen zählen Ernährung, Hygiene, medizinische Vorsorge und Therapie, Bildung, Wohnen, soziale Integration, Anregungen durch die soziale und räumliche Umwelt.

Im Alter gehen, wie wir bereits an mehreren Stellen dargestellt haben, Widerstands- und Anpassungsfähigkeit des Organismus zurück, so daß das Erkrankungsrisiko zunimmt. Es kommt hinzu – und dieser Aspekt ist für das Verständnis von Krankheiten im Alter bedeutsam – daß sich die Folgen gesundheitsschädigender Einflüsse im Lebenslauf, wie zum Beispiel langandauernde Fehlbelastungen des Organismus, Risikofaktoren, schädliche Umwelteinflüsse, frühere Erkrankungen, psychologische Belastungen, *oftmals erst im Alter zeigen*. Der Sachverständigenrat für die Konzertierte Aktion im Gesundheitswesen (1996) schlägt eine Krankheitstypologie vor, die sowohl die abnehmende Widerstands- und Anpassungsfähigkeit des Organismus im Alter als auch gesundheitsschädigende Einflüsse im Lebenslauf berücksichtigt. Es wird unterschieden zwischen:

- *Altersphysiologischen Veränderungen mit möglichem Krankheitswert*, wie zum Beispiel Arteriosklerose, Osteoporose, altersbedingte Veränderungen der Seh- und Hörfähigkeit.
- Erkrankungen mit *langer präklinischer Latenzzeit*: Dies sind Erkrankungen, die aufgrund der Latenzzeit erst im mittleren oder höheren Erwachsenenalter auftreten; zu nennen sind Krebserkrankungen oder arteriosklerotische Veränderungen mit pathologischem Verlauf.
- Erkrankungen mit im Alter *verändertem physiologischen Verlauf* aufgrund verminderter homöostatischer Regulations- bzw. Reparaturmechanismen: Hier sind Erkrankungen angesprochen, die in jedem Lebensalter auftreten, die aber aufgrund der veränderten homöostatischen Regulation im Alter häufiger, mit stärkerem Schweregrad und nicht selten mit schwereren Folgen auftreten, wie zum Beispiel Infektionskrankheiten (Oster & Schlierf 1998). Des weiteren ist die verminderte Fieberreaktion im Alter aufgrund veränderter Immunabwehr zu nennen.
- Krankheiten *infolge langfristig in der Lebenszeit aufaddierter Exposition*, wie zum Beispiel Atemwegserkrankungen aufgrund der Einwirkung von Luftschadstoffen, oder Verschleiß der Gelenke aufgrund mangelnder körperlicher Bewegung sowie hoher einseitiger körperlicher Belastung oder Arteriosklerose, Altersdiabetes und Bluthochdruck aufgrund fehlerhafter Ernährung (Steinhagen-Thiessen et al. 1996).

Diese Krankheitstypologie ist für das Verständnis von Gesundheit und Krankheit im Alter sowie von Einflußfaktoren im Lebenslauf und im Alter in mehrfacher Hinsicht hilfreich. Die *altersphysiologischen Veränderungen mit möglichem Krankheitswert* (erste Kategorie der Typologie) können zum Teil durch gesundheitsbewußtes Verhalten in früheren Lebensjahren und im Alter in ihrem Verlauf und Schweregrad positiv beeinflußt werden. Als Beispiel ist der positive Einfluß der ausgewogenen Ernährung und des ausreichenden körperlichen Trainings auf die Osteoporose zu nennen. Umgekehrt verlaufen diese altersphysiologischen Veränderungen mit höherer Geschwindigkeit und zeigen einen stärkeren Schweregrad, wenn sich Menschen im Lebenslauf

Risikofaktoren ausgesetzt haben. Unser *Lebensstil* übt also Einfluß auf die altersphysiologischen Veränderungen aus: Er bestimmt mit, ob diese Krankheitswert erreichen oder nicht. Die *Erkrankungen mit langer präklinischer Latenzzeit* (zweite Kategorie der Typologie) weisen vor allem auf die große Bedeutung von Vorsorgemaßnahmen hin, denn durch frühzeitige Diagnostik und Therapie wird der weitere Verlauf dieser Erkrankungen entscheidend beeinflußt. Die *Erkrankungen mit im Alter verändertem physiologischen Verlauf aufgrund verminderter homöostatischer Regulations- bzw. Reparaturmechanismen* (dritte Kategorie der Typologie) zeigen auf, daß sich die erhöhten gesundheitlichen Risiken des Alters nicht nur auf die Zunahme chronischer Erkrankungen beschränken, sondern auch die spezifischen Verläufe akuter Erkrankungen umfassen. Die akuten Erkrankungen werden in ihren möglichen Folgen oftmals unterschätzt. Ältere Menschen sollten vermehrt darüber aufgeklärt werden, daß auch bei auftretenden akuten Erkrankungen die Konsultation des Arztes notwendig ist. Die *Krankheiten infolge langfristiger, mit der Lebenszeit steigender Exposition* (vierte Kategorie der Typologie) sprechen in besonderer Weise den Lebensstil des Menschen sowie die Umweltbedingungen, denen er ausgesetzt ist, an und betonen damit unsere Verantwortung für Gesundheit im Alter.

Gesundheitliche Risiken des hohen Alters

Zu den gesundheitlichen *Risiken* des hohen Alters gehören, wie wir bereits dargestellt haben, chronische körperliche Erkrankungen, Multimorbidität, sensorische und motorische Einschränkungen, hirnorganische Erkrankungen, Hilfsbedürftigkeit und Pflegebedürftigkeit.

Allerdings rechtfertigen die erhöhten gesundheitlichen Risiken nicht die Aussage, daß hochbetagte Menschen grundsätzlich hilfsbedürftig oder sogar pflegebedürftig seien. Die repräsentativen Daten zur Anzahl hilfs- und pflegebedürftiger Menschen in der Bundesrepublik Deutschland weisen auf das erhöhte Risiko der Hilfs- und Pflegebedürftigkeit im hohen Lebensalter hin (siehe Tab. 3). Von den 75-79jährigen sind 19,4 % hilfsbedürftig oder pflegebedürftig, von den 85jährigen und älteren hingegen 54,5 %. Dieser erhebliche Anstieg spricht für das im hohen Lebensalter deutlich erhöhte Risiko der Hilfs- oder Pflegebedürftigkeit. Auf der anderen Seite besteht bei 45,5 % der 85jährigen und älteren weder Hilfs- noch Pflegebedürftigkeit: Dies zeigt, daß das selbständige Leben auch im hohen Alter möglich ist und keinesfalls die Ausnahme bildet. Aus diesem Grunde ist das hohe Lebensalter nicht allein unter dem Gesichtspunkt der Betreuung und Versorgung zu betrachten. Genauso wichtig sind

Tab. 3: Hilfs- und Pflegebedarf in verschiedenen Altersgruppen (repräsentative Daten nach Infratest 1993)

	65-69 Jahre	75-79 Jahre	≥ 85 Jahre
Regelmäßiger Pflegebedarf	1,7 %	6,2 %	26,3 %
Hilfsbedürftig	6,0 %	13,2%	28,2 %

die Aspekte Prävention und Rehabilitation mit dem Ziel der Vermeidung drohender oder der Linderung bestehender Hilfs- oder Pflegebedürftigkeit.

Eine repräsentative Erhebung zur Häufigkeit einzelner, chronischer körperlicher Krankheiten bei 65jährigen und älteren US-Bürgern (Tab. 4) weist auf die große Bedeutung von *Herz-Kreislauf-Erkrankungen* und von *Erkrankungen des Stütz- und Bewegungssystems* im Alter hin.

Tab. 4: Chronische Krankheiten bei 65jährigen und älteren US-Amerikanern (maligne Erkrankungen wurden nicht berücksichtigt) (nach Brody et al. 1992)

	65-74 Jahre	≥ 75 Jahre
Koronare Herzkrankheit	13,7 %	13,3 %
Hypertonie	39,4 %	39,7 %
Zerebrovaskuläre Krankheiten	4,2 %	8,5 %
Lungenemphysem	4,3 %	3,6 %
Chronische Bronchitis	6,3 %	4,9 %
Diabetes mellitus	9,4 %	8,6 %
Arthritis/Arthrose	47,6 %	50,2 %

Für die Bewertung der gesundheitlichen Situation älterer Menschen sind jedoch nicht nur bestehende Erkrankungen, sondern auch Funktionseinschränkungen wichtig (ausführlich dazu Oster & Schlierf 1998). In der genannten repräsentativen Erhebung wurden auch Häufigkeiten einzelner Funktionseinschränkungen ermittelt (Tab. 5).

Tab. 5: Funktionseinschränkungen bei 65jährigen und älteren US-Amerikanern (nach Brody et al. 1992)

	65-74 Jahre	≥ 75 Jahre
Baden (und Duschen)	3,5 %	10,7 %
Anziehen	2,9 %	6,6 %
Toilettenbenutzung	1,2 %	3,9 %
Sich vom Stuhl erheben, aus dem Bett aufstehen	1,8 %	4,7 %
Essen	0,6 %	1,8 %

Unter den psychischen Erkrankungen im Alter kommt den Demenzen besondere Bedeutung zu. Die Auftretenshäufigkeit beträgt bei den 65-69jährigen 1-3 %, bei den 80-89jährigen 8-15 %, bei den über 90jährigen über 30 % (→ Kap. 4.9). Die beiden häufigsten Formen der Demenz sind die primäre Demenz vom Alzheimer-Typ (DAT mit einem fortschreitenden, irreversiblen Verlauf) und die vaskuläre (auf Erkrankungen der Hirngefäße zurückgehende) Demenz (MID).

2.4.6.2 Psychologisches Altern

Die Gleichzeitigkeit von Stärken und Schwächen als bedeutsames Merkmal psychologischen Alterns

Unter psychologischem Altern werden Veränderungen der kognitiven Funktionen, der Erfahrungen und des Wissens sowie der subjektiv erlebten Anforderungen, Aufgaben und Möglichkeiten des Lebens verstanden. Gerade in der psychologischen Dimension treffen wir auf die *Gleichzeitigkeit von Stärken und Schwächen* des Alters, die im Kern schon in den – bereits weiter oben zitierten – frühen Arbeiten zur Psychologie der Persönlichkeit von Erich Rothacker (1932) sowie von Hans Thomae (1951) angesprochen wurden (→ Kap. 2.4.3). In diesen beiden Arbeiten wurde zwischen Alterskurve und Reifungskurve unterschieden. Das Bild der *Alterskurve* (die Verluste beschreibt) eignet sich zur Charakterisierung jener kognitiven Prozesse, die in besonderem Maße von der Kapazität der neuronalen Netzwerke (die sich vor allem in der Geschwindigkeit und Präzision der Erregungsübertragung zeigt) bestimmt sind. Bereits Ende der 50er Jahre hat der amerikanische Psychologe Birren die Abnahme der Geschwindigkeit in der Informationsverarbeitung als *Primärfaktor des Alterns* bezeichnet (Birren 1959). Auch heute wird von vielen Psychologen die These vertreten (z. B. Salthouse 1996), daß der Rückgang der Leistungsfähigkeit in der fluiden Intelligenz sowie im Kurzzeitgedächtnis vor allem auf die Abnahme der Geschwindigkeit der Informationsverarbeitung zurückzuführen sei. Die psychologische Forschung hat gezeigt, daß in den folgenden vier Bereichen der kognitiven Leistungsfähigkeit mit zunehmendem Alter Verluste eintreten:

- in der Fähigkeit zur Lösung neuartiger kognitiver Probleme (fluide Intelligenz);
- im Kurzzeit- oder „Arbeitsgedächtnis", d. h. im Prozeß der Verschlüsselung und Übertragung der Lerninhalte in den Langzeitspeicher;
- in der Störanfälligkeit von Lernvorgängen: diese wird vor allem auf die abnehmende Fähigkeit zurückgeführt, parallel zur Erregung neuronaler Netzwerke, in denen Lerninhalte repräsentiert sind, benachbarte neuronale Netzwerke zu unterdrücken (oder zu „hemmen") und dadurch einen „Filter" aufzubauen, der vor Interferenz schützt;
- in der Geschwindigkeit der Informationsverarbeitung.

Hingegen eignet sich das Bild der *Reifungskurve* (die mögliche Gewinne und Stärken beschreibt) zur Charakterisierung jener Bereiche des Psychischen, die vor allem von Erfahrungen beeinflußt sind, die Menschen im Lebenslauf gewonnen und mit denen sie sich bewußt und reflektiert auseinandergesetzt haben, sowie von Fach- und Daseinskompetenzen, die Menschen im Lebenslauf entwickelt haben. Dabei ist allerdings zu berücksichtigen, daß das Alter allein keine hinreichende Bedingung für die Ausbildung von Stärken darstellt. Diese Stärken sind erst dann erkennbar, wenn Menschen im Lebenslauf

- sehr gut organisierte, bereichsspezifische Wissenssysteme aufgebaut haben (zu denen, wie bereits dargelegt wurde, neben dem Faktenwissen das Handlungswissen gehört),
- effektive Problemlöse-, Lern- und Gedächtnisstrategien entwickelt haben, die sich für die Bewältigung kognitiver Probleme eignen,
- effektive Arbeitsstrategien im Berufsleben entwickelt und kontinuierlich an neue berufliche Anforderungen angepaßt haben,
- Techniken zur Bewältigung von Anforderungen und Belastungen im Alltag, zur Lösung von Konflikten sowie zur Verarbeitung von Verlusten entwickelt haben („Daseinskompetenzen"),
- offen gewesen sind für neue Entwicklungsaufgaben und Erfahrungen.

In jenen Bereichen, in denen die beschriebenen Entwicklungsprozesse stattgefunden haben, verfügen ältere Menschen über ausgeprägte und gut organisierte Kenntnisse und Strategien, die in der Literatur auch mit dem Begriff der *bereichsspezifischen Expertise* umschrieben werden. Diese bereichsspezifischen Stärken finden sich zum Beispiel im beruflichen Bereich, in einzelnen Interessengebieten oder im Umgang mit den Anforderungen des Lebens. Wir haben bereits dargestellt, daß beim größeren Teil der älteren Menschen von psychischer Widerstandsfähigkeit (Resilienz) auszugehen ist, die sich in der Aufrechterhaltung oder Wiederherstellung des früheren psychischen Adaptationsniveaus in hoch belastenden, von Verlusten bestimmten Situationen widerspiegelt. Dieser Befund kann dahingehend gedeutet werden, daß viele ältere Menschen in der Auseinandersetzung mit Anforderungen im Lebenslauf „Daseinskompetenzen" entwickelt haben, die sie in die Lage versetzen, Belastungen und Verluste im Alter zu verarbeiten (ausführlich dazu Kruse 1995b; 1997; Thomae 1996).

Die empirischen Befunde zeigen, daß die Expertise in der „kognitiven Pragmatik" (diese beschreibt erfahrungs- und wissensbezogene Leistungen, also zum Beispiel berufliches Wissen) eine Grundlage für die *Kompensation* alterskorrelierter Verluste in der „kognitiven Mechanik" (diese beschreibt die neurophysiologischen Grundlagen der Informationsverarbeitung) darstellt. Ein „klassisches" empirisches Beispiel für diese Art der Kompensation bilden Untersuchungen von Salthouse (1991) zur beruflichen Leistungsfähigkeit von Sekretärinnen im sechsten Lebensjahrzehnt. Im Vergleich zu Sekretärinnen im dritten oder vierten Lebensjahrzehnt ist bei diesen die Anzahl der Anschläge in einem definierten Zeitraum statistisch signifikant geringer; doch erstellen sie in der gleichen Zeit und mit gleicher Qualität das Manuskript. Die verlängerte Reaktionszeit kompensieren sie dadurch, daß sie beim Schreiben den Text weiter vorauslesen. Dieser bessere Überblick bildet das Resultat von Erfahrungen, Wissen und effektiven Arbeitsstrategien. In weiteren Untersuchungen zur beruflichen Expertise hat Krampe (1994) zeigen können, daß ältere erfolgreiche Pianisten die verringerte motorische Geschicklichkeit durch die Antizipation von Bewegungsabläufen kompensieren.

Gewinne in bezug auf die persönliche Lebenssituation

In bezug auf die persönliche Lebenssituation läßt sich das Alter als eine Phase charakterisieren, in der sowohl Gewinne als auch Verluste erkennbar sind. Zunächst beschäftigen wir uns mit möglichen „Gewinnen" im Alter, die – unter der Voraussetzung, daß sie in der persönlichen Lebenssituation eintreten und auch subjektiv als solche erlebt werden – bedeutende Grundlage der Lebensqualität und Lebenszufriedenheit bilden.

Alter als „späte Freiheit"

Die in der Literatur beschriebenen Gewinne betreffen zunächst die Möglichkeiten der „späten Freiheit" (Rosenmayr 1990), die aus dem Fortfallen externer Verpflichtungen in Beruf und Familie erwachsen. Der weit größere Teil der älteren Menschen nimmt die berufsfreie Zeit vorwiegend im Sinne einer späten Freiheit, d. h. der vermehrten Möglichkeiten zur selbstverantwortlichen Lebensgestaltung wahr – dies allerdings unter der Bedingung, daß die bestehenden sozialen Beziehungen (Integration in ein inner- und außerfamiliäres Netzwerk) sowie die materielle und gesundheitliche Situation ein selbstverantwortliches Leben ermöglicht. Die in mehreren Untersuchungen ermittelten Ergebnisse zur Alltagsgestaltung und Lebenszufriedenheit im Alter deuten darauf hin, daß diese späte Freiheit von vielen Menschen genutzt und auch als eine persönliche Bereicherung erlebt wird. Die „Gewinne des Alters" werden vor allem dem „dritten Lebensalter", also der Altersspanne von 60 bis 75 Jahren zugeordnet. Dabei wird von Biologen festgestellt, daß die heute 70jährigen den vor 30 Jahren lebenden 65jährigen vergleichbar seien, d. h., daß sich das „junge Alter" in den vergangenen Jahrzehnten um fünf Jahre nach oben verlängert habe. Die medizinisch-rehabilitativen, kulturellen und technischen Angebote für ältere Menschen haben zu diesen Gewinnen an „guten" Jahren beigetragen (Baltes 1999; Martin 1998; Svanborg 1985; Viidik 1999). Darüber hinaus ist zu berücksichtigen, daß sich auch die sozioökonomischen Ressourcen älterer Menschen im Durchschnitt erkennbar verbessert haben, wodurch sich auch vermehrt Möglichkeiten zur selbstverantwortlichen, persönlich sinnerfüllten Lebensgestaltung im Alter ergeben. In diesem Zusammenhang ist die in der Soziologie und Sozialpolitik getroffene Aussage, wonach „Armut im Alter mittlerweile eher zu einem Minderheitenproblem geworden ist" (Naegele 1998, S. 111), von Bedeutung. Es darf nicht übersehen werden, daß heute immer noch ein Teil älterer Menschen nur über ein sehr geringes Einkommen verfügt: Es wird geschätzt, daß ungefähr 12 % der älteren Bevölkerung von reiner Einkommensarmut *betroffen* oder *ernsthaft bedroht* sind (Barkholt & Naegele 1995; Schmähl & Fachinger 1998). Trotzdem ist die Feststellung gerechtfertigt, daß die materielle Sicherung des Alters heute deutlich besser ist als in der Vergangenheit. Dadurch erweitern sich auch die „Handlungsspielräume" (Weisser 1972) älterer Menschen erheblich, so daß es auch gerechtfertigt ist, von gesellschaftlich mitbedingten Möglichkeiten zur späten Freiheit im Alter zu sprechen, die *individuell* in vielen Fällen mit einer Zunahme an Lebensqualität und Lebenszufriedenheit verbunden sind.

Empirische Befunde zur Lebensqualität und Lebenszufriedenheit bei Menschen im siebten Lebensjahrzehnt finden sich in der Interdisziplinären Langzeitstudie des Erwachsenenalters, in der zwischen verschiedenen *Alternsstilen* (Thomae 1983) differenziert wird (Minnemann et al. 1997). Diese Differenzierung erfolgte auf der Grundlage einer Analyse der kognitiven Repräsentation (d. h. der subjektiven Wahrnehmung und Deutung) der aktuellen Situation, die in Interviews mit 500 60-62jährigen Studienteilnehmerinnen und Studienteilnehmern der Geburtsjahrgänge 1930-1932 thematisiert worden war. Die Clusteranalyse ergab fünf Alternsstile, die wie folgt umschrieben werden:

- *Gesundes und glückliches Altern* (12,5 % der Stichprobe),
- *Gesundes und kompetentes Altern* (30,9 %),
- *Kompensatorisches Altern* (25,1 %),
- *Hinnehmendes Altern* (19,6 %),
- *Physisch und sozial belastendes Altern* (11,9 %).

Folgt man den Ergebnissen dieser Studie, so kann bei mehr als 40 % der älteren Menschen von einem „positiven" Alternsstil gesprochen werden, der sich sowohl in einem guten subjektiven Gesundheitszustand als auch in Zufriedenheit und subjektiv attribuierter Kompetenz widerspiegelt. Bei weiteren 25 % finden sich *einzelne* subjektiv erlebte Belastungen (zum Beispiel aufgrund des Verlusts an persönlich bedeutsamen Rollen und Kontakten nach Ausscheiden aus dem Beruf), die aber durch neue Rollen und Kontakte sowie durch neue Zukunftspläne kompensiert werden. Ca. 20 % der Teilnehmerinnen und Teilnehmer sprechen von einer *größeren Anzahl* subjektiv erlebter Belastungen, zugleich sind sie aber in der Lage, diese Belastungen „hinzunehmen" und auf dieser Grundlage zu einer neuen Lebens- und Zukunftsperspektive zu gelangen. Ein eher „negativ" zu bewertender Alternsstil ist lediglich bei 12 % der Teilnehmerinnen und Teilnehmer erkennbar.

Die von Freund & Smith (1997) in der Berliner Altersstudie ermittelten Ergebnisse zum Inhalt der *Selbstdefinitionen* alter und sehr alter Menschen (Altersbereich: 70-103 Jahre) sprechen insgesamt für ein aktivitätsbetontes, gegenwartsbezogenes Selbstbild, wobei der Gesundheit mit wachsendem Alter immer größere Bedeutung zukommt. Dabei überwiegen auch in der Selbstdefinition der 85jährigen und älteren Menschen positiv bewertete gegenüber negativ bewerteten Aussagen. Es ist allerdings zu berücksichtigen, daß (*a*) mit zunehmendem Alter das Verhältnis zwischen positiv und negativ bewerteten Aussagen ungünstiger wird, was vor allem auf körperliche und sensorische Einschränkungen zurückzuführen ist, (*b*) die Anzahl der Bereiche, durch die sich Personen selbst definieren, mit zunehmendem Alter zurückgeht und (*c*) auch eine hohe Reichhaltigkeit der Selbstdefinition – im Sinne der Bezugnahme auf eine Vielzahl unterschiedlicher Bereiche bei der Selbstdefinition – nicht gegenüber den Auswirkungen ausgeprägter körperlicher und sensorischer Einschränkungen schützen kann. Auch in den Untersuchungen zu Selbstdefinitionen alter und sehr alter Menschen werden also neben den Ressourcen psychischer Anpassung auch die Grenzen psychologischer Resilienz deutlich.

Subjektiv erlebte Gewinne im Alter

Inwieweit nehmen ältere Menschen selbst „Gewinne" im Alter wahr? Inwieweit deuten sie selbst das Alter als eine Lebensphase, in der positive Veränderungen der Persönlichkeit sowie der Lebenssituation möglich sind? Inwieweit haben sie bei sich selbst solche Veränderungen wahrgenommen? Mit dieser Thematik beschäftigte sich eine Untersuchung von Kruse zur Kompetenz im Alter (1990a; 1990b), in der auch nach „subjektiv erlebten Gewinnen und Verlusten" gefragt wurde. In Abb. 11 sind jene Fragen wiedergegeben, die den 480 Teilnehmerinnen und Teilnehmern (Altersbereich: 62-103 Jahre) im Interview zu den „Gewinnen" (und „Verlusten") im Alter gestellt wurden. Es wurden zehn Merkmale der Persönlichkeit sowie der Lebenssituation ermittelt, in denen sich den Aussagen der Teilnehmerinnen und Teilnehmer zufolge *Gewinne im Alter* widerspiegeln. In Tab. 6 sind diese subjektiv erlebten Gewinne aufgeführt. Aus dieser Tabelle geht zum einen hervor, daß in *fünf* Merkmalen jeweils etwa ein Viertel (z. T. noch etwas mehr als ein Viertel in Spalte 1) der Gesamtgruppe subjektiv erlebte Gewinne im Alter berichtet. Dieser Befund macht deutlich, daß ein nicht

1. „Wenn Sie einmal auf Ihr eigenes Älterwerden blicken: Glauben Sie, daß Sie sich im Alter verändert haben?" – *Wenn diese Frage bejaht wurde, so wurde folgende ergänzende Frage gestellt:*
2. „Könnten Sie einmal genau schildern, auf welche Weise Sie sich verändert haben? Fallen Ihnen Ereignisse und Erlebnisse ein, die Ihnen gezeigt haben, daß Sie sich verändert haben?" – *Mit der Frage nach bestimmten Ereignissen und Erlebnissen sollte eine möglichst konkrete Schilderung erfahrener Veränderungen angestoßen werden.*
3. „Gibt es auch Ereignisse und Erlebnisse, die Ihnen gezeigt haben, daß Sie sich in bestimmten Bereichen nicht verändert haben? Welche Ereignisse und Erlebnisse fallen Ihnen ein? In welchen Bereichen haben Sie sich nicht verändert?"
4. „Verändert sich eigentlich im Alter die Lebenssituation eines Menschen?"
5. „Wie war das oder ist das bei Ihnen?"
6. „Hat das Alter gegenüber früheren Lebensjahren Vorteile? Wenn ja, worin liegen diese?" – *Im Falle einer generalisierenden Schilderung möglicher Vorteile wurde ergänzend gefragt:* „Und wie ist das bei Ihnen selbst? Hat auch Ihr eigenes Alter Vorteile gegenüber früheren Lebensjahren? Fallen Ihnen Situationen ein, in denen Ihnen diese Vorteile bewußt geworden sind?"
7. „Hat das Alter gegenüber früheren Lebensjahren auch Nachteile? Wenn ja, um welche handelt es sich?" – *Im Falle einer generalisierenden Schilderung möglicher Nachteile wurde ergänzend gefragt:* „Und wie ist das bei Ihnen selbst? Hat auch Ihr eigenes Alter Nachteile gegenüber früheren Lebensjahren? Fallen Ihnen Situationen ein, in denen Ihnen diese Nachteile bewußt geworden sind?"
8. „Setzen Sie sich eigentlich im Alter mit Lebensanforderungen anders auseinander als in früheren Lebensjahren? Wenn ja, in welcher Hinsicht? Können Sie diese Veränderungen anhand einiger Beispiele erläutern?"
9. „Hat sich im Alter Ihre Lebenseinstellung verändert oder nicht?" – *Wenn diese Frage bejaht wurde, so folgte die ergänzende Frage:* „In welcher Hinsicht hat sich Ihre Lebenseinstellung verändert? Könnten Sie mir einmal Beispiele für diese Veränderung nennen?"
10. „Glauben Sie, daß Jüngere von Älteren etwas lernen können? Verfügen ältere Menschen über Erfahrungen, die sie an jüngere Menschen weitergeben sollten? Wenn ja, um welche Erfahrungen handelt es sich dabei?"
11. „Glauben Sie, daß Ältere von Jüngeren etwas lernen können? Wenn ja, in welcher Hinsicht?"

Abb. 11: Die im Interview gestellten Fragen nach „Gewinnen" und „Verlusten" im Alter (aus Kruse 1990a)

kleiner Teil der älteren Menschen die Überzeugung vertritt, daß das Alter auch mit Gewinnen verbunden ist. Die berichteten Gewinne beziehen sich vor allem auf *Fähigkeiten und Fertigkeiten*, die der eigenen Person zugeordnet werden – wobei den Kern dieser Fähigkeiten und Fertigkeiten die *erfolgreiche Anpassung und Neuorientierung* des Menschen bildet. Weiterhin zeigen die Befunde, daß sich in den verschiedenen Lebensaltern unterschiedliche Schwerpunkte in den subjektiv erfahrenen Gewinnen zeigen – z. B. dominiert in der Gruppe der 80-94jährigen die Fähigkeit, die Grenzen des eigenen Handelns differenzierter wahrzunehmen, sich bei der Zukunftsplanung vermehrt an der zeitlichen Begrenztheit der eigenen Existenz zu orientieren und das Anspruchsniveau (das auch im Sinne subjektiv bedeutsamer Kriterien für ein „gutes" Leben definiert werden kann) an die eingetretenen Veränderungen, z. B. im gesundheitlichen und sozialen Bereich, anzupassen.

Die Bedeutung wohlfahrtsstaatlicher Regelungen für bewußte und freiwillige Handlungen beim Übergang in die nachberufliche Zeit

Wir haben hervorgehoben, daß die „späte Freiheit" von vielen Menschen – vor allem im „dritten Lebensalter" – als einer der „Gewinne im Alter" erlebt und dabei primär im Sinne der Erweiterung von Handlungsspielräumen gedeutet wird. Dies zeigt auch der in Tab. 6 gegebene Überblick über die subjektiv erfahrenen Gewinne im Alter: 42 % der 62-69jährigen nannten das „geringere Maß an Verpflichtungen in Familie und Beruf sowie das höhere Maß an Freiheit in bezug auf die Lebensgestaltung" als einen Gewinn. Die Erweiterung der Handlungsspielräume ist dabei zum einen als ein *gesellschaftliches Phänomen* zu interpretieren (das Altern unserer Gesellschaft kann im großen und ganzen als Altern bei ausreichender materieller und sozialer Sicherung interpretiert werden – auf diesen Aspekt werden wir bei der Diskussion des „sozialen Alterns" zurückkommen), zum anderen als ein *individuelles Phänomen* – und zwar im Sinne einer objektiv gegebenen und subjektiv erlebten Zunahme an Handlungsalternativen in bezug auf die Gestaltung des eigenen Alters. Die Integration der gesellschaftlichen und der individuellen Ebene wird in einem Beitrag von Gerhardt (1998) zur Entscheidung von Bypass-operierten Patienten zwischen Berufsrückkehr und Frühberentung geleistet. Gerhardt argumentiert, daß diese Entscheidungsmöglichkeit erst durch wohlfahrtsstaatliche Regelungen geschaffen wurde, da die Frühberentung das Ergebnis der verbesserten sozialen Sicherung erkrankter Menschen ist. Den 60 in die Analyse eingegangenen berufsbezogenen Statusbiographien ließen sich vier Verlaufstypen zuordnen:

(1) *Arbeitsrückkehr* (Operation → Wiederaufnahme der Arbeit → Altersberentung).
(2) *Frühberentung* (Operation → Frühberentung [BU, EU] → Altersberentung).
(3) *Wechsel von Arbeitsrückkehr zur Frühberentung* (Operation → Wiederaufnahme der Arbeit → Frühberentung [BU, EU] → Altersberentung).
(4) *Scheitern der Erwerbsbiographie* (*a*: Operation → Wiederaufnahme der Arbeit → Arbeitslosigkeit → Fürsorgeexistenz); (*b*: Operation → Arbeitslosigkeit → Fürsorgeexistenz).

Tab. 6: Subjektiv erfahrene Gewinne im Alter (aus Kruse 1990a; 1990b)   ▶

Thema	Altersgruppen (Jahre)				
	Gesamt	62-69	70-79	80-94	100-103
Sich an Dingen freuen, denen man in früheren Lebensjahren geringere Bedeutung beigemessen hat	28%	15%	27%	39%	23%
Veränderung des Anspruchsniveaus in bezug auf jene Bedingungen, die für ein zufriedenstellendes Leben erfüllt sein müssen	27%	14%	28%	33%	22%
Aufrechterhaltung einer positiven und bejahenden Lebenseinstellung trotz erfahrener Einbußen und Verluste	26%	9%	23%	34%	44%
Geringeres Maß an Verpflichtungen in Familie und Beruf und höheres Maß an Freiheit in bezug auf die Lebensgestaltung	25%	42%	25%	8%	3%
Höheres Maß an Erfahrungen im Umgang mit Anforderungen des Lebens und darauf gründende Kompetenz im Umgang mit diesen Anforderungen	25%	13%	28%	18%	5%
Realistischere Einschätzung der Grenzen eigenen Handelns, zunehmende Akzeptanz dieser Grenzen und Entdeckung neuer Handlungsmöglichkeiten	19%	12%	21%	28%	7%
Zunehmende Fähigkeit, Pläne und Vorhaben an die begrenzte Zeit anzupassen und Unsicherheit in bezug auf die persönliche Zukunft zu ertragen	17%	5%	11%	32%	11%
Offenheit gegenüber der Zukunft trotz begrenzter Lebenszeit und der Unsicherheit in bezug auf die persönliche Zukunft	15%	3%	13%	26%	18%
Zunehmende Fähigkeit, die unerfüllt gebliebenen Wünsche und Erwartungen im Lebenslauf zu akzeptieren und Kompromisse zu schließen	12%	2%	11%	29%	7%
Zunehmende Fähigkeit, frühere Ereignisse und Erlebnisse (vor allem Belastungen und Konflikte) neu zu bewerten	10%	3%	9%	22%	14%

Darüber hinaus wurden die 60 Patienten (auf der Grundlage der Merkmale: Berufsgruppe, Ausbildungsgrad, Hausbesitz) sechs verschiedenen *sozialen Statuslagen* zugeordnet. Die beiden untersten Statuslagen umfassen dabei ausschließlich Arbeiter; dabei wird differenziert zwischen Vor- und Facharbeitern (Statuslage V) sowie An- und Ungelernten (Statuslage VI).

Die Analyse der Zusammenhänge zwischen berufsbezogenen Statusbiographien und sozialen Statuslagen hat gezeigt, daß Arbeiter – auch nach erfolgreicher Rehabilitation – die Frühberentung deutlich häufiger wählen als die Berufsrückkehr, daß hingegen Selbständige/Beamte/Angestellte die Berufsrückkehr deutlich häufiger wählen als die Frühberentung – dies gilt selbst dann, wenn die Rehabilitation nicht erfolgreich gewesen ist. Die Analyse der *subjektiv erlebten* Erwerbsbiographien hat weiter gezeigt, daß gerade jene Menschen, die sich mit ihrem Beruf identifiziert haben, zur Berufsrückkehr tendieren – und zwar unabhängig davon, ob die Rehabilitation erfolgreich gewesen ist oder nicht, daß hingegen jene Menschen, die sich nur in geringem Maße mit ihrem Beruf identifizieren, eher zur Frühberentung neigen – ebenfalls unabhängig vom Rehabilitationserfolg. Gerhardt (1998) stellt auf der Grundlage dieser Befunde fest, *daß die Entscheidung für oder gegen die Frühberentung in vielen Fällen bewußt und freiwillig getroffen wird.*

„Die Untersuchung über Bypasspatienten, verdeutlicht, daß bei Arbeitern ... verbreitet eine bewußte Entscheidung gegen die Fortsetzung des Berufslebens getroffen wird. Das gesellschaftliche Altern ist bei diesen also ein aktiv eingeleiteter oder bejahter biographischer Schritt. Der bereitwillige Übergang in die Nacherwerbsphase ist bei den meisten Betroffenen nicht davon abhängig, ob ihre kardiale Rehabilitation auch zur Rückkehr in ihren Beruf befähigen könnte. Denn ihre Entscheidung hat mehr mit ihrer sozialen Statuslage und infolgedessen mit ihrem arbeitsrechtlichen Status (Arbeiter- oder Nicht-Arbeiter-Beruf) zu tun als mit ihrem Operationsergebnis. Diese Patienten nehmen die sozialstaatlich gebotene Option wahr, daß ein Patient nach einer Operation am offenen Herzen berechtigt ist, als Schwerbehinderter eine Erwerbsunfähigkeitsberentung zu erlangen. In den Zeiten der wachsenden Arbeitslosigkeit und der schrumpfenden Arbeitsmarktchancen für Ältere sind diese Patienten bereit, dem sanften Sog der sozialstaatlichen Regelung zu folgen, die im SchwbG und BVG für sie bereitsteht. Sie können einem Lebenslaufregime folgen, das ihnen ein gesellschaftliches Altern in einem Lebensalter (weit) unterhalb der gesetzlichen Ruhestandsgrenze ermöglicht" (Gerhardt 1998, 273).

Verluste in bezug auf die persönliche Lebenssituation

Neben den genannten Gewinnen stehen auch Verluste, die vor allem im hohen Alter, also im „vierten Lebensalter" zunehmen. Diese Verluste betreffen, wie wir bereits dargestellt haben, die physische und kognitive Leistungsfähigkeit. Gesundheitliche Belastungen und nachlassende kognitive Leistungsfähigkeit bilden – zusammen mit sozialen Verlusten – jene Belastung, die im hohen Alter am häufigsten genannt wird. Dabei führen nicht nur chronische Erkrankungen und Schmerzzustände, sondern auch Einbußen in den sensorischen und motorischen Funktionen zu seelischen Belastungen. Hinzu treten Verluste im sozialen Bereich (abnehmendes inner- und außerfamiliäres Netzwerk) sowie die verringerten Möglichkeiten der Lebens- und Zukunftsplanung. Diese *Kumulation von Herausforderungen* bildet eine spezifische Risikosituation des hohen Alters. Dies gilt vor allem für *Frauen,* bei denen der körperliche, psychische, soziale und sozioökonomische Funktionsstatus im Durchschnitt deutlich geringer ist als bei Männern (Smith & Baltes 1998). Die großen Unterschiede zwischen dem „dritten" und dem „vierten Lebensalter" wurden in der Berliner Altersstudie nachgewiesen (Mayer et al. 1996). Zur Ermittlung eines Gesamtmaßes für den Funktionsstatus der Teilnehmerinnen und Teilnehmer wurden 23 internistische, psychiatrische, psychologische, soziale und ökonomische Indikatoren gewählt. Auf der Grundlage einer summativen Durchschnittsberechnung wurden vier Gruppen gebildet, die ihrem Funktionsstatus gemäß als „gut", als „durchschnittlich", als „schlecht" und als „sehr schlecht" beschrieben wurden. Dabei zeigte sich mit steigendem Alter ein kontinuierlicher Anstieg der als „sehr schlecht" beschriebenen Gruppe sowie (bis zum 90. Lebensjahr) der als „schlecht" beschriebenen Gruppe und der (ebenfalls bis zum 90. Lebensjahr) kontinuierliche Rückgang der als „gut" beschriebenen Gruppe. Darüber hinaus verkleinert sich (bis zum 90. Lebensjahr) kontinuierlich der Anteil jener Personen, die der „durchschnittlichen" Gruppe zugeordnet werden können. Mit anderen Worten: Im hohen Alter nehmen die Herausforderungen erkennbar zu; es muß sogar von einer Kumulation dieser Herausforderungen gesprochen werden. Für das Verständnis psychogener und psychosomatischer Erkrankungen ist diese Kumulation von Herausforderungen bedeutsam. Denn auch wenn hervorgehoben wurde, daß beim größeren Teil der älteren Menschen die psychische Widerstandsfähigkeit ausgeprägt ist, so darf diese Aussage doch nicht über die Gefahr hinweg täuschen, daß sich unter der Kumulation von Herausforderungen *seelische Erschöpfungszustände* ausbilden, die in psychogene oder psychosomatische Störungen münden können (Kruse 1989b; 1998a). Darüber hinaus deutet das im hohen Alter stark ansteigende Suizidrisiko (→ Kap. 3.5) auf solche seelischen Erschöpfungszustände: In der Altersgruppe der 60-70jährigen kommen bei Frauen 15 Selbstmorde auf 100.000 Einwohner, bei Männern 25. In der Altersgruppe der 80jährigen und Älteren kommen bei Frauen 25 Selbstmorde auf 100.000 Einwohner, bei Männern 70 (Erlemeier 1998). Besonders suizidgefährdet sind depressiv erkrankte Menschen; dabei ist zu berücksichtigen, daß sich seelische Erschöpfungszustände vor allem in depressiven Störungen (→ Kap. 3.4) widerspiegeln, die – sofern es sich um Dysthymien handelt – im Alter oftmals chronische Verläufe zeigen. Neben den Depressionen sind unheilbare Erkrankungen, vor allem jene, die mit starken chronischen Schmerzen einhergehen, sowie der Verlust nahestehender Menschen bedeutsame Ursachen für einen Suizidversuch oder Suizid (Häfner 1994).

Subjektiv erfahrene Verluste

In der bereits genannten Studie von Kruse zur Kompetenz im Alter wurden auch die subjektiv erfahrenen Verluste thematisiert (Überblick über die im Interview gestellten Fragen nach Gewinnen und Verlusten im Alter s. Abb. 11). In Tab. 7 sind jene 16 Merkmale der Persönlichkeit und der Lebenssituation aufgeführt, die von den Teilnehmerinnen und Teilnehmern als „Verluste im Alter" genannt wurden. Dies macht deutlich, daß auch im subjektiven Erleben das Alter eindeutig mit Verlusten verbunden ist. Zwischen der Altersgruppe der 62-69jährigen und jener der 70-79jährigen sowie zwischen der Altersgruppe der 70-79jährigen und jener der 80-94jährigen findet sich jeweils eine deutliche Zunahme der subjektiv erfahrenen Verluste. Diese beziehen sich vor allem auf Einbußen im gesundheitlichen Bereich und auf den eingetretenen oder befürchteten Verlust nahestehender Menschen. Die Tatsache, daß in der Altersgruppe der 80-94jährigen mehr als ein Drittel gesundheitliche Einbußen als Verluste im Alter nennt, korrespondiert mit dem in der biologischen und medizinischen Forschung ermittelten Befund der deutlich erhöhten Vulnerabilität des Organismus ab dem neunten Lebensjahrzehnt und dem Konzept des körperlichen Alterns als Organisator der psychischen Entwicklung im Alter (→ Kap. 2.3.2).

Tab. 7: Subjektiv erfahrene Verluste im Alter (aus Kruse 1990a)

Thema	Altersgruppen (Jahre)				
	Gesamt	67-69	70-79	80-94	100-103
Erlittener oder drohender Verlust nahestehender Menschen (Angehörige und Freunde)	32%	8%	28%	39%	71%
Zunahme an Erkrankungen sowie Abnahme der körperlichen Leistungsfähigkeit und Belastbarkeit	26%	9%	21%	38%	32%
Chronische Schmerzzustände, die häufig als stark empfunden werden	25%	11%	23%	32%	32%
Unsicherheit in bezug auf die Zukunft aufgrund des möglichen Verlusts des Ehepartners	24%	12%	29%	37%	–
Unsicherheit in bezug auf die Zukunft aufgrund von eingetretenen oder befürchteten Einbußen der Gesundheit	19%	9%	21%	29%	–
Subjektiv erlebte Abnahme der Leistungsfähigkeit des Gedächtnisses	19%	3%	10%	41%	33%
Bereits bestehende oder befürchtete Abhängigkeit von der Hilfe oder Betreuung anderer Menschen	17%	2%	15%	28%	34%
Einbußen in sensorischen Funktionen, verbunden mit verringerter Mobilität	16%	4%	11%	22%	37%
Einbußen in motorischen Funktionen, verbunden mit verringerter Mobilität	15%	3%	12%	24%	33%

Thema	Altersgruppen (Jahre)				
	Gesamt	67-69	70-79	80-94	100-103
Stimmungsschwankungen (vor allem Auftreten depressiver Phasen) und Antriebsschwankungen	14%	–	13%	22%	26%
Gefühle der Langeweile aufgrund von fehlenden Aufgaben und Anregungen	14%	3%	17%	23%	9%
Aufgabe von Interessen, Veränderungen in der Alltagsgestaltung aufgrund verringerter Mobilität	14%	4%	15%	25%	–
Aufgabe von Interessen aufgrund des Fehlens von Menschen, mit denen man diese gemeinsam ausüben könnte	9%	7%	8%	15%	–
Zunehmende Schwierigkeiten, neue Freunde und Bekannte zu finden	9%	6%	9%	13%	–
Gefühle der Einsamkeit	9%	4%	10%	11%	12%
Gefühl, anderen Menschen eine Last zu sein	5%	–	7%	9%	–

Die Verarbeitung von Verlusten – zur Bedeutung von Person-Umwelt-Interaktionen

Die Bewältigung der genannten Herausforderungen und Verluste im Alter ist an Voraussetzungen gebunden, die sowohl die Daseinskompetenzen des Menschen als auch kompetenzfördernde Merkmale seiner Umwelt betreffen.

Unter den individuellen Daseinskompetenzen sind vor allem die im Lebenslauf gewonnenen Erfahrungen, die in früheren Lebensaltern entwickelten Techniken zur Bewältigung von Entwicklungsaufgaben, die Widerstandsfähigkeit des Menschen gegen Belastungen sowie die Überzeugung, das eigene Leben selbstverantwortlich gestalten und die persönliche Situation positiv verändern zu können, zu nennen. Zu den kompetenzfördernden Merkmalen der Umwelt werden vor allem gerechnet: Die Fähigkeit und Bereitschaft der sozialen und kulturellen Umwelt, älteren Menschen sozial anerkannte Rollen zur Verfügung zu stellen, die soziale Unterstützung älterer Menschen durch Angehörige und Freunde, die infrastrukturelle (d. h. von ambulanten und stationären Institutionen geleistete) Unterstützung in Problemlagen sowie die Erhaltung einer persönlich vertrauten Umwelt – wobei hier auch der Wohnung und dem Wohnumfeld große Bedeutung beizumessen ist.

Den Kern der Verarbeitung von Verlusten bilden somit die engen Wechselwirkungen zwischen der Person und ihrer Umwelt. Diese Wechselwirkungen werden in folgender Definition von Kompetenz hervorgehoben, die unseres Erachtens auch bei der Diagnostik und Therapie psychogener und psychosomatischer Störungen berücksichtigt werden sollte: *„Kompetenz beschreibt die Fähigkeiten und Fertigkeiten des Menschen zur Aufrechterhaltung oder Wiederherstellung eines selbständigen, selbstverantwortlichen, persönlich sinnerfüllten Lebens in einer anregenden, unterstützenden, zur selbstverantwortlichen Auseinandersetzung mit Anforderungen, Aufgaben und Belastungen motivierenden sozialen, infrastrukturellen und räumlichen Umwelt"* (Kruse 1996a; 1996b).

In bezug auf die Gestaltung von Umwelten mit dem Ziel, psychisches Altern zu fördern, ist zunächst zu fragen, inwieweit diese Umwelten die Erfahrungen und das Wissen älterer Menschen erkennen und nutzen. In diesem Zusammenhang möchten wir betonen, daß der Begriff der „altersfreundlichen Kultur" nicht nur – wie dies bisweilen (implizit) geschieht – verwendet werden soll, um die verschiedenen Formen sozialer und infrastruktureller Unterstützung zu umschreiben, sondern daß mit ihm auch die Bereitschaft der Gesellschaft sowie der sozialen Netzwerke älterer Menschen umschrieben werden soll, die Erfahrungen und das Wissen älterer Menschen zu nutzen. Das in der Gerontologie als Voraussetzung für die Zufriedenheit genannte *Gefühl, von anderen Menschen gebraucht zu werden* (Lehr & Thomae 2000), ist hier ausdrücklich zu nennen. Anders ausgedrückt: Es sollte nicht nur nach Möglichkeiten des selbstverantwortlichen, sondern auch des mitverantwortlichen Lebens im Alter gefragt werden. Schon zu Beginn der 60er Jahre wurde im Kontext der **Disengagement-Theorie** des Alters (Cumming & Henry 1961) hervorgehoben, daß ein gesellschaftlich wie persönlich „gutes" Alter nur in dem Maße verwirklicht werde, in dem es gelinge, nach dem Ausscheiden aus dem Beruf neue – persönlich bedeutsame sowie sozial-produktive und sozial anerkannte – Rollen zu finden, wobei es sich dabei nicht nur um eine Aufgabe der Person, sondern auch um eine Aufgabe der Gesellschaft handele. Vor allem werde durch die Lösung dieser Aufgabe zu einem tragfähigen und gegenseitig befruchtenden Verhältnis zwischen den Generationen beigetragen. Eine ähnliche Position wird auch heute in Arbeiten zur Sozialpolitik, die sich intergenerationellen Beziehungen auf gesellschaftlicher Ebene widmen, vertreten (Walker 1999).

2.4.6.3 Soziales Altern

Das Altern der Gesellschaft

Unter sozialem Altern werden die Veränderungen in der sozialen Position und in den sozial definierten Rollen verstanden, die mit Erreichen eines bestimmten Lebensalters oder einer bestimmten Statuspassage (Übergang von einem sozial definierten Lebensabschnitt zu einem anderen) einsetzen. In unserer Gesellschaft gilt das Ausscheiden aus dem Beruf als jene Statuspassage, mit der das „Alter" eines Menschen beginnt. Für die männliche Biographie ist diese soziale Definition des Alters relativ eindeutig, für die weibliche Biographie hingegen weniger.

Der Strukturwandel der hochentwickelten Industriegesellschaften in den letzten fünf Jahrzehnten umfaßt das *Altern der Gesellschaft.* Die Dynamik gesellschaftlichen Alterns spiegelt sich dabei in zwei grundlegenden Entwicklungen wider: Zum einen im demographischen Wandel mit einer deutlichen Zunahme des Anteils alter und sehr alter Menschen (Enquête-Kommission 1998; Höhn 1997; Lehr 1998) – dieser demographische Wandel ist auch auf die Tatsache zurückzuführen, daß mittlerweile mehr als 90 % der Bevölkerung ein Alter von mindestens 60 Jahren erreichen – zum anderen in dem immer früheren Beginn des (sozial definierten) Alters – dieser ist durch das seit drei Jahrzehnten kontinuierlich abnehmende durchschnittliche Renteneintrittsalter bedingt.

Gesellschaftliches Altern wird in der Soziologie sowohl aus struktureller als auch aus individueller Perspektive betrachtet.

Die *strukturelle Perspektive* thematisiert das gesellschaftliche Altern als Vorgang des sozialen Wandels, d. h. als ein kollektives Phänomen. Gesellschaftliches Altern als sozialer Wandel zeigt sich vor allem darin, daß sich die nachberufliche Zeit immer mehr auf die Altersgruppe der 50-60jährigen ausdehnt und damit (*a*) zu kollektiv veränderten Lebensentwürfen im mittleren und höheren Erwachsenenalter beiträgt und (*b*) Veränderungen in den Beziehungen zwischen den Generationen herbeiführt: Die „mittlere", d. h. im erwerbsfähigen Alter stehende Generation wird in den kommenden Jahren mit steigenden finanziellen Belastungen konfrontiert werden, die aus der Finanzierung der nicht mehr im Erwerbsleben stehenden Menschen erwachsen. (Allerdings darf von der genannten Entwicklung nicht unmittelbar auf Konflikte zwischen den Generationen geschlossen werden).

Die *individuelle Perspektive* thematisiert gesellschaftliches Altern im Sinne einer biographischen Statuspassage: Der Übergang von der Erwerbsphase in die Ruhestandsphase ist mit einem *Statuswechsel* verbunden – die Tatsache, daß dieser Statuswechsel von allen Menschen erfahren wird, die aus dem Erwerbsleben ausscheiden, rechtfertigt die Aussage, daß es sich hier um gesellschaftliches Altern handelt.

Die heutige und zukünftige *Gestaltung* gesellschaftlichen Alterns wird entscheidend dadurch beeinflußt, wie unsere Gesellschaft mit den „Herausforderungen" des kollektiven Alterns – z. B. mit den veränderten Relationen zwischen den Generationen, mit der Zunahme alter und sehr alter Menschen, mit den zunehmenden Anforderungen an das soziale Sicherungssystem – umgeht. Hier gewinnen vier Fragen an Bedeutung, die auch *ethische Aspekte* berühren (ausführlich dazu Dritter Altenbericht der Bundesregierung 2000; Kruse 2000):

(1) Inwieweit wird älteren Menschen die Möglichkeit geboten, ihr Wissen und ihre Erfahrungen auch nach Austritt aus dem Beruf kreativ und in einer für unsere Gesellschaft gewinnbringenden Form einzusetzen? Haben wir in dieser Hinsicht eine *altersfreundliche* Gesellschaft?

(2) Inwieweit öffnen sich Bildungseinrichtungen für *Bildungsbedürfnisse* älterer Menschen und unterbreiten Angebote, die von diesen interessiert aufgenommen werden?

(3) Inwieweit besteht in unserer Gesellschaft ein *fruchtbarer Dialog zwischen den Generationen*, wo ist dieser bereits erkennbar, in welchen Bereichen könnte dieser angestoßen werden? Es sei hervorgehoben, daß in unserer Gesellschaft viele Beispiele für gute Beziehungen zwischen den Generationen innerhalb und außerhalb der Familie bestehen – zu nennen ist der Besuch älterer Menschen im Geschichts-

unterricht mit dem Ziel, eine Diskussion zum Thema „Zeitzeugen der Geschichte" anzustoßen.

(4) Inwieweit besteht in unserer Gesellschaft die Bereitschaft, medizinische, rehabilitative und pflegerische Leistungen auch älteren Menschen zur Verfügung zu stellen? Inwieweit können auch diese vom Fortschritt in den entsprechenden Disziplinen profitieren?

In bezug auf die zuletzt gestellte Frage ist festzustellen: In unserer Gesellschaft besteht ein relativ breiter Konsens in bezug auf die gerechte Verteilung der medizinisch-therapeutischen, rehabilitativen und pflegerischen Leistungen. Doch wird dieser Konsens auch nach dem derzeit einsetzenden demographischen Wandel Bestand haben? Oder wird die ältere Generation dann vermehrt von mangelnder Rücksichtnahme auf ihre Bedürfnisse betroffen sein – und zwar in dem Sinne, daß die genannten Leistungen in erster Linie für jüngere Menschen eingesetzt werden? Um es noch einmal deutlich zu sagen: Derzeit sind solche Verteilungskonflikte nicht erkennbar, und auch in umfassenden Analysen der Einstellungen jüngerer Menschen zum Alter in unserer Gesellschaft sowie zu älteren Menschen finden sich keine Hinweise darauf, daß in jüngeren Generationen Zweifel am gesellschaftlichen Generationenvertrag bestünden. Aber es ist durchaus möglich, daß in weiterer Zukunft kritische Anfragen an die Verteilung medizinisch-therapeutischer, rehabilitativer und pflegerischer Leistungen artikuliert werden. Ältere Menschen werden dann möglicherweise von abnehmender Rücksichtnahme auf ihre Versorgungsbedürfnisse bedroht sein, d. h., auf ihre Bedürfnisse und Anliegen wird *zuletzt* geachtet, da sie nicht mehr zur erwerbstätigen Bevölkerung gehören. – In diesem Zusammenhang ist zu beachten, daß politische Entscheidungen immer auch das Resultat von *Güterabwägungen* bilden. Vieles, was als Ergebnis von „Sachzwängen" dargestellt wird, ist im Grunde *auch* oder sogar *primär* das Resultat einer Güterabwägung, die möglicherweise nicht in vollem Umfang *bewußt* vorgenommen oder eingestanden wird. Diese Güterabwägung muß jedoch bewußt gemacht werden, denn nur so kann der Gefahr mangelnder Rücksichtnahme auf die Versorgungsbedürfnisse älterer Menschen begegnet werden.

Altersbilder in unserer Gesellschaft

Der Lebenslauf wird von der Gesellschaft in einzelne Lebensabschnitte untergliedert. In der soziologischen Literatur wird dieser Prozeß mit dem Begriff der *Institutionalisierung des Lebenslaufs* umschrieben (Kohli 1994). Jedem Lebensabschnitt werden spezifische Leitbilder zugeordnet, zum Beispiel in bezug auf die wahrzunehmenden Aufgaben, die Lebensformen, die Fähigkeiten und Fertigkeiten. Im herkömmlichen, gesellschaftlichen Bild vom Alter dominierten lange Zeit Abbauprozesse und Defizite. Es wurde angenommen, daß Alter „Krankheit" und „Hilfsbedürftigkeit" bedeutet und ältere Menschen „antiquierte" Einstellungen zeigen, die den gesellschaftlichen Fortschritt behindern. Allmählich wandeln sich jedoch die Anschauungen. Zum einen kann nicht übersehen werden, daß der Großteil der älteren Menschen ein selbständiges Leben führt. Zum anderen wird weitgehend anerkannt, daß die im Lebenslauf entwickelten Fähigkeiten und Fertigkeiten auch im Alter bestehen und im Sinne des Humanvermögens für die Gesellschaft nutzbar gemacht werden können. Als Beispiel für dieses veränderte Altersbild ist die öffentliche Diskussion ehrenamtlicher Tätigkeiten im Alter zu nennen. Auch die Medien legen mittlerweile Gewicht auf die Darstellung eines aktiven, kompetenten Alters. Aus soziokultureller Sicht sind die Vorstellungen vom Alter heute nicht mehr in dem Maße wie früher von Verlusten (vor allem von Rollenverlusten) bestimmt, vielmehr werden die gesellschaftlichen Stärken des Alters entdeckt.

Die Untersuchung „Bilder des Alter(n)s und Sozialstruktur" ermöglicht die zum gegenwärtigen Zeitpunkt differenziertesten Aussagen über die in der Bundesrepublik unter Menschen im mittleren und höheren Erwachsenenalter vorfindbaren Altersbilder und deren Einflußfaktoren. An dieser Studie haben 1275 Personen zwischen 45 und 75 Jahren teilgenommen, die Stichprobe ist nach sechs Stratifizierungsmerkmalen (Alter, Geschlecht, Erwerbstätigkeitsstatus, alte versus neue Bundesländer, Regionen mit hoher versus niedriger Arbeitslosigkeit, städtische versus ländliche Region) geschichtet und kann als aussagekräftig für die gesamte Bundesrepublik angesehen werden.

Die Ergebnisse der Studie zeigen, daß die häufig getroffene Annahme eines in unserer Gesellschaft dominierenden negativen Altersbildes einer empirischen Überprüfung nicht standhält. Gravierende altersgebundene Verluste und Defizite in den Bereichen körperliche Gesundheit, kognitive Leistungsfähigkeit, Persönlichkeit (Rigidität), soziale Beziehungen (Einsamkeit) und gesellschaftliche Produktivität (im Sinne von „veraltet") werden größtenteils verneint oder erhalten nur eingeschränkte Zustimmung. Die Daten sprechen im Gegenteil eher für das Vorherrschen eines positiven Altersbildes. Unter den Untersuchungsteilnehmern besteht Konsens hinsichtlich der Existenz und des gesellschaftlichen Nutzens altersgebundener Stärken und Gewinne (z. B. Erfahrungen, innere Ruhe, Bereitschaft, andere Meinungen und Einstellungen gelten zu lassen).

Auch wenn die Wahrnehmung von positiven Aspekten des Alter(n)s im Vergleich zur Wahrnehmung negativer Aspekte des Alter(n)s deutlich überwiegt, so machen auch diese Befunde deutlich, daß Altersbilder keine eindimensionalen Konstrukte darstellen, die sich auf einem Kontinuum, das von einer sehr positiven bis zu einer sehr negativen Bewertung reicht, anordnen lassen. Die Multidimensionalität und Multidirektionalität von Alternsprozessen findet sich durchaus in individuellen Sichtweisen von Alter, Altern und älteren Menschen wieder: So läßt sich z. B. die Wahrnehmung von Entwicklungsgewinnen und Chancen nicht aus der Wahrnehmung von Entwicklungsverlusten und Risiken vorhersagen.

Auch auf eine gesellschaftliche Diskriminierung älterer Menschen oder auf eine Aufkündigung des Generationenvertrags durch jüngere Menschen finden sich keine Hinweise. Weder werden ältere Menschen als Last für ihre Angehörigen oder die Gesellschaft wahrgenommen, noch zeigt sich eine klare Tendenz zur Bevorzugung jüngerer Menschen, wenn es um die Verteilung gesellschaftlicher Ressourcen geht. Dagegen belegen die Ergebnisse, daß der sog. Generationenvertrag aus der Sicht der befragten Personen nach wie vor Gültigkeit hat. Für diese Interpretation spricht auch der Befund, daß Wahrnehmungen von älteren Menschen und dem Alternsprozeß offenbar in keinem statistisch bedeutsamen Zusammenhang zum chronologischen Alter stehen und das Alter eines Menschen nach den Einschätzungen der Untersuchungsteilnehmer nur in sehr geringem Ausmaß spezifische Erwartungen und Verhaltensweisen in sozialen Interaktionen nahelegt.

Während sich das Lebensalter eines Menschen als für die Vorhersage von Altersbildern ungeeignet erwies, fanden sich bedeutsame Zusammenhänge zwischen Merkmalen der Sozialstruktur und der Wahrnehmung von Entwicklungsgewinnen sowie zwischen Merkmalen der subjektiven Lebenssituation (im Sinne subjektiv perzipierter Handlungsspielräume) und der Wahrnehmung von Entwicklungsgewinnen und -verlusten: Die Wahrnehmung von Entwicklungsgewinnen im Alter war vom Erwerbstätigkeitsstatus der Person (Arbeitslose nahmen weniger Entwicklungsgewinne wahr), von der Höhe der Arbeitslosenquote (in Regionen mit hoher Arbeitslosigkeit wurde das Alter eher als Gewinn interpretiert) und der Zugehörigkeit zu den neuen versus alten Bundesländern (in den alten Bundesländern wurden mehr Gewinne wahrgenommen) beeinflußt, für die Wahrnehmung von Entwicklungsverlusten fanden sich dagegen keine vergleichbaren Zusammenhänge. Die subjektiven Einschätzungen des Gesundheitszustands, der körperlichen Leistungsfähigkeit, der finanziellen Situation, der sozialen Integration, der Leistungseinbußen im eigenen Alternsprozeß sowie der persönlichen Barrieren und Potentiale eines mitverantwortlichen Lebens wiesen sowohl mit der Wahrnehmung von Entwicklungsgewinnen als auch mit der Wahrnehmung von Entwicklungsverlusten statistisch hochbedeutsame Zusammenhänge auf. Die Befunde zu den Einflußfaktoren der Wahrnehmung von positiven und negativen Aspekten des Alter(n)s legen damit nahe, daß individuelle Altersbilder zu einem guten Teil objektiv bestehende und subjektiv perzipierte Handlungsspielräume widerspiegeln.

Den insgesamt eher positiven Altersbildern entsprechend nahm sich die überwiegende Mehrzahl der Untersuchungsteilnehmer als kompetent, leistungsfähig und sozial integriert wahr. Darüber hinaus waren im allgemeinen ein ausgeprägtes Interesse, Verantwortung zu übernehmen und eine deutlich positiv getönte Zukunftsperspektive erkennbar. Nur ein sehr geringer Teil der Untersuchungsteilnehmer nahm sich selbst auch als „alt" wahr. Dagegen bestand unter den Untersuchungsteilnehmern eine deutliche Tendenz, „sich jünger zu fühlen, als man tatsächlich ist". Eine derartige Selbsteinschätzung stand in einer hochsignifikanten Beziehung zu Wahrnehmungen eigener Kompetenz sowie Neigungen zu Niedergeschlagenheit und Resignation. Eine Selbstkategorisierung als „alt" war praktisch identisch mit der Wahrnehmung eigener altersgebundener Defizite.

Die Stellung älterer Menschen in intergenerationellen Beziehungen

Im folgenden soll zunächst auf Unterstützungsleistungen eingegangen werden, die ältere Menschen für andere erbringen. Die dargestellten Ergebnisse verdeutlichen den Ausgangspunkt eines psychologischen Verständnisses von Produktivität, das ältere Menschen als durchaus gesellschaftlich „produktive Gruppe" ausweist. Dieses Verständnis wird in einem zweiten Abschnitt vor allem auf der Grundlage einer Arbeit von Staudinger (1996) expliziert. Der dritte Abschnitt berichtet Ergebnisse einer Untersuchung zu nachberuflichen Tätigkeitsfeldern älterer Menschen und verdeutlicht ebenfalls die Notwendigkeit, soziale Beziehungen älterer Menschen aus der Perspektive einer gegenseitigen Nutzenbeziehung zu interpretieren.

Soziale Unterstützungsleistungen älterer Menschen

Auch wenn mit steigendem Alter die Möglichkeiten, andere Menschen zu unterstützen und der Kreis unterstützter Personen abnehmen – vor allem Hilfen, die körperlichen Einsatz erfordern, können zunehmend weniger geleistet werden – so bildet die für andere Menschen geleistete Unterstützung dennoch ein wesentliches Merkmal der sozialen Netzwerke älterer Menschen. Die Ergebnisse der Berliner Altersstudie zeigen, daß diese Aussage auch für hochbetagte Menschen Gültigkeit besitzt (Wagner et al. 1996); nach den Ergebnissen der Zeitbudgetstudie des Statistischen Bundesamtes leistet unter den über 60jährigen noch immerhin etwa ein Viertel Netzwerkhilfe für andere Personen (Borchers 1997).

Eine besondere Form sozialer Unterstützung, die in früheren Lebensabschnitten häufig schon aus zeitlichen Gründen nicht erbracht werden kann, bildet die Enkelbetreuung. Nach dem Ausscheiden aus dem Berufsleben wird das Mehr an zur Verfügung stehender Zeit häufig für die Übernahme von Betreuungs– und Erziehungsaufgaben genutzt, die Angehörige jüngerer Generationen nicht nur entlastet, sondern häufig auch eine entscheidende Voraussetzung für deren Berufstätigkeit darstellt. Nach Borchers & Miera (1993) beaufsichtigt etwa ein Fünftel der über 60jährigen Menschen die Kinder von Verwandten, darüber hinaus werden – wenn auch in deutlich geringerem Ausmaß – Kinder von Nachbarn, Freunden und Bekannten betreut. Der hohe zeitliche Aufwand für diese Unterstützungsleistung wird von älteren Menschen in aller Regel nicht als „belastend" empfunden, vielmehr steht die positiv bewertete Erfahrung, von anderen Menschen gebraucht zu werden und eine sinnvolle Aufgabe zu haben, im Vordergrund.

Eine zweite wichtige Form sozialer Unterstützungsleistungen durch ältere Menschen besteht in Hilfeleistungen für Personen, die selbst bereits das Rentenalter erreicht haben. Nach einer Untersuchung von Schubert (1992) zu Hilfeleistungen in ländlichen Regionen findet sich diese Form sozialer Unterstützung bei etwa 20 % der über 50jährigen und bleibt bis ins sehr hohe Alter in nennenswertem Maße erhalten: Der Anteil der Helfenden lag in der Altersgruppe der 70-79jährigen bei 17,6 %, bei den 80jährigen und älteren immerhin noch bei 10,9 %. Interessanterweise konzentrieren sich „intragenerationelle Unterstützungsleistungen" mit zunehmendem Alter weniger auf Beziehungen innerhalb der eigenen Verwandtschaft. Nach Schubert (1992) führt der durch Mobilitätseinschränkungen reduzierte „räumliche Aktionsradius" zu einer Einschränkung verwandtschaftlicher Beziehungen, was dazu führt, daß wiederum nachbarschaftliche Beziehungen an Bedeutung gewinnen und Unterstützungsleistungen innerhalb der Nachbarschaft bereitwilliger erbracht werden.

In ihrer Bedeutung nicht zu übersehen ist auch eine dritte Form sozialer Unterstützung durch ältere Menschen: finanzielle Transferleistungen. Den Ergebnissen der Berliner Altersstudie zufolge hat fast jeder dritte der über 70jährigen mit Kindern diese in den letzten 12 Monaten finanziell unterstützt. Hier handelt es sich um durchaus substantielle Unterstützungsleistungen: der durchschnittliche finanzielle Transfer zu den Nachkommen bezifferte sich auf DM 7.000,- in den letzten 12 Monaten (Motel 1997).

Soziale Unterstützungsleistungen und Produktivität des Alters

In ihrem Beitrag über psychologische Produktivität und Selbstentfaltung im Alter unterscheidet Staudinger (1996) zwischen manuellen, geistigen, emotionalen und motivationalen Ausdrucksformen psychischer Produktivität. Während man die manuelle Ausdrucksform – das Herstellen von Dingen und das Verrichten von Arbeiten – in der Regel schnell mit der Frage nach der Produktivität älterer Menschen assoziiert, werden die anderen drei Ausdrucksformen häufig übersehen, was zu der unzutreffenden Einschätzung, ältere Menschen seien nur in sehr geringem Maße produktiv, führen kann.

Unter *geistiger Produktivität* ist etwa das Erteilen von Ratschlägen und das Lösen von Problemen zu verstehen. Die Weitergabe oder „Transmission" von Information kann als besondere Funktion des Alters angesehen werden. So haben Mergler & Goldstein (1983) argumentiert, daß die altersspezifischen Veränderungen in den Sinnesorganen und der „Lebensenergie" zumindest zum Teil einer Reflexion vorhandenen Wissens und der Weitergabe dieses Wissens an jüngere Generationen förderlich sind. Ähnlich geht aus den am Max Planck Institut für Bildungsforschung in Berlin durchgeführten Arbeiten zur Weisheitsforschung (Baltes & Smith 1990) hervor, daß Fakten- und Strategienwissen über das Leben, Wissen über die zeitlichen und lebensweltlichen Kontexte, in die Lebensprobleme eingebettet sind, das Wissen um die Relativität von Werten und Zielen sowie die Fähigkeit, mit Unsicherheiten und Ungewißheiten umzugehen, keinem altersbedingten Abbau unterliegen, sondern – im Gegenteil – ein hohes Maß an Stabilität aufweisen und z. T. sogar mit dem Alter zunehmen. Die „geistige Ausdrucksform" bildet deshalb eine wesentliche Dimension der psychischen Produktivität des Alters, die sich im übrigen nicht nur in intergenerationellen Beziehungen zeigt, sondern darüber hinaus auch im Sinne einer *gesellschaftlichen Produktivität* deuten läßt.

Mit dem Begriff *emotionale Produktivität* wird berücksichtigt, daß Menschen durch ihre emotionale Verfassung eine positive Ausstrahlung auf andere haben und dadurch einen „produktiven Kontext" für diese bilden können. In diesem Zusammenhang ist auf das in den letzten Jahren intensiv bearbeitete Gebiet der psychologischen Resilienzforschung zu verweisen. Inzwischen kann als gut belegt gelten, daß – auch wenn die Bilanzierung von Entwicklungsgewinnen und Entwicklungsverlusten mit steigendem Alter zunehmend ungünstiger wird – Lebenszufriedenheit, Kontrollüberzeugungen und depressive Tendenzen keine mit steigendem Alter negativere Ausprägung zeigen. Ältere Menschen sind also in hohem Maße in der Lage, sich an veränderte Lebensumstände anzupassen und so ein positives Selbstbild und eine positiv getönte emotionale Befindlichkeit aufrechtzuerhalten. Dieser Befund legt die Annahme nahe, daß jüngere Menschen aus der in intergenerationellen Beziehungen vermittelten Erfahrung – nämlich daß auch bei altersbedingten Verlusten die Aufrechterhaltung einer persönlich zufriedenstellenden Lebensperspektive möglich ist – Gewinne für ihre eigene Auseinandersetzung mit Aufgaben und Belastungen und für ihre persönliche Zukunftsperspektive ziehen können. Die Vermittlung solcher Erfahrungen bildet ein weiteres Unterstützungspotential des Alters in intergenerationellen Beziehungen.

Die *motivationale Produktivität* steht in enger Beziehung zur emotionalen Produktivität. Mit diesem Begriff wird die Fähigkeit, Ziele und Werte anderer zu beeinflussen verstanden. Hinsichtlich intergenerationeller Beziehungen ist anzumerken, daß ältere Menschen positive Zieldefinitionen jüngerer Menschen fördern können. So ist anzunehmen, daß die Vorstellungen, wie das Leben nach dem Übergang in den Ruhestand gestaltet werden soll, ebenso wie individuelle Vorbereitungen auf den Ruhestand durch das Beispiel der älteren Generation beeinflußt sind.

Nachberufliche Tätigkeitsfelder älterer Menschen

Kohli & Künemund (1997) unterscheiden in ihrem Bericht über die Ergebnisse einer in fünf Nationen (USA, Kanada, Großbritannien, Bundesrepublik und Japan) durchgeführten repräsentativen Befragung der älteren Bevölkerung (ab 65 Jahren) in Privathaushalten zwischen vier Haupttätigkeiten nach dem Ausscheiden aus dem Beruf: (*1*) Nachberufliche Erwerbstätigkeit, (2) Freiwilliges bzw. ehrenamtliches Engagement, (*3*) Betreuung Pflegebedürftiger sowie (4) Betreuung von Enkelkindern.

Hinsichtlich der nachberuflichen Erwerbstätigkeit bildet die Bundesrepublik das Schlußlicht unter den fünf untersuchten Nationen (dazu auch OECD 1999): In den alten Bundesländern waren nur 3,3 % der über 65jährigen (5,7 % der Männer und 2 % der Frauen) erwerbstätig, in Großbritannien 5,7 % (7 % der Männer und 4,4 % der Frauen), in Kanada 6,6 % (10,1 % der Männer und 4 % der Frauen), in den USA 11,4 % (14 % der Männer und 9,4 % der Frauen) und in Japan 27,7 % (40,2 % der Männer und 19 % der Frauen).

Die naheliegende Erwartung, daß das freiwillige Engagement in Ländern, in denen die Erwerbsbeteiligung älterer Menschen niedriger liegt, höher ist, wird durch die von Kohli & Künemund (1997) vorgelegten Untersuchungsergebnisse nicht bestätigt. Das freiwillige Engagement war in den USA (30,6 %) und Kanada (26,9 %) deutlich häufiger als in Großbritannien (13,5 %), der Bundesrepublik (12,4 %) und Japan (11,9 %). Die Verbreitung des Ehrenamtes scheint damit den Autoren zufolge einer anderen Logik zu folgen als derjenigen der Arbeitsgesellschaft: nämlich der Logik der Zivilgesellschaft. Ein weiteres wichtiges Ergebnis der Untersuchung ist in dem Befund zu sehen, daß sich lediglich in den USA Frauen stärker ehrenamtlich engagieren als Männer, in den anderen vier untersuchten Nationen der Zusammenhang dagegen umgekehrt ist. Freiwillige Tätigkeiten nehmen mit zunehmendem Alter ab, jedoch bei weitem nicht in dem Ausmaß wie die Erwerbstätigkeit. So zeigte sich in Großbritannien ein Rückgang erst bei den 80-84jährigen; in den USA ging noch fast ein Viertel der Angehörigen dieser Altersgruppe einer ehrenamtlichen Tätigkeit nach (hier war eine Abnahme lediglich bei den Frauen erkennbar).

Der Anteil der in der Betreuung pflegebedürftiger Menschen engagierten Personen lag in den USA bei 18,9 % (20,8 % der Frauen, 16,3 % der Männer), in Kanada bei 16,9 % (17,8 % der Frauen, 15,7 % der Männer), in Großbritannien bei 14,8 % (13,8 % der Frauen, 16,3 % der Männer) in der Bundesrepublik bei 13,2 % (14,2 % der Frauen, 11,4 % der Männer) und in Japan bei 6,3 % (7,4 % der Frauen, 4,6 % der Männer). Während der Anteil der Verheirateten unter den Pflegenden in Japan, Großbritannien und den USA jeweils über 70 % lag, war in der Bundesrepublik der Anteil der Verwitweten mit 44,4 % besonders hoch. Unter den pflegenden Frauen aus der Bundesrepublik übersteigt der Anteil der Verwitweten jenen der Verheirateten, unter den pflegenden Männern überwiegt dagegen die Anzahl der Verheirateten. Hieraus ist zu folgern, daß ältere Männer vor allem ihre Ehefrauen pflegen, während die Pflegeleistungen älterer Frauen in stärkerem Maße auch anderen Verwandten zugutekommen.

Der Anteil der Personen, die regelmäßig Kinder – vor allem eigene Enkel – betreuten, lag in den USA bei 26,5 % (28,3 % der Frauen, 24 % der Männer), in der Bundesrepublik bei 19,9 % (22 % der Frauen, 16,1 % der Männer), in Kanada bei 17,4 % (18,5 % der Frauen, 15,8 % der Männer), in Großbritannien bei 16,5 % (17 % der Frauen, 15,7 % der Männer) und in Japan bei 10,3 % (11,3 % der Frauen, 8,8 % der

Männer). Die Ergebnisse zur Betreuung von Kindern belegen bei den Frauen einen Zusammenhang zwischen der Ausübung dieser Unterstützungsleistung und dem Gesundheitszustand – wem es gesundheitlich gut geht, der ist häufiger in der Betreuung von Enkelkindern engagiert – der sich bei den Männern dagegen kaum findet. Weiterhin zeigte sich ein positiver Zusammenhang mit dem Haushaltsnettoeinkommen und dem Bildungsstand. Das Engagement war bei Angehörigen höherer sozialer Statusgruppen deutlicher ausgeprägt.

Die Daten von Kohli & Künemund (1997) zeigen, daß die Lebenszufriedenheit der in nachberuflichen Tätigkeitsfeldern aktiven Menschen höher ist als jene der nicht aktiven älteren Menschen. Bezüglich der Frage, ob die höhere Lebenszufriedenheit auf die Aktivität zurückgeht oder lediglich Folge eines besseren Gesundheitszustandes ist, der wiederum eine Voraussetzung höherer Aktivität darstellt, verweisen die Autoren darauf, daß sowohl Gesundheit als auch Tätigsein von hoher Bedeutung für die allgemeine Lebenszufriedenheit ist und daß die Gesundheit bedeutsamer für die Einschätzung der Lebenszufriedenheit ist als die Tätigkeit.

Aktivitäten in den unterschiedlichen Tätigkeitsfeldern schließen sich interessanterweise nicht – wie aufgrund einer einfachen Betrachtung von Zeitbudgets anzunehmen wäre – gegenseitig aus. Insbesondere das freiwillige bzw. ehrenamtliche Engagement war in der geschilderten Studie ein guter Prädiktor für ein Engagement in den anderen drei Tätigkeitsbereichen: Freiwilliges Engagement scheint damit ein guter Indikator für eine generelle Aktivitätsbereitschaft zu sein.

Die Ergebnisse der internationalen Vergleichsstudie belegen ebenso wie die zuvor dargestellte Perspektive psychischer Produktivität des Alters, daß die sozialen Beziehungen älterer Menschen nicht lediglich unter dem Aspekt empfangener Unterstützung und der Aufrechterhaltung einer persönlich zufriedenstellenden Lebensperspektive zu betrachten sind. Die dargestellten Befunde verdeutlichen auch, daß ein negatives Altersbild, das ältere Menschen vor allem als unproduktive, gesellschaftlich wenig nützliche Gruppe behandelt, der gesellschaftlichen Realität ebensowenig angemessen ist wie der Realität intergenerationeller Beziehungen. Auf der Grundlage der heute vorliegenden Forschungsergebnisse erscheint es deshalb notwendig, die sozialen Beziehungen älterer Menschen als gegenseitige Nutzenbeziehung zu konzeptualisieren.

2.5   Kompetenz im Alter aus personen- und umweltorientierter Perspektive

Für die Psychosomatik und Psychotherapie des Alterns ist auch die Frage nach der **Kompetenz** im Alter zentral. Wir hatten bereits darauf hingewiesen, daß bei der Beschäftigung mit Fähigkeiten und Fertigkeiten älterer Menschen zwischen den „Daseinskompetenzen" und „Fachkompetenzen" (➔ Kap. 2.4.1) differenziert werden kann, wobei erstere Kompetenzen in bezug auf Anforderungen des Lebens, letztere hingegen Kompetenzen in bezug auf berufliche Anforderungen bezeichnen. Daseins- und Fachkompetenzen ähneln sich in der Hinsicht, als sie sich im Lebenslauf – und zwar unter dem Einfluß der Anforderungen und Möglichkeiten, die die einzelnen Situationen bieten, sowie unter dem Einfluß der Umwelten, in denen der Mensch lebt – entwickeln. Der Aspekt der Entwicklung und Aufrechterhaltung von Kompetenzen steht im folgenden im Vordergrund. Es geht dabei um die Frage, inwieweit wir durch

Kenntnis der Entwicklung im Lebenslauf und der Anforderungen und Möglichkeiten, die sich aktuell bieten, ein besseres Verständnis der Fähigkeiten und Fertigkeiten älterer Menschen erlangen. Diese Fähigkeiten und Fertigkeiten sind für das Selbstbild älterer Menschen, für die Art der Alltagsgestaltung im Alter sowie für die Bewältigung von Anforderungen, Belastungen und Konflikten wichtig. Aus diesem Grunde muß sich die Psychosomatik und Psychotherapie auch mit der Frage auseinandersetzen, inwieweit dazu beigetragen werden kann, daß Fähigkeiten und Fertigkeiten im Alter möglichst lange erhalten bleiben.

In psychologischen Kompetenztheorien wird zwischen objektiven und subjektiven Aspekten der Kompetenz unterschieden, deren Zusammenwirken einen effektiven – und als effektiv erlebten – Umgang des Menschen mit den Anforderungen in seiner Umwelt ermöglicht (ausführlich dazu Bandura 1989; Kruse 1996a; Kruse & Lehr 1999; Olbrich 1987). Zu den **objektiven Aspekten** werden die verschiedenartigen Fähigkeiten und Fertigkeiten des Menschen zum effektiven Umgang mit den Anforderungen in seiner Umwelt gerechnet: Zu nennen sind hier vor allem kognitive, alltagspraktische, sozialkommunikative und psychologische Fähigkeiten und Fertigkeiten (letztere beschreiben die Ressourcen zur Bewältigung von Entwicklungsanforderungen und Belastungen). Zu den **subjektiven Aspekten** gehören die Erfahrungen effektiven Handelns in spezifischen Situationen. Dabei wird von der Annahme ausgegangen, daß der Wunsch nach effektivem Handeln in allen Lebensaltern ein grundlegendes Bedürfnis des Menschen bildet, und deshalb Tätigkeiten, deren Ausübung mit der Erfahrung eigener Effektivität (oder Kompetenz) verbunden ist, besonders gerne ausgeführt werden und motivierend wirken.

Bei der Analyse der Kompetenz sind **zwei verschiedenartige Perspektiven** zu integrieren: Zum einen wird nach den spezifischen Fähigkeiten und Fertigkeiten gefragt, die Menschen im Lebenslauf entwickelt haben und über die sie im Alter verfügen (**personenorientierte Perspektive**) (dazu auch → Kap. 2.2.2). Zum anderen gilt das Interesse den spezifischen Anforderungen, die die Umwelt an den Menschen richtet (**umweltorientierte Perspektive**). Die Integration dieser beiden Perspektiven kommt in dem Begriff der **Person-Umwelt-Passung** zum Ausdruck: Inwieweit stimmen die im Lebenslauf entwickelten Fähigkeiten und Fertigkeiten mit aktuellen Anforderungen der Umwelt überein? Die Beantwortung dieser Frage ist nicht nur von theoretischem, sondern auch von praktischem Wert: Denn die Erhaltung oder Förderung der Kompetenz ist nicht nur eine Aufgabe der Person, sondern auch ihrer Umwelt. Vermehrte Anregungen durch die Umwelt können dazu beitragen, daß vorhandene Fähigkeiten und Fertigkeiten auch tatsächlich eingesetzt oder erweitert werden. So kann durch die Beseitigung von Barrieren sowie durch die Nutzung geeigneter Hilfsmittel zur Erhaltung der Selbständigkeit trotz spezifischer sensorischer oder motorischer Einbußen beigetragen werden.

Unter Kompetenz im Alter verstehen wir die Fähigkeiten und Fertigkeiten des Menschen zur Aufrechterhaltung eines selbständigen, selbstverantwortlichen und persönlich zufriedenstellenden Lebens in einer unterstützenden, anregenden, zur selbstverantwortlichen Auseinandersetzung mit Anforderungen anregenden (räumlichen, sozialen und infrastrukturellen) Umwelt.

Die Fähigkeiten und Fertigkeiten zur Aufrechterhaltung eines selbstverantwortlichen und persönlich zufriedenstellenden Lebens sind nicht nur für die Verwirklichung der Chancen des Alters relevant, sondern in gleichem Maße für die Verarbeitung altersgebundener Verluste und Belastungen. Auch wenn das Alter nicht mit Hilfs- oder Pflegebedürftigkeit gleichgesetzt werden darf, so sind doch die gesundheitlichen und sozialen Risiken im hohen Alter nicht zu leugnen. Wir haben bereits hervorgehoben, daß gerade das vierte Lebensalter in besonderer Weise von Verlusten betroffen ist.

Angesichts dieser Verluste ist die Aufrechterhaltung eines persönlich zufriedenstellenden und selbstverantwortlichen Lebens im Alter als eine **psychische Leistung** anzusehen, die um so höher zu bewerten ist, je mehr sich Menschen trotz bestehender körperlicher Einbußen um die Aufrechterhaltung von Selbständigkeit bemühen. Situationen, in denen Menschen mit gesundheitlichen Belastungen konfrontiert werden, verdeutlichen die Multidimensionalität und Multidirektionalität von Entwicklung: Menschen, die an körperlichen Einschränkungen leiden, zeigen nicht selten ausgeprägte Fähigkeiten und Fertigkeiten zur psychischen Verarbeitung dieser Einschränkungen sowie zur Aufrechterhaltung eines selbständigen und selbstverantwortlichen Lebens. Diese Aussage sei im folgenden an einem Beispiel erläutert:

In einer Untersuchung zu „Möglichkeiten und Grenzen selbständiger Lebensführung im Alter" (Kruse & Schmitt 1995a; 1995b; Olbrich 1995) wurden auf der Grundlage der in 23 basalen und instrumentellen Aktivitäten des täglichen Lebens ADL/IADL (→ Kap. 2.1) zu beobachtenden funktionellen Einschränkungen in einer Stichprobe von 1.275 in Privathaushalten lebenden älteren Menschen drei Formen der Selbständigkeit differenziert: „Erhaltene Selbständigkeit", „eingeschränkte Selbständigkeit" und „Pflegebedarf". Des weiteren konnten in einer Teilstichprobe von 300 Personen mit Hilfe hierarchischer Clusteranalysen vier Personengruppen ermittelt werden, die sich in ihrer psychischen Stabilität erheblich unterscheiden. Die psychische Stabilität wurde hierbei auf der Grundlage von fünf Merkmalen bestimmt: allgemeine Kontrollüberzeugungen, Lebenszufriedenheit, subjektives Alterserleben, subjektive Bewertung der gegenwärtigen Lebenssituation sowie die in der gegenwär-

Tab. 8: Zusammenhänge zwischen Formen der Selbständigkeit und der psychischen Stabilität (n = 300 Untersuchungsteilnehmer)

	Geringe Belastung, hohe Zufriedenheit, hohe Ressourcen	Gelungene Kompen-sation	Gefährdete Kompen-sation	Überforderung psychischer Ressourcen
	41 (100 %)	153 (100 %)	77 (100 %)	29 (100 %)
Erhaltene Selbständigkeit (n = 201)	35 (85,4 %)	138 (90,2 %)	28 (36,4 %)	–
Eingeschränkte Selbständigkeit (n = 68)	6 (14,6 %)	11 (7,2 %)	42 (54,5 %)	9 (31,0 %)
Pflegebedarf (n = 31)	–	4 (2,6 %)	7 (9,1 %)	20 (69,0 %)

tigen Lebenssituation bestehenden Pläne und Vorhaben. Die Verteilung der vier Personengruppen über die drei Formen der Selbständigkeit ist in Tab. 8 wiedergegeben.

Die Ergebnisse zeigen zunächst, daß mit zunehmenden funktionellen Einschränkungen die Aufrechterhaltung eines persönlich zufriedenstellenden und selbstverantwortlichen Lebens erheblich erschwert wird. Während unter den Personen mit eingeschränkter Selbständigkeit die in der gegenwärtigen Lebenssituation bestehenden Anforderungen und Belastungen bei 31 % zu einer Überforderung der vorhandenen psychischen Ressourcen führen, liegt dieser Anteil unter den Personen mit Pflegebedarf mit 69 % mehr als doppelt so hoch. Aus den in Tab. 10 dargestellten Ergebnissen wird aber auch deutlich, daß es einigen der von extremen funktionellen Einschränkungen betroffenen Menschen gelingt, trotz der bestehenden Anforderungen und Belastungen ein persönlich zufriedenstellendes, selbstverantwortliches Leben aufrechtzuerhalten.

Da die Fähigkeiten und Fertigkeiten des Menschen in der Auseinandersetzung mit den Anforderungen seiner Umwelt ausgebildet, erhalten und erweitert werden, muß unser Verständnis von Kompetenz auch Aspekte der Umwelt berücksichtigen. Menschen handeln in Umwelten, sie nehmen die in ihrer Umwelt gewonnenen Erfahrungen auf und verarbeiten diese. Entsprechend tragen Anforderungen der Umwelt zur Entwicklung von Fähigkeiten und Fertigkeiten bei. Für die Kompetenz sind *drei Bereiche der Umwelt* von besonderer Bedeutung, da sie zum einen mitbestimmen, in welchem Maße der Mensch selbständig leben kann, zum anderen Einfluß darauf ausüben, in welchem Maße ein selbstverantwortliches und persönlich zufriedenstellendes Leben möglich ist:

Die **räumliche Umwelt** läßt sich in einen Mikrobereich (Wohnung) und einen Makrobereich (Wohnumfeld) unterteilen. Sie kann eine bedeutsame kompensatorische Funktion erhalten: Eine behindertenfreundliche Ausstattung der Wohnung (z. B. mit technischen Hilfen) ermöglicht auch im Falle starker motorischer und sensorischer Einbußen ein selbständiges Leben im Alter, eine behindertenfreundliche Stadt- und Verkehrsplanung erleichtert die Mobilität außerhalb der Wohnung. Die **soziale Umwelt** wird in eine „engere" (Familie, Freunde, Verwandte) und eine „weitere" (Gesellschaft, Kultur) unterteilt. Die Bedeutung der sozialen Umwelt zeigt sich zum einen in den inner- und außerfamiliären Rollen älterer Menschen, zum anderen in der Hilfe, die sie anderen Menschen geben, aber auch erhalten. Zur **infrastrukturellen Umwelt** der ambulanten und stationären Einrichtungen, die Dienstleistungen für ältere Menschen erbringen, gehören auch alle politischen Entscheidungen und Gesetze, die das Leben älterer Menschen betreffen. Als Beispiel seien hier die 1995 und 1996 in Kraft getretenen Stufen des Pflegeversicherungsgesetz (siehe SGB XI) genannt. Politische Entscheidungen und Gesetze wirken sich auf die soziale Teilhabe, auf die Aufrechterhaltung oder Wiedergewinnung der für eine selbständige Lebensführung notwendigen Funktionen und Fertigkeiten (z. B. in Form von Rehabilitationsmaßnahmen) und auf die Gestaltung innerfamiliärer Beziehungen (unter anderem Entlastung der Familie durch das Pflegeversicherungsgesetz) aus.

Die personenbezogenen und umweltbezogenen Einflußfaktoren der Kompetenz sind in den Abb. 12 und 13 zusammengefaßt. Die personenbezogenen Einflußfaktoren der Kompetenz lassen sich differenzieren

▪ in Fähigkeiten und Fertigkeiten, die Menschen im Lebenslauf zur Bewältigung spezifischer Anforderungen in ihrer Lebenssituation und Umwelt entwickelt haben (**fähigkeits- und fertigkeitsbezogene Perspektive der Kompetenz**),

■ in Aspekte der Zeitperspektive, die sowohl die Deutung der Vergangenheit als auch die Deutung der Zukunft berühren (**Lebensrückblick und Kompetenz**),

■ in die materielle Situation und Bildungssituation (**materielle Ressourcen und Bildungsressourcen**).

Nachfolgend werden diese drei Einflußfaktoren genauer untersucht.

Entwicklung in der Vergangenheit

- Fähigkeiten und Fertigkeiten, Interessenspektrum
- Wissenssysteme
- Art der Alltagsgestaltung
- Art der Auseinandersetzung mit neuen Anforderungen und Aufgaben
- Art der Auseinandersetzung mit Belastungen und Konflikten
- Formen und Grade sozialer Aktivität und sozialen Engagements
- Formen und Grade gesundheitsbewußten Verhaltens
- Gesundheitliche Entwicklung
- Qualität der medizinischen Diagnostik und Therapie (einschließlich Vorsorge)

Materielle Situation und Bildungssituation

- Regelmäßiges Einkommen
- Vermögen und Besitz (siehe vor allem Ersparnisse, Wertpapiere, Versicherungen, Wohneigentum)
- Schulische Bildung, berufliche Aus-, Fort- und Weiterbildung

Psychische Situation in der Gegenwart

- Selbstkonzept (subjektive Bewertung eigener Fähigkeiten und Fertigkeiten)
- Grad der Überzeugung, die Situation verändern oder gestalten zu können
- Anzahl und Ausprägung erlebter Belastungen und Konflikte in der Gegenwart
- Anzahl und Ausprägung positiv bewerteter Ereignisse in der Gegenwart
- Erlebte Kongruenz zwischen Erwartetem und Erreichtem (Lebensrückblick)
- Strukturierung des Lebenslaufs (subjektiv bedeutsame Ereignisse)

Zukunftsperspektive

- Einstellung zur persönlichen Zukunft (Hoffnungen, Erwartungen, Sorgen, Befürchtungen)
- Offenheit gegenüber der Zukunft
- Ausmaß und Konkretheitsgrad der Zukunftspläne
- Grad der Überzeugung, die Zukunft gestalten zu können
- Art der Auseinandersetzung mit der verrinnenden Zeit (chronoästhetisches Altern)

Abb. 12: Einflußfaktoren der Kompetenz: Merkmale der Person

Räumliche Umwelt

- Verfügbarkeit von Wohnraum
- Qualität der Wohnung
- Größe der Wohnung, Nutzung der einzelnen Räume, Wohnungsdichte
- Wohnungsausstattung (zum Beispiel sanitäre Ausstattung, Barrieren, Hilfsmittel)
- Wohnlage (Anbindung an Verkehrsnetz, Nähe zu Geschäften und Behörden)
- Verkehrsgestaltung
- Ökologische Faktoren (zum Beispiel Schadstoffe, Hygiene, klimatische Faktoren)

Soziale Umwelt

- Anzahl der älteren Menschen in unserer Gesellschaft, Anteil an der Gesamtbevölkerung
- Materielle Anforderungen an die Gesellschaft durch das Alter
- Ökonomische Ressourcen älterer Menschen
- Dynamik des demographischen Wandels
- Gesellschaftliche Altersbilder
- Art und Umfang der sozialen Partizipation älterer Menschen
- Art und Umfang des sozialen Engagements älterer Menschen
- Lebensstile und -formen älterer Menschen
- Anzahl der Haushaltmitglieder und Pro-Kopf-Einkommen
- Räumliche Entfernung der Familienangehörigen
- Anzahl und Art der Kontakte zu Angehörigen, Freunden und Nachbarn
- Möglichkeiten zum Engagement in der Familie, im Freundeskreis, in der Nachbarschaft
- Möglichkeiten zum ehrenamtlichen Engagement
- Anforderungen durch Familie, Freunde und Nachbarn
- Art und Umfang der Unterstützung durch Angehörige, Freunde und Nachbarn
- Altersbilder der inner- und außerfamiliären Bezugspersonen

Infrastrukturelle Umwelt

- Umfang und Qualität kultureller und sozialer Angebote in der näheren Umgebung
- Umfang und Qualität der ärztlichen Betreuung
- Umfang und Qualität der Hilfe und Pflege durch soziale und mobile Dienste
- Umfang und Qualität teilstationärer und stationärer Angebote
- Umfang der sozialen Sicherung im Alter
- Berücksichtigung der Bedürfnisse älterer Menschen bei gesetzlichen Regelungen
- Vertretung der älteren Menschen in Gesellschaft und Politik

Abb. 13: Einflußfaktoren der Kompetenz: Merkmale der Umwelt

2.5.1 Fähigkeits- und fertigkeitsbezogene Perspektive der Kompetenz

In früheren Lebensjahren entwickelte Fähigkeiten, Fertigkeiten, Wissenssysteme und Interessen bilden eine Grundlage für den ausgefüllten Alltag, für die Ausübung persönlich bedeutsamer Aufgaben, für den kreativen Umgang mit Innovationen in unserer

Umwelt, für die selbständige Lebensführung, für die selbstverantwortliche Lebensgestaltung und Lebensplanung sowie für ein mitverantwortliches Leben im Alter (ehrenamtliches Engagement). Im Alter gehen Geschwindigkeit und Präzision der Informationsverarbeitung zurück, die Übertragung von Informationen aus dem *Kurzzeitgedächtnis* (Arbeitsgedächtnis) in das *Langzeitgedächtnis* fällt schwerer, das Lernen ist störanfälliger, die Lösung neuartiger kognitiver Probleme ist mit größeren Schwierigkeiten verbunden. Doch können diese altersgebundenen Einbußen zum Teil durch Denk-, Lern- und Gedächtnisstrategien sowie durch reichhaltige und gutorganisierte Wissenssysteme in Teilen kompensiert werden. Wurden in früheren Jahren zahlreiche Erfahrungen im Umgang mit bestimmten Problemen gewonnen, wurden diese Erfahrungen systematisch geordnet (im Sinne von Wissenssystemen), wurden die Strategien zur Lösung dieser Probleme kontinuierlich verfeinert, dann können ältere Menschen in bezug auf diese Probleme durchaus als „Experten" gelten. Beispiele für dieses Expertentum sind spezifische Tätigkeiten oder auch das Fakten- und Handlungswissen in bezug auf Fragen des Lebens. Wir haben bereits die Bedeutung von Fachkompetenzen und Daseinskompetenzen dargestellt (→ Kap. 2.4.1), um deutlich zu machen, daß auch Ältere über hochentwickelte Fähigkeiten und Fertigkeiten sowie über reichhaltiges und gut organisiertes Wissen verfügen. Die Art der Auseinandersetzung mit neuen Anforderungen und Aufgaben wird als bedeutender Einflußfaktor der im Alter bestehenden Offenheit für neue Erfahrungen und Anregungen gewertet, die Art der Auseinandersetzung mit Belastungen und Konflikten als bedeutender Einflußfaktor der im Alter bestehenden Fähigkeit zum reflektierten Umgang mit Belastungen und Konflikten, sowie der Fähigkeit zur psychischen Verarbeitung endgültiger Einschränkungen und Verluste. Durch gesundheitsbewußtes Verhalten tragen wir dazu bei, daß Erkrankungen gar nicht, erst später oder mit geringerer Schwere auftreten. Regelmäßiges körperliches Training ist für die Aufrechterhaltung der Leistungs- und Anpassungsfähigkeit des Organismus sowie der Mobilität im Alter von großer Bedeutung. Dieses wirkt sich zudem positiv auf das Rehabilitationspotential aus. Entscheidenden Einfluß auf Gesundheit im Alter – vor allem auf das Auftreten von chronischen Erkrankungen – haben die Risikofaktoren. Hier ist zwischen (*a*) Art und Anzahl der Risikofaktoren, (*b*) Dauer der Exposition, (*c*) Art der Einwirkung auf bereits eingetretene Risikofaktoren zu unterscheiden.

Die körperliche und kognitive Leistungsfähigkeit ist von der subjektiven Bewertung eigener Fähigkeiten und Fertigkeiten (Selbstkonzept) beeinflußt. Ältere Menschen tendieren dazu, ihre kognitive Leistungsfähigkeit – vor allem ihre Leistungen im Bereich des Lernens und des Gedächtnisses – zu unterschätzen. In mehreren psychologischen Untersuchungen konnten Lern- und Gedächtnisleistungen schon dadurch nachhaltig verbessert werden, daß Rückmeldungen über die tatsächlich erzielten Leistungen gegeben wurden und damit eine realistische Einschätzung der eigenen Leistungsfähigkeit gefördert wurde. Die Tendenz älterer Menschen, eigene Leistungsreserven zu unterschätzen, wurde auch in Studien zu Effekten des Bewegungs- und Körpertrainings nachgewiesen. Des weiteren zeigen Untersuchungen aus dem Bereich der Rehabilitationsforschung, in denen subjektive Krankheitstheorien sowie Kontrollüberzeugungen (Überzeugung, die Situation verändern zu können) erfaßt wurden, daß ältere Menschen eher dazu tendieren, mögliche Rehabilitationserfolge zu unterschätzen. Ein negatives Selbstkonzept trägt dazu bei, daß die tatsächlich gezeigten Leistungen (Performanz) die potentielle Leistungsfähigkeit (Kompetenz) erkennbar unterschreiten. Durch die Vermittlung von Erkenntnissen der Gerontologie und Geriatrie kann dazu beigetragen werden, daß ältere Menschen zu einer realistischen Einschätzung ihrer körperlichen und kognitiven Leistungsfähigkeit gelangen.

2.5.2 Lebensrückblick und Kompetenz

Bei der Analyse und Beschreibung der individuellen Entwicklung ist zwischen Lebenslauf und Biographie zu unterscheiden. Der Lebenslauf umfaßt zum einen Ereignisse und Entwicklungen im Leben eines Menschen, die bestimmten Zeitpunkten oder Zeitabschnitten zugeordnet und damit in eine zeitliche Sequenz gebracht werden können. Er beschreibt zum anderen die Lebensbedingungen sowie die historischen, gesellschaftlichen und kulturellen Prozesse, in die diese Ereignisse und Entwicklungen eingebettet waren. Die Analyseperspektive ist eine „äußere": Die Betonung liegt auf der möglichst objektiven Beschreibung von Ereignissen und Entwicklungen sowie ihrer historischen, gesellschaftlichen und kulturellen Kontexte. Die Biographie hingegen ist als Lebenslauf in seinen subjektiv bedeutsamen Aspekten zu verstehen. Diese Analyseperspektive ist eine „subjektorientierte": Welche Ereignisse und Entwicklungen sind für die Person bedeutsam gewesen? Um diese Frage beantworten zu können, muß dem Menschen die Möglichkeit gegeben werden, den Lebenslauf aus seiner Sicht zu schildern (→ Kap. 2.2; 6.8). Die Analyse solcher Schilderungen macht deutlich, daß es im Lebenslauf einzelne Ereignisse und Entwicklungen gibt, die das Individuum als persönlich bedeutsame Stationen oder Einschnitte interpretiert. Diese Stationen oder Einschnitte können als „Knoten" verstanden werden, die zeitliche Markierungen bilden, um die sich andere Ereignisse und Entwicklungen gruppieren; deren zeitliche Lokalisation erfolgt also mit Bezug auf solche Knoten.

Beispiel für diese „Zeitknoten" bildet ein Ausschnitt aus einem Interview, das im Jahre 1983 im Kontext der Bonner Längsschnittstudie des Alterns BOLSA (Lehr & Thomae 1987) geführt wurde. In diesem Ausschnitt werden sowohl Belastungen als auch fördernde Erfahrungen deutlich (→ Kap. 2.2.2):

Fallbeispiel: „Wenn ich an meine Jugendzeit denke, mir fallen dann zwei Ereignisse ein, die eigentlich stellvertretend für diese Zeit stehen. Das eine ist der Verlust meines Bruders durch einen Unfall, das andere der Beginn der Freundschaft und Liebe zu meiner Frau. Also, ich denke, wenn ich auf meine Jugendzeit blicke, ich denke da immer an das dunkle Ereignis und an das helle Ereignis. Mein Bruder und ich gehen am Nachmittag auf einen Felsen, der in der Umgebung war, wir klettern dort herum, das haben wir immer gerne gemacht, wir klettern, ich verliere ihn aus den Augen, weiß nicht, wo er sein könnte. Auf einmal höre ich einen Schrei, es war der Schrei meines Bruders, der vom Felsen in die Tiefe gestürzt ist, 150 oder 200 Meter tief. Ich war wie versteinert, machte mir selbst Vorwürfe, unsere Familie war für viele Monate wie sprachlos. Es wurde nicht geredet, es wurde nicht geweint, wir alle waren sprachlos. Alles, was in den Jahren zuvor und danach geschehen ist, steht für mich unter dem Eindruck dieses Verlusts. Und doch gab es eben einige Jahre später auch das helle Ereignis, ich lernte mit 17 Jahren ein Mädchen kennen, das später meine Frau werden sollte. Es war auf einem Tanzball, den die Schule veranstaltet hatte, zum Ende des Schuljahres nämlich. Sie war mir in unserer kleinen Stadt vorher gar nicht aufgefallen, obwohl ich sie eigentlich hätte sehen müssen, aber ich habe sie nicht gesehen. Beim Ball hat sie so grazil gewirkt, so freundlich und positiv gestimmt, sie hat einen, wie sagt man doch, großen Eindruck hat sie auf mich gemacht. Zufällig sind wir beim Tanz zueinander gekommen, sie stand auf einmal vor mir, ich habe sie genommen und geführt. Und irgendwie lag ein Zauber auf dieser Begegnung, mir ist das heute noch ganz klar und gegenwärtig. Es ist dies eine der ganz großen Stunden in meinem Leben gewesen, eben eine helle Stunde, an die ich denke, wenn ich auf meine frühen Jahre blicke" (Auszug aus einem Interview mit einem 84jährigen, verheirateten Mann).

Bei der Analyse des Lebenslaufs gehen wir von der **gemessenen Zeit** aus, die uns auf Grund identischer Einheiten (Zeiteinheiten) als **homogen** erscheint. Wir ordnen Ereignisse und Entwicklungen einzelnen Zeitpunkten oder Zeitabschnitten zu, ohne dabei eine Aussage über deren subjektive Bedeutung zu treffen. Die Vergangenheit, als der uns der Lebenslauf eines Menschen erscheint, ist im Grunde eine Abstraktion – wir abstrahieren nämlich von den Bedeutungen, die der betreffende Mensch einzelnen Ereignissen und Entwicklungen zuordnet.

Bei der Analyse der Biographie gehen wir hingegen von der **erlebten Zeit** aus. Zunächst wird deutlich, daß die Vergangenheit in der Erinnerung nicht als ein homogenes, sondern als ein **heterogenes Geschehen** erscheint: Die Erinnerungen sind nicht gleichmäßig auf einer Zeitachse angeordnet, sondern in der Retrospektive erscheinen Knoten, die sich durch entscheidende Ereignisse gebildet haben. Diese Gliederungspunkte sind für die Gegensätzlichkeit im Erleben der gelebten Zeit verantwortlich zu machen: In der Retrospektive erscheint das Leben einerseits als kontinuierliches Geschehen, andererseits wird diese Kontinuität immer wieder durch persönlich bedeutsame Ereignisse und Entwicklungen unterbrochen, das heißt, das Leben erscheint im Rückblick zugleich als ein diskontinuierliches Geschehen, das in einzelne Abschnitte untergliedert werden kann. Diese Abschnitte bilden eine bedeutende Grundlage für die Entwicklung des Zeithorizonts. Dieser wird dadurch weiter differenziert, daß wir in der Retrospektive alle Ereignisse miteinander in Beziehung setzen, d. h. zusammenhängend anordnen. Für die Organisation unserer Erinnerungen sind dabei die Gliederungspunkte zentral.

> In diesem Zusammenhang ist eine von Martin Heidegger (1899-1976) in seiner Schrift „Sein und Zeit" (1923) vorgenommene Charakterisierung der Zukunft bedeutsam. Danach kommt die Zukunft nicht einfach auf uns zu, sondern vielmehr gehen wir auf diese mit unseren Erwartungshaltungen zu. Die Erwartungshaltungen bilden wir im Prozeß der Verarbeitung der Vergangenheit aus: Die Zukunft ist als **Fortsetzung** der Vergangenheit zu verstehen. Die Gegenwart kann auch als kontinuierlicher Prozeß der Transformation der Vergangenheit in die Zukunft interpretiert werden. Die Gerichtetheit auf Zukunft im Sinne von Erwartungshaltungen an die Zukunft bildet eine weitere Grundlage für die Ausbildung des Zeithorizontes.

Die Erwartungen, die wir an unsere Zukunft richten, sind beeinflußt von unserer **Deutung der Vergangenheit** – in dieser Hinsicht ist die Zukunft auch als Fortsetzung der Vergangenheit zu interpretieren. Bei der Analyse der Erwartungshaltungen ist zwischen verschiedenen Bereichen der Zukunft zu differenzieren: der unmittelbaren, der nahen und der fernen Zukunft. Wir sprechen auch von drei Regionen der Zukunftsperspektive.

Die **unmittelbare Zukunft** ist die Fortsetzung der Gegenwart: Bei der Ausübung einer Handlung nehmen wir die unmittelbare Zukunft bereits gedanklich oder handlungspraktisch vorweg. Wir stellen uns in der Gegenwart auf sich unmittelbar anschließende Handlungsschritte oder auf das Fortdauern des augenblicklich ausgeführten Handlungsschrittes ein (als Beispiel läßt sich das Instrumentalspiel nennen: Wir bereiten uns mit dem aktuell ausgeführten Fingersatz bereits auf das Spielen jener Töne vor, die Teil der gerade begonnenen musikalischen Figur bilden). Neuropsychologische Erkenntnisse – hier sind Arbeiten von Ernst Pöppel (1997) zu nennen – fördern unser Verständnis der Relation zwischen Gegenwart und unmittelbarer Zukunft, eine Relation, die für das Erleben von zeitlicher Kontinuität zentral ist. Diesen Erkenntnissen zufolge ist unsere Informationsverarbeitung auf einen Zeitraum von drei Sekunden begrenzt, d. h., drei Sekunden bilden die obere Grenze, über die hinaus aufeinanderfolgende Ereignisse nicht mehr zu anschaulichen oder sinnvollen Gestalten zusammengefügt (integriert) werden können. Bewußtsein konstituiert, wie Ernst Pöppel darlegt, eine Folge von singulären Bewußtseinszuständen; jeder Bewußtseinszustand erstreckt sich über einen Zeitraum von drei Sekunden. Das Erleben von zeitlicher Kontinuität wird dadurch erzeugt, daß der im Drei-Sekunden-Zeitraum gespeicherte Inhalt in das nachfolgende „Zeitfenster" (also den nachfolgenden Bewußtseinszustand) übertragen und mit den in diesem Drei-Sekunden-Zeitraum gespeicherten Inhalten verknüpft wird. Übertragen wir diese Aussagen nun auf die Relation zwischen Gegenwart und unmittelbarer Zukunft, so läßt sich das nachfolgende Zeitfenster als unmittelbare Zukunft interpretieren, auf die der aktuelle Bewußtseinszustand gerichtet ist.

Die **nahe Zukunft** wird in der psychologischen Forschung – stellvertretend seien hier Arbeiten von Bergius (1957), Nuttin (1985) und Thomae (1985) genannt – als den Bereich der Zukunft verstanden, auf den sich konkrete Pläne und Vorhaben sowie spezifische Erwartungen, Hoffnungen, Befürchtungen und Sorgen beziehen. Die nahe Zukunft unterscheidet sich von der unmittelbaren Zukunft darin, daß sie – von der Gegenwart aus betrachtet – als ein eigenständiger Zeitbereich, der von der Gegenwart getrennt ist, erlebt wird und nicht als die unmittelbare, kontinuierliche Fortsetzung der Gegenwart. Die Hervorhebung von konkreten Plänen und Vorhaben als charakteristischem Merkmal der nahen Zukunft macht deutlich, daß wir uns auf diesen Zeitbereich **bewußt vorbereiten**, und gerade diese Vorbereitung läßt die nahe Zukunft als einen eigenständigen Bereich erscheinen. Gleiches gilt für die Erwartungen, Hoffnungen, Befürchtungen und Sorgen: Deren Erleben grenzt die Zukunft von der Gegenwart ab. Da sich konkrete Pläne und Vorhaben, ebenso wie spezifische Antizipationen, über unterschiedliche Zeiträume erstrecken können, läßt sich die **nahe Zukunft** nicht durch eine eindeutig definierte Anzahl von Tagen, Wochen und Monaten bestimmen. Vielmehr ist gesondert für die einzelne Person zu bestimmen, auf welchen Zeitraum sich ihre konkreten Pläne und Vorhaben sowie ihre spezifischen Antizipationen beziehen. Die Analyse dieses Zukunftsbereiches weist auf große interindividuelle Unterschiede in bezug auf die **Dichte** der nahen Zukunft und damit auch auf die Einstellung zur Zukunft hin. Die nahe Zukunft kann mit zahlreichen Plänen und Vorhaben gefüllt sein, die auch darauf deuten, daß der Mensch seine Zukunft als gestaltbar wahrnimmt, daß die Zukunft für ihn Aufforderungscharakter besitzt. Jedoch ist auch denkbar, daß Pläne und Vorhaben weitgehend fehlen, so daß sich eine Differenzierung zwischen naher und ferner Zukunft nicht mehr ergibt: Die Zukunft insgesamt wird als ungestaltbar wahrgenommen, von ihr geht kein Aufforderungscharakter aus, vielmehr erscheint sie dem Menschen als „leer", aufgrund dieser Leere möglicherweise sogar als bedrohlich. Diese Art des Zukunftserlebens kann sich – passager oder mit einem höheren Chronifizierungsgrad – ausbilden, wenn dramatische Ereignisse eintreten, durch die das Individuum seine Lebensgrundlagen und Handlungsmöglichkeiten in Frage gestellt sieht (wir haben diese Art des Zukunftserlebens gehäuft bei Menschen angetroffen, die bereits seit mehreren Jahren arbeitslos gewesen sind). Sie kann weiterhin auf eine akute psychische Krise (in diesem Falle ist eher von passageren Veränderungen des Zukunftserlebens auszugehen) oder auf eine tiefergreifende psychische Störung deuten (in diesem Falle ist eher von chronifizierten Veränderungen des Zukunftserlebens auszugehen).

Die **ferne Zukunft** wird in der psychologischen Forschung als der Bereich der Zukunft verstanden, auf den sich unspezifische Pläne und Vorhaben sowie Antizipationen beziehen, die auch in der Hinsicht kommentiert werden, daß „irgendwann einmal" ein bestimmtes Vorhaben in Angriff genommen werde, oder daß „irgendwann einmal" die Folgen des Tuns sichtbar würden. Darüber hinaus wird die ferne Zukunft in der Einstellung des Menschen zu seiner Zukunft angesprochen: Die Überzeugung, die Situation nicht verändern und die Zukunft nicht gestalten zu können oder eben „keine Zukunft mehr zu haben", berührt nicht nur die nahe, sondern auch die ferne Zukunft.

Möglichkeiten des theoretischen und methodischen Zugangs zum Zeiterleben

Wir wählen zur Darstellung der theoretischen und methodischen Annäherung an das Zeiterleben die folgenden sechs Schritte (siehe dazu auch die Aussagen in Abb. 12 zur „Vergangenheit", „Gegenwart" und „Zukunft"):

(1) Den Ausgangspunkt des Zugangs zum Zeiterleben des Individuums bildet die Analyse der Bedeutung, die es im Lebensrückblick einzelnen Ereignissen und Abschnitten im Lebenslauf beimißt. Dabei ist noch einmal hervorzuheben, daß erst durch die subjektive Bewertung einzelner Ereignisse und Abschnitte der persönlichen Vergangenheit der Lebenslauf zur Biographie wird. Im Rückblick auf unsere Vergangenheit strukturieren wir Zeit; der Lebensrückblick ist im Kern als eine Strukturierung des Zeitflusses zu verstehen, wobei die Knoten – im Sinne von subjektiv bedeutsamen Ereignissen in der Biographie – als Strukturierungsmerkmale dienen. Die subjektiv bedeutsamen Zeitabschnitte werden differenzierter erinnert und sind in unserer Erinnerung stärker präsent als jene Abschnitte, die nur geringere subjektive Bedeutsamkeit besitzen. In Arbeiten zur Gliederung des Lebenslaufs hat Lehr (1978a) die theoretischen Positionen der soziologischen Lebenslaufforschung durch theoretische Positionen der psychologischen Lebenslaufforschung ergänzt: Der Lebenslauf wird danach nicht nur durch gesellschaftlich bedeutsame Statuspassagen untergliedert (im Sinne einer Institutionalisierung des Lebenslaufs), sondern auch durch individuelle, subjektiv bedeutsame Ereignisse und Prozesse. Dabei kommt einzelnen gesellschaftlich definierten Statuspassagen (wie zum Beispiel dem Eintritt in die Schule und in den Beruf oder dem Ausscheiden aus dem Beruf) auch subjektive Bedeutsamkeit zu, doch über diese Statuspassagen hinaus gibt es weitere Ereignisse und Prozesse, die vom Menschen als subjektiv bedeutsam erlebt werden und die im Lebensrückblick in gleicher Weise wie die Statuspassagen als Gliederungspunkte (oder Knoten) erscheinen können. Sozial strukturierte und individuell strukturierte Zeit werden also einander gegenübergestellt. In welchen Aspekten stimmen sozial strukturierte und individuell strukturierte Zeit überein? In welchen Aspekten unterscheiden sie sich? Bei der Analyse der Biographie (verstanden als der Lebenslauf in seinen subjektiv bedeutsamen Aspekten) sind ***beide Perspektiven*** zu berücksichtigen.

Wenn hier ausdrücklich von beiden Perspektiven gesprochen wird, soll mit diesem Hinweis vor Augen geführt werden, daß für die Gliederung des Lebenslaufs auch die gesellschaftlich definierten Statuspassagen bedeutsam sind (siehe ausführlich dazu Kohli 1994; Kruse 1994; Mayer 1994), d. h., die von der Gesellschaft vorgenommene Differenzierung des Lebenslaufs in einzelne **Lebensabschnitte** konstituiert den Kontext, in dem der individuelle Lebenslauf steht und wirkt sich damit auch auf den individuellen Zeithorizont im Rückblick auf die Vergangenheit sowie in der Vorausschau auf die Zukunft aus. In diesen gesellschaftlich definierten Lebensabschnitten treffen wir auf normative Leitbilder eines guten (oder eines gelingenden) Lebens, wir treffen auf sozial definierte Rollen und Funktionen. Diese Leitbilder, Rollen und Funktionen bestimmen unsere Deutung des Lebens – der aktuellen Anforderungen, der Ereignisse und Entwicklungen in der Vergangenheit sowie der Erwartungen an die Zukunft – mit und sind somit für den individuellen Zeithorizont von großer Bedeutung. Auf diese gesellschaftlichen Aspekte der Zeitperspektive kommen wir im folgenden Abschnitt zu sprechen, in dem auf die verschiedenen Segmente der Umwelt – und hier der „gesellschaftlichen Umwelt" – eingegangen wird.

(2) Erleben und Verhalten in der Gegenwart sind durch die Vergangenheit und Zukunft – und zwar jeweils in ihren subjektiv bedeutsamen Aspekten – beeinflußt. Jene Ereignisse und Prozesse im Lebenslauf, die für mich bedeutsam gewesen sind, wirken in der Gegenwart fort – man kann hier auch von der **Vergangenheit in der Gegenwart** sprechen – und beeinflussen somit mein Erleben und Verhalten. Ebenso wirken sich meine Erwartungen, Hoffnungen und Befürchtungen sowie der Grad der Überzeugung, die Zukunft gestalten (vs. nicht gestalten) zu können, auf die Gegenwart aus – man kann hier auch von der Zukunft in der Gegenwart sprechen – und beeinflussen mein Erleben und Verhalten. In vielen empirischen Beiträgen konnte gezeigt werden, welche Einflüsse Vergangenheit und Zukunft in ihren subjektiv bedeutsamen Aspekten auf die Auseinandersetzung des Menschen mit aktuellen Anforderungen, Entwicklungsaufgaben und Belastungen haben. Vor allem in theoretischen und empirischen Beiträgen zur „Lebensereignisforschung" wird betont, daß viele Lebensereignisse erst dadurch zu kritischen Lebensereignissen werden, daß Menschen – aufgrund der gewonnenen Erfahrungen in der Vergangenheit sowie der Erwartungen an die Zukunft – diese Lebensereignisse in einer bestimmten Art und Weise erfahren, ihnen ganz spezifische Bedeutungen beimessen. In diesen Prozeß der Bedeutungsverleihung gehen natürlich auch Erfahrungen ein, die Menschen bei der Auseinandersetzung mit ähnlichen Ereignissen im Lebenslauf gewonnen haben, sowie Erwartungen hinsichtlich ihrer Kompetenz, solche Ereignisse in der Gegenwart und Zukunft meistern zu können.

(3) Die im Interview getroffenen Aussagen zur Zukunftsperspektive werden unter anderem nach dem Grad der erlebten Gestaltbarkeit vs. Ungestaltbarkeit der Zukunft (oder der Veränderbarkeit vs. Unveränderbarkeit der Situation), der zeitlichen Erstreckung der Zukunft („Extension"), dem Grad der Ausfüllung der Zukunft mit Vorhaben und Plänen („Dichte"), dem Grad der Konkretheit und des Aufforderungscharakters der Pläne und Vorhaben, dem Ausmaß an Hoffnungen sowie dem Ausmaß an Befürchtungen oder Sorgen ausgewertet.

(4) Große Bedeutung für das psychische Gleichgewicht kommt der Frage zu, inwieweit von Menschen die Situation als veränderbar vs. unveränderbar und damit auch die Zukunft als gestaltbar vs. nicht gestaltbar wahrgenommen wird. Dieser Aspekt ist auch für die Depressionsforschung wichtig: Folgt man empirischen Beiträ-

gen, die im theoretischen Kontext der Kognitiven Therapie und der Verhaltenstherapie stehen, so ist festzustellen, daß Depressionen auch auf die Überzeugung des Menschen zurückgehen, die eigene Situation nicht mehr verändern, die Zukunft nicht mehr gestalten zu können. Die Überzeugung mangelnder Kompetenz oder Selbstwirksamkeit bildet den Kern des depressiven Syndroms. In zahlreichen empirischen Beiträgen konnte nachgewiesen werden, daß eine Störung der Zukunftsperspektive – und zwar in der Hinsicht, daß diese als „verschlossen" erfahren wird, da sich die Person nicht zutraut, diese bewußt gestalten zu können – auch im Alter zentral für die Ausbildung depressiver Symptome ist.

(5) Die Daseinsthemen – zu verstehen als grundlegende Anliegen, die den Menschen über spezifische Themen hinaus beschäftigen – können auch aus einer zeitpsychologischen Perspektive untersucht werden. Daseinsthemen spiegeln auch die Einstellung des Menschen zur Vergangenheit, Gegenwart und Zukunft wider. Zum Beispiel hat Munnichs in seiner Schrift: „Old age and finitude" (1966) eine bestimmte Haltung des Menschen im Alter gegenüber der Zeit mit „Laudator temporis acti" umschrieben - damit wird jener Mensch charakterisiert, der nur an die Vergangenheit denkt, der ganz in dieser lebt und der sich gegenüber der Gegenwart und Zukunft verschließt. Gegenüberstellen können wir dieser Haltung eine Einstellung zur Zeit, die sich umschreiben läßt als Innewerden der eigenen Begrenztheit bei gleichzeitig bestehender Offenheit für neue Anregungen in der Gegenwart und Zukunft. Auch hier ist also eine bestimmte Zeitperspektive angesprochen. Hier wird auch von der Offenheit des Menschen gegenüber seiner Zukunft gesprochen. Damit sollte deutlich gemacht werden, daß es große Unterschiede darin gibt, wie sich Menschen gegenüber der Zukunft stellen: öffnen sie sich dieser gegenüber oder verschließen sie sich? Die daseinsthematische Analyse des Menschen in den verschiedenen Lebensaltern erweist sich im Grunde auch als Zeitanalyse (ausführlich dazu Thomae 1996).

(6) Strukturiert sich die Zeitperspektive neu, wenn wir Grenzen der Existenz immer deutlicher erfahren? Aus den Arbeiten zur Zeitperspektive geht hervor, daß auch die Erfahrung von Grenzen nicht zu einer verschlossenen Zukunftsperspektive führen muß, sondern daß Menschen trotz dieser Erfahrung die nahe Zukunft mit Plänen und Vorhaben füllen können, somit eine differenzierte Zukunftsperspektive bestehen kann. Die aktuelle Situation und die nahe Zukunft werden in einer Weise mit Plänen und Vorhaben ausgefüllt, daß der Mensch auf Zukunft offen ist, auch wenn er um die Grenzen weiß. Daraus läßt sich für die Gerontologie folgende Aussage ableiten: Menschen können auch im Alter offen sein für neue Entwicklungen. Damit wird ein Thema angesprochen, das Karl Jaspers (1956) in seiner Anthropologie ausführlich erörtert hat. Eine zentrale Aussage aus dieser Anthropologie sei an dieser Stelle angeführt: Die Annahme, aus der Kenntnis der Biographie eines Menschen Aussagen zu dessen künftigem Erleben und Verhalten ableiten zu können, ist falsch. Wäre diese Annahme korrekt, dann könnten wir zu einem bestimmten Abschnitt des Lebenslaufs einen Strich unter das Leben dieses Menschen ziehen und sagen: Das war es; alles was nun kommt, ist aus dem Früheren ableitbar. Mit anderen Worten: Wir sollten uns gegen jede Art von „biographischem Determinismus" wenden. Das Studium des Lebenslaufs und der Biographie ist wichtig für das Verständnis von Erleben und Verhalten in der gegenwärtigen Situation. Doch darf dieser Analyseansatz nicht dazu führen, die prinzipielle Offenheit des Menschen auf Zukunft, das prinzipielle Anderssein-Können in Frage zu stellen.

Was ist mit der Aussage des *prinzipiellen Anderssein-Könnens* gemeint? In seinem Buch „Zeit und Freiheit" beschreibt Henri Bergson (1994) die engen Beziehungen zwischen Zeiterfahrung und Subjekterfahrung. Ich erfahre mich im Zeiterleben als Subjekt; im Zeitfluß nehme ich „Dauer", das heißt Kontinuität wahr. Die „Dauer" oder Kontinuität wird durch *mich selbst*, d. h. durch mich als erlebendes Subjekt erzeugt. Im Zeiterleben erfahre ich mich nicht nur als erlebendes Subjekt, sondern ich erfahre mich auch als *frei*, denn das Erleben des Zeitflusses, zusammen mit der Erfahrung meiner selbst als Subjekt, vermittelt das Gefühl des Schöpferischen in der Gegenwart. Auch wenn ich als Subjekt die Kontinuität im Zeitfluß erzeuge, so wird mir beim Erleben der Zeit doch immer wieder deutlich, daß jeder „Zeitpunkt" ein ganz neues Ereignis, einen neuen Bewußtseinsakt konstituiert. Diese einzelnen „Zeitpunkte" werden durch mich als erlebendes Subjekt in einen Zeitfluß transformiert. Und doch erlebe ich in der Reflexion über den Zeitfluß die einzelnen Akte, aus denen dieser Fluß konstituiert ist. Und in diesen einzelnen Akten bin ich als Subjekt frei – ich kann frei handeln, oder anders ausgedrückt: „Ich kann potentiell immer anders".

2.5.3 Materielle Ressourcen und Bildungsressourcen

Die Bedeutung von materiellen Ressourcen und Bildungsressourcen für die Lebenssituation wird deutlich, wenn man bedenkt, daß sowohl die finanzielle Situation als auch der Bildungsstand die Zugänglichkeit von sozialen Rollen und die mit diesen Rollen verbundenen Erfahrungen ebenso beeinflußt wie die Möglichkeiten, altersgebundene Einbußen und Verluste zu kompensieren. Die in der gegenwärtigen Lebenssituation vorhandenen Ressourcen sind nicht nur für die Entwicklung und Erhaltung von Fähigkeiten und Fertigkeiten wichtig, darüber hinaus stellen sie auch eine bedeutende Komponente der psychischen Widerstandsfähigkeit dar. Im folgenden werden zunächst Daten zum Einkommen und Vermögen älterer Menschen berichtet, wobei zwischen Männern und Frauen ebenso differenziert wird wie zwischen den neuen und alten Bundesländern. In einem zweiten Teil wird auf die Verteilung von Bildungsabschlüssen von älteren Frauen und Männern sowie auf den in nachfolgenden Kohorten zu beobachtenden Trend zur Höherqualifizierung eingegangen.

2.5.3.1 Einkommen und Vermögen

Die durchschnittlich verfügbaren monatlichen Altersrenten beliefen sich Mitte 1990 in Westdeutschland auf DM 1.558 (Männer) und DM 658 (Frauen), in Ostdeutschland auf DM 739 (Männer) und DM 524 (Frauen). Das Ost-West-Verhältnis in den Altersrenten betrug also 47 % bei den Männern und 80 % bei den Frauen. Im Jahre 1999 hingegen betrugen die durchschnittlich verfügbaren monatlichen Altersrenten in Westdeutschland DM 1.873 (Männer) und DM 833 (Frauen), in Ostdeutschland DM 1.988 (Männer) und DM 1.158 (Frauen), d. h., die ostdeutschen Durchschnittsrenten lagen um ca. 6 % (bei den Männern) bzw. ca. 30 % (bei den Frauen) über den westdeutschen Vergleichswerten. Für diese Differenz ist die Tatsache verantwortlich zu machen, daß die Versicherungszeiten in den neuen Bundesländern im Mittel um 6 Jahre (Männer) und 9 Jahre (Frauen) länger sind als im alten Bundesgebiet. Die ostdeutschen Rentnerinnen und Rentner konnten, wie die Zahlen deutlich machen, seit 1990 eine beachtliche Zunahme ihres Realeinkommens verbuchen.

In Senioren-Haushalten ist die **Häufung mehrerer Renten** nicht selten. Oft stocken Betriebsrenten oder Leistungen der Zusatzversorgung für Angestellte und Arbeiter im öffentlichen Dienst die Sozialversicherungsrenten erkennbar auf. Bei weiblichen Mehrfachbeziehern treffen häufig eigene Renten und Leistungen aus der Hinterbliebenenversorgung zusammen. Für die vorteilhafte materielle Position der Pensionärs-Haushalte ist ausschlaggebend, daß das Einkommensniveau der Beamten (das die Grundlage für die Pensionsberechnungen bildet) wegen deren vergleichsweise hoher Qualifikation das Einkommen von nichtbeamteten Arbeitnehmern (das die Grundlage für die Rentenberechnungen bildet) übertrifft.

Von der Höhe einer gezahlten Rente kann nicht auf das Gesamteinkommen einer Person und noch weniger auf Armut im Alter geschlossen werden. Das Gesamteinkommen von Senioren setzt sich vielfach aus **unterschiedlichen Einkunftsarten** zusammen. Hierbei spielen neben der gezahlten Rente der Gesetzlichen Rentenversicherung (GRV) auch Einkünfte aus anderen Alterssicherungssystemen und aus Vermögenswerten eine bedeutende Rolle. So verfügen zum Beispiel verheiratete Bezieher einer GRV-Rente im Alter von über 65 Jahren in den alten Bundesländern über ein Brutto-Gesamteinkommen von durchschnittlich DM 4.160. Dabei entfallen lediglich rund 63 % des Gesamteinkommens auf die Rente der GRV und rund 37% auf andere Einkunftsarten.

Dennoch verfügt ein Teil älterer Menschen nur über ein **geringes Einkommen**. 9,1 % der alleinstehenden Frauen und 5,1 % der alleinstehenden Männer haben ein monatliches Einkommen, das unter DM 1.000 liegt. Allerdings sind aus diesen Angaben keine zuverlässigen Aussagen über das Lebenshaltungsniveau der jeweiligen Person oder des jeweiligen Ehepaares abzuleiten, da auch die entsprechende Haushaltsform berücksichtigt werden muß: Handelt es sich um einen Ein- oder um einen Mehrpersonenhaushalt? Nicht jede alleinstehende Person lebt in einem Einpersonenhaushalt. Aus Analysen des Zentrums für Sozialpolitik der Universität Bremen zu Zusammenhängen zwischen Familienstand und Haushaltsgröße geht hervor, daß alleinstehende Personen ein um so niedrigeres Durchschnittseinkommen haben, je größer der Haushalt ist, in dem sie leben. Aus diesem Befund ziehen Schmähl & Fachinger (1998, 37f) „mit aller gebotenen Vorsicht den Schluß, daß alleinstehende Frauen mit relativ geringem Nettogesamteinkommen eher in einem Mehrpersonenhaushalt leben und dadurch ihre materielle Lage besser ist, als man dies aus Werten für Einzelpersonen entnehmen könnte." Allgemein wird die Feststellung getroffen, daß es sich bei den von **Armut** betroffenen oder von Armut bedrohten älteren Menschen in Deutschland um eine kleine Minderheit handelt, auch wenn viele der älteren Alleinstehenden nur über geringe Einkommen verfügen.

1997 bezogen ca. 289.000 Personen im Alter von über 60 Jahren **Hilfe zum Lebensunterhalt**; davon waren ca. 194.000 Frauen (in den alten Bundesländern ca. 179.000 Frauen, in den neuen Bundesländern ca. 15.000 Frauen). Ca. 267.000 Sozialhilfeempfänger lebten in den westlichen, ca. 22.000 in den östlichen Bundesländern. In beiden Teilen Deutschlands liegt der **Frauenanteil** unter den über 60jährigen Empfängern bei ca. zwei Dritteln. Im langjährigen Vergleich für das frühere Bundesgebiet gibt es einen deutlichen Rückgang bei der Zahl der älteren Sozialhilfeempfänger: Von 1985 bis 1997 ist die Anzahl um 40.000 Personen zurückgegangen, der Anteil der 65jährigen und älteren Menschen an allen Sozialhilfeempfängern von 10,4 % um

3,5 % auf 6,9 %. Keine Altersgruppe in Deutschland (diese Aussage gilt gleichermaßen für die alten und neuen Bundesländer) hat eine so geringe Sozialhilfedichte wie über 60jährige Menschen. Allerdings ist zu berücksichtigen, daß ein Teil der Sozialhilfeberechtigten nicht die Sozialhilfe in Anspruch nimmt. Dafür werden drei Gründe verantwortlich gemacht: (1) fehlende Kenntnisse der Anspruchsvoraussetzungen, (2) die Sorge vor Stigmatisierung und (3) die Sorge, die Kinder indirekt zu belasten (durch Heranziehung zum Unterhalt).

Das **Durchschnittseinkommen** der Rentner-Haushalte belief sich im Jahre 1998 auf DM 2.590 je Monat, jenes der Beamtenpensionäre auf DM 4.090, jenes der Senioren-Haushalte auf DM 2.710. Zum Vergleich: Das Durchschnittseinkommen der Arbeitnehmer-Haushalte belief sich auf DM 2.790. Mit anderen Worten: Die Senioren-Haushalte verfügen über ein ähnliches Durchschnittseinkommen wie die Arbeitnehmer-Haushalte. Im großen und ganzen kann man die materielle Lage der Senioren-Haushalte in Deutschland als günstig bezeichnen. Es gibt zwar nach wie vor noch arme Senioren, doch verliert ihre Zahl an Bedeutung.

Hinter den Durchschnittsbeträgen steht allerdings eine **beträchtliche Streuung**. Nach den Ergebnissen der Einkommens- und Verbrauchsstichprobe von 1993 entfielen auf 25 % der Seniorenhaushalte nur 11 % (Westdeutschland) bzw. 15 % des jeweiligen gesamten verfügbaren Einkommens, auf 50 % der Haushalte 28% bzw. 34 % des jeweiligen gesamten verfügbaren Einkommens, auf 10 % der Haushalte hingegen 25 % bzw. 20 % des Gesamteinkommens.

Das Durchschnittseinkommen je Haushalt betrug im Jahre 1998 für die Gesamtzahl der Privathaushalte DM 5.280, für die Seniorenhaushalte DM 3.900, für die Rentnerhaushalte DM 3.730, für die Pensionärshaushalte DM 5.930.

Das **Gesamtvermögen** (Geldvermögen, Immobilienvermögen, Gebrauchsvermögen) der Senioren-Haushalte wurde 1998 auf 4,4 Billionen DM (brutto) und 4,1 Billionen DM (netto) geschätzt. Dies bedeutet ein sehr hohes Erbschaftspotential. Mit DM 57.900 (Westdeutschland) und DM 19.700 (Ostdeutschland) verfügten 1993 die Senioren-Haushalte über ein durchschnittliches Bruttogeldvermögen, das nicht allzu stark hinter den für alle Haushalte berechneten Durchschnittsbeträgen zurückblieb: DM 65.300 (Westdeutschland) und DM 23.400 (Ostdeutschland). Allerdings ist die Streuung auch beim Geldvermögen beträchtlich: Für 33 % der Senioren-Haushalte lag das Bruttogeldvermögen 1993 unter DM 16.000 (West) bzw. DM 9.000 (Ost), für 50 % dieser Haushalte unter DM 30.000 (West) bzw. DM 14.000 (Ost), für 15 % dieser Haushalte in Westdeutschland und für 1 % dieser Haushalte in Ostdeutschland über DM 100.000.

Haus- und Grundbesitz ist in Deutschland weniger verbreitet als Geldvermögen. Doch verfügten 1993 48 % der westdeutschen und 33 % der ostdeutschen Haushalte über Immobilieneigentum. Von den Senioren-Haushalten verfügten im Jahre 1998 47 % (West) bzw. 20 % (Ost) über Immobilieneigentum. Für das Immobilienvermögen der Senioren-Haushalte wurden durchschnittliche Verkehrswerte von DM 410.000 (West) bzw. DM 149.000 (Ost) berechnet. Für ein Drittel der westdeutschen Senioren-Haushalte hatte dieses einen Verkehrswert von maximal DM 263.000, für ein Drittel der ostdeutschen Senioren-Haushalte von maximal DM 82.000.

Im Jahre 1998 wohnten in den alten Ländern 51,3 % aller Seniorenhaushalte in einer Eigentümerwohnung (bei einer allgemeinen Eigentumsquote von 42,6 %), in den neuen Ländern 28,8 % (bei einer allgemeinen Eigentumsquote von 31,0 %).

2.5.3.2 Bildung

Bereits heute berichten die Träger der Bildungseinrichtungen über ein wachsendes Interesse älterer Menschen an Bildungsangeboten. Sie sagen weiterhin voraus, daß angesichts höherer Schulabschlüsse in den kommenden Generationen das Interesse an institutionalisierten Bildungsangeboten deutlich steigen wird. Die Nutzung allgemein-bildender Angebote wird in den kommenden Generationen älterer Menschen die Alltagsgestaltung vermutlich noch stärker beeinflussen als in den heutigen Generationen. Von den über 65jährigen haben ca. 78 % einen Volksschul- oder Hauptschul-abschluß, ca. 11 % einen Realschulabschluß, ca. 8 % Fachhochschul- oder Hoch-schulreife, ca. 1 % einen Abschluß der polytechnischen Oberschule; 2 % haben kei-nen schulischen Bildungsabschluß (Statistisches Jahrbuch 1998). Der Blick auf die schulischen Bildungsabschlüsse in der heutigen mittleren Generation macht den in den letzten Jahrzehnten bestehenden Trend zur Höherqualifizierung deutlich: Von den 40jährigen Frauen und den 40jährigen Männern haben jeweils 60 % einen Hauptschul-abschluß, 40 % dieses Jahrgangs haben die Mittlere Reife oder die Fachhochschul- bzw. Hochschulreife erworben. Von den 30jährigen Frauen haben 62 % und von den 30jährigen Männern haben 53 % Mittlere Reife oder Abitur abgelegt. Der Trend zur Höherqualifizierung ist also bei den Frauen noch stärker ausgeprägt als bei den Män-nern. Den künftigen Generationen wird somit ein relativ hoher Bevölkerungsanteil mit mittleren oder höheren Bildungsabschlüssen angehören. Höhere Schulabschlüsse eröffnen eher den Zugang zu Bildungsinstitutionen und anderen kulturellen Einrich-tungen; die Vertrautheit mit diesen institutionalisierten Bildungsangeboten bildet auch eine Grundlage für erhöhte Bildungsaktivitäten im Alter. „Es wird erwartet, daß sich der durchschnittliche Bildungsstand kommender Kohorten ebenso in positiver Weise von früheren und heutigen Kohorten unterscheidet, wie ihr Gesundheitszustand im dritten Lebensalter. Bezüglich der Prägung durch ein vorgängiges Arbeitsleben wird ebenso auf die größere Gruppe derer hingewiesen, die durch das Anforderungsprofil günstige Voraussetzungen auch für spätere Kompetenzen und Flexibilität mitbringen, wie auf die Tatsache, daß aufgrund der insbesondere seit dem II. Weltkrieg zu konsta-tierenden Zunahme individuell disponibler (betrieblicher und außerbetrieblicher) Zeit auch die Fähigkeit im Umgang mit dieser zugenommen hat. Mindestens ebenso wich-tig scheinen die jenseits des Erwerbssektors kultivierten Fähigkeiten, Fertigkeiten und Interessen" (Otto 1995, 199).

2.5.4   Umweltbezogene Einflußfaktoren der Kompetenz

In Abb. 13 sind die verschiedenen Segmente der Umwelt in ihrer Bedeutung für Kom-petenz im Alter dargestellt. Neben den eher allgemeinen Einflüssen des Klimas, der Ökologie und der Umwelthygiene sind spezifische Einflüsse der Wohnung und des Wohnumfeldes auf den Alternsprozeß nachweisbar. Bedeutende Merkmale der Woh-nung, die sich positiv auf Gesundheit und Kompetenz im Alter auswirken, sind:

- zentrale Lage, d. h., im Wohnquartier finden sich soziokulturelle Einrichtungen, Behörden und Geschäfte, durch Mehr-Generationen-Wohnen im Wohnquartier wird soziale Integration gefördert,

▦ zufriedenstellende Bausubstanz und sanitäre Ausstattung,
▦ ausreichende Wohnfläche,
▦ Barrierefreiheit der Wohnung und des unmittelbaren Wohnumfeldes (Hausflur, Eingangsbereich),
▦ kompetenzorientierte Einrichtung, die zum einen stimulierend wirken (zum Beispiel durch Ausstattung mit Medien), zum anderen die Kompensation eingetretener Einschränkungen unterstützen soll (z. B. durch Hilfsmittel und Prothetik, wobei der Technik große Bedeutung zukommt).

Bedeutsame Merkmale des Wohnumfeldes, die sich positiv auf Gesundheit und Kompetenz auswirken, sind:

▦ Dezentralisierung der Dienstleistungen im Sinne möglichst großer Wohnortnähe,
▦ Anbindung des Wohnquartiers an den öffentlichen Nahverkehr sowie
▦ kompetenzorientierte Gestaltung der Verkehrsmittel und -führung, die auf besondere Risiken des Alters (verringerte sensorische Kapazität und Geschwindigkeit der Informationsverarbeitung, erhöhte motorische Einbußen und Sturzgefahr) sowie auf das im Alter verstärkt auftretende Bedürfnis nach Sicherheit (im Sinne des Schutzes vor möglichen Überfällen) Rücksicht nimmt und dadurch zur Verkehrsteilnahme anregt.

Die Bedeutung der räumlichen Umwelt für das Leben im Alter beschränkt sich nicht auf ihre unterstützende (also prothetische und kompensatorische) Funktion. Genauso wichtig ist ihre stimulierende Funktion, die zum einen im Sinne der sensorischen und kognitiven Stimulation zu verstehen ist (hier kommt der Ausstattung der Wohnung große Bedeutung zu), zum anderen im Sinne bestehender Möglichkeiten zur selbstverantwortlichen Gestaltung der Wohnung.

Das Eingebundensein in soziale Netzwerke sowie die subjektiv erlebte soziale Integration sind zentrale Voraussetzungen für die aktive Lebensführung, für das gesundheitliche Wohlbefinden sowie für die positive Lebenseinstellung. Die Möglichkeit zum Austausch von Hilfeleistungen und Erfahrungen ist für die Aufrechterhaltung einer aktiven Lebensführung wichtig. Im Engagement für andere Menschen und für die Gesellschaft sehen nicht wenige ältere Menschen eine persönlich bedeutsame Aufgabe, deren Ausübung die Überzeugung vermittelt, von anderen Menschen gebraucht zu werden; diese Überzeugung wirkt sich positiv auf die Lebenseinstellung aus. Die subjektiv erlebte soziale Integration, die Ausübung einer persönlich bedeutsamen Aufgabe, das Gefühl, von anderen Menschen gebraucht zu werden, sind schließlich für das gesundheitliche Wohlbefinden ausschlaggebend. Diese Bedingungen tragen auch in belastenden Situationen zur psychischen Stabilität bei und können den Menschen in diesen Situationen vor psychischen Störungen schützen. Hingegen nimmt bei fehlenden sozialen Beziehungen sowie bei Gefühlen von Einsamkeit das Risiko psychischer Störungen erkennbar zu. Zum einen ist die Gefahr des Auftretens psychoreaktiver und psychosomatischer Störungen erhöht. Zum anderen begünstigt die soziale Isolation die Ausbildung von psychiatrischen Störungen wie Wahnkrankheiten. Die Bedeutung der sozialen Umwelt für das Leben im Alter beschränkt sich keinesfalls auf die soziale Unterstützung, die ältere Menschen von anderen erhalten. Sie ergibt sich auch aus der Möglichkeit, etwas für andere Menschen zu tun, also ein mitverantwortliches Leben zu führen, und im Engagement für andere Menschen die eigenen Daseinskompetenzen wahrzunehmen.

Die gesellschaftlichen Leitbilder eines „guten" oder „gelungenen" Lebens im Alter beeinflussen die Erwartungen, die Menschen an ihr Leben im Alter richten. Weiterhin wirken sie sich auf die Überzeugung aus, das Leben selbstverantwortlich gestalten zu können versus die Fähigkeit zur selbstverantwortlichen Lebensgestaltung im Alter einzubüßen. Die gesellschaftlichen Leitbilder sind weiterhin entscheidend für die gegebene oder mangelnde Berücksichtigung der Bedürfnisse älterer Menschen bei der Verteilung von Gütern. Gesundes, aktives Älterwerden wird durch eine Gesellschaft gefördert, die die Daseinskompetenzen des *Alters als Humanvermögen* erkennt und nutzt, die Möglichkeiten der sozialen Teilhabe im Alter schafft und die ältere Menschen zu einem mitverantwortlichen Leben anregt.

Das Altersbild in unserer Gesellschaft scheint sich allmählich zu wandeln. Folgt man neuesten Untersuchungen zum Altersbild in den verschiedenen Generationen, so läßt sich feststellen, daß eine einseitige Sicht des Alters, die Kompetenzverluste betont, deutlich seltener zu beobachten ist als eine differenzierte Sicht des Alters, in der sowohl Stärken als auch Schwächen des Alters thematisiert werden (→ Kap. 2.4). Die differenzierte Wahrnehmung kann sich positiv auf die Gestaltung der Beziehungen zwischen Jung und Alt auswirken. Sie kann zudem als Grundlage dafür dienen, daß unsere Gesellschaft die Daseinskompetenzen des Alters als mögliches Humanvermögen erkennt und nutzt. Möglicherweise werden sich in Zukunft neue gesellschaftliche Rollen für ältere Menschen ausbilden, die Anregungen für die persönlich sinnerfüllte und sozial konstruktive Gestaltung des Alltags geben und durch die dazu beigetragen wird, daß ältere Menschen unsere Kultur aktiv mitgestalten. Zu den Altersbilder in unserer Gesellschaft vgl. → Kap. 2.4.6.3.

Der Beitrag der infrastrukturellen Umwelt zum gesunden Älterwerden ist im breiten Spektrum sozialer, kultureller und medizinischer Leistungen zu sehen, an denen ältere Menschen gleichberechtigt partizipieren können. Es ist zu berücksichtigen, daß die infrastrukturelle Umwelt den Anregungsgehalt der räumlichen und sozialen Umwelt mitbestimmt. Sie bietet Möglichkeiten zur Nutzung und zur Weiterenwicklung der Fertigkeiten sowie zur Ausübung von Interessen; zu nennen sind hier Bildungseinrichtungen und Begegnungsstätten, die sich mit ihren Angeboten auch an ältere Menschen wenden. Die infrastrukturelle Umwelt ist in gleichem Maße für die Erhaltung oder Wiedererlangung der Gesundheit und Selbständigkeit von Bedeutung. Zu nennen sind hier Therapie- und Rehabilitationsangebote, die dem Ziel der Erhaltung, der Wiederherstellung und der Förderung von Kompetenz dienen, sowie ambulante und soziale Dienste, die zum einen bei der selbständigen Lebensführung unterstützen, die zum anderen Angehörige bei der Hilfe oder Pflege eines erkrankten Familienmitglieds entlasten. Die Rücksichtnahme unserer Gesellschaft auf die Bedürfnisse älterer Menschen zeigt sich vor allem darin, inwieweit diese Bedürfnisse bei der Entwicklung sozialer, kultureller und medizinischer Leistungen beachtet werden.

3 Allgemeine Gerontopsychosomatik psychischer Störungen

In Lehrbüchern, die sich auf die Psychotherapie von Erwachsenen im mittleren Lebensalter beziehen, werden die im nachfolgenden Absatz beschriebenen Symptom- bzw. Störungsbilder in der Regel unter dem Begriff der *speziellen Neurosenlehre* abgehandelt. Nachdem wir erklärtermaßen für dieses Buch die *allgemeine Neurosenlehre* voraussetzen (müssen), haben wir uns auch entschlossen, auf eine Übersicht zur speziellen Neurosenlehre zu verzichten: Sowohl in der Genese der nachfolgend besprochenen Störungen als auch bei der Ausgestaltung der Symptomatik im Alter erscheint die Bedeutung körperlicher Aspekte sowohl unter lerntheoretischen als auch konfliktzentrierten Gesichtspunkten von besonderer Bedeutung zu sein. Daher sprechen wir hier von einer **allgemeinen Gerontopsychosomatik** psychischer Störungen. Die Symptom- bzw. Störungsbilder, bei denen das Körperliche ganz im Vordergrund der Phänomenologie steht, besprechen wir im anschließenden Abschnitt **spezielle Gerontopsychosomatik** (→ Kap. 4). Die psychische Verarbeitung von körperlichen Störungen im engeren Sinne (**Coping**) wird im → Kap. 5 behandelt.

3.1 Psychische Störungen im Alter

Entsprechend den aktuellen Diagnose-Klassifikationen sprechen wir von psychischen Störungen und akzeptieren den Versuch, auf einer deskriptiv-phänomenologischen Ebene so weit wie möglich ohne Bezug auf nosologische Konzepte auszukommen. Allerdings sehen wir die Grenzen dieses Vorgehens an der Schnittstelle von der Diagnostik zur Indikationsstellung: ob eine depressive Störung eher den Charakter einer affektiven Psychose hat (und damit die Pharmakotherapie die erste Wahl darstellt) oder ob sie Ergebnis eines neurotischen Konfliktgeschehens ist (Indikation zu einer psychoanalytischen Psychotherapie) oder ob sie als Folge dysfunktionaler Gedanken begriffen wird (Indikation zu einer kognitiv-behavioralen Psychotherapie), begründet die weitere Behandlungsplanung.

Zum Verständnis unseres Neurose-Begriffs stützen wir uns auf Hoffmann et al. (1999, S. 8): „Neurosen sind psychogene, überwiegend umweltbedingte Erkrankungen, die eine Störung im psychischen und/oder körperlichen und/oder im Bereich der Persönlichkeit bedingen. Das psychoanalytische Verständnis sieht in den Neurosen unzureichende Verarbeitungsversuche unbewußter, in ihrer Genese infantiler Konflikte und Traumen. Die Lerntheorie betont die genetische Bedeutung von Konditionierungen in der Folge verfehlter, zu starker oder zu schwacher Lernvorgänge". – Bei älteren Patienten besteht die Besonderheit, daß die Symptomatik neurotischer Störungen mit steigendem Alter immer *körperlicher* oder *Körper-näher* zu werden scheint. Dabei lassen wir es offen, ob Ältere sich eher der körperlichen Symbolik in ihren Symptom-Mitteilungen bedienen oder ob sie die Symptomatik tatsächlich auch körperlicher empfinden.

Es gibt einen wesentlichen Unterscheid zwischen der psychoanalytischen und der verhaltenstheoretischen Neurosenlehre: die Psychoanalyse folgt einem *medizinischen Krankheitsmodell* mit *Ätiologie, Pathogenese, Symptom, Diagnose, Prognose* und *Therapie*, während die Verhaltenstherapie das Symptom als die Störung betrachtet: mit dem Verschwinden des Symptoms ist zugleich die Krankheit geheilt.

Zur Diagnostik in der Alterspsychotherapie

Aus Sicht der beiden psychotherapeutischen Grundverfahren bedarf es keiner grundsätzlich „anderen", altersspezifischen Diagnostik. Alterstypische Aspekte werden bei den einzelnen Störungsbildern besprochen. Dort werden auch wünschenswerte Ergänzungen in den Diagnosemanualen erwähnt.

- Zur Unterstützung der syndromalen Diagnostik nach ICD-10 ist das *Composite International Diagnostic Interview* (**CIDI**) sowie das *Diagnostische Interview bei psychischen Störungen* (**DIPS**) und dessen Kurzversion (Mini-DIPS) geeignet.
- Für die psychoanalytische Psychotherapie empfehlen wir die *Operationalisierte Psychodynamische Diagnostik* **OPD** (1998). Die OPD vermittelt mit ihren insgesamt fünf Achsen (Krankheitserleben und Behandlungsvoraussetzungen; Beziehung; Konflikt; Struktur; syndromale Diagnostik nach der ICD-10) zwischen einer ausschließlich deskriptiven Diagnostik einerseits und einer psychodynamischen Diagnostik mit unklar definierten Begriffen andererseits. Am Beispiel des Aktualkonfliktes (→ Kap. 3.2) kann die Leistungsfähigkeit einer klaren Operationalisierung der (Konflikt-)Konzepte studiert werden.

Psychoanalytische und Verhaltenstherapeutische Diagnostik stehen unserer Auffassung nach für den Patienten in einem komplementären Verhältnis. Beide haben ihre Stärken und Schwächen. So lassen sich phobische Ängste vor Spinnen in aller Regel nicht über Lernvorgänge – etwa durch Schädigung durch solche Tiere – erklären. Während die psychodynamischen Konzepte unbewußter Impulse sowie deren Abwehr hier weiterführen, kann die Verhaltenstheorie besser die Tendenz zur Generalisierung solche Ängste und auch deren Chronifizierung erklären.

- Unter der Perspektive der Verhaltenstheorie favorisieren wir das S-O-R-K-C-Modell. S steht für Stimulus, O für Organismus, R für Reaktion, K für Konsequenz im Verhalten und C für contingency, den Verknüpfungsgrad (Kanfer et al. 1991). Unter Anwendung der Lerntheorie auf die Entstehung von Neurosen sind drei Typen beschrieben worden: Der Lernvorgang führt zu einer falschen Verknüpfung (false learning) oder ist zu starr (overlearning) oder zu schwach (underlearning). Over- und underlearning können im Prinzip funktional sein, jedoch würde dann die „Dosierung" zu einem dysfunktionalen Ergebnis führen.

Eine Typologie psychischer/psychosomatischer Symptombildungen im Alter

Der Verlauf neurotischer Störungen, die in Kindheit, Jugendzeit oder in der frühen Erwachsenenzeit beginnen, ist Ihnen als Leser(in) bestens vertraut. Dabei geraten sog. *Schwellensituationen* in der Biographie (Übergang ins Berufsleben; Heirat; Geburt des ersten Kindes usw.) oft zu einer *Auslösesituation*: Der vorbestehende neurotische Konflikt wird derart aktualisiert, daß er zu einer Symptomatik führt. Bekannt ist, daß solche neurotischen Störungen unbehandelt im beträchtlichen Ausmaß zur Chronifi-

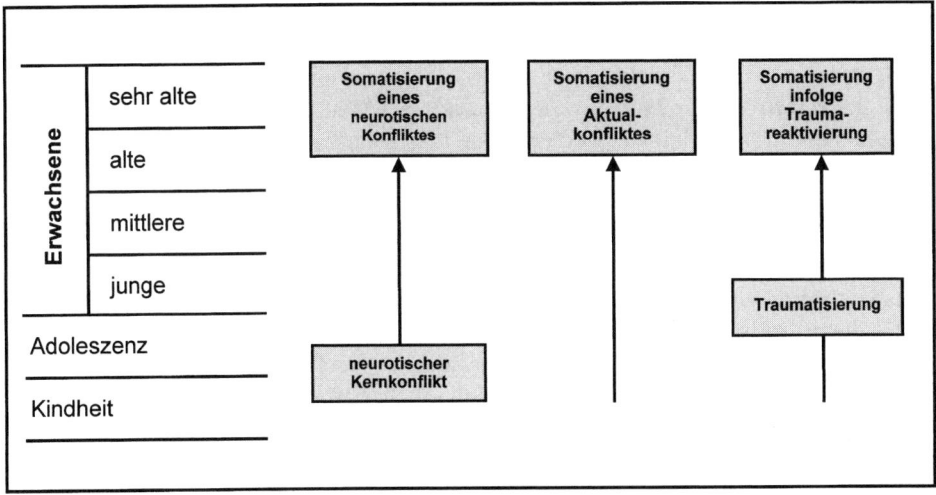

Abb. 14: Typologie akuter psychosomatischer oder psychischer Symptombildungen im Alter

zierung neigen, so daß wir Alternde mit langjährigen neurotischen Störungen kennen, die dann auch eine entsprechend schlechte Prognose haben. Insofern unterscheidet sich die Reichweite psychotherapeutischer Interventionen nicht grundsätzlich von der anderer medizinischen Disziplinen, die die Prognose chronifizierter Störungen auch zurückhaltend beurteilen (müssen).

Diese Skepsis gilt jedoch nicht generell. Wie wir bei der Darstellung der Zwangsstörungen (Kap. 3.7) an Hand eines ausführlichen Behandlungsbeispiels zeigen, war auch die seit 27 Jahren bestehende zwangsneurotische Symptomatik einer 68jährigen Patientin ursächlich behandelbar – mit befriedigendem Ergebnis. Um die Prognose solcher langen Verläufe in der Biographie zutreffend einschätzen zu können, haben wir heute noch kein sicheres Instrument zur Hand. Daher empfehlen wir grundsätzlich dann – und dies kann die angesprochene Kasuistik verdeutlichen – einen Behandlungsversuch, wenn der Patient dies eindeutig (und nicht nur zu Abwehrzwecken) selber wünscht und die Symptomatik auch in dem langen bisherigen Verlauf eine gewisse Variabilität erkennen läßt. Dabei kann diese Variabilität ein „auf und ab" sein oder auch eine Crescendo-Symptomatik mit Verschärfungen bei späteren Konfliktverstärkern. Im → Kap. 3.7 versuchen wir auch, mit Hilfe einer Schemazeichnung das Verhältnis von neurotischer Konfliktthematik über den Lebenslauf und späteren Einflüssen darzustellen, um so die Entstehung *abgeleiteter Konflikte* verstehbar zu machen.

Neben den Alternden mit der angesprochenen langjährig **chronifizierten neurotischen Störung** oder **Persönlichkeitsstörung** skizziert Abb. 14 einen Typus, dem bisher noch relativ wenig Bedeutung beigemessen wurde: Der **persistierende neurotische Konflikt**, der erst in der zweiten Hälfte des Erwachsenenlebens symptomatisch wird. Die umfangreichste und detaillierteste Beschreibung der psychoanalytischen Behandlung eines *neurotischen Kernkonflikts*, der erst nach der Berentung der Patientin mit 65 Jahren in Gestalt einer schweren (neurotischen) Depression symptomatisch wurde, stammt von Radebold & Schweizer (1996). Aufgrund eigener Untersuchungen schätzen wir heute den Anteil relativ neuer psychischer bzw. psychosomatischer Symptome bei Menschen jenseits des 60. Lebensjahres auf mindestens 30 % aller dieser Symptome. – Eine Variante dieses Typus des persistierenden neurotischen Konfliktes ist der *rezidivierende neurotische Konflikt*. Bei Menschen, die unter einer solchen Symptomatik/Störung leiden, wechseln im Lebenslauf kürzere oder längere Krankheitsepisoden mit asymptomatischen Phasen. Diese rezidivierende Störung kann auch Hinweis auf eine Persönlichkeitsstörung mit wechselnder Intensität der Symptomatik in verschiedenen Lebensabschnitten sein (→ Kap. 3.9). Ihre Differenzierung von der erstmals im Alter auftretenden Symptombildung des persistierenden neurotischen Konfliktes ist darüber hinaus für die differentielle Therapieindikation wichtig (→ Kap. 6.8.3).

Da die neurotische Symptombildung stets der Entlastung aus der Konfliktlage dient (*primärer Krankheitsgewinn*) und diese doch verschlüsselt zur Sprache bringt („Etwas stimmt mit mir nicht."), ist es verständlich, daß Ältere die fortlaufenden Körperveränderungen als präformierte Matrix für ihre Konfliktmitteilungen nutzen. Unter Verweis auf die „kaputte Hüfte" kann dann eine befürchtete familiäre Zusammenkunft abgesagt werden, ohne daß überhaupt von Konflikt oder Unlust die Rede sein muß. Wie auch bei Jüngeren besteht die Gefahr einer die Regression vertiefenden Haltung der Umgebung durch die Befriedigung eines *sekundären Krankheitsgewinns* („Mutter hat ja seit Jahren so mit ihrer Hüfte zu tun, daß sie sich nicht aus dem Haus traut, um sich mit der Familie treffen. Nur wenn der Lieblingssohn sie am Arm führt, dann kann sie das Haus verlassen."). – Im Abschnitt über die Angststörungen (→ Kap. 3.6) untersuchen wir die verschiedenen Angst-Phänome daraufhin, in welcher Weise sie spezifisch für Alternde formuliert werden können. Möglicherweise wäre es ein lohnendes Unterfangen, auch die Symptomausprägungen weiterer Störungsgruppen auf eine lebensabschnittbezogene Phänomenologie zu untersuchen.

Für den geriatrisch tätigen Arzt leiten wir aus diesen Ergebnissen die Empfehlung ab, bei einem älteren Patienten, der vielleicht in der Praxis seit Jahren bekannt ist und jetzt plötzlich eine neue, oft körperlich imponierende Symptomatik entwickelt, ohne daß sich – trotz sorgfältiger Diagnostik – somatische Ursachen finden lassen, auch an die Möglichkeit einer psychischen bzw. psychosomatischen Symptombildung im Alter zu denken. Besondere Aufmerksamkeit kann in den Fällen empfohlen werden, in denen der Patient einen massiven Leidensdruck äußert, der auf somatischer Ebene kein Korrelat hat, besonders wenn zusätzlich Beruhigungsmittel eingefordert werden. – Der Hausarzt wird im weiteren Verlauf allein durch die vorbestehende Kenntnis seines Patienten und dessen gesamter Lebensumstände bei entsprechender Aufmerksamkeit rasch konflikthafte Zuspitzungen, Trennungen, Verluste oder andere Schwellensituationen identifizieren können.

Neben diesen verschiedenen neurotischen Entwicklungen über den Lebenslauf unterscheiden wir eine zweite Patientengruppe (Abb. 14), deren Symptomatik nicht auf einer seit langem bestehenden neurotischen Thematik basiert, sondern auf einem **Aktualkonflikt** (→ Kap. 3.2). Alternde stellen allein durch die anstehenden Veränderungen der äußeren Realitäten im Alternsprozeß hinsichtlich ihrer sozialen Desintegration eine Hochrisikogruppe dar. Hinzu kommen dann noch die spezifischen Aufgaben dieses Lebensabschnittes durch die Auseinandersetzung mit dem körperlichen Alternsprozeß. Insbesondere bei der Besprechung spezifischer Aspekte der Suizidalität im Alter (→ Kap. 3.5) weisen wir auf die Bedeutung der narzißtischen Vulnerabilität in diesem Zusammenhang hin.

Eine dritte Gruppe von Patienten ist dadurch charakterisiert, daß der Symptombeginn durch die **Reaktivierung einer früheren Traumatisierung** erfolgt (→ Kap. 3.3). Entsprechend der ICD-10 beziehen wir uns beim Trauma-Konzept auf schwerste Erlebnisse, die praktisch jeden Menschen nachhaltig belasten oder psychisch schädigen würden. Im Vergleich zu den bekannten Folgen einer Traumatisierung besteht die Besonderheit der Trauma-Reaktivierung darin, daß sich zunächst keine typische **Posttraumatische Belastungsstörung (PTSD)** entwickelt. Vielmehr bricht die Symptomatik erstmals mit einer Latenz von Jahrzehnten aus, getriggert durch (mit dem körperlichen Altersprozeß verbundene) Gefühle von drohender Hilflosigkeit und Ausgeliefertsein.

3.2   Das Konzept Aktualkonflikt

In der klinischen Praxis sehen wir Alternde mit einem deutlichen symptomvermittelten Leidensdruck, deren Anamnese/Biographie trotz sorgfältiger Untersuchung keine pathogenen repetitiven Konfliktmuster erkennen lassen und deren Lebenslauf nach Erreichen des Erwachsenenlebens (etwa nach Gründung einer eigenen Familie oder/und beruflichen Entwicklung) eine strukturelle Störung – wie in → Kap. 3.9 beschrieben – mit an Sicherheit grenzender Wahrscheinlichkeit ausschließt. Ursächlich für die Probleme dieser Patienten können entweder massive (u. U. auch akut-traumatische) *konflikthafte äußere Lebensbelastungen* oder primär intrapsychisch erlebte konflikthafte Belastungen durch Entwicklungs- und Alterungsprozesse im Lebenslauf sein. Der Vorschlag, in diesem Zusammenhang von **Aktualkonflikten** zu sprechen, ist zwischenzeitlich in der Operationalisierten Psychodynamischen Diagnostik OPD (1996) aufgenommen worden. Einen solchen Aktualkonflikt kann der Betreffende in einem *passiven* oder in einem *aktiven* (Abwehr-)Modus zu bearbeiten suchen. Im Gegensatz zum psychoneurotischen Konflikt sind dem Patienten die motivationalen Beweggründe im Erleben äußerer und innerer aktueller Konflikte teilweise oder ganz bewußt. Das *pathogene Element* wird *nicht* über die Qualität der Bewußtheit des Konfliktes, sondern über seine prinzipielle, subjektive oder objektive Unlösbarkeit definiert. Der Patient ist in jeder Hinsicht mit einer adäquaten Bewältigung überfordert. Daraus folgt, daß die Realqualität der konflikthaften äußeren Lebensbelastung in der Regel erheblich sein wird. Prinzipiell gilt auch hier, daß die *relative Überforderung* der Ich-Möglichkeiten durch die äußere Realbelastung zur Dekompensation führt. Abb. 15 stellt die Entwicklung neurotischer Symptome und von Symptomen bei Aktualkonflikten einander differenzierend gegenüber.

Behandlungsbeispiel 1: Aktiver Modus eines Aktualkonfliktes.

Beispielsweise wurde eine 70jährige Patientin von der Universitätsaugenklinik wegen einer chronischen Bindehautentzündung und Hornhauttrübung bei nachgewiesenem Ausfall der Tränensekretion ohne organische Erklärung des Befundes (sog. sicca-Syndrom) überwiesen. Durch die konsekutive Visusbeeinträchtigung war die Patientin gezwungen, auf ihr Auto zu verzichten. Gleichzeitig war sie aufgrund einer mittelschweren Arthrose erheblich gehbehindert und fühlte sich nach ihrer Augenerkrankung ohne Auto mit einer Wohnung am Stadtrand von den wenigen tragenden Beziehungspersonen, die sie nur mit dem Wagen erreichen konnte, plötzlich abgeschnitten. Sie wirkte im

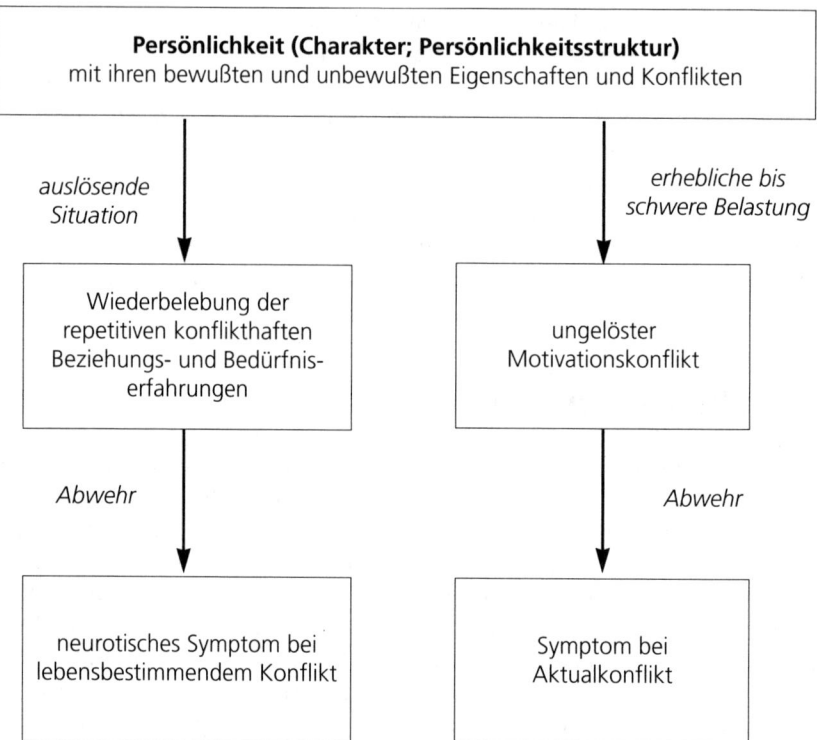

Abb. 15: Schematische Darstellung der Psychodynamik von lebensbestimmenden Konflikten und Aktualkonflikten (in Anlehnung an Schüßler 1995)

Gespräch hilfesuchend und ohne Zukunftsperspektive, war jedoch nicht akut suizidal. In der Biographie fanden sich bisher keinerlei seelische Störungen oder lebensbestimmende konflikthafte Verhaltensmuster. Vor drei Jahren hatte die Patientin ihren etwas älteren Mann plötzlich durch einen Herzinfarkt verloren. Sie hatte sich mit ihrem Mann längere Zeit bewußt auf die mögliche wechselseitige Verwitwung einzustellen versucht und sich nach seinem Tode bemüht, ihr stets geordnetes Leben weiter so wie gewohnt zu führen. Demzufolge war sie psychosozial gut eingebunden. Die Einschränkungen durch die Augenerkrankung „zwang" die Patientin nun zu der Einsicht, daß sie die Vulnerabilität ihrer psychosozialen Situation durch den fortschreitenden Alternsprozeß verleugnet hatte. Im Rahmen einer ambulanten Kurzpsychotherapie fand die Patientin Zugang zu einer nochmaligen vertieften Trauer um den Verlust des Mannes und des bisherigen gemeinsamen Lebens. Parallel zu dieser Trauerarbeit besserte sich der augenärztliche Befund – verifiziert über die Schirmer-Probe zum Nachweis der Tränendrüsenfunktion – anhaltend auch über eine katamnestische Nachuntersuchung hinweg. Gleichzeitig war die Patientin durch das Aufdecken einer weitergehenden Entwicklungsnotwendigkeit motiviert, auch in ihrer näheren Wohnumgebung eine Freundschaft zu einer Nachbarin, die sie bisher nur von Ferne gegrüßt hatte, neu aufzubauen.

Ergänzend sei das Behandlungsbeispiel 2 für den *gemischt aktiv-passiver* Modus eines entwicklungsbedingten Aktualkonfliktes geschildert:

Behandlungsbeispiel 2: Der 71jährige Patient wurde von seinem Hausarzt und der Ehefrau zur Vorstellung in der Ambulanz gedrängt, nachdem er seit sechs Monaten unter zunehmender depressiver Verstimmung, dem Gefühl von körperlicher Schwäche und Ängsten vor einer schweren Körperkrankheit litt. Er war einerseits voller Tatendrang, sein Haus von „alten Sachen" leer räumen zu wollen, andererseits verharrte er in Selbstentwertungen. Differentialtherapeutisch war unter der Annahme einer hypochondrisch gefärbten depressiven Störung eine antidepressive Medikation eingeleitet worden. – Anamnestisch schilderte sich der kognitiv völlig unbeeinträchtigte Patient zwar eher als sensibel, aber beruflich und familiär real sehr erfolgreich. In einem schweren Konflikt mit seinem Vorgesetzten hatte er vor 25 Jahren einmal für acht Wochen depressiv reagiert, war danach aber wieder in der Lage, seinen verantwortungsvollen Posten in der gleichen Konstellation gut weiterzuführen. – Dem aktuellen Symptombeginn vorausgegangen waren drei Jahre zuvor eine (prognostisch günstige) Malignomerkrankung der Ehefrau, eineinhalb Jahre zuvor der Wegzug des zweiten Sohnes (mit Familie) in eine ferne Stadt und unmittelbar vor Symptomausbruch der Verlust der Büroarbeit, die er nach seiner Berentung vor sechs Jahren noch beibehalten hatte. Der Beruf hatte für den Patienten stets einen hohen Stellenwert gehabt und er erlebte sich nach Verlust der Arbeit, die ihn jeweils noch für ein halbes Jahr bei freier Zeiteinteilung einige Stunden am Tag gegen gutes Honorar forderte und mit seiner Firma in Kontakt brachte, orientierungs– und wertlos. Dabei waren ihm die hier referierten psychodynamischen Zusammenhänge zunächst nicht bewußt zugänglich, so plausibel sie sich für den teilnehmenden Beobachter darstellten.

Beide Fallschilderungen heben darauf ab, daß trotz der jeweils ausgeprägten körperlichen und psychischen Symptomatik in der Biographie keine repetitiven neurotischen Konfliktmuster evaluierbar sind. Die Patienten waren keine „altgewordenen Neurotiker" und die Modulationen der Persönlichkeit rechtfertigten keinesfalls die Annahme einer (strukturellen) Persönlichkeitsstörung. In beiden Fällen läßt sich eine deutliche, psychodynamisch relevante *Auslösesituation* auffinden. Wir benutzen den Begriff Auslösesituation im Sinne von Dührssen (1954/55), ohne jedoch beim Aktualkonflikt die neuroseaktivierende Dimension mizudenken. Die unbewußte psychische Konfliktdynamik mit Rückwirkungen auf die interpersonalen Beziehungen läßt sich induktiv beobachten. Zusätzlich sind deduktiv genauso wie bei psychoneurotischen Konflikten widerstreitende Konflikte wie Wut, Scham, Kränkung, Trauer und Angst in der konkordanten Gegenübertragung spürbar. In der positiven komplementären Gegenübertragung erlebt sich der Diagnostiker gefordert als z. B. gesuchtes, mächtiges, hilfreiches, selbstwertstützendes Objekt, oder bei der Wahrnehmung negativer Gegenübertragung als ablehnendes, potentiell vernichtendes Objekt (wie es z. B. in der immer noch eingesetzten abwertenden Diagnose einer „Involutionsdepression" – ein vermeidbarer diagnostischer Begriff – zum Ausdruck kommen kann).

Der Begriff Aktualkonflikt wird in Anlehnung an das nur sehr unscharf entwickelte Konzept der „Aktualneurose" gewählt, ein Terminus, den Freud erstmals 1898 unter Bezugnahme auf neurasthenische, (im damaligen Sinne) angstneurotische und hypochondrische Symptome benutzte. „Das Attribut ‚aktual' wird dieser Gruppe von Neurosen zugeschrieben, weil ihre Ursachen rein aus der Gegenwart und nicht, wie bei den Psychoneurosen, aus der Vergangenheit der Patienten stammen" (Freud 1917, Fußnote

S. 400). Damit wird zugleich verständlich, daß in diesen Fällen eine psychoanalytische Behandlung sensu strictu aus damaliger Sicht aussichtslos schien. Durch die in der Folge von Psychoanalytikern immer ausschließlicher betonte Rolle repetitiver Konflikte und der Phantasietätigkeit für die Pathogenese kam der Aktualneurose nie eine wesentliche Bedeutung zu. Differenziert werden muß eine psychische bzw. psychosomatische Symptombildung auf Grund eines Aktualkonfliktes von den Folgen traumatischer Erfahrungen im engeren Sinne sowie von Problemen der Krankheitsverarbeitung (Coping). Im klinischen Alltag finden Aktualkonflikte auf der syndromalen Ebene unter den „reaktiven Depressionen" Alternder am ehesten ihren Niederschlag. Das von Bräutigam (1978, 58) formulierte Konzept der Konfliktreaktionen als überwiegend bewußte Reaktionen auf äußere Belastungen kommt dem Aktualkonflikt-Konzept am nächsten: „Jeder Mensch durchläuft normalerweise Reifungskonflikte, gerät später im Beruf und Familie erneut in Konfliktsituationen."

Von der sich verändernden Körperlichkeit im Alternsprozeß läßt sich auf Dauer ebensowenig absehen wie von der unerbittlichen Veränderung der Sozialbezüge – bei allen empirischen Ergebnissen zu den verbleibenden Kompetenzen und Entwicklungspotentialen im Alter. Der intrapsychische Umgang mit dem Altern in seiner sozialen und biologischen „Zumutung" im doppelten Wortsinne kann in früheren Entwicklungsphasen nicht eingeübt werden: „Leben heißt, kontinuierlich neue Dinge zu erfahren und mit den Problemen, die sie mit sich bringen, umgehen zu müssen. Und diesen Problemkreis können wir nicht einfach damit festlegen, daß wir sagen, alles Wichtige ereignet sich im ersten Lebensjahr und bei der späteren Entwicklung handelt es sich nur um Modifikationen der früheren Erlebnisse" (Heimann 1962/63, S. 421). Der Konflikt entzündet sich an den je neuen Anforderungen, aus körperlichem Alternsprozeß, Beziehungsveränderungen und sozialen Spannungen ein je aktuelles Selbstkonzept zu konstituieren („Heute bin ich ein Mensch, der ..."). Der Alternde muß die Chance erhalten zu verstehen, bzw. verstanden zu werden, warum er – nach einem bisher durchschnittlich kompetenten Konfliktbewältigungsvermögen – *jetzt* steckenbleibt. Die eintretende Symptombildung stellt die regressive Resultante der Konfliktdynamik dar. Das einer drohenden Chronifizierung innewohnende repetitive Moment fehlt beim Aktualkonflikt nicht grundsätzlich; es bezieht sich nur auf einen wesentlich kürzeren Abschnitt der Biographie.

Die Bedeutung des Konzepts Aktualkonflikt wird in bestimmten Konstellationen auch für jüngere Erwachsene diskutiert. So werden im Bereich der Rehabilitation vermehrt Patienten mit psychoneurotischen oder psychosomatischen Symptomen beobachtet, die mit Sicherheit nicht „neurotisch" waren, bis sie unter überraschenden sozioökonomischen Belastungen wie Arbeitsplatzverlust bei betrieblichen Konkursen sowie vorzeitigem Ruhestand als Steuerungselement der Belegschaftsstärke z. B. in wirtschaftliche Schwierigkeiten kamen, die sich auch durch das bisher tragende Lebensarrangement nicht auffangen ließen.

Dabei soll die Gefährdung des Individuums durch Reaktivierung neurotischer Konflikte in Schwellensituationen nicht verleugnet werden. Unter dieser Perspektive wird jedoch die mögliche dynamische Bedeutung des „überraschend Neuen" im Lebenslauf übersehen. Dieses Element des Unvorhergesehenen, des Überraschenden „schiebt" die Psychodynamik offensichtlich an. Da es sich jedoch nicht um eine repetitive Konfliktthematik handelt, ist der psychodynamisch relevante Konflikt per definitionem kein *neurotischer* Konflikt. Wird also ein Konflikt in der biographischen Situation eines Menschen verstanden, ist damit noch nicht gleichzeitig entschieden, daß dieser Konflikt auch eine neurotische Genese hat. Aktualkonflikte erscheinen anfangs häufig akzentuiert als Störungen im Bereich der narzißtischen Regulation, wobei triebdynamische Implikationen nicht übersehen werden sollten. Unbehandelt besteht die Gefahr einer Regression z. B. auf depressive oder suizidale Erlebnisweisen (→Behandlungsbeispiele 1 und 2 weiter oben).

Es wäre ein Mißverständnis, würde man das Konzept Aktualkonflikt als ahistorisch bezeichnen. Die Biographie macht die psychogenetische Kontinuität von Erlebens- und Verhaltensmodi verstehbar. Gerade der Umstand, daß Menschen mit Konfliktthemen konfrontiert sind, deren Lösung sie in ihrem bisherigen Leben noch nicht oder auf Grund veränderter Lebensumstände nicht mehr leben konnten, macht das Leiden „des armen Ich" in seiner personalen historischen Existenz verstehbar. Der intrapsychische Umgang mit diesen Konfliktlagen erlaubt dem Patienten bei der insgesamt begrenzten Auswahl psychischer und psychosomatischer Reaktionsformen keine wesentlich andersartige symptomatische Phänomenologie als beim Umgang mit psychoneurotischen Problemen.

Die Annahme einer Konfliktbegabung bis ins hohe Alter entzieht den alten Menschen sowohl einem Chronifizierungsverdikt einerseits als auch normativen Erwartungen, normopathischen Stereotypien oder gar ökonomischen Verwertungsansprüchen der nachfolgenden Generation andererseits. Historisch gesehen gibt es für die aktuellen demographischen Konstellationen und die daraus erwachsenden Aufgaben keine Vorbilder.

Der verkürzte klinische Algorithmus (Abb. 16) geht von der Notwendigkeit aus, bei einem Patienten mit Leidensdruck am Ende des diagnostisch-therapeutischen Prozesses eine differentielle Therapieindikation zu stellen: Bei Vorliegen eines Aktualkonfliktes sehen wir die Indikation zu einer aktualkonflikt-bezogenen psychoanalytischen oder kognitiv-behavioralen Fokaltherapie. Je nach Schwere der (psychosomatischen) Symptomatik muß auch die Durchführung einer solchen Behandlung im stationären Rahmen etwa in einer 6-Wochen-Behandlung mitgedacht werden. Ziel einer psychoanalytisch konzipierten Behandlung ist die Bewußtmachung der symptombegründenden Konfliktlage unter konsequenter Bearbeitung vor allem der negativen Affekte und der negativen Übertragung (z. B. Neidgefühle auf den jüngeren Therapeuten). Ein wesentlicher Wirkfaktor kann die Life Review-Technik sein (→ Kap. 6), da das Bewußtwerden einer eigenen biographischen Gestalt durch Vergegenwärtigung der Biographie ganz wesentlich auch der Entwicklung eines zukunftsbezogenen Identitätserlebens dient.

Sollte sich im Behandlungsverlauf herausstellen, daß neben einem Aktualkonflikt repetitiv-neurotische Konflikte wirksam sind, kann die Behandlung im Einvernehmen mit dem Patienten in eine entsprechende modifizierte Psychotherapie „umgewandelt" werden (Schritte 8; 9; 14 in Abb. 16). Gleiches gilt, wenn sich eine Persönlichkeitsstörung erst im Laufe der Behandlung eines Aktualkonfliktes aufdecken sollte (Schritte 10; 11; 14 in Abb. 16). Weiterhin sollte unter dem Gesichtspunkt der differentiellen Therapieindikation eine sich erst im Therapieverlauf zeigende Trauma-Reaktivierung abgegrenzt werden, weil aus dieser diagnostischen Perspektive für den therapeutischen Prozeß besondere behandlungstechnische Implikationen erwachsen (Schritte 12; 13; 14 in Abb. 16). Insbesondere muß geprüft werden, ob man mit dem zeitlichen Umfang einer Kurztherapie auskommt und ist gefordert, z. B. auch die politische Dimension der Biographie (wie etwa notwendige Auseinandersetzungen mit einer Realschuld) in einer besonderen Weise zu berücksichtigen.

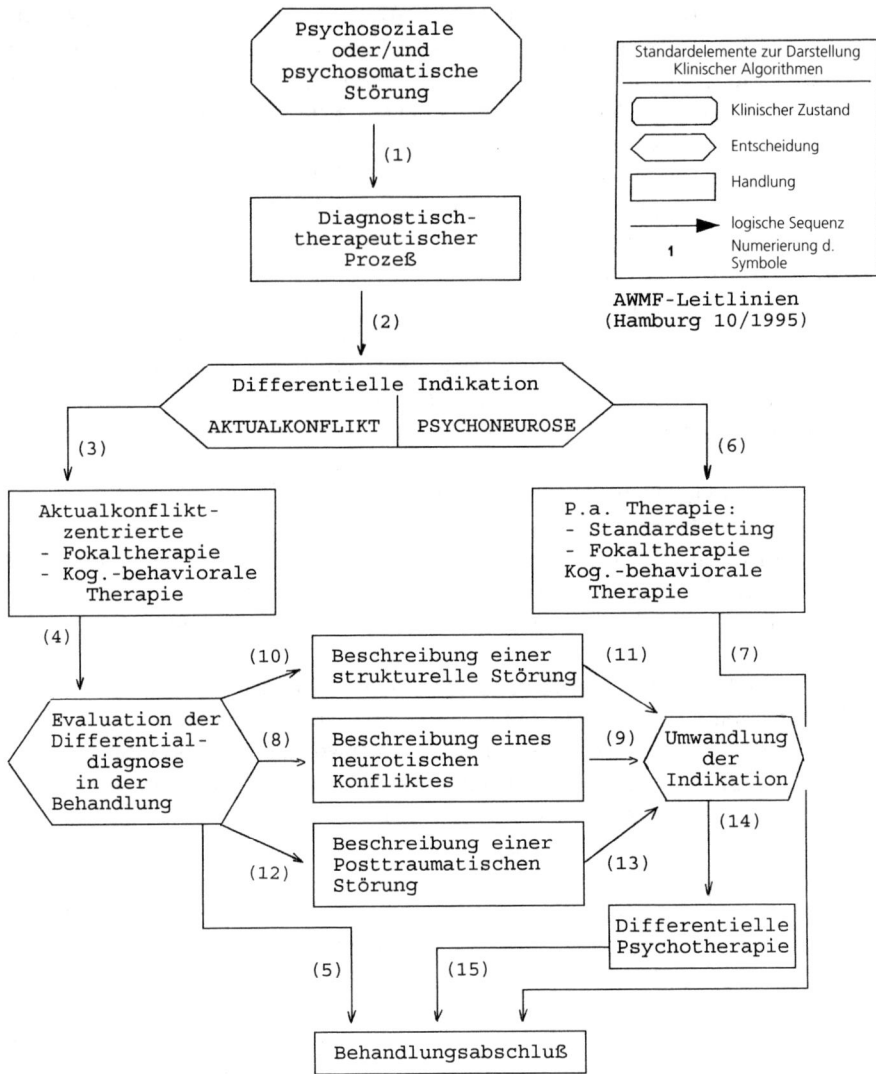

Abb. 16: Verkürzter klinischer Algorithmus zur differentiellen Psychotherapie-Indikation bei Aktualkonflikten versus zeitlich überdauernden (psychoneurotischen) Konflikten

3.3 Belastungs- und Anpassungsstörungen (posttraumatische Belastungsstörungen)

3.3.1 Akute Belastungsreaktion und Anpassungsstörungen

Bei der **akuten Belastungsreaktion** (ICD-10: F43.0) ist die Schwere der Störung immer direkte Folge einer akuten schweren Belastung oder einer eher kontinuierlichen traumatischen Situation bei einem psychisch sonst stabilen Menschen. Während die

Symptome einer akuten Belastungsreaktion innerhalb von Stunden oder Tagen abklingen, halten die Symptome einer **Anpassungsstörung** (ICD-10: F43.2) gemäß der ICD-10 bis zu sechs Monaten an. Akute Belastungsreaktionen können aus psychodynamischer Sicht auch in Folge eines Aktualkonfliktes (→ Kap. 3.2) auftreten.

3.3.2 Psychotraumatologie

Die *historische Entwicklung des Traumakonzeptes* ist in der psychoanalytischen Psychotherapie seit ihren Anfängen durch Diskussionen über die Bedeutung und Auswirkungen traumatischer Lebensereignisse geprägt. Dies gilt insbesondere für Behandlungsversuche bei sogenannten „Kriegszitterern" (traumatisierte Soldaten vor allem im I. Weltkrieg) und für den „sexuellen Mißbrauch", ein von Freud vorgeschlagener Begriff. Die Genese der hysterischen Symptombildung wurde ursprünglich im realen sexuellen Mißbrauch von Kindern durch Erwachsene gesehen (*Verführungstheorie*). Verletzt durch die Ablehnung dieser Theorie durch den Wiener Verein für Psychiatrie und Neurologie und alarmiert durch die zum Teil heftigen gefühlsmäßigen Bindungen der oft weiblichen Patienten an den Psychoanalytiker, konzeptualisierte Freud das Übertragungs-Paradigma: er nahm an, die Gefühle der Patienten galten „eigentlich" einem „früheren", biographisch relevanten Objekt (z. B. einem Elternteil). Infolge der Aufgabe seiner Verführungstheorie betonte Freud die Bedeutung pathogener Phantasien für die Entstehung psychischer Symptome (1895). Diese historische Debatte hat bis heute nichts von ihrer Aktualität verloren, da die Einschätzung der Bedeutung traumatischer Erfahrungen schwankt zwischen den Einschätzungen „hohe Relevanz" und „Überbewertung dieser Ursache".

Nach der sog. kleinianischen Wende in der Psychoanalyse hat die Vernachlässigung der Biographie über den gesamten Lebenslauf (→ Kap. 2.2) unter dem Einfluß dieser speziellen Schule einen vorläufigen Höhepunkt erreicht. Den vorgeburtlichen und frühen präverbalen Beziehungserfahrungen wird eine unseres Erachtens übergroße Bedeutung beigemessen, die in die Hypothese einer ubiquitären kindlichen Traumatisierung einmündet (Share 1996). In diesen Annahmen wird der normale Geburtsvorgang oder werden die ersten geschützten (!) Mangelerfahrungen des Säuglings als Traumaerfahrung angesprochen, deren Folgen zentrales Thema in der psychoanalytischen Therapie von Erwachsenen sein müsse. Für diese Annahmen gibt es bisher keine empirischen Belege. Gerade die Auseinandersetzung mit den psychischen Folgen von Traumatisierungen im weiteren Lebenslauf durch Naturkatastrophen, wie etwa Erdbeben oder durch Kriegsfolgen, zwingt zu einer begründeten Relativierung der angesprochenen naturgemäßen (früh-)kindlichen Belastungssituationen.

3.3.3 Folgen psychischer Traumatisierung

Daß der Einbruch traumatischer Gewalt noch bis ins hohe Alter jeden Menschen psychisch möglicherweise endgültig zerstören kann, stellt eine schwer erträgliche Verunsicherung des eigenen Selbst dar. Diese Verunsicherung trifft auch Psychotherapeuten, die sonst einen Teil ihres beruflichen Selbstverständnisses aus dem Erleben ableitet, selber Konflikte und Entwicklungsschritte gemeistert zu haben, deren Bewältigung sie nun den „Jüngeren" vermitteln. So berichtete Ernst Federn, der in seiner Jugend Gefangener in einem Konzentrationslager der Nationalsozialisten war, als Psychoanalytiker im fortgeschrittenen Alter: „Was mich angeht, so hätte ich sehr gerne von meinen Erlebnissen erzählen wollen, aber es waren die Analytiker, die ausnahmslos einem Gespräch über meine Lagererlebnisse aus dem Wege gegangen sind... Unter dem Vorwand, meine Gefühle schonen zu wollen, verbarg sich die Angst vor eigenen Konflikten, die durch die Berichte über die Schrecken des Lagerlebens ausgelöst werden konnten".

Selbstverständlich ist der Psychotherapeut verpflichtet, den Patienten vor überschwemmenden, die Ich-Funktionen potentiell überfordernden traumatischen Erinnerungen bzw. Affekten zu schützen (→ siehe Kap. 6.8.2: Gefahr der Retraumatisierung durch Überforderung des Ich). Gerade bei älteren Patienten, die sich im Alter erstmals wieder mit traumatischem Material aus ihrer Biographie beschäftigen, kann jedoch häufig nach langem symptomfreien Intervall gemäß unserer Erfahrung oft von eher stabilen Ich-Funktionen ausgegangen werden, so daß ein ausschließlich „zudeckendes" (als stabilisierend verstandenes) Vorgehen den Alternden mit seinen Erinnerungen (erneut) alleine lassen würde.

In Abb. 17 sind die Unterschiede psychischer Symptome nach einer Konflikt- bzw. einer Traumagenese einander gegenübergestellt. Während innerhalb der Konfliktgenese das Ich eine **Kompromißbildung** mit Verdrängung des Konfliktthemas ins Unbewußte erreicht, gelingt diese intrapsychische Verarbeitung beim Trauma nicht. Durch das Trauma kommt es zu einer Überforderung vor allem der Ich-Funktionen. Während unvermeidliche, jedoch empathisch begleitete **geschützte Mangelerfahrungen** in der kindlichen Entwicklung zu intrapsychischen Symbolisierungen („psychischen Repräsentanzen": z. B. die nach Trennung wiederkehrende Mutter) führen, können traumatische Erfahrungen nicht in gleicher Weise bewältigt (symbolisiert) werden. Sie bleiben im Kern isolierte („abgekapselte") Erfahrungen, die nicht zu einer intrapsychischen Verarbeitung, sondern eher zu einer interpersonalen Abwehr führen. Ein aktuelles neuropsychologisches Modell unterscheidet in diesem Sinne zwischen impliziten und expliziten Erinnerungsfunktionen. Die impliziten Erinnerungsfunktionen umfassen assoziative Inhalte, Emotionen und Körperbefindlichkeiten, die expliziten Erinnerungsfunktionen das Wortgedächtnis mit seinen umschriebenen verbalisierbaren (symbolisierten) Gedächtnisinhalten (Narrative). Die intrapsychische Verarbeitung der Neurose zeigt sich u. a. im **Wiederholungszwang** konflikthafter Beziehungen, während das unbewältigte Trauma über eine **repetitive Wiederkehr** kaum verstellt wiederholt zu werden droht.

In der *Kognitionspsychologie* wird die Existenz intrapsychischer *Schemata* angenommen, die der Informationsverarbeitung dienen. Unter dem Gesichtspunkt der Schematheorien wird rasch deutlich, daß ein solches Trauma intrapsychisch nicht integriert werden kann, weil für eine Assimilation entsprechende Schemata fehlen. Und eine Akkommodation ist intrapsychisch nicht zu ertragen, da damit die Selbstkohärenz bedroht wird. Die Dissoziation („Ich steige aus der Situation aus und betrachte alles von außen") ist die oft einzig mögliche intrapsychische Abwehr und damit auch Überlebensstrategie.

Warum vergißt man traumatische Erinnerungen so schwer? Aus *behavioraler Sicht* erklärt die Verschränkung des klassischen (respondenten) und des operanten Konditionierens in sehr schmerzhaften Situationen, sowie die negative Verstärkung von Ver-

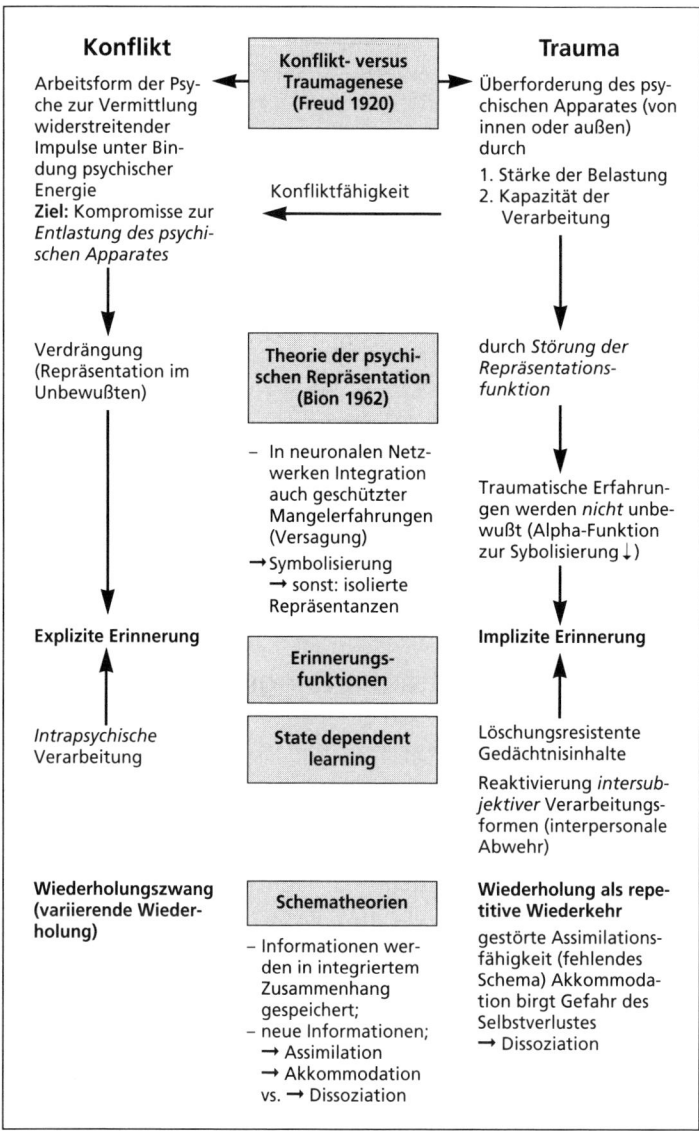

Abb. 17: Vergleich der Symptombildung bei Konflikt- und Traumagenese

meidungsreaktionen die Löschungsresistenz der Verhaltensmuster. Hierher gehört auch der Begriff des state depentend learning, des situationsabhängigen Lernens. Wie die psychoanalytische strebt auch die kognitiv-behaviorale Therapie die *Rekonstruktion von verletzten Grenzen der Persönlichkeit* und die kognitive Veränderung von Angststrukturen und „beliefs" (z. B. die traumatisch bedingte Vorstellung einer grundsätzlich schlechten Natur des Menschen) an (Foa et al. 1989).

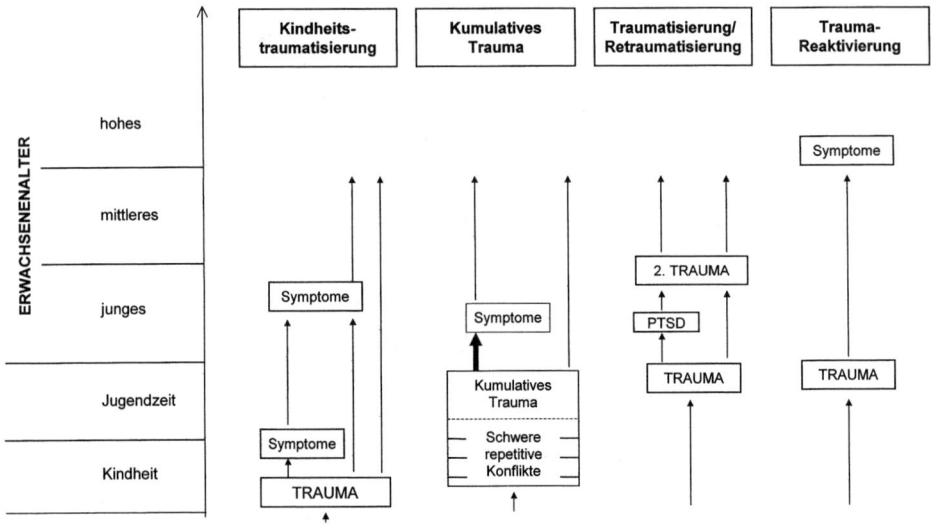

Abb. 18: Differentielle Psychotraumatologie

3.3.4 Differentielle Psychotraumatologie

Wir können hier nur auf die Traumafolgen für das Individuum tiefer eingehen. Die kollektiven Phänomene von Trauma- und Schuldbewältigung haben beispielhaft Alexander und Margarete Mitscherlich (1967) in ihrer Monographie „Die Unfähigkeit zu trauern" bearbeitet. Diese kaum auflösbare Doppelbödigkeit einer Auseinandersetzung mit dem individuellen Trauma angesichts des täglichen weltweiten Todes von 30.000 bis 60.000 Kindern an Unterernährung und medizinischer Unterversorgung, welche nach Berechnungen der Vereinten Nationen mit DM 230,– pro Jahr leben, lesen und schreiben lernen könnten, ist, einmal ins Bewußtsein gebracht, kaum längere Zeit aushaltbar.

Wie Abb. 18 in einem schematischen Vergleich verdeutlicht, muß heute im Sinne einer differentiellen Psychotraumatologie unterschieden werden zwischen Menschen, die in ihren kindlichen Entwicklungsjahren einer traumatischen Erfahrung im engeren Sinne (etwa sexuelle Übergriffe) oder kumulativ traumatischen Erfahrungen im Sinne von Khan (1977) (z. B. fortgesetzten Demütigungen) ausgesetzt waren, und Traumaerfahrungen im Erwachsenenleben bzw. im Alter. Traumata in der Kindheit haben eher strukturelle psychische Störungen zur Folge, während die typische Folge von im Erwachsenenalter durchlittener Traumata die **Posttraumatische Belastungsstörung (PTSD)** ist (vgl. die internationalen Diagnosemanuale). Es scheint so, als ob die Ausreifung der psychischen Strukturen eine notwendige Bedingung für die Ausbildung einer PTSD darstellt.

Darüber hinaus wissen wir inzwischen, daß es auch in der Jugendzeit oder im jüngeren Erwachsenenleben traumatisierte Menschen gibt, die zunächst keine PTSD entwickeln. Nach einem Intervall von Jahrzehnten entwickelt sich erst im Laufe des Alternsprozesses eine Trauma-induzierte Symptomatik. Wir haben für diese intrapsychischen Prozesse den Begriff der **Trauma-Reaktivierung** nach einem u. U. langen (vieljährigen) „symptomfreien" Intervall vorgeschlagen. Dieses Konzept der Trauma-Reaktivierung muß abgegrenzt werden von dem Verständnis einer **Retraumatisierung** (Abb. 18). Eine Retraumatisierung kann (*1*) durch eine erneute traumatische Erfahrung oder auch (*2*) durch forcierte, erzwungene „Erinnerungsarbeit" etwa bei Zeugenaussagen in polizeilichen Ermittlungen erfolgen. Dieses Wissen hat in jüngerer Zeit zur Entlastung der Zeugen von öffentlichen Auftritten vor Gericht, erzwungener Konfrontation mit dem Täter und der Zulassung von Videoaussagen geführt. Retraumatisierungen sind grundsätzlich auch durch eine nicht sachgerecht durchgeführte Psychotherapie möglich, in der das Trauma ohne ausreichenden intrapsychischen Schutz wiederbelebt wird.

Neben diesen relativ scharf abgrenzbaren Konzepten findet sich weniger in klinischen Kontexten als in Alltagssituationen die Beobachtung, daß Menschen in repetitiver Weise eine **traumatische Erfahrung als Lebensthema** mit sich tragen – entweder, in dem sie „nie über diese Zeit sprechen" wollen oder in dem sie fortwährend bereit erscheinen, sich immer wieder gerade über diese Zeit z. B. „als Soldat in Rußland" mitteilen zu wollen. Manche aus der Gruppe dieser Mitteilsamen verkehren ihre Erfahrungen ins krasse Gegenteil, in dem sie z. B. vor allem die Kameradschaft unter den Soldaten idealisierend betonen, verstehbar als inneres Gegengewicht zu den anbrandenden bedrohlichen Erinnerungen und Affekten. Dort wo in der biographischen Anamnese Alternder „Lücken" bemerkt werden, könnten u. U. bewußt oder unbewußt traumatische Erfahrungen zunächst zurückgehalten werden. So kann sich hinter den biographischen Angaben einer heute 75jährigen, die in den ehemaligen deutschen Ostgebieten 1943 enden und dann 1948 in einem westdeutschen Übergangslager weitergehen, Flucht unter unsäglichen Umständen mit einem Kind, Massenvergewaltigung, Tieffliegerangriffen o. ä. verbergen. Wir weisen auf diese Möglichkeiten vor allem deshalb hin, weil wir auch bei Alternden die Sensibilität für im engeren Sinne traumatische Lebenserfahrungen im Lebenslauf schärfen wollen. Es wäre jedoch ein Mißverständis, würden diese Hinweise so verstanden, daß man in jedem Fall die Offenbarung solcher Erlebnisse forcieren sollte.

3.3.5 Akute psychische Traumatisierung im Alter

Im Gegensatz zu den Ursachen von akuter Belastungsreaktion und Anpassungsstörungen sind die Ursachen für *psychische Traumen* und das klinische Bild in der ICD-10 deutlich schärfer abgegrenzt:

▪ Das psychische Trauma wird definiert als Folge eines kurzzeitigen oder länger dauernden belastenden Ereignisses, das *außerhalb der üblichen menschlichen Erfahrung* liegt, für *fast jeden belastend* wäre und üblicherweise mit Gefühlen von *intensiver Angst, Schrecken* und *Hilflosigkeit* erlebt wird. Dieser Betonung außergewöhnlicher und schwerster Belastungssituationen in der ICD-10 schließen wir uns ausdrücklich an, da durch eine unscharfe Abgrenzung gegenüber allgemeinen Lebensschicksalen – wie sie eher im DSM-IV aufscheint – die Gefahr besteht, sowohl eine „allgemeine" Traumatisierung der Bevölkerung durch Trennungen, Verluste etc. zu unterstellen als auch durch eine unerträgliche Verallgemeinerung die Traumatisierten erneut „alleine" zu lassen („Ja, ja, wir haben doch alle schon Schlimmes mitgemacht...!").

■ Resultierende Beeinträchtigungen dauern in der Regel mehr als einen Monat und manifestieren sich bei Erwachsenen oft über Hauptmerkmale der **Posttraumatischen Belastungsstörung (PTSD)** (ICD-10: F43.1), bei Kindern und Jugendlichen oft über anhaltende strukturelle Störungen (→ Kap. 3.9).

■ *Typische Merkmale* der PTSD sind das sich wiederholt aufdrängende Erinnern (*flashbacks*) des Traumas, Albträume, andauernde Gefühle des Betäubtseins und der emotionalen Stumpfheit, Gleichgültigkeit gegenüber anderen Menschen und Vermeiden aller Situationen, die an das Trauma erinnern könnten. Intermittierende Aggressionsanfälle mit Ängsten und vegetativer Übererregbarkeit sind ebenso möglich wie depressive Reaktionen und plötzliche Suizidhandlungen. Alkohol- und Drogenabusus können (als „Selbstmedikation") den Verlauf komplizieren.

■ Das Ausmaß der Beeinträchtigung steht im Bezug zur erlebten Schwere des Traumas – durch Menschen verursachte Ereignisse (z.-B. Folter, KZ-Haft, Vergewaltigung als sog. *man-made-desaster*) und begleitende Verletzungen der körperlichen Integrität stellen fast immer komplizierende Faktoren dar.

■ Zentral für die Pathogenese ist die *intrapsychische, interpersonelle* oder/und *transaktionale Desintegration* (das meint ein grundlegendes Zerreißen vertrauensvoller sozialer Beziehungen), die ein Erleben von Hilflosigkeit und Ausgeliefertsein hervorruft mit dauerhafter Erschütterung des Selbst- und Weltverständnisses bis zum Zusammenbruch wichtiger psychischer, kognitiver oder behavioraler Funktionen. Eine entscheidende Variable für die pathogene Wirkung des Traumas ist die individuelle Vulnerabilität der Person.

Für Alternde ist insbesondere der Aspekt der individuellen Vulnerabilität von zentraler Bedeutung. Wie das nachfolgende Fallbeispiel zeigt, kann das Erlebnis eines Überfalls auf der Straße, das für einen jüngeren Menschen u. U. noch keine im engeren Sinne traumatische Qualität haben muß, für einen alten Menschen zu einem psychischen Trauma mit weitreichenden psychischen Folgen werden.

Behandlungsbeispiel 3: Eine 76jährige Frau liegt nach einem Raubüberfall auf einer chirurgischen Station. Der Überfall, bei dem ihr die Handtasche entrissen wurde, fand in der Nähe ihrer Wohnung auf der Straße statt. Da sie durch die Wucht des Angriffs außerdem stürzte, wurde sie vorsorglich von hilfreichen Passanten ins Krankenhaus gebracht. Außer Schürfwunden fanden sich glücklicherweise keine weitergehenden somatischen Verletzungen. Jedoch entwickelte sie in den Tagen nach dem Überfall eine tiefgehende Ängstlichkeit mit der Vorstellung, nicht mehr alleine leben zu können. Bei einem solchen Angriff könne sie im Wiederholungsfalle so schwer stürzen, daß sie sich Brüche zuziehe, die sie ans Bett fesseln würden. Sie habe das Gefühl, alternde Menschen würden „als leichte Opfer" erkannt. Sie habe ihr Vertrauen in Menschen verloren und sehe ständig wieder den Täter auf sich zulaufen, in dem er ihr auch noch drohte.

Für die Differentialdiagnose wesentlich ist, daß die Patientin bis zu diesem Raubüberfall in ihrem eigenen Erleben und auch in der Wahrnehmung anderer Menschen ihrer Umgebung eher tatkräftig und mutig erlebt worden war. Sie hatte eine ganze Reihe belastender Lebensumstände gemeistert und zu keinem Zeitpunkt ihrer Biographie je unter Angstsymptomen gelitten.

In den Diagnosemanualen wird bisher nicht explizit auf die körperlichen Handicaps alter Menschen in traumatischen Situationen abgehoben. Bei vergleichbaren Attacken haben Ältere ein deutlich höheres Risiko körperlicher Verletzungen mit teilweise langwierigen Folgen (Knochenbrüche durch Sturz) und können Bedrohungserlebnisse auch weniger mit dem Gefühl beantworten, in zukünftigen Situationen besser aufzupassen (sensorische Einschränkungen) oder sich durch Kraft und Schnelligkeit wehrhaft bzw. fliehend sichern zu können. Die erhöhte körperliche Vulnerabilität im Alter kann damit als ein zusätzlicher Faktor bei der Entwicklung einer PTSD begriffen werden.

Da – wie bereits oben erwähnt – auch Fachpsychotherapeuten dazu neigen, sich selber angesichts massiver psychischer oder psychosomatischer Symptome traumatisierter Patienten damit zu „beruhigen", daß solche schweren Auswirkungen ohne eine „prämorbide" Persönlichkeitsstörung oder eine spezifische Schwäche der „frühen" Objektbeziehungen nicht denkbar wären, erscheint manche psychoanalytische Fallgeschichte mit der Suche nach „frühen" Belastungserfahrungen ungemein konstruiert. Auf dem Hintergrund der skandalösen Begutachtungspraxis bei Extremtraumatisierten nach Ende der Nationalsozialistischen Diktatur formulierte der Psychoanalytiker Kurt Eissler (1963) den polemischen Satz: „Die Ermordung von wie vielen seiner Kinder muß ein Mensch symptomfrei ertragen können, um eine normale Konstitution zu haben?" Es war solchen Initiativen zu verdanken, daß ein großer Teil der ursprünglich ablehnend formulierten Begutachtungen der psychischen Folgen von Extremtraumatisierung nach dem II. Weltkrieg revidiert werden mußten. – Für uns folgert daraus, daß sich Behandler älterer Traumatisierter selber darüber Rechenschaft geben müßten, wie sie angesichts zukünftiger nachlassender sensorischer und motorischer Kräfte mit ähnlichen Bedrohungssituationen umgehen würden. Durch die Übernahme einer solchen Perspektive würde eine Solidarität mit dem Alternden erlebt, die auch die Indikation zu psychotherapeutischen Interventionen fördern könnte.

3.3.6 Trauma-Reaktivierung im Alter

Ältere Menschen können – u. U. angestoßen durch politische Krisen (wie den Golfkrieg Anfang 1991) – frühere Traumatisierungen unter akuter Symptombildung reaktivieren (Schreuder 1996). Klinisch imponieren diese Trauma-Reaktivierungen entweder als Wiederbelebung von traumatisch empfundenen Sinneseindrücken (Bildern; Geräuschen), die bedrohlich realistisch erlebt werden („als wäre es gestern gewesen"), oder durch psychische (Ängste) bzw. psychosomatische Symptombildungen (dissoziative Körpersymptome).

Auf der Suche nach den Hintergründen dieses psychodynamischen Prozesses im Alter ließ sich eine dreifach gegliederte Hypothese formulieren, deren Aspekte untereinander in einem sich womöglich gegenseitig begünstigenden Bezug stehen. Danach kann es zu einer Reaktivierung von Traumatisierungen im Alter dadurch kommen, daß

- ältere Menschen, befreit vom Druck direkter Lebensanforderungen durch Existenzaufbau, Beruf und Familie, „mehr Zeit" haben, bisher Unbewältigtes wahrzunehmen;
- sie zudem nicht selten auch den vorbewußten Druck spüren, noch eine unerledigte Aufgabe zu haben, der sie sich stellen wollen und stellen müssen;

■ darüber hinaus der Alternsprozeß selbst (z. B. in seiner narzißtischen Dimension) traumatische Inhalte reaktivieren kann.

Behandlungsbeispiel 4: In die Ambulanz kam eine 74jährige, sorgfältig gekleidete Frau, überwiesen von ihrem Hausarzt. Sie hatte drei Wochen zuvor aus dem Gefühl heraus, jetzt endlich nicht mehr schweigen zu können, ihren Mann und ihre gesamte Verwandtschaft damit konfrontiert, daß sie zwischen dem 9. und 11. Lebensjahr von ihrem Vater wiederholt sexuell mißbraucht worden sei. Nie habe sie mit jemandem in ihrem Leben darüber sprechen können.

In der Gegenübertragung ist der Untersucher vielleicht rasch mit einem abwehrenden Gefühl konfrontiert: Muß das denn jetzt noch sein – nach so vielen Jahren – und was kann der Ehemann für ihre Wut etc.?! Mag sein, daß diese Gegenübertragungsgefühle wirkliche innere Ambivalenzen der Patientin, also einen Selbstaspekt der Patientin, widerspiegeln. Genauso kritisch sollte sich der Untersucher jedoch fragen, ob er nicht mit seiner Eigenübertragung ((Kap. 6.5.3) konfrontiert ist, gespeist z. B. aus dem latenten Entsetzen, was wäre, wenn die eigenen Eltern ähnliche traumatische Erfahrungen plötzlich unverblümt thematisieren würden. Oder der Untersucher spürt den unterschwelligen Auftrag von Hausarzt und Verwandtschaft der Patientin, diese doch um alles in der Welt „ruhig" zu stellen – und identifiziert sich mit diesem Aspekt sozialer Erwünschtheit mehr als mit dem Leiden der Patientin.

In diesem Beispiel überwiegt von den genannten drei Punkten vor allem der ganz bewußt von der Patientin empfundene Drang, jetzt endlich („Bevor es zu spät ist") dieses aufgezwungene Geheimnis lüften zu müssen. Und sie traute sich diesen Schritt sicher auch deshalb, weil sie jetzt keine weitergehenden Rücksichten mehr „wegen der Kinder etc." meinte nehmen zu müssen. – In der folgenden Fallgeschichte wird eher die Bedrohung durch den Alternsprozeß zum Motor der Trauma-Reaktivierung, die zunächst unbewußt bleibt.

Behandlungsbeispiel 5: Der 63jährige Patient litt seit drei Monaten unter einer schweren Dyspnoe, indem er stets wie gegen einen Widerstand mit lautem Seufzen ausatmete. Er selber sprach davon: „Ich muß so schnaufen." In zwei jeweils 14 Tage dauernden stationären internistischen Durchuntersuchungen war die Diagnose eines erstmals jetzt im Alter aufgetretenen Asthma bronchiale gestellt worden. Seitens der behandelnden Internisten war eine hochdosierte lokale (Spray) und systemische Asthma-Medikation für notwendig erachtet worden, obwohl die systemisch wirksamen Medikamente unvermeidlich negative Nebenwirkungen auf die kardiale Leistungsfähigkeit des leicht herzinsuffizienten Patienten hatte.

Durch einige Zufälle kam der Patient auf Empfehlung seines Hausarztes in die Ambulanz. Was war geschehen? Er berichtete zunächst von einem Beinahe-Unfall auf der Autobahn. Er war mit seinem Wagen auf der Überholspur unterwegs, als plötzlich ein LKW ausbog und ihm den Weg abschnitt. Er hatte das Gefühl, wenn er nicht so schnell reagiert und gebremst hätte, wäre es zu einem Unfall gekommen. Er fuhr wegen des Schreckens auf den Standstreifen und begann, „nach Luft zu ringen". Nach einigen Minuten konnte er sich soweit selber beruhigen, daß er ganz langsam noch aus eigenen Kräften das Auto nach Hause gesteuert bekam. Von da an fuhr er jedoch selber nicht mehr und es entwickelte sich die genannte Atemsymptomatik. Da er von Beruf Autoverkäufer war und auch von seiner Wohnung in Stadtrandlage nur mit dem Auto zur Arbeit fahren konnte, war er von dieser Zeit an außerdem arbeitsunfähig.

Differentialdiagnostisch schied eine phobische Problematik nach diesem Beinahe-Unfall auf der Autobahn aus, da er als Beifahrer keinerlei Angst im Auto verspürte. Auch eine akut-traumatische Störung war auszuschließen, da der Patient nicht unter den Symptomen einer Posttraumatischen Belastungsstörung (→ Kap. 3.3.5) litt. Außerdem hatte er in seinem Arbeitsleben als erfolgreicher Autoverkäufer mehrere nicht verschuldete tatsächliche Autounfälle erlitten, die keinerlei psychische Symptomatik bei ihm ausgelöst hatten.

Im *zweiten* Gespräch kam das Gespräch eher zufällig auf den plötzlichen Herztod seines besten Freundes 14 Tage vor dem Beinahe-Unfall auf der Autobahn. Beide Männer waren verheiratet, hatten aber auch viele gemeinsame Pläne, was sie nach der absehbaren Berentung gemeinsam machen wollten. Dieser plötzliche Verlust sei für ihn so schlimm gewesen, daß er nicht einmal habe zur Beerdigung gehen können.

Differentialdiagnostisch drängte sich nun beim Untersucher die Überlegung auf, den Herztod einer signifikanten Bezugsperson als *Auslösesituation* für die Symptomatik zu verstehen. Aber warum konnte dieser Mann, der sich in seinem Leben mit vielen belastenden Situationen konfrontiert und Schwellensituationen gemeistert hatte, der sich von seinen Eltern lösen und diese beerdigen konnte, der vor Jahren seine erwachsenen Kinder gut gehen lassen konnte, jetzt mit diesem Todesfall nicht adäquat trauernd umgehen?

Vor dem *dritten* diagnostischen Gespräch war dem Untersucher aufgefallen, daß innerhalb der biographischen Anamnese über die Jugendzeit noch kaum etwas bekannt war. Die Nachfrage zu diesem Lebensabschnitt brachte die folgende, vom Patienten zunächst fast rein berichtsmäßig geschilderte Geschichte zu Tage: Ausgangs des II. Weltkrieges war der Patient als Jugendlicher zum sogenannten „letzten Aufgebot" eingezogen worden. Er selber und seine Familie hatte glaubhaft wenig Identifikation mit der nationalsozialistischen Ideologie besessen. Für ihn als Jugendlichen wäre es mehr ein „Räuber und Gendarm-Spiel" gewesen, als sie aus einem Waldstück heraus heranrückende amerikanische Panzer beschossen hätten. Dabei sei ein Jeep in Brand geschossen worden. Daraufhin hätten die Panzer die Richtung geändert und seien in das Waldstück hineingefahren, in dem die Jugendlichen in Schützengräben lagen. Diese Gräben seien von den Kettenfahrzeugen dann „eingeebnet" worden, wobei in einem der vorderen Schützengräben sein damaliger Schulfreund ums Leben kam. Der Patient äußerte unabhängig von der Realität, daß dieser Junge damals vermutlich erdrückt wurde, die Phantasie, er sei erstickt. Er selber sei mit dem Leben davon gekommen, weil er ganz hinten postiert gewesen sei. – Danach war der Krieg zu Ende und keiner interessierte sich für diese Erlebnisse. Es galt, das tägliche Überleben durch Beschaffung von Nahrungsmitteln zu sichern. Bald darauf begann die Berufsausbildung und seine Tätigkeit als Autoverkäufer, für deren Erfolg er mehrfach mit Prämien ausgezeichnet worden war, die Gründung der eigenen Familie, Bau eines Eigenheimes etc.

Durch den Tod seines jetzigen Freundes wurde plötzlich die eigene Endlichkeit und ein damit verbundenes, noch undeutliches Gefühl von Bedrohung bewußt. Der Beinahe-Unfall auf der Autobahn hatte dieses Bedrohungserleben zeitnah erneut aktualisiert und in Identifikation mit dem als Ersticken phantasierten Tod des Jugendfreundes zu der Dyspnoe-Symptomatik geführt.

Die Behandlung (→ vgl. Kap. 6.9.1) wurde als fokalisierende ambulante Psychotherapie mit einer Frequenz von einer Therapiesitzung pro Woche über ein halbes Jahr durchgeführt. Im Laufe der Behandlung konnten alle „Asthma"-Medikamente in Kooperation mit den Internisten abgesetzt werden und der Patient begann, nachdem er zunächst von seiner Frau zu den Behandlungen gebracht wurde, schließlich wieder, selber Auto zu fahren. Am Ende der Behandlung hatte er begonnen, an seiner alten Stelle – wenn auch mit einem etwas veränderten Aufgabenbereich – wieder berufstätig zu sein.

Für die traumatische Situation sind Gefühle von Hilflosigkeit und Ausgeliefertsein charakteristisch. Da die traumatischen Erfahrungen vermutlich in einer spezifischen Weise „unsymbolisiert" im Gedächtnis „abgelegt werden (→ Kap. 3.3.3), können spätere Lebenssituationen, die ebenfalls mit Gefühlen von Hilflosigkeit und drohendem Ausgeliefertsein einhergehen, diese Erinnerungsfragmente wieder bedeutsam werden lassen – als direkt zugängliche Erinnerungen oder durch psychische bzw. körperliche Symptome. Inwieweit diese Körpersymptome auch als eine Form von symbolischer Bearbeitung traumatischer Inhalte angesprochen werden können, ist zum jetzigen Zeitpunkt noch nicht sicher zu beantworten.

3.3.7 Intergenerationale Perspektive von Traumafolgen

Wenn Alternde uns von Schwierigkeiten im Umgang mit ihren Kindern berichten, kann dies sehr viele Gründe auf beiden Seiten haben. Hier sei zumindest kurz angesprochen, daß einer der Gründe auch Traumaerfahrungen der heute Alternden sein können, die von der nachfolgenden Generation noch als Belastung erlebt werden. So gibt es die sogenannten Kriegskinder, die während des II. Weltkrieges als Kinder die Schrecken der Bombennächte durchlebt haben und später in ihren eigenen Kindern psychischen Halt gesucht haben, indem sie immer wieder diese traumatischen Erfahrungen erzählt haben. Die heute erwachsenen Nachkriegskinder können durch die intensive (empathische kindliche) Identifikation mit den Erlebnissen der Eltern das Gefühl entwickelt haben, sie seien selber in diesen Bombennächten dabei gewesen.

Es gibt zwischenzeitlich sehr gute Untersuchungen zu den Langzeitfolgen extremer Traumatisierungen (Kruse & Schmitt 2000), die sich auch über die Generationen hinweg manifestieren können.

3.3.8 Behandlungsansätze in der Psychotraumatologie

Behandlungsansätze: Die Übersicht zur Genese traumbedingter Störungen in Abb. 15 legt schon nahe, daß es differenter Behandlungsansätze bedarf. Die nachfolgend beschriebenen therapeutischen Konzepte spiegeln mehr notwendige Entwicklungen als gesichertes Wissen wider und beziehen sich bisher fast ausschließlich auf Erfahrungen mit jüngeren Erwachsenen. In der Erprobung von Behandlungskonzepten in den USA seit etwa 10 Jahren läßt sich eine erstaunliche Konvergenz psychodynamischer und verhaltenstheoretischer Ansätze beobachten. Das psychoanalytische Konzept der Gegenübertragung beschreibt die oft heftige gefühlsmäßige Beteiligung der Behandler, die aus verhaltenstherapeutischer Sicht als „reziprokes Therapeutenverhalten" bezeichnet wird.

Beiden psychotherapeutischen Grundverfahren gemeinsam ist auch, zu Therapiebeginn zunächst die Fähigkeit des Patienten zur Selbstberuhigung und Selbstdesensitivierung zu stärken. Die kognitiv-emotionale Erschütterung des Weltverständnisses („shattered assumptions") ist ein weiteres Beispiel für die Annäherung zwischen einem kognitiv-behavioralen und einem psychodynamischen Traumaverständnis. Beinahe durchgängig werden Entspannungsverfahren verwendet. Zusätzlich kommen „neue" Behandlungstechniken wie das Eye Movement Desensitization and Reprocessing (EMDR) über ein Erprobungsstadium hinaus, wobei solche „Techniken" nicht isoliert, sondern im Rahmen eines Gesamtbehandlungsplanes (→ Kap. 6.6) eingesetzt werden müssen.

Nach einem erlittenen Trauma ist die psychotherapeutische *Erstversorgung* (debriefing: frühes „Auskotzen" der belastenden Erlebnisse) nach den ersten polizeilichen und somatischen Notfallinterventionen – mit Ausnahme spektakulärer Einzelfälle – oft noch die große Ausnahme.

Die *Frühtherapie*: Hat sich ein PTSD mit Schlafstörungen, Angsterleben, vegetativen Symptomen und Desintegrationsgefühl entwickelt, können unterstützend Antidepressiva zur partiellen Reduktion des REM-Schlafes indiziert sein, um zu einer Abschwächung quälender, flash-back-artiger Albträume beizutragen. Ziel einer fokaltherapeutischen, ggf. auch stationären Behandlung ist die Wiedergewinnung der Selbstkontrolle, die Wiedererrichtung der Abwehr, eine eventuelle Bearbeitung von „Überlebensschuld" und eine Reintegration der Persönlichkeit.

Behandlungsansätze nach einer *Latenzperiode* und die *Spätbehandlung* traumatischer Situationen erfordern oft auch historisch-politische Kenntnisse. Über bestimmte Signale „testen" die Patienten nicht selten die Therapeuten, ob ihnen wirklich geglaubt wird, bevor sie sich vertieft einlassen. Oft sind es erst einzelne Erinnerungsfragmente, „Filme", die an einer bestimmten Stelle plötzlich abbrechen, die die Patienten berichten. Über eine empathische Bestätigung, daß sie selber die Erinnerungsarbeit regulieren, können dann schrittweise weitere Bilder mit heftigen Scham-, Haß- oder Schuldgefühlen in der therapeutischen Beziehung deutlich werden.

Im Hinblick auf unsere therapeutischen Möglichkeiten ist weder ein Nihilismus, der die Betroffenen alleine lassen würde, noch ein unkritischer Optimismus angebracht: Unsere therapeutischen Bemühungen sollten nicht verschleiern, daß Psychotherapie oftmals nicht „heilen" kann, was Menschen in den seelischen Strukturen anderer Menschen zerstört haben. Die Überlebenden tiefgehender Verletzungen sollten dann zumindest nicht um unsere Solidarität und eine angemessene finanzielle Kompensation auch entsprechend unserer Sozialgesetzgebung (z. B. nach dem Häftlings-Hilfe-Gesetz HHG) kämpfen müssen, wie es etwa den Opfern des Nazi-Terrors teilweise über Jahrzehnte zugemutet wurde.

3.4   Die depressiven Erkrankungen

Auch wenn depressive Erkrankungen im Alter häufig sind, gehören sie nicht „typischerweise" zum Alter. Depressivität ist keine notwendige Folge des Alterns! Vermutlich werden bis zu 40 % der depressiven Patienten in diesem Lebensabschnitt nicht korrekt diagnostiziert, da das Erkennen einer Depression im höheren Lebensalter nicht immer leicht fällt. Psychopathologisch stehen bei Alternden oft – im Gegensatz zum Erscheinungsbild bei jüngeren Patienten – somatische Symptome im Vordergrund, verbunden mit hypochondrisch anmutenden Befürchtungen, Ängsten, einem klagsam-dysphorischen Affekt und kognitiven Störungen (zur Differentialdiagnose der dementiellen Störungen → Kap. 3.4.3; 4.9). Depressive Ratlosigkeit und Hemmung können als amnestisches Syndrom oder Desorientiertheit mißverstanden werden. Klinisch muß zwischen einer primär depressiven Störung mit sekundären kognitiven Beeinträchtigungen et vice versa unterschieden werden. In neueren Studien konnte nachgewiesen werden, daß sich auch die älteren depressiven Patienten in bis zu 65 % der Fälle unter der Therapie deutlich bessern. Daher läßt sich die Annahme einer schlech-

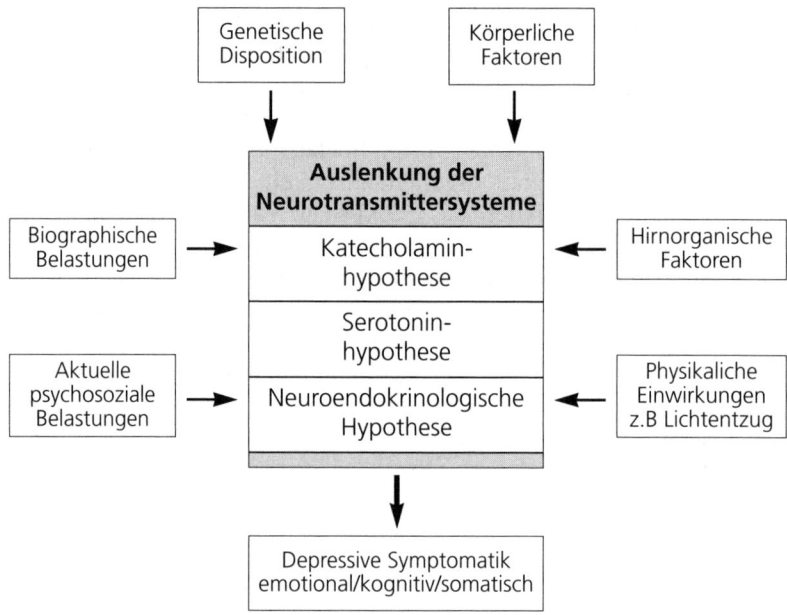

Abb. 19: Bio-psycho-soziales Modell der Depression (Kasper et al. 1997)

teren Prognose älterer Depressiver bei einer Erstmanifestation im Vergleich zu jüngeren Patienten nicht halten.

Zur *Ätiologie* depressiver Störungen wird heute ein komplexes **bio-psycho-soziales Modell** angenommen (Abb. 19), dessen gemeinsame Endstrecke die Auslenkung der Neurotransmittersysteme im ZNS ist. Diskutiert wird in diesem Zusammenhang die **Neurotransmitterdefizit-Hypothese** (Mangel an Aminkonzentration im synaptischen Spalt) und aktueller die **abnehmende Dichte und Empfindlichkeit postsynaptischer Rezeptoren** der noradrenergen und serotonergen Systeme. Die Zusammenstellung der als relevant geltenden Einflußgrößen in Abb. 19 macht zugleich deutlich, daß zumindest die Einflußgrößen „aktuelle psychosoziale Belastungen", „körperliche Faktoren" und „hirnorganische Faktoren" eine Altersabhängigkeit auf Grund der mit dem Alter ansteigenden Vulnerabilität aufweisen.

Weitaus am häufigsten treten depressive Reaktionen im Zusammenhang mit gut einfühlbaren alterstypischen Veränderungen auf. In erster Linie ist dabei an den drohenden Verlust von Selbständigkeit, mangelndem sozialen Rückhalt, Vereinsamung, soziale Isolation, Verlust von Macht und Ansehen z. B. nach Eintritt in den Ruhestand, sozialer Entwurzelung und Wechsel der Wohnumgebung zu denken. Im konkreten Einzelfall verhilft das bio-psycho-soziale Modell zum Verständnis folgender ätiologischer Ergänzungsreihe: Die Depression eines Alternden kann zwar auf einer entsprechenden hereditären Disposition beruhen (biologischer Aspekt), die in eindeutigen familiären Belastungen ihren Ausdruck findet; weiterhin können alterskorrelierte organische Änderungen des ZNS diese genetische Vulnerabilität auf biologischer Ebene erhöhen. Zur manifesten Erkrankung kommt es dann, wenn zusätzlich eine massive psychische Belastung (z. B. Tod des Ehepartners) oder eine hohe Anforderung anläßlich einer sozialen Veränderung (z. B. Umzug in ein Seniorenheim) hinzutritt.

Weitgehend unabhängig von ätiologischen Hypothesen unterscheidet die ICD-10 lediglich die **depressive Episode** (ICD-10: F32) als singuläres Ereignis in einer Biographie von der **depressiven Störung** (ICD-10: F33) als rezidivierender Krankheit. Für beide Depressionsformen werden leichte, mittelgradige und schwere (ohne und mit psychotischen Symptomen) Ausprägungen operationalisiert. Die Dysthymia (ICD-10: F34.1) wird als eine chronische (mehr als zwei Jahre andauernde) depressive Verstimmung beschrieben, die selten so schwer verläuft, daß alle Kriterien für eine depressive Störung erfüllt sind. Die **Dysthymia** beginnt in der Regel im frühen Erwachsenenalter und dauert oft mehrere Jahre, manchmal lebenslang. Die ICD-10-Leitlinien weisen zusätzlich darauf, daß „bei Beginn im höheren Lebensalter die Störung häufiger nach einer abgrenzbaren depressiven Episode, nach einem Trauerfall oder einer anderen offensichtlichen Belastung" auftritt. Damit wird die Nähe der Dysthymia zum Konzept der *depressiven Neurose* mit deren psychodynamisch verstehbarer Trennungsempfindlichkeit unübersehbar. Da die ICD-10 unter den spezifischen Persönlichkeitsstörungen keine depressive Persönlichkeitsstörung kennt, ist die Dysthymia-Diagnose auch zur Abbildung der *depressiven Persönlichkeitsstörung* zu verwenden.

Spätdepressionen werden die Depressionen genannt, die erstmals nach dem 45. Lebensjahr auftreten, während Depressionen jenseits des 60. Lebensjahres als *Altersdepressionen* bezeichnet werden. **Depressionen im Alter** sind dagegen erneute Manifestationen (Rezidive) einer depressiven Störung, die u. U. bereits zwischen dem 20. und 40. Lebensjahr begonnen haben kann.

Aus kognitiv-behavioraler Sicht können *dysfunktionale Kognitionen* Depressiver identifiziert werden, die sich teilweise als scheinbare „altersspezifische Realitäten" aufdrängen. So können diese oft sehr hartnäckigen und sich automatisierenden Kognitionen bestimmt werden von

- negativen Zukunftserwartungen, in denen unbegründete oder möglicher Weise auch durch den Alternsprozeß begründete Befürchtungen und Ängste als unbeherrschbar, drohend und übermäßig sorgenvoll erlebt werden;
- der Schwierigkeit, positiv zu bewertende Ereignisse wahrzunehmen;
- nur gering eingeschätzten eigenen Handlungsmöglichkeiten und abschätziger Beurteilung des eigenen Leistungsvermögens;
- externaler Attribuierung der Erfolge und internaler Attribuierung der Mißerfolge.

Fatalerweise werden diese depressiogenen kognitiven Schemata durch belastende Situationen aktiviert und verstärken sich in einer abwärts gerichteten Spirale, so daß die oft wesentlich jüngeren Behandler unter dem Eindruck stehen könnten: „Wenn ich selber so alt wäre und würde jetzt diese hier vom Patienten geschilderten Erfahrungen machen, wäre ich sicher auch depressiv." Die die dysfunktionalen Kognitionen auslösenden Situationen werden als „Erklärungen" für die Depression Alternder genommen und damit die Depressivität des Alternden quasi als „normal erwartbar" deklariert.

Die *wahnhafte Depression* (ICD-10: F32.3 bzw. F33.3) geht oft mit einem Schuld- oder Versündigungswahn einher, der sich aus Themen speist, die z. B. den religiösen Sozialisationsbedingungen der Generation, der der Erkrankte angehört, zuordnen sein können. Auch wenn dieser Kontext deutlich würde: man sollte nicht den Fehler machen, den religiös anmutenden Versündigungswahn einer 75jährigen Patientin tiefer verstehen oder gar deuten zu wollen. Die Betroffenen sind oft in einer existentiellen Art und Weise darauf angewiesen, daß das Gegenüber nicht mit ihnen in diese schrecklichen depressiven Ängste hineinsteigt, sondern eine empathische vermittelte Gegenposition im Sinne einer stellvertretenden Hoffnung halten kann: „Diese quälenden Gedanken, Sie seien verdammt, gehören mit zu Ihrer depressiven Erkrankung; ich denke nicht, daß Sie verdammt sind und bin fest davon überzeugt, daß Sie selber nach Abklingen der Depression auch wieder eine andere Sicht von sich haben werden."

Hinsichtlich der medikamentösen Therapie mit Antidepressiva wird im einzelnen auf die Gerontopsychiatrie-Kapitel in den Psychiatrie-Lehrbücher verwiesen. Bezüglich der pharmakologischen Wirkung von Antidepressiva werden derzeit mindestens neun Wirkmechanismen diskutiert: Noradrenalin-Wiederaufnahmehemmung; Serotonin-Wiederaufnahmehemmung; Dopamin-Wiederaufnahmehemmung; Natriumantagonistische Effekte; Blockade von muscarinergen Acetylcholinrezeptoren; Blockade von Histamin (H1)-Rezeptoren; Blockade von alpha1-Rezeptoren; Blockade von Serotonin-2-(5-HT2)-Rezeptoren und Blockade von Dopamin-D2-Rezeptoren (weiterführende Literatur z. B. bei Kasper et al. 1997). Hier sei lediglich darauf hingewiesen, daß als häufigster Fehler – neben einer gänzlich übersehenen Indikation – die Unterdosierung, die fehlende Compliance (notwendig ist die konstante und ausreichende Dosierung über einen längeren Zeitraum) oder der zu kurze Behandlungszeitraum zu nennen ist. Heute gilt es als unstrittig (jedoch in der Praxis immer noch wenig realisiert), daß die Compliance einer medikamentösen Behandlung bei intakter psychotherapeutischer Beziehung des Patienten (und ggf. auch der Angehörigen) zum Behandler höher ist, als wenn die Antidepressiva „einfach so" verschrieben werden.

Weitere Behandlungsoptionen sind die Wachtherapie und die Lichttherapie. Letztere ist jedoch zur Erreichung eines Effektes sehr zeitaufwendig (2 h/Tag). In der Behandlung der schweren depressiven Störung, u. U. mit psychotischen Symptomen, die mit einer hohen akuten Suizidgefährdung einhergehen kann, kann die Elektrokrampftherapie (EKT) ihre Berechtigung haben.

Da Alternde aus somatischen Gründen oft zahlreiche Medikamente erhalten, seien hier nur einige der Medikamente bzw. Substanzgruppen aufgeführt, die mit einer höheren Inzidenz depressiver Symptome einhergehen können (i. S. einer *Nebenwirkung*): Antikonvulsiva; einige Antihypertonika (Reserpin, Clonidin, Diuretika); Antiparkinsonmittel (Amantadin, L-Dopa, Bromocriptin); Tuberkulostatika; Barbiturate; Benzodiazepine; Beta-Blocker (Propranolol); Cholinesterasehemmer; Cimetidin; Ranitidin; Hormonpräparate und Corticosteroide.

Auch *primär organische Krankheiten* können eine depressive Störungen (mit-) bedingen: z. B. Anämie bei Vitamin B_{12}-, Eisen- oder Folsäuremangel; Hypothyreose; Addison-Syndrom; Leber-, Nieren und Herz-Kreislauferkrankungen sowie chronische toxische Einwirkungen (Alkohol). Mangelernährung ist bei einsam lebenden alten Menschen auch in unserem Land keineswegs selten, oft verstärkt durch den Gebrauch von Alkohol, der bei Vereinsamung und Kontaktmangel den Charakter einer „Selbstmedikation" haben kann mit dem Ziel, die belastende Situation psychisch besser ertragen zu können. Dank des hohen Kaloriengehaltes alkoholischer Getränke kann eine Mangelernährung wegen einer so vermiedenen Gewichtsabnahme verborgen bleiben.

Unter *therapeutischen Gesichtspunkten* stellen depressive Alternde eine Herausforderung dar, der sich nicht alle Ärzte und Psychologen gewachsen fühlen. In älteren Psychiatrielehrbüchern kommen diese als Belastung empfundenen (Gegenübertragungs-)Wahrnehmungen in abwertenden diagnostischen Begriffen wie „Jammer-" oder „Involutionsdepression" zum Ausdruck. Beide Begriffe, die heute eigentlich obsolet sind, machen die Notwendigkeit von Geduld, Akzeptanz und stellvertretender Hoffnung angesichts fortgesetzter depressiver Klage deutlich. Eine umfassende Information des Patienten und seiner Angehörigen über die Erkrankung („Der Depressive ist nicht ‚bösartig' darauf bedacht, die Familie zu quälen"), den Verlauf und die gute Prognose bei adäquater Behandlung verbessern die Vermittlung von Sicherheit sowie die Compliance für alle Behandlungsansätze. Das Ausmaß suizidaler Gefährdung (→ Kap. 3.5) muß im Behandlungsverlauf stets mitbedacht werden. Erklärungen darüber, daß Lebensunlust und Suizidgedanken regelhaft zu depressiven Störungen gehören und eine schwere Gefährdung des Patienten bewirken können, sollten den Patienten ermutigen, über solche etwaigen Gedanken offen zu sprechen. Entlastend für den Patienten können Hinweise darauf sein, daß wichtige Lebensentscheidungen erst nach Abklingen der Depression getroffen werden sollten.

3.4.1 Die subdiagnostische Depressivität und der körperliche Alternsprozeß

Die Diagnose einer depressiven Episode oder Störung ist an bestimmte Kategorien gebunden, die Abb. 20 entsprechend der ICD-10 in einer Übersicht darstellt. Älteren Patienten, die zwar unter *einem* depressiven Hauptsymptom leiden, im übrigen jedoch oft beim Hausarzt über organisch nicht erklärbare Körpersymptome klagen, erfüllen oft keine weiteren der in Abb. 20 genannten Kriterien: sie leiden unter einer **subdiagnostischen Depression**. Diese hat in jüngerer Zeit zunehmende Aufmerksamkeit erfahren (z. B. Mayer & Baltes 1996; Ernst 1997; Radebold et al. 1997).

Neben den genannten Hauptsymptomen (Hsy) beschreibt die ICD-10 andere häufige Symptome (ÜSy) und Symptome des somatischen Syndroms der Depression. In Abb. 21 ist der zugehörige klinische Algorithmus dargestellt. Zunächst ist differentialdiagnostisch zu entscheiden:

- Leidet der depressive Patient unter den Folgen einer posttraumatischen Belastungsstörung bzw. einer akuten Belastung, muß man sich diagnostisch auf den entsprechenden Kategorien (ICD-10: F43 folgende) festlegen (→ vgl. Kap. 3.3).
- Muß ein demenzielles Syndrom als ursächlich für die depressive Symptomatik angesehen werden, ist zunächst die demenzielle Störung zu diagnostizieren (ICD-10: F0 folgende) (→ Kap. 4.9).

In beiden Fällen steht damit auch die Therapieplanung in einem anderen Kontext als bei der primären Depression.

Leidet der Patient nur unter *einem* depressiven Hauptsymptom und allenfalls unter somatischen Symptomen, und besteht diese Störung nicht mindestens zwei Jahre, dann sind die Bedingungen für eine subdiagnostische depressive Störung erfüllt (Abb. 21).

Auf dem Hintergrund der in → Kap. 2.3 und 3.2 diskutierten Entwicklungsnotwendigkeiten, die durch den körperlichen Alternsprozeß angestoßen werden, stellt sich die

Hauptsymptome [HSy] einer depressiven Episode sind (nach ICD-10 für mindestens 2 Wochen)

1. gedrückte Stimmung (u. U. mit Tagesschwankungen)
2. Interessenverlust und Freudlosigkeit
3. Verminderung des Antriebs mit erhöhter Ermüdbarkeit oder/und Aktivitätseinschränkung

Andere häufige Symptome (ÜSy)

1. Verminderte Konzentration und Aufmerksamkeit
2. Vermindertes Selbstwertgefühl und Selbstvertrauen
3. Schuldgefühle und Gefühle von Wertlosigkeit (sogar bei leichten depressiven Episoden)
4. Negative und pessimistische Zukunftsperspektiven
5. Gedanken oder erfolgte Selbstverletzung oder Suizidhandlungen.
6. Schlafstörungen
7. Verminderter Appetit

„Somatisches" Syndrom der depressiven Episode (wenigstens 4 Symptome)

1. Interessenverlust oder Verlust der Freude an normalerweise angenehmen Aktivitäten
2. Mangelnde Fähigkeit, auf eine freundliche Umgebung oder günstige Ereignisse emotional zu reagieren
3. Frühmorgendliches Erwachen; zwei oder mehr Stunden vor der gewohnten Zeit
4. Morgentief
5. Der durch Andere objektivierte Befund einer psychomotorischen Hemmung oder Agitiertheit
6. Deutlicher Appetitverlust
7. Gewichtsverlust, häufig mehr als 5 % des Körpergewichts im vergangenen Monat
8. Deutlicher Libidoverlust

Abb. 20: Depressive Hauptsymptome und übrige Symptome der Kategorie (ICD-10: F32 bzw. F33)

Frage, ob der Umgang mit diesen körperlich empfundenen Alternsveränderungen (Heuft 1997a; Zeiss et al. 1996) eine Quelle subdiagnostischer Depressivität im Alter sein könnte. Da der Aktualkonflikt (→ Kap. 3.2) als motivationaler Konflikt ohne eine repetitiv-neurotische Genese mit Affekten aus dem Bereich der narzißtischen Kränkung und (häufig bei alten Menschen als „reaktiv" beschriebenen) depressiven Symptomen einhergeht, liegt es nahe, die deskriptiv-syndromale Ebene „subdiagnostische Depression" mit der „psychodynamischen" Ebene des Aktualkonfliktes in Verbindung zu setzen.

Abb. 21: Klinischer Algorithmus zur Differentialdiagnose depressiver Syndrome im Alter   ▶

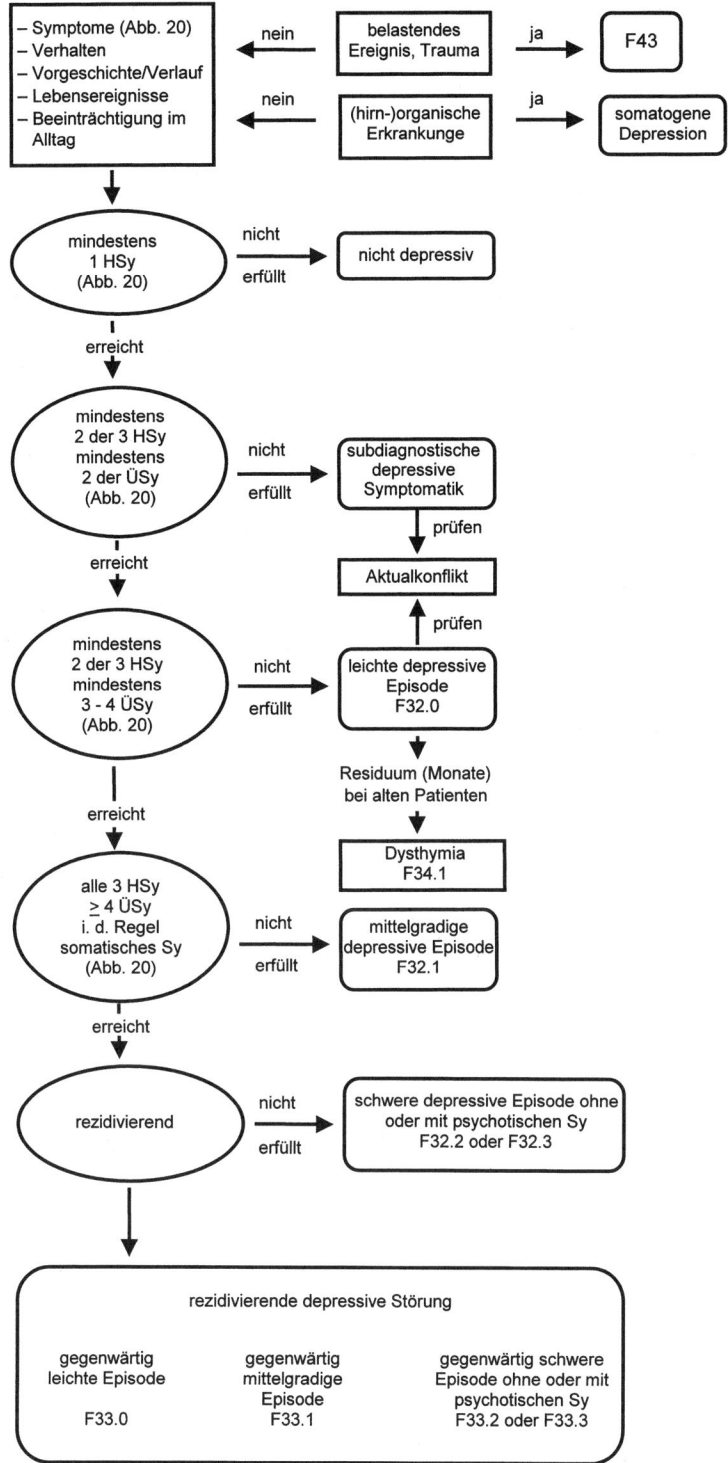

In unseren eigenen Untersuchungen zur Qualitätssicherung von stationären Psychotherapieverläufen Alternder konnten wir wiederholt zwei Problembereiche identifizieren, die sich aus Sicht der Patienten nicht genügend besserten: (1) die auch durch eine psychosomatisch-psychotherapeutische Behandlung nicht abänderbaren Körperbeschwerden als biologische Fakten und (2) die zum Zeitpunkt der Entlassung erreichten Veränderungen in den sozialen Beziehungen der älteren Patienten. Körpersymptomatik und Unzufriedenheit mit der sozialen Situation bleiben somit auch über eine ansonsten gelungene Behandlung hinaus als „Restsymptome" bestehen. Die Patienten fühlen sich niedergedrückt, ohne daß die Kriterien einer depressiven Störung oder einer Dysthymia mit neurotisch-repetitiven Konfliktmustern erfüllt wären.

Therapeutisch wäre bei einer subdiagnostischen Depression vorzugehen, wie im Kapitel über das Konzept Aktualkonflikt (⇒ Kap. 3.2) vorgeschlagen wurde. Gerade bei stärkeren funktionellen Körperbeschwerden sollte auf keinen Fall einfach abgewartet werden, da die subdiagnostische Depression als ein Prädiktor für das spätere Auftreten manifester depressiver Erkrankungen gilt.

3.4.2 Zur Differenzierung von Trauer und Depression

Anlässe einer *physiologischen Trauer* sind bei Alternden häufig. Daher wird man klinisch häufig vor der Aufgabe stehen, einen solchen normalen Trauerprozeß etwa nach dem Tod eines Ehepartners von einer depressiven Störung abzugrenzen. Diese Differenzierung sollte mit Hilfe der in Tab. 9 genannten Kriterien leichter fallen.

Insbesondere wird deutlich, daß der Trauernde in der Regel weder unter einer depressiven Hemmung noch unter Gefühlen von Wertlosigkeit sowie Hoffnungslosigkeit und unter Suizidalität leidet. Die etwaigen Schuldgefühle sind beim Trauernden meist schwächer, manchmal sogar adäquat (wenn sie sich auf verpaßte Gelegenheit in Beziehung zu dem Verstorbenen beziehen) und die Erschöpfung ist nicht

Tab. 9: Psychopathologische Differenzierung von Trauer und Depression

	Depression	Trauer
Hemmung _d. Antriebs_	+ + + .	
Suizidgedanken	+ + +	
Wertlosigkeit	+ + +	
Hoffnungslosigkeit	+ + +	
Schuldgefühle	+ +	+
Erschöpfung	+ +	+
Interesselosigkeit	+ +	+ +
Schlafstörung	+ + +	+ + +
Niedergeschlagenheit	+ + +	+ + +

so ausgeprägt wie beim Depressiven. Der Verlust von nach außen gerichteten Interessen kann auch beim Trauernden eine Zeit lang ausgeprägt sein. Schlafstörungen und Niedergeschlagenheit sind beim Trauernden und beim Depressiven gleichermaßen zu finden.

Therapeutisch ist bei der physiologischen Trauer wichtig, die Normalität des seelischen Prozesses herauszustellen. Man kann dem Betreffenden, wenn er dies wünscht, den Vorschlag machen, mit ihm zusammen in Abständen zu betrachten, ob der Trauerprozeß sich weiterentwickelt – oder ob er „stecken" bleibt. Weiterentwicklungen werden in solchen Intervall-Gesprächen von den Trauernden in der Regel spontan berichtet: „In der letzten Woche habe ich das erste Mal wieder die alten Bilder hervorgeholt und an Erlebnisse mit meinem Mann von früher gedacht." Oder: „Ich habe mich entschlossen, die Möbel im Schlafzimmer umzustellen, jetzt wo ich alleine bin."

Der christliche Kulturkreis kennt das *Trauerjahr* als eine Lebenszeit, in der der Trauernde häufig auch nach außen hin (durch Trauerkleidung) seinen intrapsychischen „Stand" zum Ausdruck bringen und auf Solidarität hoffen konnte. In der heutigen Zeit ist der Tod und der damit einhergehende Trauerprozeß so weit ins Private abgedrängt worden, daß kaum noch angemessene zwischenmenschliche Umgangsformen verfügbar sind und oft Schweigen und Scham an die Stelle von zum Ausdruck gebrachtem Mitgefühl treten. Dennoch erscheint das Trauerjahr noch als ein guter Anhaltspunkt für die Beurteilung physiologischer Abläufe. Wenn der Trauernde auch nach einem Jahr noch jeden Tag auf den Friedhof geht, sich für nichts interessiert (Interesselosigkeit) und alles unter dem Blickwinkel dieses Verlustes betrachtet wird („Wenn mein Mann noch lebte, würde er jetzt dort am Fenster sitzen...."), wird die Diagnose einer **pathologischen Trauerreaktion** wahrscheinlich. Diese wird in der ICD-10 als längere depressive Reaktion (F43.12) kodiert, wenn sie nicht länger als zwei Jahre andauert. Darüber hinausgehende Störungen lassen dann eher an eine durch den Verlust symptomatisch gewordene **Dysthymia** denken (s. o.). Behandlung bei normalen Trauerreaktionen, die kulturspezifisch sind und nicht länger als sechs Monate dauern, sind in der ICD-10 unter den Z-Kodierungen zu erfassen: Z63.4 (Tod eines Partners oder Ehegatten) oder Z71.9 (Beratungsgespräch).

Eigentlich wird man bei einer pathologischen Trauerreaktion stets an eine Psychotherapie-Indikation denken. Aber in der Realität kennen wir auch Fälle, in denen wir keinen Behandlungsauftrag durch die Betroffenen bekommen haben. Die Trauerarbeit, so scheint es, würde für diese Menschen einen so „unwiderbringlichen" Verlust spürbar machen, daß sie lieber über ihren seelischen Schmerz mit dem Objekt verbunden bleiben. In einem Fall war die 60jährige Frau sogar nach dem Tod ihrer beiden (erwachsenen) Kinder in eine Wohnung gezogen, von wo aus sie auf den Friedhof, auf dem ihre beiden Kinder beerdigt waren, blicken konnte. Daß sie verheiratet war, mit ihrem Mann in dieser Wohnung lebte, das war alles nebensächlich. In der Probebehandlung sprach die Patientin zwar von ihrer Trauer, aber sie hielt zugleich unablässig an ihr fest.

Die Psychodynamik solcher anhaltenden Trauerreaktionen kann vielschichtig sein. Als Motiv denkbar sind unbewältigte Schuldgefühle, die narzißtische Besetzung des Objektes als Selbst-Objekt oder der passive Modus eines Autonomie-Abhängigkeitskonfliktes (nach OPD), wenn kein neues Objekt gefunden werden konnte. In diesem Zusammenhang sollte auch an die Gefahr der Selbstaufgabe als einen suizidalen Modus gedacht werden (→ Kap. 3.5).

3.4.3 Differentialdiagnostik zwischen Depression und Demenz

Depressionen und dementielle Erkrankungen sind die häufigsten psychischen Störungen im höheren Lebensalter. Nach epidemiologischen Studien sind depressive Symptome bei bis zu 50 % der Patienten mit einer Demenz vom Alzheimer-Typ (DAT) zu erwarten (→ Kap. 4.9). Ähnlich häufig werden Depressionen bei der Demenz vom vaskulären Typ (DVT), nach Hirninfarkten sowie bei der Parkinson-Krankheit gefunden. Da die sichere Diagnosestellung einer DAT erst post mortem durch eine histologische Untersuchung des ZNS möglich ist und die bildgebende Diagnostik (CCT; PET; SPECT) eine Abgrenzung häufig nicht erlaubt, kommen testpsychologischen Untersuchungen wie dem MMS (Mini Mental State-Test) und vor allem der klinischen (Verlaufs–)Untersuchung eine große Bedeutung zu. Dazu bedarf es einer umfangreichen Trainingserfahrung und auch eines zeitlichen Untersuchungsrahmens, der vielerorts die Berechtigung von spezialisierten Diagnose-Units („Memory Clinic") hat erkennen lassen. Memory Clinicen arbeiten in der Regel als ambulante oder tagesklinische Untersuchungseinheiten, in denen Fachleute verschiedener Professionen gemeinsam mit den Patienten mit Verdacht auf Gedächtnisstörung im Alter körperlich-internistisch (Geriater), neurologisch, psychiatrisch (Gerontopsychiater) und psychosomatisch-psychologisch (Gerontopsychosomatiker/Gerontologe) untersuchen. In der Regel werden die begleitenden Angehörigen (Fremdanamnese) mit einbezogen.

Tab. 10 stellt die typischen klinischen Untersuchungsergebnisse, die eine Differenzierung erlauben, zusammen. Dabei ist zu beachten, daß Orientierungs-, Merkfähigkeits- und Gedächtnisstörungen bei an DAT erkrankten Menschen mit einem hohen Bildungsniveau und ausgeprägten sozialen Kompetenzen länger verborgen werden kann durch die Fähigkeit zur Umschreibung und Beherrschung ihrer Unsicherheiten („Fassade"). Der Patient mit einer leichten bis mittelschweren DAT wird in aller Regel versuchen, so kompetent wie möglich zu erscheinen, und seine Schwierigkeiten im Alltag lösen Schamgefühle aus. Dagegen kann man bei Depressiven eher damit rechnen, daß sie etwa beim Rückwärtsrechnen im MMS resigniert falsche Ergebnisse „präsentieren".

3.5 Suizidalität im Alter

Epidemiologische Untersuchungen zur Suizidalität von Menschen jenseits des 65. Lebensjahres zeigen in den westlichen Industrienationen ein bedrückend einheitliches Bild. Die Anzahl der vollendeten Suizide steigt mit dem Lebensalter: derzeit etwa 24 Suizide/100.000 Einwohner zwischen dem 45. und 60. Lebensjahr; 38 Suizide bei den 75-80jährigen und 44 Suizide bei 85-90jährigen. Männer suizidieren sich im Alter zwei- bis dreimal häufiger als Frauen. Gleichzeitig wird die Differenz zwischen Suizidhandlung und vollendetem Suizid mit steigendem Lebensalter immer geringer. Das Kriterium „Alter" scheint die dritthäufigste Gefährdungskategorie nach „Depression" und „Suchtmittelabhängigkeit" für eine suizidale Entwicklung zu sein. Für die Entwicklung einer suizidalen Gefährdung lassen sich im wesentlichen zwei Ursachen unterscheiden:

- die Suizidalität als Komplikation bei bestehender **depressiver Störung** sowie
- die durch eine **narzißtische Krise** hervorgerufene Suizidalität.

Nach dem Komorbiditätsprinzip der ICD-10 wird zunächst die Störung kodiert, in deren Rahmen die Suizidhandlung auftritt (z. B. eine depressive Störung). Die Suizidhandlung selbst wird in der ICD-10 im Anhang (Kap. XIX) unter den *vorsätzlichen Selbstbeschädigungen (einschließlich vorsätzlich selbstzugefügter Schädigung und Suizid)* abgebildet und dort auch nach der Methode der Suizidhandlung spezifizierbar. Diese randständige Plazierung in der ICD-10 (im DSM-IV noch weniger explizit) wirkt fast schon in sich wie eine Tabuisierung des Themas.

Tab. 10: Abgrenzung einer Pseudodemenz (Depression mit Hirnleistungsstörungen) von einer Demenz vom Alzheimer-Typ (DAT)

	Depression	**Demenz**
Persönliche Anamnese		
Depressive Episoden in der Vorgeschichte	häufig	selten
Familienanamnese (Depressionen)	häufig positiv (Demenz)	häufig positiv
Krankheitsbeginn	meist schneller, abgrenzbarer Beginn	schleichender, unscharfer Beginn
Neurologische Symptomatik	meist unauffällig	initial häufig Wortfindungsstörungen, später oft zusätzliche neurologische Symptome
Psychopathologie		
Orientierung	ungestört	meist gestört
Merkfähigkeits- und Gedächtnisstörungen	leicht; klingen nach Remission ab	regelmäßig; initial besonders Kurzzeit-Gedächtnis; Progredienz
Formales Denken	Denkhemmung	umständlich, weitschweifig
Auffassungsstörung	meist keine	ausgeprägt
Krankheitsgefühl	Aggravationstendenz	Bagatellisierungs-Tendenz
Affekt	wenig moduliert, Hilf-, Hoffnungs- und Wertlosigkeit, Libido-Verlust; Morgentief	affektlabil, affektarm, ratlos; Umkehr des Tag-Nacht-Rhythmus
Antrieb und Psychomotorik	antriebsarm, antriebs-gehemmt	oft motorisch unruhig; aber auch antriebsarm

Generell ist festzuhalten, daß ein Großteil der späteren Suizidenten in den Wochen vor ihrer Suizidhandlung den Hausarzt aufsuchen. Eine wirkliche *Bilanz-Suizidalität* ist auch im Alter sehr selten – und findet sich dann in der Regel auch nicht mehr im Kontext von Behandlungssituationen, da sich die Betreffenden nach einer definitiven Entscheidung in der Regel nicht mehr ins Gespräch bringen. Die Exploration eines möglichen Suizidrisikos ist für uns genauso unabdingbar wie für einen Chirurgen die Suche nach inneren Verletzungen infolge eines stumpfen Bauchtraumas. Ein empathisches Nachfragen weckt beim Patienten keine „schlafenden Hunde", sondern wird häufig als Erleichterung empfunden, da die Betroffenen nach *wiederkehrenden Erwägungen (Phase I)* oft in einem längeren Stadium der *Ambivalenz (Phase II)* leben, bevor sie die *Suizidhandlung* vollziehen (*Phase III* nach Pöldinger 1988). Entsprechend läßt sich durch die Exploration *parasuizidaler Wünsche* nach Ruhe und Pause über Suizid*gedanken* zu (konkreter werdenden) Suizid*plänen* bis hin zu direkten *Vorbereitungen* der Gefährdungsgrad abschätzen.

Weitere Kriterien, die ein generell erhöhtes Suizidrisiko annehmen lassen, sind vorangegangene Suizidversuche in der Biographie, Suizidhandlungen naher Bezugspersonen oder von Personen des öffentlichen Lebens. „Nachahmungstaten" können bis in die Wahl der Suizidmethode hinein durch die Medien induziert werden.

Mit steigender Gefährdung nimmt die Notwendigkeit einer auch stationären gerontopsychiatrischen Behandlung zu, wobei sich in den meisten Fällen durch eine klare Haltung des Behandlers juristische Sanktionen im Vorfeld der stationären Aufnahme erübrigen. Hat der Patient eine tragfähige Beziehung zu seinem Behandler und hat er ihm das Ausmaß seiner Gefährdung anvertraut, wird er der aus echter Sorge um sein Leben getragenen *unambivalenten* Aufforderung zu einer stationären Behandlung (versus alleine in die Wohnung zurückzugehen) in aller Regel auch folgen. Im Notfall steht jedem Arzt die Möglichkeit zur Verfügung, einen Menschen nach dem „Gesetz zum Schutz Psychisch Kranker" („PsychKG") gegen seinen aktuellen Willen in einen geschützten klinischen Rahmen einzuweisen. Das Kriterium für einen solchen Schritt ist die „akute, nicht anders abwendbare Gefahr". Mit einer möglichen stationären Einweisung zu „drohen", erscheint völlig kontraproduktiv. Denn eine solche Drohgebärde entwertet (*1*) den stationären Schutz zu einer Strafmaßnahme und verbindet (*2*) eine stationäre Behandlung assoziativ mit „eingesperrt sein". Wenn suizidal Gefährdete glaubhaft bündnisfähig sind, ist letztlich weniger ein Schutz „durch Mauern" als ein Schutz „durch Menschen" notwendig. Daß solche psychiatrisch-psychotherapeutischen Konzepte personalaufwendig sind, wird leider immer noch – im Gegensatz zum Aufwand bei kardiochirurgischen Eingriffen – kritisch gesehen.

In jedem Fall ist es auch aus forensischen Gründen notwendig, die im Zweifel nachzuweisende notwendige Sorgfalt bei der Diagnostik und Therapieplanung präzise zu dokumentieren. Falls eine Suizidalität verneint wird, sollte der Zusatz „glaubhaft" in den Aufzeichnungen nicht fehlen. Im Falle einer Suizidhandlung trotz aller Sorgfalt kann der Behandler über eine derart gestaltete Dokumentation den etwaigen Vorwurf einer Fahrlässigkeit entkräften. Daß wir uns alle auch bei langer Erfahrung und angemessener Sorgfalt in unserer Einschätzung einmal irren können, ist für uns selber belastend genug. Haben wir doch mit dem Patienten zusammen nach dem für ihn besten Weg zwischen Eigenverantwortung und Entwicklung einerseits sowie Unterstützung und Schutz andererseits gerungen. Eine Strafverfolgung leitet sich aus einem unvermeidlichen Irrtum in der Regel nicht ab.

Selbst wenn in der Durchführung des Suizidversuches noch eine Ambivalenz erkennbar bleibt, ist eine Suizidhandlung niemals als demonstrative Geste abzuqualifizieren. Dafür enden zuviele Suizidversuche, in deren Anlage noch Rettungsmöglichkeiten erkennbar sind, durch unglückliche Umstände tödlich. Kennzeichnend für Ältere ist die mit dem Alter vor allem bei Männern zunehmende Anzahl sog. harter Suizidmethoden, die in ihrer Anlage praktisch kaum noch Rettungsmöglichkeiten eröffnen.

Bei **Depressiven** besteht ein ausgeprägtes Suizidrisiko mit einer im Vergleich zur Durchschnittsbevölkerung etwa 30mal höheren Suizidrate. 40-80 % der depressiven Patienten leiden während einer depressiven Episode an Suizidgedanken, 20-60 % depressiv Erkrankte weisen Suizidversuche in ihrer Krankengeschichte auf. Und 15 % der Patienten mit schweren depressiven Störungen sterben im Laufe ihres Lebens durch Suizid. Die bereits oben angesprochene Ermutigung zum Gespräch über Suizidgedanken als Ausdruck einer depressiven Erkrankung kann bei Alternden, die religiös gebunden sind, auch zu einer Entlastung von Schuldgefühlen („über solche sündhaften Empfindungen") führen.

Im Laufe der Behandlung depressiv-suizidaler Patienten gibt es zwei besonders kritische Abschnitte: So ist mit einem erhöhten Suizidalitätsrisiko zu rechnen (*1*) am Beginn der Wirkung von Antidepressiva, wenn sich der Antrieb des Depressiven bereits bessert, während die Stimmung noch depressiv ist, und (*2*) im Verlauf, wenn Patienten, die suizidal gefährdet waren, plötzlich scheinbar ausgeglichen und fast heiter wirken, da sie dann durch einen „endgültigen" Vorsatz von der vormaligen belastenden Ambivalenz „befreit" unmittelbar vor einer Suizidhandlung stehen können.

Narzißtische Krisen im Alternsprozeß können auf vielen Wegen zu einer erhöhten Suizidgefährdung führen. So ist gerade im Hinblick auf die Gefahr einer zunehmenden *sensorischen Deprivation* (Seh- oder Hörbeeinträchtigung etc.) im Alter auch von der Gefahr einer zunehmenden *sozialen Desintegration* auszugehen, ohne daß der Betreffende primär an einer Depression erkrankt sein muß. Die Gruppe der Älteren stellt hinsichtlich ihrer sozialen Desintegration eine Hochrisikogruppe dar. Neben dem Verlust von Partnern und Freunden begründen Säkularisation sowie Wohnungswechsel Verluste von Gruppenzugehörigkeit. Vergleichsweise geht man bei jüngeren Suizidenten davon aus, daß Extroversion sowie Kontakt- und Beziehungsaufnahme protektive Faktoren gegen eine erneute Suizidalität darstellen. Die im Alter langsam zunehmend oder abrupt sich komplizierende Möglichkeit zur Beziehungsaufnahme ist eine unspezifische somato-psychosomatische Belastung aller Alternden, die im Einzelfall erhebliche Rückwirkungen auf das Selbstwertgefühl oder die soziale Integration haben kann.

Sensorische Deprivation, soziale Desintegration und narzißtische Verletzung stehen im Alter in einer dynamischen Wechselwirkung zueinander (Abb. 22). Dieser Circulus vitiosus kann durch

- fakultativ aggravierende intrapsychische Faktoren und
- fakultativ protektive intrapsychische Faktoren beeinflußt werden.

Zu den aggravierenden Faktoren sind neben vorbestehenden psychischen Störungen und familiären Belastungen durch Suizidversuche die Abwertung im politischen Raum und die fehlende Zukunftsperspektive zu nennen. Die (übergroße) Angst vor dem Tod eines 70Jährigen mit einer biologischen Lebenserwartung von weiteren 10 Jahren könnte für den Behandler Anlaß sein, mit dem Patienten diese vor dem Tod liegende

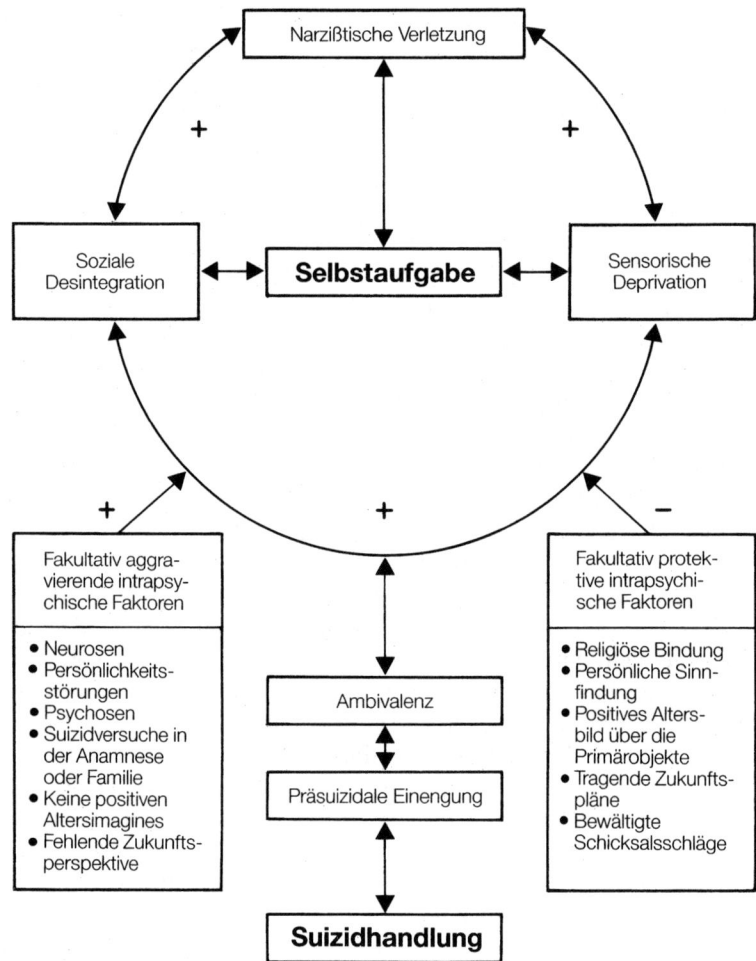

Abb. 22: Dynamisches integratives Modell zur Selbst-Aufgabe und Suizidalität im Alter

Lebensspanne genauer zu betrachten. Damit sei nicht nahegelegt, Themen wie Sterben und Tod in der Psychotherapie Älterer zu verleugnen. Vielmehr geht es darum, auch den Widerstand zu diskutieren, der darin liegen kann, daß Menschen zehn mögliche Jahres ihres Lebens „zusammenschrumpfen" lassen auf einen „bevorstehenden" Sterbeprozeß, um damit u. U. den in diesen zehn Jahren anstehenden intrapsychischen Entwicklungsanforderungen entgehen zu können (i. S. eines primären Krankheitsgewinns).

Zu den protektiven Faktoren, die fakultativ einer zunehmenden Suizidalität innerhalb des beschriebenen Circulus vitiosus (Abb. 22) entgegenstehen können, zählen neben religiösen Bindungen und einer persönlichen Sinnfindung ein positiv besetztes Altersbild (etwa in Orientierung an entsprechende Vorbilder der Eltern- oder Großelterngeneration) sowie tragende Zukunftspläne. Die zeitliche Ausdehnung dieser Zukunftsorientierung kann dabei realisierweise auch relativ kurze Zeiträume umfassen – z. B. nur noch wenige Monate, in denen aber noch für den Betreffenden Wesentliches „erledigt" werden kann und soll. Ein weiterer inzwischen gut belegter protektiver Faktor sind Schicksalsschläge bzw. Belastungen in der Biographie, die erfolgreich bewältigt werden konnten. Solche Erfahrungen werden als Kognitionen eigener Kompetenz, Kraft und Kreativität auch bei der Lösung aktuell anstehender Belastungsaufgaben wirksam.

Neben der manifesten Suizidhandlung kennen wir aus klinischer Erfahrung auch den Alternden, dessen suizidal motivierte *Selbst-Aufgabe* als Erlöschen der Lebenskraft imponiert. In diesen Fällen droht der Betreffende oft relativ rasch aus altersentsprechendem körperlichen Wohlbefinden über Rückzug und Nahrungsverweigerung zu sterben. Im Einzelfall besteht die schwierige Aufgabe, eine solche Entwicklung gegen eine Entwicklung in einem physiologischen Sterbeprozeß abzugrenzen. Aus klinischer Sicht besteht ein Kontinuum zwischen diesen beiden Polen, wobei sich ein physiologischer Sterbeprozeß häufig nicht in einer so krisenhaft erscheinenden kurzen Zeitspanne abspielt. Therapeutisch wichtig ist die Unterscheidung deshalb, weil es abzuwägen gilt, ob in der Konsequenz eher eine würdige Sterbebegleitung zu initiieren ist, oder ob es der Einleitung intensivmedizinischer Maßnahmen, z. B. durch Ernährungssonde, bei einer suizidalen Krise bedarf. Während die üblicherweise bekannten parasuizidalen Handlungen mit steigendem Alter abnehmen (wie: mit dem Auto herumzurasen oder andere Risiken einzugehen, um ein glückliches Überleben dann als „Gottesurteil" zu interpretieren), kann diese Form der Selbst-Aufgabe einer parasuizidalen Handlung gleichgesetzt werden. Wie in Abb. 22 dargestellt, kann dieser „Implosion" die „explosive" Suizidhandlung als Ausdruck des Versuchs, aus diesem Circulus vitiosus herauszutreten, gleichgestellt werden.

3.5.1 Therapie suizidaler Krisen

Wir besprechen an dieser Stelle die allgemeinen Behandlungsprinzipien, während in → Kap. 6.12.3 spezielle Aspekte mit einem Behandlungsbeispiel folgen.

Die Suizidalität eines Depressiven tritt in den meisten Fällen mit dem Abklingen der Depression in den Hintergrund. Eine psychotherapeutische und medikamentöse Depressionsbehandlung ist bei suizidalen Patienten häufig nicht mehr ambulant zu leisten. Mit der antidepressiven Medikation müssen im Falle einer hohen Suizidalität u. U. anfangs Neuroleptika oder bei starker ängstlich-getriebener Stimmung auch Tranquilizer kombiniert werden. Neben dem Verständnis für das Gequält-Sein des Patienten sollte stets eine stellvertretende Hoffnung durch die Behandler vermittelt werden: „Ich verstehe Ihr Gefühl, daß sich an Ihrem (depressiven) Zustand nichts mehr ändern wird. Dennoch weiß ich aus Erfahrung, daß unter der hier begonnenen Behandlung Ihre depressive Erkrankung abklingen wird. Damit wird auch Ihr Lebensmut wiederkehren..." Im gleichen Sinne sollten auch die Angehörigen unterrichtet werden, um zu vermeiden, daß diese an den Patienten appellieren, sich doch mehr „zusammenzureißen". Da der Depressive oft selber in hohem Maße um Beherrschung bemüht ist, verstärken solche als Vorwürfe erlebte Interventionen der Angehörigen in aller Regel die Selbstvorwürfe und die Schuldgefühle.

Bei einer suizidalen Gefährdung aufgrund einer narzißtischen Krise muß der Behandler den Spagat leisten, zum einen dem Betreffenden innerlich die Möglichkeit zu lassen, seinem Leben tatsächlich ein Ende setzen zu können, und zum anderen ein wirkliches Interesse an einer Entscheidung zum Weiterleben des Patienten zu signalisieren. In die therapeutische Beziehung muß somit das Wagnis mit hineingenommen werden, das der Suizident an seinem Leben nichts Wertvolles und Entwicklungsfähiges mehr findet. Dabei ist – wie bereits gesagt – die klar bilanzierende Haltung selbst bei multimorbiden Älteren sehr selten. Für den Therapeuten gilt, seine eigenen (unbewußten) Einstellungen so weit zu kennen, um differenzieren zu können, daß Suizidalität keine „normale" Reaktion auf Belastungen im Alter ist.

Es ist nicht selten, daß Älteren angesichts der Belastungen mit dem körperlichen Alternsprozeß äußern, „man solle sie doch am besten gleich umbringen, denn mit ihnen sei nichts mehr los". Der ältere Suizident stellt den Behandler in mehrfacher Hinsicht auf die Probe, indem er auf diese Weise praktisch indirekt die Sicht des Therapeuten anfragt (Reimer 1981). Daraus vermittelt sich im therapeutischen Erleben (Gegenübertragung) oft ein Gefühl von Angestrengtsein. Ein offenkundig werdender Selbsthaß des Patienten kann für den Therapeuten zu einer ernsten Belastung werden und sich als Gegenübertragungs-Haß äußern (Maltsberger & Buie 1974). Aus dem Erschrecken über das Ansinnen von Mord bzw. Suizid kann der Behandler versucht sein, reaktiv besonders „gut" zu sein und den „armen Alten" trösten zu müssen. So nimmt er zwar in seiner Gegenübertragung auch regressive Wünsche des Patienten wahr, verweigert dem Alternden jedoch zugleich eine Begleitung in der Durcharbeitung seiner Verzweiflung, seines Selbsthasses und seiner Selbstverachtung. Für die gutgemeinte therapeutische Tröstung rächt sich der Alternde unter Umständen damit, daß er sich untröstlich gibt und dem Therapeuten seine Jugend vorwirft, die ihn hindere, ihn wirklich zu verstehen. Auf Grund der beschriebenen, teilweise komplexen Problematik kann es in der Tat nicht einfach sein, den Suizidgefährdeten in seiner narzißtischen Verletztheit zu verstehen. Nicht selten gilt es, auch die sozialen Umstände, in denen der Patient lebt, durch Kooperation mit weiteren Berufsgruppen (Sozialarbeit etc.) besser kennenzulernen.

Versteht man die Suizidgedanken als Ausdruck des Gefühls, etwas im Leben nachhaltig ändern zu müssen, weil es so wie bisher nicht weitergehen kann, wird verständlich, daß der Betreffende seinerseits noch keine Alternative sehen kann. Bildlich gesprochen erscheint der Suizidversuch die einzige Türe, der einzige Ausweg aus einem ansonsten geschlossenen Raum. Mit dem therapeutischen Angebot, diese „Türe" als eine reale Möglichkeit anzuerkennen, kann zugleich die Perspektive verbunden werden, sich die Zeit zur gemeinsamen Suche nach weiteren Türen zu nehmen. Bei einer solchen Intervention verspürt der Therapeut nicht selten Angst, zu einem unentbehrlichen Objekt für den älteren Suizidenten zu werden. Im Ergebnis werden dann solche Patienten von unerfahrenen Behandlern eher gemieden und damit alleine gelassen.

Unter den negativen Gegenübertragungsaspekten sollten Therapeuten sich insbesondere mit einer „Effizienz-Neurose" (Böhme 1980, S. 154) auseinandersetzen, um sich nicht unbewußt durch überhöhte Therapieziele an dem Älteren, dessen aus der Kränkung erwachsenden Forderungen oder den der Eigenübertragung (→ Kap. 6.5.3) entstammenden Eltern-Imagines zu rächen („Dir werde ich es zeigen, Alter!"). Sog. Antisuizid-Versprechen sollten immer genau daraufhin reflektiert werden, ob sie aus einem wirklichen Interesse am Suizidenten heraus als Bekräftigung einer tragfähigen Beziehung verstanden werden können – oder ob sie lediglich der Beruhigung des Therapeuten dienen.

3.5.2 Zur Euthanasiedebatte

Im Gegensatz etwa zu den Niederlanden kennt der Gesetzgeber in Deutschland keine *Tötung auf Verlangen*. Aktive Sterbehilfe darf, auch wenn sie in einer Patientenverfügung verlangt wird, nicht geleistet werden (Dt. Ärzteblatt 1999; 96: C-1195-1196). Dieser ablehnenden Haltung stimmen wir aus einer ganzen Reihe von Gründen zu. Nicht zuletzt aufgrund historischer Erfahrungen in unserem Land erscheinen uns in dieser Frage klare Grenzen unverzichtbar. Der Patient, der sich einem Arzt oder einem anderen Mitarbeiter im Gesundheitswesen anvertraut, soll sich sicher sein können, daß dieser nicht – z. B. aus Kostengründen oder weil dieser Mitarbeiter etwas selber nicht mehr ertragen kann – aufkommende Verzweiflung oder Suizidgedanken ausnutzt oder gar forciert.

Dabei sind wir uns durchaus bewußt, daß es in Einzelfällen aussichtslose Situationen gibt, in denen man mit einer gewissen Tragik nur das Falsche machen kann. Wir sehen jedoch die Notwendigkeit, auch latenten Ansprüchen der Bevölkerung („Alte gehören weg!; Alterslast; Rentnerschwemme"), die sich Betroffenen durchaus als Forderungen nach „gesellschaftlich erwünschtem Frühableben" vermitteln könnten, entgegenzutreten. Wenn wir uns die folgende Analogie zur Verdeutlichung drohender Entwicklungen erlauben dürfen: Seitdem mit Hilfe der Amniozentese eine Chromosomenaberration erkennbar ist, müssen sich Schwangere (und deren Partner) heute ab einem gewissen Alter mehr oder weniger deutlich abgrenzen, wenn sie diese Amniozentese nicht durchführen lassen wollen, weil das Ergebnis dieser Untersuchung ihre Entscheidung für das Kind nicht beeinflussen würde. Dabei werden so entscheidende Schwangere allein auf Grund der Verfügbarkeit dieser Diagnostik mit Vorwürfen konfrontiert wie: sie seien egoistisch, denn wer solle im Falle einer Chromosomenfehlbildung später die (dann erwachsenen) Behinderten versorgen, wenn die Eltern nicht mehr lebten? . . .

Wenn diese Einstellungen zunehmend mehr bezogen auf den Anfang des Lebens um sich greifen, obwohl wir als Spezies noch biologisch präformierte Instinktreste in Bezug auf Pflege des Nachwuchses haben (positive Reaktionen auf das „Kindchenschema" etc.), rechnen wir potentiell mit einer noch viel ungehemmteren Meinungsbildung gegenüber alten Menschen. Allerdings ist uns auch bewußt, daß in den aktuell durchgeführten Studien zum Altersbild in Deutschland derartige Trends nicht erkennbar sind (⇨ Kap. 2.5). Dem Alter gegenüber haben wir keine phylogenetisch verankerten Muster von Schutz und Versorgung. Das pointierte Wort von einer drohenden „Abtreibung am anderen Ende des Lebens" könnte zum Nachdenken in dieser Frage anregen.

3.5.3 Patientenverfügungen

Die Verwendung von *Patienten-Testamenten* stellt dagegen eine selbstverantwortete Vorsorge im Falle einer unheilbaren Kranheit bzw. des Sterbeprozesses dar und berührt damit eher Probleme der Krankheitsverarbeitung (⇨ Kap. 5). Die umfangreichen Möglichkeiten der modernen Medizin lassen es sinnvoll erscheinen, daß Patienten sich vorsorglich für den Fall des Verlustes ihrer Einwilligungsfähigkeit zu der von ihnen gewünschten Behandlung erklären. Besonders ältere Menschen mit prognostisch ungünstigen Erkrankungen sollten ermutigt werden, mit dem Arzt ihres Vertrauens die zukünftige medizinische Versorgung zu besprechen und in einer Willenserklärung dokumentieren. Die Bundesärztekammer hat insbesondere im Hinblick auf die ärztliche Sterbebegleitung auf die Bedeutung solcher Erklärungen am Ende des Lebens hingewiesen (Dt. Ärzteblatt 1998; 95: A-2365-2367).

Dabei werden als mögliche vorsorgliche Willensbekundungen unterschieden:

■ *Patientenverfügungen (Patiententestament)* zur Bekundung des eigenen Willens bezüglich medizinischer Maßnahmen in später eintretenden umrissenen Krankheitssituationen oder/und zur Benennung einer Vertrauensperson, mit der der Arzt die erforderlichen Maßnahmen besprechen soll und die dem Arzt dann, wenn der Patient selbst nicht mehr in der Lage ist, seinen Willen zu äußern, bei der obliegenden Ermittlung des mutmaßlichen Willens unterstützend zur Verfügung steht. Dieser Person gegenüber empfiehlt sich eine Entbindung von der Schweigepflicht. – Um auch Situationen, die in der Verfügung nicht erfaßt sind, entscheiden zu können, sollten auch Lebenseinstellungen, etwaige religiöse Überzeugungen sowie die Bewertung von Schmerzen und schweren Schäden in der verbleibenden Lebenszeit mit aufgeführt werden. Patientenverfügungen bedürfen keiner besonderen Form, sollten schriftlich abgefaßt und handschriftlich datiert und unterschrieben werden. Eine Beglaubigung (durch Zeugen oder notariell) ist nicht notwendig. Unterschriften von Zeugen werden jedoch zur Rechtssicherheit empfohlen. Patientenverfügungen sind jederzeit formlos widerruflich; sie sollten daher in regelmäßigen Abständen bestätigt oder ergänzt werden. Solange keine gegenteiligen Anhaltspunkte vorliegen, kann der Arzt bei einem volljährigen Patienten die Einwilligungsfähigkeit zur Zeit der Abfassung annehmen.

■ *Vorsorgevollmacht* zur Benennung einer oder mehrerer Personen, Entscheidung mit bindender Wirkung für den Patienten – u. a. in Gesundheitsangelegenheiten – zu treffen (§ 1904 Abs. 2 BGB). Die Vorsorgevollmacht muß schriftlich niedergelegt werden. Im Falle einer Gefahr, daß der Patient infolge der geplanten Maßnahme länger dauernden gesundheitlichen Schaden nimmt oder stirbt, muß das Vormundschaftsgericht der Einwilligung des Bevollmächtigten zustimmen (§ 1904 BGB), es sei denn, daß mit einem solchen Aufschub Gefahr verbunden wäre.

■ *Betreuungsverfügung* als für das Vormundschaftsgericht bestimmte Willensäußerung für den Fall der Anordnung einer Betreuung – z. B. die Person des Betreuers oder Wünsche zur Wahrnehmung seiner Aufgaben. Auch im Falle einer Betreuung dürfen Maßnahmen nicht gegen den erkennbaren Willen des Patienten durchgeführt werden.

Bei der Benennung von in der Regel nahestehenden Personen als Betreuer ist zu bedenken, daß diese in kritischen Situationen oft schweren Belastungen und Konflikten ausgesetzt sein können. Daher empfiehlt es sich, mit einem zukünftigen Betreuer über die anstehenden Aufgaben nach Möglichkeit rechtzeitig zu sprechen. Dieser sollte insbesondere eine Patientenverfügung kennen. Zum Schutz des Betreuten darf niemand als Betreuer bestellt werden, der zu einer Einrichtung, in welcher der Betreute wohnt oder untergebracht ist, eine enge Beziehung hat. (§ 1897, Abs. 3 BGB).

Wenn die Patientenverfügung nicht mit den persönlichen Papieren mitgeführt wird, sollte für die behandelnden Ärzte zumindest ein einfacher Hinweis auffindbar sein, daß eine solche Verfügung existiert. In der Behandlungssituation empfiehlt es sich, eine Kopie dieser Verfügung zu den Krankenunterlagen zu nehmen.

3.6   Störungen mit ausgeprägter Angstentwicklung

Angst ist grundsätzlich ein natürliches Phänomen. Gerade im Angesicht wachsender Möglichkeiten in der Altersmedizin stellt sich die Frage nach der individuellen Angsttoleranz. Bei Glatteis nicht auf die Straße zu gehen, kann im Alter sogar eine „vernünftige" *Realangst* sein, die einen schützen hilft, auch wenn man in der Jugendzeit bedenkenlos beim Schlittschuhlaufen hingefallen ist. Die bewußte Auseinandersetzung mit Ängsten kann ein antreibendes Motiv für eine auch im Alter notwendige Entwicklung sein. Insofern wäre scheinbare völlige Angstfreiheit in diesem Lebensabschnitt sogar kontraproduktiv.

Wenn wir im Folgenden die Angst-Erkrankungen im engeren Sinne besprechen, meinen wir die Störungen, in denen Angst das Leitsymptom geworden ist – in Abgrenzung zu den übrigen neurotischen Erkrankungen, in denen die Symptombildung ebenfalls der allgemeinen Reduzierung von (Konflikt-)Angst dient. Die Lebenszeitprävalenz aller Angststörungen beträgt 15 %. Es gibt keine sicheren Erkenntnisse darüber, ob sich die einzelnen Angststörungen in ihren Häufigkeitsverteilungen über den Lebenslauf verändern. Hinzu kommt – wie wir weiter unten zu zeigen versuchen – daß sich das Erscheinungsbild der Angststörungen im Alter verändern kann. Das würde bedeuten, daß einfache Fragebogenuntersuchungen, die Angst-Phänomene über alle Altersgruppen abfragen, auch keine verläßlichen Ergebnisse zeigen würden.

In den modernen diagnostischen Manualen wie der ICD-10 und dem DSM-IV werden nosologische Störungskategorien verwendet, die metatheoretisch belastete Begriffe wie „Neurose" durch einen deskriptiv-phänomenologisch orientierten diagnostischen Zugang zu ersetzen suchen. Folgt man dieser Phänomenologie, sind „aus internationaler und transkultureller Sicht **Phobien** (ICD-10: F40.0) die primären Störungen, und die Panikattacken zeigen den Schweregrad der Phobie an. Die häufigste Phobie in den westlichen Ländern ist die Agoraphobie" (ICD-10, S. 27). Eine **Agoraphobie mit Panikstörung** (ICD-10: F40.1) wäre folglich eine Angst, daß Haus zu verlassen mit der *Furcht, in der Öffentlichkeit hilflos* zu werden, kompliziert durch zusätzliche schwere Angstanfälle. In jüngerer Zeit ist die Diagnose einer **sozialen Phobie** (ICD-10: F40.1) als *Angst vor Beschämung in der Öffentlichkeit* zurecht immer mehr beachtet worden. Unter die sozialen Phobien sind Ängste, in Restaurants („öffentlich") essen zu können, Errötungsängste (Erythrophobie), vor Gruppen zu sprechen etc. zu rechnen. **Isolierte Phobien** (ICD-10: F40.2) sind in ihrem Bezug zu spezifischen Lebewesen oder Situationen z. B. als klaustrophobe Ängste, oder Phobie vor bestimmten Tieren (Zoophobie vor Spinnen) bekannt.

Panikattacken (ICD-10: F41.0) mit dazwischenliegenden Intervallen von relativer Angstfreiheit können auch scheinbar unmotiviert und isoliert auftreten. Dagegen bestehen bei **generalisierten Angststörungen** (ICD-10: F41.1), die in der Neurosenlehre als Angstneurosen bezeichnet werden, ein durchgehendes Angsterleben, ohne daß zwingend Panikattaken hinzutreten müssen. Die Differentialdiagnose zwischen einer Phobie und einer generalisierten Angststörung hat eine besondere Bedeutung im Hinblick auf die differentielle Therapieindikation, weil in der Angstneurose die Angst nicht mehr situativ bzw. objektbezogen wahrgenommen wird. Sie flottiert frei und ist somit vom Ich nicht mehr per Abwehr einzugrenzen. Längere Phasen von Angstwahrnehmungen können depressive Störungen im Sinne einer zunehmenden Erschöpfung „seelischer Reserven" nach sich ziehen.

Aus einer ätiologischen Perspektive können außerdem schwere traumatische Belastungen akute und chronische Ängste zur Folge habe. Bei solchen Problemlagen wird man jedoch primär die Posttraumatische Belastungsstörung (→ Kap. 3.3.5) oder eine chronische Anpassungsstörung (→ Kap. 3.3.1) klassifizieren, weil damit zugleich auch die Ätiologie der Angstgefühle zutreffender abgebildet werden kann.

Psychophysiologie der Angst

Aktueller Auslöser der Angst kann eine nicht unbedingt bewußt wahrgenommene Phantasie oder ein äußerer bedrohlicher Reiz sein. Umschriebene (vor- oder unbewußte) Imulse oder Wünsche können einen inneren Konflikt bedingen, der als „innere Gefahr" erlebt wird und Angst auslöst. Bei der Phobie wird diese Angst auf einen Gegenstand oder eine Situation nach außen verlagert und dann zu vermeiden gesucht. Diese inneren und äußeren Stimuli treffen auf eine auch genetisch präformierte Angstbereitschaft. Angstanfälle haben eine gewisse Wahrscheinlichkeit, über eine enterozeptive Selbstverstärkung zu generalisieren (Hoffmann 1994).

Die wesentlichen somatischen Angstäquivalente, die entweder die Selbstverstärkung über Körper-Selbst-Wahrnehmung erhöhen können oder als von Patienten geklagte Symptome Ausdruck einer „larvierten" Angststörung sein können, sind die folgenden:

- Tachykardie; Rhythmusstörungen (Extrasystolen)
- Tonusveränderung der Gefäße (Blässe)
- Änderung der Atemfrequenz (Dyspnoe)
- Übelkeit; Erbrechen; Durchfälle; Harndrang
- Muskelschwäche; Zittern; Abgeschlagenheit
- Parästhesien; Schwindel
- Mundtrockenheit
- Schweißausbrüche
- Unruhe; Schlafstörungen

Alle diese Symptome können zunächst beim Allgemein- oder Facharzt „präsentiert" werden. Die ängstliche Erwartung einer Angstattacke („Angst vor der Angst") kann wiederum zu phobischem Vermeidungsverhalten führen und im Falle einer Chronifizierung auch die Entstehung einer sekundären depressiven Störung fördern. Über solche Selbstverstärkungen und Generalisierung erfolgt die tendenzielle Ausweitung der Angst, die sich schließlich via ängstlicher Selbstbeobachtung auf das Gefühl körperlicher Integrität im Sinne hypochondrischer (Krankheits-)Befürchtungen ausdehnen kann. Diese Komplexität gilt es zu bedenken, wenn wir im folgenden in einer vereinfachenden Form voneinander abgrenzbare Angststörungen im Alter diskutieren.

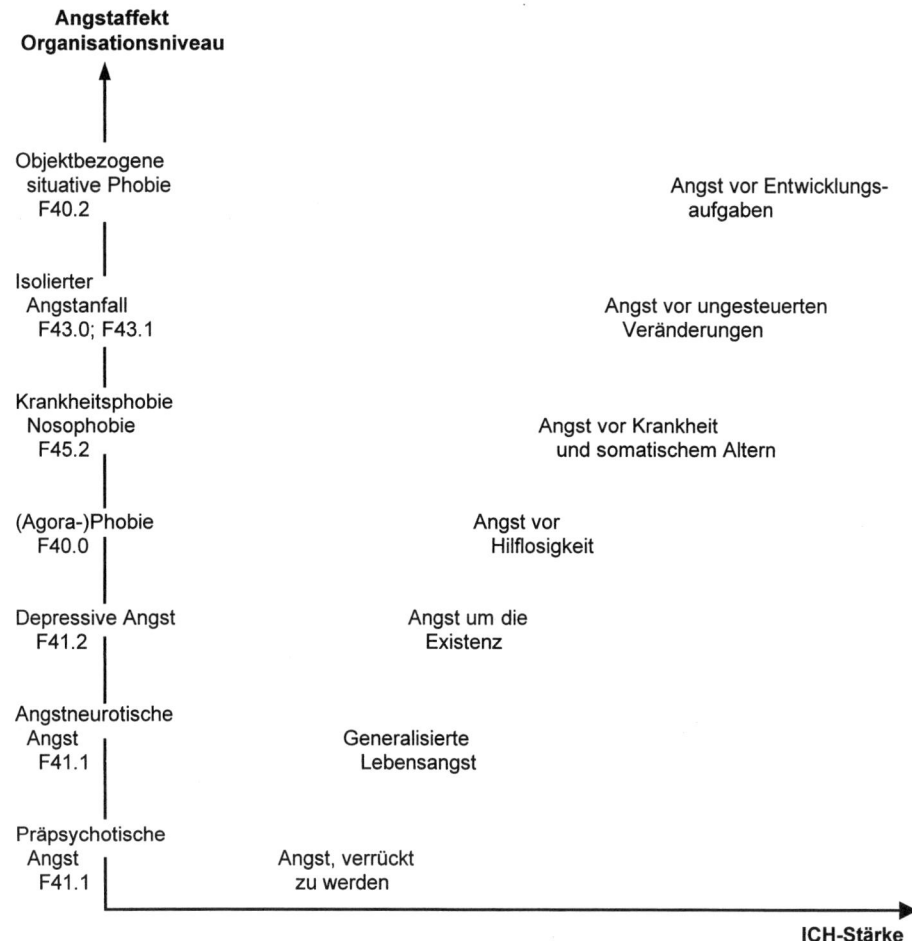

Abb. 23: Angststörungen im Alter. Organisationsniveau in Relation zu Belastungen des ICH

Angststörungen im Alter

Wir haben klinisch den Eindruck gewonnen, daß sich die obengenannten typischen Angststörungen bei Alternden oft in einer lebensabschnitt-typischen Gestalt präsentieren. Daher machen wir den Vorschlag, die Angststörung nach ICD-10 in einen theoriegeleiteten Zusammenhang mit der zugehörigen Ich-Stärke des betroffenen Menschen zu bringen. Benennt man in diesem Schema zugleich die typischen Inhalte dieser verschiedenen Angststörungen alter Menschen, kommt man etwa zu folgender Übersicht (Abb. 23).

Unter den generalisierten Angststörungen sind zwei Erkrankungen mit einer sehr geringen Ich-Stärke zu unterscheiden. (*1*) Die *„Angst, verrückt zu werden"* als eine *präpsychotische Angst* ist das Maximum des individuell Erträglichen, eine nochmalige Steigerung der (*2*) *generellen Lebensangst der Angstneurose* mit frei flottierender

Angst. Die Befürchtung, vor Angst „verrückt" zu werden, ist Ausdruck des sich reflektierenden Ichs vor der Fragmentierung in einer psychotischen Episode. In einer solchen psychotischen Episode würde die Angst durch projektive Verlagerung (z. B. auf ein bedrohliches Außen) externalisiert werden. Die angesprochene Schwäche des Ich ist immer relativ bezogen auf die Angstinhalte: Alternde, die ihr Leben bis zu einer Erkrankung ohne psychische Störung gemeistert haben, können aus somatisch-biologischen Gründen ebenso eine Erhöhung ihrer Angstbereitschaft erleiden (z. B. durch Herabsetzung mentaler Ressourcen) wie auch durch soziale Pressionen oder durch Veränderungen ihrer persönlichen realen Lebenssituation, die sie als übermächtig bedrohlich erleben (z. B. drohende völlige Abhängigkeit und Hilflosigkeit). Dieser gravierenden Angststörung kann der Alternde zwei zentrale Abwehrbewegungen entgegensetzen, die beide für ihn fatale Folgen haben: die *Regression in die vorzeitige Pflegebedürftigkeit* (als Form einer Erfüllung von an alte Menschen gerichteten Erwartungen zur angstreduzierenden Objektbindung) oder die *Selbstaufgabe* (im Sinne einer parasuizidalen Handlung) (Heuft 1992 → Kap. 3.5). Im Gegensatz zu jüngeren Patienten äußern alte Menschen, die unter den Folgen solcher generalisierten Ängste leiden, ihr Symptom nicht so „laut" und ausdrucksstark-fordernd. Viele haben in ihrem Leben durch vielfältige soziale und politische Verstärker auch gelernt, sich so weit wie möglich „zu beherrschen" und keine Schwächen zu zeigen.

Dagegen weniger versteckt begegnen uns im klinischen Alltag oft Menschen mit chronischen Angstentwicklungen in Form von *(3) depressiven Ängsten*. Differentialdiagnostisch wird dabei häufig das Hauptaugenmerk auf die depressive Komponente der Störung gelegt, da alte Menschen ja sowieso häufig allen Grund zur Depression haben, und damit wird die Angst-Problematik in Gestalt einer *existenziellen Angst*, z. B. nach Trennungen und Verlusten („Wie soll es mit mir weitergehen?"), übersehen.

Die Angst vor Hilflosigkeit und Abhängigkeit ist, wenn sie primär unbegründet ist und Krankheitswert bekommt, die *(4) Agoraphobie* des Alters. Dabei ist die Grenze zwischen Realangst (Signalangst), die z. B. motivieren kann, sich rechtzeitig ein kommunikatives Hilfsnetz aufzubauen, von einem lähmenden (unangemessenen) Gefühl zu unterscheiden, z. B. anläßlich einer bevorstehenden Reise irgendwo hängenzubleiben, den Koffer nicht mehr zu bewältigen etc. In der Folge wird die geplante Reise schließlich abgesagt. Der Charakter dieser Angststörung wird dann besonders offensichtlich, wenn man versucht, über Planung und „vernünftige" Überlegungen bei der Bewältigung solcher Lebensumstände zu helfen. Denn der Betreffende wird dann mit immer neuen (angstmotivierten) Argumenten zu verhindern trachten, sich überhaupt außer Haus „und so weit weg" begeben zu müssen.

Die *(5) Angst vor Krankheit und dem somatischen Alternsprozeß* kann eine erhebliche narzißtische Bedeutung des Körpers zum Ausdruck bringen. Die Bedeutung des körperlichen Alternsprozesses, dem möglicherweise eine zentrale Rolle als Organisator der Entwicklung im Alter zukommt, haben wir bereits ausführlich erläutert (→ Kap. 2.3.2). Dabei wurde auch deutlich, daß der körperliche Alternsprozeß per se auch eine narzißtische Anforderung darstellt, die das Ich des Betreffenden herausfordert. Insbesondere Menschen, denen äußere Objekte (um die sie Angst haben könnten) fehlen, können den Körper zum Objektersatz, dessen Veränderungen sie angstvoll erleben, erwählen. Solange das Ich noch in der Lage ist, präzise Situationen, auf die sich die Angst vor ungesteuerten Veränderungen bezieht (z. B. situative Angst vor einer schweren Krankheit im Angesicht einer Darmspiegelung), zu diskriminieren, sehen wir (6) *isolierte Angstanfälle*. Diese lassen sich in ihrer situativen Bedeutung dann auch relativ leicht verstehen und auf Grund der guten Ich-Stärke therapeutisch auch leicht angehen. Ein besonderes Beispiel stellt die *Demenz-Angst* dar, die wir mehrfach in der Gedächtnis-Sprechstunde der Memory Clinic diagnostiziert haben. Wenn jemand unabweisbar von der Demenz-Angst besetzt ist, halten wir die Diagnose einer somatoformen Störung (F45) für angemessen. In Fällen eher isolierter Demenz-Angst spielen nicht selten Identifizierungsprozesse mit der vorausgegangenen Generation eine auslösende und damit dynamisch wichtige Rolle. In diesen Fällen sind bereits einige wenige psychotherapeutische Sitzungen, die einer Störung der Individuation („Ich bin nicht wie meine alte Mutter") dienen, sehr aussichtsreich (→ Kap. 4.9).

(7) *Objektbezogene, situative Phobien*, die erstmals im Alter auftreten, scheinen eher selten zu sein. Wir stellen jedoch zur Diskussion, ob man das angstvoll vermeidende Verhalten alter Menschen gegenüber konkreten Entwicklungsaufgaben als eine spezifische Phobiegestalt alter Menschen begreifen kann, die weniger auffällt, solange man die Notwendigkeit lebenslanger Entwicklungsprozesse noch nicht zureichend beschreiben kann oder gar leugnet. Dieses *phobische Zurückweichen vor konkreten Entwicklungsaufgaben* kann als Meiden von Situationen oder/und Objekt-Beziehungen imponieren und einhergehen mit einer rationalisierenden Abwehr auch unter Beziehung z. B. des körperlichen Alternsprozesses („Ich sehe nicht mehr so gut, und deswegen nehme ich die Einladung zu dem Nachmittagskonzert nicht an"). Eine solche durchgängig vorgetragene Haltung könnte durchaus eine soziale Phobie maskieren.

Zu den interpersonellen Beziehungen von Patienten mit Angststörungen

Das Alter ist eine Lebensphase, in der es nach einer u. U. langen stabilen Lebensspanne zu Veränderungen der vertrauten Beziehungen kommt, etwa durch Erkrankung des Partners oder dessen Verlust, Wegzug der Kinder etc. Angst vor dem Alleinsein ist häufig zugleich verbunden mit der Angst, unter Menschen zu sein, zu denen keine persönliche Beziehung besteht und von denen keine Hilfe und kein Schutz zu erwarten ist (Buchheim et al. 1990). Angst schränkt den eigenen Handlungsspielraum entscheidend ein, wobei dies in einer kollusiven Beziehung (im Sinne von Willi 1975) zunächst nicht offensichtlich werden muß. Durch die interpersonale Abwehr (Mentzos 1976) löst Angst beim Gegenüber Reaktionen aus, die die Rolle des Symptomträgers und des Symptompflegers jeweils stabilisieren. Beide Partner können bei einer ernsthaften Störung dieser Kollusion mit Angst reagieren – und zwar je nach Organisation der Ich-Struktur mit den genannten unterschiedlichen Angststörungen. Diese Perspektive der Mehr-Personen-Psychologie (Dyade, Triade, Gesamtsystem Familie [Cierpka 1989]) kann den Blick gerade für die Belastung des einzelnen durch Veränderungen in diesem Beziehungssystem schärfen. So wird verstehbar, warum z. B. eine Frau, die aus einem angstreduzierenden Elternhaus unmittelbar in eine haltgebende Ehe wechselte, nach der goldenen Hochzeit und dem Tod des Partners zunächst mit Existenzängsten und später depressiv eingefärbter Angst reagiert, obwohl sie bis dahin ein zu keinem Zeitpunkt behandlungsbedürftiges oder von außen je als psychisch auffällig eingeschätztes Leben geführt hat.

Therapeutische Möglichkeiten

1. Mittlere Grade von Angst führen zu psychischen Hochleistungen. Wenn wir von Entwicklungsaufgaben im Alter sprechen, müssen wir die Entwicklungsangst, das Lampenfieber vor dem nächsten Schritt, mit bedenken. Der einzelne kann auf die Angstsignale ganz unterschiedlich körperlich reagieren. Ob ihm das Herz rast oder sich weiche Knie einstellen, mag konstitutionell präformiert sein. Dies alles sind in einem gewissen Ausmaß Phänomene der Normalität, da es ein weises, nur ruhiges Altern (leider) nicht geben kann. Nur die katastrophisierende Verarbeitung, die kognitive Umorganisation des Normalverhaltens hin zum pathologischen Verhalten, die sich selbstverstärkende Fehlinterpretation der körperlichen Reaktionen als Krankheit ist pathologisch. Alte Menschen sollten wissen, daß sie sich auch für sie ungewohnten neuen Situationen aussetzen müssen, die ihnen (normale) Angst machen. Oder sie sind in gewohnten Situationen mit neuen körperlichen Handikaps konfrontiert, deren Bewältigung Angst machen kann. Hier setzt auch die Aufklärung im Sinne einer Prävention psychischer Gesundheit im Alter ein.
2. Bei Patienten, die unter Angststörungen leiden, ohne daß sie jedoch eine psychotherapeutische Klärung der Ursachen ihrer Ängste wünschen, ist die Grenze der Behandelbarkeit erreicht.
3. Bei Angstkranken mit einer deutlich ausgeprägten Ich-Schwäche zielt die Therapie auf eine Verbesserung der Ich-Funktionen und die Stützung der Abwehrprozesse. Gezielt werden individuelle Angstbewältigungsmechanismen erarbeitet und verstärkt. Dies kann auf dem Boden psychoanalytisch orientierter Psychotherapie oder verhaltenstherapeutischer Interventionen geschehen.
4. Wenn Patienten ein weitergehendes Interesse an der Hinterfragung ihrer Angstprobleme haben und dies von ihrer Ich-Stärke her können, ist eine psychoanalytisch orientierte Psychotherapie indiziert. Auf diesem Wege erhält der Patient Einblick in seine eigene Psychodynamik und kann den Bedeutungsgehalt seiner Angstsignale selbst klären und damit verändern.
5. Bei Patienten mit akuter erheblicher Einschränkung durch eine Angststörung kann auch eine stationäre gerontopsychosomatische bzw. alterspsychotherapeutische Behandlung von großem Nutzen sein. Nach unseren eigenen Erfahrungen sind fokaltherapeutische Ansätze im Rahmen solcher stationären Behandlungen sehr aussichtsreich.
6. Tranquilizer sind hochpotente Anxiolytika. Sie sind somit ideale Notfall-Medikamente bei einem schweren Angstanfall. Da sie rasch resorbiert werden, kommt man oft mit einer oralen Gabe, die weniger Gefahren birgt als die Injektion, aus. Gerade im Alter sollte die Verordnung von Tranquilizern und Hypnotika bei zwingender Indikation nur außerordentlich kurz durchgeführt werden (maximal 4 Wochen). Die Gefahr, durch einen chronischen Tranquilizer-Einsatz die Vigilanzschwelle herabzusetzen und eine morgendlich verstärkte chronische Dysphorie mit Abnahme der Alltagskompetenz zu provozieren, ist überhaupt nicht hoch genug einzuschätzen. Alternde sind auf ihren eigenen Tagesrhythmus angewiesen, da ihnen die äußeren Rhythmusgeber (Aufstehen, um zur Arbeit zu gehen oder die Kinder zu versorgen etc.) fehlen. Bei schweren körperlich-vegetativen Begleitreaktionen der Angst (wie z. B. Schlafstörungen) wäre der Einsatz von Antidepressiva in jedem Fall angemessener.

3.7   Zwangsstörungen

Die **Zwangsstörungen** (ICD-10: F42) gehören mit einer Lebenszeitprävalenz von 2-3 % zu den häufigeren psychischen (neurotischen) Störungen. Insgesamt sind die Zwangsstörungen eher eine Erkrankung der jüngeren Erwachsenen mit einem Altersgipfel zu Symptombeginn um das 20. Lebensjahr bei Männern und um das 25. Lebensjahr bei Frauen. Die Geschlechterverteilung ist ausgewogen. Aus phänomenologischer Sicht sind **Zwangsgedanken** (ICD-10: F42.0) von **Zwangshandlungen** (ICD-10: F42.1) zu unterscheiden. Beispiele für Zwangshandlungen sind Kontrollzwänge, die rund 10 Jahre früher und eher bei Männern auftreten als Waschzwänge, die eher später und häufiger bei Frauen auftreten.

Während bei diesen Zwangsstörungen die Symptomatik von den Patienten *Ich-dyston* erlebt wird („Es ist unsinnig, daß ich den Herd wieder und wieder kontrolliere, denn ich weiß, daß er aus ist – aber ich muß es tun!"), spüren Menschen mit einer **anankastischen (zwanghaften) Persönlichkeitsstörung** (ICD-10: F60.5) keinen Symptomdruck im engeren Sinne. Sie sind so, wie sie sind, aus ihrem Selbsterleben heraus eigentlich „richtig". Daher spricht man davon, daß die Problematik der Persönlichkeitsstörung oft als *Ich-synton* erlebt wird.

Bezogen auf einzelne Lebensabschnitte kann es gerade bei einer zwanghaften Persönlichkeitsstörung mit ihren sozial auch erwünschten Seiten im Lebenslauf durchaus „unauffällige" Phasen geben, die dann von Phasen, die durch erhebliche, zunächst soziale Konflikte gekennzeichnet sind, abgelöst werden können.

Behandlungsbeispiel 6: Im Hinblick auf eine solche zwanghafte Persönlichkeitsstörung denken wir z. B. an einen Bankkassierer, der in jüngeren Erwachsenenjahren zuverlässig und genau seinen Dienst im Kassenbereich versehen hatte – um sich dann ehrgeizig mit Mitte 40 auf eine Stelle im Bereich der Kreditberatung zu verändern. Jetzt hatte er plötzlich Entscheidungen zu treffen, bei denen er sich nicht mehr nur an klare Vorgaben zu halten hatte. Er begann nun, die Akten auf seinem Schreibtisch anzusammeln, um als heikel empfundene Entscheidungen hinauszuschieben („Muß ich nochmals drüber nachdenken . . ."). Sein Vorgesetzter bemerkte dies und drängt auf Erledigung der Arbeit, sonst werde er in der Probezeit aus dieser neuen Stelle wieder entlassen. Daraufhin begann der Patient, die Akten mit nach Hause zu nehmen. Als seine Frau, die zwei inzwischen erwachsene Kinder aus dem Haus hatte und sich jetzt wieder mehr gemeinsame Unternehmungen mit ihrem Mann wünschte, dies bemerkte, kam es zu schweren Streitigkeiten. – Ursprünglich hatte sich die Ehefrau einen Mann gewünscht, der in jungen Jahren schon „gutes Geld" verdiente (in der Bank), zuverlässig war, nicht nach anderen Frauen sah. Nun schien ihr der gleiche Mann in einem anderen Lebensabschnitt langweilig, pedantisch, an den Akten klebend und für ihr Werben unerreichbar. – Der Patient meldete sich schließlich zu einer ersten Untersuchung wegen der unübersehbar gewordenen sozialen Konflikte: „Ich versuche doch, es allen recht zu machen, daß die Bank keinen Schaden hat und meine Familie genug Geld hat; aber ich bekomme nun Angst, alles zu verlieren."

Über das Schicksal von Menschen mit vorbestehenden Zwangsstörungen und von Menschen mit anankastischen Persönlichkeitsstörungen im höheren Lebensalter wissen wir praktisch kaum etwas. Jedenfalls ist das Vorurteil, alte Menschen würden generell zwanghaft („halsstarrig") oder ihre Persönlichkeit erstarrte in Riten und Ritualen, nicht zutreffend. Fehlende Plastizität ist keine Funktion des Alters: es gibt 30jährige, die eine weitaus rigidere Persönlichkeitsstruktur haben als 70jährige.

Angesichts der im Alternsprozeß durch die anstehenden Veränderungen erlebten Gefühle von Bedrohung können Gewohnheiten und Rituale durchaus den Charakter von Selbst-Versicherung und Kontinuität haben. Damit wären sie eine kreative Leistung, die nicht von vorneherein mit einer Zwangsstörung identisch zu setzen wäre.

Da es in der Literatur praktisch bisher kaum Fallberichte von Behandlungen Alternder, die unter einer Zwangsstörung litten, vorhanden sind, schildern wir die stationäre psychosomatisch-psychotherapeutische Behandlung einer Patienten mit einer langjährigen Zwangssymptomatik ausführlicher.

Behandlungsbeispiel 7: Zu den diagnostischen Vorgesprächen wurde die 68jährige Frau B. zwar überwiesen, signalisierte jedoch ein eigenes (verzagtes) Interesse, ob ihr noch zu helfen sei. Die eher kleingewachsene, leicht adipöse Frau wurde vom Diagnostiker als agil und freundlich wahrgenommen. Im Erstkontakt erscheint sie neugierig und aufgeschlossen. Die von ihr vorgetragene Beschwerdesymptomatik stand dazu in einem eindrucksvollen Kontrast. Die Patientin klagte über eine zunehmende Verunsicherung durch die Vorstellung, jemand könne durch sie zu Schaden kommen. Sie vermied das Stehen in öffentlichen Verkehrsmitteln ebenso wie das Überschreiten von Straßen außerhalb von Ampelanlagen in der Vorstellung, jemand könne über ihre Füße stürzen oder sie löse einen schwerwiegenden Verkehrsunfall aus. Kontroll- und Waschzwänge bestanden bei der Patientin seit rund 27 Jahren. Unverkennbar zeichnete sich eine Verschlechterung mit Somatisierungstendenz in den letzten Jahren ab (wie zunehmendes Herzrasen, -stolpern und thorakales Engegefühl bei gleichzeitig bestehender arterieller Hypertonie).

Den Beginn ihrer Zwangssymptomatik konnte die Patientin genau auf die Zeit 27 Jahre zuvor datieren und assoziierte damit spontan die Herzoperation ihrer sechs Jahre jüngeren Schwester. Infolge einer arteriellen Embolie im Zusammenhang mit dieser lebensnotwendigen Operation habe der Schwester ein Bein amputiert werden müssen. Kurz vor diesem operativen Eingriff hatte die Patientin 40jährig geheiratet. Sie erinnerte sich, daß ungefähr zeitgleich ein in der ehelichen Wohnung mitlebender Hund von ihrem Mann eine Behandlung mit einem in Spuren blausäurehaltigen Puder erfuhr. Der Hund habe nachts an ihrem Fußende gelegen und sie habe das Gefühl entwickelt, die Blausäure verbreite sich überall. Seitdem müsse sie sich nach dem Aufwachen am Vormittag zehnmal unnötigerweise die Hände waschen, nachmittags versuche sie, ihr Schlafzimmer und den Kontakt mit „blausäureverseuchten" Gegenständen zu meiden. Dann könne das Waschen unterbleiben. Ein Wohnungswechsel mit einem kompletten Austausch der Schlafzimmermöbel vor einigen Jahren ergab keine Linderung des Waschzwanges.

Die Patientin war die älteste Tochter von insgesamt drei Schwestern. Zwei Jahre vor ihrer Geburt hatte die Mutter einen Jungen tot geboren. Der Vater, ein harter dominierender Polizeiobermeister, machte aus seiner Enttäuschung über den Tod des Sohnes und der Geburt der Tochter keinen Hehl: die Patientin fühlte sich von ihm Zeit seines Lebens nicht angenommen. Die Ehe der Eltern war geprägt von tätlichen Auseinandersetzungen. Als die Patientin zehn Jahren alt war, unternahm die Mutter nach einer Auseinandersetzung mit dem Vater einen Suizidversuch. Frühzeitig erwuchs in der Patientin das Gefühl, ihre Mutter vor ihrem Vater schützen zu müssen mit der Folge, daß sie abends nicht mehr das Elternhaus verließ. Im Kriegsjahr 1942 lernte die Patientin einen elf Jahre älteren Soldaten kennen, von dem sie zwanzigjährig 1944 ein Kind erwartete. Vier Wochen nach Erhalt der Vermißtenmeldung hatte sie eine Fehlgeburt.

Vom 31.-33. Lebensjahr ging sie nochmals eine Beziehung zu einem 14 Jahre älteren Arbeitskollegen ein. Im Alter von 38 Jahren trennte sie sich zusammen mit ihrer Mutter von ihrem Vater, um mit dieser eine gemeinsame Wohnung im gleichen Haus zu beziehen. Zwei Jahre darauf heiratete sie ihren dreizehn Jahre älteren Ehemann, den sie neun

Jahre später wieder verließ, um erneut mit ihrer Mutter zusammenzuleben. Sie habe sich nicht seinem bestimmenden Wesen unterordnen wollen. Kurz darauf starb der Vater; die Mutter starb 1986 im gemeinsamen Schlafzimmer.

Ausgangs der Pubertät lokalisierte die Patientin eine Deckerinnerung: 17jährig habe sie entgegen der Ermahnung ihrer Mutter laut Musik gehört und dazu getanzt. Plötzlich sei ihr mitgeteilt worden, zur gleichen Zeit sei in einem anderen Zimmer des Hauses der Großvater gestorben. Als wiederholte Bestätigung für die Existenz ihrer tödlichen Aggressivität mag ihr im jungen Erwachsenenalter der Verlust des (Soldaten-)Freundes und im Gefolge die Fehlgeburt erschienen sein. Die beiden weiteren heterosexuellen Beziehungen in ihrem Leben gestaltete sie mit deutlich älteren Männern, wobei sie vor ihrer Ehe sehr früh bereits in die Menopause kam. Praktisch mit der Verehelichung (und der damit notwendigen Identifikation und Abgrenzung von der Mutter-Imago) begann die Zwangssymptomatik, wobei sich die aggressiven Inhalte auf die jüngere Schwester verschoben.

Vor der stationären Aufnahme entschied der Behandler, den (unbewußten) Umgang der Patientin mit ihrer Schuldthematik (auf dem Hintergrund des aggressiv-gespannten Verhältnisses zum Vater und des ambivalenten Verhältnisses zur Mutter) im Fokus anzusprechen. Die Furcht der Patientin, die todkranke Schwester mittels Blausäurekontakt zu vergiften, wurde zunächst als Ausdruck einer Verschiebung der in der Beziehung zur Mutter vermiedenen Aggressivität interpretiert.

Zur Therapiedosis: Frau B. erhielt pro Woche drei einzeltherapeutische Gespräche bei dem ihr bereits aus der diagnostischen Phase bekannten Therapeuten. Zusätzlich nahm sie zweimal pro Woche an einer interaktionellen Gruppentherapie mit rund acht Mitpatienten der Station teil, wobei sie in der Gruppe zwei weitere Mitglieder ihrer Altersgruppe vorfand. Die Gruppe erhielt in der gleichen Zusammensetzung einmal pro Woche eine Doppelstunde Gestaltungstherapie. Neben den weiteren (stations-)ärztlichen Untersuchungen und Kontakten erhielt Frau B., wie alle anderen Patienten der Station, mindestens einmal pro Tag eine Einzelvisite durch eine Schwester. Die wöchentlichen patientenzentrierten Teambesprechungen berücksichtigten alle Therapiebereiche, ebenso wie die aktuelle Szene um den Patienten auf der Station und die soziale Situation des Patienten (→ Kap. 6.15). Zur Behandlung gehörte regelhaft eine ambulante Nachbehandlung von mindestens fünf Einzelgesprächen.

Frau B. eröffnete die stationäre Phase in der Einzeltherapie durch die Wiedergabe des schuldhaften Erlebens des Todes der Mutter im gemeinsamen Schlafzimmer 1986. Sie fühlte sich damals durch die Unruhe der Mutter am Schlaf gehindert und machte ihr Vorwürfe. Erst später begriff sie, daß die Mutter im Sterben lag, worauf sie in ihrer Aufregung anstatt des Notarztes zunächst den Schwager anrief. Der Notarzt konnte dann nach seiner Ankunft nur noch den Tod ihrer Mutter feststellen.

Damit thematisierte die Patientin das letzte Glied einer Kette schuldhafter Erfahrungen, die weit in die Kindheit zurückreichten bis hin zu der initialen väterlichen Schuldzuweisung, nicht dem gewünschten männlichen Geschlecht entsprochen zu haben. Die von der Patientin traumatisch erlebten tätlichen Auseinandersetzungen der Eltern, in denen sie den Vater als Aggressor und die Mutter als Opfer erlebt, finden ihren prägnanten Ausdruck in der folgenden, von der Patientin mit zehn Jahren erlebten Szene, die sie bald darauf erinnerte:

Die Mutter der Patientin wurde vom Vater in ein Zimmer eingeschlossen und die Patientin bei Androhung von Strafe gewarnt, die Mutter vor seiner Rückkehr am Abend zu befreien. Die Patientin gab schließlich jedoch dem Flehen der Mutter nach und öffnete die verschlossene Türe, was am Abend eine brutale körperliche Züchtigung durch den Vater zur Folge hatte. Einen Schutz von Seiten der Mutter erlebte sie nicht.

Weitet man dieses singuläre Erlebnis zu einer früh sich perpetuierenden Lebenserfahrung der Patientin aus, so verdeutlichen sich dadurch zwei einfühlbare Konsequenzen für die Patientin. Erstens: „Wie immer ich mich entscheide, es ist falsch. Will ich die Mutter schützen, handle ich gegen die Gebote des Vaters, gehorche ich dem Vater, quäle ich die Mutter". Diese unlösbare Situation und die ihr daraus immanent zuwachsenden Schuldgefühle stellen ein Charakteristikum während Kindheit und Jugend der Patientin dar.

Die zweite Konsequenz bildete sich sehr eindrucksvoll in den Übertragungsprozessen und Objektbeziehungsmodalitäten sowohl in Einzel- und Gruppentherapie als auch im Leben der Patientin auf der Station ab. Zusammen mit anderen älteren Patientinnen ergab sich ein Gruppenkonsens, „Männern gegenüber den unteren Weg zu gehen", was sowohl „Unterwerfung" als auch „in den Untergrund gehen" bedeuten konnte. Die sich in diesem Gruppenkonsens noch verhalten artikulierende Aggression dem anderen Geschlecht gegenüber steigerte sich später zu gemeinsam entwickelten Gewaltphantasien. Dabei spielte die Entlastung durch die Peer-group auf der Station eine nicht zu unterschätzende Rolle für die Patientin, die solche Phantasien in ihrem zurückgezogenen Leben bisher kaum mit jemand zu teilen gewagt hätte. Diese zumindest phantasierte Umkehr von Täter und Opfer wich während des stationären Therapieprozesses zusehends einer differenzierenden Ambivalenz, denn lebensgeschichtlich verkörperte der Vater gerade im Gegensatz zur schwachen, suizidal werdenden Mutter neben einer häufig irrational anmutenden Prinzipientreue Stabilität und Kontinuität. Im stationären Interaktionsfeld wurde diese ambivalente Erfahrung väterlicher Normen insbesondere gegenüber jüngeren weiblichen Mitpatienten reaktualisiert. So planten die Mitpatientinnen ohne genauere Absprache mit den Stationsschwestern einen Umzug in ein anderes frei gewordenes Zimmer, um nicht länger zentral gelegene sanitäre Einrichtungen mit ihren männlichen Mitpatienten teilen zu müssen. Nach anfänglicher begeisterter Solidarität mit den jüngeren Emanzipationsvertreterinnen verkörperte sie rasch die ordnende Autorität, wodurch sie Konflikte mit den Mitpatientinnen bekam. Damit wurde ihr die Angst vor Chaos und Anarchie erfahrbar.

Der Tod des vorausgeborenen Bruders, des Großvaters in ihrer Jugend, des Soldaten-Partners, der lebensbedrohlichen Erkrankung der Schwester und der Tod ihrer Mutter Jahrzehnte später stellten als herausragende Erlebnisse tragische Wiederholungen dar, deren innere Verknüpfungen den Rahmen eines existentiellen Schulderlebens der Patientin bildeten, in dem sie das Gefühl hatte, Ursache tödlicher Katastrophen zu sein und zu deren Abwehr die Patientin zwanghafte Vermeidungsstrategien entwickelte. Sich dieser genetischen Aspekte bewußt werdend, bekam die Schuldthematik gleichzeitig eine emotionale Relevanz besonders in der Einzeltherapie. Ein anfänglich kaum zu überwindender Widerstand stellte die starke konfessionelle Gebundenheit, aber auch die ihrer Psychodynamik entsprechenden subjektiv ausgelegten normativen Vorstellungen dar, die sie übertrug und womit sie zunächst einen distanzierenden Standpunkt dem verstorbenen Vater gegenüber nicht zuließ. Die Möglichkeit zur Unterscheidung des real erlebten Vaters und des internalisierten Vaterimagos im Sinne einer therapeutischen Ich-Spaltung stellte einen wichtigen Zwischenschritt in der Behandlung dar. Danach konnte sie die Abwehr aggressiver Affekte dem Vater gegenüber aufgeben und erlebte eine heftige Auseinandersetzung mit dem Gruppentherapeuten (im Schutz der Einzeltherapie und der Visitenkontakte mit den Schwestern auf der Station). Gleichzeitig war eine eindrucksvolle Abnahme der Zwangssymptome der Patientin zu beobachten.

Neben der bereits erwähnten Bedeutung der Interaktion mit den älteren Mitpatienten in der Gruppe und auf der Station sei zusätzlich noch hervorgehoben, daß auch der enge Umgang mit den Mitpatienten vornehmlich jüngerer Jahrgänge, die aufgrund ihres generationsspezifisch liberaleren Verhaltenscodex (zunächst neidvoll bewundert) zu einer Endtabuisierung und Legitimation von Aggressionen in der Auseinandersetzung mit der patriarchalischen Welt beitrugen, ein von der Patientin als bedeutsam thematisierter Wirkfaktor der stationären Behandlung war.

Die ambulanten Vorgespräche hatten bereits Hinweise auf ein aggressives Konfliktgeschehen mit der Mutter ergeben, was als Hypothese in die erwähnte Formulierung des Fokus eingeflossen war (phantasierte Blausäurevergiftung der Schwester als Ausdruck einer Verschiebung der gegenüber der Mutter vermiedenen Aggressionen). Die Erfahrung, insbesondere gegenüber dem Vater keinerlei Schutz gewährt zu bekommen und die Mutter so schwach erleben zu müssen, kam zwar zur Darstellung, allerdings waren der Patientin in dieser Beziehung ihre aggressiven Affekte emotional nicht zugänglich. Wir verstanden diesen Widerstand begründet in der Angst, die das Aufdecken einer lebensbestimmenden Identifikation und altruistischer Abtretungen an die Mutter nachsichgezogen hätte. Damit wäre zugleich der Sinn ihres eigenen Lebens erheblich in Frage gestellt worden. Wir respektierten die Signale der Patientin, daß wir zu einem solchen „Eingriff" im Rahmen der befristeten stationären Behandlung (noch) keine Erlaubnis hatten.

Weiterhin hatten sich in den ambulanten Vorgesprächen die Verdichtungen um die Zeit vor 27 Jahren abgebildet. Die zeitliche Koinzidenz von Hochzeit, Blausäurebehandlung des Hundes, der Angst, die lebensgefährlich erkrankte Schwester zu vergiften und dem erstmaligen Auftreten der Zwänge ließen weitere, der Patientin nicht bewußte Zusammenhänge annehmen. Die uns unter der Beachtung des Fokus über das Schicksal ihrer Schuldgefühle notwendig erscheinende minuziöse Aufarbeitung der Ereignisse dieses Lebensjahres erwies sich letztendlich als lohnendes Unterfangen, da die Wege der Symptombildung aufgezeigt und mit der Patientin durchgearbeitet werden konnten, was ein Sistieren der Zwangsymptomtik zur Folge hatte:

Die Puderung des Hundes durch den Ehemann erfolgte in der Wohnküche, wo die Patientin Handarbeiten für die im Krankenhaus liegende Schwester ausführte. Beim späteren Studium des Puderinhalts war die Patientin erschrocken über die Möglichkeit, die Schwester durch die „kontaminierte" Handarbeit zu vergiften. Die Schuldgenese der Schwester gegenüber enthüllte sich plötzlich über die folgende Erinnerung: Jedes der Geschwister hatte in seiner Kindheit von der Großmutter ein Amulett geschenkt bekommen mit der Mahnung, es immer zu tragen, nur so gewähre es Schutz. Im Gegensatz zur Schwester folgte die Patientin diesem Rat, verlor das Amulett jedoch zwei Jahre vor Symptombeginn. Vor dem Ausbruch der lebensbedrohlichen Erkrankung der Schwester hatte die Patientin ohne deren Einwilligung deren Amulett an sich genommen. Die Erkrankung der Schwester wurde von der Patientin als schuldhaft erlebt, da sie der Schwester doch – der großmütterlichen Mahnung folgend – den Schutz genommen hatte.

Über die Erinnerung dieses Amulett-Diebstahls ließ sich die massive Eifersuchtsproblematik der Patientin auf die Schwester herausarbeiten. Die Verschränkung von lebensbestimmenden negativen bzw. tragischen Erfahrungen mit Männern und dem altruistischen Aufkommen für die Mutter stand im Gegensatz zu der Lebenssituation ihrer Schwester, die sich frühzeitig von den Eltern gelöst hatte, heiratete und eine eigene Familie gründete. Drei Jahre vor Symptombeginn wurde die Patientin Patin des zweiten Kindes ihrer später erkrankten Schwester, ein Jahr vor Symptombeginn setzte die Menopause bei Frau B. vorzeitig ein.

Die an die Schwester geknüpften aggressiven Impulse werden auf eine harmlosere – mit dem Über-Ich der Patientin kompatiblere – assoziativ verbundene Sache verschoben: Die Entwendung des schützenden Amuletts mit der Folge der Erkrankung der Schwester. Doch auch diese Vorstellung unterliegt erneut einer Zensur im Sinne einer zweiten Verschiebung auf die Möglichkeit der Vergiftung durch die blausäurekontaminierte Handarbeit. Dieser Gefahr kann die Patientin allerdings begegnen, indem sie „ihre Hände in Unschuld wäscht" und den Hund und dessen nächtlichen Platz am Fuße ihres Bettes mied. Mittels gemeinsamer Aufarbeitung dieser biographischen Hintergründe war ein Verstehen und Annehmen ihrer aggressiven Impulse und deren oben aufgezeigter Verschiebungen möglich. Dabei gingen die emotionalen Erlebnisse auf der Station, in den

Gruppentherapien und während der einzeltherapeutischen Stunden einen engen, sich gegenseitig hilfreich fördernden Verbund ein.

Gegen Ende der stationären Behandlungszeit war die Patientin aus eigenem Antrieb, wenn auch mit viel Angst, in der Lage, ein Gespräch mit ihrer Schwester aufzusuchen, welches den Charakter einer Beichte mit Absolution hatte. Indem sie der Schwester gegenüber ihre Schuld, das Amulett entwendet zu haben, eingestehen konnte und auf Verständnis und Entlastung traf, bedurfte es nicht länger der das Symptom auslösenden neurotischen Kompromißlösung. Nach acht Wochen stationärer Psychotherapie konnte die Patientin ohne Kontroll- und Waschzwänge entlassen werden. Während der ambulanten Nachbetreuung von zwei Monaten zeigte die Patientin zunehmende soziale Kontaktaufnahmen. Bis auf ein Meiden von Straßen außerhalb von Ampelanlagen hatten sich keinerlei Zwänge mehr eingestellt und die Patientin war wieder in der Lage, in ihrem Bett im Schlafzimmer zu nächtigen.

Kasuistische fokaltherapeutische Behandlungsverläufe werden in der Literatur überwiegend bei jungen Erwachsenen in einem ambulanten Setting berichtet. Obwohl das stationäre Behandlungssetting mit seinem engeren zeitlichen Rahmen per se einen fokaltherapeutischen Behandlungsansatz erfordert, wurde dies in den konzeptionellen Überlegungen zur stationären Psychotherapie bisher noch wenig ausgearbeitet. Die Begrenztheit der therapeutischen Zielsetzung stationärer Behandlung ist tatsächlich kein Spezifikum der Behandlung alter Menschen in diesem Setting. Diskussionswürdig ist dagegen die Frage, warum es bei Frau B. nach einem solch langen neurotischen Verlauf in diesem Lebensabschnitt zu einer Inanspruchnahme kam?

Nimmt man die Schnittpunkt-Metapher zur Neurosenentstehung von Heigl-Evers & Heigl (1984, 235-236) unter Bezugnahme auf Freuds Überlegungen zur Ätiologie der Neurosen (1917) zu Hilfe, war im Jahr des Symptombeginns am Schnittpunkt der (vertikalen) Achse der Lebensgeschichte mit der (horizontalen) Achse der Aktualgeschichte zu einer Aktualisierung der Zwangssymptomatik in dem Moment gekommen, in dem die soziale, schicksalsmäßige und interpersonale Konstellation für die Patientin individualspezifisch bedeutsame „Versagungen" (Freud 1915) bedingten. An einem solchen lebensgeschichtlich bedeutsamen Schnittpunkt werden die aus der Frühgenese resultierenden Niederschläge der Nuklearkonflikte (i. S. von French 1952) bzw. Kernkonflikte (Loch 1967) durch die Ereignisse auf der horizontalen Achse „beleuchtet" (Abb. 24).

Die Reaktualisierung der Schuldgefühle durch den realen Verlust der Mutter rund fünf Jahre vor Behandlungsbeginn mit der nachfolgenden zunehmenden Somatisierungstendenz könnte einen weiteren „Schnittpunkt" im Alternsprozeß markieren und die vorbestehenden Neurotizismen die Kernkonflikte auf neue Weise aktualisiert bzw. verschärft werden. Die Frage, ob „die Arbeit an abhängigen, abgeleiteten Konflikten (derivate conflicts; Gill 1954) keine Auflösung des neurotischen Geschehens ermöglicht" oder doch eine „ausreichende Bedingung für die Wiederaufnahme des Ich-Wachstums" herstellt (88), hat Loch ursprünglich parallel zum Erscheinen der ersten deutschen Ausgabe von Malans „Psychoanalytischer Kurztherapie" (1965) untersucht. Unter Bezugnahme auf Hartmanns Feststellung, die Deutung besitze für das Ich den Charakter eines „multiplen Appells" (1960), bejaht Loch die Möglichkeit, daß „zur Auflösung der neurotischen Strukturen nicht unbedingt der originäre Kernkonflikt in einer (oder mehreren) Deutungen angesprochen werden muß (1967, S. 96).

Der hier dargestellte stationäre Behandlungsverlauf kann als Beleg für diese These genommen werde. Deutlich war, daß die Patientin, ohne gänzlich negativen Übertra-

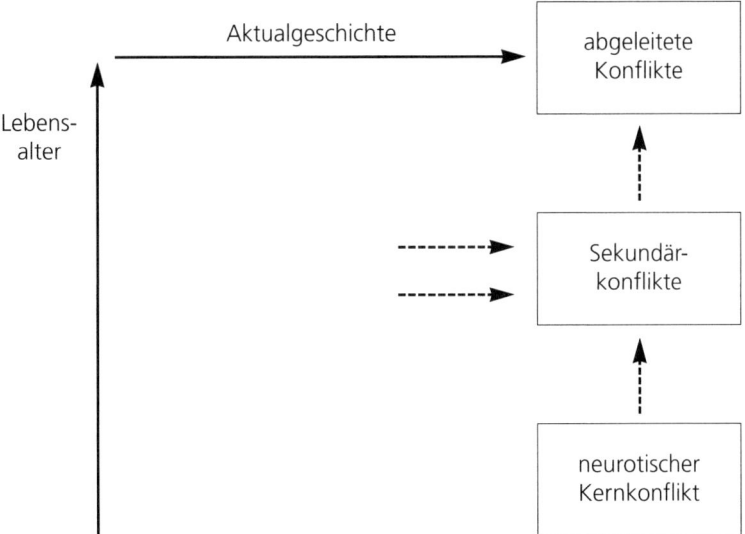

Abb. 24: Fokaltherapie – Arbeit am abgeleiteten Konflikt: Entlang dem chronologischen Lebensalter wird die neutrotische Kernkonflikt-Thematik immer wieder durch konflikthafte Anforderungen „beleuchtet", ohne daß diese Sekundärkonflikte schon zum Symptom-ausbruch führen müssen. Psychodynamische Fokaltherapie arbeitet primär mit abgeleiteten Konflikten, die durch die Aktualgeschichte ausgelöst werden.

gungsaspekten auszuweichen, der Aggression gegenüber der Mutter-Imago während der Behandlung widerstand. Gerade auch in einer stationären fokaltherapeutischen Behandlung erscheint es wesentlicher als das Beharren auf (dann kognitiv bleibenden) Kernkonfliktdeutungen, die emotional stimmige Bearbeitung der stationären Szene und der aktuellen Übertragungen zu achten. Unterbleibt eine solche Behandlung, droht eine Vertiefung der Regression mit einem vorzeitigen Abrutschen in ein für die Betroffenen und die Allgemeinheit forderndes Sozialmanagement. Andernfalls wird das Ich wieder in die Lage versetzt, sich mit dem neurotischen Konflikt (zunächst in seiner aktualisierten Ausprägung) auseinderzusetzen. Fokaltherapeutisches Arbeiten kommt dem Bedürfnis alter Menschen nach Autonomie entgegen, so daß lange stationäre Behandlungsverläufe auch bei chronischer Symptomatik eher die Ausnahme darstellen sollten.

3.8   Die dissoziativen Störungen

Die **dissoziativen Störungen** (ICD-10: F44) umfassen klinische Phänomene wie die *dissoziative Amnesie* (ICD-10: F44.0), die *dissoziative Fugue* (ICD-10: F44.1), die *Trance- und Dämmerzustände* (ICD-10: F44.3) und die *dissoziative Identitätsstörung* (ICD-10: F44.81), die auch als „multiple Persönlichkeit" bezeichnet wird. Dissoziative Symptome des Bewußtseins sind häufig verbunden mit psychogenen Störungen des Körpers (Konversionssymptome).

Dissoziative Symptome sind ursprünglich bei hysterischen Patientinnen von Pierre Janet (1859-1947) beschrieben worden und im DSM-III (1980) wieder neu aufgenommen worden. S. Freud begriff die Dissoziation als einen Abwehrvorgang und bezeichnete die „Bewußtseinsspaltung" in den „Studien zur Hysterie" (1895; zusammen mit Breuer) als ein Grundphänomen der Hysterie. Ursprünglich war vor allem auch an die Abwehr psychotraumatischer (kindlicher) Erfahrungen gedacht worden. – In Situationen von Übermüdigung oder Trance auftretende dissoziative Phänomene zeigen, daß die Dissoziation zu einem der Grundphänomene der menschlichen Psyche gehört.

Heute kennen wir dissoziative Symptome sowohl bei einer Konfliktgenese als auch nach frühkindlichen (sexuellen) Traumatisierungen und bei posttraumatischen Belastungsreaktionen (➡ Kap. 3.3). Die **Konversionsstörungen** mit einer Störung vor allem von Motorik, Sensibilität und Wahrnehmung oder dem Auftreten psychogener Anfälle, tritt mit Sicherheit gelegentlich auch erstmals im höheren Lebensalter auf, wobei genauere Angaben zur Häufigkeit und zum Verlauf fehlen. Klinisch stehen Patienten aus den Fachgebieten Innere Medizin, Neurologie und Gynäkologie im Mittelpunkt. Die Bedeutung der **Somatisierungsstörungen** (ICD-10: F45) mit ihren polysymptomatischen Phänomenen und dem drängenden Suchen nach einer organischen Krankheitsursache ist im Vergleich zu den Konversionsstörungen vermutlich im Alter um ein Mehrfaches höher. Als ursächlich könnte diskutiert werden, daß der körperliche Alternsprozeß (➡ Kap. 2.3.2) Mitteilungen „über den Körper" qua Konversions- oder Somatisierungssymptomatik „legitimiert".

Bei den dissoziativen Störungen besteht noch eine enorme Unsicherheit bezüglich ihrer Bedeutung im höheren Lebensalter. Wir haben den Eindruck, daß vielerorts auch unter Fachleuten noch erhebliche Schwierigkeiten bestehen, diese Störungen in Abgrenzung zu einer histrionischen Persönlichkeitsstörung (➡ Kap. 3.9) zu diagnostizieren.

3.9   Die Persönlichkeitsstörungen

Die **Persönlichkeitsstörungen** sind auf der syndromalen Ebene der ICD-10 in der Kategorie F60 abgebildet. Während Persönlichkeitsstörungen im psychiatrischen und psychotherapeutischen Versorgungsbereich eine große Bedeutung haben, ist unser Wissen sowohl über den Verlauf dieser in der Regel in Jugendzeit oder spätestens im frühen Erwachsenenalter bemerkbaren Störungen im weiteren Lebenslauf und deren Häufigkeit im Alter ausgesprochen begrenzt. Die *Prävalenzrate* wird insgesamt zwischen 7-18 % bei ausgeglichenem *Geschlechterverhältnis* geschätzt und reicht von 2 % bei der *Borderline-Persönlichkeitsstörung* über 3 % bei der *narzißtischen Persönlichkeitsstörung* (die nur im DSM-IV, jedoch nicht in der ICD-10 aufgeführt ist) bis zu 6 % bei der *histrionischen Persönlichkeitsstörung* in der Allgemeinbevölkerung. Eine Komorbidität mehrerer Störungstypen ist nicht selten. Bisher werden Persönlichkeitsstörungen, z. B. in gerontopsychiatrischen Abteilungen, deutlicher seltener diagnostiziert als bei Patienten im jungen Erwachsenenalter. Das kann, wie weiter unten diskutiert wird, viele Gründe haben. Von den Persönlichkeitsstörungen abzugrenzen sind im Laufe des Erwachsenenalters erworbene **Persönlichkeitsveränderungen** (ICD-10: F70) in Folge extremer psychischer Belastungen, langanhaltender psychischer Störungen oder hirnorganischer Erkrankungen. – An dieser Stelle müssen Kenntnisse über die prototypische Kategorisierung von Persönlichkeiten vorausgesetzt werden, da wir uns hier nur auf die Besonderheiten bei Alternden beziehen.

Da die Diagnosekriterien in ICD-10 bzw. DSM-IV den eingangs bereits erwähnten Symptombeginn in Kindheit oder Jugendzeit fordern, werden bei epidemiologischen Untersuchungen schon auf Grund dieser Kriterien keine Menschen „entdeckt", deren Persönlichkeitsstörung (nicht Persönlichkeitsveränderung durch äußere Faktoren) erst im späteren Leben symptomatisch wurde. Eine Metaanalyse von Abrams & Horowitz (1996), deren Einschlußgrenze allerdings schon bei 50 Jahren beginnt, legt eine im Alter gleichbleibende Prävalenz der Persönlichkeitsstörungen nahe. Die in einer anderen Metaanalyse gefundene Abnahme der Borderline-Persönlichkeitsstörung auf rund die Hälfte nach etwa 9 Jahren (Perry 1993) bezieht in den meisten Fällen auch eher Erwachsene bis zum 50. Lebensjahr ein, so daß tragfähige Aussagen über höheraltrige Kollektive fehlen. Bei Erwachsenen jenseits des 60. Lebensjahres wurde erst kürzlich der Versuch gemacht, am Beispiel der Borderline-Persönlichkeitsstörung eine altersspezifische Operationalisierung der Symptomatik zu erarbeiten, da einige der beschriebenen Verhaltensweisen junger Erwachsener nicht einfach auf ältere Kohorten übertragbar ist (Sadavoy 1996). Dies könnte zu der falschen Einschätzung einer Abnahme der Borderline-Persönlichkeitsstörung im Alter führen.

Diese Abnahme der Prävalenz kann unter den Aspekten einer Abnahme der Triebspannung und Aggressivität oder/und einer besseren Adaptation aufgrund der Erfahrungen des Betroffenen im Umgang mit seiner Persönlichkeit diskutiert werden. Noch völlig ungeklärt ist, inwieweit akute oder chronische psychische Symptome (z. B. einer depressiven Störung) oder einer funktionellen Störung im Alter auch die Symptome einer Persönlichkeitsstörung „kaschieren" können.

Behandlungsbeispiel 8: Beispielsweise stellte sich ein 67jähriger emeritierter Hochschullehrer mit zahlreichen Körpersymptomen in der Poliklinik vor. Alle die notwendigen Untersuchungen hätten tausende von Mark gekostet, um am Ende zu beweisen, daß er völlig gesund sei. Dabei habe er ständig das Gefühl, er erlebe den nächsten Tag nicht, wenn es ihm so schlecht gehe. Eigentlich gehe es ihm immer schon schlecht. Seit er sich als einziger seiner Familie aus einfachsten Verhältnissen mit seiner beruflichen Karriere entwickelt habe, habe er sich immer wieder wie ein Hochstapler gefühlt. Dann habe er jedoch sich mit dem Gedanken beruhigt, wenn die Anderen ihn mit diesen Positionen und späteren Ehrungen bedenken würden, dann müsse er doch befähigt sein. Zeitlebens habe er sich klein und unscheinbar gefühlt, habe Angst gehabt, von Frauen abgelehnt zu werden, was ihn sehr verletzen würde. Nie habe er geheiratet, jedoch eine große Zahl von zum Teil parallel laufenden Beziehungen zu sehr attraktiven Frauen gehabt, die oft unter ihm gelitten hätten. Er gelte als geistreich und interessant, doch eigentlich hasse er die Menschen. – Er habe schon von Ärzten die Diagnose einer Depression gehört, aber er sei nicht depressiv, habe vielmehr zahlreiche Interessen. Auch habe er schon einmal eine Psychotherapie gemacht, aber alles, was der Therapeut gesagt habe, habe ihn emotional nicht erreicht. Er komme jetzt, um sich zu vergewissern, daß er nichts ausgelassen habe, was seine Situation verbessern könne, das sei er sich schuldig. – Von der Gegenübertragung hatte der Diagnostiker ständig das Gefühl, er müsse mit allem, was er sage, sehr auf der Hut sein, sonst breche der Patient in ein Gelächter aus über seine unbeholfenen Versuche, noch etwas „Kluges" zu sagen.

Auch wenn die Fallvignette kurz gehalten ist, wird das Ausmaß einer seit Jugendzeit bestehenden *narzißtischen Persönlichkeitsstörung* deutlich, die sich allerdings in den letzten Jahren vor allem „somatisch" präsentiert hatte. Die Motive dafür können vielfältiger Natur sein: Kontaktsuche, Depotenzierung von somatischen Spezialisten, großartige Konsumierung finanzieller Ressourcen, um nur einige zu nennen. Jedoch wird in diesen ganzen Krankenberichten an keiner Stelle die Diagnose einer Persönlichkeitsstörung genannt. Auch dafür mag es viele Gründe geben: Unsicherheit in der Diagnostik einer so weitreichenden Störung, Angst vor Diskriminierung des Patienten oder vor dessen phantasierten Rachegefühlen oder Unsicherheit über die therapeutischen Implikationen einer solchen Diagnose.

Der Verlauf von Persönlichkeitsstörungen wird vermutlich in bedeutendem Maße von den begleitenden Lebensumständen mitgeprägt. Menschen mit chronisch instabilen Beziehungen zeigen eine höhere Vulnerabilität auch angesichts der bereits weiter vorne dargelegten Belastungen durch die zahlreichen Entwicklungsaufgaben im Alter. Bei guter materieller Absicherung erhöhen sich naturgemäß die Möglichkeiten, angesichts der besonderen Bedürfnisse der jeweiligen Persönlichkeit „ungehemmt" und „ungestraft" agieren zu können. Generell gilt, daß Menschen mit einer Persönlichkeitsstörung unsere Anerkennung verdienen angesichts der enormen Kräfte und Begabungen, die sie z. T. mobilisieren müssen, um mit ihrem Leben und den Beziehungen trotz vieler Krisen über Jahrzehnte zurechtzukommen. Insofern haben wir auch Patienten vor Augen, die in mehreren Lebensabschnitten erfolgreich verlaufene psychotherapeutische Interventionen nutzen konnten. Wenn sie jetzt im Alter erneut nach einer solchen umschriebenen fachpsychotherapeutischen Behandlung suchen, sollten wir bei dieser Diagnose nicht davon ausgehen, daß die vorausgegangenen Behandlungen „nichts gebracht" hätten und daher jetzt auch keine Indikation bestehe. Wenn die Patienten nachvollziehbar darstellen können, daß ihnen vorangegangene Behandlungen in einem bestimmten Abschnitt ihrer Biographie geholfen haben, dann spricht bei entsprechender Motivation generell nichts gegen eine neue Indikation. Die Persönlichkeitsstörung kann eine chronisch rezidivierende Störung(-sanfälligkeit) darstellen, die auch wiederholte Behandlungen rechtfertigt. Dazu kommt bei geeigneter Behandlungstechnik auch eine tiefenpsychologisch orientierte Gruppenpsychotherapie Älterer in Betracht.

Wir haben den Eindruck, daß in den nächsten Jahren an dieser Thematik noch wesentlich weiter gearbeitet werden muß, möglicherweise mit dem Schwerpunkt, zunächst einmal die Phänomenologie der Persönlichkeitsstörungen im Alter genauer deskriptiv zu fassen. Zu vermuten ist beispielsweise, daß späte Erstmanifestationen von psychogenen Eßstörungen wie einer Anorexia nervosa (→ Kap. 4.4) oder selbstschädigendes Verhalten durch Non-Compliance eine Verbindung zu den Persönlichkeitsstörungen erkennen läßt.

3.10 Bedeutung der Religiosität im Alter

Neben der persönlichen Biographie, der Lerngeschichte und der politischen Biographie im sozialen Raum ist auch die **religiöse Biographie** eines Menschen von Bedeutung. **Religion** bezeichnet die Beziehung des Menschen zu einer umgreifenden, meist transzendental vorgestellten Wesenheit oder Macht, die personal oder apersonal als heilig vorgestellt wird. Neben traditionellen religiösen Praktiken in den Großkirchen oder auch kleineren religiösen Gemeinschaften haben verschiedene spirituelle Quellen und Praktiken, wie etwa die Meditation, eine große Bedeutung. **Spiritualität** kann als die Erfahrungsdimension verstanden werden, in der eine wie auch immer geartete Transzendenz erlebt wird. Religion kann dazu beitragen, spirituelle Erfahrungen zur Sprache zu verhelfen und in Gemeinschaft zu erleben.

Daß religiöse Themen in psychotherapeutischen Behandlungen bisher oft nur eine marginale Rolle spielen, hängt unseres Erachtens oft weit mehr mit dem Behandler zusammen als diesem bewußt ist. Gerade die heute 60-90jährigen sind in aller Regel in einer Zeit „religiös erzogen" worden, in der Religion beider christlichen Konfessionen eine wesentliche Rolle im gesellschaftlichen Leben spielte. So war es beispielsweise in manchen Schwarzwald-Dörfern noch bis in die 50er Jahre hinein üblich, daß Frauen nach ihrer Verwitwung, egal wie alt sie zu diesem Zeitpunkt waren, in der katholischen Kirche in einer der hinteren Bänke, der sogenannten Witwenbank, schwarz gekleidet zu sitzen hatten. Und dies galt als „selbstverständlich" auch für die Zeit nach Ablauf des sogenannten Trauerjahres. In manchen evangelisch-freikirchlichen Gemeinschaften, z. B. im nördlichen Württemberg ist bis heute das Fernsehen verpönt, und Frauen haben ihr langes Kopfhaar in einer typischen Weise hochgesteckt zu tragen.

Traditionelle Religiosität und Normenbildungen im christlichen Alltag gehören zu den unbewußt tradierten Bildern Alternder. Diese Erfahrungen haben zwei Seiten: Sie können sowohl einengend und belastend als auch gemeinschaftsbildend und tragend sein. Beispiele für eine Belastung durch religiöse Normen stellen unter einer klinischen Perspektive die Auswirkungen auf das Erleben von Körperlichkeit und Sexualität Älterer und den Umgang damit dar. Besonders problematisch wird es, wenn Leiden als verdiente Strafe Gottes (im Sinne von Schuld) erlebt wird. Andererseits gibt es empirisch gestützte Hinweise darauf, daß intrinsische Religiosität, die im persönlichen Leben verankert ist, in einem ausgeprägteren Zusammenhang mit dem Wohlbefinden Älterer steht als soziale Unterstützung oder finanzieller Status. Dabei scheint ein entscheidender Faktor das religiöse Handeln zu sein. Denn je intensiver jemand am religiösen Gemeinschaftsleben teilnimmt, desto eher werden auch andere Beziehungen in der Familie, Nachbarschaft und Freundschaft gepflegt.

Ältere sind in einer Zeit religiös unterwiesen worden, in der religiöse Fanatismen weitaus verbreiteter waren als wir es aus der Perspektive einer heute säkularisierten Welt kennen. Ein überwiegend strafendes Gottesbild führte nicht selten dazu, daß konfessionsverschiedene Ehepartner von den Schwiegereltern verflucht wurden und Unglück in der Ehe später diesem Fluch zugeordnet wurde. Das Gebot der „Ehre von Mutter und Vater" wurde allzuhäufig zum Jochbogen, der dazu zwang, auch schweres Unrecht oder Gewalt der Eltern gegenüber den Kindern „gottgewollt" ertragen zu müssen.

Ein überwiegend strafenvermitteltes Gottesbild macht aufgrund der daraus resultierenden Über-Ich-Struktur auch anfällig für politische Fanatismen. So war es den christlichen Kirchen nicht per se verdächtig, „Andersgläubigkeit" auch als vorgeschobenes Argument für massenhafte Verfolgung und Mord in der nationalsozialistischen Diktatur zu benutzen: Auf diesem Hintergrund konnte sich politischer Widerstand nur vereinzelt entwickeln. Religion diente so auch zur Bildung von (Pseudo- und Gruppen-)Identität gegenüber „Fremden", in die unerwünschte eigene Aspekte hineinprojiziert werden konnten. Es ist noch wenig erforscht, in welcher Weise sich solche rigiden Über-Ich-Strukturen und intrapsychische Schuldkonflikte im Lebenslauf mit dem Erleben von Realschuld durchdringen.

Eine Religiosität, in der Glaube und Zweifel einen gleichberechtigten Platz haben, kann im Alter eine Ressource darstellen. Angesichts der existentiellen Ungeborgenheit des Menschen in seiner gesamten Erwachsenenbiographie gegenüber sinnlosem Unglück, Zerstörung und letztlich dem eigenen Tod bedarf es physiologischer Übergangsobjekte. Diese physiologischen Übergangsobjekte sind jedoch von den Teddy-Bären eines Kindes (i. S. Winnicotts) als Symbol der Eltern-Imagines zur Bewältigung der kindlichen Trennungsangst beim Entwicklungsstand eines Erwachsenen sowohl in Gestaltung als auch in Aufgabe verschieden. Sich als Therapeut auf ein solches Verständnis von Religiosität einzulassen, würde jedenfalls eine wesentlich offenere Begegnung mit dem Alternden voraussetzen als die exkludierende Haltung, Religion sei stets neurotisch.

Ausgebildet sein können solche *Übergangsobjekte im Erwachsenenalter* z. B. als das geliebte Buch auf dem Nachttisch, den immer wieder gelesenen Klassiker, den man sogar mit auf die sprichwörtliche einsame Insel nehmen würde. Diese überdauernden Beziehungen zu Büchern oder Musikwerken symbolisieren in jedem Falle Transzendenz. Auch die Bibel und in einem weiteren Sinne Religion kann eine solche Übergangsobjekt-Funktion haben. Damit kann Religion dem dialogisch/dialektisch angelegten Wesen des Menschen auch in einer Zeit extremer Sprach- und Begriffsarmut intrapsychischen Dialog und Symbolisierung ermöglichen. Dabei ist etwa an eine Pflegesituation zu denken, in der der Betreffende außer professionellen Helfern keine vertrauten Menschen mehr um sich hat, z. B. weil alle Vertrauten verstorben sind. Religiöser Glaube könnte in einer solchen Situation helfen, „bei sich" zu bleiben und nicht „außer sich" zu geraten.

Dieser Aufgabe kann Religiosität jedoch nur dann dienen, wenn sie weder strafende noch idealisierende Gottesbilder installiert hat, gegen die man selber auf der Ebene Macht/Ohnmacht oder Wert/Unwert stets verliert. Es ist nicht Aufgabe des Psychotherapeuten, seine Religiosität und sein Gottesbild dem Patienten vorzustellen. Der Alternde sollte jedoch soviel professionelle Kompetenz bei seinem Psychotherapeuten erwarten und finden können, daß er seinen Glauben und seinen Zweifel in der Behandlung zum Ausdruck bringen und damit erleben kann. Er sollte die Möglichkeit haben, seine Religiosität ohne die Sorge, verlacht zu werden oder vorab als „neurotisch" gedeutet zu bekommen, betrachten zu können. Neurotizismus und Religiosität müssen in ihrem inneren Verhältnis zueinander sehr sorgfältig und im individuellen Psychotherapieprozeß untersucht werden. Wenn Patienten dies wünschen, spricht nichts dagegen, wenn sie sich auch innerhalb einer laufenden Therapie in spirituellen Erfahrungen, wie etwa Meditation oder Gebetstechniken, unterweisen lassen. In stationären Behandlungskonzepten empfehlen wir die Zusammenarbeit mit dem etwaigen Klinikpfarrer. Überraschend viele Patienten nehmen im Laufe ihrer Behandlung mit einem Seelsorger Kontakt auf, oft ohne es dem Therapeuten zu sagen. Religiöse und spirituelle Erfahrungen sind aufgrund ihrer Privatheit (bei Männern noch stärker als bei Frauen) oft mit erheblichen Schamgefühlen verbunden. Im Sinne eines Gesamtbehandlungsplanes erscheint es uns wichtig, diese existentielle Dimension des Menschen nach Möglichkeit zu integrieren.

3.11 Gewalt im Alter – Gewalt gegen Ältere

Forensische Fragestellungen haben in jüngerer Zeit erheblich an Bedeutung gewonnen, nachdem sich Ende der 80er Jahre die Berichte über Vernachlässigung und Gewalt gegenüber alten Menschen häuften (z. B. Hirsch 1999c). Besondere Aufmerksamkeit erlangten Berichte von Serientötungen in Heimen oder Krankenhäusern. Auch wenn die hiermit angesprochenen Fragestellungen im Kern den Fachgebieten *Rechtsmedizin* und *Forensische Psychiatrie* bzw. dem *juristischen Fachgebiet* zuzuordnen sind, wollen wir in der gebotenen Kürze zumindest dazu beitragen, eine Sensibilität für die Problematik zu entwickeln.

Gewalt gegen alte Menschen kann im Kern durch die nachfolgenden drei Handlungen bzw. Unterlassungen charakterisiert werden:

- Probleme durch Vernachlässigung,
- Folgen von Intoxikation und
- Folgen von unmittelbarer physischer Gewalteinwirkung.

Hinzu kommen Grenzprobleme, wie der Umgang mit Therapiegrenzen (etwa in der Schmerztherapie), und der Umgang mit dem Sterbeprozeß im Sinne von „Sterbenlassen" bzw. aktiver Tötung (→ Kap. 3.5.2).

Die epidemiologische Bedeutung forensischer Problemstellungen ist groß. Zur Zeit leben in unserem Land rund 1,2 Mio pflegebedürftige Menschen, die zuhause von Angehörigen, Bekannten oder Pflegediensten versorgt werden. Hinzu kommen weitere 500.000 alte Menschen im stationären Pflegebereich. 1998 gab es 11.730 private Pflegeanbieter mit ca. 213.000 Beschäftigten (Wagner 1999). Eine einheitliche Ausbildung in der Altenpflege soll endlich in dieser Legislaturperiode verabschiedet werden. Von den ausgebildeten Altenpflegekräften sind 20 % nach 1 Jahr und 82 % nach 5 Jahren wieder aus dem Beruf ausgeschieden. Bei einer Ursachenforschung sind neben Fragen der Familienplanung bei einem überwiegend von Frauen erlernten Beruf u. E. konkurrierend die teilweise sehr schlechten Arbeitsbedingungen von Altenpflegekräften zu nennen. Uns sind Altenpflegerinnen als selber psychosomatisch erkrankte Patientinnen begegnet, die nach mehreren Monaten ohne ein freies Wochenende an der Grenze der physischen und psychischen Belastbarkeit waren und selber psychosomatische Symptome entwickelten. Eine inhaltlich richtig verstandene Qualitätssicherung in der Altenpflege könnte auch dazu beitragen, daß die Verantwortlichen der einzelnen Einrichtungen sowie die Gesundheits– und Sozialpolitik insgesamt mit in die Pflicht genommen würden, für entsprechende Bedingungen zu sorgen, unter denen Pflege auf einem angemessenen professionellen Level erfolgen kann.

Im März 1999 wurde die Studie zur „Epidemiologie des Decubitus im Umfeld der Sterbephase" veröffentlicht, durchgeführt im Auftrag der Hamburger Behörde für Arbeit, Gesundheit und Soziales. Bei 10.000 Leichenschauen fand sich eine Gesamtprävalenz von 11,2 % für Decubitalgeschwüren. Da die ordnungsgemäße Wund-Versorgung von solchen Decubitalgeschwüren wenig finanziellen Anreiz bei einem privatisierten Anbietermarkt findet, muß man bei dieser Form von Gewalt durch Vernachlässigung auch an die wirtschaftlichen Bedingungen, unter denen Pflege stattfindet, denken. Strafrechtler weisen auf die bedenklichen Auswirkungen von „sozialbegründetem Unterlassen medizinischer Versorgung" hin und warnen in diesem Zusammenhang vor einem „Dammbruch" beim Tötungstabu (→ Kap. 3.5.2).

Die aus dem jährlich erscheinenden Arzneiverordnungsreport ersichtlichen erschreckend hohen Verordnungszahlen von Psychopharmaka muß ebenfalls im Zusammenhang mit Problemen der Strukturqualität in Altenheimen und Alten-Pflegeeinrichtungen gesehen werden. Denn während die ausreichende Behandlung mit Antidepressiva oft nicht gewährleistet erscheint, dominieren bei den Verordnungen Neuroleptika, Tranquilizer, Sedativa und Hypnotika. Bei über 70jährigen Patienten betrugen nach dem Arzneiverordnungsreport 1998 die verabreichten Sedativa- und Hypnotika-Tagesdosen das 3,4- bis 6,4fache des Durchschnittverbrauchs aller Altersgruppen. Bei über 90jährigen wird bei diesen Substanzgruppen sogar das 4- bzw. 8fache angegeben. Die Pro-Kopf-Verordnung von Neuroleptika scheint mit der Größe der Pflegeeinrichtung zuzunehmen, wobei jüngste Untersuchungen bei fast einem Viertel dieser Verordnungen keine Indikation sichern konnten (Wilhelm-Gößling 1998).

Hinsichtlich direkter Gewaltanwendungen finden sich 11,4 % aller vorsätzlichen Tötungen bei Menschen über 60 Jahren, bei Mißhandlungen schutzbefohlener Erwachsener über 14 % und bei Raubüberfällen in Wohnungen 16,6 %. Beim Handtaschenraub sind über 61 % aller Opfer über 60 Jahre alt, 97 % davon Frauen (Wagner 1999). Zum Vergleich: 1998 wurden 8.006 Fußgänger über 60 Jahre im Straßenverkehr verletzt, jedoch gleichzeitig 16.807 ältere Menschen durch vorsätzliche Gewalteinwirkung (zu den psychischen Traumafolgen: → Kap. 3.3.5; zu gutacherlichen Fragen: → Kap. 4.11).

Ältere können auch selber gewalttätig sein. Gerade die Enge einer häuslichen Pflegesituation kann dazu beitragen, daß „die Tochter unter der Knute" gehalten wird. Aggressives Klagen von Beschwerden, nörgelndes Krisieren („Der kann man nichts recht machen!") oder dauerndes Rufen machen auch dem unbefangenen Beobachter oft spürbar, daß in Pflegesituationen „alte Rechnungen" beglichen werden. Das Tragische ist, daß alle Parteien kaum ausweichen können, so daß gelegentliche handgreifliche Eskalationen – ohne diese zu entschuldigen – durchaus verständlich werden. Viele aggressive Affekte beziehen sich auch auf finanzielle Fragen bzw. Erbschaftsstreitigkeiten. Es ist eine der Stärken heutiger Älterer, nicht selten über erhebliche finanzielle Ressourcen verfügen zu können (→ Kap. 2.4).

4 Spezielle Gerontopsychosomatik

In diesem Kapitel fassen wir das derzeit verfügbare Wissen über Symptom- bzw. Störungsbilder Alternder, bei denen das körperliche Erleben der Störung ganz im Vordergrund der Phänomenologie steht, unter dem Begriff der **speziellen Gerontopsychosomatik** zusammen. Die psychische Verarbeitung von körperlichen Störungen im engeren Sinne (**Coping**) wird im → Kap. 5 behandelt. Nachdem nachfolgend zunächst die Somatisierungsstörung mit ihrer multiplen Symptomatik besprochen worden ist, orientieren wir uns in der Gliederung – soweit möglich – an der Zuordnung der Störungsbilder zu Funktions- bzw. Organsystemen.

4.1 Somatisierungsstörungen

Die **Somatisierungsstörung** (ICD-10: F45.0) tritt bevorzugt bei Frauen vor dem 35. Lebensjahr auf und ist gekennzeichnet durch das wiederholte Auftreten multipler und häufig wechselnder körperlicher Symptome wie gastrointestinaler, sexueller oder dermatologischer Beschwerden. Diese sind Anlaß zu oft ungezählten Untersuchungen und Operationen, wobei sich der Patient gewöhnlich zunächst oder anhaltend den Versuchen widersetzt, die Möglichkeit psychischer Ursachen für seine Symptome zu diskutieren.

Betrifft die Somatisierungsstörung insbesondere die vom vegetativen Nervensystem versorgten Organe, spricht die ICD-10 heute von den **somatoformen autonomen Funktionsstörungen** des *kardiovaskulären Systems* (z. B. Herzneurose), des *Gastrointestinaltraktes* (z. B. Dyspepsie), des *respiratorischen* (z. B. Hyperventilation) oder des *urogenitalen Systems* (z. B. Dysurie) (ICD-10: F45.3ff). Die somatoformen autonomen Funktionsstörungen wurden vor Einführung der ICD-10 als funktionelle oder psychovegetative Syndrome bezeichnet. Gebräuchlich waren auch Begriffe wie vegetative Dystonie, Vagotonie etc. Bei der Besprechung der einzelnen Organsysteme versuchen wir, den Blick zu schärfen für das Vorkommen dieser Störungsgruppe auch bei Älteren. Nach unseren eigenen Untersuchungen besteht der vorläufige Eindruck, daß die somatoformen autonomen Funktionsstörungen nicht generell seltener im Alter sind, jedoch von der somatisch orientierten Medizin (noch) schwerer erkannt werden als bei jüngeren Erwachsenen.

Steht bei der Somatisierungsstörung das Schmerzerleben ganz im Vordergrund, wie etwa beim chronischen Rückenschmerz, ohne daß ein physiologischer Prozeß oder eine körperliche Störung erklärend wäre, spricht man von einer **somatoformen Schmerzstörung** (ICD-10: F45.4). Insbesondere bei Älteren ist es trotz aller differentialdiagnostischen Sorgfalt nicht immer möglich, den organischen Anteil geklagter Schmerzen vom somatoformen Anteil der Beschwerden abzugrenzen (→ Kap. 4.5).

Zur Differenzierung kann dem Geriater bzw. dem Gerontopsychosomatiker die in der ICD-10 aufgenommene Verbindung der somatoformen Schmerzstörung zu emotionalen Konflikten oder psychosozialen Problemen, die sich über die Gegenübertragung wahrnehmen lassen (→ Kap. 6.5.3), dienen.

Bei der **hypochondrischen Störung** (ICD-10: F45.2) steht vor allem die körperbezogene Sorge und weniger die Symptomatik als solche im Vordergrund. Zur Häufigkeit von Hypochondrien im höheren Lebensalter wissen wir noch wenig, zumal es auch eine natürlich begründete, verständlicherweise *besorgte Hinwendung* zum Körper im Alternsprozeß gibt (→ Kap. 2.3.2). Hier besteht aus gerontopsychosomatischer Perspektive noch erheblicher Forschungsbedarf.

4.2 Herz-Kreislauf-System

Erkrankungen des Herzens sind die häufigste Todesursache bei Älteren. Das kardiovaskuläre Altern ist ein fortlaufender und unumkehrbarer Prozeß. Da zur Herzfunktion in allen Lebensabschnitten auch intensive emotionale Verbindungen bestehen, kennt der Volksmund zahlreiche Redewendungen, die diese psycho-somatische Dimension einfangen: „Mir bricht das Herz vor Kummer..."; „Das geht einem zu Herzen..."; „Das Herz wurde ihm beim Abschied schwer..." etc. Auf Grund der großen Zahl von kardialen Veränderungen im Alter ist es für den Geriater oft schwierig, vom Patienten angegebene Beschwerden zu differenzieren hinsichtlich ihrer somatischen und ihrer psychischen Dimension. Wie eng diese psychosomatische Verbindung auch bei Älteren sein kann, verdeutlicht das folgende Behandlungsbeispiel.

Behandlungsbeispiel 9: Der 66jährige Herr Z. wurde von den Kardiologen „notfallmäßig" in der psychosomatischen Ambulanz mit folgendem Auftrag vorgestellt: Herr Z. käme in den letzten zwei Wochen wiederholt – auch mit dem Krankenwagen gebracht – mit schwersten Herzschmerzen in die kardiologische Notaufnahme; da er vor eineinhalb Jahren eine dreifache Bypass-Operation erhalten habe, werde er jedesmal intensiv durchuntersucht, jedoch ohne pathologischen Befund; der Patient sei zur Zeit „herzgesund" und die Psychosomatiker sollten dafür sorgen, daß der Patient die Kardiologie in Ruhe ließe; sie hätten Wichtigeres zu tun! – Der deutliche Gegenübertragungsaffekt der Kardiologen beunruhigt die psychosomatische Ambulanz, da mit der Überweisung ein enormer (Erfolgs-)Druck verspürt wurde. In dieser Situation kam Herr Z., ein altersentsprechender, vital wirkender Mann, der zugleich spürbar niedergedrückt-ängstlich war, in Begleitung seiner gleichaltrigen Frau.

Zusammengefaßt ließ sich in der Diagnostik folgende Situation rekonstruieren. Herr Z. hatte sich eigentlich immer relativ gesund erlebt, bis vor eineinhalb Jahren diese Bypass-Operation auf Grund von Stenokardien recht rasch notwendig wurde. Die Operation und die anschließende Rehabilitation waren auch subjektiv gut verlaufen. Parallel zu diesem Krankheitsgeschehen bestand in der Familie ein heftiger Konflikt. Seine einzige Tochter hatte 27jährig vor rund acht Jahren gegen seinen ausdrücklichen, auch aggressiv vorgetragenen Willen einen Schwarzen geheiratet. Herr Z. hatte daraufhin seine Drohung realisiert und alle Kontakte zur Tochter abgebrochen und auch seine Frau gezwungen, sich diesem Boykott anzuschließen. Zwischenzeitlich waren aus dieser Ehe der Tochter zwei Enkeltöchter hervorgegangen, die sich gut entwickelten, zu denen er jedoch ebenfalls keinen Kontakt hatte. Nun hatte seine Frau „hinter seinem Rücken" vor ca. einem Jahr, als er noch mit der Rehabilitation nach seiner Operation beschäftigt war, zunächst „heimlich" begonnen, sich mit der Familie der Tochter zu treffen. Mit der Zeit blieben Herrn Z. diese Treffen naturgemäß nicht mehr verborgen. Und es ließ sich ein Zusammenhang sehen zwischen der Eskalation seiner Herzbeschwerden und der gleichzeitigen Abwesenheit seiner Frau, die möglicherweise dann bei der Familie der Tochter zu Besuch war.

Herr Z. folgte dem Vorschlag einer stationären psychosomatischen Behandlung, die auf Grund der Akuität und Dramatik der Symptome indiziert war, nur widerstrebend. Es gelang ihm jedoch innerhalb eines psychodynamischen fokaltherapeutischen Behandlungsansatzes in sechs Wochen, in seiner Wahrnehmung zwei Schmerzqualitäten zu differenzieren. Zum einen litt er zeitweise noch unter den schmerzhaften Folgen der großen Thorakotomie-Narben nach der Herzoperation, mit denen er jedoch eigentlich gut zurecht kommen konnte. Zum anderen waren im Sinne einer Komorbidität da noch die anfallsartig auftretenden Herzschmerzen, die er in die „Herzspitze" lokalisierte. Diese drohten immer dann, wenn seine Frau bei der Tochter war. Ihm wurde seine eigene Sehnsucht bewußt, seine damaligen Verwünschungen hinter sich lassen zu können, um insbesondere mit den Enkelinnen als „der nachfolgenden Generation" eine Beziehung aufbauen zu können, jetzt wo er doch vielleicht nicht mehr allzu lange lebe. – Herr Z. wurde in der angegebenen Behandlungszeit weitgehend beschwerdefrei und mußte die Notdienste nicht mehr in Anspruch nehmen. Parallel zu seiner stationären Behandlung erhielt Frau Z., die durch den jahrelangen (Loyalitäts-)Konflikt ebenfalls sehr belastet war und subdepressiv unter verschiedenen Körperbeschwerden litt, verabredungsgemäß durch einen anderen Kollegen stützende, die Selbstreflektion anregende Einzelgespräche (1x/Woche) in der psychosomatischen Ambulanz. Damit brachten beide Partner einen deutlichen Veränderungswillen zum Ausdruck.

Die ursprünglich somatisch begründeten Herzschmerzen auf Grund der Stenokardien und der Thorakotomie-Narbe stellen möglicherweise das Modell dar, aus dem heraus die funktionellen Herzschmerzen *erlernt* worden waren. Wesentlich war, daß die dysfunktionale Interpretation dieser aktuellen Herzsensationen („Ich bekomme wieder Stenokardien und bin bedroht.") durch auch körperzentrierte therapeutische Übungen verändert werden konnten.

Nicht nur solche Verläufe, bei denen die Kardiologen die funktionelle Komponente des Beschwerdebildes zunächst übersehen, werden in der Organmedizin als Problem identifiziert. An die Implantation von Herz-Schrittmachern knüpfen sich zahlreiche psychosomatische Probleme. Insbesondere beschäftigt Patienten in der Phantasie die (Un-)Möglichkeit, sterben zu können. In diesem Zusammenhang werden auch Patienten-Testamente etc. immer bedeutsamer (→ Kap. 4.9). Die Zunahme von inzwischen auf mehrere zehntausend angewachsene Zahl von sog. **Demand-Schrittmachern,** die bei potentiell sonst tödlich verlaufenden Herzrhythmusstörungen einen Elektroschock im Sinne einer Defibrillation setzen, wird von vielen Patienten hochambivalent bis belastend erlebt. Einerseits garantieren diese Geräte das aktuelle Überleben, andererseits wird der auch subjektiv deutlich verspürbare „Stromschlag" oft subjektiv sehr unangenehm erlebt und erinnert zugleich daran, daß man „eigentlich schon tot" wäre. Es gibt inzwischen Hinweise auf eine Verbindung von psychischem Streß in einer umschriebenen Situation, dem Anspringen der Schrittmacher-Funktion, die den Streß erhöht, bis es dadurch zu ganzen Serien von Defibrillationen kommt, die den Patienten dann maximal ängstigen können. Hier werden wir sicher in den nächsten Jahren aufgrund der steigenden technischen Möglichkeiten weitere klinisch relevante Beobachtungen und auch Interventionsvorschläge bei Älteren zu erwarten haben.

Bei herzgesunden älteren Menschen kann ein nahezu normales Herzauswurfvolumen durch den Anstieg des Schlagvolumens und der Ejektionsfraktion als Ausdruck eines erhöhten kardialen Füllungsvolumens (preload) erhalten bleiben (Ribera-Casado 1999). Diese Veränderungen sind als physiologischer Veränderungsprozeß zu beschreiben. Wenn ältere Patienten unter koronaren Veränderungen leiden, dann hat diese Entwicklung, z. B. über jahrzentelanges Rauchen, oft schon lange vorher eingesetzt. Dennoch sollte aus psychosomatischer Sicht darüber nachgedacht werden, was es psychodynamisch bedeuten kann, wenn ein Älterer die durchaus auch aktuell noch vorhandenen präventiven Möglichkeiten nicht nutzen möchte. Da der Effekt auch von später Nikotinabstinenz für das kardiale Überleben nachgewiesen ist, wäre neben der Relevanz des Suchtmittels an sich auch an eine latente Suizidalität oder eine subklinische Depressivität zu denken, wenn der Betreffende äußert, es sei ihm egal, was mit ihm passiere.

Zusammenfassend steht das kardiovaskuläre Altern unter dem Einfluß von drei Komponenten:

- die genannten physiologischen Veränderungen,
- die Störungen der Adaptation infolge früherer Krankheiten oder operativer Eingriffe in jüngeren Jahren und
- dem individuellen Lebensstil mit den ihm eigenen kardiovaskulären Risikofaktoren.

Alle drei Komponenten gilt es aus der somatischen Perspektive zu würdigen, u. U. daraus erwachsende Probleme der Kranheitsverarbeitung (→ Kap. 5) zu bedenken und nicht zuletzt auch die Komorbidität einer funktionellen Störung dieser emotional hoch besetzten Körperregion mit in Betracht zu ziehen.

4.3   Gastroenterologische Störungen

Im Gegensatz zum kardiovaskulären System gibt es im Bereich des Gastrointestinaltraktes kaum altersspezifische Erkrankungen (von den Karzinomerkrankungen abgesehen) – zumal die parenchymatösen Anhangsorgane des Gastrointestinaltraktes eine große Leistungsreserve aufweisen. Schwieriger wird mit steigendem Alter die Differentialdiagnose, da typische Schmerzen zum Teil andere Erkrankungen im Alter wahrscheinlicher machen als in der Jugend oder heimtückischerweise fast ganz fehlen können, wie z. B. beim blutenden Ulcus ventriculi. Der geriatrisch tätige Allgemeinarzt oder Internist muß sich zurecht die notwendigen Spezialkenntnis erwerben – und sollte dabei auch die psychosomatische Dimension seiner Patienten nicht übersehen.

Funktionelle Dyspepsie

Die funktionelle Dyspepsie (irritable Bowel Syndrome IBS) (ICD-10: F45.31) gehört zu den häufigen somatoformen autonomen Funktionsstörungen des oberen Gastrointestinaltraktes. Die Prävalenz häufiger abdomineller Schmerzen bei selbständig lebenden 65-93jährigen wird mit 24,3 % geschätzt, wobei die Kriterien einer funktionellen Dyspepsie von 10,9 % erfüllt wurden. Interessanterweise hatten in der gleichen USamerikanischen Studie nur 23 % der Patienten während des letzten Jahres wegen dieser Beschwerden überhaupt einen Arzt aufgesucht, obwohl die Beschwerden z. T. als sehr beeinträchtigend geschildert wurden (Talley et al. 1992).

Beim IBS-Syndrom handelt es sich somit um eine Krankheit von großer epidemiologischer Bedeutung. In den letzten Jahren hat die pathophysiologische Aufklärung der Symptomatik große Fortschritte gemacht. So konnte gezeigt werden, daß IBS-Patienten, denen langsam in einen im Magen liegenden Ballon Luft gegeben wurde, bei deutlich geringerer Menge einen Druck und auch ein Schmerzgefühl berichteten als Menschen ohne IBS-Syndrom. Diese Daten sprechen dafür, daß die gastrointestinale Reagibilität bei den IBS-Patienten erhöht ist. Diese Ergebnisse geben zugleich auch die derzeit diskutierte therapeutische Zielrichtung an. Da es bei Patienten im mittleren Erwachsenenalter einige wenige gute Studien zur Wirksamkeit von störungszentrierter Verhaltenstherapie in Kombination mit Entspannungsverfahren bei chronischer Dyspepsie gibt, wären solche Modelle zukünftig auch auf ältere Patienten zu übertragen.

Behandlungsbeispiel 10: Herr B., ein 63jähriger Mann, wurde wegen verschiedener gastrointestinaler Beschwerden (Blähungen, postprandiales Völlegefühl und Übelkeit, Oberbauchschmerzen) vom Hausarzt nach unauffälliger Gastro- und Coloskopie zur weiteren Abklärung in die Sprechstunde der gastroenterologischen Klinik überwiesen. Im Vorfeld hatte sich Herr B. immer wieder mit der Bitte um weitere Untersuchungen und vor allem um medikamentöse Therapie in der hausärztlichen Praxis vorgestellt. Die erweiterte somatische Diagnostik in der Spezialsprechstunde blieb ohne pathologischen Befund. In den zeitgleich durchgeführten (zunächst diagnostischen) psychotherapeutischen Gesprächen zeigte sich neben den körperlichen Beschwerden das Bild einer depressiven Episode (ICD-10: F32) mit im Vordergrund stehender Anhedonie, Hoffnungslosigkeit und Antriebsschwäche, die den Angaben des Patienten zufolge kurz nach seiner Berentung vor zwei Jahren begonnen hatte. Es wurde die Indikation für eine 20stündige Psychotherapie gestellt, die in enger Absprache und Kooperation mit den Gastroenterologen durchgeführt wurde. Hier wurde ein vertieftes *psychodynamisches Verständnis* möglich, nachdem ein ausreichend vertrauensvolles Arzt-Patienten-Verhältnis aufgebaut werden konnte. Es wurde deutlich, wie die körperliche Symptomatik in einen interpersonalen Kontext eingebettet war, dessen Muster seine Biographie durchzog. Herr G. berichtete, wie sehr er sich Zeit seines Lebens für seine Familie angestrengt habe, um ihr einen gewissen Lebensstandard zu sichern. Er habe im Beruf Überstunden abgeleistet und in den ersten Jahren seiner Ehe in jeder freien Minute am Dreifamilienhaus gebaut, was er mit seiner Frau gekauft hatte. Von den ersten Lebensjahren seiner beiden Kinder habe er wenig mitbekommen, die Erziehung sei Sache seiner Frau gewesen. Von dieser sei sein starker Einsatz als selbstverständlich angesehen worden, jeder habe halt seinen Bereich gehabt. Überhaupt sei seine Frau eher kühl, würde nur wenig Gefühle und Zuneigung nach außen zeigen können. Auch habe sie sich in den folgenden Jahren kaum für seine Probleme mit der Arbeit interessiert, die immer stärker wurden, da er als Außendienstmonteur häufig unter Zeitdruck stand und sich mit unzufriedenen Kunden „herumschlagen" mußte. Trotzdem habe er immer freundlich bleiben und den Ärger „herunterschlucken" müssen. Er erinnerte sich, schon früher in Zeiten starker Arbeitsbelastung Magenschmerzen verspürt zu haben, zum Arzt sei er aber nie gegangen. In seinen letzten Arbeitsjahren sei aber alles zuviel geworden, vom Ruhestand habe er sich Entlastung versprochen. Er habe sich zunächst erneut um das Haus gekümmert, in dem seine beiden Kinder mit ihren Ehepartnern und er mit seiner Frau jeweils in getrennten Wohnungen lebten, und Renovierungsarbeiten begonnen. Seine Kinder würden sich für das Haus nicht interessieren, die Arbeit bleibe − „wie immer" −

an ihm hängen. Mit deutlicher Mühe konnte Herr B. äußern, wie sehr er sich von den Kindern ausgenutzt fühle, keiner würde seine Arbeit sehen, alles sei selbstverständlich. Erst jetzt, wo er wegen seiner Bauchbeschwerden nicht mehr könne, fiele seine Tätigkeit der Familie auf, da vieles liegenbleibe. Das war schon in seiner Kindheit so, immer habe er für die Familie gearbeitet und wenig Anerkennung erlebt. Seine Mutter sei schon früh an Morbus Parkinson erkrankt, er habe als einziges Kind viele Aufgaben im Haus und Garten übernehmen müssen. Trotzdem habe die Mutter immer nur gejammert und ihr Schicksal beklagt, nie ein Lob für seine Mühen ausgesprochen. Nur seinem Vater konnte man mit guten Leistungen imponieren, aber dieser habe sich vor allem um die kranke Mutter kümmern müssen. Für Herrn B. sei schon früh klar gewesen, daß er „sein Leben in die eigenen Hände nehmen" müsse. Dies habe ja auch lange Jahre gut funktioniert, er habe eine Menge geschafft. Erst in den letzten Arbeitsjahren sei er oft erschöpft gewesen, habe jedoch in der Arbeitsleistung nicht nachgelassen. Erst als die Bauchschmerzen immer stärker wurden, habe er schließlich ein Angebot seines Arbeitgebers angenommen, in den Ruhestand zu gehen.

Eine solche Psychodynamik ist bei Patienten mit Somatisierungsstörungen häufig anzutreffen und als „depressive Somatisierung" (Rudolf 1996) beschrieben. Schon früh wurden die Bedürfnisse des Patienten nach Nähe, Versorgtwerden und Zuneigung enttäuscht, seine zur Abwehr des depressiven Grundkonfliktes eingesetzten Bemühungen, durch Leistung Anerkennung zu erhalten, hatten sowohl in der Herkunftsfamilie als auch später bei seiner Frau und den Kindern nur geringen Erfolg. Statt aber zu klagen und „sich hängen zu lassen", strengte sich Herr B. immer mehr an, bis er aufgrund seiner körperlichen Beschwerden in den vorzeitigen Ruhestand gehen „mußte". Aber auch der Ruhestand brachte keine durchgreifende Besserung der Beschwerden, die notwendig werdenden Arztbesuche wiederholten das Muster erneut, indem er zunehmend den Eindruck hatte, der Hausarzt nehme ihn mit seinen Beschwerden nicht ernst und kümmere sich nicht ausreichend um ihn. So war Herrn B. besonders ein Nebensatz des Hausarztes im Gedächtnis geblieben, der ein Gespräch mit den Worten beendete, er müsse sich jetzt um seine „richtigen Patienten" kümmern, die seine Hilfe bräuchten. Zu einer nochmaligen Verschlechterung der körperlichen Situation, vor allem aber zur schließlich evidenten Depression kam es, als die Ansprüche seiner Kinder immer stärker wurden und Herr B. sich davon nicht abgrenzen konnte. Sein Sohn verfügte immer mehr über das Auto des Patienten, seine Tochter bat um größere Geldsummen, da sich der Schwiegersohn selbständig machen wollte. Wieder blieb Herrn B. nur die körperliche Symptomatik, um aus dem repetitiven Muster seines Wunsches nach Anerkennung und „Gemochtwerden", den diesbezüglichen Frustrationen und den vergeblichen Anstrengungen „auszusteigen".

Herrn B. war es zunächst nur über die körperliche Symptomatik möglich, sich von Anstrengungen und Pflichten zu entlasten und ärztliche Hilfe in Anspruch zu nehmen. Einer möglichen Beteiligung der Psyche stand er anfänglich sehr skeptisch gegenüber. Nur durch ein spezifisches Setting der parallelen und gleichberechtigten Diagnostik der gastroenterologisch-biologischen und psychosozialen Einflußfaktoren konnte Herr B. den Kontakt zum Psychosomatiker zum Aufbau einer tragfähigen therapeutischen Beziehung nutzen. So machte Herr B. eine Beziehungserfahrung, in der er sich ausreichend „anerkannt und gemocht" fühlte, um über belastende Faktoren seiner Lebensgestaltung zu sprechen, die repetitiven Muster der Biographie zu erkennen und auch die funktionelle Bedingtheit der Beschwerdesymptomatik nachvollziehen zu können. Durch Planung seines Alltags, der „Verschreibung" angenehmer Aktivitäten und des Trainings der Abgrenzung von Forderungen aus der Familie konnte sowohl die körperliche Symptomatik als auch die Depression deutlich verbessert werden.

Funktionelle Darmstörungen

Unter den funktionellen Dickdarmstörungen müssen aus gerontopsychosomatischer Sicht zwei Funktionsstörungen besonders hervorgehoben werden.

Neigung zu *durchfälligen Stühlen* – etwa im Zusammenhang mit Ängsten – können die Gefahr einer Stuhlinkontinenz vergrößern. Die Prävalenz für chronische Durchfälle wird nach der Studie von Talley et al. (1992) mit 24,1 % bei über 65jährigen geschätzt. Stuhlinkontinenz mehr als einmal in der Woche berichteten 3,7 % dieser Altersgruppe. Bei einer anhaltenden Störung ohne organisches Korrelat spricht man auch von einem *Colon irritabile* (ICD-10: F45.32; somatoforme autonome Funktionsstörung des unteren Gastrointestinaltraktes). Zu den ursprünglichen psychischen Problemen kann dann schambedingt noch ein sozialer Rückzug hinzutreten.

Obstipation ist das andere häufige Symptom des Dickdarms bei älteren Menschen. Der Grund liegt häufig in der zu geringen körperlichen Bewegung – insbesondere bei Heimbewohnern, oder in zu geringer Flüssigkeitsaufnahme. Manche psychotropen Medikamente können diesen Effekt noch verstärken. Hier sehen wir eine Begründung für die Forderung nach aktivierender Pflege in der Institution.

Beide Symptomkomplexe können zu einer erheblichen Minderung der Lebensqualität führen und sollten ernst genommen werden.

Chronische entzündliche Darmerkrankungen (CED)

Aus psychosomatischer Sicht finden unter den chronisch entzündlichen Darmerkrankungen vor allem zwei Störungsbilder besondere Beachtung:

Die **Colitis ulcerosa** (ICD-10: K51) als chronisch rezidivierende Entzündung (schubförmig) der Schleimhaut des Rektums, oft mit aufsteigendem Befall des Kolons, gelegentlich bis hinauf zum Ileum, geht mit blutig-schleimigen Durchfällen, Unterbauchkrämpfen, Inappetenz und gelegentlichen Fieberschüben einher. Im Gegensatz zum segmentalen Befall des Morbus Crohn ist die Colitis ulcerosa durch eine chirurgische Resektion des gesamten befallenen Darmabschnitts „heilbar". Da nach einem mehrjährigen Krankheitsverlauf das Risiko einer karzinomatösen Entartung der entzündlich veränderten Darmschleimhaut immer weiter zunimmt, wird den Patienten oft nach zehn und mehr Jahren eine solche Resektionsoperation dringend empfohlen.

Der **Morbus Crohn** (Ileitis terminalis; ICD-10: K50) befällt als rezidivierende granulomatöse Entzündung alle Schichten der Darmwand (mit der Gefahr von Fistelbildungen in die umgebenden Organe oder nach außen), bevorzugt im terminalen Ileum, potentiell jedoch als segmentaler Befall des gesamten Magen-Darm-Traktes von der Mundschleimhaut bis zum After. Hauptsymptome sind neben dünnflüssigen Durchfällen Bauchschmerzen (bei Fistelbildungen mit tastbaren Resistenzen im Unterbauch), Fieber, rasche Erschöpfung, Inappetenz und Gewichtsverlust.

Für beide Erkrankungen werden psychische Besonderheiten beschrieben, die im Prinzip unspezifisch sind, jedoch gehäuft bei CED-Patienten beobachtet werden. Beide Patientengruppen scheinen eine besondere Empfindlichkeit für Trennungen oder Objektverluste zu haben, wobei die Colitis ulcerosa-Patienten mit einer eher zwanghaft imponierenden Persönlichkeitsstruktur auch enge Bindungen zu den Behandlern aufbauen, die Morbus Crohn-Patienten dagegen eher „pseudounabhängig" und damit in der Behandlung „schwierig" wirken.

Wenn in der Diagnostik der Zusammenhang zwischen (Konflikt-)Belastungen und dem Krankheitsverlauf nachweisbar wird – etwa wenn durch eine Trennungssituation der akute Schub einer Colitis ulcerosa ausgelöst wird – besteht die Möglichkeit, diese Beobachtung zusätzlich zu klassifizieren: *auslösende oder verlaufsstabilisierende psychosomatische Faktoren bei andernorts klassifizierten Erkrankungen* (ICD-10: F54). Damit wird nicht behauptet, diese Krankheit sei ausschließlich oder überwiegend durch diese psychischen Belastungen „verursacht".

In mehreren Studien wird für Neuerkrankungen beider chronisch entzündlichen Darmerkrankungen ein zweiter Häufigkeitsgipfel um das 70. Lebensjahr beschrieben (Grimm & Friedman 1990). Dabei ist die Inzidenz jedoch vermutlich insgesamt wesentlich geringer als in jüngeren Lebensjahren. Da die Ursachen für beide Erkrankungen noch unbekannt sind, kann es auch auf die Frage nach dieser Altersverteilung der Neuerkrankungen keine Antwort geben. Die Symptomatik ist im wesentlichen mit der jüngerer Patienten vergleichbar. Zugleich wird die Notwendigkeit einer besonders sorgfältigen Differentialdiagnose betont, um gerade im Alter kein Malignom und keine Divertikulitis zu übersehen.

In einem interdisziplinären Therapieansatz wird man neben den somatisch notwendigen Maßnahmen die Patienten, die anfänglich oft wenig Zugang zu einer psychodynamischen Sichtweise ihrer Körperreaktionen haben, über Entspannungsverfahren und kognitiv vermittelte Krankheitsmodelle an diese Selbstwahrnehmung heranführen. Oft hängt es von der Konzeption der ersten Begegnungen in der psychosomatischen Diagnostik ab, ob sich der Patient angesprochen fühlt und dann selber weiter zu interessieren beginnt (etwa über eine Zeichnung, wie die Darmwand bei experimentellen Studien auf Angst reagiert), oder ob er sich (etwa durch zu frühe Deutungen) überfordert fühlt und zum eigenen Schutz die Abwehr erhöht bzw. den Kontakt abbricht. Vor allem zu Beginn ist dann aufgrund der häufigen somatischen Komplikationen ein eher Ichstützender Ansatz mit Hilfen bei der Krankheitsverarbeitung indiziert.

4.4 Psychogene Eßstörungen

Anorexia nervosa

Die **Anorexia nervosa** (ICD-10: F50.0) betrifft zu 95 % Frauen mit einem ersten Erkrankungsgipfel bei 14 Jahren und einem zweiten Erkrankungsgipfel bei 18 Jahren. Typisch sind die *Störung des Eßverhaltens* mit extremem Untergewicht (beim *asketischen Typ* durch weitgehende Nahrungskarenz und beim *hyperorektischen Typ* durch Erbrechen und Laxanzienabusus), mit Körperschemastörung, primärer oder sekundärer Amenorrhoe als Folge hormoneller Dysregulation (in der Achse Hypothalamus, Hypophyse, Gonaden) sowie motorischer Überaktivität. Hinzu kommen durch die Mangelernährung oft noch eine ganze Reihe weiterer somatischer Folgeerkrankungen wie trophische Störungen der Haut, Polyneuropathie, Osteoporose und Störungen an den Zähnen. – Als zentraler psychodynamischer Konflikt wird der extrem überbetonte aktive Modus des Abhängigkeit-Autonomie-Konfliktes (OPD 1998) beschrieben: „Ich brauche nichts und niemanden – nicht einmal Essen!". – Hinsichtlich der Ätiologie ist eine genetische Komponente durch Zwillingsstudien gut gesichert.

Bei schweren Lebensbelastungen können **anorektische Reaktionen**, z.B. als

Begleitsymptomatik einer depressiven Störung, und **atypische Anorexien** (ICD-10: F50.1) mit weniger ausgeprägter Symptomatik beobachtet werden, die eine deutlich günstigere Prognose haben. Bei der klassischen Anorexia nervosa rechnet man heute mit einer Letalität alleine durch die Erkrankung von bis zu 18 % in katamnestischen Langzeitstudien. Das bedeutet, daß diese ganz schweren Erkrankungsverläufe das höhere Erwachsenenalter oft nicht erreichen.

Bei Alternden haben wir *drei Verlaufstypen* zu unterscheiden:

(1) Die **chronifizierte Anorexia nervosa** mit einem Verlauf bis ins höhere Alter mit wechselnder Akuität. Phasen von ausgeprägter Eßstörung mit Untergewicht wechseln mit Phasen relativ normalen Gewichtes, eventuell verbunden mit der Geburt eines Kindes, gefolgt von Phasen mit Alkoholabusus, schweren Selbstwertkrisen und wechselnden depressiven Zuständen im Alter. Zu keiner Zeit ist das Eßverhalten völlig unproblematisch.

(2) Das **Rezidiv** einer in der jungen Erwachsenenzeit erstmals aufgetretenen Anorexia nervosa. So wurde bei einer 80jährigen Patientin ein Rezidiv nach 50 Jahren beschrieben – aufgetreten in einer depressiven Phase, verbunden mit einer chronischen Trauerreaktion (Gowers & Crisp 1990). Daraus läßt sich die Empfehlung ableiten, auch bei Frauen in der zweiten Hälfte des Erwachsenenlebens, die unter Gewichtsverlust eventuell mit Erbrechen leiden, eine sorgfältige Abklärung der Anamnese bezüglich Phasen vorausgegangener Eßstörung vorzunehmen. Gerade in der Differentialdiagnose zu einer depressiven Eßstörung wird so das Rezidiv einer Anorexia nervosa nicht übersehen.

(3) In der Literatur findet sich eine Diskussion, ob die **spät beginnende Anorexia nervosa** (also jenseits etwa des 40. Lebensjahres) eine eigene diagnostische Entität sei („anorexia nervosa-like syndrom"). So beschrieben Russel & Morgan (1992) bei Patientinnen mit einem Erkrankungsbeginn bis max. 69 Jahren signifikant mehr Verluste vor Ausbruch der Symptomatik und in deren früher Biographie häufigere die Trennungsvulnerabilität erhöhenden Objektverluste im Vergleich zu Patientinnen mit klassischer Anorexia nervosa. Dabei scheinen typische Schwellensituationen, wie die Heirat der Tochter, nach der eine 52jährige erstmalig eine typische Anorexia nervosa entwickelte, eine wesentliche Rolle zu spielen (Kellett et a. 1976). Ob diese spät beginnende Verlaufsform eventuell auch bei Männern häufiger ist, kann nach einer Untersuchung von Miller et al. (1991) zunächst nur vermutet werden. Sie fanden unter 183 ambulant behandelten älteren Männern 45 unterernährte Männer, von denen wiederum 60 % in einem Fragebogen restriktives Eßverhalten und in einem erheblichen Prozentsatz auch Körperschemastörungen erkennen ließen. Wir selber haben in dieser Hinsicht bei Männern bisher keine klinischen Erfahrungen gemacht.

Insgesamt ähnelt die Symptomatik der Anorexia nervosa dieser drei Verlaufstypen bei Alternden den Erkrankungen jüngerer Jahre sehr. Interessanterweise wird bei den spät erstmals auftretenden Verlaufsformen eine den frühen Formen vergleichbare Behandelbarkeit angenommen (Cosford & Elains 1992). Dies deckt sich nicht ganz mit unseren klinischen Erfahrungen. Unserem Eindruck nach neigen die spät auftretenden Anorexia nervosa-Erkrankungen eher zur Chronifizierung. Die Prognose der primär chronischen Verläufe ist im Hinblick auf eine „Heilung" im höheren Lebensalter verständlicherweise als ungünstig anzunehmen.

Diese Beobachtungen sind jedoch kein Grund, in einen therapeutischen Nihilismus zu verfallen. Denn durch eine sachgerechte psychosomatische Behandlung kann zumindest eine Stabilisierung des psychischen und physischen Befundes zu erreichen versucht werden. Bei den typischen schweren Verlaufsformen wird man in jedem Fall die Behandlung stationär beginnen, innerhalb eines multimodalen Therapiesettings, in dem neben einem Eßprogramm zur Normalisierung des Eßverhaltens körpertherapeutische und einzelpsychotherapeutische (psychoanalytisch oder verhaltenstherapeutisch ausgerichteten) Verfahren in einem Gesamtbehandlungsplan zur Anwendung kommen. Zu diesen Konzepten muß auf die reichlich vorhandene einschlägige Fachliteratur verwiesen werden.

Wir überblicken selber Behandlungen von Patientinnen, die seit Jahrzehnten unter dem chronischen Verlauf einer Anorexia nervosa leiden und heute weit über 70 Jahre alt sind. Angesichts der somatischen Adaptation an das andauernde Untergewicht wird man auch bei einer notwendig werdenden stationären Intervallbehandlung bzw. Kriseninterventions die Therapieziele hinsichtlich einer Gewichtszunahme im Gegensatz zu jüngeren Patientinnen anpassen müssen. Wir haben in das Arbeitsbündnis bei diesen Patientinnen die Verpflichtung mit aufgenommen, zumindest während der Behandlungsphase nicht weiter an Gewicht zu verlieren, und haben versucht, chronifizierte Nahrungsgewohnheiten („morgens immer nur Müsli") so weit es vertretbar schien, zu respektieren. Vereinbarter Therapieschwerpunkt war die Bewältigung oder Klärung der jetzt zusätzlich aufgetretenen Belastung, des neuen Konfliktes usw. mit dem Ziel, die Bewältigungsmöglichkeiten so weit zu stärken, daß auf eine weitergehende Somatisierung seitens der Patientinnen verzichtet werden konnte. Häufig ist bei ihnen nach der stationären Behandlung eine längerfristige, z. T. niederfrequente ambulante Ich-stützende Psychotherapie indiziert.

Eine medikamentöse Behandlung der Anorexia nervosa gibt es nicht. Bei der Komorbidität mit depressiven Störungsaspekten oder den überzufällig häufig zusätzlich auftretenden Zwangsstörungen kann den Patienten ein Behandlungsversuch mit Antidepressiva angeboten werden. Bezüglich der Auswahl der Wirkstoffe wird man sich an den Zielsymptomen orientieren und auf eine ausreichende Dosierung zu achten haben.

Bulimia nervosa

Bei der **Bulimia nervosa** (ICD-10: F50.2) stehen wir aus der gerontopsychosomatischen Perspektive vor einem mehrfachen Problem. Zum einen ist die Erkrankung erstmals überhaupt Ende der 70er Jahren beschrieben und damit diagnostizierbar geworden, und zum anderen wird die Bulimia nervosa häufig als die „heimliche Schwester" der Anorexie bezeichnet, womit die aus dem enormen Schamgefühl ableitbare Tendenz zur Verheimlichung der Symptomatik angesprochen ist.

Bei einer *Prävalenzrate* von 2-4 % der besonders betroffenen Frauen zwischen 20 und 35 Jahren gibt es heute noch keine Literatur und unsererseits auch noch keine klinischen Kenntnisse zum Langzeitverlauf von Patientinnen mit Bulimia nervosa im höheren Lebensalter. Dies gilt dann natürlich auch für die **Bulimarexie** als Zwischenform und auch für bei jüngeren Patientinnen gefürchteten Komorbiditäten, z. B. von Bulimia nervosa und *Diabetes mellitus Typ I* mit dem „renalen Purging", einem Erbrechen über die Niere" durch Reduktion der Insulindosis.

Da die Bulimia nervosa nicht mit einer so hohen Mortalität verbunden ist wie die Anorexia nervosa und die Bulimie vermutlich in einem noch stärkeren Maße auch kulturell bedingt ist (z. B. verknüpft mit einem Nahrungsmittelüberangebot), sind wir auf die Ergebnisse weiterer Beobachtungen bezüglich der Bulimia nervosa in den nächsten Jahrzehnten gespannt.

Adipositas

Mehr als die Hälfte der über 40 Jahre alten Bevölkerung in der Bundesrepublik Deutschland ist übergewichtig, wobei Frauen in weitaus stärkerem Maße betroffen sind als Männer. Obwohl epidemiologisch also von enormer Bedeutung, gibt es jenseits der populären Literatur zu Gewichtsreduktion und Diät bezüglich Alternder kaum nennenswerte Behandlungsansätze des psychogenen Übergewichts. Fast scheint es so, als ob man sich bei Alternden mit dieser Störung „abgefunden" habe, obwohl die Adipositas als einer der wichtigsten Risikofaktoren für die kardiopulmonale Gesundheit, den Zucker- und Fettstoffwechsel und die Skelettstabilität darstellt. Mit diesen Komplikationen hat man bei Frauen mit einem Taillenumfang von mehr als 88 cm und bei Männern mit mehr als 102 cm überproportional häufig zu rechnen (Hamann & Greten 1999).

Beeinflußbare Ursachen eines Übergewichtes (BMI $\geq$ 25 kg/m^2) bzw. der Adipositas (BMI $\geq$ 30 kg/m^2) können sein:

- Die **Lerngeschichte** der eigenen Ernährung, da die Adipositas im Kindes- und Jugendalter den aussagekräftigsten Prädiktor für einen späteren ungünstigen Verlauf der Adipositas darstellt.
- Die **Binge-eating-Störung** (in der ICD-10 noch unscharf als **Eßattacken** [F50.4] klassizifiziert) ist die möglicherweise „dynamischste" Form der Adipositas, da sie als eine Impulskontrollstörung mit Freßattacken und somit als eine Eßstörung im engeren Sinne angesprochen werden kann.
- Das **Daueressen** wird lediglich über seine Folgen, die **Adipositas** (ICD-10: E66.0) klassifizierbar. Hierbei kommt es episodisch (z. B. nachts oder in bestimmten Abschnitten) bzw. anhaltend zu einem „undisziplinierten" Daueressen, bei dem die Kalorienzufuhr nicht mehr auf umschriebene Mahlzeiten begrenzt wird.

Häufig wird man im Hintergrund dieser Eßstörungen Frustrationen oder andere Affekte wie Ärger und Selbstwertprobleme finden können. In einem circulus vitiosus vermindert die Adipositas angesichts der herrschenden Körperideale die eigenen Aktivitäten und das Selbstwertgefühl, wodurch sich das Eßverhalten („Tröstung durch Süßes") verschlechtert usw. Bei dem hierzulande verfügbaren Nahrungsmittelangebot ist die Veränderung dieses Modus von *Unlustvermeidung* sehr schwierig. Möglicherweise spielen hier auch negative Kognitionen der Hausärzte und der Fachpsychotherapeuten gleichermaßen mit hinein: „Was hat dieser alte Mensch denn sonst noch im Leben – und dann soll ich ihm auch noch das Essen vermiesen...?!" – Bei den Patienten, die unter einer Impulskontrollstörung mit Freßattacken leiden, kann im Rahmen einer stationären psychosomatischen Behandlung die Reetablierung eines normalen Eßrhythmus angestrebt werden. Dies wird man ohne einen auch übenden Therapieansatz kaum erreichen können.

Therapeutisch werden heute eine Vielzahl von körperlichen Aktivitäten sowie Diät- und Kochberatung angeboten. Für manche Betroffenen sind Selbsthilfegruppen, wie die seit 1949 in den USA gegründeten OA-Gruppen (Overeaters Anonymous), hilf-reich. Auch bei einem alternden Patienten sollte sich der Behandler mit der Frage aus-einandersetzen, welche psychodynamisch verstehbaren Motive einen adipösen Patien-ten von der Wahrnehmung solcher Angebote abhält – und diese Konflikte oder Bela-stungssituationen im Einvernehmen mit dem Patienten zu bearbeiten suchen. Mit einer hypokalorischen Mischkost in Kombination mit erhöhter körperlicher Aktivität (Schwimmen ist auch für Arthrose-Patienten oft gut möglich) und einer Verhaltens-schulung kann eine durchschnittliche Gewichtsreduktion von 15 kg in 32 Wochen erzielt werden.

Für den medikamentösen Behandlungsansatz mit Orlistat oder Sibutramin zur Hemmung der Fettresorption fehlen noch generell kontrollierte Studien. – Mit chirur-gischen Therapieverfahren der Adipositas (bei einem BMI > 40 kg/m²) wie das seit Mitte der 90er Jahre entwickelte *gastric banding* zur „Drosselung" der Magenkapa-zität gibt es bei alten Menschen unseres Wissens noch keine mitgeteilten größeren Erfahrungen.

4.5   Schmerzstörungen und Bewegungsapparat

Bei älteren Patienten läßt sich die somatische von der psychischen Genese eines ange-gebenen Schmerzes noch schwerer trennen als bei jüngeren Erwachsenen. Oft zeigt die Schmerzanamnese einen unscharfen Beginn. Die zeitliche Einordnung des ersten Auftretens von Schmerzen im Zusammenhang mit einer biographisch relevanten Aus-lösesituation ist zudem oft nur schwer herstellbar. Da viele ältere Patienten über z. T. sehr starke Schmerzen klagen, ist eine differenzierte Schmerzanamnese, die sowohl physiologisch-anatomische als auch psychologisch-soziale Faktoren berücksichtigt, notwendig. Zur Schmerzanamnese gehört auch die Analyse möglicher Einflüsse der Schmerzintensität auf die psychische Situation des Patienten, vor allem auf seine adap-tiven Ressourcen. Durch die Kumulation von Belastungen können diese adaptiven Ressourcen des Menschen überfordert werden. Schmerzen können als psychosomati-sche Reaktion auf diese Belastungen verstanden werden.

Wenn eine **Somatisierungsstörung** (ICD-10: F45.0) (→ Kap. 4.1) ganz überwie-gend geprägt ist durch andauernden, schweren und quälenden Schmerz, der durch einen physiologischen Prozeß oder eine körperliche Störung nicht vollständig erklärt werden kann, spricht man von einer anhaltenden somatoformen Schmerzstörung (ICD-10: F45.4). Dabei sollten nach der ICD-10 die emotionalen Konflikte und psy-chosozialen Probleme als schwerwiegend genug eingeschätzt werden, um als entschei-dende ursächliche Einflüsse gelten zu können. (Ein vermutlich psychogener Schmerz im Verlauf einer depressiven Störung oder einer anderen psychischen Erkrankung, bei der diese andere Störung jeweils im Vordergrund steht, wird als ein Symptom dieser psychischen Grunderkrankung zugeordnet und nicht separat codiert. Umschriebene Schmerzstörungen, deren psychophysiologischer Mechanismus wie Muskelspan-nungsschmerzen oder Migräne bekannt sind, sollten mit ihrer somatischen Ziffer codiert werden unter zusätzlicher Verwendung der Kategorie ICD-10: F54 [psychische Faktoren oder Verhaltenseinflüsse bei anderenorts klassifizierten Erkrankungen]).

Nach einer eigenen Untersuchung an 115 Patienten im geriatrischen Akutkrankenhaus, die nach Gelenkschmerzen, Kreuzschmerzen, Nacken-/Schulterschmerzen und Kopfschmerzen befragt wurden, hatten nur 17,5 % keine oder sehr geringe Schmerzen. Von jenen 95 Patienten, die an Schmerzen litten, gaben 16 Patienten nur eine der genannten vier Schmerzregionen an, 79 Patienten jedoch zwischen zwei und vier Schmerzregionen mit starken oder sehr starken Schmerzen. Die Überprüfung des Zusammenhangs von psychogener Beeinträchtigungsschwere (BSS) (→ Kap. 2.1) und Schmerzerleben ergab sowohl bei einer Gruppenbildung nach Schmerzregionen (eine bis vier der genannten Schmerzregionen) als auch bei einer Gruppenbildung nach Schmerzintensität (keine oder sehr geringe Schmerzen versus starke Schmerzen) keine statistisch signifikanten Zusammenhänge zwischen diesen beiden Merkmalen. Dies bedeutet, daß das Schmerzerleben bei allen Patienten keinen unmittelbaren Zusammenhang mit psychosomatisch-psychosozialem „Kranksein" aufweist. Dagegen zeigte sich, daß bei der Analyse möglicher Einflüsse des Schmerzerlebens auf den Grad der Selbständigkeit im Alltag (ADL-Skalen) (→ Kap. 2.1) der **Grad der Selbständigkeit im Alltag** berücksichtigt werden muß. Denn zusätzlich zu jenen Belastungen, die durch starke Schmerzen bedingt sind, muß bei einem Teil dieser Patienten erschwerend auch von sensorischen Einbußen und motorischen Einschränkungen ausgegangen werden, durch die die psychische Belastung weiter verstärkt werden kann. Eine Analyse der Zusammenhänge zwischen der Intensität empfundener Schmerzen und der Lebenszufriedenheit im Alltag (PGC) (→ Kap. 2.1) zeigt, daß von spezifischen Zusammenhängen zwischen Schmerzintensität und psychischer Situation auszugehen ist. Schmerzpatienten sind nicht global als „psychisch höher belastet", als „unzufriedener" oder als „pessimistischer" zu charakterisieren, sondern sie zeigen nur in einzelnen, spezifischen psychischen Bereichen erhöhte Werte. Nur die älteren Patienten, die an starken Schmerzen litten, hatten umschrieben eine negativere Einstellung zum Alltag, eine stärkere Tendenz zur Niedergeschlagenheit und eine geringere Zuversicht, ihre Probleme bewältigen zu können.

Diese Ergebnisse sind insgesamt als Ausdruck einer ausgeprägten positiven Kapazität zur Verarbeitung gesundheitlicher Belastungen, wie dem Schmerzerleben im Alter, zu interpretieren. Ein großer Teil der Patienten mit starken Schmerzen setzte *akkommodative* Techniken ein (→ Kap. 5). Zu diesen gehören vor allem die „Betonung des im Leben geleisteten", die „Betonung positiver Erfahrungen in der Gegenwart", der „Vergleich der eigenen Situation mit der Situation anderer Menschen", sowie die „Beschäftigung mit dem Schicksal anderer Menschen". In einer Untergruppe der Schmerzpatienten waren auch deutliche *assimilative* Techniken (→ Kap. 5) als „Bemühen und Verbesserung der Situation" erkennbar. Dieses Bemühen um die Verbesserung der Situation bezog sich vor allem auf die Inanspruchnahme verschiedener Therapien und Heilverfahren zur Linderung der chronischen Schmerzen. Da bei denjenigen, die akkommodative *und* assimilative Techniken einsetzten, die höchste psychische Stabilität erkennbar ist, läßt vermuten, daß der *gleichzeitige Einsatz* akkommodativer und assimilativer Techniken bei der Verarbeitung von schmerzhaften Störungen im Alter besonders günstig für die Aufrechterhaltung des psychischen Gleichgewichtes sein kann.

Die psychosomatische Therapie wird, neben den notwendigen medikamentösen Therapiemaßnahmen (Analgetika – systemisch oder lokal; spezifische Antidepressiva), sowohl zu Lernerfahrungen des Patienten mit Schmerzen und Schmerzbewältigung als auch Konfliktlagen zu berücksichtigen haben. Grundsätzlich gilt, daß chronifizierte Schmerzstörungen eine problematische Prognose haben, da vermutlich ein permanenter Schmerz angesichts der autoplastischen Funktion des Gehirns letztlich zu strukturellen Veränderungen führt, die kaum noch reversibel sind. Das bedeutet, auch im Alter bald mit einer umfassenden Evaluation organisch unerklärter Schmerzzustände beginnen zu müssen.

4.6 Sexualität und Störungen der Sexualität im Alter

Insbesondere die Bonner Längsschnittstudie (BOLSA) (Lehr 1978b) hat gezeigt, daß es nicht *das* Alter, *die* alten Patienten bzw. *das* alte Paar gibt. In einer Übersicht kritisierte v. Sydow (1992) zu Recht die Aussagekraft der vorliegenden Untersuchungen zur Sexualität alter Menschen, da die Befunde aufgrund von Stichprobenselektion z. T. einen erheblichen Biaseffekt aufweisen. Dies gilt gleichermaßen für Untersuchungen zur Menopause: so wiesen v. Sydow & Reimer in einer ausgezeichneten Literaturstudie (1995) darauf hin, daß die bei gynäkologischen Patientinnen erhobenen Befunde oft unzulässigerweise auf die Menopausen-Erfahrung aller Frauen übertragen würden und so positive Auswirkungen der Menopause oft unterschlagen würden. Drei Viertel aller Frauen fühlten sich nach den Wechseljahren gesund und leistungsstark, z. T. auch glücklicher und gesünder als zuvor (Avis & McKinlay 1991).

Durch die kürzlich erfolgte repräsentative Befragung von 450 Personen >60 Jahren durch Brähler & Unger (1994) wissen wir, daß in Deutschland ca. 2/3 der 61-70jährigen und ca. 1/3 der >70jährigen eine sexuelle Aktivität bejahen, wenn ein fester Partner vorhanden ist. Solche Ergebnisse machen ein Forschungsdilemma deutlich: wenn sexuelles (koitales) Erleben so stark partnerabhängig ist, gibt es dann für Alleinstehende kein sexuelles Erleben mehr? Oder müssen wir nicht vielmehr davon ausgehen, daß Körpererleben, Gefühle eigener Attraktivität (als Mann und als Frau), das Erleben der eigenen Geschlechtsidentität und Selbstinitiative bzw. selbstbestimmte Lebensführung im Sinne einer engen Wechselwirkung miteinander zusammenhängen und wir uns daher hüten sollten, nur die geschlechtliche (partnerschaftliche) Aktivität im engeren Sinne zu betrachten. Allerdings sind wir in diesem Bereich völlig auf Vermutungen angewiesen, da es keine repräsentativen Untersuchungen zu sexuellen Phantasien oder etwa zur autoerotischen Aktivität alter Menschen gibt.

Vor allem die Arbeitsgruppe um Verwoerdt et al. (1969) hat den Unterschied zwischen sexueller Aktivität und sexuellem Interesse bei alten Menschen betont und auf das häufige Problem eines „interest-activity-gap" hingewiesen. Dabei können die Ursachen und Folgen einer solchen Diskrepanz zwischen Aktivität und Interesse sehr verschieden sein. Betrachtet man sexuelles Interesse und sexuelle Aktivität getrennt, lassen sich vier Subgruppen bilden: alte Menschen (*1*) ohne sexuelles Interesse und ohne sexuelle Aktivität, (*2*) mit sexuellem Interesse und Aktivität, (*3*) mit sexuellem Interesse, jedoch ohne Aktivität und (*4*) ohne sexuelles Interesse, jedoch mit sexueller Aktivität. Unter dem Blickwinkel der Lebenszufriedenheit geht es interessanterweise den Gruppen (*1*) und (*2*) am besten, da hier Interesse und Aktivität gleichsinnig zusammenfallen, während die Gruppe (*3*) vor allem im Vergleich zur Gruppe (*2*) in ihrer Lebenszufriedenheit deutlich abfällt (Heuft et al. 1996).

Für die klinische Praxis bedeuten diese Ergebnisse: Bei zunehmender Variabilität über den Lebenslauf auch im Bereich der geschlechtlichen Aktivität scheint für die Lebenszufriedenheit entscheidend, inwieweit sexuelle Wünsche und sexuelle Aktivität in Übereinstimmung gebracht werden können; im Gegensatz zu jüngeren Menschen gibt es eine relevante Gruppe Älterer, die Wünsche nach geschlechtlicher Aktivität verneint und auch nicht (mehr) leben möchte, ohne dies als Symptom zu empfinden. – Interessanterweise finden sich auch in der aktuellen sexualtherapeutischen Literatur Hinweise darauf, daß sich vor allem bei jüngeren Frauen, die sich in entsprechenden Beratungsstellen melden, im Vergleich zu Untersuchungen vor ca. 20 Jahren deutlich seltener über Orgasmusstörungen (als normative Leistungserwartung) beklagen. Viel häufiger berichten Frauen offen von Lustlosigkeit.

Diskutiert wird auch ein altersbezogener Geschlechtershift: durch eine mit dem Alter zunehmende Maskulinisierung der Frauen mit entsprechendem Rollenverhalten und eine Feminisierung der Männer komme es tendenziell zu einer Geschlechtsrollenumkehr. Frauen gelänge es, mehr ihre dominanten Seiten zu leben, während Männer eher ihre abhängigen Wünsche in Beziehung brächten. Inwieweit solche Hypothesen in Verbindung gebracht werden können mit dem empirischen Befund aus der Berliner Altersstudie BASE, der eine vergleichsweise Bedeutungslosigkeit der Geschlechtszugehörigkeit bezüglich der Variablen körperlicher und seelischer Gesundheit, der Persönlichkeit und der sozialen Integration nahelegt, muß derzeit noch offen bleiben.

Dieser Aspekt einer möglicherweise „neuen Gleichheit zwischen den Geschlechtern" (Fooken 1999) läßt die klinisch relevante Variabilität zu schnell übersehen. Zusätzlich wird durch das propagierte Bild der „neuen Alten" (ewig Jungen!?) der Blick für die Variabilität im Erleben alter Menschen ebenso verstellt wie durch eine übermäßige Tabuisierung der körperlichen Alternsprozesse, die auch der Fachpsychotherapeut kennen sollte. Insbesondere bei **Männern** steht die sexuelle Funktion in Bezug zur körperlichen Gesundheit, den kognitiven Fähigkeiten und der sozialen Integration. Das bedeutet, daß körperliche Erkrankungen im engeren Sinne eine unmittelbare Rückwirkung auf das sexuelle Erleben haben. In Tab. 11 findet sich eine stichwortartige Übersicht über die somatischen Veränderungen der sexuellen Funktionsabläufe beim Mann. Ein *Klimakterium virile* gibt es nicht (Jung et al. 1995). Das langsame Absinken des Testosteronspiegels beim Mann bleibt in einem sehr breiten Korridor im Bereich der Normalwerte. Eine Testosteron-Substitution wird von verantwortungsvollen Endokrinologen bzw. Andrologen nur in den sehr seltenen Fällen eines krankheitsbedingten und damit klinisch relevanten Hypogonadismus (z. B. nach Hypophysentumoren) empfohlen.

Jedoch muß sich jeder Mann auch mit den sich verändernden sexuellen Funktionsabläufen auseinandersetzen. Es vergeht z. B. im Alter physiologischerweise mehr Zeit bis zur vollen Erektion und bis zur (weniger intensiv erlebten) Ejakulation. Die Refraktärzeit kann sich im hohen Alter über mehrere Tage erstrecken (Abb. 25). Dabei scheint es so zu sein, daß diejenigen Männer, die im mittleren Erwachsenenalter sexuell sehr aktiv waren, im Alter durchschnittlich um 40 % weniger aktiv sind. Dies ist jedoch immer noch relativ gesehen recht aktiv im Vergleich zu denjenigen, die im mittleren Alter schon wenig aktiv waren. Diese sind dann im Alter oft kaum noch sexuell aktiv.

Besonders problematisch können sich sexuelle „Normen" mit einem Teufelskreis von Erwartungsangst, diskrepantem eigenem Erleben und Rückzug auswirken. Der oft zitierte *Coitus death* (der Tod infolge einer vermeintlichen Überanstrengung durch sexuelle Aktivität) spielt in der Realität faktisch keine Rolle.

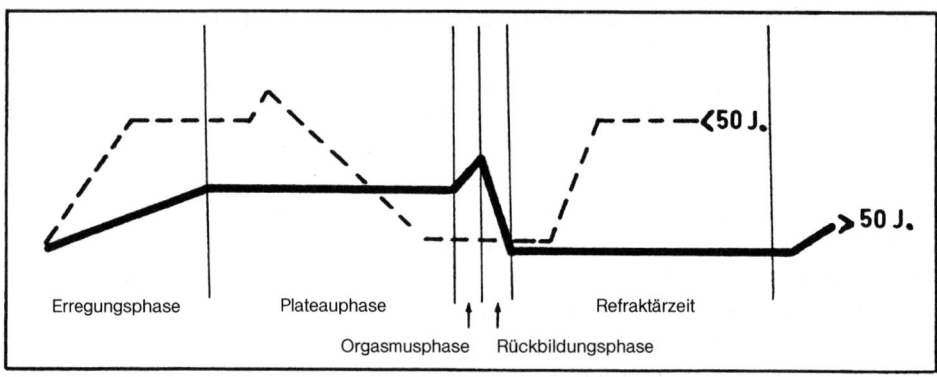

Abb. 25: Die Stärke der Erektion im höheren Lebensalter während des sexuellen Reaktions-
zyklus. Schematisch ist der Vergleich der Erektionskurve eines jüngeren Mannnes (gestrichelt)
dargestellt. Die Phaseneinteilung bezieht sich nur auf die Erektionskurve des älteren Mannes
(Kockott 1985)

> Die Assoziation von Orgasmus und Todesgefahr hängt vermutlich mit dem intensiven
> Erleben während eines Orgasmus zusammen, dessen passagere Grenzerfahrung die
> Franzosen in dem Begriff „La petite morte" (der kleine Tod – gemeint ist der Orgasmus)
> charakterisiert haben. Die wenigen verfügbaren Fallberichte legen eher die Hypothese
> nahe, daß Männer im mittleren Lebensalter in von ihnen selber als „illegal" erlebten,
> schuldhaft verarbeiteten außerehelichen Beziehungen gefährdeter sein könnten.

Wenn ältere Männer z. B. nach einem rehabilitierten Herzinfarkt sich vom kardiovaskulären Befund wieder befriedigend belastbar erleben (Treppensteigen etc.),
spricht nichts gegen die Wiederaufnahme sexueller Aktivitäten, wenn sie dies selber
wünschen. In Tab. 11 ist darüber hinaus unter den physiologischen Therapieansätzen
aufgeführt, daß nach Ausschluß möglicher organischer Störungen und der notwendigen Medikamentenanamnese mit gutem Erfolg die Neugestaltung des Sexualverkehrs
in einer unter Umständen langjährigen (Ehe-)Beziehung angeregt werden kann, wobei
bei entsprechendem Interesse beider Partner auch Varianten der bisher gelebten sexuellen Praxis (wie z. B. intensivere manuelle Stimulation im Vorspiel) vorgestellt werden können.

Behandlungsbeispiel 11/12: Von wesentlicher Bedeutung ist – neben der Beratung
der sexuellen Praxis – auch die persönliche Wertung der sich verändernden Sexualität. So
berichtete ein 72jähriger Patient in der Diagnostik mehr zufällig, seine Sexualität sei
nicht mehr so „wie früher". Nachdem er sich mehr und mehr dafür geschämt habe, daß
sich die Erektion langsamer und auch nicht mehr so voll ausbilde, habe er Sorge bekommen, daß seine Frau „das Ganze" auch weniger befriedigend empfinde und am liebsten
keinen Geschlechtsverkehr mehr mit ihm haben wolle. Da habe er ihr vorgeschlagen,
„am besten ist es, wir lassen dieses Gemurkse ganz sein."
    Ebenfalls motiviert durch eine vermeintliche gegenseitige Rücksichtnahme bemerkte
eine 69jährige Frau die Kränkung ihres 5 Jahre älteren Mannes aufgrund einer ausblei-
benden Erektion. Nachdem sich ähnliche Szenen mehrere Male ereignet hatten, legte sie
ihrem Mann, um ihm diese Kränkungen zu ersparen, nahe, doch mit Rücksicht auf sie
zukünftig auf den Geschlechtsverkehr ganz zu verzichten. Und dies, obwohl es für sie

ein wirklicher Verzicht war, weil sie die mit der Sexualität verbundene Innigkeit mit ihrem Mann immer genossen hatte.

Wird in einer Paarbeziehung über einen längeren Zeitraum sexuelle Kommunikation weitgehend ausgeklammmert, verliert das Paar auch die Übung in diesem Umgangs-modus miteinander. Die *Disuse-Theorie* besagt, daß „Nicht-Geübtes" auch „verlernt" werden kann. Dies gilt somit auch für den Geschlechtsverkehr und die damit zusam-menhängenden Kommunikations- und Handlungsformen, deren altersabhängige Ver-änderungen ebenfalls geübt werden müssen.

Für **Frauen** bedeutet die hormonell verlangsamte Lubrikation und Atrophie der Schleimhäute ggf. die Notwendigkeit, sich für eine Verlängerung der Phase vor dem Geschlechtsverkehr einzusetzen (vgl. Tab. 11). Die anatomischen und physiologischen Veränderungen der weiblichen und männlichen Genitalien eröffnet die Chance für Modifikationen, in denen beide Seiten z. B. Zärtlichkeiten mehr Bedeutung beimessen.

Tab. 11: Sexualität im Alter – Somatische Veränderungen beim Mann und bei der Frau

Mann	Frau
• Testosteron nimmt langsam ab (> 50. Lebensjahr) • Erektion verlangsamt • Erektion u. U. weniger ausgeprägt • Sekretion der Cowperschen Drüsen ⇓ (Lubrikation ⇓) Samenflüssigkeit ⇓ • Kontraktion beim Orgasmus ⇓ • Refraktärphase ⇑	• Menopause (45.-55. Lebensjahr) • Östrogene ⇓ • Atrophie der Vaginalschleimhäute • Lubrikation ⇓ (schmerzhafter Sexualverkehr) • Gefahr des „Disuse"
cave: Sexuelle „Normen" Coitus death – Angst („La petite morte")	**cave:** Sexuelle „Normen"
Somatische (physiologische) Therapieansätze: (nach Ausschluß organischer Störungen) (Medikamentenanamnese) • Neugestaltung des Sexualverkehrs • z. B. Stimulation	Somatische (physiologische Therapieansätze): (nach Ausschluß organischer Störungen) (Medikamentenanamnese) • Substitution von Östrogenen • lokale Gleitmittel • Training der Beckenboden-Muskulatur (Kegel-Übungen) • Neugestaltung des Sexualverkehrs

Oft haben ältere Frauen Hemmungen, die sich nach der Menopause aufgrund des Östrogenabfalls einstellenden Symptome anzugeben. Gerade in den Fällen, in denen dann von der Frau zusammen mit ihrem Partner noch eine sexuelle Aktivität gewünscht wird, besteht die Gefahr des oben beschriebenen interest-activity-gap. Im

Rahmen der psychosomatischen Grundversorgung oder auch der gynäkologischen Beratung können Hinweise auf die Verwendung lokaler Gleitmittel (z. B. Vasiline-haltige Zubereitungen), verbunden mit einer Enttabuisierung für beide Partner durch das begleitende Gespräch „wahre Wunder" bewirken. Darüber hinaus können auch Beratungsgespräche über Modifikationen der sexuellen Stellungen notwendig werden. Zu denken wäre daran etwa bei einer fortschreitenden schmerzhaften Gelenkarthrose in den Hüften. Denn es ist bei allem „öffentlichen" Gerede über Sexuelles doch immer wieder erstaunlich, wie wenig Konkretes der/die Einzelne tatsächlich weiß. Vielleicht geht es oft auch um ein – vom therapeutischen Gespräch unterstütztes – Wissen-dürfen? Somit könnte das therapeutische bzw. beratende Gespräch die Legitimation für den Patienten oder das Paar bieten, mit dem Partner nach jahrzehntelanger Tabuisierung offener über die entsprechenden Themen, Wünsche und Befürchtungen sprechen zu dürfen. Achten sollte man auch auf religiös motivierte Skrupel, die den notwendigen offenen Umgang mit der Alterssexualität hemmen kann (→ Kap. 3.10).

Das Training der Beckenboden-Muskulatur kommt vor allem für Frauen nach mehreren Schwangerschaften in Betracht und kann auch bei leichten Senkungsbeschwerden indiziert sein. Bei stärkerer Ausprägung einer Uterussenkung wird sich eine operative Behandlung nicht umgehen lassen. Eine drohende Urin-Inkontinenz beim Husten etc. wird mit hoher Wahrscheinlichkeit auch die Unbefangenheit in der Sexualität hemmen.

Die Einstellung zu einer aktiv gelebten Sexualität im höheren Erwachsenenalter scheint bei Frauen – im Vergleich zu gleichaltrigen Männern – deutlich stärker von dem Vorhandensein eines dauerhaften Partners sowie – zumindest in der heutigen Generation der über 60jährigen – von normativen Vorstellungen beeinflußt zu sein. Nach ausführlichen Interviews älterer Frauen, die jedoch bereit waren, über diese Themen offen zu sprechen, konnte v. Sydow (1994) zeigen, daß 54 % der älteren Frauen eine indifferente Einstellung zur Sexualität im Alter hatten, 20 % eine ausgesprochen positive Einstellung, 9 % eine ambivalente Einstellung und 9 % eine ausgesprochen negative Einstellung, während 8 % der Frauen keine deutliche Meinung erkennen ließen. Wie sich solche Einstellungen im Gespräch mit älteren Frauen vermitteln, verdeutlichen die nachfolgenden Äußerungen, die v. Sydow (1994) zusammengestellt hat. Es ist begründet zu vermuten, daß jenseits solcher „Freiwilligen"-Interviews die ambivalente und negativ-ablehnende Haltung eher häufiger beschrieben werden müßte. Damit wird noch einmal unterstrichen, daß eine normative Herangehensweise alten Menschen in keiner Weise gerecht würde. Wesentlich ist die individuelle Gestaltung des eigenen sexuellen Kommunikations- und Beziehungsraumes.

Positive Einstellung
Eine 70jährige: „Ich kenne viele ältere Ehepaare und ich hoffe, daß sie zärtlich bleiben und ihre Sexualität pflegen – auch meine Schwester tut's – und ich finde das sehr schön. Ich freu mich an jedem älteren Ehepaar – ich spür's direkt. Ich seh's ihnen an."

Ambivalente Einstellung
Eine 73jährige: „Ja, (lacht) heikles Thema, ne (lacht). Äh – ich weiß es nicht. Also, wir (ihr Mann und sie) haben das Gefühl ... – solange noch die Gefühle da sind, dann wird das noch was sein, ne. Ob's richtig ist, weiß ich net (lacht) ... („Sie haben Zweifel, ob das richtig ist.") „Ne, ich hab' das Gefühl, es muß ja alles – 'n Ausklang haben, es muß alles etwas auslaufen, ne ... Man hört durch's Fernsehen doch ab und zu mehr – oder durch's Radio ... – daß die sagen, selbstverständlich, ob ich jetzt 70 Jahr' bin oder 80

Jahr' bin, ich brauche das noch hier und – und da denk' ich, 's kann ja net verkehrt sein (lacht)." („Und weshalb haben Sie Zweifel?") „. . . Ja, weil – so, daß man sagt, ja, jetzt bist du schon so alt und – schickt sich das? (lacht) – Na ja, 's ist ja so, ne. Na ja, wir haben früher auch nicht gefragt, ob sich's schickt oder nicht – 's ist ja an und für sich 'ne normale Sache, ne."

Negative Einstellung
Eine 84jährige: „Schauen Sie, da will ich Ihnen etwas sagen: Ich war neulich mit einer gleichaltrigen Freundin. . . im Museum und wir haben dann nachher noch Kaffee getrunken. Und da sagt die zu mir: ‚Mit dem Herrn da oben, da hab' ich geäugelt.' Das fand ich so lächerlich, in unserem Alter, muß ich ehrlich sagen – also, ich find' das in unserem Alter lächerlich!"

Indifferente Einstellung
Eine 60jährige: „Ich hab' also ein ganz altes Ehepaar gekannt, bis zuletzt – sind die intim zusammen gewesen und ich fand dat in Ordnung. . . – Nein, da gibt es kein Halt, da ist der eine so und der andere so und wenn die zwei oder der Mensch sich eben – noch eben so fühlt – warum nicht? Das finde ich normal."

Besteht auf der syndromalen Ebene der Verdacht einer **sexuellen Funktionsstörung**, die nicht primär durch organische Störungen oder Erkrankungen verursacht ist (ICD-10: F52), wird die genaue Diagnostik auf dem Hintergrund der oben beschriebenen normalen altersabhängigen Veränderungen oft nicht einfach sein. Bei einer funktionellen Erektionsstörung des Mannes und einer sexuellen Erregungsstörung der Frau (ICD-10: F52.2) muß eine Durchblutungsstörung etwa durch eine diabetisch bedingte Arteriosklerose ausgeschlossen werden. Generell läßt sich festhalten, daß immer dann, wenn (nächtliche) Spontanerektionen auftreten, die Wahrscheinlichkeit einer organisch begründeten Durchblutungsstörung relativ unwahrscheinlich ist. Eine **Ejaculatio praecox** (ICD-10: F52.4 – vorzeitiger Samenerguß) tritt im Alter eher seltener auf.

Auf der psychotherapeutischen Ebene ist bei erstmals im Alter auftretenden Störungen der Sexualität, die sich organisch nicht erklären lassen, zunächst sicherzustellen, daß keine Informationsdefizite hinsichtlich der physiologischen Veränderungen vorliegen. Unter Umständen kann es darüber hinaus angezeigt sein, die mit der Alterssexualität verbundene Selbstwertproblematik im Einvernehmen mit den Patienten zu bearbeiten. Es ist auch darauf zu achten, ob eine angegebene sexuelle Funktionsstörung u. U. Ausdruck einer Konfliktdynamik des Paares ist. Dann stünde die Indikation zu einer Paar-therapeutischen Intervention im Vordergrund. Insbesondere bei geklagter Alibidimie könnte der eigentliche Grund für „Lustlosigkeit" (neben einer primär depressiven Störung) in einer solchen Konfliktdynamik etwa in Form latenter Trennungswünsche liegen.

Die in jüngerer Zeit mögliche medikamentöse Behandlung der Erektionsstörung mit Sildenafilcitrat (Sildenafil; Viagra) wird aus urologischer Perspektive zunehmend als erstrangiges Therapiekonzept gesehen (unter Beachtung der möglichen kardialen Nebenwirkungen). Wenn keine psychosomatische Abklärung erfolgt, könnte mit einer solchen medikamentösen Behandlung auch ein Risiko verbunden sein. Denn eine funktionelle Erektionsstörung (z. B. Versagensangst bei einer jüngeren Partnerin) medikamentös „wegbehandelt", mindert u. U. nicht gleichermaßen die intrapsychische Konfliktlage. „Mann" „kann" dann wieder – und muß nun wieder „können", wenn das Symptom nicht auch als eine Möglichkeit von Abgrenzung, Rückzug, Ausdruck von Ambivalenz etc. verstanden würde. – Andere medikamentös-invasive Methoden wie die Schwellkörper-Autoinjektionsbehandlung SKAT spielen bei Alternden dagegen eine eher untergeordnete Rolle.

Extrem selten sind **Störungen der Geschlechtsidentität**, die erstmals im Alter auftreten. So erinnern wir einen Mann-zu-Frau Transsexuellen (ICD-10: F64.0), der mit 62 Jahren nach dem Tod seiner Ehefrau eine auf den ersten Blick klassische *Transsexualität* mit dem Wunsch nach Personenstandsänderung und operativer Geschlechtsumwandlung ausgebildet hatte. Vorangegangen war eine 35 Jahre während heterosexuelle Biographie in der Ehe, der zwei aktuell erwachsene Söhne entstammten. Der Aspekt dieses Mannes, der sein Leben lang schwer körperlich gearbeitet hatte und einen entsprechenden Körperbau besaß, in Frauenkleidung wirkte in der Alltagssituation grotesk. Dabei war die Abgrenzung gegen eine **Störung der Sexualpräferenz** im Sinne eines **Transvestitismus** (ICD-10: F65.0) eindeutig möglich. – Bei solchen Entwicklungen, wie sie hier nach einem Partnerverlust beschrieben sind, ist immer auch an die Abwehr-Funktion sexueller Symptombildungen zu denken, um z. B. eine schwere intrapsychische Trauer bewältigen zu können.

Mit dem Alter steigt die Wahrscheinlichkeit, daß bei Männern die benigne Prostatahypertrophie auf Grund der Gefahr eines Harnverhaltens in der Blase einen operativen Eingriff notwendig macht. Eine solche oft urethral durchführbare Prostataoperation weckt in der Regel bei sexuell aktiven Männern Ängste bezüglich ihrer Potenz. Ein ausführliches Aufklärungsgespräch mit dem operierenden Urologen klärt die Dringlichkeit des geplanten Eingriffs, macht die verschiedenen Operationstechniken verständlich und bezieht den Betroffenen in die gesamte Entscheidungsfindung mit ein. Gegebenenfalls hat der Patient das Recht, eine „zweite Meinung" einzuholen, bevor er einer Operation mit hohem Risiko zustimmt.

Die Befürchtung von betroffenen Frauen, daß eine Uterusexstirpation (z. B. wegen großer Myome oder aufgrund eines Karzinom-Verdachts) später die sexuelle Erlebnisfähigkeit beeinträchtigen würde, ist unbegründet. Manche Patientinnen formulieren ihre Befürchtungen mit dem Satz: „Ich habe Angst, keine richtige Frau mehr zu sein." Oft spielen unzutreffende anatomische Vorstellungen, die sich in einem sorgfältigen Beratungsgespräch aufklären lassen, eine große Rolle. In aller Regel ist nach Abschluß der Wundheilung ein für beide Partner befriedigender sexueller Kontakt weiter möglich.

4.7   Schlafstörungen

Nach großen Untersuchungen in der Allgemeinmedizin leiden rund 50 % der Patienten unter Schlafstörungen, davon rund jeweils ein Drittel an leichter, mittlerer oder schwerer Ausprägung. Bei fast der Hälfte der Patienten mit Schlafstörungen besteht dieses Problem seit mehr als 5 Jahren, bei weiteren gut 30 % zwischen 1-5 Jahre, bei rund 10 % zwischen 6-12 Monaten und bei einem Rest von rund 15 % unter 6 Monaten.

Oft bestehen bei Schlafstörungen älterer Menschen somatische Ursachen: verschiedene (schmerzhafte) Erkrankungen, Schlafapnoe, medikamentös bedingte Schlaf-

störungen (Nebenwirkungen), depressive Störungen und periodische Extremitätenbe-
wegungen (restless leggs). Bei diesen Formen von Schlafstörungen ist primär die
somatische Grunderkrankung zu diagnostizieren und zu behandeln – oft dann auch mit
positiven Effekten auf den Nachtschlaf. Eine Analyse der Schlafsituation sollte auch
äußere Störquellen mit erfassen. Denn sogenannte Mikroarousels etwa durch Lärm,
die der Schläfer nicht bewußt merkt, können die Kontinuität der Schlafphasen unter-
brechen und am nächsten Morgen das Gefühl hervorrufen, nicht ausgeschlafen zu sein.

Unter präventiven gerontopsychosomatischen Gesichtspunkten besteht bei vielen
Alternden die Notwendigkeit zur Beratung hinsichtlich des *Gesamtschlafbedarfs* über
24 h. Mit steigendem Alter nimmt der Gesamtschlaf nicht generell ab. Insbesondere
zeigt jedoch die **Schlafeffizienz** (Schlafzeit dividiert durch Bettliegezeit) eine mit dem
Alter ansteigende Variabilität. Die durchschnittliche Schlafeffizienz beträgt in der
Jugend 95 % und sinkt bei 70-79jährigen auf 80 %. Wichtig ist auch zu vermitteln, daß
der Gesamtschlaf über 24 h addiert werden muß.

Fallbeispiel: Ein 75jähriger hält beispielsweise täglich einen Mittagsschlaf von einer
Stunde. Abends geht er um 22.00 h zu Bett und schläft um 22.30 h ein. Wenn er dann
am nächsten Morgen um 04.30 h aufwacht, hat er unter Zurechnung des Mittagsschla-
fes rund sieben Stunden geschlafen – genug für seinen Gesamtschlafbedarf. In der Praxis wird in solchen Fällen von den Betroffenen dennoch angegeben, sie lägen „seit halb
fünf" wach und litten somit unter einer Schlafstörung.

Aufklärende Beratung hat bei solchen objektiven Normalbefunden auch zum Ziel, mit
den Betreffenden zu überlegen, wie sie mit dieser Zeit, die sie im Bett verbringen,
ohne zu schlafen, umgehen könnten. Der einfache Rat, „lesen Sie doch dann", ist nicht
jedermanns Sache. Neben Aspekten von Bildung und Einübung spielen die ganz konkreten Umstände im Schlafzimmer eine große Rolle. Gibt es eine ausreichende
Beleuchtung bei Altershyperopie? Soll ein eventuell im selben Zimmer schlafender
Partner nicht gestört werden? Gibt es zu einem solchen Schlafarrangement emotionale
und reale Alternativen? Wie kann das Buch gehalten werden, damit die Arthrose in den
Schultergelenken nicht noch mehr schmerzt? Bedarf es einer kognitiven Umwertung
angesichts der „nutzlos im Bett verbrachten Zeit, was mich ganz unruhig und ärgerlich
macht"? – Die Betreffenden haben tatsächlich individuelle „Erfindungen" zu machen,
mit dieser im Lebenslauf neuen Situation umgehen zu lernen. Wir haben gute Erfahrungen damit gemacht, den Patienten dies auch so oder ähnlich zu sagen, um uns mit
ihrem Ehrgeiz und ihrem Entwicklungsinteresse zu verbünden.

Ihren Gesamtschlafbedarf kennen die meisten Menschen ziemlich genau. Er kann
anamnestisch erfragt werden. Unterschieden wird der Typ „Napoleon", der mit vier
Stunden Gesamtschlaf ausgekommen sein soll, und der Typ „Einstein", der zehn Stunden Schlafbedarf gehabt habe. Wie man sieht, läßt der jeweilige Typus keine Rück-
schlüsse auf die Leistungsfähigkeit etc. zu. Außerdem weiß in der Regel jeder durch
Vergleich mit anderen Menschen, ob er eher zu den „Eulen" gehört, also abends lange
aufbleibt und dann sogar einen Höhepunkt seiner Schaffenskraft hat, oder ob er zu den
„Lerchen" gehört, den Menschen, die mit dem ersten Sonnenstrahl aus dem Bett springen. Diese individuellen Einstellungen gilt es bei der Behandlung einer ausgeprägten
Schlafstörung zu berücksichtigen.

Unter verhaltenstheoretischen Aspekten lassen sich zwei sich jeweils selbst verstär-
kende Zirkel der Schlafstörung beschreiben:

- Persönlichkeit ⇒ belastendes Lebensereignis ⇒ *Arousal* ⇒ Schlafstörung ⇒ Angst vor Schlaflosigkeit ⇒ Schlafmittel-/Alkoholgebrauch ⇒ Schlafstörung etc.
- Persönlichkeit ⇒ belastendes Lebensereignis ⇒ *Arousal* ⇒ Schlafstörung ⇒ subjektive Leistungseinbußen mit Versagensängsten ⇒ Erzwingenwollen des Schlafes ⇒ Schlafstörung etc.

In beiden maladaptiven Zirkeln spielen die kurzen Aufwachreaktionen (Arousals), die in der Folge dann als Schlafstörung erlebt werden, eine zentrale Rolle.

Therapeutisch gilt es, relativ früh schon katastrophisierende Reaktionen („Ich weiß schon, gleich werde ich mich wieder im Bett wälzen und nicht schlafen können! Und dann bin ich morgen wie gerädert...") abfangen zu helfen. Wichtig ist, neben einer möglichen Bearbeitung der belastenden Lebenssituation die Betroffenen zur Gelassenheit gegenüber dem passageren Phänomen Schlafstörung anzuhalten – denn jede Form von „aktivem Bekämpfen" der Schlafstörung erreicht nur das Gegenteil. Beratung sollte auch die Schlafhygiene umfassen. Damit ist der gesamte Ablauf vom Zubettgehen bis zum Einschlafen gemeint. Empfohlen wird, hierbei einen gewissen Rhythmus und Ritus einzuhalten. Wer über Krimis immer nachgrübeln muß, sollte sich kurz vor dem Schlafen-gehen keine mehr im Fernsehen zumuten. Weiterhin kann Gelassenheit durch das Erlernen eines systematischen Entspannungsverfahrens (Autogenes Training) unterstützt werden.

Eine sehr gute, kürzlich publizierte Studie bei ≥55jährigen mit länger als 6 Monaten bestehenden Ein- und Durchschlafstörungen und mindestens einer negativen Wirkung der Schlaflosigkeit in der Wachphase zeigt, daß bei diesen Patienten in einem kontrollierten Design die Behandlung der Schlafstörung mit kognitiver Verhaltenstherapie (KVT) einer medikamentösen Behandlung (Benzodiazepin-Derivat) und der Placebo-Therapie auch in der Nachbeobachtungszeit über insgesamt 24 Monate überlegen war (Morin et al. 1999). Ziel der KVT war es, Schlafgewohnheiten sowie Vorstellungen über das Schlafen zu verändern. Darüber hinaus wurden individuelle Verhaltensstrategien aufgestellt. Die KVT erfolgte in wöchentlichen Sitzungen zu 90 Min. über insgesamt acht Wochen. In der gleichen Ausgabe der JAMA ist eine Patientenschulungsseite enthalten (JAMA patient page: insomnia. 1999 (281): S. 1056; auch verfügbar auf der Website der American Medical Association (AMA): www.ama-assn.org). – Zur Therapie mit Schlafmitteln sei noch generell angemerkt, daß die „Folgekosten" einer solchen (Dauer-)Behandlungen bei Alternden auf Grund nächtlicher Verwirrtheitszustände, Stürze und Abhängigkeit eine der bedeutsamen dunklen Flecken unseres Wissens darstellen. Zur Vertiefung der eigenen Kenntnis und auch, um Patienten anzuleiten, kann zudem das Buch von Müller & Paterok (1999) empfohlen werden.

4.8 Funktioneller Schwindel

Schwindel ist ein von Älteren häufig geklagtes Syndrom, das mit ganz unterschiedlichen Symptomen einhergehen kann: Schwankschwindel, Drehschwindel und auch ein allgemeines Schwächegefühl. Die Symptomatik kann als *Dauerschwindel* mit unterschiedlicher Intensität oder seltener als *Attackenschwindel* auftreten. Der Anteil psy-

chogen verursachter Schwindelsymptome wird bei Erwachsenen mit 25-30 % angenommen (Eckhardt-Henn et al. 1998). Ganz unabhängig von der Ursache spielen bei
40 % aller Schwindelpatienten psychische Faktoren für die subjektiv empfundene
Intensität der Symptomatik und für den Krankheitsverlauf eine wesentliche Rolle.
Bezüglich der Auslösesituation werden am ehesten phobische Angstauslöser beschrieben. Aus psychodynamischer Sicht imponiert der psychogene Schwindel häufig als
Angstäquivalent. Die Komorbidität mit anderen psychischen Erkrankungen wie den
depressiven Störungen ist häufig.

Die Differentialdiagnose ist bei Älteren deshalb besonders anspruchsvoll, weil
auch leichte organische Läsionen zu einem Syndrom führen, bei dem der ursprünglich
möglicherweise organische Kern dann psychisch als „erlernt" angstvoll ausgestaltet
wird. Dieser Zusammenhang wird durch das folgende Fallbeispiel verdeutlicht:

Behandlungsbeispiel 13: Der 73jährige Herr D. war mit seiner Frau auf einer Ferien-
insel, als er auf dem Fahrrad von einem Schwindel erfaßt wurde, der ihn veranlaßte, die
Fahrbahn auf die Gegenseite zu queren. Er mußte sich auf die Bordsteinkante setzen,
fast wäre er gestürzt. Obwohl der Schwindel wieder zurückging, entschloß sich Herr D.
zusammen mit seiner etwa gleichaltrigen Frau, vorzeitig zurückzufliegen. Als sie zwei
Tage später schon die Koffer gepackt hatten, erlitt seine Ehefrau einen so schweren
infektiösen Durchfall, daß sie nicht reisefähig war, sondern für eine Woche in dem lokalen Krankenhaus aufgenommen werden mußte. In dieser Zeit entwickelte Herr D. in seinem Hotelzimmer erneut einen Dauerschwindel, begleitet von schwersten (Verlust-)Äng-
sten um seine Frau. Ein benachbartes Urlauberehepaar habe sich um ihn gekümmert, da
er sich verhalten habe wie ein Kind: auf seinem Bett kauernd sei er unfähig gewesen,
noch irgend etwas Sinnvolles zu tun. – Noch Monate nach der glücklichen Rückkehr war
Herr D. durch diesen Einbruch so belastet, daß er selber eine psychosomatisch-psychotherapeutische Behandlung aufsuchte, die eine gute Besserung brachte.

In diesem Fall ist eine ursprünglich vielleicht kurze, organisch begründete Schwindel-
attacke zu diskutieren, wobei die beeindruckende Schwindelsymptomatik einige Tage
später zusammen mit einem Angstsyndrom als somtaforme autonome Funktionsstörung wiederkehrt. – Das nachfolgende Beispiel illustriert zugleich auch einen aus-
führlicheren Behandlungsverlauf:

Behandlungsbeispiel 14: Die 71jährige Patientin (Altersunterschied zum Psychotherapeuten: 16 Jahre) suchte auf Empfehlung einer neurologischen Abteilung wegen
„unklarer Schwindelzustände" eine Behandlungsmöglichkeit. Im Wartezimmer saß eine
auffallend kleine, ältlich-brav wirkende Frau, die den potentiellen Behandler vorsichtig,
sogar skeptisch, aber auch gleichzeitig neugierig anschaute. Sie trug ein schwarzes
Strickkostüm mit einer weißen Bluse.
   In der Sylvesternacht vor zwei Monaten hatte sie in ihrem Hotelbett einen schweren
Schwindelzustand mit Übelkeit, Erbrechen und der Unfähigkeit, sich aufzusetzen erlitten. Zwei gründliche stationäre Durchuntersuchungen (Innere Medizin, Neurologie,
einschließlich HNO- und Augenklinik) erbrachten keinen Hinweis auf eine organische
Ursache. Der konsiliarisch hinzugezogene Psychiater/Psychoanalytiker empfahl aufgrund
folgender diagnostischer Aspekte eine Psychotherapie:

● Seit ihrer Scheidung von einem alkoholkranken Ehemann vor 20 Jahren führte sie ein
   sehr selbstbestimmtes, aber auch aufopferndes Leben. Die von ihr als Verwaltungsan-
   gestellte eingeforderte intensive Arbeit erbrachte auch die entsprechende Anerkennung mit eindrucksvoller Höhergruppierung.

- In diesem Zeitraum verließen die beiden Kinder (eine Tochter 44 Jahre, ein Sohn 40 Jahre) das Haus, absolvierten ihre Ausbildung einschließlich Studium, verwirklichten ihre Karrierepläne, scheiterten aber in ihren Partnerschaften. Sie selbst fragte sich, ob die erwähnte Scheidung von dem zweiten Mann nach einer zunehmend schwierigen und bedrückenden Ehe (der erste Ehemann fiel nach kurzer Ehe im II. Weltkrieg) Folgen für die Partnerschwierigkeiten ihrer Kinder bewirkt hätte.
- Nach ihrer Berentung freute sie sich auf ein selbständiges Leben (Kauf einer Zweitwohnung auf den Kanarischen Inseln, Schreiben von Reiseberichten, Erwerb weiterer intensiver Französischkenntnisse, mindestens ein halbes Jahr unbeschwertes Reiseleben). Sie konnte diesen Phantasien in keiner Weise nachkommen und fühlt sich jetzt im Gegenteil lebensüberdrüssig, müde, resignativ und deutlich depressiv.
- Kurz vor Weihnachten gab es eine schwierige Situation mit dem Sohn, der auf der einen Seite ihren Rat einforderte, auf der anderen Seite keinen Rat annehmen wollte. Dazu grenzte er sich ständig ab, wollte sie aber doch in der Mitverantwortung für den Enkel belassen. Resigniert suchte sie ihr Hotel auf, in dem sie seit mehreren Jahren Weihnachten und Neujahr verbrachte.

Nach diesem ausführlichen Bericht schaute sie ihren Therapeuten unverändert vorsichtig, aber auch prüfend an. Ihre unausgesprochene „Testfrage" war: Kann ein Mann sie überhaupt (siehe ihre Aussagen über die beiden Ehen) und dazu noch ein jüngerer Mann (s. Schilderung ihres Sohnes) in ihrem Anliegen verstehen, endlich befriedigt ihr Leben zu genießen, sich nicht mehr um familiäre Dinge kümmern zu müssen? Kann sie ein Mann in dieser Absicht dabei sogar unterstützen?

In der 45stündigen Psychotherapie mit einer Wochenstunde gelang es der Patientin zunehmend, sich mit den vielfältigen, sich zunächst wiederholenden Enttäuschungen an den Männern (verwöhnender, ambivalent erlebter und insgesamt unzuverlässiger Vater; nach kurzer Ehe als junge Frau aufgrund des Kriegstodes ihres Mannes „verlassen"; erneut enttäuscht durch den alkoholkranken zweiten Ehemann, durch nachfolgende Chefs und schließlich durch den mit entsprechenden Erwartungen aufgezogenen Sohn) auseinanderzusetzen und zu trauern. Anschließend begann sie erstmals, eigene Wünsche und Bedürfnisse gegenüber diesen Männern bewußt zu formulieren. Zusätzlich half ihr ihre innere Abgrenzung von der Mutter, die als lebenslang im Hotel bzw. eigenen Betrieb tätige Frau kein Vorbild für die Verwirklichung eigener Wünsche angeboten hatte. Gleichzeitig begann sie, ihre Beziehung zu ihren beiden Kindern erwachsenengerechter zu gestalten, erbetene Kontakte und Unterstützung abzuklären und die Beziehung zu dem einzigen Enkelsohn nach ihren eigenen Wünschen, und nicht mehr nach denen des Sohnes, zu verändern.

Die zu Anfang der Behandlung noch in leichter Form vorhandenen Schwindelzustände schwanden völlig und waren auch bei einem katamnestischen Gespräch nach einem Jahr nicht wieder aufgetreten. Die resignative, depressive Stimmung besserte sich vollständig, und die Patientin war jetzt in der Lage, ihren vielfältigen Wünschen und Interessen nachzugehen und sie allmählich zu realisieren.

Zu den psychosomatischen Aspekten des **Hörsturzes** verweisen wir auf einschlägige Lehrbücher, da der Hörsturz seinen Erkrankungsgipfel zwischen dem 30. und 60. Lebensjahr hat. Besonderheiten bei Älteren werden in der Literatur bisher nicht diskutiert.

4.9   Demenzielle Störungen

Arbeiten über psychosomatische Aspekte oder Störungen bei Demenzkranken sind außerordentlich selten. Die Forschung beschäftigt sich bisher fast ausschließlich mit Untersuchungen der mnestischen und kognitiven Funktionen im Verlauf der Erkrankung und deren Auswirkungen auf das Verhalten des Erkrankten. Körperliche Störungen werden nur dann erwähnt, wenn sie etwa als Inkontinenz, Gangstörung oder Bronchopneumonie zusätzliche somatische Behandlungsprobleme (Gangstörung als Folge des sekundären Parkinsonismus etc.) ergeben.

Die **Demenz vom Alzheimer-Typ (DAT)** (ICD-10: F00) beginnt schleichend, während die **Demenz vom vaskulären Typ (DVT)** (ICD-10: F01) in der Regel mit einem akuten Ereignis – oft in Verbindung mit neurologischen Ausfällen – beginnt. In einem noch unbekannten Verhältnis zur prämorbiden Persönlichkeitsstruktur des späteren Demenzkranken (siehe → *Streßfaktoren im Vorfeld einer Demenz* in diesem Kap. weiter unten) konnte durch Untersuchungen gezeigt werden, daß an einer DVT Erkrankte auf Grund der stärker wechselnden Stimmungen für die pflegenden Angehörigen schwerer zu tragen sind als die an einer DAT Erkrankten. Dies wird mit den stärker wechselnden Durchblutungsverhältnissen im Gehirn erklärt, die den DVT-Patienten immer wieder in „günstigeren" Abschnitten seine Situation reflektieren läßt, wodurch dann Reizbarkeit, Aggressivität und Verzweiflungsgefühle hervorgerufen werden können.

Bemerkenswert ist die Selektivität der Symptomatik, die über den größeren Teil des Verlaufs einer DAT hinweg ausschließlich die höheren neurophysiologischen Funktionen betrifft. Betroffen sind zu Beginn vor allem die Merkfähigkeit, Wortfindung und Auffassungsgabe. Die apraktische Hilflosigkeit steigert sich im Verlauf zu einer ideatorischen Apraxis (Unfähigkeit, Handlungsfolgen zu planen und durchzuführen), oft kombiniert mit einer Agnosie (von Freud geprägter Begriff für die Seelenblindheit als Unfähigkeit, Bekanntes in seiner Bedeutung wiederzuerkennen), mit verbaler und nonverbaler Gedächtnisstörung sowie der Unfähigkeit, abstrakt denken zu können.

Alter ist – abgesehen von der sehr seltenen Form der familiären Alzheimer Demenz (FAD) als Folge eines vererbbaren Defekts am langen Arm des Chromosoms 14 – der einzige bekannte Risikofaktor für eine DAT. Man rechnet heute mit einer *Prävalenz* schwerer Demenzformen bei 65-69jährigen von 3 %, bei den über 85jährigen steigt die Prävalenz jedoch bereits auf 17 % an (Saunders et al. 1993). In der Altersgruppe der über 85jährigen bilden die dementiellen Störungen zugleich die häufigste chronische Behinderung überhaupt.

Der französische Psychiater Pinel (1800) verwandte als erster den Begriff *Demenz* bei Aufhebung des Denkvermögens. Sein Schüler Esquirol (1838) definierte die Demenz als zerebrale Erkrankung, die durch eine Herabsetzung der Vernunft, des Verstandes und des Willens gekennzeichnet ist. Die ätiologischen Vorstellungen erstreckten sich bereits – neben heute als abwegig erkannten Ursachentheorien – auf die chronische Trunkenheit oder Hirnblutungen.

Gesicherte *Risikofaktoren der DVT* sind die Hypertonie, kardiale Erkrankungen (absolute Arrhythmie) und der Diabetes mellitus (Diener & Dichgans 1994). Als *Risikofaktoren für eine DAT* werden die Abnahme der endogenen Östrogenproduktion (dadurch fehlende Hemmung der Interleukin-6-Synthese) nach der Menopause und eine genetische

Variante des Plasmaproteins Apolipoprotein E (ApoE) diskutiert. Differentialdiagnostisch sind gegenüber der DAT und der DVT heute folgende Erkrankungen auszuschließen: eine Hypothyreose, ein Vitamin-B12- oder Folsäure-Mangel, ein Normaldruckhydrocephalus, eine Vaskulitis oder eine zerebrale Raumforderung.

Vermutlich zentrales pathologisches Moment ist die *neurofibrilläre Degeneration* mit einer chemischen Veränderung, Verklumpung und Zerstörung von Neurofilamenten und Mikrotubuli, die der Nervenzelle als intraneuronale Transportstruktur dienen. Das Auftreten von *Amyloidplaques* hatte schon Alzheimer (1911) als Folge und nicht als Ursache der Degeneration von Nervenzellen erkannt. Folge der Degeneration ist der Verlust von Synapsen, der signifikant höher ist, als er im Verlauf des normalen Alterns zu erwarten wäre. Man spricht daher bei der DAT von einem *kortiko-kortalen Diskonnektionssyndrom*.

Interessanterweise zeigen experimentelle Arbeiten, daß Synapsen einem lebenslangen Auf- und Abbau unterliegen. Diese *Plastizität* macht verständlich, daß der Gebrauch einer Synapse über ihre strukturelle Integrität entscheidet. Spezifische Aktivität des Individuums entscheidet also darüber, ob die dieser Funktion dienenden Synapsen neugebildet, aufrechterhalten oder aufgelöst werden. Zahlreiche Untersuchungen belegen, daß auch psychosoziale Faktoren für die neuronale und synaptische Plastizität von entscheidender Bedeutung sind (Übersicht bei Swaab 1991). Dabei bleibt die Fähigkeit zur dendritischen Aussprossung von Nervenzellfortsätzen auch im fortgeschrittenen Alter erhalten – ein Glück für die in diesem Lebensabschnitt auch in hohem Maße erforderlichen aktiven Adaptationsprozesse.

Der schleichende Beginn der DAT kann gerade am Beginn der Erkrankung die Differentialdiagnose zu den depressiven Störungen i. S. einer depressiven Pseudodemenz (→ Kap. 3.4.3) sehr erschweren. Hinzu kommt, daß Patienten mit depressiven Erkrankungen in der Vorgeschichte, in deren Verlauf eine Pseudodemenz aufgetreten ist, ein erhöhtes Risiko tragen, später an einer DAT zu erkranken (Alexopoulos et al. 1993).

Tab. 12: Untersuchungsdesign zur Demenzdiagnostik nach den ICD-10; DSM-IV- und NINCDS/ADRDA-Kriterien

Nervenärztliche Untersuchung (Arzt für Neurologie und Psychiatrie)	
Psychiatrische Exploration	
Achse	**Prüfung durch**
Bewußtseinslage bereitschaft	Achten auf Wahrheit und Reaktions-
Speicherung neuer Informationen	Reproduktion von Ereignissen, die kurz zuvor in der Untersuchungssituation stattgefunden haben
Abruf früher gespeicherter Informationen Denkvermögen	Erfragung biographischer Daten, familiärer Verhältnisse Problemerörterungen des individuellen Alltags, des sozialen familiären Gefüges, die nicht allein mit Wissen gelöst werden können

Urteilsfähigkeit	Einschätzung der gegenwärtigen eigenen Lebenssituation, Meinung zu aktuellen sozialen oder politischen Fragen
Affekte, Antriebsniveau, emotionale Kontrolle, abnorme Erlebnisweisen	Verhaltensbeobachtung

Neurologischer Status

Funktion	Prüfung durch
Sprache	Achten auf Wortfindungsstörungen, Vollständigkeit von Sätzen und Mitteilungsgehalt in der Spontansprache, Benennen von mehreren alltäglichen Gegenständen
Beherrschung praktischer Handlungsabläufe	Handhabung von mehreren Gegenständen, Imitation, Gestik, Ausführung mehrschrittiger Handlungen
Objekterkennen, benennen	Erkennen von Alltagsgegenständen durch Betasten und Gebrauchserläuterungen
Konstruktive Fähigkeiten	Nachzeichnen geometrischer Figuren

Ischemic Score (IS)
Fremdanamnese

Information	Fragen
Beginn der gegenwärtigen Störung	Zeitpunkt der Erstmanifestation der gegenwärtigen Symptomatik
Allmählicher/plötzlicher Beginn	Beachtung eines scheinbar plötzlichen Beginns durch Überschreiten der Wahrnehmungsschwelle
Art des Verlaufs	Langsam progredient, schrittweise verschlechternd, fluktuierend
Alltagsrelevanz von Gedächtnisstörungen	Vergessen von Namen oder Vereinbarungen, Verlegen von Gegenständen, Verlieren des Fadens im Gespräch, Wiederholen von Fragen
Alltagsrelevanz von Störungen des Denkvermögens	Versagen bei alltäglichen Problemlösungen und Planungen, Vermeiden anspruchsvoller Tätigkeiten, Aufgabe von früheren Liebhabereien
Alltagsrelevanz von Sprachstörungen	Kommunikationsschwierigkeiten, Wortfindungsstörungen, nachlassende Präzision des sprachlichen Ausdrucks
Alltagsrelevanz von Störungen praktischer Handlungsabläufe	Probleme bei der Kleidung, im Umgang mit Gebrauchsgegenständen

Veränderungen der Persönlichkeit	Zuspitzung früherer oder Auftreten neuer Persönlichkeitszüge, herabgesetzte Gefühlskontrolle, Verletzung sozialer Konventionen
Problematische Verhaltensweisen	Angstzustände, Aggressivität, depressive Stimmungen, Unruhe, Verlaufen außer Haus
Erhaltene Eigenschaften und Fähigkeiten	Soziale Umgangsformen, Interessen, Lieblingsbeschäftigungen, Empfänglichkeit für Musik, Tanz oder andere körperliche Aktivität

Geriatrisch-internistische Untersuchung (Internist)

Vaskuläre Risiken
Stoffwechseldiagnostik
Endokriner Status
Wasser- und Elektrolythaushalt
Medikamentenanamese

Psychologische Untersuchung (Dipl.-Psychologe)

Strukturiertes Interview für die Diagnose der Demenz vom Alzheimer Typ, der Multiinfarktdemenz und Demenz anderer Ätiologie (SIDAM)
SISCO: Verdacht auf Demenz ≤ 32 von 55 Punkten
MMS: Verdacht auf Demenz ≤ 23 von 30 Punkten

Untersuchung zum psychosozialen Status (Dipl.-Pädagoge)

Sozialanamnese
Kompetenzdiagnostik, nach Kruse
Global detoriation scale (GDS)

Differentialdiagostisch sind weiterhin neben internistischen Erkrankungen eine Somatisierungsstörung oder somatopsychische Krankheiten mit drohender psychischer Regression im Sinne der Aufgabe von Ich-Funktionen zu bedenken. Um einen solch komplexen diagnostischen Prozeß zu bewältigen, ist in den letzten Jahren die Einrichtung von **Memory Clinicen**, Spezialambulanzen mit qualifizierten Teams, vorgeschlagen worden. Tab. 12 gibt einen exemplarischen Überblick über das Untersuchungsdesign zur Demenzdiagnostik nach den ICD-10-, DSM-IV- und NINCDS/-ADRDA-Kriterien, die unter Beteiligung der amerikanischen Gesundheitsbehörde NIH erarbeitet wurden (McKhann et al. 1984).

■ Die *psychiatrisch-neurologische* Untersuchung prüft neben dem neurologischen Befund und dem Ischemic-Score (IS) (Rosen et al. 1980) in einer psychiatrischen Exploration die in Tab. 12 aufgeführten neuropsychologischen Fähigkeiten. Außerdem wird regelmäßig eine Fremdanamnese erhoben mit dem Ziel, die in der Untersuchung erhobenen Befunde im Hinblick auf ihre Alltagsrelevanz mit den Angaben der Angehörigen zu kontrastieren.

- Bei der *geriatrisch-internistischen* Untersuchung werden neben einer vaskulären Diagnostik die Stoffwechselfunktion, der endokrine Status (z. B. Schilddrüsenfunktionsparameter), der Wasser- und Elektrolythaushalt und die allgemeine Medikamentenanamnese in die Beurteilung mit einbezogen.
- Die *psychosomatische* Untersuchung umfaßt den SIDAM und den Mini-Mental-State (MMS) (Zaudig & Hiller 1995). Fakultativ werden der Uhrentest, der Syndrom-Kurztest (SKT), die Prüfung des Lernzuwachses über ADAS-Skalen sowie der Mehrfachwahlwortschatztest (MWT-B) zur Abschätzung der prämorbiden Intelligenz durchgeführt. Außerdem werden neben der Sozialanamnese die lebenspraktische, die informative, die soziale und die reflexive Kompetenz multidimensional abgebildet. Ziel ist es, unter Berücksichtigung des erreichten schulischen und beruflichen Ausbildungsniveaus kognitive Defizite auch hinter einer gut erhaltenen „sozialen Fassade" und entsprechend der GDS (Reisberg et al. 1982) frühzeitig zu erkennen.

In einer Untersuchung an der Memory Clinic Essen (Heuft et al. 1997b) wurden in einer konsekutiven Stichprobe auf diese Weise 1000 Patienten, die von ihren behandelnden Ärzten unter dem Verdacht einer Gedächtnisstörung im Alter vorgestellt wurden, untersucht und charakterisiert.

Tab. 13: *Häufigkeiten somatischer Erkrankungen bei Patienten ohne Demenz-Diagnose aus ICD-10 (n = 125); aufgrund von Mehrfachkodierungen korrespondiert die Anzahl der Diagnosen nicht mit der Anzahl der Patienten*

Häufigkeit somatischer Erkrankungen			
Herz-Kreislauferkrankungen		**Tumorerkrankungen**	
Herzinsuffienz	13	Tumor (peripher)	2
Koronare Herzerkrankung	17	Zustand nach Hirntumoroperation	1
Arterielle Hypertonie	65	*Gesamt*	*3*
Arrhythmie	5		
Herzklappenstenose	1	**Endokrine Erkrankungen**	
Zustand nach Apoplex	15	Diabetes	21
AVK	3	Hypothyreose	3
Zustand nach Karotisoperation	1	*Gesamt*	*24*
Migräne	2		
Gesamt	*122*	**Periphere neurologische Erkrankungen**	
		PNP	22
Extrapyramidale Erkrankungen		Neuralgie	2
Parkinson	12	Ischialgie	2
Chorea Huntington	1	*Gesamt*	*26*
Essentieller Tremor	2		
Dyskinese	2	**Andere Erkrankungen**	10
Gesamt	*17*		

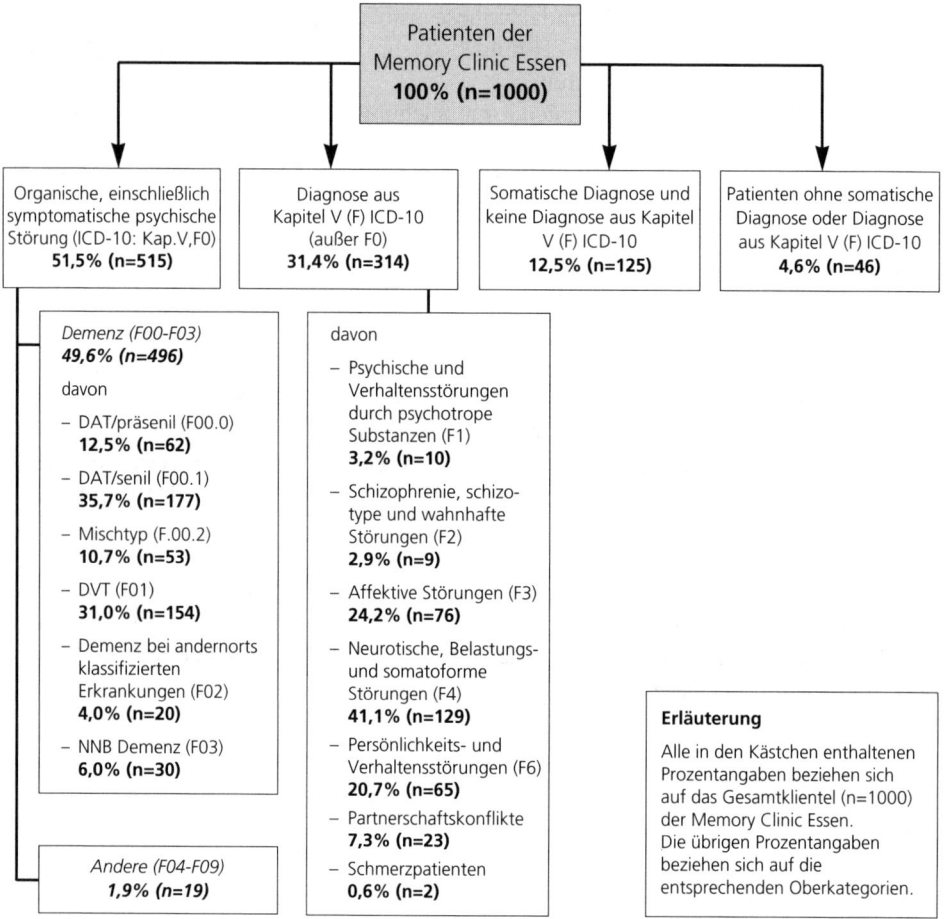

Abb. 26: Verteilung der Diagnosen bei 1000 Patienten mit Verdacht auf Gedächtnisstörung

Von diesen 1000 Patienten litten immerhin 125 an einer *somatischen* Hauptdiagnose, die Tab. 13 zusammenfassend darstellt. Aus psychopathologischer Perspektive gründet sich der Verdacht auf eine Demenzentwicklung sehr häufig auf eher leichte, zeitlich umgrenzte kognitive Beeinträchtigungen oder um Verwirrtheitszustände i. S. einer prädeliranten Symptomatik. Ursächlich spielen hier nicht immer suffizient eingestellte Herz-Kreislauf-Erkrankungen mit konsekutiven Schwankungen der zentralen Sauerstoffversorgung, Diabetes mellitus Typ II und Elektrolytstörungen eine zentrale Rolle.

Wie Abb. 26 verdeutlicht, litt die Hälfte der Untersuchten gemäß den obengenannten Kriterien tatsächlich an einer dementiellen Erkrankung, davon wiederum annähernd die Hälfte unter einer DAT, 31 % unter einer DVT und 10 % unter einem Mischtyp (ICD-10: F00.2). Eine Demenzdiagnose wurde nur dann gestellt, wenn alle Kriterien erfüllt waren (kategorialer Ansatz). – Bemerkenswert erscheint die übrige Verteilung, denn 31,4 % der Untersuchungsteilnehmer litten unter einer anderen psychischen Erkrankung, von diesen 2/3 unter einer affektiven Störung, Neurose oder Persönlichkeitsstörung. – Bei der Hälfte aller dieser Patienten mit einer psychischen Hauptdiagnose schien die Störung mit psychotherapeutischen Mitteln behandelbar.

Bei immerhin 7,3 % aus dieser Gruppe mit psychischen Störungen führten massive Partnerkonflikte (z. B. mit Rückzug des Indexpatienten) zum Verdacht einer Gedächtnisstörung im Alter. Da auch der ganz überwiegende Teil der alten Patienten mit psychischer Hauptdiagnose in Partnerschaft lebte, wäre zu überlegen, ob der (gemeinsame) Alterungsprozeß eines Ehepaares doch ein erheblich höheres Konfliktpotential birgt, als allgemein angenommen wird. Hier bildet sich eine Gruppe von Patienten ab, die unter dem Etikett einer Gedächtnisstörung ihr (oft somatoform ausgestaltetes) Leiden zur Sprache zu bringen suchen. – Im übrigen waren 4,6 % der Vorgestellten altersentsprechend völlig gesund.

Diese Ergebnisse zeigen die hohe Verantwortung in der Differentialdiagnose einer Demenz-Erkrankung: So schlimm es ist, eine dementielle Entwicklung gerade im Frühstadium zu übersehen, so katastrophal kann es für den Einzelnen und seine Angehörigen sein, wenn fälschlicherweise von einer Demenzerkankung ausgegangen wird, obwohl der Symptomatik eigentlich eine behandelbare psychische oder internistische Störung zugrunde liegt.

Demenz-Angst

Da wir bei den Angsterkrankungen im Alter (→ Kap. 3.6) bereits auf die Demenzangst eingegangen sind, sei hier nur noch einmal kurz herausgestellt, daß diese Erkrankung durch ihr erschreckendes Erscheinungsbild und ihre typische Verortung in einem bestimmten Lebensabschnitt („Alter") für viele Alternden ein negatives Identifikationsobjekt ist: „So will ich auf keinen Fall werden." – Falls in der Familie ein bereits in den vorangegangenen Generationen an Demenz Erkrankter erinnert wird, droht diese negative Identifikation dem Alternden als potentielles eigenes Schicksal: „Meine Mutter hat ihre Demenz mit 70 Jahren entwickelt. Ich selber werde nächstes Jahr 70 und befürchte das gleiche Schicksal." In diesem Zusammenhang ist es wichtig zu wissen, daß es keine gesicherten Hinweise auf „Erbfaktoren" für eine Demenzentwicklung gibt (außer bei wenigen familiären Formen; diese Familien sind aber weltweit identifiziert).

Von dieser Position aus kann man dann aus psychoanalytischer Perspektive die angesprochenen Identifikationen per Deutung aufzulösen versuchen: „Sie scheinen den Lebensweg Ihrer Mutter zumindest in diesem Punkt noch als ausschlaggebend für Ihre eigene Entwicklung zu halten." – Und aus kognitiv-behavioraler Sicht könnte man untersuchen, ob es sich bei diesen Befürchtungen etwa um dysfunktionale Gedanken über das Altern handelt: „Könnte es sein, daß Sie ohne weiteres davon ausgehen, daß man mit 70 Jahren dement wird?"

Die Belastung, eine Demenzentwicklung etwa bei anderen Heimbewohnern zu beobachten, sollte nicht unterschätzt werden. Unter den insgesamt 64 Suizidtoten staatlicher Pflegeheime in Hamburg von 1967-1990 waren drei leicht Demenzkranke. In diesen drei Fällen erfolgte der Suizid in unmittelbarem Zusammenhang mit dem erstmaligen offensichtlichen Versagen der geistigen Fähigkeiten der Betroffenen dadurch, daß sie sich in der Stadt verlaufen hatten und als hilflose Person von der Polizei aufgegriffen worden waren, oder daß sie des Diebstahls bezichtigt worden waren und die „gestohlenen" Gegenstände unter schweren Schamgefühlen in ihrem Schrank gefunden wurden (Wojnar & Bruder 1995). Das selbstreflexive Ich ist auch noch bei Patienten mit einer mittelschweren Demenz in der Lage, die Situation mit den eigenen Handicaps insgesamt wahrzunehmen – ein Grund für die relativ hohe Suizidgefährdung in diesem Abschnitt der Erkrankung.

„Vergeßlichkeit" als Abwehr in der laufenden Psychotherapie

Die bekannten psychischen Abwehrmechanismen beanspruchen zu Recht eine Gültigkeit über alle Lebensalter hinweg. Sie kommen jedoch teilweise in „lebensabschnitttypischen Gewändern" einher. Wir erleben es in Psychotherapie-Sitzungen mit Alternden realtiv häufig, daß in konflikthaften Zusammenhängen der Patient auf sein Alter und die darin begründete Vergeßlichkeit Bezug nimmt, ohne generell in einer Pseudodemenz seine Zuflucht zu suchen: „Herr Doktor, das, was wir in der letzten Stunde am Ende über meine Kinder besprochen haben, habe ich vergessen; na ja, Sie wissen, ich werde nächsten Monat 76, da vergißt man schnell mal was...".

In solchen Situationen schlagen wir vor, wenn durch die gesamte Diagnostik vor Beginn der Psychotherapie sicher eine Demenz ausgeschlossen wurde, diese Einlassung des Patienten aus psychoanalytischer Perspektive in gewohnter Weise unter Bezugnahme auf den Kontext zu deuten (hier der Abwehrmechanismus *Ungeschehenmachen*): „Sie und ich, wir wissen, daß Sie nicht dement sind (Patient lacht). Wenn ich mich recht erinnere, dann sprachen wir in diesem Zusammenhang über heftige Gefühle Ihrerseits – über Ihren Ärger, den Sie gegenüber Ihren Kindern verspüren, wenn diese immer wieder davon anfangen, daß Sie Ihr Haus überschreiben sollen. Ich könnte mir vorstellen, daß Sie dieses Thema und diese Gefühle am liebsten ganz schnell wieder vergessen wollen."

Wie diese kleine Fallskizze andeutet, prüft der Patient gleichzeitig auch den Behandler, ob dieser ihn auch für „vertrottelt" hält und lacht sogar, als die Abwehrfigur direkt angesprochen wird, erleichtert auf. In aller Regel läßt sich über eine solche Deutung, die dem Patienten seine Motivation in der Abwehr verstehen hilft, ein guter weiterer Zugang zu den konflikthaften Affekten finden, auch wenn sie sich bisher über Körpersymptome ausgedrückt haben.

Der Demenzkranke und sein Körper

Im Frühstadium der Erkrankung kann der Demenz-Patient seine Organe noch zutreffend lokalisieren und Körpersignale wie Hunger, Durstgefühl, Harndrang, Schmerzerleben etc. richtig wahrnehmen und beschreiben. Kompliziertere Sachverhalte überfordern den Betroffenen und er versucht dann, sich in einfacheren Bildern auszudrücken. Im weiteren Verlauf sind wir bei der überwiegenden Zahl der Fälle auf die indirekten Äußerungen der Demenz-Patienten über ihre Wahrnehmung des Körpers oder auf Verhaltensauffälligkeiten, die auf Störungen des Körpererlebens hinweisen, angewiesen.

Die vor allem syntaktischen Fehler der Demenzkranken machen die Verständigung immer schwieriger. Wojnar & Bruder weisen jedoch, gestützt auf ihre große Erfahrung, darauf hin, daß es oft nach mehreren Gesprächen gelinge, die verborgene „Logik" der gestörten Sprache zu verstehen, die somit mehr sei als bloßer „Wortsalat".

Mit viel Geduld gelinge es, die Aussagen des Patienten zu „übersetzen". Zur Verdeutlichung schildern sie folgende Beispiele (1995, S. 206):

> **Fallbeispiele:** Eine mittelgradig demente Frau, die im Laufe des Tages mehrere Kilometer auf der Station und in der Umgebung zurückgelegt hatte, erklärte ihren Wanderdrang mit den Worten: „Es ist schrecklich, festzuliegen. Der Körper vergißt, sich zu bewegen und ist zu nichts gut."
>
> Die kräftigen Schläge und Tritte, die eine demente Heimbewohnerin austeilte, entschuldigte sie mit der Bemerkung: „Es tut mir leid, ich bin es aber nicht, nur meine Hände."
>
> Und eine Heimbewohnerin, die soeben eine Glasscheibe zertrümmert hatte und mit einer blutenden Hand umherlief, lehnte einen Verband mit den Worten ab: „Lassen Sie mich in Ruhe! Ich hab´ mit der Hand nichts zu tun!"

Werden bei leichterer Demenz Körpersymptome, wie z. B. Kopfschmerzen, noch richtig lokalisiert, wird als Ursache für die Störung – gemäß dem *paranoiden Modus der Konfliktverarbeitung* des Demenzkranken – häufig die Umgebung verdächtigt: „Jemand hat mich auf den Hinterkopf geschlagen" (was nachweislich nicht zutraf). – Vom mittleren Stadium der Demenz an wird der Körper nicht mehr verstanden. Man spricht von der zunehmenden *Dissoziation des körperlichen und psychischen Erlebens*. Harn- und Stuhldrang werden genauso wenig registriert wie Durstgefühle oder Schmerzen (bei Verletzungen nach Stürzen). Die Betroffenen werden allenfalls dysphorisch oder aggressiv.

Darüber hinaus bietet der Körper für leicht bis mittelschwer Erkrankte eine Projektionsfläche, die das eigene Versagen erklären helfen kann. „Ich weiß ja, daß ich das nicht mehr kann – aber schließlich habe ich einen Herzfehler." Diese *Rationalisierungen* bieten dem Patienten die Möglichkeit, im Kreise der Verwandten oder Freunde sein Selbstwertgefühl aufrechtzuerhalten (*primärer* Gewinn dieser Abwehr) oder sogar Zuwendung seiner Umgebung zu gewinnen (*sekundärer* Gewinn). Die Betroffenen appellieren erfolgreich an ein typisches Altersstereotyp: „körperliche Gebrechen gehören zum Alter" – ein erträglicheres Schema als die Vorstellung eines geistigen Abbaus.

Wir haben nicht zuletzt aufgrund eigener Untersuchungen von der hohen Zahl auch funktioneller Störungen bei Alternden berichtet (⇒ Kap. 2.1). Bei Menschen mit polypathischen Beschwerden ist die Differentialdiagnose zu den somatisch begründeten Symptomen selbst dann manchmal schwierig, wenn keine pathologischen mnestischen und intellektuellen Einschränkungen vorliegen. Bei den Demenzkranken lassen sich jedoch weitere Symptome, die auf psychische Faktoren hinweisen könnten, praktisch nicht erfragen. Außerdem gehört ein Teil dieser sogenannten Randsymptome, wie Konzentrationsschwäche, depressive Verstimmung, innere Unruhe und Angstzustände, zu der demenziellen Störung selber dazu. – Prospektive Verlaufsuntersuchungen psychosomatischer Störungen bei Menschen, die später dement wurden, sind uns bisher nicht bekannt. Daher läßt sich über das Schicksal psychosomatischer Störungen bei Demenz-Patienten bisher nichts sicheres sagen.

Bei kluger Beobachtung der Patienten im Alltag und einer geübten Einfühlung kann man jedoch bei manchen Demenzkranken durchaus nicht adäquat verarbeitete Emotionen erkennen, die von den Betroffenen unmittelbar als körperliche Störung erlebt werden. Und emotionale Belastungen hat jemand, der mittelgradig dement ist und sich verzweifelt bemüht, sein ursprüngliches Selbstbild und damit seine Selbstachtung aufrechtzuerhalten, genug zu bewältigen. Kein Wunder, wenn unter einem solchen Dauerstreß z. B. der Kopf „immer leerer wird, bis einem ganz schwindelig ist" – so eine Patientin.

Streßfaktoren im Vorfeld einer Demenz vom Alzheimer-Typ

Ohne nahelegen zu wollen, daß die nachfolgend berichteten Untersuchungsergebnisse bereits gesichertes Wissen darstellen, erscheinen sie uns doch erwähnenswert, da auch solche psychosomatischen Ansätze in der Aufklärung vielleicht einer speziellen Untergruppe von (relativ früh beginnenden) DAT-Erkrankungen zukünftig weiterverfolgt werden müssen.

Unter der Hypothese, daß Streßfaktoren im Vorfeld einer DAT eine besondere Bedeutung haben, weil die Synthese eines in den Gehirnen von Alzheimerpatienten gebildeten Immunbotenstoffs auch durch psychischen Streß ausgelöst werden kann, untersuchten Bauer und Mitarbeiter 20 Patienten, die im Alter unter 70 Jahren an einer DAT erkrankt waren (1995). Eine parallelisierte Gruppe von DVT-Patienten diente als Kontrollgruppe. Die biographische Vorgeschichte, die prämorbide Persönlichkeit und die psychodynamische Entwicklung im Vorfeld der Erkrankung wurde in ausführlichen semistrukturierten Einzelgesprächen auch unter Einschluß mehrerer Angehörigen erhoben. Außerdem wurden eine Reihe strukturierter Fragebögen eingesetzt.

Im Gruppenvergleich zeigte sich, daß die Patienten mit einer DVT im Vergleich zu denjenigen mit einer DAT in der Zeit vor ihrer Erkrankung signifikant stärker leistungsorientiert und ehrgeizig-konkurrierend waren, während die Patienten mit einer DAT prämorbid signifikant häufiger von psychosomatischen Störungen betroffen waren als DVT-Patienten. Die prämorbiden Persönlichkeiten der DAT-Patienten wurden als konfliktvermeidender, zur Unterordnung neigender sowie als geselliger beschrieben. In der Partnerschaft der DAT-Patienten erschienen fast durchweg die Partner hochsignifikant dominanter, während es bei den DVT-Patienten diese selber waren, die in der Partnerschaft über finanzielle Dispositionen, Ortswechsel oder Urlaubsgestaltung entschieden.

Während die Partnerschaften von DAT-Patienten lange als „sehr harmonisch" beschrieben wurden, war es bei allen untersuchten DAT-Patienten im Zeitraum zwischen sechs Monaten und fünf Jahren vor Auftritt der ersten Demenz-Symptome zu einer Zuspitzung der persönlichen Situation und zum massiven Aufbrechen von Konflikten gekommen. Daß es sich nicht bereits um Reaktionen der Angehörigen auf die ersten Krankheitszeichen der Demenz handeln konnte, wurde dadurch sichergestellt, daß der Krankheitsbeginn nochmals fünf Jahre vor den von den Angehörigen erinnerten ersten Krankheitszeichen vordatiert wurde – als fiktiver Erkrankungsbeginn mit etwaigen diskreten Frühsymptomen.

Bei den angesprochenen massiven Konflikten ging es insbesondere um Eingriffe in das Selbstbestimmungsrecht des (späteren) Patienten, anhaltende verbale Herabsetzungen und negative Attribuierungen, die so nur bei einem DAT-Patienten beobachtet werden konnten. DAT-Patienten erlebten ihren wichtigsten Motivationsbereich in den Tätigkeiten für andere, eine im Vorfeld der Erkrankung häufig nicht mehr „benötigte" Qualität (z. B. wegen des Auszugs der Kinder). DVT-Patienten gerieten eher dadurch in Konflikte, daß sich die zuvor dominierte Bezugsperson zu emanzipieren begann.

Bauer und Mitarbeiter fassen ihre Ergebnisse dahingehend zusammen, daß „die Situation vor Ausbruch der Erkrankung bei den Alzheimerpatienten durch einen Verlust an Motivation, bei den vaskulär dementen Patienten durch einen Verlust an Kontrolle gekennzeichnet" sei (1995, S. 222). Sie diskutieren die langjährige „Entmündigung" bei den späteren DAT-Patienten als einen Erklärungsansatz für den selektiven Rückgang von Plastizität in den neuronalen Funktionen, in denen die Programme für höhere, exekutive neuropsychologische Leistungen gespeichert sind. Tatsächlich sind die für höhere neuropsychologische Leistungen entscheidenden Assoziationsfelder bei DAT-Patienten von den degenerativen Veränderungen besonders betroffen.

Da beide Patientengruppen sich neuen Situationen ausgesetzt sahen, die sie mangels hinreichender Bewältigungsmöglichkeiten als Bedrohung empfinden mußten, kann dieser chronische Streß auch als Ursache für eine Verminderung der sogenannten kognitiven Reservekapazität vermutet werden.

Die aus diesen Ansätzen ableitbaren (psycho-)therapeutischen Überlegungen stehen noch sehr am Anfang. Abgesehen davon, daß Patienten mit den Frühformen einer Demenz auch psychotherapeutisch begleitet werden sollten und daß ihre Angehörigen in der Regel (individuell oder auch durch Angehörigengruppen) Entlastung von Schuldgefühlen und Stützung bedürfen, bleibt die interessante Frage, ob eine sehr früh einsetzende Psychotherapie, die die oben angesprochenen Konfliktbereiche entschärfen helfen würde, einen günstigen Einfluß auf den Erkrankungsverlauf haben könnte.

4.10 Gerontopsychosomatik in der Zahnheilkunde

Die Reduktion des Stoffwechsels der Mundschleimhaut im Alter mit zunehmender Atrophie des epithelialen Gewebes sowie Sklerosierung des Bindegewebes, Veränderungen der Zahnhartsubstanzen und des Parodontalgewebes können das Wohlbefinden im Mundbereich verringern oder gar ein Krankheitsgefühl mitbedingen. Hinzu kommen nachlassende manuelle Fertigkeiten (z. B. bei der Manipulation von Prothesen zu deren Reinigung), nachlassender Visus (z. B. im Hinblick auf Einsetzen von Prothesen), Veränderungen des Geruchs- und Geschmackssinnes mit den hinzukommenden Folgen etwaiger notwendiger Medikamente (Stichwort: Mundtrockenheit). Die ausgedehnte zentralnervöse Repräsentanz der Mundregion trägt dazu bei, daß Mißempfindungen in dieser Körperregion sehr intensiv wahrgenommen werden.

In einer über sechs Jahre laufenden Untersuchung bei über 60jährigen Patienten einer psychosomatischen Sprechstunde in der Zahnklinik des Universitätsklinikums Münster zeigte sich, daß in den meisten Fällen zahnärztlich-prothetische Befunde vorlagen. Jedoch bestand in der Regel eine deutliche Diskrepanz zu den geklagten Beschwerden, die auch dann noch anhielten, wenn notwendige Korrekturen oder gar prothetische Neuanfertigungen erfolgten (Wolowski 1995). Von den 297 Patienten, bei denen nach ausführlicher zahnärztlicher Diagnostik und Therapie von einer psychischen Verursachung der Beschwerden ausgegangen werden mußte, waren Frauen 4,6 mal häufiger betroffen als Männer. Im Zentrum der Beschwerden standen

- unklarer Gesichtsschmerz und
- Mundschleimhautbrennen.

Weitere somatisch nicht erklärbare Symptome waren Mundtrockenheit, verstärkter Speichelfluß, Würgereflexe und ein elektrisierendes Gefühl nach Eingliederung von Zahnersatz. Problematisch ist, daß die subjektiven Krankheitstheorien der Patienten nicht selten durch unbedachte ärztliche Überlegungen wie „Herdtheorien" oder klinisch nicht verifizierbare Annahmen über Materialunverträglichkeiten noch forciert werden. Interessanterweise liegt bei Patienten mit übersteigerten Würgereflexen das Geschlechterverhältnis von Männern : Frauen bei 5:1.

Bei dem *unklaren Gesichtsschmerz* zeigt eine sorgfältige Anamnese nur allzu oft, daß die geklagten Beschwerden, die zunächst mit einer zahnärztlichen Behandlung zeitlich zusammenzufallen scheinen, schon vor der letzten Eingliederung einer Prothese oder anderer zahnärztlicher Eingriffe bestanden haben. Bei einem erheblichen Anteil der Patienten mit unklarem Gesichtsschmerz waren in der Vorgeschichte andere chronische Krankheiten nachweisbar, so daß eine Verlagerung der vormals im Magen-Darm-Bereich oder in der Herzgegend lokalisierten Beschwerden auf den Mundbereich nach einer zahnärztlichen Behandlung zumindest diskutiert werden kann.

Beim *Mundschleimhautbrennen* werden brennende Mißempfindungen der Gaumen-, Wangen-, Lippen- oder Zungenschleimhaut beschrieben („ein Gefühl wie Feuer"). Eine 60jährige Patientin beschrieb ihre Beschwerden so:

> **Fallbeispiel:** „Ich habe schon seit vier Jahren ein großes Problem. Ich leide an Zungen-, Gaumen- und Lippenbrennen. War schon bei 15 Ärzten; aber kein Erfolg. Ich kann es fast nicht mehr aushalten. Letztes Jahr hatte ich einen Erschlaffungsanfall. Vor lauter Brennen habe ich versagt. So einen Fall hatten Sie sicher noch nicht. Ich habe alle Metallteile aus dem Mund entfernen und die letzten Zähne ziehen lassen. Jetzt trage ich die dritte Prothese. Alles ohne Erfolg." – Auch eine erneute intensive zahnärztliche Diagnostik und Therapie konnte keine Besserung bewirken. (Wolowski 1995, S. 170).

Zukünftig wird es angesichts der demographischen Veränderungen mit einem anwachsenden Anteil Älterer in umfangreichen rekonstruktiven zahnärztlichen Behandlungen einen auch zunehmenden Bedarf gerontopsychosomatischer Konsiliartätigkeit geben. Hierbei sind sowohl der Zahnarzt wie der Psychosomatiker zur maximalen Sorgfalt verpflichtet, da vergebliche (erneute) Behandlungen für die Patienten aufgrund der notwendigen Selbstbeteiligung auch sehr kostenintensiv sind und genauso das Risiko juristischer Schritte der Patienten in sich bergen, wie bisher übersehene korrekturbedürftige Befunde (weiterführende Literatur bei Marxkors & Wolowski 1999).

Von Seiten der Gerontopsychosomatik sollten zusätzliche gute psychiatrische Kenntnisse bei diesen Störungsbildern verfügbar sein. Differentialdiagnostisch ist bei den oft schweren Krankheitsbildern auch an eine **Dysmorphophobie** zu denken, die unter die hypochondrischen Störungen zu klassifizieren wäre (ICD-10: F45.2). Bekommt die Ausgestaltung dessen, was von den Patienten in den Mundbereich projiziert wird, wahnhafte Züge, ist bei hoher Stärke und Hartnäckigkeit auch an eine **wahnhafte Störung** (ICD-10: F22.0) zu denken. Letztere zeigt auf eine medikamentöse (neuroleptische) Behandlung leider oft eine nur geringe Remissionsquote.

4.11 Spezielle Begutachtungsfragen

In diesem Kapitel werden einige spezielle Begutachtungsfragen besprochen, die uns bei Alternden begegnet sind oder die in der öffentlichen Diskussion einen Stellenwert beanspruchen. Dem Leser wird sich dabei an manchen Stellen erschließen, daß eine rasche emotionale (Vor-)Urteilsbildung nicht mit einer juristisch abgewogenen Entscheidungsfindung übereinstimmen muß.

Sozialrechtliche Begutachtung Alternder

Wenn wir hier von Menschen mindestens jenseits des 60. Lebensjahres sprechen, dann sind die allermeisten, die in ihrem Erwerbsleben einen Rentenanspruch erworben haben, in diesem Alter heute auch berentet. Insofern kommt für diese Altersgruppe ein sozialrechtliches Gutachten mit der Frage der (eingeschränkten) Arbeitsfähigkeit, das in der Regel im Auftrag des Gesundheitsamtes (bei Beamten) oder für das Sozialgericht erstellt wird, kaum noch in Betracht. Solche Gutachten sollten immer nur auf ausdrückliche amtsärztliche bzw. gerichtliche Anforderung hin unparteiisch und nach bestem Wissen und Gewissen erstellt werden. Sogenannte Auftragsgutachten – zumal von seit längerem behandelnden Ärzten – gelten als parteiisch, damit tendenziell und sind im juristischen Kontext praktisch wertlos. Ist man als Behandler der Meinung, dem eigenen Patienten stehe eine Rentenleistung zu, die er bisher zu Unrecht nicht bekommen habe, sollte man eher die entsprechende Begutachtung durch ein spezielles medizinisches Fach anregen. Hierbei kann auch das Fachgebiet Psychosomatische und Psychotherapeutische Medizin, das oft erst nach zahlreichen somatischen Vorgutachten mit einbezogen wird, zur Entscheidungsfindung beitragen.

Generell gilt, daß – weitgehend unabhängig von der Grunderkrankung – ein „chronifiziertes" Rentenverfahren etwa in der Widerspruchsinstanz beim Landessozialgericht über einen Verlauf von mehr als zwei Jahren in sich Störungswert besitzt. Diese Einschätzung gilt auf dem Hintergrund, daß der Antragsteller sich bereits über einen langen Zeitraum selber als arbeitsunfähig eingestuft hat, diese Haltung auch in äußerst „kämpferischer" Weise nach außen trägt und ihn in aller Regel das gesamte Lebensumfeld (Familie, Freundeskreis) entsprechend „sieht". In solchen Fällen wird man selbst dann, wenn man aus Sicht des Fachgebietes Psychosomatische und Psychotherapeutische Medizin bei heute Älteren eine ursprünglich eigentlich behandelbare Störung (etwa eine Somatisierungsstörung) diagnostiziert, von einer Unumkehrbarkeit der Entwicklung auszugehen haben. Prävention solcher Entwicklungen ist nach wie vor die Frühdiagnose und rasche Behandlung solcher Störungen.

Begutachtung bei Anträgen auf Fachpsychotherapie

Die Richtlinien der gesetzlichen Krankenkassen sehen derzeit zwei sogenannte Richtlinienverfahren vor: die psychoanalytischen Psychotherapieverfahren (einschl. der tiefenpsychologischen Psychotherapie) und die verhaltenstherapeutischen Psychotherapieverfahren (einschl. kognitiv-behavioraler) Psychotherapie. Alternde unterliegen dabei keinerlei Beschränkungen – weder hinsichtlich der genannten psychotherapeutischen Grundverfahren noch hinsichtlich der eingesetzten Behandlungsmethoden oder Techniken (z. B. Gruppen- versus Einzelpsychotherapie; Paar- oder Familiengespräche). Die Diagnostik (probatorische Sitzungen), kürzere psychiatrische Behandlungsgespräche und Entspannungsverfahren (Autogenes Training; progressive Muskelrelaxation) sind antragsfrei zu erbringen.

Wenn die Anträge auf Psychotherapie entsprechend den Richtlinien bei Alternden korrekt gestellt werden, gibt es heute in der Regel bei der Genehmigung in der Gesetzlichen Krankenversicherung (GKV) keine Probleme. Bei den privaten Krankenversicherern ist es leider so, daß es eine so große Varianz von Vertragsbedingungen gibt, daß der einzelne Patient oft die Hilfe seiner Geschäftsstelle in Anspruch nehmen muß, um seine Leistungsansprüche im Bereich der psychosomatisch-psychotherapeutischen Versorgung zu klären.

Die Autoren (G. H. und H. R.) sind ausdrücklich bereit, qualifizierte Psychotherapeuten, die die Kassenzulassung besitzen, speziell bei Problemen mit abgelehnten Behandlungsanträgen versicherter Patienten zu beraten. In den wenigen Fällen, in denen wir bisher bei tatsächlicher Ablehnung hinzugezogen worden sind, mußte einem unparteiischen Leser des eingereichten Gutachtens zumindest ernsthafter Zweifel an der Indikationstellung kommen. Im Gespräch mit den antragstellenden Kollegen stellte sich dann heraus, daß die Ursache weniger in handwerklichen Mängeln der Formulierung zu suchen waren als in einer (partiell unbewußten) eigenen Ambivalenz der Behandlung Alternden gegenüber (Eigenübertragung ⇒ Kap. 6.5.3). So wurden z. B. die Defizite einer Patientin in einem Fall derart betont, daß auch ein wohlmeinender Gutachter seine Zweifel an der Durchführbarkeit einer als aufdeckendes Verfahren beantragten Psychotherapie nicht zurückhalten konnte.

Im Zweifel hilft, sich für die Diagnostik an operationalisierten Begriffen und dahinterstehenden Konzepten zu orientieren, wie sie für die psychoanalytischen Verfahren etwa die Operationalisierte Psychodynamische Diagnostik (OPD; Arbeitskreis OPD 1998) anbietet. Für die Behandlungsplanung kann es durchaus hilfreich sein, sich zusammen mit dem Patienten auf individuelle Therapieziele zu verständigen (⇒ Kap. 6.6 und 8) und diese gegenüber dem Gutachter im Antragsverfahren auch transparent zu machen.

Bei psychologischen Psychotherapeuten werden gelegentlich Rückfragen hinsichtlich der Indikation einer (zusätzlichen) medikamentösen Therapie gestellt (z. B. bei depressiven Patienten). Daher empfehlen wir, bereits im Erstantrag genau und nachvollziehbar zu begründen, warum keine oder ggf. welche Medikation in Zusammenarbeit mit welchem ärztlichen Psychotherapeuten, Facharzt für Psychiatrie oder Allgemeinarzt indiziert wurde und wie diese Dosierung etc. im Verlauf überwacht werden soll.

Gutachten zur Geschäftsfähigkeit Alternder

An dieser Stelle soll nicht die gesamte Thematik der Betreuungsgutachten entfaltet werden, da diese in aller Regel in Lehrbüchern der (Geronto-)Psychiatrie dargestellt wird. An Hand eines konkreten Fallbeispiels wollen wir eher die zivilrechtliche Problematik von im Nachhinein angefochtenen Rechtsgeschäften Alternder diskutieren.

Fallbeispiel: Die heute 82jährige Frau A. war seit rund 10 Jahren verwitwet und lebte seither alleine in dem mit wenigen anderen Häusern außerhalb einer geschlossenen Ortschaft ländlich liegenden ehelichen Haus. Es bestanden über 30 Jahre gute Beziehungen zu den Nachbarn. Da das Ehepaar kinderlos geblieben war, besuchten insbesondere die Kinder der einen Nachbarsfamilie sie viel und wurden zeitweilig wie die eigenen Kinder behandelt. – Einkäufe im ca. 3 km entfernten Ortszentrum erledigte sie entweder mit dem Fahrrad oder dem eigenen Auto.

Kurz vor ihrem 82. Geburtstag verursachte sie auf einer ihrer gewohnten Fahrstrecken in der Umgebung als Autofahrerin einen Blechschaden, als sie an einer Einmündung, an der kürzlich die Vorfahrtsregelung abgeändert worden war, einer anderen Fahrerin die Vorfahrt nahm. Verständlicherweise über diesen Vorfall erschreckt, beschloß sie recht abrupt, den Wagen zu verkaufen. Im Laufe der anschließenden Geburtstagsfeier teilte sie ihren Verwandten mit, sie denke daran, ihr Haus zu verkaufen, um es auf einer Etagenwohnung leichter (keine Gartenpflege mehr etc.) und die übliche Infrastruktur näher zu haben. Einige Tage nach der Geburtstagsfeier machten Verwandte zweiten Grades ihr für ihr Haus ein Kaufangebot, wobei sie betonten, sie träten jederzeit zurück wenn andere Interessenten bevorzugt werden sollten oder einen höheren Preis zahlen würden, als sie es könnten.

Frau A. stimmte einige Tage später dem Angebot per Handschlag zu und bat, niemandem in der Nachbarschaft insbesondere etwas über den Kaufpreis zu sagen. Etwa drei Monate später hatte sie, nachdem sie in der Nähe ihrer noch lebenden Schwestern mehrere Wohnungen angesehen und sich für eine entschieden hatte, selber die Umzugskartons besorgt und gepackt. In die gleiche Zeit fiel ein üblicher Notartermin zur Eigentumsübertragung, dem Frau A. nach damaligem Bekunden – so Zeugen – auch bei der Erörterung des Kaufpreises gut habe folgen können. Der Umzug erfolgte dann unter ihren Anweisungen, welches Möbelteil wohin zu stehen kam. In den folgenden zwei Wochen am neuen Wohnort, den sie von ihrer Kindheit her kannte, wurde sie von späteren Zeugen, die nicht zur Verwandtschaft gehörten, als ausgesprochen zufrieden, erleichtert über den Wechsel und ausgeglichen erlebt.

Ein Stimmungsumschwung stellte sich durch den Besuch des Haus-Nachbarn ein, dessen Kinder früher oft bei Frau A. zu Besuch waren. Dieser machte ihr Vorwürfe über ihren plötzlichen Wegzug, äußerte sich entsetzt über den vermeintlich zu niedrigen Kaufpreis und stachelte Frau A. damit auf, die neuen Besitzer pflegten einen der Hunde, der im Haus vereinbarungsgemäß verblieben war, nicht sorgfältig. Von Stunde an behauptete Frau A., sie sei niemals bei einem Notar gewesen und erinnere sich nicht, das Haus je verkauft zu haben. Sie begehrte schließlich auf gerichtlichem Wege, den Kauf rückabzuwickeln, da sie zum damaligen Zeitpunkt wegen einer dementiellen Erkrankung nicht geschäftsfähig gewesen sei. – Auch ein halbes Jahr nach Einreichen der Klage führte Frau A. ihren Haushalt mit den zugehörigen Geldgeschäften weiterhin alleine (sie bezog lediglich „Essen auf Rädern" zum Mittagstisch), nahm an zahlreichen außerhäuslichen Aktivitäten (Seniorengymnastik etc.) teil. Lediglich für den Gerichtsprozeß war ihr eine Betreuung zur Seite gestellt.

Bezüglich der Behauptung, man sei zum Zeitpunkt eines Rechtsgeschäftes nicht geschäftsfähig gewesen, trifft den Antragsteller die gesamte Beweislast. Daß es bei Immobilienverkäufen neben einem immensen Streitwert mit entsprechend hohen Gerichtskosten auch für die Partei der Käufer um eine schwerwiegende Entscheidung bei bereits laufenden Kreditverträgen geht, muß nicht weiter betont werden. – In dem hier skizzierten Fall komplizierte sich der Sachverhalt dadurch, daß in der aktuellen ärztlichen Untersuchungssituation rund ein Jahr nach dem Notartermin bei Frau A. tatsächlich die Kriterien einer leichten bis mittelschweren Demenz erfüllt waren. In Rede stand jedoch der Befund zum Zeitpunkt des Kaufvertrages. Da aus der aktuellen Diagnose einer dementiellen Störung nicht sicher auf das Ausmaß der Störungen zu einem zurückliegenden Zeitpunkt geschlossen werden kann, ist eine solche gutachterliche Frage nur im Rahmen einer ausführlichen Gerichtsverhandlung zu beantworten, nachdem alle nur erdenklichen Zeugen, die zur Erhellung der damaligen Umstände, den Stimmungen der Klägerin, ihren Aktivitäten etc. etwas beitragen können, gehört werden konnten. Von besonderem Wert sind dabei Aussagen von Zeugen, die keiner Partei zugerechnet werden können (etwa Geschäftsleute, bei denen die Klägerin einkaufte etc.). – In dem hier dargestellten Fall sprachen die ganzen Umstände und unparteiischen Zeugenaussagen für eine damals zielgerichtete, aktiv gestaltete Aktion der Klägerin, die wußte, was sie tat. Entsprechend lautete auch das Urteil.

Altersspezifisch an dieser gutachterlichen Frage ist, daß mit der – später u. U. begründeten – Behauptung einer Geschäftsunfähigkeit zu einem früheren Zeitpunkt potentiell jedes Rechtsgeschäft Alternder in Gefahr steht, nichtig zu sein. Daher muß unseres Erachtens bei der Erarbeitung der Stellungnahme mit äußerster Sorgfalt vorgegangen werden. Letztlich steht mit der Einzelentscheidung auch die in Zweifel gezogene Geschäftsfähigkeit aller Alternden zur Disposition, wenn man in einer Begründung allgemein auf das Alter des Klägers Bezug nähme. – Wenn, wie in diesem Fall, von Frau A. noch viele andere Details aus der Zeit um den Notartermin erinnert werden (z. B. an wen das Auto verkauft wurde) und selbst zum Zeitpunkt der gerichtlich veranlaßten Begutachtung noch alle Dinge des täglichen Lebens selbstverantwortet erledigt werden, muß die Annahme einer mit hinreichender Sicherheit bestandenen Geschäftsunfähigkeit zum Zeitpunkt des Notar-Termins selbst dann verneint werden, wenn Zeugen von einzelnen Episoden nächtlicher Verwirrtheit vor diesem Notar-Termin sprechen.

Differentialdiagnostisch käme neben einer reinen Tendenzreaktion (um eine Fehlentscheidung korrigieren zu wollen) in einem solchen Fall eine **dissoziative Amnesie** (ICD-10: F44.0) oder ein Verdrängen/Verleugnen des Ereignisses als **neurotische Reaktion** (ICD-10: F48.8) in Betracht. In allen diesen Fälle wäre ein Konflikt-Hintergrund um den Hausverkauf anzunehmen, der jedoch keinen Einfluß auf die Geschäftsfähigkeit hat. Der Hausverkauf eines Menschen, der in diesem Haus mehr als 30 Jahre gelebt hat, kann gerade dann, wenn es auch deutlich konflikthafte Interessen zwischen der eigenen Verkaufsentscheidung und anderen Loyalitäten (z. B. gegenüber der Nachbarschaft) gibt, außerordentlich belastend empfunden werden. – Das wichtigste Kennzeichen einer dissoziativen Amnesie ist der Erinnerungsverlust für meist wichtige aktuelle Ereignisse, der nicht durch organische psychische Störungen bedingt und zu schwerwiegend ist, um durch übliche Vergeßlichkeit oder Ermüdung erklärt werden zu können. Inhalte sind meist belastende oder traumatische Ereignisse (→ Kap. 3.3), wobei das Ausmaß und die Vollständigkeit der Amnesie von Tag zu Tag und bei verschiedenen Untersuchern variieren kann. Ein beständiger Kern bleibt jedoch stets im Wachzustand nachweisbar.

Differentialdiagnostisch wäre auch noch zu prüfen, ob es sich um einen sog. „black-out" nach **Alkohol-** oder **Drogenkonsum** gehandelt haben könnte (ICD-10: F1 ff). Im Extrem des amnestischen Syndroms (Korsakow-Syndrom) findet sich ein vollständiger und anhaltender Verlust des Kurzzeitgedächtnisses.

Alternde als Opfer von tätlichen Angriffen – Begutachtung im Strafprozeß

Wie im Kapitel über die Folgen von traumatischen Erfahrungen Alternder bereits ausgeführt (→ Kap. 3.3.5), sollte im Strafprozeß auch die besondere körperliche und psychische Vulnerabilität Alternder ihre Berücksichtigung finden.

Gerade die oft eher als „Bagatell-Delikte" angesprochenen räuberischen Angriffe (Stichwort: Handtaschenraub), die bei Menschen jenseits des 60. Lebensjahres mit einer erhöhten Gefahr von Stürzen und nachfolgender Körperverletzung einhergehen, können neben den körperlichen Folgen auch psychische Störungen nachsichziehen. Diese psychischen Störungen können den Charakter einer **akuten Belastungsreaktion** (ICD-10: F43.0) haben, die nach Stunden oder Tagen wieder abklingt. Dann wäre die Kompensation durch einen umschriebenen Anspruch auf *Schmerzensgeld* zu klären. Es können sich jedoch auch anhaltende **Ängste** (ICD-10: F40 ff), eine **posttraumatische Belastungsstörung** (ICD-10: F43.1) oder eine **Anpassungsstörung** (ICD-10: F43.2) entwickeln. In diesen Fällen geht es neben den *Behandlungskosten wegen der körperlichen Schäden* und einem Schmerzensgeldanspruch auch um die *Behandlungskosten wegen der psychischen Folgen*, eventuell sogar um eine *Rentenzahlung* in den Fällen, in denen Alternde – jenseits ihrer Berentung im Grundberuf – noch Erwerbstätig waren.

Wird durch den gesamten Tathergang eine solche Körperverletzung billigend in Kauf genommen, in dem z. B. die Handtasche weggerissen wird und dabei eine 80jährige mit hoher Wahrscheinlichkeit zu Fall kommen kann, ist bei der Beurteilung der Langzeitfolgen nicht nur die Beeinträchtigung infolge etwa einer Oberschenkelhalsfraktur zu werten. Auch eine sich entwickelnde Angststörung, sich zukünftig überhaupt alleine auf der Straße zu bewegen, muß dann als Folge berücksichtigt werden.

Bei der Begutachtung wird man darauf zu achten haben, ob sich in der Biographie Hinweise auf eine vorbestehende seelische Störung von Krankheitswert finden. Dazu langt es jedoch nicht, zur Exkulpierung des Täters hinsichtlich dieser Folgen eine vielleicht vor 20 Jahren erfolgreich durchgeführte psychiatrische oder psychotherapeutische Behandlung ins Feld zu führen. Wesentlich ist vielmehr, ob mit hinreichender Wahrscheinlichkeit der aktuelle pathologische psychische (psychosomatische) Befund ohne den tätlichen Angriff nicht nachweisbar wäre.

Sollte der Täter selber wirtschaftlich nicht in der Lage sein, eine solche Wiedergutmachung zu leisten, müßte von juristischer Seite geprüft werden, ob das Tatopfer von dritter Seite Leistungen erhalten kann. Zu denken ist dabei an Organisationen wie den „weißen Ring".

Kraftfahrtauglichkeit im Alter

Im Jahr 2000 wird es nach statistischen Berechnungen in der Bundesrepublik Deutschland ca. 10 Mio. Führerscheinbesitzer geben, die älter als 60 Jahre sind. 40 % der Autofahrer nehmen auch jenseits des 80. Lebensjahres weiter aktiv am Straßenverkehr teil. Alternde verfügen zudem heute häufig über ein eigenes Kraftfahrzeug und nutzen es auch entsprechend. In der Folge treffen wir bei der allgemeinen Mobilität der Gesellschaft zunehmend auf alte und auch sehr alte Verkehrsteilnehmer. Da das Führen eines Kfz hohe Anforderungen an die körperliche und geistige Eignung des Fahrers stellt – insbesondere sind gutes Seh- und Hörvermögen, Reaktionsfähigkeit,

Funktionsfähigkeit des Bewegungsapparates etc. zu nennen – wird immer wieder die Frage einer (begrenzten?) Befähigung zur Führung eines Kfz im höheren Alter aufgeworfen.

Diese Frage ist nicht einfach zu beantworten. Ein Blick in die Unfallstatistik zeigt deutlich, daß bezüglich aller Unfälle die Altersgruppe der 18-25jährigen das Bild dominieren, während die Prozentzahl der Unfallverursacher mit steigendem Lebensalter immer weiter abnimmt. Betrachtet man allerdings die Zahl der Unfälle in Abhängigkeit von den gefahrenen Kilometern, zeigt sich ein – wenn auch geringer – Anstieg von Verunglückten jenseits des 65. Lebensjahres. Zusätzlich gilt auch, daß ältere Menschen – für sich betrachtet – mit dem Auto seltener verunglücken als zu Fuß oder mit dem Fahrrad. Und es ist zu berücksichtigen, daß bei den statistischen Angaben über alle Altersgruppen durch die physiologischen Altersveränderungen das Verletzungsrisiko alter Menschen bei allen Unfällen höher ist als in jüngeren Lebensjahren.

Während nichtangepaßte Geschwindigkeit oder Alkoholfahrten als Unfallursache bei den jüngeren Fahrern dominieren, sind ältere Fahrer eher mit Vorfahrtsmißachtung, Fehler beim Abbiegen, Wenden oder Einfahren und mit Fahrfehlern unter schlechten Sichtbedingungen (nachts oder bei schlechtem Wetter) am Unfallgeschehen beteiligt. Ein wichtiges Indiz für die insgesamt geübte Umsichtigkeit Alternder im Straßenverkehr könnte sein, daß die über 50jährigen nur mit 13,2 % aller Einträge im Verkehrszentralregister (VZR) vertreten sind.

Unter dem Aspekt der Rechtsnormen gliedert sich die Fahrtüchtigkeit oder Fahreignung in drei Teilqualitäten:

- die *Fahrfertigkeit* („Erfahrungen": Wissen; Können; automatisierte Fertigkeiten etc.)
- die *Fahrtauglichkeit* („Leistungsfähigkeit": Funktion der Sinnesorgane; Leistungsreserve etc.)
- die *Verkehrszuverlässigkeit* („Charakter": Verantwortung; Eingliederung; Selbstbeherrschung etc.).

Auf Grund der StVZO erfolgt keine routinemäßige vertrauensärztliche Kontrolle älterer Verkehrsteilnehmer ab einem bestimmten Lebensalter, sondern eine anlaßbezogene verkehrsmedizinische Eignungsuntersuchung, z. B. nach einem Verkehrsverstoß oder einem Verkehrsunfall. Nach § 4 Abs. 1 StVG können Verwaltungsgerichte die Fahrerlaubnis entziehen. Nach § 69 StGB können Strafgerichte im Strafverfahren die Fahrerlaubnis entziehen.

1956 wurden erstmals im Auftrag der WHO Richtlinien geschaffen, um die medizinische Beurteilung der Kraftfahrtauglichkeit an Hand gemeinsamer Kriterien zu erleichtern. Sie wurden in Europäisches Recht eingearbeitet und ermöglichen Übereinkommen über Mindestanforderungen für die Erteilung und Gültigkeit von Fahrerlaubnissen. Der Inhalt dieser Übereinkommen ist im wesentlichen in die Erste Richtlinie des Rates vom 04.12.1980 zur Einführung eines EG-Führerscheins übernommen worden. Die zweite Richtlinie ist nach weitgehender Harmonisierung durch den Rat der EG am 01.07.1996 in Kraft getreten. In der vielfach aktualisierten Auflage „Krankheit und Kraftverkehr" eines vom jeweils für Verkehr zuständigen Bundesministerium berufenen Beirates wurden die EU-Leitlinien eingearbeitet.

Für die Personenbeförderung gilt, daß Erstantragsteller ab vollendetem 50. Lebensjahr in jedem Falle ein amtlich anerkanntes Gutachten beibringen müssen; gleiches gilt für eine Verlängerung der Fahrerlaubnis zur Fahrgastbeförderung ab dem 60. Lebensjahr.

In *Österreich* gibt es – wie in Deutschland – keine routinemäßige altersabhängige vertrauensärztliche Kontrolle. In der *Schweiz* unterliegen Führerscheininhaber von mehr als 70 Jahren alle zwei Jahre einer vertrauensärztlichen Kontrolle.

In der Leitlinie „Krankheit und Kraftverkehr" (Lewrenz & Friedel 1996) ist der Beirat davon ausgegangen, daß ein Betroffener ein Kfz nur dann nicht sicher führen kann, wenn aufgrund des individuellen körperlich-geistigen Zustandes beim Führen eines Kfz eine Verkehrsgefährdung zu erwarten ist. Dabei wird abgehoben auf

- Einzelfallbeurteilung und
- Kompensationsvermögen durch besondere menschliche Veranlagungen, Gewöhnung, besondere Einstellungen und Verhaltenssteuerungen.

Erwartet werden

- Stabiles Leistungsniveau
- Beherrschung von Belastungssituationen
- In absehbarer Zeit keine erwartbare Gefahr des Versagens der körperlichen und geistigen Leistungsfähigkeit (z. B. durch hirnorganische Anfälle; Durchblutungsstörungen; anfallsartige Schwindelzustände; Bewußtseinstrübungen oder -verluste etc.).

Vorübergehende kurzfristige Einschränkungen („grippaler Infekt" o. ä.) sind nicht Gegenstand der Beurteilung. Dem Verantwortungsbewußtsein des Verkehrsteilnehmers ist anheimgestellt, durch kritische Selbstprüfung festzustellen, ob er unter den jeweils gegebenen Umständen am Straßenverkehr teilnehmen kann oder nicht.

Sind Beeinträchtigungen zu erwarten, können nach § 12 bzw. § 15b StVZO Auflagen oder Beschränkungen der Fahrerlaubnis erteilt werden. Die Entscheidung des ärztlichen Gutachters ist für die endgültige rechtliche Beurteilung nicht bindend, sondern stellt lediglich eine Entscheidungshilfe für die Rechtsinstanz dar. Der Beurteilte ist Auftraggeber des Gutachtens, damit auch Vertragspartner und Kostenschuldner des Gutachtens. Er hat auch Anspruch auf Aushändigung des Gutachtens.

Der Einfluß des Alters auf die Fahrtauglichkeit ist in der verkehrsmedizinischen Literatur eingehend untersucht worden. Dabei erscheint die Fahruntauglichkeit vor allem eine Folge

- altersspezifischer Erkrankungen (z. B. Sehen; Hören; Bewegungsapparat; Herz-Kreislaufsystem) und
- der allgemeinen Änderung psychophysiologischer Leistungsfähigkeiten (z. B. Reaktionszeit; sensomotorische Koordination; Zeitschätzung; Konzentration; Aufmerksamkeit; Flexibilität).

Zugespitzt kann man formulieren: es gibt für jeden Menschen, wenn er nur alt genug wird, den Zeitpunkt, an dem er altersbedingt fahruntauglich wird („breakpoint"). Wie bei jüngeren Verkehrsteilnehmern gilt auch, daß eine sichere Verkehrsteilnahme dann nicht mehr möglich ist, wenn eine Erkrankung vorliegt, die unvorhersehbar jederzeit plötzlich und mit einem gewissen Grad von Wahrscheinlichkeit zum Leistungsversagen bei der Teilnahme am motorisierten Straßenverkehr führen kann, oder wenn eine Erkrankung die allgemeine Leistungsfähigkeit eines Menschen ständig unter das zum Führen eines Kfz erforderliche Maß herabgesetzt hat. Das bedeutet für die Praxis, daß weniger die Diagnose einer Erkrankung als die Auswirkung einer Krankheit auf die erforderlichen spezifischen Leistungssysteme zur Entscheidungsfindung führt. Gemäß § 3 und § 12 der StVZO hat die Verwaltungsbehörde schon bei Verdacht auf das Vorliegen einer Fahruntauglichkeit die Pflicht, die Eignung zu überprüfen. Dabei müssen die Leistungsbefunde eindeutig unter der Norm liegen, wobei älteren Fahrzeugführern der Ausgleich von psychophysiologischer Leistungsminderung in einem gewissen Umfang durch Erfahrungsbildung und Bedienungsautomatismen zugestanden wird. Hierbei spielt naturgemäß auch die Beurteilung der fortgesetzten Fahrpraxis eine Rolle.

Betont werden muß, daß aktive Teilnahme am Straßenverkehr zur Aufrechterhaltung sozialer Kontakte für Alternde von großer Bedeutung ist. *Nicht mehr Auto zu fahren gilt als kritisches Lebensereignis* (Rothe 1993). Idealerweise sucht der alternde Fahrzeugführer das Gespräch mit einem Arzt seines Vertrauens, um mit ihm in Abständen die individuelle Fahrtauglichkeit so offen wie möglich zu besprechen. Oft gilt es darüber hinaus, die Hinweise aus fachärztlicher Sicht (Augenarzt; HNO-Arzt; Neurologe etc.) zu integrieren. Ziel einer solchen *Selbstregulierung* sollte es sein, die Fahrtätigkeit dem eigenen Leistungsvermögen anzupassen, z. B. durch Vermeidung von Dunkelheitsfahrten und Fahrten bei sonstigen schlechten Witterungsverhältnissen, Unterteilung längerer Strecken durch Pausen, Verzicht auf Fahrten in Bereichen oder Zeiten mit hohem Verkehrsaufkommen. Unter Umständen können bewußt eingesetzte Bedienungs-Erleichterungen wie Servolenkung, Automatikgetriebe etc. hilfreich sein. Ärztlicherseits sollte auch die Aufklärung über die mögliche Nebenwirkung von Medikamenten hinsichtlich der Fahrtüchtigkeit sorgfältig erfolgen und zur Abwehr straf- und zivilrechtlicher Ansprüche auch dokumentiert werden (weiterführende Literatur: Mönning et al. 1997).

Wenn ärztlicherseits die begründete Einschätzung besteht, daß der Alternde nicht mehr verkehrstauglich ist und daher eine Gefahr für sich oder/und seine Mitmenschen im Straßenverkehr bildet, und wenn sich der Betreffende gegenüber einer Beratung, z. B. auf die Fahrerlaubnis freiwillig zu verzichten, nicht einläßt, kommt es notwendigerweise zu einem Konflikt aufgrund einer Güterabwägung zwischen der *Schweigepflicht* und dem *Offenbarungsrecht*. Eine Offenbarungs*pflicht* besteht nicht: da der Arzt gegenüber der Allgemeinheit keine Garantenstellung innehat, ist er nicht verpflichtet, die Fahruntüchtigkeit eines Alternden gegenüber den Verkehrsbehörden zu offenbaren. Die Rechtsprechung billigt dem Arzt allerdings ein Offenbarungsrecht gegenüber der Gesundheitsbehörde oder der Zulassungsstelle zu. Hierbei wird dem höherwertigen Rechtsgut (Rechtfertigung durch Notstand § 34 StGB vs. Schweigepflicht § 203 Abs.1.1 StGB) Vorrang eingeräumt. Dieser Schritt wird sich als ultima ratio einer Gewissensentscheidung nicht in allen Fällen vermeiden lassen.

5 Gerontopsychosomatik körperlicher Erkrankungen

Der Umgang mit und die Bewältigung von körperlichen Einschränkungen (Handicaps) und körperlichen Erkrankungen (Disorders) stellen besonders hohe Anforderungen an den Alternden. Die daraus resultierenden Belastungen sind sowohl qualitativ als auch quantitativ von den Anforderungen durch den „normalen" körperlichen Alternsprozeß (→ Kap. 2.3.2 und 3.2) unterschieden. An dieser Stelle muß die umfangreiche Coping-Literatur als bekannt vorausgesetzt werden. Wir beschränken uns auf die Besonderheiten Alternder im Umgang mit Beschwerden und Krankheiten.

Im Rahmen der ELDERMEN-Studie ließen sich mit Hilfe einer hierarchischen Clusteranalyse zur Krankheitsbewältigung Alternder fünf distinkte Cluster ermitteln:

- *stabile* Personen mit hoher Lebenszufriedenheit, hoher selbsteingeschätzter Kompetenz und positiver Einstellung zu Gegenwart und Zukunft;
- *unauffällige* Personen mit einem weder besonders positiv noch besonders negativ ausgeprägten Selbstbild und Körperbeschwerden;
- *depressive* Personen mit einem negativen Selbstbild, jedoch relativ wenigen Körperbeschwerden;
- *depressiv somatisierende* Personen mit negativem Selbstbild und zahlreichen (auch funktionellen) Körperbeschwerden;
- *somatisierende* Personen mit vielen Körperbeschwerden, jedoch einer trotzdem positiven Einstellung zu Gegenwart und Zukunft.

Diese fünf Cluster spiegeln innerhalb einer Stichprobe geriatrischer Akutpatienten über 60 Jahre sehr unterschiedliche Bewältigungsformen des Alternsprozesses und von Körperkrankheiten wider, die als **differente Alternsformen** oder **Alternsstile** bezeichnet werden können. Sie stehen für eine hohe Variabilität und Heterogenität im Alter. Die Berliner Altersstudie spricht auch vom **differenziellen Altern**.

Während die als *stabil* Bezeichneten zugleich das jüngste und körperlich am geringsten beeinträchtigte Subsample war, wiesen die *Unauffälligen,* die *Deprimierten* und die *deprimierten Somatisierer* keine signifikanten Unterschiede bezüglich Alter, Ausmaß der ADL-Behinderungen (→ Kap. 2.1) sowie Anzahl somatischer Diagnosen auf. Vergleichbare körperliche und gesundheitliche Bedingungen werden also psychisch sehr unterschiedlich bewältigt.

Das Expertenrating psychogener Beeinträchtigungsschwere (BSS → Kap. 2.1) zeigte bei den *deprimierten Somatisierern* im Vergleich zu den *Stabilen* und den *Unauffälligen* einen signifikant erhöhten BSS. Da fast 2/3 der Untersuchungsteilnehmer diesen beiden günstigen Bewältigungsclustern zuzuordnen war, scheint die Mehrzahl alter Menschen der Entwicklungsschritt einer erfolgreichen Integration des psychischen und körperlichen Alternsprozesses zu gelingen. Diese Fähigkeit wird auch als **psychische Widerstandsfähigkeit (Resilienz)** bezeichnet (Staudinger et al. 1996).

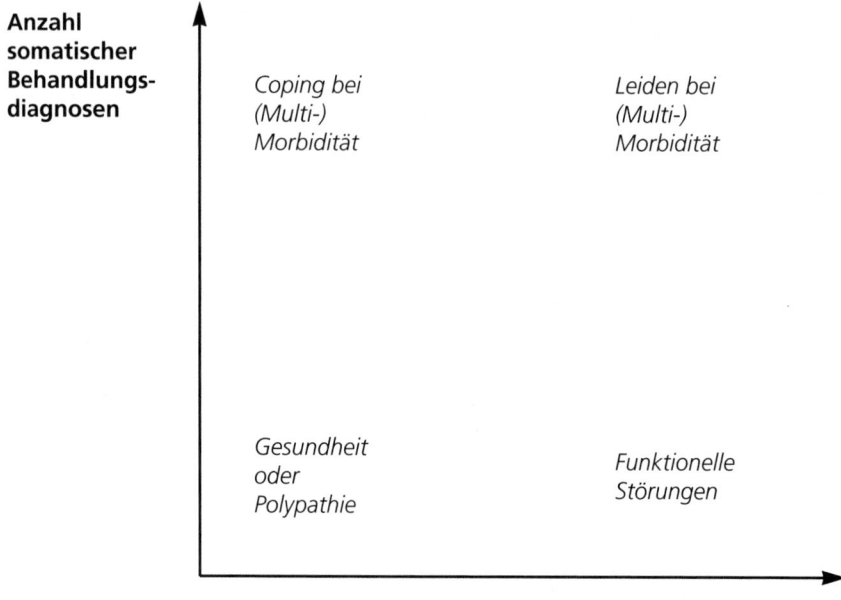

Abb. 27: Zum Verhältnis von somatischen Behandlungsdiagnosen und subjektiven Beschwerden im Alter (für Alternde modifiziert nach Drossman 1998)

Subjektiv erlebte Beschwerden und somatische Behandlungsdiagnosen lassen sich in ein Vierfelder-Schema bringen (Abb. 27). Leidet ein Alternder unter starken Beschwerden, ohne daß auch bei sorgfältiger Diagnostik eine organische Krankheitsursache gefunden werden kann, liegt eine funktionelle Störung bzw. eine Somatisierungsstörung (→ Kap. 4) vor. Das Leiden bei nachgewiesenen somatischen Behandlungsdiagnosen kann ähnlich schwerwiegend sein, allerdings läßt es sich in der Regel für den behandelnden Arzt ebenfalls auf der somatischen Ebene leichter therapeutisch behandeln. Insofern kann die Gegenübertragungswahrnehmung (→ Kap. 6.5.3) auch für den Geriater eine Hilfe in der Differentialdiagnose sein: Kennt er z. B. einen Patienten schon länger und kommt dieser nun mit plötzlich auftretenden massiven Schmerzen, ohne daß eine somatische Ursache gefunden werden kann, dann ist insbesondere in dem Fall an eine funktionelle Störung zu denken, wenn der Patient außerdem besonders drängend wirkt, „nichts" hilft und weitere vegetative Symptome wie Schlafstörungen und Niedergeschlagenheit geklagt werden. Möglicherweise wird sogar die Rezeptur von Tranquilizern verlangt. Aus der Kenntnis des Patienten wird sich dann eventuell erschließen lassen, daß eine Woche zuvor ein heftiger Streit mit dem einzigen Sohn zu einem Wutausbruch des Patienten führte, der ihn jetzt enorm „schmerzt".

Eine Besonderheit bei Älteren besteht darin, daß somatische Behandlungsdiagnosen nicht unbedingt mit geklagten Beschwerden einhergehen müssen. Da jeder über 65jährige im Durchschnitt fünf somatische Diagnosen auf sich vereint, unterscheiden wir zwischen einer *Polypathie* (Störungen, die keiner andauernden Behandlung bedürfen) und einer ***Multimorbidität*** (Störungen, die behandlungsbedürftig sind und mit einem Krankheitserleben im engeren Sinne einhergehen). Polypathische Diagnosen werden subjektiv nicht als „Krankheiten" im engeren Sinne erlebt („Mit meiner Arthrose habe ich zu leben gelernt; ich fahre halt nicht mehr in die Berge!").

Da es jedoch auch eine beträchtliche Anzahl Älterer gibt, bei denen eine Multimorbidität besteht, ohne daß zugleich gravierende Beschwerden geklagt werden, spricht für eine im Einzelfall ausgesprochen große Coping-Kapazität des Alternden. Nach Schmerzen in den vier Körperregionen „Schulter-Nacken", „Rücken", „Kopf" und „Gelenke" befragt, ist nur ein kleiner Anteil alter Menschen in allen Regionen beschwerdefrei (⇒ Kap. 4.5). Und viele lernen, nachdem die Diagnostik nur Behandlungen und Rehabilitationsmöglichkeiten mit Linderung dieser Beschwerden erbracht hat, mit diesen schmerzhaften Einschränkungen zu leben, sie regelrecht in ihr Körperselbstbild zu integrieren. Der saloppe Spruch: „Wenn mir morgens beim Aufwachen nichts mehr weh tut, weiß ich, daß ich gestorben bin!", ironisiert diese Möglichkeit der Adaptation älterer Menschen in konstruktiver Weise.

Während in der Kindheit vor allem das Vorhandensein einer sicheren und zuverlässigen Bezugsperson für die seelische Gesundheit protektiv ist, spielen im späteren Erwachsenenalter spezifische Persönlichkeitseigenschaften, Bewältigungsstile und soziale Unterstützung neben kontextuellen Faktoren (Lebenslagen wie Sozialstatus, wirtschaftliche Lage, Wohnbedingungen etc.) eine wesentlich größere Rolle. *Biographische, personale* und *kontextuelle* Faktoren sind bei der Bewältigung altersspezifischer Belastungen gemeinsam wirksam, wobei die personenspezifischen Faktoren im Alter am bedeutsamsten zu sein scheinen. Gleichzeitig besteht jedoch das Problem, daß kontextuelle Faktoren (der Umwelt) und personale Faktoren häufig kaum voneinander abgegrenzt werden können, da eine Aktion der Person eine Reaktion der Umgebung hervorruft usw., so daß von einem letztlich transaktionalen Bezug der Person zu ihrer Umwelt gesprochen wird.

Unter den personalen Faktoren scheinen die biographischen (Lern- und Konflikt-) Erfahrungen eine große Bedeutung zu haben. So zeigte sich in der ELDERMEN-Studie, daß mit ansteigender Anzahl von Lebensphasen, in denen die Bilanz zwischen belastenden und fördernden Faktoren negativ ausfiel, das Risiko anstieg, daß im Alter eine psychogene Störung zu diagnostizieren war (⇒ Kap. 2.2).

Im Rahmen gerontologischer Forschung werden zur Erklärung von Resilienz alter Menschen zwei Modelle diskutiert:

(1) Das ***Zwei-Prozeß-Modell der Bewältigung*** (Brandtstädter & Rothermund 1998) untersucht die Fähigkeit älterer Menschen, angesichts zunehmender (auch körperlicher) Verluste und Risiken ihr Selbstwertgefühl und Wohlbefinden aufrechtzuerhalten. Das gelingt nach diesem Modell auf zwei Wegen: entweder werden die Umstände entsprechend den eigenen Vorstellungen verändert (***assimilativer Modus***) oder die eigenen Vorstellungen werden den Umständen entsprechend verändert (***akkommodativer Modus***). Inhaltlich besteht eine enge Verwandtschaft zu den *Coping-Konzepten*, die die Möglichkeit des Individuums charakterisieren, insbesondere krankheitsbedingte Belastungen zu bewältigen (Übersicht bei Heim 1998). Generell gibt es kein „gutes" oder „schlechtes" Coping, da je nach Situation eher ein „variables" oder ein „stabiles" Coping angemessener sein kann.

(2) Die ***Lebenslauftheorie kontrollbezogenen Verhaltens*** geht von dem Bedürfnis der

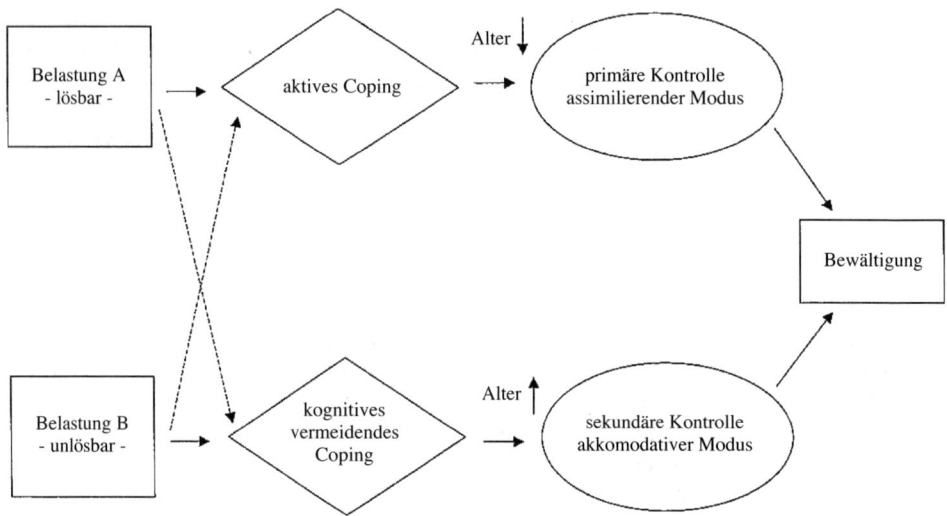

Abb. 28: Kontextabhängiges (altersabhängiges) Coping: Zwei-Prozeß-Modell der Bewältigung (Brandtstädter & Rothermund 1998) und Lebenslauftheorie kontrollbezogenen Verhaltens (Heckhausen & Schulz 1995)

Menschen aus, mit ihrem Verhalten bestimmte Ziele zu erreichen und damit Kontrolle über ihre Entwicklung und Umgebung auszuüben. ***Primäre Kontrolle*** stellt die Verhaltensweisen dar, mit denen das Individuum seine Umwelt entsprechend seinen Zielen und Bedürfnissen verändert. ***Sekundäre Kontrolle*** bezeichnet demgegenüber solche Strategien, die dem Individuum eine Anpassung an seine Umwelt ermöglichen (Heckhausen & Schulz 1995). Primäre Kontrolle nimmt mit dem Alter ab, sekundäre Kontrolle hingegen zu.

Abb. 28 stellt diese beiden Modelle mit ihrem alterstypischen Shift zusammen dar. Was als protektiver Faktor bzw. als Risikofaktor einer gelungenen Bewältigung anzusprechen ist, ist stark kontextabhängig. Die in jüngeren Lebensjahren eher protektiven Bewältigungsstile des Nichtaufgebens können unter der Bedingung erhöhter funktionaler Einschränkungen und Behinderungen dysfunktional werden und eine geringere Zufriedenheit im Alter mitbedingen. Dies soll das folgende Fallbeispiel illustrieren:

Behandlungsbeispiel 15: Nachdem die internistisch-neurologische Erstversorgung einer umschriebenen Minderdurchblutung des motorischen Cortex bei dem 63jährigen Patienten, der ansonsten in guter körperlicher Verfassung war (OGB: 2) (→ Kap. 2.1), abgeschlossen war, begann die Phase der intensiveren Rehabilitation. Die Krankengymnasten schätzten zusammen mit den behandelnden Ärzten die Prognose der Halbseitenlähmung ausgesprochen günstig ein, so daß begründete Aussicht bestand, der Patient würde durch entsprechendes Training wieder Laufen lernen.

   Das Gegenteil passierte: Sobald die Krankengymnasten ihn im Training zu mobilisieren begannen, setzte sofort eine massive Spastik in der betroffenen Körperhälfte ein, die jedes Training stark erschwerte. In dem Maße, in dem die Therapeuten mutloser wurden, wurde der Patient gereizt und schließlich depressiv. – In einer Team-Supervision kam dieser ungewöhnliche und daher beunruhigende Fall zur Sprache. Angeregt durch die Fragen des Supervisors zeigte sich, daß das Team eigentlich enorm viel von dem Patienten wußte, ohne es jedoch entsprechend in einem Gesamtbild einordnen zu können.

Als wesentliche Daten lassen sich zusammenfassen: der Patient war mit einer zehn Jahre jüngeren Frau verheiratet; beide bewohnten ein schönes, großes Haus, das an einem steilen Hang lag. Er war Zeit seines Lebens ein erfolgreicher Geschäftsmann, der die Dinge stets für sich entschieden hatte. Nun stand er vor einer neuen Herausforderung in seinem Leben: er wollte unbedingt wieder Laufen lernen. Denn – und dies konnte die Ärztin des Teams in den folgenden Tagen dann mit ihm besprechen – er befürchtete, wenn er auf den Rollstuhl angewiesen bleiben würde, würde seine Frau nicht mehr mit ihm zusammen leben wollen, weil sie sich seiner dann schämen würde. Und er würde nicht mehr in das Haus am Hang zurückkehren können, da die lange steile Treppe ihn dort zu einem Gefangenen machen würde. Also beschloß er in seinem „assimilativen Modus", „primäre Kontrolle" über die Situation zu erhalten. Die Folge war, daß er beim Gehtraining allein durch diese mentale Einstellung sofort maximal verkrampfte und nicht locker lassen konnte.

Nachdem er mit der Ärztin über seine Ängste sprechen und auch weinen konnte, wurde das ganze Team über die Dynamik mit Einverständnis des Patienten unterrichtet. So kam es zu dem Synergieeffekt, daß er selber nicht mehr so hastig zu üben anfing, weil er verstanden hatte, was ihn innerlich umtrieb; und die Krankengymnasten konnten ihre Resignation überwinden, indem sie jedesmals ein zu forciertes Üben direkt ansprachen und mit systematischen Entspannungsübungen zusätzlich arbeiteten. – Der Patient erlernte daraufhin das Laufen in einer erwartbaren Zeit.

Unsere eigenen Untersuchungsergebnisse aus der ELDERMEN-Studie weisen darauf hin, daß der Bewältigungsstil des kognitiven Umbewertens, interpretierbar als Bewältigungsstrategie im Sinne akkommodativer Prozesse bzw. sekundärer Kontrolle, diskriminanzanalytisch besonders scharf zwischen psychisch gesunden alten Menschen und Fällen psychischer Störung (→ Kap. 2.1) unterschied. Wie das Fallbeispiel nahelegt, kann es gerade für erfolgreiche und aktive Menschen im Laufe des Alternsprozesses ein wesentlicher (Therapie-)Fortschritt sein, wenn es ihnen gelingt, sich angemessener auch eines positiv konnotierten akkommodativen Modus bedienen zu können.

6 Alternspsychotherapie

Die von S. Freud Anfang des 19. Jahrhunderts gesetzte Grenze für langfristige psycho-analytische Behandlungen bei 40 bis 45 Jahren wurde weitgehend unhinterfragt mindestens bis 1970 beibehalten – übereinstimmend von fast allen psychotherapeutischen Schulrichtungen. Somit wurden aus psychotherapeutischer Sicht über 45-50jährige bereits als Ältere angesehen. Heute wird auch die Gruppe der 45-60jährigen psychotherapeutisch behandelt. Die inzwischen etablierte Alternspsychotherapie befaßt sich – in Parallele zur Alterspsychiatrie – mit der Behandlung von über 60jährigen Erwachsenen mit psychischen Störungen und Erkrankungen (→ Kap. 6.4). Werden alternsspezifische Psychotherapie-Konzepte entwickelt, richten sich diese Behandlungsangebote schon an die 55-60jährigen als Menschen, die sich in der „zweiten Lebenshälfte" befinden.

Der jetzt auch im Altersbereich fast inflationär benutzte Begriff *therapeutisch* verlangt eine **Definition von Psychotherapie**: „Psychotherapie ist ein bewußter und geplanter interaktioneller Prozeß zur Beeinflussung von Verhaltensstörungen und Leidenszuständen, die in einem Konsensus (möglichst zwischen Patient, Therapeut und Bezugsgruppe) für behandlungsbedürftig gehalten werden, mit psychologischen Mitteln (durch Kommunikation) meist verbal, aber auch averbal in Richtung auf ein definiertes, nach Möglichkeit gemeinsam erarbeitetes Ziel (Symptom-Minimierung und/oder Strukturveränderung der Persönlichkeit) mittels lehrbarer Techniken, auf der Basis einer Theorie des normalen und pathologischen Verhaltens. In der Regel ist dazu eine tragfähige emotionale Beziehung notwendig" (Strotzka 1975).

Diese Definition läßt einerseits genügend Spielraum, um unter den Leidenszuständen sowohl psychische Krankheiten, patientenbezogene Teilprobleme als auch bestimmte psychosoziale Konfliktsituationen bzw. Traumatisierungen zu verstehen. Andererseits legt sie eindeutige Anforderungen bezüglich des theoretischen Gesundheits- und Krankheitsverständnisses (also auch für Altern und Alter) sowie bezüglich zu definierender Behandlungsziele fest. Zusätzlich fordert sie eine qualifizierte psychotherapeutische Weiterbildung.

Für die psychotherapeutische Behandlung über 60jähriger sind bisher zwei wichtige Aufgaben nur teilweise angegangen bzw. befriedigend geklärt worden:

▪ Für jedes anerkannte psychotherapeutische Verfahren besteht die – teilweise noch immer einzulösende – Forderung, systematisch theoretische Vorstellungen und Behandlungskonzepte auf den Alterssektor zu übertragen und ihre Anwendungsmöglichkeiten und ggf. erforderliche Modifikationen umfassend zu erforschen.
▪ Für die im Altersbereich psychotherapeutisch tätigen Berufsgruppen der Ärzte/Psychologen gilt außerdem die Aufgabe, eine altersbezogene Weiter- bzw. Ausbildungsqualifikation theoretisch und praktisch zu erwerben sowie diese unter Supervision zu erproben.

Tab. 14: Interventionsebenen bei psychischen und psychosozialen Hilfen (aus Hirsch 1999a, S. 94)

Ebene	Ansatz	Intervention
Psychische Grundfunktionen	Wahrnehmungsfähigkeit, Gedächtnis, Orientierung, psychomotorische Koordinationsfähigkeit	Milieutherapie, Gedächtnistraining, „Dementia Care Mapping"
Person	kognitive Fähigkeiten, emotionale Fähigkeiten, Verhalten, Handlungen	Psychotherapie (Psychoanalyse, Tiefenpsych. orient. Psychotherapie, Verhaltenstherapie, Gesprächspsychotherapie u. a.)
Mikrosoziales System	soziale Beziehungen, soziales Umfeld (Angehörige)	Paar-, Familientherapie, „intergenerative Psychotherapie"
Gemeinde	regionale Netze, sozioökologischer Bezugsrahmen	gemeindepsychologische/-psychiatrische Ansätze, psychodynamische u. -ökologische Metaansätze
Gesellschaft	soziokulturelle Gegebenheiten (z. B. Vorurteile)	„Massenpsychologie", Gesetzesveränderungen u. a.

Dabei muß man sich immer wieder vergegenwärtigen, auf welcher Ebene welcher therapeutische Ansatz mit welcher Interventionsform für die Behandlung über 60jähriger indiziert ist. Diese differenzielle Sichtweise verdeutlicht Tab. 14, in dem sie den Bogen von der Ebene der psychischen Grundfunktionen bis zur Gesellschaftsebene spannt.

6.1 Entwicklung der Alternspsychotherapie: Einflüsse, Probleme und Fragestellungen

Psychische Not, Vereinsamung und insbesondere ausgeprägt depressive Krankheitsbilder sowohl von in Heimen untergebrachten Veteranen des I. Weltkrieges als auch bei in Großkrankenhäusern hospitalisierten alterspsychiatrischen Patienten führten erstmals in den USA *zwischen 1950 und 1960* zur erfolgreichen *Anwendung von Gruppentherapie*. Diese von Mitgliedern unterschiedlicher Berufsgruppen in Außenseiterposition gemachten Erfahrungen wurden zwischen 1960 und 1970 mit tatkräftiger Unterstützung durch psychoanalytisch weitergebildete Psychiater systematisiert sowie theoretisch und praktisch gefördert (Gründung der „Boston Society for Gerontologic Psychiatry" 1963; Durchführung von Symposien; Gründung des „Journal of Geriatric

Psychiatry" 1969). Ein Ergebnis war die intensivere Nutzung der Methode *ambulanter Einzelpsychotherapien.*

Ab 1970 stellte – ebenfalls in den USA – die auf psychogerontologische Forschungsergebnisse und vorwiegend lerntheoretische Konzepte gründende *Interventionsgerontologie* ein breites Spektrum von sozio- und milieutherapeutischen Verfahren, von Trainings- und Rehabilitationsmaßnahmen sowie im nachfolgenden Jahrzehnt auch verhaltenstherapeutischen Behandlungskonzepten zur Verfügung. Sie wurden wiederum zunächst im institutionellen Bereich und außerhalb von medizinischer bzw. psychiatrischer Versorgung erprobt (Radebold 1989a; 1989b).

Diese stichwortartig zusammengefaßte 30jährige Entwicklungsgeschichte der Alternspsychotherapie in den USA verdeutlicht gleichzeitig bestimmte Tendenzen:

- Behandlungserfahrungen wurden zunächst durch Mitglieder unterschiedlicher nicht-ärztlicher Berufsgruppen gewonnen. Sie befanden sich in einer Einzel- und Außenseiterposition und verfügten zusätzlich in der Regel über keine qualifizierte psychotherapeutische Weiterbildung. Unbekannt ist, ob ausreichende Behandlungserfahrungen mit jüngeren Altersgruppen bestanden. Die in der Regel einmaligen Erfahrungen wurden nicht weitergeführt bzw. nicht systematisiert. Zu vermutende spätere Mißerfolge wurden offensichtlich nicht der ungenügenden eigenen psychotherapeutischen Qualifikation, sondern der Rigidität der Älteren angelastet.
- Bei den beschriebenen Patienten handelte es sich um in psychiatrischen Großkrankenhäusern, in geriatrischen Kliniken oder in Heimen langfristig institutionalisierte, psychisch alt gewordene Kranke, psychisch Alterskranke mit entsprechender körperlicher Komorbidität. Die „klassischen" Psychotherapiepatienten wurden dagegen kaum ambulant behandelt.
- Als psychotherapeutische Standardbehandlung wurde fast ausschließlich Gruppentherapie durchgeführt mit dem Hinweis auf die spezifischen Möglichkeiten dieses Instruments gerade für Ältere: Erleben von gegenseitiger Unterstützung, Erfahrungsaustausch und Kontaktförderung.
- Bei der Zielsetzung standen im Vordergrund: Verselbständigung/erneute Autonomiegewinnung, Erhaltung sozialer Kompetenzen, Training/Rehabilitation von physischen, psychischen und sozialen Fähigkeiten, Akzeptanz/Verarbeitung von Erkrankungen, Problembewältigungen, Lebensrückblick und Vorbereitung auf begrenzte Lebenszeit/Sterben und Tod. Dagegen traten die bekannten psychotherapeutischen Zielsetzungen der Symptom-Minimalisierung, der Konfliktlösung sowie der Strukturveränderung der Persönlichkeit im Rahmen psychischer Störungen weitgehend zurück.
- Der kaum geführte interprofessionelle Dialog ermöglichte lange Zeit keine multidisziplinäre, geschweige denn interdisziplinäre Sichtweise von Alternsprozessen und Behandlungserfordernissen.
- Das Interesse der Disziplinen Psychiatrie, Psychologie, Psychoanalyse, Verhaltenstherapie und Psychosomatik an Fragen des Alterns bzw. der Behandlung über 60jähriger blieb in diesem Zeitraum gering bzw. existierte nicht. Erst eine institutionelle Verankerung der Forschung an Universitäten und wissenschaftlichen Einrichtungen sowie die Durchführung thematischer Symposien und eigene Publikationen ermöglichten eine systematische Weiterentwicklung jenseits der beschriebenen Außenseiter- und Einzelkämpfersituation.

Die Entwicklung der Alternspsychotherapie im deutschsprachigen Raum erfolgte um mindestens 20 Jahre zeitversetzt und damit entsprechend später: Die in der *Schweiz* etablierte (psycho-)analytische Psychologie nach C. G. Jung befaßte sich schon seit langem mit den psychotherapeutischen Behandlungsmöglichkeiten von Menschen in der Lebensmitte und damit auch allmählich von noch älteren Patienten. Zur weiteren Entwicklung trug entscheidend die Etablierung eines gerontopsychiatrischen Schwerpunktes an der Psychiatrischen Universitätsklinik Lausanne bei. Der günstige Umstand, daß die Ärzte in der Schweiz zu ihrer psychiatrischen seit langem parallel eine psychotherapeutische Weiterbildung erhielten, ermöglichte weitere Behandlungserfahrungen mit Älteren (Müller 1967).

Die noch spätere Entwicklung in der *Bundesrepublik Deutschland* und in *Österreich* wurde nachhaltig durch die historische Situation bestimmt: die Vertreibung der Psychoanalyse durch den Nationalsozialismus während des Dritten Reiches führte nach Kriegsende dazu, daß die damaligen Repräsentanten der Psychiatrie die zunächst überwiegend psychoanalytisch orientierte Psychotherapie nicht als integralen Bestandteil der Behandlung psychisch Kranker ansahen und daher auch für die Weiterbildung zum Psychiater keine adäquate parallele psychotherapeutische Weiterbildung verlangten. Entsprechend befaßte sich die ab 1970 gebildete (zunächst sehr kleine) Gruppe von Gerontopsychiatern kaum mit psychotherapeutischen Fragestellungen. Die nach Ende des II. Weltkrieges übrig gebliebene, sich wegen der langen Weiterbildungszeiten nur langsam vergrößernde psychoanalytische Gruppe widmete sich jahrzehntelang fast ausschließlich dem Aufbau Psychoanalytischer Institute. So entwickelten sich zunächst die Möglichkeiten psychoanalytischer Behandlungen für Erwachsene vom 25.-45. Lebensjahr. Wegen der fehlenden universitären Verankerung gab es kaum Forschungsmöglichkeiten. Erste erfolgreiche Psychotherapien 55-65jähriger erfolgten auf der Psychotherapiestation der Psychiatrischen Universitätsklinik der FU Berlin, fortgeführt in einer geriatrischen (Rehabilitions-)Klinik zwischen 1967 und 1969 vornehmlich durch Einzel- und Gruppenpsychotherapie von über 60jährigen (Schlaganfall-)Patienten (Radebold 1972a; 1972b; Radebold & Richter 1970). Ab 1970 wurde diese Forschung an der Abteilung für Psychotherapie der Universität Ulm insbesondere in Form von Einzel-und Gruppenpsychotherapien 50-70jähriger fortgeführt (Ohlmeier & Radebold 1972; Radebold 1973; 1974; 1976). Schließlich wurde der psychodynamische Denkansatz auf die beratende Tätigkeit von Sozialarbeitern im Altersbereich übertragen (Radebold et al. 1973). Die Psychiatrie-Enquête (1975) markiert den Abschluß dieser *Erkundungsphase*: sie wies erstmals auf einen erheblichen psychotherapeutischen Behandlungsbedarf bei der Gruppe der über 65jährigen psychoneurotisch und psychoreaktiv Erkrankten hin.

Die *Verbreitungsphase* zwischen 1976 und 1990 diente dazu, den vorhandenen Erfahrungsstand zu erweitern, den Kenntnis- und Wissensstand zu systematisieren und die (Fach-)Öffentlichkeit zu informieren. Geeignete Voraussetzung dafür boten die 1976 erfolgte Berufung von H. Radebold auf einen Lehrstuhl für Klinische Psychologie (später unter dem Zusatz: „unter Berücksichtigung des höheren und hohen Alters"; geführt bis 1997) an der Universität/Gesamthochschule Kassel und der Forschungsschwerpunkt „Psychodynamik, Psychotherapie und Psychoanalyse" in der „Interdisziplinären Arbeitsgruppe für Angewandte Soziale Gerontologie" (ASG). Diese zweifache universitäre Verankerung gestattete durch Einwerbung umfangreicher Drittmittel sowohl langfristige systematische Forschungsarbeit mit insbesondere praxisorientierter Mitarbeit in einschlägigen Institutionen (Psychosoziale Beratungsstelle für Ältere; geriatrische Rehabilitationskliniken; Institutsambulanz eines Psychiatrischen Landeskrankenhauses) als auch persönliche Praxistätigkeit. So konnten in großem Umfang weitere Behandlungserfahrungen mit 60-80jährigen gewonnen werden. Zusätzlich bot sich die Chance der Gründung eines Arbeitskreises der vereinzelt in unterschiedlichen Institutionen arbeitenden und an Fragen der Alternspsychotherapie interessierten Mediziner und Psychologen mit psychoanalytischer Ausrichtung bzw. Weiterbildung (Radebold 1983; Radebold & Schlesinger-Kipp 1982; Radebold et al. 1987).

Parallel zu dieser Entwicklung wurden allmählich die Verfahren und Konzepte der Interventionsgerontologie insbesondere nach lerntheoretischen Konzepten erprobt. Umfangreiche Vortragstätigkeit, zunehmende Publikationen (Übersicht bei Radebold 1989a; 1989b) und die 1988 erfolgten Gründungen der Arbeitstagungen für „Psychoanalyse und Altern" in Kassel und für „Psychotherapie im Alter" (zunächst Erlangen, später Bonn) leisteten einen weiteren wichtigen Beitrag zur allgemeinen Information sowie zur Identitätsfindung der an der Thematik Alternspsychotherapie interessierten Berufsgruppen. Inzwischen war in der Fachöffentlichkeit zur Kenntnis genommen worden, daß Psychotherapie über 60jähriger möglich, sinnvoll, notwendig und langfristig erfolgreich ist (Heuft & Marschner 1994).

Die *Systematisierungsphase* ab 1990 umfaßte die weitere Etablierung, zunehmende Differenzierung sowie einsetzende Spezialisierung und stand unter der Anforderung der Qualitätssicherung. So trugen die Gründungen der Arbeitstagungen „Verhaltenstherapie und Alter" (1991) sowie „Gerontopsychosomatik und Alterspsychotherapie" (1992 zunächst in Essen, jetzt in Münster) zur weiteren Verbreitung von Erfahrung und Wissen bei. Außerdem berief der Vorstand des *Deutschen Kollegiums für Psychosomatische Medizin (DKPM)* eine Arbeitsgruppe „Gerontopsychosomatik und Alterspsychotherapie", und in der *Deutschen Gesellschaft für Gerontologie und Geriatrie (DGGG)* wurde ebenfalls ein gleichnamiger Arbeitskreis gegründet. Schließlich erweiterte die 1994 gegründete *Deutsche Gesellschaft für Gerontopsychiatrie (DGGP)* im Jahre 1997 ihren Titel entsprechend dem Arzt für Psychiatrie und Psychotherapie in *Deutsche Gesellschaft für Gerontopsychiatrie und -psychotherapie (DGGPP)*. Entsprechend nehmen auf ihren im Zwei-Jahresrhythmus durchgeführten Tagungen psychotherapeutische Themen einen breiten Raum ein. Zusätzlich zu der sich ausweitenden praxisorientierten Forschung treten jetzt quantitative Grundlagenforschung (→ Kap. 2.1; 2.4) und Outcome-Forschung (→ Kap. 7 u. 8). Die Zahl einschlägiger Publikationen nimmt deutlich zu; gleichzeitig erscheint das erste Lehrbuch zur Alterspsychotherapie (Radebold 1992).

Folgende Aspekte der jetzt angelaufenen (vierten) *Differenzierungsphase* lassen sich schon benennen. Die Differenzierung betrifft das psychotherapeutische Spektrum: Die beiden psychotherapeutischen Grundverfahren (Psychoanalyse und Verhaltenstherapie) werden bezüglich ihrer Nutzung für die verschiedenen Behandlungsformen und ihrer Anwendung unter unterschiedlichen Setting-Bedingungen und in unterschiedlichem institutionellen Rahmen in den verschiedenen Versorgungssystemen erprobt und angewandt. Dazu kommen zunehmende Erfahrungen mit übenden/entspannenden sowie kreativen Verfahren.

Die derzeitigen universitären Schwerpunktsetzungen zur Grundlagenforschung in Gerontopsychosomatik (Klinik und Poliklinik für Psychosomatik und Psychotherapie am Universitätsklinikum Münster), zur kognitiven Verhaltenstherapie (Abt. für Klinische Psychologie der Universität Tübingen) und Interventionsgerontologie (Institut für Gerontologie der Universität Heidelberg) lassen zukünftig eine Weiterentwicklung quantitativer und qualitativer Forschung erwarten.

Aufbauend auf die ab 1999 (parallel in Deutschland, Österreich und der Schweiz) begonnenen Weiterbildungen in Alternspsychotherapie sind zukünftig nach Klärung anstehender Facharztfragen entsprechend curricular verankerte Anforderungen an eine entsprechende Aus- und Weiterbildung zu erwarten (→ Kap. 6.19). Möglicherweise wird es auch zu Schwerpunktsetzungen für die Gerontopsychiatrie und Gerontopsychotherapie kommen (in der Schweiz z. Zt. im Anerkennungsverfahren).

Die Anforderungen der Qualitätssicherung werden in absehbarer Zeit polyzentrische Therapiestudien im ambulanten, teilstationären und stationären Bereich notwendig machen.

Die ebenfalls schnell zunehmende Spezialisierung zeigt sich deutlich im stationären Bereich, sowohl bezüglich der Einrichtung von Psychotherapiestationen in der Psychosomatischen und Psychotherapeutischen Medizin sowie in der Gerontopsychiatrie (Bäurle et al. 2000) als auch in spezifischen Behandlungsangeboten für Patienten mit depressiven Störungen (Radebold et al. 1997), Abhängigkeitskrankheiten (→ Kap. 6.13.4) und demenziellen Störungen (→ Kap. 6.13.5). Parallel zur Alternspsychotherapie entwickelt sich als Grundlagenfach die empirische Gerontopsychosomatik weiter (→ Kap. 2.2.2 u. 2.3).

Selbst die dramatischen demographischen Veränderungen durch das dreifache Phänomen des Alterns (immer mehr Menschen werden alt; immer mehr Ältere werden noch älter; und die Relation von Jüngeren zu Älteren verschiebt sich) führten keineswegs zu einer entsprechenden Verbesserung der alternspsychotherapeutischen Versorgung. Aus psychoanalytischer Sicht läßt sich dieser Rückstand auf die lang anhaltenden unbewußten Folgen des nationalsozialistischen Dritten Reiches und des II. Weltkrieges zurückführen: Die jüngeren Generationen (d. h. die bei Kriegsende 25-30jährigen und noch Jüngeren, insbesondere die sog. „68er Generation") standen den die damalige politische Entwicklung mittragenden und dafür verantwortlichen Älteren zwar die von ihnen geschaffenen Rahmenbedingungen einer ausreichenden Versorgung im Alter zu: Rentenhöhe und laufende Rentenanpassung sowie institutionelle Versorgung ausschließlich im Heim und dazu außerhalb der Städte. Sie stellten ihnen jedoch auf Grund der vielfältigen unbewußten Vorwürfe keine qualifizierte ambulante soziale, geriatrische oder gerontopsychiatrische Versorgung zur Verfügung. Diese hätte eben in großem Umfang entsprechende Forschung, universitäre Verankerung und qualifizierte vielfältige Aus- und Weiterbildung unterschiedlicher Berufsgruppen verlangt. Erst wenn die jetzt politisch verantwortlichen Alterskohorten begreifen, daß sie sich selbst durch ihr unverändert bestehendes Verhalten von vornherein die Lebens- und Versorgungsqualität des eigenen Alters einschränken, wird ein Bewußtseinswandel möglich. Dazu werden die jetzt in das Alter eintretenden Kohorten, unbelastet durch entsprechende Schuldgefühle und anders sozialisiert, ihre entsprechenden Forderungen an unsere Gesellschaft herantragen.

Seit Beginn der Alternspsychotherapie (z. B. Meerloo 1961; Müller 1982) sind die folgenden Fragen immer noch aktuell:

■ Bedürfen Ältere auf Grund des weiten zeitlichen Abstandes zu der prägenden Kindheit und Jugendzeit und auf Grund der nur noch kurzen zur Verfügung stehenden Lebenszeit verstärkt oder sogar ausschließlich langfristiger oder u. U. lebenslang begleitender supportiver Hilfestellung? Teilweise wurden dabei konfliktlösende Konzepte sowie diesbezügliche Behandlungstechniken als kontraindiziert angesehen (Strotzka 1978).

- ▪ „Lohnt" sich die Psychotherapie Älterer daher überhaupt noch?
- ▪ Verlangt die Lebenssituation Älterer von vornherein kombinierte Behandlungsansätze und dazu selbstverständlich die Nutzung von Psychopharmaka?
- ▪ Müssen die psychotherapeutischen Konzepte für die Behandlung Älterer unter der Perspektive des baldigen Sterbens durch religiöse bzw. spirituelle Angebote ergänzt oder sogar ersetzt werden?
- ▪ Benötigen Ältere nicht prinzipiell ein bezüglich Intensität (Stundenfrequenz und Stundendauer), Behandlungsdauer und Bearbeitungsebene (bewußt versus unbewußt) eingeschränktes Angebot?

6.2   Annahmen der Behandler über ältere Erwachsene

Von welchem (Menschen-)Bild gehen wir aus, wenn wir von *älteren*, insbesondere von *alten* Menschen sprechen? Unsere diesbezüglichen Annahmen und Kenntnisse wurden in einem langen Prozeß – parallel zu unserer eigenen Entwicklung in Kindheit und Jugendzeit – geprägt sowie kulturell und gesellschaftlich überformt.

Das Adjektiv *alt* und seine Komparativform *älter* haben insgesamt mehrere unterschiedliche, ja sogar widersprüchliche Bedeutungen, die sich dazu noch während des eigenen Lebenszyklus ändern. Zunächst bezeichnet das Adjektiv den Gegensatz zur Jugendlichkeit als auch den Gegensatz zum Neuen. Für ein heranwachsendes Kind (Kleinkind, Schulkind und noch als Jugendlicher) befinden sich die älteren Geschwister und die Eltern (und auch andere im Alter zwischen 25 und 40 Jahren befindliche Erwachsene) in einer unerreichbaren Position. Die Komparativform *älter* steht hier für *selbständig, körperlich und geistig stark, mächtig* sowie *sozial erwachsen* – real und symbolisch. Daher möchte man unbedingt *älter* werden. Gleichzeitig wird die zweite Bedeutung vermittelt: *alt* steht einerseits für *erstarrt, reaktionär, konservativ, rigide* sowie für *unmodern, unbrauchbar* und *morsch*, aber andererseits ebenso für *die gute alte Zeit*, für *alte Erinnerungen* aus der Kindheit und für *kostbare alte* Gegenstände wie Münzen, Möbel, Gemälde, Porzellan, also Antiquitäten und auch für alte Häuser, alte Autos im Sinne von Oldtimern.

Ebenso transportieren Märchen (die „gute" oder die „böse" Hexe), insbesondere aber die Massenmedien wie auch (Schul-)Bücher und Zeitungen vielfältige, häufig wiederum zwiespältige bis widersprüchliche Altersbilder. Mit zunehmendem eigenen Alter werden jetzt „Ältere" eher abgelehnt: man leidet unter den „Älteren", mißtraut ihnen, lehnt sie ab oder bekämpft sie sogar im Sinne des „trau keinem über…".

Die eigenen Großeltern der Behandler können noch deutlich vor dem Eintritt in das 60. Lebensjahr stehen oder haben ihn kürzlich vollzogen. Durch sie erleben die heranwachsenden Jüngeren allmählich das Älterwerden von zunächst „jungen" Alten direkt selbst mit. Die eigenen Erfahrungen mit den Großeltern spiegeln sich zugleich in den Ansichten, Kommentaren und Gesprächen ihrer Eltern eben über diese beidseitigen

Großelternpaare wider – allerdings häufig nur zeitweise und in räumlicher Distanz. Wirklich chronologisch eindeutig *alte Menschen* lernen die Behandler oft nur durch die u. U. noch lebenden Urgroßeltern kennen. Diese können jedoch wegen ihrer möglichen Vereinsamung, ihrer Krankheiten mit nachfolgenden Behinderungen und möglicher Hilfs- und Pflegebedürftigkeit schwierige und erschreckende Aspekte des Alterns verkörpern.

Kinder erwerben verläßliches und intellektuell verankertes Wissen über zeitliche Datierung, Lebensaltersangaben und Altersrelation ihrer wichtigen Bezugspersonen erst relativ spät. Ihr eigenes Lebensalter läßt sich für sie leichter durch Unterschiede zu Jüngeren und Älteren sowie durch Übereinstimmung mit Gleichaltrigen bestimmen. Damit fällt es Kindern schwer, die Altersunterschiede zwischen der eigenen 30jährigen Mutter, der 55jährigen Großmutter und der 80jährigen Urgroßmutter wirklich, d. h. emotional zu begreifen.

Weitere Einflüsse üben vielfältige Erfahrungen mit „Älteren" im familialen und sozialen Umfeld, in der Nachbarschaft und später in Schule und während der Freizeit aus – wiederum verstärkt über die Ansichten dieser „Älteren" über die „noch Älteren". Auf Grund der jeweils höchst individuellen Erfahrungen und den vermittelten Ansichten verfügen Jüngere beim Eintritt ins Erwachsenenalter über jeweils auffallend unterschiedliche *vor- bis unbewußte und damit unreflektierte* **personalisierte Altersbilder**. Entsprechend sind mit „Älteren" gemachte Erfahrungen für das eigene Alter identitätstiftend und normgebend. So prägt z. B. das Aufwachsen in einer durch die Kriegssituation unvollständigen Familie das Bild einer verwitweten, altruistisch handelnden und vereinsamten älter werdenden Frau. Die unbekannte Situation einer Altersehe sowie das fehlende Vorbild eines älter werdenden Mannes erscheinen dann später den Töchtern und Söhnen als Regelfall des Älterwerdens.

Die jetzt zunehmend erfolgende Wissensvermittlung an Fach- und Berufsschulen, Fachhochschulen oder Universitäten schafft günstigstenfalls einen intellektuellen Überbau, jedoch noch keine bewußte Reflexion oder u. U. notwendige Veränderung dieser Altersbilder. Die bisherigen Lehrkräfte hatten keine Möglichkeit, entsprechendes qualifiziertes Wissen systematisch zu erwerben. Vermutlich stützten sie sich teilweise auf allgemeine (Lebens-)Erfahrungen und auf überholtes Wissen, das nicht mehr auf die heutigen Alterskohorten zutrifft.

Die zwiespältige Einstellung gegenüber dem Altern bleibt lebenslang: Man erlebt das Älterwerden der eigenen Eltern und doch möchten wir sie unverändert selbständig wissen. Man sehnt sich nach Schutz, Geborgenheit und Hilfestellung und kann ihre eintretenden Altersveränderungen kaum akzeptieren oder übersieht sie sogar. Man sehnt sich angesichts der Anforderungen durch Beruf, Partnerschaft und Familie nach Entlastung und größeren Freiräumen durch das Ausscheiden aus dem Arbeitsprozeß. Diese Freiräume werden intrapsychisch oft jedoch nicht mit dem eigenen Eintritt in das Altern und dem Älterwerden verbunden. Man akzeptiert allmählich sein Älterwerden, keinesfalls aber das Altsein. Lebenslang werden die noch Älteren als die wirklich „Alten" angesehen. Man übersehe nicht, daß die Altersbilder der heutigen Alterskohorten durch Erziehung, Ansichten und relgiöse, moralische und sexuelle Maßstäbe der damaligen „Älteren" (also bei den 1940 geborenen, heute 60jährigen durch ihre zwischen 1905 und 1915 geborenen Eltern und bei den 1920 geborenen heute 80jährigen durch ihre 1885-1895 geborenen Eltern) geprägt wurden – die allmählich unbewußt geworden lebenslang wirksam bleiben. So wird die paradoxe Situation verständlicher, daß wir den Komparativ „älter" nicht regelhaft verwenden: also anstatt *alt, älter, am ältesten* steigern wir *älter, alt, am ältesten*!

Weiterer Einfluß kommt den bisherigen, durch unsere Kulturgeschichte und die frühere Wissenschaftsgeschichte vermittelten Leitbildern des Alterns (Rosenmayr 1983) zu, die sich teilweise in den bisherigen gerontologischen Theorien widerspiegeln und damit entsprechende Auswirkungen auf unsere psychotherapeutischen Ansichten und unser psychotherapeutisches Handeln haben können (Shanan 1986).

Überholte Leitbilder des Alterns mit Konsequenzen für die bisherige Alterspsychotherapie:

- Die Annahme, daß Altern nach dem Höhepunkt in der Mitte des Lebens (Lebenszyklus als Halbkreis) (→ Kap. 2.3.1) in die „zweite Kindheit" einmündet, geht von dem Modell eines unaufhaltsam fortschreitenden, nicht beeinflußbaren organischen und auch hirnorganischen Alterungs-, d. h. Abbauprozesses aus. In Form der *Defizit-Theorie* beeinflußt sie noch bis heute das ärztliche Denk- und Handlungssystem: die zwischen dem 30. und 80. Lebensjahr ablaufenden *physiologischen Veränderungen* werden nicht von *alt gewordenen Krankheiten* sowie *Alterskrankheiten* unterschieden (→ Kap. 2.4.6.1). Die für Alterskrankheiten vorhandenen Behandlungsmöglichkeiten werden folglich zu selten gezielt genutzt. Als psychotherapeutische Aufgabe verbliebe nach diesem Ansatz nur eine das Altern begleitende psychische Hilfestellung, die zusätzlich auf die ständige Anpassung des Individuums an seine jeweilige (Abbau-)-Situation ausgerichtet sein müßte.

- Sieht man das Sich-Bewußtwerden der abnehmenden Lebenszeit und die Vorbereitung auf Sterben und Tod als Aufgabe des Alterns an, so werden auf Grund spiritueller bzw. religiöser Leitbilder kontemplativer Rückzug aus Beziehungen, Aufgaben und Funktionen bei bewußt gelebter Spiritualität notwendig. Rückzug als gesetzmäßiger Vorgang des Alterns wurde längere Zeit wissenschaftlicherseits mit Hilfe der inzwischen weitgehend aufgegebenen *Disengagement-Theorie* vertreten. In diesem Falle würde die psychotherapeutische Aufgabe lauten, Ältere beim Rückzug aus ihren Beziehungen zu unterstützen, und ihnen mit Hilfe von Spiritualität bzw. Religiosität zu einem abgeklärten Zustand *jenseits von Gut und Böse* (d. h. jenseits aller sexueller, aggressiver und narzißtischer Triebimpulse und der daraus erwachsenden Konflikte) zu verhelfen. Förderung bzw. Stabilisierung von Beziehungen, Unterstützung bei der Suche nach anderer und neuer Lebensqualität sowie von weiteren Interessen und Fähigkeiten wäre kontraindiziert.

- Das Leitbild von sich lebenslang fortsetzender Tätigkeit in Beruf, Haushalt und Familie („wer rastet, der rostet") findet sich in der zeitlich nachfolgenden *Aktivitäts-Theorie*, d. h. Ausübung vielfältiger Aktivitäten als Grundlage erfolgreichen Alterns. Hier würde sich die psychotherapeutische Aufgabe stellen, geistige und körperliche wie auch soziale und gesellschaftliche Aktivitäten anzuregen, zu fördern oder zumindestens dauerhaft zu erhalten. Damit würden Introspektion, Reflexion, Konfliktklärung, Anpassung an Krankheiten und ihre Folgen zumindest nicht erwünscht, wenn nicht sogar als kontraindiziert anzusehen sein.

- Auch die aktuellen gerontologischen Theorien bezüglich eines erfolgreichen Alterns, nämlich die *Theorie der Potentiale/Kompetenzen* und die *Theorie der selektiven Optimierung* spiegeln gewisse Leitbilder wider. Aufgrund lebenslanger Sozialisation und weiterbestehender Lernmöglichkeiten können vorhandene Kompetenzen (erneut) abgerufen und unverändert bestehende vielfältige Potentiale genutzt werden. Beschränkung auf wenige befriedigende Tätigkeiten/Fähigkeiten und lebenslanges Training gewähren langfristige Autonomie und entsprechende Befriedigung. Beide

Theorien messen den weiter entwickelbaren Lebenserfahrungen und Fähigkeiten entscheidende Bedeutung zu. Unter dieser Perspektive benötigten Ältere keine psychotherapeutische Hilfestellung durch Jüngere, sondern diese würden sich unverändert in der Position von Lernenden und damit als von den Lebenserfahrungen/Fähigkeiten und der Weisheit der Älteren Profitierenden befinden. Außerdem wären die Älteren selbst in der Lage, bestehende Konflikte, Schwierigkeiten oder Probleme anzugehen und zu lösen.

Unsere nachfolgenden Ausführungen zur Alternspsychotherapie gehen heute jedoch in Abgrenzung zu den dargestellten Vorannahmen von folgenden grundsätzlichen Annahmen aus:

- Über 60jährige sind psychosexuell und psychosozial erfahrene Erwachsene. Aus der Perspektive lebenslang ablaufender Entwicklung verlassen sie jetzt die Phase des mittleren Erwachsenenalters und treten in die nachfolgenden Phasen des höheren und hohen Erwachsenenalters ein. Aufgrund zunehmender Wahrscheinlichkeit einer Hochaltrigkeit können diese Phasen – bei unterschiedlicher Lebenserwartung für 60jährige Frauen und 60jährige Männer – bis zu 40 % der Erwachsenenzeit umfassen. Für diese Phasen gelten weiterhin die entwicklungspsychologischen Annahmen: bezüglich der aktiven Interaktion zwischen Individuum und Umwelt, bezüglich anfallender psychosozialer Entwicklungsaufgaben und bezüglich psychodynamischer Gesetzmäßigkeiten. Damit stellt Altern keine *qualitativ* andere Phase im Vergleich zu den vorangegangenen Phasen des Erwachsenenalters dar.
- Für diese Phase des Alterns erhält der Körper zunehmend wichtigere Bedeutung als *Organisator* der ablaufenden Entwicklung (→ Kap. 2.2.2) und als *letzter Verbündeter*, der die eigene Selbständigkeit garantieren kann und muß. Mit zunehmendem Alter werden diese Phasen immer stärker durch die sich verkürzende Lebenszeit und das näherrückende Lebensende geprägt. Der Erlebensbereich des Körpers umfaßt hierbei ablaufende physiologische Veränderungen, alt gewordene Krankheiten und insbesondere neu auftretende organische und hirnorganische Alterskrankheiten mit nachfolgenden Einschränkungen und Behinderungen. Diese können zu Hilfs- und Pflegebedürftigkeit im Sinne einer *zweiten Abhängigkeit im Lebensablauf* führen.
- Die Kohorten der heute über 60jährigen wurden unter sozialen, gesundheitlichen und historischen Gegebenheiten sowie mit Hilfe von moralischen, politischen, sexuellen und religiösen Normen sozialisiert, die sich deutlich von der nachwachsenden Altersgeneration unterscheiden. Außerdem ist bekannt, daß es zusätzlich große interindividuelle Schwankungsbreiten innerhalb einer Kohorte gibt.
- Nach dem 60. Lebensjahr auftretende psychische Störungen können nicht ausschließlich auf prägende, konfliktträchtige bzw. traumatisierende Einflüsse in Kindheit und Jugendzeit zurückgeführt werden. Vielmehr sind zusätzlich die die Ich-Funktionen überfordernden Belastungssituationen zu diskutieren. Diese können subjektiv aufgrund wichtiger Verluste sowie objektiv durch kumulierende negative Einflüsse auftreten oder bei beschädigter Ich-Ausstattung sowie eingeschränkten Ich-Funktionen zu nicht mehr zu bewältigenden Veränderungen und Verlusten führen. Biographische Einflüsse aus dem gesamten Lebensablauf können Ausprägung, Verlauf sowie Verhalten auch hirnorganischer Störungen mitprägen.

6.3   Zur Diskrepanz zwischen Behandlungsbedarf und Versorgungsrealität

Bisher vorliegende Schätzungen zum Behandlungsbedarf in der Bundesrepublik stammen aus einem fast 20jährigen Zeitraum und wurden dazu mit Hilfe unterschiedlicher Instrumente und aus unterschiedlicher Perspektive gewonnen.

Vorliegende empirisch begründete Schätzungen zum Behandlungsbedarf Älterer:

Die *Psychiatrie-Enquête* (1975) geht von einem deutlichen, allerdings nicht spezifizierbaren Bedarf an psychotherapeutischer Hilfestellung über 65jähriger aus.

Die Sekundäranalyse der Daten der *epidemiologischen Feldstudie* in Oberbayern ergab einen geschätzten Bedarf an psycho- und soziotherapeutischer Hilfestellung für die Gruppe der 50-65jährigen psychisch Kranken von 19 %, für über 65jährige von 7 % (davon kurzfristig zu beraten 5 %; langfristig psychoanalytisch 2 %) bei geschätzter allgemein psychiatrischer Hilfestellung für beide Altersgruppen von 13 % (Dilling 1981).

Eine *Prävalenzstudie* zum Bedarf an psychosomatischer Versorgung in den Allgemeinen Krankenhäusern Hamburgs verdeutlichte, daß 17,6 % der über 80jährigen (Anteil dieser Altersgruppe in der Hamburger Bevölkerung 4,4 %) einer psychosomatischen Behandlung bedurften (Stuhr & Haag 1989).

Eine *repräsentative Untersuchung* über den psychosozialen Beratungsbedarf in der Bundesrepublik belegte insgesamt einen hohen Bedarf (ca. ein Viertel aller Frauen und ein Drittel aller Männer gaben an, entweder z. Zt. oder früher schon einmal in Beratung gewesen zu sein). Trotz Einbeziehung über 60jähriger liegen keine weiteren Angaben über diese Altersgruppe vor. Dennoch kann man von einem hohen Beratungsbedarf an psychosozialer Beratung auch in den höheren Altersgruppen ausgehen (Egartner et al. 1995).

Ein aktuelles Gutachten des *Zentralinstituts für die Kassenärztliche Versorgung* geht für den ambulanten Bereich von einem Behandlungsbedarf von 0,31 % der bei den gesetzlichen Krankenkassen versicherten über 65jährigen aus. Diese Schätzung betrifft nur die von Fachpsychotherapeuten zu erbringenden abrechenbaren psychotherapeutischen Leistungen im Rahmen der Richtlinienpsychotherapie (1999).

Zutreffender wäre sicher ein höherer psychotherapeutischer Behandlungsbedarf, der bis zu 10 % bei den über 60jährigen geschätzt wird (Hirsch 1999a). Die vorliegenden Zahlen zur Versorgungsrealität verdeutlichen jedoch eine erhebliche Diskrepanz gegenüber diesen Bedarfsschätzungen.

Empirische Daten zur Versorgungsrealität psychotherapeutischer Behandlungen Älterer:

Laut der *Nervenarzt-Studie* boten Nervenärzte in 87 % ihrer Praxen spezielle psychotherapeutische Leistungen in Einzel- und Gruppenpsychotherapie an (z. B. in 63 % Autogenes Training, in 50 % tiefenpsychologisch fundierte Psychotherapie). 19 % der Patienten waren 65 Jahre alt und älter, wobei allerdings Angaben über psychotherapeutische Leistungen für einzelne Altersgruppen fehlten (Bochnik 1987).

Nach der *Praxisstudie der Deutschen Gesellschaft für Psychoanalyse, Psychotherapie, Psychosomatik und Tiefenpsychologie (DGPT)* waren von den behandelten ambulanten Patienten lediglich 5 % zwischen 50 und 59 Jahre, knapp 1 % 60 Jahre und älter (DGPT 1989).

Die *Oberbayerische Verlaufsuntersuchung* stellte fest, daß nur 0,6 % der über 60jährigen mit tiefenpsychologisch orientierter, psychoanalytischer Psychotherapie oder Verhaltenstherapie im Sinne einer Krankenkassenleistung behandelt wurden (Fichter 1990).

In psychotherapeutischen Universitätsambulanzen kommen zur Erstuntersuchung bisher kaum ältere Menschen. In der *Berliner Studie* waren nur 6,1 % der Patienten, die sich innerhalb eines Jahres dort vorstellten, älter als 55 Jahre (Rudolf et al. 1988). Ähnliche Ergebnisse (5,7 % aller Patienten) wurden in der Ambulanz der *Psychosomatischen Universitätsklinik Heidelberg* gefunden (Heuft et al. 1992).

Bei einer Untersuchung über die ambulante Behandlung depressiver Patienten (insgesamt 10.547 Patienten in *67 Nervenarzt-Praxen*, davon ca. 24 % über 60jährige) stellte sich heraus, daß nur 0,6 % der über 60jährigen Depressiven psychotherapeutisch nach den Richtlinien der GOÄ bzw. EGO behandelt wurden (Arolt & Schmidt 1992).

In einem *Planungsgutachten zur gerontopsychiatrischen Versorgung der Stadt Solingen* fand sich ein Anteil von 0,5 % über 65jähriger in den fachpsychotherapeutischen Praxen (Wolter-Henseler 1996).

Die Befragung von *97 Psychosomatischen Kliniken* des gesamten Bundesgebiets (Rücklaufquote 72 %) ergab, daß 21,5 % aller Patienten auf die Altersgruppe 50-59 Jahre entfielen, auf die Altersgruppe der 60-69jährigen 5,2 % und auf die über 70jährigen nur noch 1,3 %. Hochgerechnet wurde von einer Gesamtbehandlungszahl von 2.500-4.500 über 60jährigen ausgegangen (Lange et al. 1995).

In einer *Zufallsstichprobe von 1.344 Anträgen auf Langzeittherapie für Verhaltenstherapie* sind nur 0,2 % aller ambulanten Patienten über 65 Jahre alt (Linden et al. 1993). Die kürzlich wiederholte Untersuchung von 1.223 Anträgen für Verhaltenstherapie ergab ein unverändertes Ergebnis (Linden 1999).

Die Untersuchung von *40 psychotherapeutischen Praxen* im IV. Quartal 1994 belegte für die Altersgruppe von 56-65 Jahren einen Anteil von 2,9 % und für die von über 65 Jahren einen von 0,3 % (Scheidt et al. 1998).

Von den in der *Berliner Altersstudie* diagnostizierten 133 depressiv Erkrankten über 70jährigen (26,8 %) erhielten 40 eine Psychopharmakotherapie (6 mit Antidepressiva, 34 mit Benzodiazepinen). In keinem Fall wurde eine Überweisung zu einem Nervenarzt vorgenommen und keiner erhielt eine Psychotherapie (Wernicke & Linden 1997)

Die Gründe für die auffallende Diskrepanz zwischen Behandlungsbedarf und Versorgungsrealität werden von den Beteiligten unterschiedlich gesehen.

Die für eine Psychotherapie motivierten Älteren beklagen sich unverändert, daß sie auch in psychotherapeutisch gut versorgten Großstädten entweder gar keinen Behandlungsplatz oder erst nach mehreren Versuchen einen Psychotherapeuten finden, der bereit ist, Ältere überhaupt zum Erstgespräch zu sehen und ggf. zu behandeln.

Auf Grund der Selbstbilder der bisherigen Alterskohorten könnte man annehmen, daß sie einer psychotherapeutischen Behandlung desinteressiert bis ablehnend gegenüberstehen. Die Empfehlung einer Psychotherapie wird als beschämend oder kränkend erlebt, da man „über Probleme nicht redet" und bisher durch „Zähne zusammenbeißen" alleine gut zurecht gekommen ist – offensichtlich eher eine männliche Sicht. Entsprechend ergab eine Untersuchung der Ansichten der (hier kanadischen) Bevölkerung über den Nutzen von Psychotherapie im hohen Alter, daß Personen aller Altersstufen einer Alternspsychotherapie gegenüber eine negative Einstellung hegten. Insgesamt wurden die Einschätzungen mit zunehmendem Alter stetig negativer (Zivian et al. 1994). Noch immer wird von Seiten der Älteren Psychotherapie mit Psychiatrie, d. h. geschlossener Unterbringung, „Zwangsjacke" und Psychopharmaka gleichgesetzt. Dazu kommt bei den Älteren in Deutschland und in Österreich das Wissen um die Tötung von 170.000 „Geisteskranken" durch die Nationalsozialisten.

Auch die jüngere familiäre und soziale Umwelt, wie gleichaltrige Partner, reagieren bei einer entsprechenden Empfehlung häufiger irritiert, beunruhigt bis ablehnend. Umgekehrt drängen sie manchmal dann auf eine entsprechende Behandlung, wenn die Verhaltensweisen bzw. Charakterzüge des Älteren in ihrer Umgebung als störend empfunden werden.

Den überweisenden Primärärzten (Ärzte für Allgemeinmedizin, Innere Medizin) wurden während ihrer Aus- und Weiterbildung keine Kenntnisse darüber vermittelt, daß und welche psychotherapeutischen Behandlungsmöglichkeiten über 60jähriger bestehen. Bei entsprechendem Ansinnen ihrer über 60jährigen Patienten reagieren sie ebenfalls häufiger irritiert, ablehnend, sogar belustigt. Sie können sich kaum vorstellen, daß ihre ihnen langfristig bekannten älteren Patienten überhaupt an schwerwiegenden und dazu noch nicht selbst lösbaren Problemen/Konflikten leiden. Bekannt ist die auffallend hohe Rate von durch Hausärzte nicht diagnostizierten depressiven Syndromen eben bei dieser Altersgruppe: in der Berliner Altersstudie fanden sich bei 26,9% (N = 133) der über 70jährigen depressive Erkrankungen. Lediglich bei 20 Personen wurden vom Hausarzt eine Depression oder affektive Störung angegeben (Wernicke et al. 1997). In der *Kasseler Hausarztstudie* wurde dagegen in 71,8 % der Fälle bei einer vorgelegten Kasuistik zutreffend eine Depression diagnostiziert (Aksari et al. 1997). Bei psychosomatischen Symptomen ist ebenfalls von einem hohen Anteil rein somatisch durchgeführter Behandlungen auszugehen (→ Kap. 3.1).

Wenn sich Hausärzte selbst um eine Überweisungsmöglichkeit bemühen, erfahren sie – ähnlich wie ihre älteren Patienten – von Seiten der Psychotherapeuten eine ablehnende Einstellung. Ebenso sind die Mitarbeiter von Beratungsstellen, sozialpsychiatrischen Einrichtungen, Gesundheitsämtern wie auch die Mitarbeiter von Krankenkassen, Versicherungsanstalten und weiteren Leistungsträgern und von Institutionen im Altersbereich kaum über bestehende Möglichkeiten der psychotherapeutischen Behandlung Älterer informiert und erleben dazu bei Empfehlung ähnliche ablehnende Reaktionen.

Die größeren Schwierigkeiten (→ Kap. 6.5) liegen eindeutig auf Seiten der Psychotherapeuten – wie die dargestellten Befunde völlig unabhängig von der jeweiligen psychotherapeutischen Ausrichtung belegen. Die Psychotherapeuten bestimmen, ob sie überhaupt Ältere zum Erstgespräch annehmen sowie ob und in welcher Form eine Psychotherapie durchgeführt wird.

Die bisherigen gegenseitigen Schuldzuweisungen erweisen sich für die notwendige Verbesserung dieser Situation als wenig hilfreich. Auf jeden Fall bedürfen alle im medizinischen, psychiatrischen, psychosomatisch/psychotherapeutischen, geriatrischen sowie im psychosozialen/pflegerischen Versorgungssystem tätigen Berufsgruppen einer umfassenden Information über diesbezügliche Möglichkeiten. Dies gilt für generelle Informationen über Zugangswege und für lokal bzw. regional vorhandene ambulante, teilstationäre und stationäre Behandlungsmöglichkeiten. Diese Informationen müssen auch den über 60jährigen umfassend zur Verfügung gestellt werden.

Die *Krankenkassenregelung zur Psychotherapie-Leistungserstattung* wurde 1968 in der Bundesrepublik eingeführt. Bis ca. 1980/1985 konnten von dieser Regelung wegen der relativ geringen Psychotherapeutendichte nur insgesamt wenige und dazu kaum über 40jährige die gegebenen Möglichkeiten nutzen. Die jüngeren Alterskohorten befinden sich gerade im Eintritt in ihre Altersphase. Bereits psychotherapieerfahren werden sie in Zukunft bei erneuter Symptomatik sowie neu auftretenden, wiederbelebten Konflikten bzw. Traumatisierungen eine entsprechende psychotherapeutische Behandlung wollen und auch von Seiten der Gesellschaft einfordern.

6.4   Merkmale derzeitiger Psychotherapie-Patienten über 60 Jahre

Die nachfolgenden Aussagen stützen sich einerseits auf bisher nur in geringem Umfang vorhandene soziodemographische Daten behandelter Patientenkollektive und in größerem Umfang auf Erfahrungen, die während Klinikberatungen, bei Fortbildungen und in der Supervision in zahlreichen Institutionen vorwiegend im psychosomatisch/psychotherapeutischen wie auch gerontopsychiatrischen Versorgungsbereich gewonnen wurden:

- In der ambulanten Praxis, in Polikliniken und in Institutsambulanzen werden über 55jährige bisher nur in geringem Umfang behandelt. Weitaus der größere Teil der Patienten entfällt damit auf die Altersgruppe von 55-64 Jahren; über 70jährige sind kaum noch anzutreffen. Für die Gruppe der über 60jährigen hat sich diese auffallend geringe Versorgungsintensität im letzten Jahrzehnt kaum verändert.

- In den psychosomatisch/psychotherapeutischen Kliniken stellt die Behandlung 50-59jähriger inzwischen mancherorts einen Schwerpunkt dar; in gewissem Umfang werden auch 60-69jährige behandelt.

- Auf den Psychotherapiestationen der Gerontopsychiatrie wurden bisher aufgrund der Zugangskriterien überwiegend 65-75jährige behandelt. Z. Zt. besteht der Eindruck, daß vermehrt 75- bis über 80jährige mit ausgeprägter Multimorbidität und verstärkter Hilfsbedürftigkeit eingewiesen werden. Auch die gerontopsychiatrischen Tageskliniken berichten über eine gleichlaufende Tendenz.

- In der ambulanten Praxis überwiegen die Frauen gegenüber den Männern im Verhältnis 3:1. Männer suchen offensichtlich in Folge ihres Selbstbildes und der mit der Überweisung verbundenen narzißtischen Kränkung kaum eine derartige Behandlung. Beispielsweise überwogen in einer Institutsambulanz bei den mit der Frage einer psychotherapeutischen Behandlungsmöglichkeit gesehenen älteren Patienten (N = 114) mit 82 % die Frauen (Radebold et al. 1987). In der Literatur verfügbare Behandlungsberichte belegen, daß der überproportionale Anteil von Frauen in der Alternspsychotherapie eher noch höher ist.

- Die in der ambulanten Praxis und in den psychosomatisch-psychotherapeutischen Kliniken behandelten Älteren, die weitgehend der Altersgruppe bis 65 Jahren angehören, weisen nur in geringem Umfang schwerwiegende organische Komorbidität bzw. Multimorbidität mit entsprechenden Einschränkungen bzw. Behinderungen auf. Diese erfordern daher auch nur in relativ geringem Umfang zusätzliche geriatrische Konsiliartätigkeit, Pflege- und Versorgungsbedarf sowie medikamentöse Behandlung (Peters 2000a). Erst in höheren Altersgruppen, insbesondere bei den in Gerontopsychiatrischen Tageskliniken und auf den Psychotherapiestationen in der Gerontopsychiatrie behandelten Patienten, ergeben sich in deutlich größerem Umfang diagnostische geriatrische Abklärungs- und Behandlungserfordernisse. Schon in der psychosomatisch-psychotherapeutischen Klinik, aber insbesondere in der Gerontopsychiatrie stellt sich zusätzlich die Aufgabe der Differentialdiagnose einer Demenz.

- Bei den stationär behandelten älteren Patienten handelt es sich im Vergleich zu jüngeren Altersgruppen häufiger um „geschickte" Patienten, d. h. mit nur teilweise vorhandener Motivation und entsprechender Bereitschaft zu einer Psychotherapie

(Peters 2000a). – In einer Psychiatrischen Institutsambulanz nahmen von 114 älteren Patienten insgesamt 36 das (allerdings indikativ weitgefaßte) Behandlungsangebot nicht an; weitere 16 brachen die mit unterschiedlichen Methoden begonnene Behandlung ab (Radebold et al. 1987).

Zusammenfassend läßt sich feststellen, daß die bisher zur psychotherapeutischen Behandlung überwiesenen Älteren im Vergleich zu den „typischen" Psychotherapiepatienten jüngerer Jahrgänge charakterisiert sind durch den überproportionalen Anteil Frauen jüngerer Alterskohorten bei (zunächst) geringerer Psychotherapiemotivation. Parallel dazu und mit zunehmendem Alter ergibt sich ein ansteigender Bedarf an diagnostischer Abklärung aufgrund der Multimorbidität, an differentialdiagnostischen Untersuchungen und medikamentöser Behandlung sowie an Training, Rehabilitation, Hilfe und Pflege.

6.5   Die schwierige Position des Psychotherapeuten

6.5.1 Professionelle Kompetenz

Die Aufgabe für entsprechend weitergebildete Ärzte/Psychologen lautet, über 60jährige mit Hilfe unterschiedlicher Behandlungsmethoden (Einzel- und Gruppen-Psychotherapie, Paar- und Familientherapie) nach unterschiedlichen Grundverfahren fachpsychotherapeutisch zu behandeln. Diese über 60jährigen repräsentieren für die jüngeren Behandler historisch, erziehungsmäßig, sozial, moralisch und religiös wie auch erfahrungsmäßig und alltagsgeschichtlich (abgesehen von den jeweils individuellen Erfahrungen mit den eigenen Älteren) unbekannte Generationen. Die unübersehbare und in der Regel ausgeprägte Altersdifferenz hat für die jüngeren Behandler beim Aufbau der notwendigen tragfähigen emotionalen Beziehung in der Regel spezifische Übertragungs- und Gegenübertragungskonstellationen zur Folge.

Hinter dieser nüchternen, fachsprachlichen Definition verbirgt sich die emotional schwierig zu begreifende Belastung, die die in Relation deutlich jüngeren Behandler bei jedem professionellen Umgang, erst recht aber bei einer intensiven psychotherapeutischen Behandlung Älterer zu erwarten haben. Für 30jährige Assistenten sind 70jährige 40 Jahre älter, und für 50jährige in der Praxis niedergelassene Fachpsychotherapeuten oder in der Klinik tätige leitende Ärzte sind 80jährige immerhin noch 30 Jahre – also um eine Generation – älter. Der im Alltag so gebräuchliche Hinweis: „Kommen Sie erst mal in mein Alter!" definiert nur allzu oft die jeweilige Altersrelation und damit die eigene Position.

Gestützt auf das Bild und die symbolische Gleichsetzung des Lebensablaufs mit einer Reise durch (psychosoziale) Landschaften sollen – den wissenschaftlichen Duktus eines Lehrbuches illustrierend – diese besonderen Schwierigkeiten verdeutlicht werden:

Die Älteren – seien sie 60, 70 oder 80 Jahre alt – befinden sich zum Zeitpunkt des Erstkontaktes in bestimmten Landschaften des Alterns. Die sie jetzt in die Psychotherapie führenden Lebensumstände (Konflikte, Verluste, nicht zu bewältigende Lebenssituationen, Krankheiten mit Behinderungen) lassen verstehen, warum diese Landschaften zur Zeit als karg, düster, einengend erlebt werden – bei einer gleichzeitig bedrückenden und/oder beängstigenden „Wetterlage". Die Älteren fühlen sich in diesen Landschaften noch nicht zu Hause oder wollen es auch (noch) nicht. Sie kennen sie lediglich aus Berichten und durch ihre eigenen Eltern/Älteren – ohne dort bei ihnen lange verweilen zu wollen und zu müssen. Daneben bestehen andere, befriedigendere, verwöhnende, schöne Landschaften des Alterns, die aber für diese Älteren im Augenblick nicht erreichbar sind.

Die Aufgabe für die Jüngeren (mehr freiwillig in der ambulanten Praxis, mehr gezwungen in der Klinik wegen des dienstlichen Auftrages) lautet, die Älteren in diesen bedrückenden Landschaften des Alterns aufzusuchen und sich ihnen als kompetente (psychotherapeutische Weiterbildungsqualifikation) Reiseführer und -begleiter zur Verfügung zu stellen.

Diese Reise kann unterschiedlichen Zwecken dienen: zur Erkundung der Landschaft, in der die Älteren eigentlich noch nicht leben wollen (via Kurzpsychotherapie bei Aktualkonflikten), zurück in die Landschaften der Kindheit und Jugendzeit (via länger- bis langfristige Psychotherapie bei repetitiv-neurotischen Konflikten) oder in zukünftige, auch den Älteren selbst noch unbekannte Landschaften des Alterns (via begleitende Psychotherapie zur Anpassung an den körperlichen Alternsprozeß oder an Krankheitssituationen). Die langfristige Reise zurück in Landschaften der Kindheit und Jugendzeit (und des jüngeren bis mittleren Erwachsenenalters) erweist sich für Jüngere und Ältere gleichermaßen schwierig: die Älteren wissen nicht, was ihnen „in den Nebeln und Schatten der Vergangenheit" begegnen wird. Ihre Kindheitserinnerungen erscheinen entweder verklärt oder sind voll von beängstigendem Schrecken. In der Regel wurden sie so ins Positive „umgeschrieben", daß sie bewußt akzeptabel blieben.

Die jüngeren Behandler kennen zwar aus eigener Anschauung ihre häufig noch nicht weit zurückliegende Kindheit und Jugendzeit. Bei zurückliegenden schweren Konflikten besteht stets die Phantasie, in Zukunft ja noch einmal alles besser machen zu können. Und bei der Behandlung von im Vergleich zu ihnen jüngeren Erwachsenen verlassen sich beide Seiten darauf, daß die (jetzt in Relation „älteren") Psychotherapeuten diese Kindheit und Jugendzeit bezüglich Ereignissen, sozialen und gesellschaftlichen Normen, historischen Prägungen und insbesondere bezüglich der Alltagsgeschichte kennen und diesbezügliche Chiffren sofort in ihrer Bedeutung als entsprechende Hinweise begreifen. Bei gleichaltrigen Patienten erlaubt die gleiche Lebens- und Geschichtserfahrung ausreichendes Verständnis. Dazu stützen sich die Psychotherapeuten gegenüber ihren jüngeren oder gleichaltrigen Patienten auf ihre erworbene und ihnen zugestandene Kompetenz (*„regelhafte" Übertragungskonstellation*). Kindheit und Jugendzeit der älteren Patienten fanden dagegen in einer (teilweise völlig) anderen sozialen und historischen Situation unter dem Einfluß schwerwiegender historischer (häufig bedrohlicher und zerstörerischer) Ereignisse und unter völlig anderen sozialen, moralischen, religiösen und sexuellen Normen statt. Die Alltagsgeschichte dieser Kindheiten und Jugendzeiten ist unbekannt, und die benutzten Chiffren (Begriffe, Hinweise, Anspielungen) erweisen sich oft als zunächst nur schwer verstehbar.

In dieser Situation des möglichen Reiseantritts (Erstinterview und Behandlungsverabredung) stellen sich folgende Fragen:

- Fühlen sich die Jüngeren für eine derartige (insbesondere längerfristige) Reise genügend kompetent?

- Wollen sie wirklich diese Reise in die ihnen unbekannten Regionen früherer Kindheit und Jugendzeit und jetzigen Alterns antreten?
- Halten die Älteren umgekehrt die in Relation Jüngeren für kompetent genug als Reiseführer und -begleiter in möglicherweise beunruhigende und beängstigende (psychische) Landschaften?

Die jüngeren Behandler verlassen sich bei ihrer gemeinsamen Reise mit noch jüngeren oder gleichaltrigen Patienten auf die erworbene und zugestandene Kompetenz. Kenntnisse sowie Erfahrungen über die Regionen des Alterns bestehen oft nicht oder sind – falls überhaupt vorhanden – teilweise überholt und wegen der kurzfristigen Besuche in diesen Landschaften hoch individuell und damit vermutlich in verschiedenen Psychotherapiesituationen wenig brauchbar. Über welche Kenntnisse (→ Kap. 6.5.2) müssen die jüngeren Behandler daher verfügen? Sie kennen die in Relation Älteren in der Position von Eltern und Großeltern und erinnern sich noch aller diesbezüglichen unerfüllten Wünsche, Konflikte und Schwierigkeiten (*„umgekehrte" Übertragungskonstellation*) (→ Kap. 6.5.3). Wollen die Jüngeren später wirklich selbst in diesen Regionen des Alterns (→ Kap. 6.5.4) leben?

Jüngere Psychotherapeuten begehen mit dem Angebot einer psychotherapeutischen Behandlung zudem unbewußt einen schwerwiegenden Regelverstoß, wenn nicht sogar eine Tabuverletzung. In der bisherigen Kulturgeschichte lernten die jeweils Jüngeren von ihren jeweils Älteren und holten sich bei ihnen im Bedarfsfall Rat und Hilfestellung – aber nicht umgekehrt! Das Alte Testament verbietet nachdrücklich, die „Blöße der Älteren" aufzudecken. Umgekehrt nehmen die Älteren im jüngeren Behandler zusätzlich ihre „Kinder" und „Enkelkinder" wahr, die sie eher als nicht-kompetent für seelische Angelegenheiten ansehen. So erweist sich die Schaffung einer verläßlichen, stabilen gefühlsmäßigen Beziehung (*Arbeitsbündnis*) (→ Kap. 6.8.4) als Voraussetzung für die vorgesehene Reise als zumindest schwierig – manchmal sogar unmöglich.

Gelingt die (kürzer- oder längerfristige) gemeinsame Reise unter dem Schutz der allmählich anerkannten Kompetenz des jüngeren Behandlers, so lautet die letzte Aufgabe am Behandlungsende, sich bewußt zu trennen, d. h. für die Älteren in den jetzigen, vermutlich befriedigenderen und angenehmeren Regionen des Alterns weiterzuleben und für die Jüngeren, in die Regionen ihrer derzeitigen (psychischen) Landschaft zurückzukehren. Falls das Sprichwort „Reisen bildet" zutrifft, könnten die Jüngeren daraufhin ihre eigene Lebensbewältigung brauchbarer und befriedigender angehen.

6.5.2 Erforderliche Kenntnisse

Bisher erhalten Ärzte und Psychologen sowohl während ihres Studiums als auch während der Weiterbildung (als Fachärzte für Psychiatrie und Psychotherapie, Fachärzte für Psychotherapeutische Medizin) bzw. Ausbildung als psychologische Psychotherapeuten keine curricular vorgeschriebenen Kenntnisse in Gerontologie (Psychogerontologie, Soziale Gerontologie), Geriatrie, Gerontopsychosomatik und Gerontopsychiatrie, geschweige denn in Alternspsychotherapie. Gleiches gilt auch für viele andere nicht-akademische und akademische Berufe. Derartige Kenntnisse werden bisher nur in minimalem Umfang in Fachhochschulen und Hochschulen auf freiwilliger Basis vermittelt, kaum durch die psychotherapeutischen Weiterbildungsinstitute. Dabei wurde der notwendige Wissenserwerb im Sinne einer Feldkompetenz schon von der Psychiatrie-Enquête (1975) gefordert. Alle bisherigen Erfahrungen sprechen außerdem dafür (Hirsch & Radebold 1994; Hirsch 1999b), daß zusätzlich zu dem theoretischen Unterricht eine Praxisanleitung und Behandlungen unter Supervision unabdingbar sind.

Die im Rahmen der psychotherapeutischen Weiterbildung erforderliche Selbsterfahrung (Einzelselbsterfahrung bzw. Lehranalyse, Selbsterfahrungsgruppen etc.) konfrontiert auf Grund des chronologischen Alters der jeweiligen Eltern und anderer wichtiger Bezugspersonen (bei Weiterbildungsteilnehmern im Alter zwischen 30 und 35 Jahren also mit Eltern zwischen 55 und 60 Jahren) und des chronologischen Alters der Lehranalytiker und der die Selbsterfahrung vermittelnden Trainer (wiederum zwischen 45 und 65 Jahren) kaum mit Alternsfragen und der Lebenssituation des Älterwerdens und Altseins mit seinen potentiell schwierigen Aspekten. Oft ohne eigene Krankheitserfahrungen haben die Jüngeren teilweise sogar noch keine Verluste bewußt erlebt! Eine erneute Selbsterfahrung erscheint daher nicht als geeignet; als günstiger erweisen sich eher geleitete kollegiale, auf die Themen Altern und Altsein zentrierte Selbstreflexions-Gruppen (Intervisionsgruppen), die die notwendigen Weiterbildungsangebote ergänzen (⟶ Kap. 6.19).

6.5.3 Übertragung, Gegenübertragung und Eigenübertragung

Unbewußte Übertragungsprozesse lassen sich als ubiquitäre psychosoziale Phänomene überall im Alltag beobachten. Sie beeinflussen jede psychotherapeutische Behandlung – unabhängig von der jeweiligen theoretischen Ausrichtung. Sie werden als unabdingbare Bestandteile einer psychoanalytischen Behandlung gezielt genutzt. Definition und Reichweite werden aber unverändert kontrovers diskutiert (Thomä & Kächele 1989).

Unter **Übertragung** im therapeutischen Prozeß wird hier das Wiederaufleben von Gefühlen, Trieben, Einstellungen, Phantasien, unerledigten Sehnsüchten und Wünschen sowie Abwehr und Interaktion des Patienten verstanden, welche ursprünglich einem früheren Objekt galten und jetzt unbewußt wiederholend auf den Therapeuten verschoben werden (Greenson 1975; Mentzos 1982). Im Zentrum handelt es sich um Liebes- und Haßgefühle. Ihre allgemeinen Kennzeichen sind: Unangemessenheit, Intensität, Ambivalenz, Launenhaftigkeit und Zähigkeit.

Unter **Gegenübertragung** wird hier die nicht-neurotische Reaktion des Psychoanalytikers auf die Übertragung des Patienten verstanden (Moeller 1977). Davon muß die **Eigenübertragung** (Heuft 1990a) des Psychotherapeuten auf den Patienten, also seine eigenen Strebungen, Vorurteile etc. sowie die zwischen beiden bestehende **Real-** und **Arbeitsbeziehung** unterschieden werden.

Die typische Übertragungskonstellation ist den Meisten vertraut. Mit Hilfe seiner jeweils spezifischen Übertragung setzt der jüngere oder höchstens gleichaltrige Patient unbewußt seinen Psychotherapeuten in die in der Regel zunächst gewünschte Position eines mächtigen, möglichst Schutz und Sicherheit bietenden Elternteils ein. Diese milde *positive* Übertragungskonstellation ermöglicht zunächst den Beginn der Behandlung. Die in der Regel älteren, seltener gleichaltrigen Behandler erleben sich gefühlsmäßig bei dieser Übertragungskonstellation in einer – unterstützt durch akademische Ausbildung, erworbene Weiterbildungsqualifikation sowie vorliegende Behandlungserfahrungen – sicheren Position, die sie auch nachfolgende *negative* Übertragungen ertragen und bearbeiten läßt. Dieser narzißtisch aufwertenden Position hat Moeller (1977) unseres Erachtens zurecht die antidepressiogene Wirkung des Psychotherapeuten-Berufs zugeschrieben.

Im Gegensatz zu dieser sogenannten „klassischen" Übertragungskonstellation wird die therapeutische Beziehung mit Älteren von Anfang an bereits bei der Kontaktnahme, Verabredung und Durchführung des Erstgesprächs durch die veränderte Altersrelation, d. h. zwischen dem jetzt jüngeren Behandler und dem in Relation und auch chronologisch deutlich älteren Patienten bestimmt. Wie ausgeführt, ist für eine 30jährige Assistentin eine 75jährige Patientin 45 Jahre älter (also über doppelt so alt). Aufgrund dieser *umgekehrten* Übertragungskonstellation (Radebold et al. 1973; Hinze 1987; Radebold 1992; Hirsch 1997) werden die in der Relation jüngeren Behandler zunächst (teilweise auch bewußt) in die Position von „Kindern" oder sogar „Enkelkindern" eingesetzt und entsprechend erlebt.

Die in dieser Konstellation übertragenen Gefühle, Wünsche, Impulse sowie Sehnsüchte des älteren Patienten stützen sich insbesondere auf frühere Erfahrungen mit Jüngeren: dazu zählen unter der Lebenslaufperspektive jüngere Geschwister, (Schul-)Freunde, jüngere Kollegen während Ausbildung und im Beruf sowie insbesondere eigene (noch lebende oder bereits verstorbene) Kinder sowie Enkelkinder. Manchmal wünschen sich ältere Frauen jetzt die früher nicht geborenen (abgetriebenen oder verlorenen) Kinder oder von den eigenen Kindern nicht geborene Enkelkinder. Der selbstverständlich auch bei 60-, 70- oder 80jährigen unbewußt weiter vorhandene Wunsch nach mächtigen beschützenden Eltern-Imagines wird durch diese umgekehrte Übertragungskonstellation zunächst überlagert, prägt aber häufig die Anfangssituation entscheidend mit. So wünschen sich ältere Patienten einerseits eine beschützende, Sicherheit gebende, wohlwollende und sie vor Krankheiten und Unannehmlichkeiten des Lebens beschützende Hilfestellung, möchten andererseits aber nicht über Probleme, Schwierigkeiten und Kränkungen mit den Jüngeren reden und gestehen ihnen (wie den eigenen Kindern) kaum ausreichende Kompetenz und Lebenserfahrungen zu. Diese Aussagen werden durch die folgenden Beispiele aus Diagnostik oder Behandlungssituationen verdeutlicht:

Fallbeispiele: Ein 63jähriger Verkäufer wird wegen einer depressiven Verstimmung und multipler funktioneller Beschwerden an die psychotherapeutische Universitätsambulanz überwiesen (Altersunterschied zum Therapeuten 25 Jahre). Nach Schilderung seiner Beschwerden beginnt er sofort, über Jüngere im Alltag, in den Verkehrsmitteln und an der Arbeitsstelle zu schimpfen. Später werden auch „schwierigere" jüngere Geschwister erwähnt. Der Therapeut erlebt sich ständig herausgefordert und hat anfänglich Mühe, sich zu beherrschen.

Eine 66jährige Hausfrau mit phobischer Symptomatik (Altersdifferenz 28 Jahre) beklagt sich nach einem zunächst auf keine spezifischen Übertragungsaspekte hindeutenden Erstgespräch anschließend bitter bei der Ambulanzsekretärin, daß sie offensichtlich bei dem falschen – weil so jungen – Behandler gewesen sei. Schwierigkeiten mit den eigenen Kindern werden ausführlich erst später berichtet.

In der ersten Sitzung unserer ersten Psychotherapiegruppe mit 40-60jährigen neurotischen Patienten stellen sich alle Patienten gegenseitig mit Namen, Alter und ihrer Symptomatik vor (Therapeut 35 Jahre alt). Erst nach mehreren Gruppensitzungen wird deutlich, daß die Gruppenmitglieder einen 58jährigen Mann, der sich selbst eindeutig als Patient mit ausgeprägten Beziehungsstörungen und einer Impotenz vorgestellt hatte, zum Kotherapeuten gemacht hatten. Damit konfrontiert, entwickelte die Gruppe dann Phantasien, daß der jüngere Therapeut jeweils mit der durchgeführten Tonbandaufzeichnung der Gruppensitzung zur Kontrolle seiner Arbeit zu seinem älteren Professor, dem Leiter der hiesigen Universitätsabteilung, gehen würde. Dieser würde ihm dann anhand der Tonbandaufzeichnung klar machen, welche Problematik überhaupt anläge und wie er vorzugehen habe. (Diagnostik-Beispiele aus Radebold 1992, S. 21)

Manchmal führt auch der von Anfang an relativ bewußte Wunsch nach einem omnipotenten Objekt oder einem beschützenden und verzeihenden „Vater" zum Behandlungsabbruch bzw. vermutlich auch öfter dazu, daß überhaupt keine Behandlung begonnen wird.

Behandlungsbeispiel 16: Die 72jährige Patientin suchte psychotherapeutische Hilfe gegen ihre schweren Depressionen mit ständigen Suizidimpulsen (Altersunterschied zum Therapeuten 22 Jahre). Im Erstgespräch wies sie darauf hin, daß sie den Behandler vor 10 Jahren als „jungen Professor" in einem interessanten Seminar über Altersfragen an der Universität kennengelernt habe; gleichzeitig möchte sie durch ihre Behandlung Vergebung erhalten. Sie wirft sich immer noch vor, an dem Tod einer Stieftochter – an deren Verkehrsunfall sie nach eigenem Bekunden keinen ursächlichen Anteil hatte – Schuld zu sein. Die nächste im Interview erwähnte Beziehung ist die zu ihrem jetzt hierher gezogenen einzigen Sohn. Sie erlebt, daß sie sich bei gegenseitigen Besuchen sehr wohl und angeregt fühlt und daß ihre Depressionen deutlich zurücktreten. Eher zögernd nimmt sie den Vorschlag einer psychoanalytischen Behandlung (drei Wochenstunden im Liegen) an. Sie fragt sich mit Hinweis auf ihr Alter von 72 Jahren, ob sich eine derartig langfristige Behandlung noch lohne und erhofft sich immer wieder eine schnelle Vergebung. Sie bemüht sich, die im Rahmen des Arbeitsbündnisses getroffenen Regeln einzuhalten. Innerhalb weniger Stunden wird ihr zunehmend eine gefühlsmäßige Problematik bewußt: Sie schätzt den Behandler und erkennt ihn als jemanden an, der „über viel Wissen und Erfahrung verfügt und der offensichtlich helfen will" und spürt gleichzeitig ihren „Wunsch nach einem – es ist fast lächerlich, es zu sagen – gütigen alten weisen Mann mit weißen Haaren und einem langen weißen Bart – wohl wie der liebe Gott oder etwas Ähnliches, der mich tröstet und mich schützt und mir endgültig vergibt." Die Parallele zu ihrem heiß geliebten, in ihrer Jugendzeit schon alten und diesem Bild sehr entsprechenden Vater wird ihr dabei bewußt. Sie bricht daraufhin die Behandlung ab und suizidiert sich einige Monate später durch einen Sprung von einem Hochhaus.

Manchmal wird den „älteren Kindern", den Behandlern, die also dann ein chronologisches Alter von deutlich über 50 Jahren aufweisen, eine gewisse Kompetenz zugestanden.

Fallbeispiel: Die 80jährige Patientin (Altersdifferenz zum Therapeuten 23 Jahre) wurde aufgrund diffuser Angstzustände und einer anhaltenden depressiven Verstimmung mit vielfältigen hypochondrischen Befürchtungen zur psychotherapeutischen Behandlung von ihrem Augenarzt überwiesen. Im Erstgespräch erwähnte sie dem 55jährigen Professor gegenüber ihren einzigen Sohn, der in einem anderen Fachgebiet ebenfalls an der Universität tätig war. Sie beschrieb vielfältige Schwierigkeiten mit ihm und fürchtete insbesondere die Abwendung ihrer Enkel von ihr. – Unüberhörbar war ihr Wunsch an den anderen und kompetenteren „Sohn", der ihr helfen möge. Lediglich multimorbid körperlich Erkrankte wünschen sich auf Grund ihrer regressiven Situation von vornherein mächtige, sie beschützende Eltern-Imagines (→ Kap. 6.13.1).

Eine primär positive Übertragung stellt sich nicht in jedem Falle spontan ein, da sich die vorangegangenen Beziehungskonflikte auch rasch in der Übertragung manifestieren können.

> **Behandlungsbeispiel 21** [Behandlungsverlauf: Fortsetzung → Kap. 6.9]: Der 68jährige Patient (Altersdifferenz 28 Jahre) wurde auf Bitte eines jüngeren Mitarbeiters (Schwiegersohn) in der Universitätsambulanz wegen zunehmender paranoid wirkender Befürchtungen, schwerer Selbstvorwürfe und einer anhaltenden depressiven Verstimmung gesehen. Im Erstgespräch vermittelte er deutlich, daß er insgesamt von Jüngeren wenig halte und sich auch von der Universität keine Hilfe vorstellen könne. Bei seinen ehemaligen jüngeren Mitarbeitern, die ihm jetzt bei der Überprüfung seiner Selbstvorwürfe in Realität freundlich und bemüht halfen, vermutete er, daß sie ihn hinter seinem Rücken abwerteten und nicht ernstnahmen. Der Oberarzt der Ambulanz erlebte sich ebenfalls abgewertet und zunehmend attackiert. – Erst im Verlauf der Behandlung wurden massive Vorwürfe an den zwiespältig erlebten Schwiegersohn, aber insbesondere den als enttäuschend angesehenen einzigen Sohn deutlich.

Nicht selten belasten den jüngeren Behandler auch idealisierende Erwartungen an die eigene Person oder den Therapieverlauf insgesamt. Zum Teil können diese Erwartungen projizierte Selbst-Aspekte des Alternden sein.

> **Fallbeispiel:** Wegen „störenden" Verhaltens einer 72jährigen Patientin (Altersunterschied zum Therapeuten 36 Jahre) wurde ein Konsiliarbesuch von einer psychosomatischen Universitätsabteilung erbeten. Nach Angaben des 29jährigen Stationsarztes mischt sich die Patientin ständig in seine Privatangelegenheiten ein. Das Erstgespräch am Krankenbett verdeutlichte, daß der betreffende jüngere ärztliche Kollege von Aussehen, Lebensalter und Berufswunsch genau einem phantasierten Sohn entsprach. Weitere Einzelheiten vgl. Behandlungsbeispiel 27, S. 249 (Radebold 1992, S. 244).

Sich durch die Altersrelation jetzt in der Position von „Töchtern" oder „Söhnen" bzw. „Enkeltöchtern" oder „Enkelsöhnen" erlebend, werden bei den jüngeren Psychotherapeuten sofort eigene Übertragungen (Eigenübertragungen) angesprochen und somit von Anfang an u. U. sehr intensive Gefühle reaktiviert. Auch diese Liebes- und Haßgefühle zeichnen sich durch Unangemessenheit, Intensität, Ambivalenz, Launenhaftigkeit und Zähigkeit aus. Zwar gelingt es den Jüngeren, sich mit Hilfe ihrer Lehranalyse oder anderer Selbsterfahrung zumindest teilweise aus ihren, aus Kindheit und Jugendzeit stammenden, familiären neurotischen Konflikten und Verstrickungen zu lösen und sich von den Eltern abzugrenzen. Die in der aktuellen Interaktion mit Älteren beobachtbaren Reaktionen verdeutlichen jedoch vielfältige *negative* Übertragungen. Diese können durch geschlechtsspezifische Aktualisierungen von Phantasien der *inversen ödipalen Konstellation* zusätzlich erschwert werden, wenn der jüngere Behandler in die Lebensgeschichte seiner älteren Patientin „eindringt" oder wenn die jüngere Therapeutin sich dem älteren Patienten „zur Verfügung" stellt – um nur diese beiden prägnanten Konstellationen beispielhaft zu erwähnen.

Selbstverständlich führen eigene, lange bestehende Wünsche und Sehnsüchte auch zu ambivalenten, wenn nicht sogar zu eindeutig positiven Übertragungen. Unabhängig vom eigenen chronologischen Alter wünschen sich auch Therapeuten in schwierigen Lebenssituationen immer liebevolle, verwöhnende, anerkennende Eltern und Großeltern. Eine besondere Verführung besteht z. B. für diejenigen, bei denen die Väter aufgrund des Krieges (→ Kap. 6.5.5) fehlten oder die keine Großeltern erlebt hatten:

> **Behandlungsbeispiel 21** (Behandlungsverlauf: Fortsetzung → Kap. 6.9): Der bereits erwähnte 68jährige Patient machte im Erstgespräch einen gemütlichen, wohlaussehenden Eindruck. Dazu trugen seine apfelroten Wangen, sein weißes, glatt gekämmtes Haar, seine rundliche Figur und seine ländlich wirkende Kleidung (Strickjacke und Wanderhose, aber Hemd mit Krawatte) bei. Der Interviewer wunderte sich über seine zunehmend im Erstgespräch wahrnehmbare Vorwurfshaltung, bis er aufgrund seines Einfalles „ein Großvater wie aus dem Bilderbuch" begriff, daß dieser seine jetzt anstehenden Aufgaben als zukünftiger Großvater nicht wahrnehmen konnte oder wollte. – Der Interviewer selbst hatte nie einen Großvater erlebt.

Übertragungen von Seiten der älteren Patienten mit entsprechenden Gegenübertragungsreaktionen wie auch Eigenübertragungen können sich auf alle psychosexuellen Entwicklungsstufen beziehen und sich daher völlig unterschiedlich manifestieren. Häufiger lassen sie sich erst während eines langen Behandlungsprozesses eindeutiger voneinander trennen. Schwierigkeiten und Gegenübertragungsaspekte bei jüngeren Therapeuten sind zum Beispiel (modifiziert nach Hirsch 1997, S. 93):

- Ältere sind schwache hilfsbedürftige Eltern: qua Symptome; Verhalten wird als Altersvariable begriffen
- Ältere sind als asexuelles Wesen erwünscht: Vorstellungen über die eigene Sexualität im Alter; Abwehr von eigenen ödipalen oder präödipalen Wünschen
- Rache- und Revanchegelüste sowie Schuldgefühle: „Triumph von Ödipus über Laios"
- Eigene Ängste vor Alter bzw. Abhängigkeit und Hilflosigkeit, „Gerontophobie"
- Aktivierung unbewußter Wünsche nach „idealen, verwöhnenden Eltern"
- Teilidentifizierung mit Kindern und Enkelkindern von Patienten: vorübergehende Distanzierung, Angst oder Wut im Kontakt mit dem Älteren
- Intensive Haß- oder Verliebtheitsgefühle des älteren Patienten: „Wer will schon von seinen Eltern gehaßt werden?" „Wer will sich von einer alten Frau/einem alten Mann lieben lassen?"
- Sehnsucht nach der „weisen alten Frau"/dem „weisen alten Mann": Ältere sind jenseits aggressiver und libidinöser Triebimpulse
- Multimorbidität, Komorbidität und Polypathie beeinflussen die Gegenübertragung: relativ häufiger Wechsel der Aufmerksamkeitsebenen, z. B. zwischen funktionellen und somatischen Symptomen

Die umgekehrte Übertragungskonstellation besteht in der Psychotherapie Älterer von Anfang an und manifestiert sich häufig schon ausgeprägt im Erstgespräch (→ Kap. 6.8). Sie kann sich während des Behandlungsprozesses verändern (→ Kap. 6.12), sowohl im Sinne einer *multigenerationellen* oder *gleichberechtigten* (Hiatt 1971) *Übertragung* als auch entsprechend der klassischen Übertragungskonstellation. Multigenerationelle Übertragung heißt, daß vielfache Übertragungen aufgrund von Erfahrungen mit wichtigen Beziehungspersonen im *gesamten* bisherigen Leben erfolgen, so z. B. mit Verwandten, Partnern, Chefs. Gleichberechtigte Übertragung meint Übertragungsangebote aufgrund der Erfahrungen mit Geschwistern. Sind Patient und

Therapeut ähnlich alt, zeigen sich diese „Geschwister" zusätzlich neugierig, wie der gleichaltrige oder etwas ältere Psychotherapeut sein eigenes Altern bewältigt.

Die umgekehrte Übertragungskonstellation resultiert – wie dargestellt – aus der vom chronologischen Alter weitgehend unabhängigen Altersrelation (→ Kap. 6.2). Daher helfen im jüngeren Erwachsenenalter gemachte befriedigende bis gute Erfahrungen mit chronologisch Älteren für die Behandlungssituation nur wenig. Zu den wahrscheinlich positiv erlebten Mentoren zählen Lehranalytiker oder Lehrtherapeuten, Meister, Lehrkräfte, Professoren und Vorgesetzte. In Kindheit und Jugendzeit befanden sich die eigenen Großeltern teilweise noch am Ende des mittleren Erwachsenenalters oder in der Position von jungen Alten. Bei eigenem jüngeren Lebensalter kommen die eigenen Eltern erst jetzt in die Alternssituation und die (noch lebenden) Großeltern in die Situation des hohen bis höchsten Alters.

Außerdem handelt es sich bei den älteren Patienten häufig wegen ihrer psychischen Störungen um vereinsamt lebende, depressive, sich resignativ zurückziehende und sich dabei häufig auch neidisch bis vorwurfsvoll verhaltende Menschen. Dazu konfrontieren sie mit den negativen, also von den Jüngeren gefürchteten bis abgelehnten (Schneemann [1987] sprach sogar von *Gerontophobie*) Aspekten des Alterns und Altseins wie Verluste, Krankheiten mit nachfolgenden Behinderungen, Vereinsamung und schließlich Lebensbegrenzung mit Sterben und Tod. Ebenso erhält zusätzlich der Körper (seine physiologischen Veränderungen sowie ablaufenden Krankheiten und zunehmenden Behinderungen) für die Psychotherapie eine steigende, bei der Behandlung Jüngerer eher vernachlässigte Bedeutung.

Weiterhin konfrontiert die Begegnung mit älteren Psychotherapiepatienten anscheinend noch immer (vor 10-15 Jahren ständig in der Realität, heute nur noch in der Phantasie) mit denjenigen Kohorten Älterer, die in unterschiedlicher Form am Dritten Reich und dem Nationalsozialismus (→ Kap. 6.5.5) beteiligt waren und aus der Sicht Jüngerer dafür in Verantwortung stehen.

Angesichts der Fülle von beim Behandler wachwerdenden Gefühlen und der von der eigenen Vergangenheit bis in die Zukunft des eigenen Alters und Altseins reichenden Fragen muß das Bewußtsein für Probleme der Eigenübertragung auf Seiten der in der Regel jüngeren Psychotherapeuten deutlich zunehmen.

6.5.4 Konfrontation mit dem eigenen Altern und Altsein

Schon die regelmäßige private und professionelle Begegnung mit über 65jährigen, insbesondere aber eine längerfristige Therapie konfrontiert mit den oben beschriebenen Veränderung/Verlusten. Außerdem werden Gewalt gegen und von Älteren, Kränkungen und Beschämungen und die begrenzte Lebenszeit für die Behandler unmittelbar spürbar. Es erfolgt somit eine Konfrontation mit den beunruhigenden, bedrohlichen und erschreckenden Aspekten des Alterns und Altseins. Bei unseren Patienten handelt es sich gerade nicht um die lebenslustigen, erfüllt und befriedigend ihr Leben gestaltenden „jungen" Alten oder die gut zurechtkommenden „älteren" oder „alten" Alten. Daß auch im Alter gelingende und beglückende Erfahrungen und Weiterentwicklungen häufig sind (→ Kap. 2.5) ist für unsere Patienten ja gerade nicht erfahrbar.

Bald stellen sich damit eigene Fragen ein: Will ich überhaupt altern? Ab wann erlebe ich mich als alt? Will ich so altern? Wie will ich denn altern? Wie dargestellt

(⇒ Kap. 6.2), stammen unsere (inzwischen vorbewußt bis unbewußt gewordenen) Vorstellungen, Kenntnisse, Annahmen über Altern und Altsein aus unterschiedlichen Quellen der Kindheit und Jugendzeit. Mögliche Modelle – wenn überhaupt während des Alterns und Altseins miterlebt – wurden durch die eigenen Eltern, Großeltern und andere chronologisch Ältere verkörpert. Wir beobachten, daß ausgelöst durch Behandlungen Älterer vielfältige Gespräche mit Partnern, mit gleichaltrigen Verwandten, Freunden und Kollegen geführt, Lebensplanungen überprüft und teilweise bewußter angegangen werden. Entsprechend lassen sich vielfältige Reaktionen gegenüber Älteren beobachten (⇒ Kap. 6.5.6). Auf jeden Fall werden bisher vermiedene bis völlig verdrängte Fragen im Behandler bewußt und drängen auf (vorläufige) Antwort.

6.5.5 Die Begegnung mit unserer historischen Vergangenheit

Alternde haben stets eine **politische Biographie**. Schon eine einmalige Begegnung mit Älteren, aber insbesondere die längerfristige Arbeit im Rahmen einer Psychotherapie läßt uns parallel zu unserer persönlichen Geschichte der Geschichte unserer Eltern und Großeltern und damit der politischen, sozialen und historischen Vergangenheit begegnen (Abb. 29). Die Lebensgeschichte unserer Eltern, älteren Verwandten sowie Großeltern wurde in Deutschland (wie auch in Österreich) entscheidend durch die Weimarer Republik (Weltwirtschaftskrise, Verarmung, Hungersnot, Inflation), das nationalsozialistische Dritte Reich, den II. Weltkrieg und seine Folgen sowie den Wiederaufbau beider Länder geprägt. Die Teilhabe der Patienten war außerordentlich unterschiedlich: Täter, Mitverantwortliche, Mitläufer, Verfolgte, Betroffene und in vielfältiger Weise Geschädigte. In unseren Behandlungen begegnen wir immer wieder unserer Historie und ihren, die verschiedenen Alterskohorten in unterschiedlicher Weise in Entwicklung und Lebenssituation beeinträchtigenden bis katastrophalen Folgen (Radebold 2000a).

Diese politische Biographie entschlüsselt sich nur teilweise über als Hinweise zu verstehende Chiffren: „Die Eltern hatten einen Hof in Ostpreußen"; „Im Winter 1945..."; „Die Punkte (auf der Kleiderkarte) reichten nie"; „Ich fuhr einen Sanka (Sanitätskastenwagen)," oder „Ich war mit GeKoS (geheime Kommandosache) im Dritten Reich befaßt". Manchmal werden die Hinweise deutlicher: „Die Nacht in Kassel..." (über 10.000 Tote nach einem schweren Bombenangriff); „Ich war auf der Gustav Gustloff" (von knapp 6.000 Flüchtlingen, die sich im Frühjahr 1945 vor der anrückenden russischen Armee aus Ostpreußen aufs Schiff geflüchtet hatten, überlebten nach der Torpedierung nur wenige hundert); „Ich ging als Kleinkind auf dem Treck beinahe verloren" (das zweijährige Kind wurde bei einem Halt während der Flucht im Winter 1944/45 von seinen Eltern getrennt und nur zufällig von Nachbarn gefunden); „Ich war Zivilgefangener in Rußland" (von den zivilgefangenen Frauen und Männer überlebten in russischen Lagern knapp die Hälfte); „Wir als Flüchtlinge..." (gemieden wegen ihrer Hilfsbedürftigkeit, wegen der anderen Sprache und der anderen Religionszugehörigkeit). Manchmal erscheinen die Hinweise (zu) eindeutig: „Ich war Offizier bei der Waffen-SS"; „Mein Vater war in einer Einsatzgruppe tätig" (mit Hilfe von vier Einsatzgruppen in einer Gesamtstärke von ca. 3.000 Mann wurden schätzungsweise 6-700.000 Menschen in Rußland umgebracht); „Ich war vier Tage im Bunker" (nach Beschuß verschüttet).

Jahrgangsgruppen / Zeitereignisse	I. Die älteren Arbeitnehmer geb. 1930 bis 1939	II. Vorruheständler und Frührentner geb. 1920 bis 1929	III. Jüngere Rentner geb. 1910 bis 1919	IV. Die Ältesten geb. 1900 bis 1909	IV. Die Ältesten geb. 1885 bis 1899
	Alter in Jahren				
1. Der erste Weltkrieg 1914 bis 1919			0 bis 8	6 bis 19	15 bis 34
2. Die Weimarer Republik 1920 bis 1932		0 bis 12	1 bis 22	11 bis 32	21 bis 47
3. NS-Staat erste Phase 1933 bis 1938	0 bis 8	4 bis 18	14 bis 28	24 bis 38	34 bis 53
4. NS-Staat – 2. Weltkrieg 1939 bis 1945	0 bis 15	10 bis 25	20 bis 35	30 bis 45	40 bis 60
5. Erste Nachkriegsphase 1946 bis 1948	7 bis 18	17 bis 28	27 bis 38	37 bis 48	47 bis 63
6. Erste Aufbauphase 1949 bis 1960	10 bis 30	20 bis 40	30 bis 50	40 bis 60	50 bis 75
7. Wohlstandsphase bis zur Ölkrise 1961 bis 1974	22 bis 44	32 bis 54	42 bis 64	52 bis 74	62 bis 89
8. Wohlstand und Wachstumskrise 1975 bis 1985	36 bis 55	46 bis 65	56 bis 75	66 bis 85	76 bis 100
	im Jahrzehnt				
9. Eintritt in die Altersgruppe der „Ältesten" (75 Jahre und mehr)	2005 bis 2014	1995 bis 2004	1985 bis 1994	1975 bis 1984	1960 bis 1974
	Bezugsjahr*)				
	2014	2004	1994	1984	
10. Anzahl als „Älteste" (in Tausend)	4 971,1	4 401,2	3 883,4	4 067,0	

	I M	I F	II M	II F	III M	III F	IV M	IV F	IV M	IV F
Ausbildungszeit	1 820,1	3 151,0	1 415,0	2 986,2	1 116,7	2 766,7	116,9	2 291,8	164,5	494,8
Reproduktionszeit	100	173	100	211	100	248	100	205	100	301

Vermögensbildung	*) Zahlen nach der Vorausschätzung des Statist. Bundesamtes vom November 1984 (Modell 1)	M	F
		1 281,4	2 786,8
		100	217

Abb. 29: Zeittafel aus dem 4. Familienbericht der Bundesregierung (Radebold 1992, S. 41)

Die hierbei auftauchenden Vermutungen, Phantasien, Gefühle und auch Vorwürfe müssen zunächst zugelassen und auch bewußt, dann selbst reflektiert und später dahingehend überprüft werden, ob sie wirklich zutreffen. Heute werden schon die über 60jährigen, aber erst recht die über 70Jährigen ob ihrer „aktiven" Beteiligung am Dritten Reich und II. Weltkrieg pauschal beschuldigt, verurteilt (und oft damit abgelehnt)

(Peters 1997). Selbstverständlich begegnete man vor 20, ja sogar vor 10 Jahren noch Älteren, die angesichts ihres Geburtsjahrgangs als Männer oder als Frauen möglicherweise tief am Geschehen während des Dritten Reichs und des II. Weltkriegs beteiligt waren. Die heute 80jährigen wurden 1920 geboren und konnten daher den Krieg nur als junge Soldaten und insgesamt wenig verantwortliche Männer und Frauen erfahren haben; die heute 70jährigen wurden 1930 geboren und konnten den Krieg nur noch als Flak-Helfer, Zivilgefangene im Lager und in der Kinderlandverschickung miterlebt haben; die heute 60jährigen repräsentieren als 1940 Geborene möglicherweise kumulativ traumatisierte Kriegskinder. Erst die genaue Kenntnis der Biographie erlaubt eine sichere Beurteilung:

> **Fallbeispiel:** Der bei Kriegsende 24jährige SS-Offizier suchte jetzt als alter Vater Rat, wie er trotz ablehnender Einstellung seines in den USA lebenden Sohnes diesem und seinen Enkelkindern seine aufgeschriebene Lebensgeschichte nahebringen und verständlich machen könnte. Im Gespräch stellte sich gleichzeitig heraus, daß dieser Mann anläßlich der Einbürgerung seines Sohnes in die USA umfassend wegen möglicher Beteiligung an Kriegsverbrechen überprüft wurde. Da einschlägige Hinweise fehlten, wurde der Sohn ohne Bedenken eingebürgert. Eine vierstündige Beratung verhalf dem Vater zu einem erneuten befriedigenden Kontakt zu Sohn und Enkelkindern.

Oft werden allerdings erst im Kontakt mit Älteren wichtige Fragen bezüglich der eigenen Familiengeschichte wach (s. Berichte in Müller-Hohagen 1988; Heimannsberg & Schmidt 1992). Die Beschäftigung mit der Biographie unserer älteren Patienten setzt zumindest eine eigene bewußt gekannte und akzeptierte Familiengeschichte voraus.

6.5.6 Abwehr-Reaktionen von Behandlern

Diese dargestellten, sich überschneidenden, ergänzenden oder sogar verstärkenden Einflüsse führen zu vielfältigen Reaktionen von im Altersbereich Tätigen und insbesondere auch bei den Psychotherapeuten. Sie lassen sich teilweise in direkter Interaktion mit Älteren in Praxis und Klinik beobachten. Sie zeigen sich auch bei Selbsterfahrung und Selbstreflexion, bei Fort- und Weiterbildungsveranstaltungen und insbesondere in der Supervision. Die möglichen Abwehr-Reaktionen lassen sich wie folgt charakterisieren:

- Die (psychotherapeutische) Behandlung findet gar nicht statt, da jegliche Interaktion mit über 60jährigen Patienten vermieden wird.
- Häufig schätzen Therapeuten die Phänomenologie des normalen Alters und altersspezifische adaptive Coping-Mechanismen fälschlicherweise als pathologische Symptome ein (Lewis & Johannsen 1982).
- Diagnostische Untersuchungen werden nicht für notwendig gehalten und entsprechende Symptome dem physiologischen Alterungsprozeß zugeordnet.
- Wird diagnostiziert, dann oft schnell, fast ungeduldig und überstürzt; entsprechend ist die Behandlung weitgehend medikamentös und polypragmatisch ausgerichtet unter Zurückstellung aktivierender, rehabilitativer und insbesondere sozio- oder psychotherapeutischer Maßnahmen.

- Rehabilitationsversuche werden in deutlich geringerem Umfang als bei Jüngeren unternommen.
- Findet eine psychotherapeutische Behandlung statt, so wird von vornherein rationalisierend (im Sinne der Abwehr) argumentiert, daß über 60jährige nur „geringe Erfolgschancen" haben, „Jüngere bevorzugt zu behandeln seien", „die noch verbleibende geringe Lebenserwartung eine intensive Behandlung verbiete" u. a. m. Günstigstenfalls erhalten dann über 60jährige ein reduziertes (bezüglich Dauer, Umfang, Intensität, Bearbeitungsebene und Aufenthaltsdauer in der Klinik) Angebot, häufiger nur eine supportive Hilfestellung.
- Aufgrund fehlender eigener Behandlungskompetenz und -erfahrungen werden für Mißerfolge „Rigidität" sowie „fehlende Motivation" verantwortlich gemacht.
- Schließlich wird an Psychotherapie als letzte aller möglichen (und vergeblich versuchten) Behandlungsmaßnahmen gedacht, womit sie auch bestrafenden Charakter bekommen kann.
- Im klinischen Setting wird darüber hinaus – wiederum im Vergleich zur Interaktion mit Jüngeren – eine intensive längere Zweier-Beziehung vermieden und der Schwerpunkt auf Gruppenverfahren gelegt; an eine psychotherapeutische Weiterbehandlung wird oft gar nicht gedacht.
- Verbale Äußerungen weisen oft deutlich aggressive und ablehnende, manchmal auch infantilisierende Züge auf. Dazu zählen die Anrede in der dritten Person, Erzählen entsprechender Witze und Anzüglichkeiten bei deutlichem Bemühen um (Nach-)Erziehungsmaßnahmen (Sachweh 1999).
- Über 60jährige (Psychotherapie-)Patienten werden deutlich seltener bezüglich bestehender hirnorganischer Symptomatik, vorhandener „zweiter Abhängigkeit im Lebenszyklus" sowie bestehender Fähigkeiten und Kompetenzen realistisch eingeschätzt. Vorhandene hirnorganische Einschränkungen werden aufgrund ihrer Nicht-Akzeptanz sowohl bei Patienten als auch bei eigenen Eltern/Großeltern „übersehen". Die im Erstgespräch zu deutlich betonte bestehende Autonomie wird nicht hinterfragt. Umgekehrt wird auch nicht gezielt nach konfliktfreien Bereichen, Ich-Stärken und damit eben nach Fähigkeiten, Ressourcen und Kompetenzen geforscht. Eine idealisierende Sichtweise kann somit auch eine Verkehrung ins Gegenteil ausdrücken.
- Bemühte, ja sogar liebevolle Interaktionsangebote können die Wünsche nach anerkennenden, stützenden und bestätigenden Eltern verdeutlichen, wie aber auch eigene gute frühere Erfahrungen mit Älteren widerspiegeln, die sich allerdings in der psychotherapeutischen Situation als nicht immer brauchbar herausstellen.
- In der Interaktion zu klärende Affekte, insbesondere gegenseitige Vorwürfe, Verärgerungen, Enttäuschungen wie auch Zuneigung oder Verliebtheit, werden als solche in die psychotherapeutische Arbeit kaum eingebracht, benannt, überprüft oder sogar geklärt.
- Zu schnell wird bei den in der Regel (im Vergleich zu den jüngeren Behandlern) deutlich Ich-stärkeren Älteren angenommen, daß sie angesichts von reaktivierten Erinnerungen, Traumatisierungen oder anderen Belastungen „dekompensieren". Tränen, Verzweiflung und Ängste werden auf Seiten der jüngeren Behandler kaum ertragen.
- Schließlich werden Ältere nur aufgrund unklarer Symptomatik und ihres Altersstatus gelegentlich von vornherein mit historischen Ereignissen, wie z. B. Nazizeit,

Kriegsverbrechen in Beziehung gebracht und ohne weitere Realitätsprüfung entsprechend abweisend behandelt.

Nur ständige Reflexion, kollegialer Austausch und insbesondere Supervision helfen auf Dauer, derartige Reaktionsweisen wahrzunehmen, zu reflektieren und zu verändern.

6.6   Therapieziele

In diesem Abschnitt setzen wir uns mit den theoretischen Zielen von Alterspsychotherapie auseinander. Die Formulierung von individuellen Therapiezielen zu Beginn einer Psychotherapie erläutern wir in ⇢ Kap. 8.

Frühere Aussagen über Therapieziele in der Alterspsychotherapie erfolgten in der Literatur – wenn überhaupt – offensichtlich auf Grund eigener Vorstellungen, insbesondere auf dem Hintergrund von Ängsten und Wünschen über Altern und Altsein, vorbewußter Menschenbilder (⇢ Kap. 6.2) sowie eigener Behandlungserfahrungen. Aufgrund der geschilderten alterstypischen Merkmale wie: „vereinsamt; in Funktionen eingeschränkt; umweltabhängig sowie hilfs- und schutzbedürftig" wurde Alter offenbar als eine Phase der Hochaltrigkeit kurz vor dem Lebensende verstanden. Parallel zu dieser sich am Defizitmodell orientierenden Vorstellung bestand die des weisen, sich kontemplativ von der Welt zurückziehenden alten Menschen, der nur noch eine kurze Lebenszeit zur Verfügung habe. Als zentrale Aufgabe und damit Zielsetzung von Behandlung im Alter leitete sich demgemäß die Vorbereitung auf Sterben und Tod mit Hilfe supportiver, bis zum Lebensende begleitender Hilfestellung ab. Entsprechend dieser Menschenbilder waren die geschilderten Therapieziele lange Zeit normsetzend, da gleichzeitig eine konfliktorientierte Vorgehensweise (Strotzka 1978) abgelehnt wurde. Außerdem wurden unzulässigerweise die wenigen eigenen Behandlungserfahrungen (in den Publikationen in der Regel unter fünf Patienten je Publikation) in diese Richtung generalisiert.

Diskutiert wird, ob sich Psychotherapie über 60jähriger maßgeblich an schulübergreifenden, altersspezifischen Zielen orientieren muß, wie sie in der Literatur genannt werden. Übergreifende Therapieziele in der Psychotherapie Älterer sind (ergänzt aus Heuft & Marschner 1994, S. 25):

- Fördern von Selbständigkeit und Eigenverantwortung
- Verbessern sozialer Fähigkeiten
- Stärkeres Berücksichtigen des Körpers (in Krankheit und auch Gesundheit)
- Klären intra- und intergenerationeller Schwierigkeiten
- Akzeptieren des und Aussöhnen mit dem gelebten Leben (Bilanzziehung und Lebensrückblick)
- Bearbeiten der Verlustthematik
- Auseinandersetzen mit Altern und Tod
- Fördern des Gegenwartsbezuges
- Erarbeiten praktischer Lösungen

Bestimmt müssen diese generellen Zielsetzungen, die sich vom Altern und Altsein ableiten, berücksichtigt werden. Problematisch ist jedoch, wenn sie von vornherein bei über 60jährigen normativ als gegeben angenommen werden. Damit wird das Spektrum möglicher Ziele eingegrenzt. Entsprechend unserer eingangs gegebenen Definition dient Psychotherapie selbstverständlich auch bei über 60jährigen zur „Beeinflussung von Verhaltensstörungen und Leidenszuständen" (also psychischen Störungen) (→ Kap. 6). Mit einer solchen Zielsetzung geht Alterspsychotherapie deutlich über eine allgemeine Lebenshilfe für bestimmte Lebenssituationen/Lebensphasen hinaus.

Die ausschließliche Begrenzung auf die o. g. allgemeinen Zielsetzungen darf erst nach einer ausführlichen diagnostischen Beurteilung (→ Kap. 6.7) und einer differentiellen Therapieindikation (→ Kap. 6.8.3) gemäß den jeweiligen Einschränkungen und Fähigkeiten der Patienten erfolgen. Insofern gelten auch bei über 60jährigen (ohne Altersbegrenzung!; → Kap. 6.9) dieselben schulspezifischen Therapieziele wie für unter 60jährige.

Die nachfolgende Zusammenfassung (Heuft & Marschner 1994; Radebold 1974; 1992; 1994a) verdeutlicht sowohl generelle *altersunabhängige* als auch *altersspezifische Zielsetzungen* der unterschiedlichen psychotherapeutischen Grundverfahren bzw. Methoden.

In der **psychoanalytischen Psychotherapie** treten neben das Ziel der charakterlichen Veränderung als weitere Ziele die Bearbeitung alter und neuer (innerpsychischer wie auch intra- und intergenerationeller) Konflikte, das Erreichen langer und möglichst hoher Eigenverantwortung, die Wiederherstellung der Beziehungsfähigkeit sowie die Bejahung der eigenen Person. Die *Konfliktbearbeitung* konzentriert sich oft auf altersspezifische Konflikte, wie etwa bisher verdrängte Abhängigkeitswünsche bei zunehmender äußerer Hilfsbedürftigkeit. Dazu tritt die notwendige Bewältigung drohender oder realer Verlusterlebnisse. Im Zusammenhang mit einer Standortbestimmung kann eine *Lebensbilanzziehung* (Akzeptanz des bisherigen Lebens, Aussöhnung mit den problematischen Beziehungen zu Partnern, Geschwistern und Kindern) notwendig werden. Bei *narzißtischen Neurosen* kann eine Nachreifung der narzißtischen Entwicklung durch Akzeptanz eigener Begrenztheit, des Bedürfnisses nach Beziehungen sowie durch Modifikation der Selbsterwartungen möglich werden. Aus *selbstpsychologischer Sicht* können altersbedingte Defizite in der Befriedigung elementarer Bedürfnisse (insbesondere alter, unverarbeitet gebliebener Kränkungen, Traumatisierungen und Defizite) korrigiert und neu bewertet werden mit dem Ziel, sie schließlich in das Selbstbild zu integrieren (Kutter 1997).

Die **kognitive Verhaltenstherapie** beabsichtigt die *Veränderung menschlichen Verhaltens*. Unter den Begriff „Verhalten" fallen heute alle beobachtbaren, äußeren und nicht direkt beobachtbaren inneren Vorgänge des Menschen wie: Empfindung, Gefühle, Körpersituation, verbaler und non-verbaler Ausdruck, Motorik, Motivation, Wollen, Erinnerungen, Denken, Pläne, Überzeugungen, Beschwerden und Handlungen. Das diagnostizierte menschliche Fehlverhalten oder dysfunktionale Gedanken sollen durch Förderung der Selbstkontrolle und durch Aufbau von Fertigkeiten zur möglichen Bewältigung von persönlichen Schwierigkeiten korrigiert werden. Als altersspezifische Zielsetzungen gelten insbesondere die Gegenwarts- und Problemorientierung, die Zerlegung komplexer Ziele in Teilziele und die Vermittlung rascher Erfolgserfahrungen (Hautzinger 1994).

Aus der Sicht der **Gesprächspsychotherapie** soll der psychotherapeutische Prozeß dem Klienten ermöglichen, seine im Selbstkonzept enthaltene bisherige subjektive Selbst- und Weltsicht mit seinem aktuellen Erleben und seiner organismischen Selbsterfahrung in Verbindung zu bringen. Diese erweiterten Erfahrungen ermöglichen eine Korrektur seiner Sichtweisen und Bewertungen, um dadurch ein neues Verständnis von sich sowie Wertschätzung und Achtung für sich zu erwerben. Bei Älteren werden mit dem Fokus auf das Aktuelle die Behandlungsziele stärker auf die Gegenwart bezogen. Sie können aktuelle Krisen und Konflikte, Beschwerden und Belastungen umfassen. *Unkongruente Erfahrungen* sollen durch den therapeutischen Dialog zum Ausdruck und zur Sprache kommen und durch *Selbstexploration* und *Selbstempathie* dem Klienten wieder zugänglich werden (Linster 1994).

Die **Systemische Therapie** versucht mit Hilfe der Technik des zirkulären Fragens die Weltbilder der beteiligten Generationen einer Familie zu betrachten, ihre Wechselbeziehungen zu untersuchen und Umdeutungen anzubieten, um bisherige Denk- und Verhaltensweisen in Frage zu stellen und neue Sichtweisen und Handlungsoptionen zu erzeugen. Dadurch können der (ältere) Patient und das beteiligte System durch womöglich nur kleine Veränderungen in die Lage versetzt werden, sich in anderer Weise als bisher zu organisieren. Neue Vorstellungen können neue Realitäten bewirken, in denen *andere Problemlösungen* als das Symptomverhalten entwickelt werden können (Johannsen 1994).

Die Therapieziele Älterer in der **Gestalttherapie** lassen sich in drei Aspekte gliedern: Reparation und Integration vergangener Erlebnisse, Bewahren vorhandener Potentiale und Entwickeln neuer Fähigkeiten bzw. Wachstum der Persönlichkeit. Im einzelnen kann dies bedeuten: Trauerarbeit über Verluste, Lebensbilanzziehung, Entwicklung sozialer Fähigkeiten und Eigenverantwortung, Einüben neuer Verhaltensmuster, Auseinandersetzung mit Alter und Tod. Bei Älteren wird vorgeschlagen, kognitive Verstehenshilfen zu geben, die Ambiguität der therapeutischen Situation zu mindern, die Partizipation der Patienten am therapeutischen Geschehen zu fördern und ihnen einen Verständnishorizont für die Interpretation der eigenen Situation zu eröffnen (Petzold 1979; 1985).

Die im letzten Jahrzehnt auch im deutschsprachigen Raum publizierten, gut dokumentierten Behandlungsberichte erlauben bezüglich der ***konkreten Zielsetzungen*** in der Alternspsychotherapie folgende relativ gesicherte Aussagen:

- Die dargestellten schulspezifischen Therapieziele werden selbstverständlich ebenso bei über 60jährigen Erwachsenen erreicht – unabhängig vom chronologischen Alter!
- Diese generelle Aussage ist für die Gruppe der 60-75jährigen gut durch publizierte zahlreiche längere Behandlungsberichte von qualifiziert weitergebildeten Psychotherapeuten belegt; die wenigen publizierten Berichte längerfristiger Psychotherapien über 75jähriger weisen in die gleiche Richtung; sie reichen jedoch noch nicht zu einer abschließenden Aussage aus.
- Lebenssituation, Motivation sowie Art, Dauer und Ursachen bestehender psychischer Störungen sowie begleitende körperliche Komorbidität (→ Kap. 6.8.2) erfordern eine entsprechende Therapiemodifikation (→ Kap. 6.14) bei gleichzeitiger stärkerer Berücksichtigung der oben angeführten allgemeinen altersspezifischen Therapieziele. Diese allgemeinen Therapieziele werden von den verschiedenen Schulrichtungen weitgehend übereinstimmend definiert.

■ Die angestrebten Ziele setzen allerdings eine entsprechende allgemeine und eine zusätzlich auf den Altersbereich bezogene Weiterbildungsqualifikation voraus. Eine stereotype, normorientierte Ausrichtung der Therapieziele bei Alternden weckt immer wieder den Verdacht ungenügender Diagnosenstellung, nicht ausreichender therapeutischer Qualifikation und dazu einer am eigenen Wunsch- und Menschenbild ausgebildeten ideologischen Normsetzung.

6.7   Materialfülle: Diagnoseleitende Fragen

Die Frage nach einer möglichen und notwendigen Psychotherapie verlangt aus psychodynamischer Perspektive die Erhebung der aktuellen Krankheits- und Lebenssituation (*Querschnittperspektive*) der Älteren sowie den Rückblick auf ihre 60-, 70- oder 80jährige biographische Entwicklung (*Längsschnittperspektive*), um diagnoserelevante Aspekte sicher zu erkennen (→ Kap. 2.2). Darüber hinaus sind wir der Meinung, daß diese beiden Perspektiven für alle psychotherapeutischen Verfahren, die mit Älteren arbeiten, wesentlich sind, denn auch Lernerfahrungen oder dysfunktionale Gedanken über das Alter haben eine biographische Dimension.

Nach dem Erstgespräch (ggf. unterstützt durch weitere Untersuchungen; → Kap. 6.8) müssen für den Psychotherapeuten selbst und hinsichtlich des Gutachtens zur Kostenübernahme folgende Fragen beantwortbar sein:

■ Liegt eine Störung vor, die durch Psychotherapie (mit-)behandelt werden muß?
■ Liegen schwerwiegende körperliche Erkrankungen vor und welche Auswirkungen haben sie?
■ Bestehen hirnorganische Erkrankungen?
■ Welche (für eine Psychotherapie geeignete) Persönlichkeit und welche psychosoziale Lebenssituation bringt der Ältere mit?
■ Warum kommt der Ältere jetzt als Patient?

Diese Fragen sollen im folgenden genauer durchgearbeitet werden.

Zunächst gilt es zu entscheiden, *ob eine Störung vorliegt, die durch Psychotherapie (mit-)behandelt werden muß.*

Die Symptomatik der psychischen wie auch der psychosomatischen Störungen über 60jähriger (→ Kap. 3; 4; 5), für die eine Psychotherapie indiziert ist, erscheint im Alter eher unspezifisch, larviert und verstärkt körperbezogen. Damit stellt sich differentialdiagnostisch das wichtige Problem der *Komorbidität*: Die sorgfältige interdisziplinäre Differenzierung körperlich bedingter *und* psychisch bzw. psychosomatisch bedingter Störungen. Nicht selten bestehen bei Alternden Störungen aus *beiden* Bereichen. Die Klärung einer Suizidgefährdung darf nicht fehlen (→ Kap. 3.5). Die genaue Erfassung der gesamten Komorbidität ist auch für die ICD-10-Kodierung erforderlich.

Die Suche nach störungsrelevanten ätiologischen Einflüssen gestaltet sich wegen der bestehenden bio-psycho-sozialen Gesamtsituation mit aktuellen Problemkumulationen und insbesondere angesichts der bisherigen, sechs bis acht Jahrzehnte umfassenden psychosexuellen und psychosozialen Entwicklung (einschließlich unbewußter Anteile) als deutlich schwieriger und erscheint in den ersten diagnostischen

Gesprächen manchmal sogar unmöglich. Die Sichtung der Fülle des durch das Erstgespräch vermittelten Materials an Hand bestimmter *Perspektiven* erweist sich dabei als hilfreich:

Perspektive: *Veränderungen und Belastungen*

Altern und Altsein bringt potentiell und zunehmend eine Fülle an Verlusten mit sich: Eltern, gleichaltrige Partner, Geschwister, Freunde, Kinder und Enkelkinder; psychische, physische und soziale Funktionen, Status, Rolle, sicherheitgewährende Umgebung. Diese Verluste können bevorstehen, gerade eintreten oder bereits erfolgt sein. Sie sind mit Gefühlen von Bedrohung, Beängstigung, Kränkung, Beschämung oder hilflosem Ausgeliefertsein verbunden. Die Frage nach anstehenden oder abgelaufenen Veränderungen erlaubt Älteren im Gespräch aus gegebener notwendiger Distanz sowohl negative, d. h. schwierige, belastende und konfliktbedingende oder auch befriedigende, erfreuliche Veränderungen zu beschreiben. Weitere Fragen informieren über damit zusammenhängende Gefühle und psychische Besetzung/Bedeutung. Als pathogene Einflüsse mit nachfolgenden ⇒ Störungen erhalten sie Bedeutung bei

- Verlust einer jahrzehntelang bestehenden, hoch besetzten Objektbeziehung (z. B. Tochter-Mutter/Sohn-Mutter/Tochter-Vater) ⇒ neurotische Störung von Kindheit und Jugendzeit an, sich wiederholende oder persistierende neurotische Störung.
- Verlust des einzigen narzißtisch besetzten Objektes (insbesondere lebenslange oder jahrzehntelange narzißtische Bestätigung) ⇒ narzißtische Störung.
- Plötzlicher Verlust entgegen der Erwartung des Lebensverlaufs (Unfalltod eines gesunden Kindes anstatt eines mehrfach an Schlaganfall erkrankten Partners) oder mehrfache Verluste innerhalb eines kurzen Zeitraumes ⇒ Ich-Überforderung; ⇒ Aktualkonflikt; ⇒ Retraumatisierung (→ Kap. 3.2 u. 3.3).

(Stärken und Schwächen → Kap. 2.4)

Perspektive: *Beziehungen*

Auch über 60jährige leben in vielfältigen intra- und intergenerationellen Beziehungen: Sie stammen aus Kindheit und Jugendzeit (Eltern, Geschwister), aus jüngerem und mittlerem Erwachsenenalter (Partnerschaft, Freundschaften), bekommen als *medizinische Objektbeziehungen* (→ Kap. 6.16.3) zunehmende Bedeutung oder werden neu aufgenommen (neue Partnerschaft, neue Freundschaften). Dazu müssen die intergenerationellen Beziehungen ständig infolge der eigenen Entwicklung von Kindheit und Jugendzeit bis zum Alter jeweils neu definiert und damit angepaßt werden. Verluste durch Tod stellen nur eine – wenn auch während Altern und Altsein wohl häufigste – Form einer Beziehungsveränderung dar. Als pathogen können sich insbesondere folgende Konstellationen mit den daraus resultierenden ⇒ Störungen erweisen (→ Kap. 3.1 u. 3.2):

- Veränderung eines Partners aufgrund schwerer körperlicher Krankheiten und insbesondere infolge einer hirnorganischen Erkrankung ⇒ Aktualkonflikt.
- Sich intensivierende Geschwister-Beziehung (z. B. Zusammenzug) auf Grund von

Partnerverlust oder Vereinsamung ⇒ langjährig bestehende neurotische Störung; ⇒ persistierender neurotischer Konflikt.

▪ Endgültige Bestätigung der Position des „ungeliebten Kindes" (z. B. anläßlich Erbverteilung) ⇒ persistierender neurotischer Konflikt.

▪ Einforderung von Dienstleistungen durch dauerhaft erkrankte pflegebedürftige Eltern(-teile) ⇒ persistierender neurotischer Konflikt.

▪ Aus der Position des jetzt Stärkeren nachgeholte Revanche (zwischen Paaren, zwischen Geschwistern und gegenüber altgewordenen Eltern) ⇒ persistierende neurotische Konflikte.

▪ Konfliktträchtige neue Partnerschaft ⇒ sich mehrfach wiederholender neurotischer Konflikt.

Perspektive: *eigener Körper*

Bis zum Ende des mittleren Erwachsenenalters wird der Körper als funktional erlebt. Wahrgenommen wird er nur bei Krankheitssymptomen. Daraus resultierende Eingriffe führen u. U. zu nachfolgenden Behinderungen bzw. Einschränkungen. Die Körperbiographie vermittelt vielfältige, oft schädigende Umgangsformen (Radebold 1998; 2000b). Der Körper als Organisator der Entwicklung (der Körper, „der man ist und den man hat") (→ Kap. 2.2.2), als zunehmend stärker narzißtisch besetzter „letzter Verbündeter" im Lebenslauf und damit als Garant unveränderter Selbständigkeit verlangt jetzt einen wohlwollenden, gewährenden und pfleglichen Umgang mit sich. Konflikte im Verhältnis zum Körper mit nachfolgenden ⇒ Störungen resultieren aus:

▪ Erneuter Bedrohung der Autonomie (infolge von Dauermedikation; durch Pflegepersonen; durch Hilfsmittel und durch Heimaufnahme) ⇒ persistierender neurotischer Konflikt.

▪ Andauernder Ablehnung von Zahnprothesen, Gehhilfen, Hörgeräten, orthopädischen Schuhen etc. (im Sinne einer narzißtischen Kränkung) ⇒ Anpassungsstörung; ⇒ Somatisierungsstörung.

▪ Leistungsverminderung hochbesetzter psychischer und physischer Funktionen (Beweglichkeit, Hören, Sehen, Potenz, Merkfähigkeit, Erinnerungsvermögen) ⇒ Aktualkonflikt; ⇒ Anpassungsstörung; ⇒ Somatisierungsstörung).

Perspektive: *bisherige Entwicklung*

Die ausschließliche Rückführung von neurotischen Entwicklungen auf konfliktträchtige, beschädigende Einflüsse aus Kindheit und Jugendzeit sehen wir bei Alternden als reduktionistisch an. Neurotische (motivationale) Konflikte und Traumatisierungen sind *im gesamten bisherigen Lebensablauf* zu suchen. Sie können sich unterschiedlich manifestieren:

▪ Sie können nach Kindheit und Jugendzeit spätestens im mittleren Erwachsenenalter auftreten und mit entsprechender Symptomatik und sekundärem Krankheitsgewinn bis in das Alter anhalten ⇒ chronifizierte neurotische Störung mit entsprechend schlechter Prognose.

- Sie können nach Kindheit und Jugendzeit erstmals oder erneut nach dem 60. Lebensjahr auftreten ⇒ rezidivierender neurotischer Konflikt.
- Sie können sich erst im mittleren oder höheren Alter mit zunehmender Symptomatik bei erheblichem Leidensdruck manifestieren ⇒ persistierender neurotischer (Kern-)Konflikt.
- Es besteht von Kindheit oder Jugendzeit an eine Persönlichkeitsstörung ⇒ neurotischer Charakter bzw. Persönlichkeitsstörung.

Durch Traumatisierungen können während des gesamten Lebensablaufs Störungen auftreten. Dabei müssen unterschieden werden (Heuft 1999a) (→ Kap. 3.3):

- akute Traumatisierung
- Trauma-Reaktivierung
- Re-Traumatisierung.

Hinweise auf neurotische Konflikte und Traumatisierungen ergeben sich oft durch Hinweise des Patienten auf psychische, funktionelle, psychosomatische (früher häufig als „vegetativ" diagnostizierte) Symptome (hier verstanden als Ergebnis unbewußter neurotischer Kompromißbildung), sowie erfolgte psychiatrische, psychotherapeutische oder beratende Hilfestellungen in der Biographie. Weitere Fragen verdeutlichen gleichzeitig, ob und welche anderen psychischen Störungen vorlagen oder noch vorliegen, sowie unter welchen Settingbedingungen (ambulant/stationär) und in welcher Form sie behandelt wurden. Selbstverständlich informieren Ältere häufig selber spontan über bekannte Schwierigkeiten, sich ständig wiederholende Konflikte oder traumatisierende Erfahrungen. Wichtig ist zusätzlich die Information, wie im bisherigen Leben gleiche oder ähnliche Schwierigkeiten, Probleme und Konflikte gelöst wurden, um die verfügbaren Coping-Strategien mit ihren Möglichkeiten einer aktiven und passiven Bewältigung von Belastungen zu erkunden (→ Kap. 5).

Diese auf die konfliktträchtigen und traumatisierenden Einflüsse ausgerichtete Sicht bisheriger Entwicklung muß parallel durch das bewußte Kennenlernen ungestörter, nicht-konfliktträchtiger Aspekte der bisherigen psychosexuellen und insbesondere psychosozialen Entwicklung ergänzt werden, um ein wirklich zutreffendes eigenes „inneres Bild" unseres älteren Gegenübers zu erhalten. Sonst besteht die Gefahr, daß der im Erstgespräch angebotene erkrankte, konfliktträchtige, beschädigte, gestörte und eventuell depressive, durch Verluste gekennzeichnete Anteil der Persönlichkeit überwiegt. Mit Hilfe der Frage: „Wir sprachen bisher über Ihre schwierige Situation und das, was Sie bedrückt; was sind Sie sonst für ein Mensch, wie leben Sie? Was für Interessen und Fähigkeiten haben Sie?", können wir informiert werden über:

- bisherige soziale Entwicklung (Ausbildung, Berufstätigkeit, Status);
- bestehende Beziehungen (Partnerschaft, Kinder, u. U. auch über noch lebende Eltern, Geschwister, Freundschaften);
- Aktivitäten, Interessen, Hobbys (zur Verfügung stehende, gewünschte);
- besondere Kompetenzen und Fähigkeiten;
- besondere Lebensereignisse und -erfahrungen.

Gerontologische Forschungsergebnisse weisen immer wieder auf die im Alter anzu-treffende auffallend große interindividuelle Variabilität (→ Kap. 2.4.3) von Lebens-möglichkeiten und -situationen hin. Diese jeweilige besondere persönliche Biographie und psychosoziale Lebenssituation muß im Hinblick auf die mögliche Psychotherapie ausreichend genug bekannt sein.

Perspektive: *private Annahmen*

Durch die medizinische Deutungsmacht wurden bisher private Annahmen über Entste-hung, Verlauf und notwendige Maßnahmen anläßlich von Krankheiten, aber insbeson-dere von Konflikten und Schwierigkeiten kaum berücksichtigt. Gerade über 60jährige bringen auf Grund ihrer Sozialisation einerseits oft zunächst befremdlich wirkende, unverständliche Vorstellungen mit, die auch bei professionellen Helfern anzutreffen sind. Oft fehlen auch Kenntnisse – etwa über die sich verändernde Sexualität im Alter (→ Kap. 4.6). Diese persönlichen Theorien zu kennen, hilft zu verstehen:

- Warum traten eine Krankheit bzw. eine Störung oder ein Ereignis ein? (Schuldge-fühle, Selbstvorwürfe, Schuldzuweisungen, magische Vorstellungen).
- Welches Krankheitskonzept, welche subjektive Krankheitstheorie besteht?
- Welche Maßnahmen wurden gewählt und welche waren „erfolgreich"? (Selbstver-ordnete oder weggelassene Medikamente, außermedizinische Maßnahmen, abge-lehnte medizinische Empfehlungen, aktuelle Verhaltensweisen).
- Warum wird jetzt eine psychotherapeutische Behandlung gesucht? (Überweisung, vergebliche Vorbehandlungen, familiäre bzw. partnerschaftliche Abschiebung, lang bestehender Therapiewunsch, aktuelle Bedrohungen oder Konflikte).
- Welche Behandlungswünsche und -ziele bestehen? („bessere" Psychopharmako-therapie, Unterstützung gegen Partner oder Kinder, „Aufarbeitung" der Lebensge-schichte, Hilfestellung angesichts einer tödlich bedrohenden Erkrankung, schon lange gewünschte Klärung „alter" Konflikte).

6.8   Erstuntersuchung – Indikation und Prognose – Behandlungsplanung

Als erprobtes Instrument umfaßt das Erstgespräch *diagnostische, beziehungsgestalten-de, indikationsweisende* sowie *therapeutische* Aufgaben. Die notwendige bio-psycho-soziale Gesamtsicht (**Querschnittbetrachtung**) und die lange bisherige Entwicklung (**Längsschnittbetrachtung**) erfordert für den gesamten diagnostisch-therapeutischen Prozeß in der Regel *zwei bis drei Sitzungen à 50 Minuten*. Der Ablauf dieses diagno-stisch-therapeutischen Prozesses wird in diesem Kapitel mit typischen klinischen Bei-spielen dargestellt.

6.8.1 Erstgespräch

Nach der Eröffnungsfrage: *„Was möchten Sie mit mir besprechen?"* muß der Ältere 20-25 Minuten lang Gelegenheit haben, sich auf die neue Situation einzustellen, vorbewußte bis unbewußte Aspekte seiner jetzigen Situation, Symptomatik bzw. Problematik und Lebensgeschichte darzustellen und die beginnende Übertragung zuzulassen. Selbst ruhig abwartend, kann man diesen Prozeß ggf. durch kurze Nachfragen unterstützen. Eine mitgebrachte Krankheitsgeschichte (Störungen und Vorbehandlungen) kann zunächst dankend mit einem entsprechenden Hinweis, der Untersucher werde diese Unterlagen später genau studieren, „zur Seite" gelegt werden. Der Diagnostiker nimmt sich Zeit, in Ruhe diesen Älteren wahrzunehmen, d. h. Eindrücke zu sammeln, später zu klärende eigene Fragen zu sammeln und insbesondere die zunehmende Gegen- und eventuell auch Eigenübertragung (⇒ Kap. 6.5.3) wahrzunehmen.

Die häufig benutzte Frage: *„Was führt Sie zu mir?"* verführt als typische ärztliche Frage Ältere dazu, ihre in der Regel lange Symptom- und Krankheitsgeschichte darzustellen und den Interviewer dazu, die Symptome genau zu erfassen, sofort diagnostisch zuzuordnen und differentialdiagnostische Überlegungen anzustellen. Die Chance des psychotherapeutischen Zugangs wird dadurch aufgeschoben, eingeengt, wenn nicht sogar unmöglich.

Bei über 60jährigen kommt dem Erstgespräch dadurch zusätzliche Bedeutung zu, daß wegen der vorhandenen Versorgungsrealität (⇒ Kap. 6.3) der jetzige Kontakt vermutlich die einzige Chance in den nächsten Lebensjahren bietet, überhaupt eine psychotherapeutische Behandlung zu erhalten. Für die komplette Diagnostik vor Behandlungsbeginn bestehen die folgenden Aufgaben:

- ▪ Positivdiagnose einer je nach Grundverfahren formulierten relevanten Störungsursache, d. h. aus *psychoanalytischer* Perspektive die einer langfristigen neurotischen Störung, eines sich wiederholenden neurotischen Konfliktes, eines persistierenden neurotischen Kernkonfliktes, eines Aktualkonfliktes oder einer traumatischen Störung und aus kognitiv *verhaltenstherapeutischer* Sicht die eines lernbedingten dysfunktionalen Verhaltens.
- ▪ Syndromale Diagnose einer psychischen/psychosomatischen Störung gemäß ICD-10.
- ▪ Ausschluß bzw. Diagnose weiterer organischer und insbesondere hirnorganischer Erkrankungen.

Abgesehen von der durch das Gutachterverfahren vorgeschriebenen Kooperation mit einem Arzt empfiehlt sich bei unklärbarer Krankheitsgeschichte, nicht einzuordnender körperlicher und psychischer Symptomatik sowie bei Unklarheit bezüglich Schweregrad, notwendiger Behandlungsmaßnahmen und Prognose vorliegender Erkrankungen die zusätzliche Einholung einer geriatrischen und/oder gerontopsychiatrischen Stellungnahme: Möglicherweise sind zusätzliche medizinische und (test-)psychologische Untersuchungen erforderlich. Prognostisch ungünstig eingeschätzte organische Erkrankungen sowie beginnende demenzielle Erkrankungen verlangen parallel zur allgemeinärztlichen Behandlung eine besondere Konzeption psychotherapeutischer Hilfestellungen (⇒ Kap. 5; 6.13.5).

Die Untersuchung der Beziehungsgestaltung umfaßt:

- Beidseitige Gestaltung der Realbeziehung (Kontaktaufnahme, Termin, Verhaltens- und Umgangsformen, Versicherungsstatus und Kostenregelung etc.).
- Übertragungsangebot von Seiten des Patienten (Fähigkeit zur Bildung einer Übertragung: einerseits positive Übertragungsaspekte bis hin zu einer möglichen Idealisierung, andererseits negative bis abwertend/ablehnende Übertragungsaspekte).
- Mögliche Hinweise auf schwierige Beziehungen zu in Relation Jüngeren in der Biographie des Patienten (→ Kap. 6.5.3).
- Mögliche Eigenübertragung des Behandlers, die von Gegenübertragungen und Experten-Einschätzungen abzugrenzen sind (Sympathien, Wünsche, Ablehnung, Erinnerungen an eigene wichtige Beziehungspersonen, Ablehnungswünsche mit Hilfe von Phantasien über in diesem Fall objektiv nicht notwendige Psychopharmakotherapien, noch weitergehendere diagnostische Abklärung von organischen und hirnorganischen Erkrankungen, Rücküberweisung etc. → Kap. 6.5.3; Kap. 6.5.6).
- Wahrnehmung der *konkordanten* („Wie mag sich der Patient jetzt [damals] tatsächlich fühlen [gefühlt haben]?") und der *komplementären* („Was macht der Patient mit mir als Gegenüber?") Gegenübertragungsreaktionen.

Im Kontakt mit älteren Patienten können zunächst intensive und vielfältige Aspekte einer Eigenübertragung evoziert werden, so daß die möglicherweise bestehenden Gegenübertragungsanteile eher als bei jüngeren Patienten überdeckt werden. Keinesfalls dürfen diese Eigenübertragungsanteile von vornherein und damit selbstverständlich als vom Patienten induzierte Gegenübertragungsanteile angesehen werden.

Eine weitere Aufgabe der Erstuntersuchung ist die Indikationsstellung, die gleichzeitig ein psychotherapeutisches (Probe-)Handeln umfaßt:

- Information über die Ich-Ausstattung, die Ich-Funktionen sowie Ich-Stärken (Kompetenzen, Fähigkeiten) und konfliktfreie Bereiche des Patienten;
- Information über die augenblickliche soziale Lebenssituation und derzeitige Beziehungen;
- Form des möglichen Arbeitsbündnisses;
- Beurteilung der Fähigkeit zur Introspektion, zur Reflexion auch unter strukturellen Gesichtspunkten etc;
- Zugang zu (unbewußtem) Material (Einbringen von Träumen, eigene Phantasien, aktuelle Fehlleistungen, weiterführende Überlegungen etc.);
- Leidensdruck und Motivation (letzte-Chance-Syndrom);
- Einschätzung des sekundären Krankheitsgewinns;
- Reaktionen auf Seiten des Patienten nach psychotherapeutischen Interventionen (Konfrontationen, Zusammenfassungen, (Übertragungs-)Deutungen probehalber im ersten Gespräch oder erst im nachfolgenden zweiten Gespräch;
- Kennenlernen eigener Therapieziele des Älteren.

Die hier zusammengefaßten Aspekte werden für die allgemeine (→ Kap. 6.8.2) und die spezielle (→ Kap. 6.8.3) Indikationsstellung benötigt; sie ermöglichen gleichzeitig eine prognostische Einschätzung (→ Kap. 6.8.2).

Zusätzlich wichtig wird die Beurteilung der Ich-Ausstattung (körperliche Leistungsfähigkeit, Beweglichkeit, Hören, Sehen?) sowie der Ich-Funktionen (von Anfang an defizitär, durch die Entwicklung im Lebensablauf beeinträchtigt bzw. gehemmt oder durch Krankheiten im Alter geschädigt?). Bei im Erstgespräch verändert erscheinenden Ich-Funktionen muß geklärt werden, ob und in welchem Umfang sie wirklich geschädigt sind. Regressive Prozesse und depressive Symptomatik, weitreichende Vereinsamung, Einnahme von zentral wirksamen Psychopharmaka, nicht ausreichend behandelte internistische Erkrankungen und tageszeitliche Schwankungen können u. U. einen unzutreffenden Eindruck vermitteln, andererseits aber auch Hinweise auf beginnende demenzielle Krankheiten geben. Ich-Stärken, konfliktfreie Bereiche sowie bisherige soziale Situation und derzeitige Lebensumstände verdeutlichen die ungestörten „gesunden" Teile von Biographie und Persönlichkeit. Auch „geschickte" Patienten belegen durch die Verabredung des Erstgesprächs zumindest eine ambivalente Motivation, die sehr ausgeprägt sein kann. Problematisch erscheinen zu weitreichende Therapieziele auf Seiten der Älteren, z. B. „Aufarbeitung" oder „Versöhnung" mit dem bisherigen Leben, wenn damit „Ungeschehen-Machen" intendiert ist, oder Verzögerung des Lebensendes bei einer zum Tode führenden Krankheit.

Auffallenderweise werden diese notwendigen Kriterien oft vernachlässigt. Supervisionen von Erstgesprächen sowie von laufenden Behandlungen verdeutlichen immer wieder, in welch großem Umfang erhebliche Eigenübertragung, umgekehrte Übertragungskonstellation sowie der Wunsch, endlich über 60jährige in Behandlung zu nehmen, dafür verantwortlich sind. Entsprechend lassen sich Behandlungsmißerfolge (→ Kap. 6.18) verstehen.

Zwei (sich selbst gestellte) Fragen schaffen einen guten Zugang zu diesem Material, um es zu sichten und zu verstehen:

- Welche (vor- bis unbewußten) *Aussagen* macht der Ältere?
- Welche *Entwicklungsaufgaben* muß er lösen?

Unter dem Begriff *Aussagen* sollen alle bisher gemachten verbalen aber auch averbalen Informationen, Hinweise etc. zusammengefaßt werden, die von dem Älteren im Erstgespräch gemacht wurden; sie verdeutlichen gleichzeitig sein (unbewußtes) Angebot für die potentielle Psychotherapie. Die durch die dargestellten Perspektiven verdeutlichten Einzelaspekte können jeweils als Aspekte bestimmter Kernthemen (Colarusso & Nemiroff 1981) oder bestimmter Entwicklungsfelder (Pollock 1981) oder zur Lösung anstehender *Entwicklungsaufgaben* (Radebold 1992) verstanden werden. Aus noch aufzuklärenden Gründen (neurotischer Kernkonflikt; pathologische Lerngeschichte; Aktualkonflikt; Traumatisierung) unlösbar bzw. bisher ungelöst, bedingen sie einen Entwicklungsstillstand (Moratorium) und u. U. nachfolgende regressive Schritte. Ihre Lösung (Klärung, Veränderung, Adaptation) ermöglicht eine erneute Progression im Alter.

Die nachfolgenden ***Erstuntersuchungsszenen*** verdeutlichen das Gesagte, indem jeweils nach einer kurzen Skizze der Situation zu Beginn des Gesprächs die ***Aussagen*** und die ***Entwicklungsaufgaben*** herausgearbeitet werden:

Fallbeispiel: Die 76jährige Patientin wird anläßlich eines Konsiliarbesuchs im Rollstuhl in das Stationszimmer gefahren. Sie wirkt einerseits müde, resignierend, aber andererseits wegen ihrer Sprache, ihres Verhaltens und ihres Auftretens relativ aktiv und insgesamt jünger. Folgende **Aussagen** lassen sich zusammenfassen:

- Sie verlor vor neun Monaten innerhalb von zwei Tagen ihre Lieblingstochter infolge einer Grippe. Diese Tochter hatte ihr zugesagt, im Krankheits- oder Pflegefall zu ihr zu ziehen und sie ständig zu versorgen. Die Patientin konnte bisher keine Trauer zulassen und entwickelte eine multiple funktionelle Symptomatik, die die stationäre Aufnahme erforderlich machte.
- Sie bewältigte nach eigener Einschätzung bisher lebenslang als Frau eines Eisenbahners alle Anforderungen wie auch die Trauer anläßlich des Verlustes ihres Mannes vor drei Jahren, dazu jetzt in der Klinik die Folgen einer Armfraktur.
- Sie möchte weiterhin selbständig zu Hause leben, allerdings besser versorgt und damit auch beschützter.
- Sie ist voller Vorwürfe gegenüber ihrem Hausarzt, der sie wegen eines Kongreßbesuches vor sechs Wochen hierher in die Klinik „abgeschoben" habe und gegenüber den stationär behandelnden Ärzten, die trotz zahlreicher Untersuchungen und verordneter Medikamente keinen erklärenden Befund erheben könnten und keine Besserung erreichten.
- Die Beziehung zu den beiden Söhnen ist nicht so herzlich, daß sie zu ihnen ziehen möchte.
- Das trotz Rollstuhl im Erstgespräch gezeigte Verhalten sowie die erfolgreiche Rehabilitation des gebrochenen Armes weisen auf Zähigkeit und ihre weiter vorhandene Energie hin.
- Als **Entwicklungsaufgabe** steht an: Die bisher verdrängten Vorwürfe ob des Alleingelassenseins an die verstorbene Tochter und die behandelnden Ärzte zuzulassen, sich Kummer und Verzweiflung ob des Verlustes zuzugestehen und zu trauern.

Auf Grund des Altersunterschiedes und seiner eigenen Biographie mit einem nichtbetrauerten Verlust seines Vaters in der Kindheit fühlte sich der Therapeut (Altersunterschied 40 Jahre) zunächst nicht in der Lage, den akuten schweren Verlust – trotz dreimaligen Hinweises der Patientin – anzusprechen. Gleichzeitig erlebte er sich in die Reihe der jüngeren Männer (die Ärzte und die Söhne) eingeordnet, von denen sich die Patientin abgeschoben, unverstanden und polypragmatisch behandelt fühlte und die ihr keine weitere Autonomie zugestehen wollten. (Zum weiteren Therapieverlauf s. Behandlungsbeispiel Nr. 18)

An diesem Beispiel wird bereits deutlich, daß der Diagnostiker zusammen mit dem Patienten entscheiden muß, ob die erkannten Entwicklungsaufgaben einen überwiegend aktuellen motivationalen Konflikt bedingen (Aktualkonflikt) oder etwa einem neurotisch-repetitiven Muster entspringen.

Fallbeispiel: Durch Bitten eines Mitarbeiters stellte sich sein 68jähriger Schwiegervater in der Psychotherapeutischen Universitätsambulanz vor (bereits vorgestellt in Behandlungsbeispiel 21, S. 230). Bereits im Wartezimmer fiel die Diskrepanz zwischen ihm und seiner begleitenden Ehefrau auf. Er verhielt sich abwartend, wirkte insgesamt bedrückt und depressiv. Die Ehefrau, damenhaft elegant gekleidet, verhielt sich distanziert bis abweisend. Folgende **Aussagen** lassen sich zusammenfassen:

- Vor zwei Jahren pensioniert, befinde er sich in einer guten sozialen Lebenssituation ohne materielle Sorgen. Die Ehefrau bemühe sich und versorge ihn; Sohn und Tochter seien „was geworden"; eigenes Haus und Garten böten genügend Aufgaben. Dagegen komme er seinen weiteren Interessen (Hobbyfunker) nicht nach und ziehe sich zurück. Nach Einschätzung des Hausarztes sei er gesund.

- Zunehmend grübele er über mögliche Versäumnisse aus seiner früheren Tätigkeit als leitender Ingenieur eines kommunalen Versorgungsunternehmens nach, z. B. bei Planung und Bau von Gas- und Wasserleitungen, von Mülldeponien und zusätzlich über einen glimpflich verlaufenen Anfahrunfall eines Radfahrers 1935. (Fast wahnhaft anmutende Grübeleien mit schweren Selbstvorwürfen und berichteter Suizidalität).
- Die ehemaligen jüngeren Mitarbeiter würden ihn nicht verstehen, ebenso erwarte er von den (ebenfalls jüngeren) Ärzten der Universität (wie auch von den bisher behandelnden Ärzten) keine Hilfe mehr. Dazu befürchte er, daß ihm sein Sohn keine Beziehung zu dem in Kürze geborenen Enkelkind ermöglichen werde. (Die Beziehungen zum Sohn und insbesondere zu der auffallend unterschiedlich auftretenden Ehefrau werden nicht weiter dargestellt.)

Der 36 Jahre jüngere Psychotherapeut, der selbst keinen Großvater hatte, fühlt sich als nächster in der Reihenfolge der Jüngeren (Sohn; Schwiegersohn; jüngere Mitarbeiter sowie bisher behandelnde Ärzte) abgelehnt und im voraus entwertet. Als Eigenübertragung bemerkt er zunehmende eigene Vorwürfe an die Adresse des Patienten, der sich nicht um eine Verständigung mit dem Sohn bemühe, um seinen zu gestaltenden großväterlichen Aufgaben nachzukommen. Zunehmend bemerkt er als von Seiten des Patienten induzierte Gegenübertragung die Aufforderung, den Patienten wegzuschicken, ihn auch für schuldig zu erklären und dem suizidalen Ansinnen nachzugeben.

Die anstehende *Entwicklungsaufgabe* lautet: Sich von der bisher stabilisierenden beruflichen Identität abzulösen, sich unter Zulassen bisher abgewehrter aggressiver Vorwürfe mit Sohn (wohl ursprünglich dem Vater geltend) und Ehefrau auseinanderzusetzen, um diese Beziehungen befriedigender zu gestalten und um den großväterlichen Aufgaben gerecht zu werden. (Zum Therapieverlauf s. Behandlungsbeispiel Nr. 21)

Behandlungsbeispiel Nr. 27: Eine 72jährige Patientin (Altersunterschied zum Diagnostiker 36 Jahre) verdeutlichte bei einem Konsiliarbesuch in der Klinik folgende **Aussagen**:

- Aufgewachsen als „höhere" Tochter, arrangierten die Eltern früh die Ehe mit einem Adeligen zur Vertuschung seiner homosexuellen Neigung. Nach Trennung aus dieser Ehe arbeitete sie während des Krieges selbständig als Krankenschwester, später als Bibliothekarin einer großen Industriefirma und war jetzt berentet. Eine nach langem Zögern erneut eingegangene Beziehung dauerte nur wenige Jahre, da sie ihren Mann kurzfristig vor zwei Jahren durch eine Krebserkrankung verlor. Seitdem lebte sie zunehmend vereinsamt.
- Die von dem jüngeren Stationsarzt erlebten und zur Konsultation führenden „Schwierigkeiten" beruhten auf ihrem massiven Übertragungsangebot an ihn. Sie phantasierte in ihm den in der Schwangerschaft (aufgrund einer Affäre mit dem Fahrlehrer) abgetriebenen Sohn, der Medizin studieren und sich dazu in Psychosomatik spezialisieren sollte.

Der 36 Jahre jüngere Psychotherapeut erlebte eine interessante, gebildete (wie die auf dem Bett liegenden Bücher vermittelten) weltoffene Dame, die ihm durch entsprechende Bemerkungen eine deutliche Bevorzugung sowohl gegenüber dem jüngeren Assistenzarzt als auch gegenüber dem beeindruckenden Klinikchef anbot. Damit wiederholte sie für den Psychotherapeuten eine ihm wohlvertraute und gewünschte familiäre Konstellation.

Eine akut zur Lösung anstehende *Entwicklungsaufgabe* war nicht erkennbar. Das trotz der Kenntnis einer langfristigen neurotischen Störung mit entsprechender Persönlichkeitsstruktur gemachte Behandlungsangebot wurde sofort hocherfreut angenommen. Die Behandlung scheiterte jedoch auf Grund einer intensiven Übertragungsverliebtheit der Patientin nach wenigen Stunden. Sie legte ein Foto eines Lufthansa-Kapitäns, welches dem Therapeuten ähnelte, auf ihr Nachbarbett und entwickelte die ganze Nacht diesbezügliche Phantasien u. a. m. Der Therapeut reagierte zunehmend beunruhigt und fand sich nicht zu entsprechenden Übertragungsdeutungen fähig.

Die *Aussagen* vermitteln eine Übersicht und ermöglichen im weiteren Gespräch, zunächst die bewußtseinsnahen Anteile der aktuellen *Entwicklungsaufgabe* anzusprechen. Vor *Abschluß des ersten Gespräches* sollte angestrebt werden:

- Therapeutisches Probehandeln mit Hilfe einer Zusammenfassung, Konfrontation, Erläuterung der Therapierationale oder (Übertragungs-)Deutung, wobei eine Reaktion manchmal erst im zweiten Gespräch sichtbar werden kann.
- Bei einem „negativen" Übertragungsangebot direkte Ansprache und Klärung für den Fall einer potentiellen Behandlungssituation.
- Bei eindeutigen Kontraindikationen für ein bestimmtes Psychotherapieverfahren (wie zu starke Labilisierung der Ich-Funktionen) oder ungünstiger Prognose (→ Kap. 6.8.2) rechtzeitige Verneinung einer bestehenden psychotherapeutischen Behandlungsmöglichkeit und Beratung bezüglich anderer Behandlungsformen bzw. Weiterverweisung.
- Verabredung eines weiteren Gesprächs, dessen Notwendigkeit dem Patienten auf Grund der Fülle des Materials in der Regel gut verständlich ist.

Gerade sich abwartend verhaltende, zunächst wenig ansprechbar erscheinende oder ambivalent wirkende Ältere mit zunächst nicht sicher beurteilbarer Motivation werden oft zu schnell abgelehnt. Die Lebensgeschichte hat viele Ältere gelehrt, oft erst einmal ganz genau hinzuschauen und zu prüfen, ob das Beziehungsangebot ernstgemeint ist. Erst im *zweiten Gespräch* erlebt man sie interessierter, aufgeschlossener. Manchmal verblüfft die Fülle mitgebrachter Überlegungen, insbesondere von Träumen, Fehlleistungen und Phantasien. Dafür kann am Ende des ersten Gespräches der Hinweis hilfreich sein, daß der Ältere alles, was ihn zwischenzeitlich beschäftige, in das nächste Gespräch mitbringen möge.

Die Eröffnungsfrage des zweiten Gesprächs: *„Hat Sie noch etwas aus unserem ersten Gespräch weiter beschäftigt?"* knüpft an die erste Gesprächsbegegnung an und ermöglicht dem Patienten, zwischenzeitliche Wahrnehmungen mitzuteilen.

Behandlungsbeispiel Nr. 23: Die 80jährige Patientin, von ihrem Augenarzt wegen ihrer psychischen Symptomatik bei fortschreitender unbehandelbarer Sehverschlechterung überwiesen, klagte im *Erstgespräch* über Angstanfälle, Stimmungsschwankungen und vielfältige (offenbar funktionelle) Symptome. Vor drei Jahren war sie nach dem Tod ihres Mannes auf Vorschlag des einzigen hier lebenden Sohnes in die hiesige Gegend zunächst in ein Altenheim übergesiedelt. Wegen einer erstmals dort erlebten depressiven Verstimmung hatte sie sich selbst eine kleine Wohnung gesucht, in der sie trotz ihrer Sehbeschwerden gut zurechtkam; dazu nahm sie aktiv an einer Senioren-Wandergruppe teil. Mögliche familiäre Schwierigkeiten wurden mit dem Hinweis angedeutet, daß sie auf Grund der Strenge ihres Sohnes eine zunehmende Entfremdung der jetzt fast erwachsenen beiden Enkel befürchte.

Zu Anfang des *zweiten Gespräches* erzählte sie von einem zwischenzeitlich nach dem Erstgespräch erlebten, sie tief bedrückenden Traum: „Sie (ohne Altersangabe) laufe hinter ihrer Mutter auf einem schlammigen Feldweg bei düsterem Wetter hinterher. Die Mutter (eindeutig als solche erkannt) entferne sich immer mehr und sei trotz aller

Bemühungen nicht erreichbar." Auf Nachfrage berichtete sie über eine Unterbringung als Vierjährige bei unbekannten Verwandten in Ostpreußen aufgrund der Hungersituation im I. Weltkrieg im Rheinland mit der gleichzeitigen Aufgabe, sich um den noch jüngeren (bei anderen Verwandten im selben Dorf untergebrachten) Bruder zu kümmern. Beide erkrankten lebensbedrohlich an einer damals nicht behandelbaren Diphtherie. Sie selbst soll in dem wochenlangen Fieber immer wieder nach dem zu versorgenden Bruder gefragt haben. Die telegraphisch informierte Mutter konnte nicht kommen, da sie sich um ihren verwundeten Mann kümmern mußte. Beide Kinder überlebten nur ganz knapp. Seit dieser Zeit bestand eine enge Beziehung zur Mutter.

Durch diesen Traum, geträumt zwischen dem Erstgespräch und dem zweiten Untersuchungstermin, wurde sofort das tiefe Bedrohungserleben der Patientin verständlich. Die Bedrohung lag in der fortschreitenden Sehverschlechterung, der Entfremdung von dem Sohn und der Einsamkeit in einer ihr unbekannten Umwelt.

Fallbeispiel: Die 69jährige Patientin suchte psychotherapeutische Hilfe, als sie erstmals wieder nach 30 Jahren eine ihr bekannte und gefürchtete Depression mit typischer Symptomatik bekam: frühes morgendliches Aufwachen, ausgeprägte Tagesschwankung, weitreichende Inaktivität und zunehmende suizidale Gedanken. Im jüngeren Erwachsenenalter war sie mehrfach ambulant wegen einer sogenannten endoreaktiven Depression behandelt worden. Im ersten Gespräch vermittelte sie das Bild einer selbständigen, aktiven und gut zurechtkommenden Frau mit noch vorhandenen kirchlichen Funktionen und Interessen. Den Tod ihres Mannes vor vier Jahren infolge einer schweren Demenz vom Alzheimer-Typ, die zuletzt eine Heimunterbringung erforderlich machte, hatte sie nach eigener Ansicht gut bewältigt; zu beiden Söhnen bestanden eher schwierige Beziehungen. Anlaß und Ursache der erneuten Erkrankung nach dem 30jährigen Intervall wurden zunächst nicht verständlich.

Im *zweiten Gespräch* berichtete sie, angestoßen durch die Frage nach der Bedeutung des jetzt anstehenden 70. Geburtstages, daß ihr bewußt geworden sei, daß sie jetzt alle bisherigen kirchlichen Ämter aufgeben müsse, da nach kirchlichem Recht keine erneute Wahlmöglichkeit mehr bestehe. Außerdem bringe der Geburtstag sie in die Nähe des Schicksals der Frauen in der Familie: Tanten und Großmutter starben kurz nach dem 70. Geburtstag; die Mutter lebte noch (90 Jahre alt), allerdings mit jetzt zunehmenden, schwer zu ertragenden skurrilen Verhaltensweisen im Heim. Dazu fürchtete sie, ihre etwas ältere einzige Schwester an den Folgen einer bevorstehenden schweren Nierenoperation zu verlieren.

Die mehrfache Bedrohung durch Status- und Funktionsverlust, geringe Perspektive der Frauen in ihrer Familie im Alter und der mögliche Verlust der einzigen Schwester destabilisierten nach 30 Jahren erneut das psychische Gleichgewicht. (Zum Therapieverlauf s. Behandlungsbeispiel Nr. 22.)

Der Hinweis des Diagnostikers im zweiten Gespräch: „*Mich selbst hat das Thema . . . weiterbeschäftigt. Ich möchte dazu noch gerne wissen . . .*", verdeutlicht eigenes Interesse und ermöglicht, eigene Überlegungen und Fragen weiter zu klären.

Wenn gegen Ende des zweiten oder *dritten* Gesprächs jetzt die Diagnose einer durch Psychotherapie behandelbaren psychischen Störung feststeht und eine psychotherapeutische Behandlung möglich erscheint, müssen *vor dem Behandlungsangebot* weitere Kenntnisse vorliegen bzw. folgende Kriterien überprüft werden:

- Vorliegende körperliche Erkrankungen nebst Beeinträchtigungen und ihre Auswirkungen auf das Befinden des Älteren.
- Bisherige psychiatrische und psychotherapeutische (ambulante/stationäre) Vorbehandlungen (warum?; wann?).
- Noch abzuklärende wichtige Informationen zur Anamnese, Biographie und aktuellen Lebenssituation.
- Kenntnis der Person des Älteren (Persönlichkeitszüge, Interessen etc.).
- Überprüfung der allgemeinen und altersspezifischen Indikationskriterien (→ Kap. 6.8.2).
- Differentielle Therapieindikation unter Berücksichtigung der eigenen Kompetenzen und Behandlungsmöglichkeiten (→ Kap. 6.8.3).
- Beurteilung der Prognose (→ Kap. 6.8.2).
- Abschätzung der wahrscheinlichen anfänglichen und länger andauernden Übertragungskonstellation.

Noch fehlende Kenntnisse können durch entsprechende Fragen geklärt werden. Für Detailwissen und für den Antrag auf Kostenübernahme im Rahmen der Richtlinienpsychotherapie erweisen sich ein *jetzt* erbetener Lebenslauf und eine Aufstellung bisheriger Erkrankungen hilfreich.

Die Frage: *„Wir sprachen bisher weitgehend über Ihre Schwierigkeiten. Mich interessiert aber zusätzlich: Wer sind Sie als Person und welche Interessen und Fähigkeiten haben Sie?"*, hilft, unser inneres Bild des Älteren zu vervollständigen. Evaluiert werden in diesem Gesprächsabschnitt insbesondere die Stärken des Älteren (→ Kap. 2.4.1), die für die Indikation und Prognose ebenso große Bedeutung haben wie die Störungsaspekte.

6.8.2 Kriterien für Indikation und Prognose

Die *allgemeinen* Indikationskriterien, die vom jeweiligen theoretischen Konzept und dem therapeutischen Grundverfahren abhängen, setzen wir als bekannt voraus. Altern und Altsein bedingen folgende zusätzliche *altersspezifische* Indikationskriterien (Heuft & Marschner 1994; Radebold 1990; 1992):

Kriterium: *Ich-Ausstattung und Ich-Funktionen*

Bei Erwachsenen im jüngeren und mittleren Lebensalter setzt man implizit einen weitgehend ungestörten körperlich-geistigen Zustand voraus. Begleitende körperliche Komorbidität, mit dem Alter zunehmende Polypathie und Multimorbidität, hirnorganische Krankheiten sowie medikamentöse Behandlungen können Ich-Ausstattung und Ich-Funktionen erheblich beeinträchtigen. Art und Anzahl vorliegender Erkrankungen erweisen sich in der Regel, abgesehen von schweren, schnell fortschreitenden und prognostisch ungünstigen Erkrankungen, von geringerer intrapsychischer Bedeutung. Zur *Ich-Ausstattung* gehören körperliche Beweglichkeit, Verfügbarkeit der Sinnesleistungen (insbesondere Hören und Sehen), Leistungsfähigkeit, zu den *Ich-Funktionen* neben der Abwehrfunktion bekanntlich insbesondere Erinnern, Denken, Antizipieren und Symbolbildung.

Erheblich eingeschränkte *Beweglichkeit* mit Angewiesensein auf einen Rollstuhl erfordert besondere Transportmöglichkeiten; viele Praxen erlauben keinen solchen Zugang. Lebenslange *Blindheit* bzw. erst mit dem Alter zunehmende Erblindung sind keine Kontraindikationen – abgesehen von dem Transportproblem. Entscheidend ist, ob sich diese Älteren ein „inneres Bild" ihres Psychotherapeuten machen können. Ausgeprägte, durch ein Hörgerät nicht veränderbare *(Innenohr-)Schwerhörigkeit* hindert vor allem in einer Gruppen-Psychotherapie, kann jedoch auch eine Einzeltherapie praktisch unmöglich machen. Praxen verfügen in der Regel über kein technisches Hilfsmittel, wie z. B. eine sogenannte Ringleitung. Eine erhebliche Leistungseinschränkung (insbesondere durch *Herz-Kreislauf-* und *Lungenerkrankungen)* erschwert den Zugang zur Praxis und langes Sitzen. Häufiger werden *vor* einer psychotherapeutischen Behandlung intensive medizinische (bessere medikamentöse Einstellung) oder operative Maßnahmen (z. B. Hüftgelenks-Ersatz durch eine Totalendoprothese TEP) sowie Hilfsmittelversorgung (Gehhilfen, Hörgerät) im Sinne einer Verbesserung der Ich-Ausstattung erforderlich. Umgekehrt kann eine intensive Medikation mit zentral nervös sedierenden Medikamenten Auffassungsgabe und Vigilanz erschweren.

Die Besonderheiten psychotherapeutischer Interventionen hinsichtlich Ich-Ausstattung und Ich-Funktonen bei Patienten mit Suchterkrankungen stellen wir im → Kap. 6.13.4 vor, die Konsequenzen einer Multiinfarkt-Demenz (MID) sowie einer Demenz vom Alzheimer-Typ (DAT) in → Kap. 4.8 und 6.13.5. Möglichkeiten und Grenzen bei lebensbedrohlichen Krankheiten und anhaltender Behinderungen werden in → Kap. 5 und 6.13.6 besprochen.

Kriterium: **Bisherige soziale Entwicklung einschließlicher unneurotischer Lebenserfahrungen und Lebensbewältigung**

Ein Überblick über die bisherige soziale Entwicklung sowie über bewältigte Schwierigkeiten und Belastungen (u. U. auch Traumatisierungen) verdeutlichen insbesondere berufliche Erfahrungen, Wohnortwechsel, zur Verfügung stehende unneurotische Lebenserfahrungen sowie Bewältigungsstrategien (Coping-Mechanismen) und das Ausmaß vorhandener Selbständigkeit.

Kriterium: **Bestehende Abhängigkeit**

Berufliche Tätigkeiten sowie Wohn- und Lebenssituation entfernt von der Kindheitsfamilie beweisen nicht automatisch eine erreichte innere Autonomie. Eine lebenslang bestehende symbiotische Kind-Eltern-Beziehung, etwa bei einer depressiven Frau, erschweren auch nach dem Tod der Eltern eine (späte) Verselbständigung (Thomas 1997). Häufig besteht auch gar nicht der Wunsch, sich trotz schwerer psychischer Symptomatik aus diesen Beziehungen zu lösen. Zusätzlich kann die „zweite Abhängigkeit im Lebenszyklus" insbesondere bei zunehmender Hilfs- und Pflegebedürftigkeit den Angehörigen entscheidenden Einfluß auf Beginn und Verlauf einer psychotherapeutischen Behandlung geben: Äußerlich durch die Abhängigkeit beim Transport und psychisch durch eine entsprechend negative Einstellung und ständige Abwertung seitens der Angehörigen.

Kriterium: **Chronifizierung der psychischen Störung**

Entscheidender als das chronologische Alter (s. u.) erweist sich das „Alter der Neurose", d. h. eine Chronifizierung mit entsprechendem sekundären Krankheitsgewinn. Daher können psychische Störungen mit einer jahrzehntelangen Symptomatik aufgrund des inneren Arrangements mit der Störung und des begleitenden sekundären Krankheitsgewinns praktisch nicht mit Erfolg behandelt werden. Diese Störungen können von Kindheit bzw. Jugendzeit, jüngerem oder mittlerem Erwachsenenalter an bestehen. Als weitaus prognostisch günstiger für eine psychotherapeutische Behandlung erweisen sich die rezidivierend im Lebenszyklus über Symptome manifestierenden neurotischen Konflikte (z. B. in Schwellensituationen wie der Partnerwahl; siehe Behandlungsbeispiel Nr. 20). Von rezidivierenden Störungen müssen persistierende neurotische (Kern-)Konflikte unterschieden werden, die häufig erst während des Alterns (z. B. nach Wegfall bisheriger beruflicher Identität) symptomatisch werden (siehe Behandlungsbeispiel Nr. 20; 21). Aktualkonflikte haben bei sonst zutreffenden Indikationskriterien trotz manchmal schwerer Symptomatik eine günstige Behandlungsprognose (siehe Behandlungsbeispiele Nr. 17-19).

Kriterium: **Übertragungsintensität**

Die *umgekehrte* Übertragungskonstellation sowie die *multigenerationelle* Übertragung ermöglichen vielfache positive wie auch negative Übertragungsangebote an die Adresse der Jüngeren. Als „endlich" alle Belastungen und Beschädigungen des Lebens ausgleichende oder wiedergutmachende „Kinder" anstelle der realen oder lebenslang phantasierten (manchmal nach Schwangerschaftsunterbrechung oder frühem Kindesverlust lebenslang „mitgewachsenen") und jetzt genau psychisch „passend", werden sie in der Person des jüngeren Therapeuten herzlich begrüßt. Der Therapeut wird mit vielfältigen Vorschußlorbeeren versehen und mit riesigen, letztlich uneinlösbaren Erwartungen überhäuft. Dies ist ein zunächst und insbesondere in der Anfängersituation höchst verführerisches Angebot. Erst später werden die dahinter verborgenen, ursprünglich den Eltern geltenden Wünsche sichtbar. Bei entsprechender „Passung" können sich auch negative, d. h. aggressive, vorwurfsvolle, anschuldigende, abwertende Interaktionsformen ereignen. Ältere mit primär negativen Übertragungsangeboten sollten zumindest in der Anfängersituation selbst nicht in Therapie genommen werden. Vielmehr ist die Vermittlung in einen anderen Behandlungsplatz vorzuziehen. Selbst in der Klinik sollte eine therapeutische Alternative möglich sein!

Kriterium: **Eigenübertragung**

Eine bei sich selbst wahrgenommene ausgeprägte Eigenübertragung sollte gerade in der Anfängersituation vor einem Behandlungsangebot warnen: Wie verführerisch ist es jetzt endlich, nachdem die Tochter sich nie vom Vater anerkannt fühlen konnte, einen „charmanten, beeindruckenden und dazu noch lobenden älteren Herrn" ödipal flirtend zu erleben – eine aufgrund des Patientenstatus für sich selbst zunächst als ungefährlich eingestufte Situation! Oder wie wohl fühlt man sich, endlich von einer „warmherzigen, anstrahlenden und begeisterten älteren Dame" als einziger Sohn oder einzige Tochter (nach bisher ständig erlebtem Gegenteil) anerkannt zu werden? So wird der in der Supervision gemachte Hinweis verständlich, daß der Ältere: „Weil er mir so sympathisch war", ohne Berücksichtigung weiterer Indikationskriterien langfristig in Behandlung genommen wurde. Als besonders problematisch stellt sich eine Übertragungskonstellation dar, wenn das Übertragungsangebot des Patienten der Eigenübertragung des Therapeuten entspricht. Diese in der Regel zuächst kaum wahrgenommene, somit nicht bearbeitbare und damit nicht auflösbare Übertragungs-Kollusion führt gelegentlich nach anfänglicher Übertragungsheilung zu einem Behandlungsmißerfolg. So kommt es bei jüngeren Behandlern zur zunehmenden Ablehnung von älteren Patienten. Manchmal wird in dieser Situation die therapeutische Beziehung auch in eine Real-Beziehung umgewandelt, z. B. die ältere Patientin als Wahl-Großmutter für die eigenen Kinder eingesetzt. Wir weisen an dieser Stelle darauf hin, daß ein solches Vorgehen in der therapeutischen Situation auch die Kriterien einer Grenzverletzung erfüllen kann.

Kriterium: **Chronologisches Alter**

Der Bericht über die Behandlung einer im ersten Behandlungsabschnitt 94jährigen und im zweiten Abschnitt 99jährigen Patientin (Settlage 1998) belegt, daß dem chronologischen Alter als Indikationskriterium für eine psychoanalytische Psychotherapie relativ geringe Bedeutung zukommt. Ebenso kennt die kognitive Verhaltenstherapie keine Altersgrenze. Diese Aussage wird dadurch relativiert, daß sich die 60-95jährigen (1998 lebten in der Bundesrepublik z. B. noch insgesamt 423.000 Menschen zwischen 90 und 94 Jahre) in unterschiedlichen Phasen ihres individuellen Alterns befinden, wodurch sich eine mit dem Alter zunehmende Variabilität der Lebensmöglichkeiten und Zielsetzungen ergeben.

So befinden sich 60jährige als *junge Alte* im Eintritt in das eigene Altern. Nach dem eigenen Ausscheiden aus dem Arbeitsprozeß (und/oder der Berentung des Partners) entscheiden bekanntlich soziale Situation, Bildungsstand und Gesundheitszustand über die Chancen und Möglichkeiten der weiteren Lebensabschnitte. Die derzeitige Lebenserwartung eines 60jährigen Mannes beträgt 18,7 Jahre, einer 60jährigen Frau 23 Jahre. Nach Wegfall neurotischer Einschränkungen werden selbstverständlich weitreichende Umorientierung sowie neue Beziehungen ebenso wie langfristige Anpassungen an schwere Krankheitszustände und ihre Folgen möglich.

70jährige *ältere Alte* müssen sich in der Regel verstärkt mit vielfältigen Verlusten auseinandersetzen; teilweise bestehen jedoch auch nach Partnerverlust weitere oder neue Beziehungs- und Lebensmöglichkeiten. Die Erhaltung der Autonomie gewinnt größere Bedeutung.

Für 80jährige *alte Alte* stehen zunehmend sich verkürzende Lebenszeit, zu bewältigende Krankheiten bzw. Verluste und zunehmende Vereinsamung im Vordergrund. Die Erhaltung der Autonomie bei Anpassung an die „zweite Abhängigkeit" wird primäre Aufgabe.

Das **chronologische Alter** stellt somit ein **relatives Indikationskriterium** dar. (Zum *heimlichen Alter* und zum *symbolischen Alter* ⇒ Kap. 6.12).

Aufgrund der allgemeinen und altersspezifischen Indikationskriterien ließe sich der ideale Patient wie folgt beschreiben: 60-70jährig, innerlich und äußerlich autonom, gebildet mit entsprechendem früheren Beruf, gesund, vermögend, hoch motiviert bei

deutlichem Interesse an weiterer eigener Lebensgestaltung – dazu von Partner/Familie
bezüglich des Psychotherapiewunsches akzeptierend unterstützt. Bestimmt begegnet
man in der psychotherapeutischen Praxis derartigen Älteren als potentiellen Patienten.
Die wiedergegebenen Behandlungsberichte belegen jedoch, daß häufig Ältere mit
anderer sozialer Entwicklung, schwierigen Lebensbedingungen, Krankheiten und
eingeengten Entwicklungsmöglichkeiten ebenso erfolgreich behandelt werden können.

Als Kontraindikationen oder als prognostisch ungünstig erweisen sich:

- ausgeprägte neurotische Persönlichkeitsstörung;
- lange (jahrzehntelang) bestehende psychische und/oder psychosomatische Symptomatik mit ausgeprägtem sekundären Krankheitsgewinn;
- lebenslang anhaltende Abhängigkeit von der Kindheitsfamilie;
- schwere fortschreitende und infauste somatische Erkrankungen, insbesondere hirnorganische Erkrankungen (zu den therapeutischen Ansätzen bei demenziellen
  Störungen → Kap. 4.8 und 6.13.5);
- instabile bzw. sich in ausgeprägter Veränderung befindliche soziale Lebenssituation;
- fehlende Motivation, Reflexion und Leidensdruck.

Bestehen mehrere dieser Kontraindikationen, ist eine Psychotherapie lege artis praktisch nicht möglich. Einzelne Aspekte von Indikationseinschränkungen bedingen möglicherweise entsprechende Modifikationen (→ Kap. 6.14).

6.8.3 Differentielle Therapieindikation

Daß Psychotherapie bei Älteren wirkt, ist inzwischen hinlänglich belegt. Gegenwärtig
wird sowohl unter ökonomischen als auch ethischen Gesichtspunkten die Notwendigkeit einer differentiellen Therapieindikation immer deutlicher (Heuft 1993). Ausgehend von den psychotherapeutischen Grundverfahren verfügen wir heute über ein
Spektrum von Methoden und Behandlungstechniken, die es gilt, verantwortlich und
gezielt einzusetzen. Außerdem spornen auch berichtete Mißerfolge dazu an, die Indikationsstellung im Sinne von Qualitätssicherung kritisch zu reflektieren (→ Kap. 8).
Da der ältere Patient derzeitig aufgrund der unverändert bestehenden psychotherapeutischen Unterversorgung Älterer in der Regel keine weitere Behandlungschance hat,
trägt der mit über 60jährigen arbeitende Behandler eine besondere Verantwortung.
Eine vorgeschlagene tiefenpsychologisch orientierte (psychodynamische) Psychotherapie verlangt von einem Älteren, sich zumindest punktuell mit seiner Lebenssituation,
seinem bisherigen Leben im Rückblick und seinem zukünftigen Älterwerden und Altsein auseinanderzusetzen. Eine das Selbstbild hinterfragende längerfristige psychodynamische Psychotherapie kann bei nicht korrekter Indikationsstellung wegen des
erwartbaren Mißerfolges tiefe Enttäuschung, Resignation bis hin zur Suizidalität sowie
Verschlechterung bestehender organischer und hirnorganischer Krankheiten mitsich-
bringen. Außerdem können u. U. andere notwendige Behandlungsmaßnahmen ver-

säumt werden. Bei verhaltenstherapeutischen Interventionen wird einerseits eher auf den vorhandenen Lösungsmöglichkeiten und Ressourcen des Patienten angesetzt, wodurch das Erleben von Autonomie und Selbstwirksamkeit unterstützt werden kann; andererseits birgt die Methode in sich die Gefahr, Patienten ohne ihre ausdrückliche Zustimmung zu manipulieren. Zu denken ist z. B. an operantes Konditionieren, um in Institutionen sozial unerwünschtes Verhalten zu disziplinieren.

Tab. 15: Differentielle Psychotherapieindikation in Bezug zur Störungsursache und dem Schweregrad

Chronifizierte Persönlichkeitsstörung; Charakterneurotische Störung	Bei psychischer (z. B. depressiver) Symptomatik Psychopharmakotherapie sowie Beratung bezüglich notwendiger Versorgung/Pflege Unter Umständen niederfrequente langfristige begleitende Hilfestellung (z. B. alle zwei Monate eine Behandlungsstunde)
Seit Kindheit/Jugendzeit oder jüngerem Erwachsenenalter bestehende manifeste neurotische/psychosomatische Störung mit gewissem Leidensdruck und ohne zu großen sekundären Krankheitsgewinn	Langfristige supportive psychotherapeutische Begleitung mit Ansprache aktueller Schwierigkeiten/Konflikte Bei aktueller, psychischer (z. B. depressiver) Symptomatik Psychopharmakotherapie sowie Vermittlung lebenspraktischer Beratung für anstehende Versorgung/Pflege sowie Nutzung der Angebote der Altenarbeit
Sich im Lebensablauf mehrfach wiederholender neurotischer Konflikt mit jetzt aktueller Problematik und Leidensdruck; manchmal nach erstmaliger Manifestation in Jugendzeit/jüngerem Erwachsenenalter erneut nach dem 60. Jahr auftretend	Psychoanalytische Kurztherapie (eine Wochenstunde bis Gesamtbehandlungsdauer von 50 Stunden)
Anhaltender neurotischer (Kern-)Konflikt mit Symptombeginn anläßlich des Eintritts ins Alter bzw. während des Alterns (bis zum 70./75. Lebensjahr)	Bei Vorliegen entsprechender Indikations-kriterien längerfristige psychoanalytische Psychotherapie (1-2 Wochenstunden bis zu 200 Behandlungsstunden) oder Psychoanalyse (3-4 Wochenstunden, zunächst ohne zeitliche Begrenzung). Bei entsprechenden verhaltenstherapeutischen Indikationskriterien längerfristige kognitive Verhaltenstherapie. u. U. stationärer psychotherapeutischer Behandlungsversuch zur Motivationsbahnung
Aktualkonflikt sowie neu im Alter auftretende Somatisierungsstörungen	Tiefenpsychologisch fundierte/psycho-analytische Fokal- oder Kurzpsychotherapie (siehe zur Differentialindikation → Kap. 3.2).

	Kognitive Verhaltenstherapie. Interpersonelle Psychotherapie (IPT-LL). Bei hoher Beeinträchtigungsschwere (BSS) stationäre psychosomatisch-psychotherapeutische Behandlung
Psychische Störung aufgrund einer Trauma-Reaktivierung – oft nach langer psychischer Stabilität ohne posttraumatische Belastungsstörung	Tiefenpsychologisch fundierte/psychoanalytische Fokal- oder Kurzpsychotherapie
Psychische Störung aufgrund einer Re-Traumatisierung	Tiefenpsychologisch fundierte/psychoanalytische Fokal- oder Kurzpsychotherapie (unter Umständen durch zusätzliche Psychopharmakotherapie gestützt)
Anpassungsstörungen auf Grund multifaktorieller Genese/Problemkumulationen	Kognitive Verhaltenstherapie, IPT-LL; Ich-stützende tiefenpsychologisch fundierte (psychodynamische) Psychotherapie, wenn das Selbsterleben besonders betroffen ist.
Chronifizierte psychische Erkrankungen anderer Ursache	Langfristige Ich-stützende psychotherapeutische Hilfestellung mit Zentrierung auf aktuelle Schwierigkeiten/Konflikte; Fortsetzung der notwendigen Psychopharmakotherapie; Vermittlung von Beratung in lebenspraktischen Fragen

Die Indikationsstellung sollte sich in erster Linie aus der *Störungsursache* und *Störungsdauer* ableiten lassen, wie Tab. 15 zu zeigen versucht.

Die folgenden spezifischen Fragen differentieller Psychotherapieindikation werden an anderen Stellen besprochen:

Psychische (depressive) Störungen mit akuter Suizidalität (→ Kap. 6.13.2) – Störungen auf Grund von Abusus (→ Kap. 6.13.4) – Demenzielle Störungen (→ Kap. 6.13.5) – Paranoide Entwicklungen (→ Kap. 6.13.3) – Langfristig bestehende manifeste posttraumatische Belastungsstörungen (ein spezifischer Behandlungsansatz für über 60jährige ist noch nicht bekannt) mit nachfolgenden Persönlichkeitsveränderungen (→ Kap. 3.3).

Auf Grund der allgemeinen Wirkfaktoren für *Gruppenpsychotherapie* (→ Kap. 6.10.2) kommt für die Auswahl der notwendigen Behandlungsform den früheren Beziehungserfahrungen sowie der aktuellen Beziehungssituation entscheidende Bedeutung zu (Tab. 16).

Tab. 16: Differentielle Psychotherapieindikation für Gruppenpsychotherapie

Lebenslang weitgehend alleinstehende Menschen bzw. Menschen mit nur wenigen (und dazu jetzt entfallenen) Beziehungen	Langfristige ambulante Gruppenpsychotherapie zur Bearbeitung der Kontaktproblematik und für die Suche nach neuen Kontakten. Bei Einzelpsychotherapie besteht eher die Gefahr, daß eine Ablösung aus einer intensiven Übertragungsbeziehung kaum möglich wird!
Kürzlich vereinsamt, kürzlich umgezogen und/oder kürzlich nach längerer Behandlung aus dem Krankenhaus entlassen	Mittel- bis längerfristige Gruppenpsychotherapie zur Verbesserung der Kontaktfähigkeit und für neue Kontaktmöglichkeiten
Schwierige Gruppenerfahrungen aus Kindheit, Jugendzeit und jüngerem Erwachsenenalter: Kindheitsfamilie mit zahlreichen Geschwistern, Schule, Jugendorganisationen des Dritten Reiches, Lehre, Sportverein, kirchliche Aktivitäten, Parteien, Gewerkschaften, Fabrik, Behörde	Bei ausgeprägtem Widerstand gegen eine Gruppenpsychotherapie: Einzelpsychotherapie bzw. Teilnahme an einer Gruppe auf Probe in Kombination mit parallel durchgeführten einzeltherapeutischen Sitzungen
Problematische/konfliktträchtige Partnerbeziehung (langfristige oder erneute Partnerschaft)	Paartherapie; bei Ablehnung durch einen Partner Einzel- oder Gruppenpsychotherapie
Akuter Familienkonflikt	Familienintervention nach einem systemischen oder psychoanalytischen Konzept (unter Umständen nach stationärer Aufnahme des Älteren zur vorübergehenden Entlastung des Systems!)

Weiterhin müssen vorhandene Erkrankungen und insbesondere bestehende Behinderungen/Einschränkungen (d. h. Ich-Ausstattung und Ich-Funktionen → Kap. 6.8.2) berücksichtigt werden (Tab. 17).

Zukünftig werden wir gehalten sein, für alle Störungen einen Gesamtbehandlungsplan mit einer differentiellen Therapieindikation zu entwickeln, der gleichzeitig eine entsprechende Überprüfung des Behandlungsverlaufes, des Outcomes und der Katamnese im Sinne einer Berufsgruppen-internen Qualitätssicherung ermöglicht (→ Kap. 8).

Tab. 17: Differentielle Psychotherapie-Indikation unter dem Blickwinkel der körperlichen Symptomatik bzw. der körperlichen Störungen

Akute, langfristige oder schwerwiegende körperliche Erkrankungen	Konsequente (hausärztliche, internistische) Mitbehandlung mit Durchführung aller notwendiger Maßnahmen
Somatopsychische Störungen oder/und Funktionseinschränkungen	Erarbeitung der subjektiven Krankheitstheorie des Patienten; Erläuterung des Therapierationals; Therapiebeginn als stationäre psychosomatisch-psychotherapeutische Behandlung; aktiv beratende bzw. begleitende Hilfestellung für notwendige psychische Verarbeitung („Coping")
Bestehende Behinderungen/ Einschränkungen, insbesondere von Beweglichkeit, Sinnesorganen, Leistungsfähigkeit	Rehabilitationsmaßnahmen, operative Eingriffe, Hilfsmittel (manchmal zur Ich-Stabilisierung *vor* einer psychotherapeutischen Behandlung)
Akute körperliche (z. B. Blutdruckkrisen) sowie psychische (z. B. schwere Angstanfälle) Symptomatik	(Psycho-)Pharmakotherapie und eventuell stationäre psychotherapeutische Behandlung
Regressiv Erkrankte	→ Kap. 6.13.1
Stationäre Behandlung in einer Psychotherapeutisch-Psychosomatischen Klinik oder auf einer Psychotherapiestation in der Gerontopsychiatrie/Tagesklinik	→ Kap. 6.15
Modifikationen des Behandlungsverlaufes	→ Kap. 6.14

6.8.4 Behandlungsauftrag, Therapieangebot und Therapieverabredung

Durch den bisherigen diagnostisch-therapeutischen Gesprächsverlauf der ersten beiden Stunden sollten die (Vor-)Befunde erfaßt, die Problemanalyse erfolgt und die Übertragung-Gegenübertragungskonfiguration sowie etwaige Eigenübertragungen verstanden sein mit dem Ziel, bei einer positiv diagnostizierten behandlungsfähigen psychischen Störung eine Indikation stellen zu können. Uns erscheint es aus zahlreichen Gesprächen mit Patienten, die andernorts zu Vorgesprächen oder sogar in Behandlung waren, sehr wichtig, darauf hinzuweisen, daß dem Patienten seine Behandlungsdiagnose genannt und auch erläutert wird. u. U. muß man mit ihm auch differentialdiagnostische Überlegungen oder weitere notwendige Abklärungen noch unklarer Befunde besprechen. Nur der aufgeklärte Patient wird sich voll auf die indizierte Psychotherapie einstellen können. Und eine solche Aufklärung ist auch keine Frage des Bildungsniveaus seitens des Patienten, sondern ein Problem von uns, die entsprechenden Worte, Bilder, Anschauungsmaterialien, wie Zeichnungen etc., zur Verfügung zu stellen, damit der Patient sich verstehen kann. Auf diesem Hintergrund ist für uns das Wort von der *Consumer-Orientierung* keine Phrase!

Bis zum Ende des *dritten Gesprächs* gilt es, den diagnostischen Prozeß abschließend zu klären:

- den Behandlungsauftrag mit den Therapiezielen
- das Behandlungsangebot
- die Behandlungsverabredung.

Ob ein und insbesondere *welcher Behandlungsauftrag* besteht, läßt sich nicht alleine aus dem Umstand ableiten, daß der Ältere, zumal wenn er noch „geschickt" worden war, das Angebot zum Erstgespräch annimmt. Teilweise verdeutlichen bestehende Lebenssituationen (z. B. nicht zugelassene Trauer nach akutem Partnerverlust) und Krankheitssituation (z. B. Zustand nach Schlaganfall) oder ein eindeutig benanntes Anliegen aufgrund einer akuten Problematik, wie sexuelle Schwierigkeiten bei neuer Beziehungsaufnahme, Abgrenzung des erwachsenen Sohnes durch Beginn einer eigenen Psychoanalyse, Mitteilung der Tochter über ihre erstmalige lesbische Beziehung oder der durch eigene Symptome immer bewußter werdende Wunsch einer „endgültigen Klärung lang bestehender persönlicher Schwierigkeiten" den Behandlungsauftrag. Selbstverständlich müssen auch hier Behandlungsauftrag und gewünschte Therapieziele (→ Kap. 6.6) unter der Perspektive der Indikations- und Prognosekriterien gemeinsam mit dem Patienten vor Behandlungsbeginn hinsichtlich ihrer Realisierungschancen überprüft werden.

Wenn der Behandlungsauftrag (zumindest bezüglich seiner bewußten Anteile) gemeinsam erarbeitet wurde und der Psychotherapeut aus seiner Sicht (also expertendefiniert) die von ihm angenommene Ursache der vorliegenden psychischen/psychosomatischen Störung sowie die für notwendig erachtete Behandlungsmaßnahme dargestellt hat, kann der Patient diese Sichtweise bestätigen, ablehnen oder ergänzen und kann sich gleichzeitig zu dem Behandlungsangebot äußern. Bei eindeutigen (einseitigen bzw. beiderseitigen) Bedenken gegen eine längere Behandlung mit einer „größeren" Zielsetzung empfiehlt es sich, zunächst eine kürzere Behandlung mit umschriebener Zielsetzung vorzuschlagen. Gründe für solche Vorbehalte sind bei Älteren insbesondere Ängste vor zu langer eigener Verpflichtung, Unkenntnis der Psychotherapie und ihrer Verfahren sowie noch ausstehende Absprache mit einem Partner oder der Familie. Die derzeitigen Psychotherapie-Richtlinien erlauben auch bei über 60jährigen die begründete Verlängerung bzw. Überführung einer Kurzpsychotherapie in eine längerfristige Psychotherapie. Trotz der schwierigen ambulanten Versorgungssituation sollte geklärt werden, inwieweit das vorgeschlagene Verfahren aus der Sicht der Älteren einen möglichen Zugang zur eigenen Problematik darstellt (Guderian 1996). Manchmal muß nach einer solchen Kurztherapie tatsächlich gemeinsam mit dem Patienten nach einem geeigneteren Behandlungsangebot gesucht werden.

Abschließend sollten die Realisierungsmöglichkeiten (Kassenantrag/Finanzierung, tageszeitlich günstige Behandlungstermine, laufende oder geplante Aktivitäten, wie Urlaube, Kuren, anstehende Operationen etc.) und der Behandlungsbeginn geklärt werden. Auch Ältere haben nicht unbegrenzt Zeit!

Die das Erstgespräch abschließende eindeutige Behandlungsverabredung (Umfang, Form, festgelegter Termin) stellt den letzten wichtigen Teil zum Aufbau eines Arbeitsbündnisses (→ Kap. 6.12) dar: Sie gibt auch trotz aller aktuellen Schwierigkeiten dem Patienten oft schon inneren Halt. Wenn die Behandlung erst mit einer gewissen Wartezeit begonnen werden kann, empfiehlt sich für den Fall einer eintretenden Verschlechterung, unvorhergesehener Schwierigkeiten oder eintretender Verluste ein zusätzlicher Hinweis über eine mögliche Erreichbarkeit des Psychotherapeuten!

6.9   Psychotherapeutische Grundverfahren

Sie umfassen die von der Psychoanalyse abgeleitete, tiefenpsychologisch fundierte (psychodynamische) und psychoanalytische Psychotherapie und die von der Lerntheorie abgeleitete kognitiv-behaviorale Verhaltenstherapie.

6.9.1 Psychoanalytische bzw. tiefenpsychologisch fundierte (psychodynamische) Psychotherapie

Bisherige Gesamtdarstellungen und Übersichtsarbeiten (Kahana & Morgan 1998; Muslin 1992; Myers 1984, Nemiroff & Colarusso 1985; Radebold 1992; 1994b; 1997d; Semel 1996) verdeutlichen den inzwischen erreichten theoretischen Wissensstand. Sie stützen sich allerdings auf jeweils nur einige wenige Behandlungsberichte im Alter von 50 bis 75 Jahren. Behandlungen von über 75jährigen werden kaum erwähnt und auch nicht durch entsprechende Behandlungsberichte belegt. Die Behandlungen finden teilweise in Form von Kurzpsychotherapien und teilweise in Form langfristiger, eher supportiver Behandlungen statt. Vorwiegend ambulant als Einzelbehandlung durchgeführt, werden in der Regel zusätzlich keine Psychopharmaka angewandt bzw. in der Literatur erwähnt.

Die psychotherapeutische Methode innerhalb der Grundverfahren wird nur in einem Teil der Kasuistiken benannt: so z. B. für den *Kleinianischen Ansatz* (Segal 1958; Simeone 1995), für die *Selbstpsychologie* (Lazarus 1988; Muslin 1992; Kutter 1997) wie auch für die *Analytische Psychologie* nach C. G. Jung (Bau 1994; Roth-Greminger 1995).

Einzelpsychotherapie

Fokaltherapie (psychodynamisch)
Indikation: Aktualkonflikt oder umschriebener neurotischer Konflikt mit kurzer Symptomdauer.
Behandlungsfrequenz und *-dauer:* eine Wochenstunde à 50 Minuten über eine Gesamtdauer von 4-6 Monaten (insgesamt 20-25 Behandlungsstunden).

Bearbeitungsebene: eher auf der bewußten und vorbewußten Ebene unter Berücksichtigung der (ggf. zu deutenden) Übertragungskonstellation.

Behandlungsbeispiel Nr. 17: Die 64jährige Patientin suchte kurzfristig eine psychotherapeutische Behandlungsmöglichkeit wegen einer nach ihrer Berentung als Altenheimleiterin aufgetretenen depressiven Verstimmung mit suizidalen Gedanken. Direkter Anstoß für die Suche nach Hilfe war ein sie nachhaltig beschäftigender Traum: Sie fährt mit einem jungen Mann auf einem Motorrad. Sie sitzt hinten und er fährt mit ihr eine lange Chaussee entlang. Plötzlich kommt eine Umleitung und es geht durch eine Kiesgrube und schmutziges Wasser; schließlich ist sie allein, geht durch einen Park auf ein großes leeres Haus zu. Dieses Haus kommt ihr bekannt vor, aber sie weiß nichts mit den leeren großen Räumen anzufangen.

Ihre Kindheitserinnerungen sind weitgehend durch eine quengelnde, sie als einziges Kind ablehnende und insgesamt schwierige Mutter geprägt. Die Mutter drangsalierte die Patientin als Kind unter beengten wirtschaftlichen Verhältnissen, beaufsichtigte sie ständig und stattete sie nie aus, half ihr nicht und unterstützte sie nicht für Schule und Beruf. Der im siebten Lebensjahr der Patientin früh verstorbene Vater wurde hoch idealisiert. Als der nach dem idealisierten Bild ausgewählte Verlobte im II. Weltkrieg fiel, zog sie sich lebenslang enttäuscht von allen Männern zurück. Sie absolvierte eine Schwesternausbildung und war viele Jahre in Institutionen, zum Schluß als Altenheimleiterin tätig, „ganz auf die Arbeit eingestellt". Jetzt in das Haus ihrer Nichte umgezogen, fühlte sie sich dort einerseits ständig aufgefordert, im Haushalt mitzuhelfen und die Familie zu unterstützen, wodurch sie sich andererseits ihre lang gehegten Wünsche nach Reisen, kulturellen Veranstaltungen, kreativen Hobbies etc. nicht erfüllen konnte.

Die Patientin (Altersunterschied zum Therapeuten 24 Jahre) erkannte bereits im Erstinterview in dem jungen Mann des Traumes den jetzigen Heimleiter, der mit ihr „Schlitten gefahren sei", in der Heimplanung einen falschen Weg eingeschlagen habe, und dem sie beruflich weichen mußte, da sie ihn unterschätzt habe und sich alle Bemühungen um ihn als erfolglos erwiesen. Das große leere Haus stellt das in der Phantasie ins Gegenteil verkehrte Haus ihrer Kindheit dar, und sie versteht plötzlich, daß sie durch den Umzug zu ihrer Nichte in die Kindheitssituation zurückgekehrt ist. Gleichzeitig wird ihr deutlich, daß das im Traum „leere Haus" in Wirklichkeit voll mit Erinnerungen an die gehaßte, abgelehnte, sie tyrannisierende Mutter besetzt ist, der sie sich wieder unterwerfen muß, ohne einen eigenen Freiheitsraum verwirklichen zu können.

In der *sechsstündigen Fokaltherapie* kann diese Beziehung zur Mutter so weit geklärt werden, daß sie jetzt ohne allzu große Schuldgefühle gegenüber der Mutter und der Nichte ihren eigenen Interessen und Wünschen nach der Berufsbeendigung nachgehen kann. Erstmals wagte sie in Gegenwart eines Mannes, ihre massiven Rache- und Vergeltungsphantasien der Mutter gegenüber zuzulassen, nachdem sich weder Vater noch Verlobter mit ihrer schwierigen Kindheitssituation auseinandersetzen wollten. Mit Hilfe ihres „Verlobten" (dem der Therapeut nach ihrer Ansicht sehr ähnlich sah) durfte sie sich jetzt neue Lebensmöglichkeiten suchen und gleichzeitig über die Vergangenheit trauern.

Die depressive Symptomatik war nach der sechsstündigen Behandlung völlig geschwunden. Die Patientin traf mit der Nichte und deren Mann ein Arrangement, das einerseits bei Anwesenheit Mithilfe ermöglichte, aber andererseits einen großen Freiraum für jetzt aktiv in Angriff genommene Lebenspläne bot. Bei einem katamnestischen Gespräch nach 2 Jahren fühlte sie sich unverändert stabil und berichtete über ihre zahlreichen Aktivitäten und Interessen.

Behandlungsbeispiel Nr. 18: Die 76jährige Patientin (Altersunterschied zum Therapeu-ten 30 Jahre) wurde konsiliarisch nach neunwöchigem Aufenthalt auf einer inneren Station einer Universitätsklinik unter dem Bild einer pathologischen Trauerreaktion vor-gestellt. Zuerst von dem Therapeuten abgewehrt, wurde es ihm während des Erstinter-views möglich, die bisher abgewehrte Trauer über den vor einem Dreivierteljahr erfolg-ten Tod ihrer Tochter anzusprechen.

In dem *einzigen Gespräch* gelang es, sowohl die seit dem akuten Tod der Tochter auf-getretenen vielfachen Ängste als Angst vor neuen Schicksalschlägen als auch das Gefühl des seitherigen völligen Verlassenseins zu deuten. Danach konnte die Patientin erstmals eine gewisse Trauer zulassen. Abschließend wurde ihr eine bessere häusliche Versorgung als Voraussetzung für die gewünschte Rückkehr nach Hause zugesagt. Die weiter ange-botenen Gespräche wurden nicht wahrgenommen. Nach diesem Erstgespräch erholte sie sich innerhalb weniger Tage, nachdem die seit neun Monaten bestehende Sympto-matik verschwunden war und ließ sich nach Hause entlassen.

Bei einem katamnestischen Gespräch nach zwei Jahren erlebt sie sich unverändert stabil und hatte inzwischen intensiv über ihre Tochter getrauert. Damit war der Aktual-konflikt (Verlust der versorgenden Tochter als Symbol für drohende Hilflosigkeit) ausrei-chend bearbeitet worden.

(Kommentar: Der Therapeut verstand die Ablehnung des Gesprächsangebotes als Fortsetzung der zwiespältigen Beziehung zu den Söhnen und gleichzeitig als unbewußte Aufspaltung ihrer Gefühle gegenüber dem sie im entscheidenden Stadium wegen eines Kongreßbesuchs verlassenden [Haus-]Arztes. Durch diese Distanzierung konnte der Hausarzt wiederum in die Position eines guten Sohnes eingesetzt und andererseits der Psychotherapeut als unbrauchbarer Sohn abgelehnt werden.)

Behandlungsbeispiel Nr. 19: Die 79jährige Patientin (Altersunterschied zum Therapeu-ten 34 Jahre) wird von ihrem Hausarzt auf Bitten der Tochter zur Frage der Behandlungs-möglichkeit ihrer schweren Altersdepression überwiesen. Nach übereinstimmenden Angaben des Hausarztes und der Patientin erkrankte sie kurz nach dem plötzlichen Tod ihres etwas älteren Mannes vor einem Dreivierteljahr. Sie konnte über den Verlust nicht trauern und entwickelte relativ schnell eine ausgeprägte depressive Symptomatik mit völligem Rückzug von allen Interessen, vernachlässigte ihre Pflichten in Haus und Garten und vermied jegliche Kontakte. Auch die intensiven Bemühungen ihrer einzigen, unver-heiratet gebliebenen Tochter mit dem Angebot, wieder zu ihr zu ziehen, erbrachten keine nachhaltige Veränderung. Gleichzeitig dekompensierte der bestehende Diabetes mellitus, und die Herzinsuffizienz zeigte eine deutliche Verschlechterung. Bei bedroh-lich zunehmender depressiven Symptomatik wurde sie zweimal – allerdings ohne weiter-gehenden Erfolg – in einer Psychiatrischen Klinik unter der Diagnose „senile Depression" längerfristig mit Antidepressiva behandelt. In den letzten Monaten hatte sie wegen ihrer Hinfälligkeit ihr Haus nicht mehr verlassen, im Haus bewegte sie sich nur mit Hilfe eines Gehstockes. Dazu bestand die Gefahr einer weiteren Sehverschlechterung auf Grund einer fortschreitenden Netzhautablösung. Zum Gespräch wurde sie auch mit Hilfe einer Nachbarin im Auto gebracht.

Die Patientin stammt aus einem wohlbehüteten, sie verwöhnenden, aber auch gegenüber ihren zahlreichen älteren Brüdern benachteiligenden Elternhaus. Die Bezie-hung zu beiden Eltern, insbesondere zu ihrem Vater, beschreibt sie als warmherzig, intensiv und liebevoll. Bis auf wenige Außeninteressen (Schulfreunde, Vereinsleben etc.) lebte sie innerhalb ihrer Kindheitsfamilie aufgehoben und geborgen. Lange Zeit bestand die gegenseitige Verabredung, daß sie die Eltern bis zu deren Ende versorgen und auch pflegen würde. Aus diesem Grunde erlernte sie auch keinen Beruf. Im Gegensatz zu ihren Brüdern wurde daher auch ein Studienwunsch abgelehnt. Spät – mit 35 Jahren nach über zehnjähriger Verlobungszeit – heiratete sie ihren jetzt verstorbenen Mann und bekam mit 38 Jahren die Tochter als einziges Kind. Die Eltern mochten zwar den zukünftigen Schwiegersohn, sprachen sich aber – insbesondere der Vater – gegen die Heirat aus. Sie arrangierte ihre Ehe so, daß sie ihren nach seiner Verwitwung in die Nähe gezogenen Vater noch lange Zeit pflegen konnte. An selbständige Lebenszeiten außerhalb ihrer Kindheitsfamilie und ihrer Ehe kann sie sich nicht erinnern.

Der Ehemann wird als ein energischer, beeindruckender Geschäftsmann, der viel außer Haus war und vielen Interessen (z. B. im Vereinsleben) nachging, geschildert. Gleichzeitig wirkte er in vielen persönlichen Bereichen eher hilflos und brauchte ständige Unterstützung. Schon die Schwiegermutter wies sie bei der Heirat darauf hin, daß sie jetzt ihr „erstes Kind" bekomme (nämlich das letzte [sechste] Kind der Schwiegermutter), auf das sie gut aufpassen müsse. Die Ehe wurde als befriedigend und sie ausfüllend erlebt, wobei Frau B. viele Aufgaben für ihren Mann übernahm, einige seiner vielen Aktivitäten und Interessen teilte und ihn versorgte. Neben der Haushaltsführung und der Pflege eines großen Gartens pflegte sie viele Tätigkeiten in Wohlfahrtsverbänden und bei der Kirche. Nach dem Auszug der Tochter verlief das weitere gemeinsame Leben äußerlich relativ ungestört, d. h. ohne materielle Sorgen und Krankheiten und im inneren Erleben weitgehend zeitlos.

Die Patientin führte ihren jetzigen Zustand selbst auf den Tod ihres Mannes zurück, wobei sie sich allerdings nicht erklären konnte, warum sie erkrankt sei, da sein Tod der langjährig gemeinsamen Annahme, daß er eher sterben würde, entsprach. Sie konnte bisher nicht über seinen Tod trauern und hatte noch nie um ihn weinen können. So besuchte sie bisher weder sein Grab auf dem Friedhof, noch ließ sie eine Messe lesen. Sie drehte alle seine Fotografien in der Wohnung um. Ihre bildhaften Erinnerungen an ihn waren teilweise geschwunden, teilweise sehr verschwommen. Sie konnte z. B. auch keine Gespräche mit ihm führen, wie sie es zu seinen Lebzeiten während seiner häufigen Abwesenheiten tat. Sie wunderte sich dabei, daß sie entgegen ihrer Annahme noch nicht selbst verstorben sei.

Die *fünfmonatige Behandlung* (18 Sitzungen mit einer Wochenstunde) ist zunächst auf die Beziehung zu dem verstorbenen Ehemann zentriert. Bereits die in der ersten Interviewstunde angesprochenen und gedeuteten Vorwürfe an die Adresse des Ehemannes ob ihres Verlassenseins hatten zu einer erstaunlichen Besserung geführt. In den nächsten Stunden wurde es möglich, ihre ausgeprägt ambivalenten Gefühle mit deutlicher Wut und Vorwürfen immer wieder anzusprechen, wobei sie jedesmal zahlreiche, z. T. weit zurückliegende Erinnerungen einbrachte. Gleichzeitig fühlte sie sich damals durch das Bündnis zwischen Tochter und Ehemann von vielen Interessen ausgeschlossen. Schließlich konnte sie sich auch der narzißtischen Kränkung stellen, daß das „erste Kind" sie allein zurückgelassen hatte. Gleichzeitig begann sie über ihren so weitreichenden und innerlich noch nicht verstehbaren Verlust zu trauern, indem sie erstmals in der dritten Stunde weinte.

Innerhalb weniger Wochen schwand die depressive Symptomatik weitgehend. Sie besuchte und schmückte das Grab ihres Mannes auf dem Friedhof und ließ die Messe zum einjährigen Todestag lesen. Ihr inneres Bild ihres Mannes wurde wieder deutlicher und vertrauter. Ebenso stabilisierte sich der dekompensierte Diabetes mellitus. Das sich bisher als therapieresistent erweisende Ulcus cruris heilte vollständig ab, und eine Herzinsuffizienz erwies sich als weniger einschränkend.

In den letzten Behandlungsstunden setzte sie sich zunehmend mehr mit ihrem Wunsch, nicht mehr lange zu leben, auseinander. Einerseits wollte sie noch einige Monate bis Jahre ihre in das Haus gezogene Tochter versorgen, und andererseits fühlte sie sich insgesamt schwach und hinfällig, verlor ständig Freundinnen und Bekannte (drei Stunden lang brachte sie jedesmal zwei Todesanzeigen mit in die Behandlung) und fürchtete eine weitere Sehverschlechterung. Zum Schluß entschied sie sich doch zu einem operativen Eingriff, um einer weiteren Netzhautablösung vorzubeugen. Sie bat den Therapeuten, sie vor seinem anstehenden Urlaub in der Klinik nach dem operativen Eingriff zu besuchen. Sie war stolz, daß er sie lebhaft und aktiv vorfand und genoß gleichzeitig seinen Besuch.

(Kommentar: In der nicht gedeuteten Übertragungsbeziehung stellte er möglicherweise den von Anfang an gewünschten, aber nicht geborenen „Sohn" dar, der im Gegensatz zu ihrer Tochter auf ihrer Seite gestanden haben würde.)

Das Fallbeispiel zeigt insbesondere auch, daß im Einzelfall entschieden werden muß, ob eine positive Übertragung gedeutet werden muß. Dies hängt unmittelbar auch mit dem Behandlungsauftrag des Patienten und den vereinbarten Therapiezielen zusammen.

Kurzpsychotherapie (psychodynamisch)
Indikation: Aktualkonflikt, sich wiederholender neurotischer Konflikt.
Behandlungsfrequenz und *-dauer:* eine Wochenstunde à 50 Minuten, bis zu 50 Behandlungsstunden mit einer Gesamtdauer bis zu einem Jahr.
Bearbeitungsebene: vorbewußte bis unbewußte Inhalte unter Übertragungsdeutungen.

Behandlungsbeispiel Nr. 20: Die 64jährige Patientin wurde wegen einer seit einem halben Jahr bestehenden ausgeprägten Depression an die psychotherapeutische Universitätsambulanz überwiesen (Altersunterschied zum Psychotherapeuten 25 Jahre), nachdem eine intensive Psychopharmakotherapie erfolglos blieb.

Als mittlere von drei Schwestern (+2 J.; -2 J.) aufgewachsen, verlor sie mit 14 Jahren die wenig geliebte Mutter an einer Krebserkrankung. Die drei Mädchen (zwar vorsichtig miteinander konkurrierend) nahmen begeistert das Angebot des Vaters an, ihm für die nächsten Jahre den Haushalt zu führen. Dieser Vater, ein gutaussehender, allseits bewunderter und von seinen drei Töchtern heiß geliebter Schneidermeister, genoß zunächst diese Situation. Dabei konnte er seine zwischenzeitlichen Liebesabenteuer zunächst vor seinen heranwachsenden Töchtern geheimhalten. Im 18. Lebensjahr der Patientin konfrontierte er die drei Mädchen damit, daß sie innerhalb kürzester Zeit das Haus verlassen müßten, da er wieder heiraten würde. In dieser Situation erlebte die Patientin erstmals eine ausgeprägte depressive Verstimmung mit suizidalen Gedanken, konnte aber ihre kaufmännische Lehre abschließen. Sie heiratete mit 22 Jahren relativ überstürzt einen 12 Jahre älteren Geschäftsmann, den sie als energisch, tatkräftig und sie völlig bestimmend schildert. Er vermittelte ihr geistige Interessen, verreiste häufig mit ihr und erwartete aber gleichzeitig, daß sie sich seinen Interessen völlig anpaßte. Wenn sie z. B. kein sexuelles Interesse zeigte, verweigerte er sich ihr mehrere Tage schweigend. Reagierte sie dann nicht auf die „ohne Worte hochgehobene Bettdecke", setzte er sein Schweigen wieder mehrere Tage fort. Als der Ehemann in ihrem 32. Lebensjahr akut an einem Herzinfarkt verstarb, reagierte sie mit einer zweiten Depression. In der Folgezeit arbeitete sie an verschiedenen Arbeitsstellen als kaufmännische Angestellte, ohne eine weitere Beziehung einzugehen. Sie opferte sich dabei für ihre Chefs auf und reagierte jedesmal verstimmt bis depressiv, wenn sie eine erneute entsprechende Enttäuschung erlebte (Bevorzugung einer jüngeren Mitarbeiterin; Weggang des Chefs oder Nichtbeachtung). Mit 59 Jahren nahm sie nach längerem Zögern den Heiratsantrag eines früheren, sieben Jahre älteren Chefs an. Ihre sich bald einstellende tiefe Enttäuschung über diesen inaktiven, ruhigen, hilfsbedürftigen Mann „in Zipfelmütze, Morgenmantel und Hausschuhen", der dazu noch in der Wohnung seiner Eltern und einen Stock über der unverheirateten Schwester wohnte, wehrte sie zunächst dadurch ab, daß sie sich so intensiv um einen jüngeren, aus Rumänien geflüchteten Verwandten ihres Mannes kümmerte, daß dieser schließlich eifersüchtig reagierte. Ihre derzeitige Depression entwickelte sich, nachdem sie im Urlaub ihren Mann aufgrund einer schweren Herzattacke völlig hilflos, verfallen und „alt" erlebt hatte.

Der Patientin gelang es in ihrer *achtmonatigen Behandlung* (eine Wochenstunde mit insgesamt 32 Behandlungsstunden), die sie enttäuschende Partnerproblematik so weit zu verstehen, daß sie – anstatt in resignierender Enttäuschung zu verharren – ihre Wünsche und Bedürfnisse in die Beziehung einbringen und sie zunehmend mitgestalten konnte. Bei völligem Verschwinden der Symptomatik erlebte sie sich autonomer und war gleichzeitig in der Lage, sich von der im gleichen Hause mitlebenden Schwester des Ehemannes abzugrenzen.

Bei einem katamnestischen Gespräch nach 3 Jahren wirkte die Pat. unverändert selbständig, aktiv und sah sich zunehmend mehr in der Lage, auch die aufgrund einer Herzinsuffizienz eingeschränkte Leistungsminderung ihres Mannes zu akzeptieren.

Behandlungsbeispiel Nr. 22: Die Patientin suchte kurz vor ihrem 70. Geburtstag Hilfe wegen einer „erneuten Phase ihrer endoreaktiven Depression". Diese hatte sich seit dem 18. Lebensjahr mehrfach mit klassischen Krankheitssymptomen und zuletzt im 40. Jahr, ausgelöst durch die Frage der Fortsetzung ihrer Ehe, des Umzuges an den Stadtrand und der damit verbundenen Trennung aus der vertrauten Kindheitsumgebung, gezeigt. In den letzten 15 Jahren hatte sie eine sie befriedigende Selbständigkeit durch Wiederaufnahme ihrer beruflichen Tätigkeit als Krankengymnastin gewonnen. Sie war trotz großer Ambivalenz in der Lage, ihren älteren, immer stärker dement werdenden Mann zunächst lange Zeit zu Haus zu pflegen. Gleichzeitig konnte sie vor fünf Jahren den Tod der über 90jährigen Mutter adäquat betrauern und sich ablösen. Ihre Autonomie erlaubte es ihr, in gewisser Distanz zu ihren beiden schwierigen Geschwistern und den jetzt erwachsenen Söhnen zu leben. In wenigen Stunden konnte erarbeitet werden, daß sie sich jetzt nach ihrem 70. Lebensjahr vielfältig beunruhigt erlebte: Der Eintritt in das Älterwerden beinhaltete die Bedrohung, daß nur wenige Frauen in der Familie wie die Mutter wirklich alt wurden, da die meisten kurz nach Erreichen des 70. Lebensjahres verstarben. Außerdem brachte die bevorstehende, durch kirchliche Regeln bedingte Trennung von vielen Funktionen und Ämtern „Leere" mit sich – sie konnte altershalber in diese Ämter nicht erneut gewählt werden. Dazu bestanden erhebliche Sorgen über einen der Söhne wegen eines Augenleidens. So bedroht durch massive Veränderungen ihrer bis dahin Stabilität und Autonomie vermittelnden Lebenssituation mußte sie sich jetzt erstmals mit dem Älterwerden und dem näherrückenden Lebensende auseinandersetzen.

Nach etwa zehn Sitzungen war die depressive Symptomatik (schwerwiegende depressive Verstimmung am Morgen, deutliche Schlafstörungen, Suizidgedanken, Arbeitseinschränkungen usw.) so weitgehend geschwunden, daß eine Beendigung verabredet werden konnte. Eine erneute Verschlechterung war zunächst nicht verständlich. Erst allmählich wurde deutlich, daß die von ihr ausgesuchte Vizetochter (anstelle der lebenslang heiß ersehnten leiblichen Tochter) akut schwer erkrankt war. Diese Vizetochter hatte den beiden miteinander befreundeten Müttern immer zugesichert, im Krankheits- oder Pflegefall sie beide selbstverständlich zu versorgen. Sie starb innerhalb von sechs Wochen an einem schnell fortschreitenden Lungenkrebs. Gleichzeitig wurde bei der etwas älteren Schwester, zu der lebenslang eine hochambivalente, aber sehnsüchtige Beziehung bestand, eine ebenfalls lebensbedrohliche Operation notwendig. Dazu verschlechterte sich das Augenleiden des Sohnes, den sie gleichzeitig finanziell unterstützen mußte. Und sie realisierte allmählich den mühevollen Weg, ihre verschiedenen Ämter wirklich aufzugeben. Diese tiefgreifenden Bedrohungen machten die Fortsetzung der Behandlung erforderlich. Gerade als diese nach jetzt insgesamt 30 Stunden wieder abgeschlossen werden konnte, erkrankte die Patientin selbst an einem Genitalkarzinom, welches einen radikalen Eingriff erforderlich machte. So konnte die Behandlung *erst nach einem Jahr* entgegen der ursprünglichen Absicht beendet werden.

Bei einem katamnestischen Gespräch nach drei Jahren erwies sich die Situation als stabil. Die Patientin überlegte jetzt, in ein Altersheim in die Stadt zu ziehen.

Längerfristige Psychotherapie

Indikation: Anhaltende neurotische Entwicklung, persistierender neurotischer Konflikt.

Behandlungsfrequenz und *-dauer:* ein bis zwei Wochenstunden à 50 Minuten; bis zu 150 Behandlungsstunden bei einer Gesamtdauer von bis zu zwei Jahren.

Bearbeitungsebene: vorbewußte bis unbewußte Inhalte unter Übertragungsdeutungen.

Behandlungsbeispiel Nr. 24: Die 61jährige Lehrerin (Altersunterschied zum Psychotherapeuten 29 Jahre) erlebte sich seit mehreren Jahren zunehmend resignierend, depressiv und latent suizidal. Dazu bestanden Angstzustände, ständige Wirbelsäulenbeschwerden und eine dekompensierende Herzinsuffizienz bei einer wechselnden Hypertonie. Weitgehend vereinsamt lebend, fühlte sie ihre sie seit vielen Jahren stabilisierende Arbeitsfähigkeit erheblich eingeschränkt und sich durch eine mögliche Pensionierung bedroht. Ihre Mutter erzog sie als älteste Tochter nach dem frühen Tod ihres Vaters (im vierten Lebensjahr) mit Hilfe seines hochidealisierten Bildes in einer reinen Frauenwelt, wobei sie gleichzeitig ihre weibliche, insbesondere sexuelle Identität abwertete. Alle phallisch-narzißtischen Strebungen ihrer Tochter, insbesondere im künstlerischen Gebiet als Nachkomme aus einer berühmten Künstlerfamilie, wurden eingeschränkt. Nur mühsam gewann die Patientin über ihre Ausbildung zur Lehrerin eine gewisse Identität, die ihr gleichzeitig lebenslang – wenn auch sehr eingeschränkt – ermöglichte, ihre künstlerischen Fähigkeiten zu nutzen. Erst spät nahm sie eine Beziehung zu einem sehr viel älteren Hochschullehrer auf und lebte dann trotz einer demütigenden Situation viele Jahre als „Zweitfrau" in seiner Nähe, während er gleichzeitig seine Ehe fortführte. Neben dem sie stabilisierenden Beruf waren die beiden narzißtisch hochbesetzten Söhne, an die sie alle Lebenswünsche delegiert hatte, einzige Lebensaufgabe. Nach mehreren depressiven Verstimmungszuständen, jeweils im Zusammenhang mit Krisen in der Partnerbeziehung, erkrankte sie dann an der eingangs erwähnten depressiven Symptomatik im Zusammenhang mit dem Tod des Partners und der Ablösung der Söhne.

Die über *zweijährige Behandlung* (zwei Wochenstunden mit insgesamt 165 Behandlungen) erbrachte eine weitgehende Symptomfreiheit bei erneuter Berufsfähigkeit. Nach besserer Ablösung von ihren Söhnen konnte sie eine neue, erwachsenengerechtere Beziehung aufbauen und ihre Schwiegertöchter mehr akzeptieren. Die neugeschaffene Lebensstruktur (verstärkte künstlerische Neigungen, Reisen und bessere Beziehungen zu befreundeten Kolleginnen) ermöglichten ihr, sich ohne Schwierigkeiten pensionieren zu lassen.

Im Rückblick nach 20jähriger Katamnese (bei Kontakten alle 2-3 Jahre) erwies sich ihr weiteres Leben als weitgehend stabil ohne neue psychische Symptomatik. Zahlreiche Schwierigkeiten und Bedrohungen (mehrere eigene körperliche Erkrankungen, schwerwiegende Schwierigkeiten der Kinder und Erkrankung der Enkelkinder, Verlust von Freundinnen etc.) einschließlich der Erfahrungen des Alterns wurden gut bewältigt.

Behandlungsbeispiel Nr. 21: Der 68jährige pensionierte Ingenieur (Altersunterschied zum Behandler 28 Jahre) erhielt auf Bitte des dem Behandler beruflich bekannten Schwiegersohnes einen Gesprächstermin. Vor drei Jahren setzten zwanghafte Grübeleien und stärke Ängste ein, ob er als damals leitender Ingenieur eines kommunalen Versorgungsunternehmens genügend Vorsorge getroffen habe, um z. B. schwere Gasunfälle zu vermeiden. Nachfolgend stellten sich ausgeprägte depressive Verstimmungszustände mit latenten suizidalen Gedanken ein. Die vor zwei Jahren auf eigenen Wunsch erfolgte Pensionierung erbrachte keine innerliche Beruhigung, sondern erhebliche Schwierigkeiten, da er ständig zwanghaft im Betrieb alte Unterlagen überprüfen mußte. Jetzt erlebte er sich deprimiert, verzweifelt und inaktiv sowie an seiner Ehe, seinem Haus und Garten und seinen langfristig geplanten Hobbies weitgehend desinteressiert. Eine längere psychiatrische Behandlung mit Antidepressiva, bzw. später Neuroleptika, war erfolglos geblieben.

Als erster Sohn (ein Bruder -8 J.) wurde er von einer als verständnisvoll, aber äußerst gewissenhaft beschriebenen Mutter streng religiös erzogen. Der als Landarzt tätige Vater hatte wenig Zeit für seine Familie, insbesondere für seinen Erstgeborenen, und überließ die Erziehung weitgehend der Mutter. Als braves, ruhiges, häufiger trauriges Kind war er von Anfang an bemüht, Klassenbester zu werden und auch später zu bleiben. Nach dem Ingenieurstudium war er zunächst bei einer größeren Firma in Norddeutschland auch während des II. Weltkrieges beschäftigt, um dann eine Karriere bei dem kommunalen Versorgungsunternehmen zu beginnen. Verheiratung 1933 mit der Tochter einer Freundin der Mutter mit deutlicher „Nachhilfe" seitens der Mutter. Der Ehe entstammten zwei Kinder (Sohn, Tochter). Im 30. Lebensjahr Tod des Vaters an einer Nierenerkrankung, im 50. Lebensjahr Tod der Mutter an Parkinson-Erkrankung.

Der Patient schätzt sich selbst zutreffend als überaus korrekt bis leicht zwanghaft ein, dazu sehr fleißig mit ständigen Überstunden, mit zu wenig Kontakten und eher zurückgezogen im Familienkreise lebend.

In der achtmonatigen Behandlung (52 Sitzungen mit zwei Wochenstunden) beschäftigte er sich zunächst mit seiner schwierigen und enttäuschenden Beziehung zu seinem Sohn, den er abweisend und beruflich als Versager erlebte. Angesprochen auf die eigene Situation als Sohn konnte er zunehmend mehr seine ständigen Wünsche um Anerkennung und Hochschätzung durch den Vater (und nachfolgende Chefs) zulassen. Damit wurden ihm erstmals auch seine ständige Überanpassung, sein Arbeitseifer etc. zugänglich und er begann, seinen Vater kritischer zu sehen. Seine bisher latenten und abgewehrten aggressiven Phantasien („Angst vor einem Gasunglück, das die gesamte Bevölkerung ausrottet") wurden ihm durch wahrgenommenen Ärger über die Nachbarn, über einen katholischen Geistlichen, über seinen Sohn (und in der Übertragung auf den Therapeuten) so weit deutlich, daß sie auch in Phantasien und Träumen dem Vater gegenüber affektiv nacherlebt werden konnten. Damit verschwanden auch autoaggressive suizidale Impulse („Die im Keller liegende Pistole nehmen und sich umbringen"). Gleichzeitig begann er, sich kritischer mit seiner Frau auseinanderzusetzen, die er vorübergehend als ihn einengend, desinteressiert und wenig hilfreich wahrnahm. Das Ehearrangement war offenbar dadurch so lange stabil geblieben, daß er sich fast ausschließlich seinem Beruf und die Ehefrau fast ausschließlich der Versorgung ihrer ins Haus geholten gebrechlichen Mutter widmete. Die Enttäuschung an dem Sohn, das bewußt angestrebte Verlassen des Arbeitsplatzes und der Tod der Schwiegermutter hatten offenbar regressiv zur Wiederbelebung ungelöster ödipaler Konflikte mit Bewußtwerden lebenslanger Enttäuschungen geführt. Mit Hilfe der deutlich zugelassenen Übertragung (zuerst Vater-Sohn-, anschließend Sohn-Vater-Übertragung) wurde es dem Patienten möglich, den aktualisierten Konfliktanteil soweit zu bearbeiten, daß er eine neue Identität erreichen konnte. Die gesamte Symptomatik verschwand. Gleichzeitig fühlte er sich seit vielen Jahren erstmals wieder in einer befriedigend geklärten Ehesituation wohl und ausgeglichen. Er widmete sich wieder seinen Interessen mit verstärktem Kontakt zur Umwelt. Ebenso besserte sich die Beziehung zu seinem Sohn nachhaltig; Sohn und Vater konnten sich über ihre gemeinsame Geschichte austauschen. Der Patient war in der Lage, Ratschläge seines Sohnes anzunehmen. Er erlebte jetzt befriedigt, bei dem ersten inzwischen geborenen Enkelsohn ein „besserer Großvater" zu werden, als er es als Vater bei seinem eigenen Sohn gewesen war.

Bei einem katamnestischen Gespräch nach drei Jahren fühlte sich der Pat. weiterhin psychisch stabil bei völlig geschwundener Symptomatik. Er lebte in befriedigenden Beziehungen zu Frau sowie Sohn und widmete sich ganz besonders den Aufgaben des Großvaters.

Behandlungsbeispiel Nr. 25: Die 72jährige Patientin (Altersunterschied zum Psychotherapeuten 23 Jahre) suchte auf Rat ihres Sohnes eine Behandlung. Innerhalb der letzten vier Jahre war sie mehrfach an einer schweren Depression erkrankt: sie fühlte sich innerlich völlig erstarrt bei deutlichem Desinteresse an bisherigen Aktivitäten (Lesen, Reisen, Besuch kultureller Veranstaltungen etc.). Sie kümmerte sich kaum noch um ihren Haushalt, die eigene Versorgung und ihre Einkäufe. Zusätzlich bestanden schwere Durchschlafstörungen mit Appetitmangel und deutlicher Gewichtsabnahme. Sie empfand innerlich kaum noch Gefühle und auch keine Trauer, grübelte ständig über Suizidmöglichkeiten nach und hatte ihre Kontakte zur Umwelt, insbesondere zu ihren erwachsenen Kindern, weitgehend abgebrochen. Sie war erstmals neun Monate nach dem Tod ihres Ehemannes erkrankt. Auf drei intensive stationäre psychopharmakologische Behandlungen in einer psychiatrischen Universitätsklinik reagierte sie das erste Mal mit gutem, das zweite Mal mit schlechterem und das dritte Mal ohne jeden Erfolg.

Als eine von mehreren Töchtern eines freien Unternehmers wuchs sie unter konflikthaften und schwierigen Familienbedingungen auf: Tod der Mutter im ersten Lebensjahr und Weggabe an die Großeltern im Ausland, Rückkehr zum Vater im 5. Lebensjahr bei einer schwierigen Beziehung zur Stiefmutter; erzogen als „höhere Tochter" bei einem aus der Ferne verehrten und idealisierten, sich aber patriarchalisch, sogar diktatorisch gebärdenden Vater, der oft auf Geschäftsreisen abwesend war; Schulbesuch bis zum Abitur. Sie heiratete dann einen im Rückblick ungeliebten, aber standesgemäßen, fünf Jahre älteren Mann, der später eine hohe Beamtenkarriere machte. Trotz einer sich immer schwieriger gestaltenden Ehesituation (unbefriedigende sexuelle Beziehung, zahlreiche Repräsentationspflichten bei gleichfalls patriarchalischem Verhalten des Mannes) verblieb sie mit Rücksicht auf ihre Kinder in dieser Beziehung. In der Kriegszeit erlebte sie sich zum ersten Mal selbständig, als sie alleinverantwortlich für ihre Kinder sorgen mußte. Mehrfach erkrankte sie, so z. B. bei der Geburt des ersten Kindes, in Form von „Erschöpfungszuständen" psychosomatisch. Nach der Pensionierung ihres Mannes trennte sie sich äußerlich von ihm. Er zog in ein Altenheim, um sich seiner schon lange bestehenden außerehelichen Beziehung zu widmen. Die Patientin kümmerte sich bei seinen sich häufenden Krankheitszuständen jedesmal um ihn bis zu seinem Tode. Ihre Kinder überhäuften sie wegen ihrer Handlungsweise (äußere Trennung und Versorgung des Mannes nur im Krankheitsfall) mit starken Vorwürfen und brachen die Beziehung zunächst weitgehend ab. Nach dem Tod des Ehemannes fühlte sich die Patientin zunächst wohl und konnte aktiv ihren Interessen nachgehen.

Zu Beginn der *einjährigen Behandlung* (88 Stunden, wegen der weiten Anreise einmal wöchentlich zwei Stunden) verweigerte sie sich zunächst der kognitiv gesehenen Aufgabe, sich mit ihrer Partnerbeziehung auseinanderzusetzen und sie im Rückblick aufzuarbeiten. In Fortführung der auf mich übertragenen Beziehung zu dem ältesten, psychotherapeutisch tätigen Sohn begann sie sich mit ihren problematischen Beziehungen zu ihren Kindern und nachfolgend zu ihren Geschwistern zu befassen. Gleichzeitig stellte sie sich immer wieder als „unbrauchbare, sich nicht genügend um ihren Mann kümmernde Ehefrau" dar. Als entscheidend für den Fortschritt ihrer Behandlung erwies sich, daß ich verstand, daß sie erneut in ihrem Leben als eigenständige Frau mit eigener Identität und nicht immer als „Tochter von . . .", „Frau von . . ." oder „Mutter von . . ." wahrgenommen werden wollte. Daraufhin begann sie unter Rückgriff auf viele Erinnerungen aus ihrer Kindheit und insbesondere der Pubertät, die Konkurrenz zwischen den Schwestern um den Vater, die Wut und den Haß über die Stiefmutter und die schwärmerische Hingabe an den Vater deutlicher zuzulassen. Gestützt auf eine inzwischen eindeutige Tochter-Vater-Übertragungsbeziehung erprobte sie vorsichtig, ob sie in Gegenwart eines Mannes aggressive, abwertende und vorwurfsvolle Gedanken wie auch Phantasien und Impulse gegenüber Männern einbringen dürfe. Schließlich konnte gedeutet werden, daß sie ihren Ehemann unbewußt dadurch bestrafte, indem sie ihn aus der Therapie heraushielt und ihn dadurch als für ihr Leben „unwichtig" erklärte. Dadurch wurde es ihr schließlich möglich, im Rückblick (auch mit Hilfe von Fotos und Briefen) die lange, problematische und enttäuschende Ehegeschichte wiederzuerleben, zu reflektieren und gleichzeitig zu betrauern.

Die depressive Symptomatik mit ständigen suizidalen Gedanken und teilweise auch bedrohlichen Impulsen (z. B. während der notwendigen Anreise mit der Bahn aus dem Zug zu springen) bildete sich nach einem halben Jahr völlig zurück. Gleichzeitig begann sie, sich wieder um ihren Haushalt, ihre Kleidung und ihre bisherigen Interessen (Besuche, kulturelle Veranstaltungen, Lesen und Reisen) zu kümmern. Sie nahm die Beziehungen zu den eigenen Kindern wieder auf und versuchte, die bestehenden Vorwürfe in gewissem Umfang zu klären und die Beziehung auf Distanz sachlicher zu gestalten. Am Ende der Behandlung (und ebenso bei einem katamnestischen Gespräch nach vier Jahren) fühlte sie sich wohl und ging ihren Interessen und umfangreichen gesellschaftlichen Verpflichtungen nach, bei relativ stabilen Beziehungen zu ihren Kindern. Ihre hysterische Persönlichkeitsstruktur, an der auch nicht zentral psychotherapeutisch gearbeitet worden war, blieb dabei unübersehbar erhalten.

Zehn Jahre später suchte sie mit 82 Jahren erneut psychotherapeutische Hilfe. Sie litt zunehmend an einer resignativen depressiven Verstimmung, die ihr allerdings erlaubte, die Alltagsgestaltung und Versorgung ausreichend wahrzunehmen. Der vergebliche Behandlungsversuch verdeutlichte, daß offenbar jetzt wichtige, in der ersten Behandlungsphase nicht bearbeitete Anteile ihrer Kindheitsgeschichte (insbesondere der frühe Verlust ihrer Mutter und die Unterbringung bei unbekannten Großeltern) in der Situation des Altseins wiederbelebt wurden. Diese erwiesen sich auch jetzt therapeutisch nicht zugänglich. Der zusätzliche Behandlungsversuch mit Antidepressiva scheiterte ebenso.

An Hand dieser Fallgeschichte wird deutlich, daß bei psychotherapeutischen Interventionen eine vorbestehende Störung im Bereich der Persönlichkeit persistieren kann. Die daraus verbleibende Vulnerabilität erhöht naturgemäß das Risiko, an später im Lebenslauf auftretenden „sekundären und tertiären Konflikten" (→ Kap. 3.1) zu erkranken.

Behandlungsbeispiel Nr. 26: Der 59jährige Patient (Altersunterschied zum Therapeuten neun Jahre) suchte nach einem „Zusammenbruch im Urlaub" auf Empfehlung seiner ärztlichen Tochter eine psychotherapeutische Behandlungsmöglichkeit. Seit mehreren Jahren erlebte er akute Angstzustände bei öffentlichen Auftritten, bei gesellschaftlichen Verpflichtungen im Rahmen seines Konzerns und insbesondere bei seinen Kundenbesuchen als selbständiger Handelsvertreter mit dem Auto: Diese waren nur noch in Begleitung seiner Ehefrau oder eines pensionierten Taxifahrers möglich. Er fühlte sich daher in seiner Berufstätigkeit weitgehend eingeengt, fürchtete schwerwiegende finanzielle Einbußen und wurde reaktiv depressiv. Im Umgang mit Männern, insbesondere Kollegen und vor allem mit Vorgesetzten, bestanden seit Jahrzehnten erhebliche Schwierigkeiten, sich in Konkurrenzsituationen zu behaupten. Darüber hinaus hatte er über mehrere Jahre keinen längeren Urlaub genommen.

Der Patient wuchs als jüngster Sohn (drei Brüder: +10, +8, +6) in einer Offiziersfamilie preußischen Zuschnitts auf. In seiner als einengend, versagend und karg erlebten Kindheit (trotz großzügiger Lebensführung seiner Eltern) fühlte er sich ständig dem Druck der Erwartungen des Vaters und dem Vorbild der drei älteren Brüder ausgesetzt. Die Mutter wurde als kühle, distanzierte, mit den Kindern weitgehend über das Kindermädchen verkehrende Mutter erlebt, die ihren gesellschaftlichen Verpflichtungen nachging und den Jüngsten wahrscheinlich als zusätzliche Last ansah. Der Vater, in deutlicher Distanz zu seinen Kindern lebend, erkannte den Patienten kaum an. Nach Absolvierung der von der Familie vorgeschriebenen „Laufbahn" mit Abitur begann er die Offiziersausbildung. Im Kriege erlitt er eine Verschüttung (MdE von 60 % aufgrund eines Schädel-Hirn-Traumas und weiterer Beeinträchtigungen). Nach erfolgreicher Rehabilitation Aufnahme eines Studiums, das nach dem Kriege wegen seiner Zugehörigkeit zur Nazi-Partei (NSDAP) beendet werden mußte. Seit 1948 selbständiger kaufmännischer Mitarbeiter im Außenhandel, wobei er immer wieder von seiner Firma als sehr erfolgreich (z. B. als der erste von 150 Vertretern) prämiert wurde. 1943 Heirat seiner „ersten" Freundin, wobei er die Ehe väterlich beschützend gestaltete.

Die *30monatige Behandlung* (172 Stunden bei 1-2 Wochenstunden) war lange Zeit auf seine Beziehungen zu dem Vater, den in der Kindheit gesuchten „Ersatzvätern" und auf die Beziehungen zu den zahlreichen väterlichen Objekten, wie z. B. Vorgesetzte beim Militär, die Direktoren seiner Firma, ältere Kunden etc. zentriert. Nachdem zu Anfang Übertragungsaspekte rationalisierend mit Hinweis auf das Alter des Behandlers abgewehrt wurden, entwickelte sich zunächst eine langanhaltende negative Übertragung, mit deren Hilfe er sich mit seinem ihn hassenden, verächtlich betrachtenden und im Vergleich zu den älteren Brüdern ständig zurücksetzenden Vater auseinandersetzen konnte. Gleichzeitig testete er ständig die Zuverlässigkeit des Behandlers aus. Die negative Übertragung verbarg gleichzeitig seine tiefen Sehnsüchte nach einem liebevollen, ihn anerkennenden, schätzenden und beschützenden Vater. Allmählich wurde ihm deutlich, daß seine gesamte berufliche Tätigkeit in seinem Konzern ständig durch die unausgesprochene und zunächst weitgehend unbewußte Erwartung an die Vorgesetzten geprägt wurde: Er hatte stets die Hoffnung, daß sie ihn anerkennen, fördern und befördern würden. Erst allmählich konnte der Patient seinen Behandler als zugewandt, freundlich und an seinen Aktivitäten und Erfolgen interessiert wahrnehmen. Sich darauf stützend, begann er seine derzeitige berufliche Situation kritischer zu sehen und zu klären. Unter Verzicht auf seine bisher weitgehend sich unterwerfende und ständig unbewußt konkurrierende Einstellung begann er, sachlicher und erwachsenengerechter mit Vorgesetzten, Kunden und Kollegen umzugehen. Gleichzeitig konnte er sich stärker seinen aggressiven ödipalen Impulsen stellen und mußte sie nicht mehr mit Hilfe der phobischen Symptomatik abwehren. Er erlebte sich als ruhiger, reflexiver und ausgeglichener, bei gleichzeitig deutlich größerem beruflichen (auch finanziellen) Erfolg. Diese Wahrnehmungen wurden auch von seiner Familie und den Kollegen so wahrgenommen. Zu seinem Erstaunen bot ihm sein weltweit tätiger Konzern mit fast 60 Jahren eine Innendienstkarriere als Trainingschef für den Außendienst an, die er jedoch nach reiflicher Überlegung ablehnte, um sich seine berufliche Selbständigkeit zu erhalten. Gleichzeitig genoß er es, sein jahrzehntelang erfahrenes Fach- und Erfahrungswissen in dem Konzern, nachdem er sich inzwischen anerkannt und akzeptiert fühlte, auf Trainingsseminaren weiterzugeben. Zugleich verschwand seine Unfähigkeit, Urlaub zu machen (von einem Überhang von 110 Tagen zu Beginn der Behandlung auf 4 Tage am Ende!) Immer wieder hatte er seinen Urlaub abbrechen müssen, um zu Hause und im Konzern präsent zu sein. Gleichzeitig besserten sich seine Beziehungen zu den erwachsenen Kindern, die er besser verstand und die sich auch mehr von ihm verstanden fühlten.

Weitgehend ungeklärt, da auch nur wenig in die Behandlung eingebracht, blieb die problematische Beziehung der angeblich an einer Leberzirrhose erkrankten Ehefrau, die er häufig wechselnd anklammernd oder versagend erlebte. Schließlich beendet er selbst seine Tranquilizerbehandlung, obwohl auf Grund der langen Einnahme eine gewisse Abhängigkeit bestand. Anfangs hatte die weitere Einnahme ihm als Beweis für seine Autonomie auch dem Behandler gegenüber gedient.

Bei einem katamnestischen Gespräch nach drei Jahren berichtete er über die weitere psychische und körperliche Stabilität. Der Patient hatte gerade sein Berentungsverfahren eingereicht, um sich stärker seinen privaten Interessen, den Kindern und Enkelkindern sowie Haus und Garten und Reisen zu widmen. Bei einem zufälligen Treffen nach weiteren neun Jahren in der Stadt berichtete er auch über eine deutlich verbesserte Beziehung zu seiner Ehefrau, bei unverändert anhaltendem Wohlbefinden.

Die geschilderten Behandlungsbeispiele 21, 24-26 illustrieren, daß auch bei älteren Patienten mit psychischen Störungen von erheblicher Beeinträchtigungsschwere durch längerfristige psychodynamische Behandlungen relevante Veränderungen auf der Erlebens- und Verhaltensebene erreichbar sind.

Psychoanalytische Psychotherapie
Indikation: persistierender neurotischer Kernkonflikt
Behandlungsfrequenz und *-dauer:* 3-4 Wochenstunden (im Liegen) bei mehrjähriger Behandlungsdauer.
Behandlungsebene: vorbewußte und unbewußte Inhalte unter Übertragungsdeutungen.

Psychoanalysen im Sinne des klassischen Forschungs- und Behandlungsinstruments mit über 60jährigen wurden bisher extrem selten (Kahana & Morgan 1998) durchgeführt. Bisherige Behandlungsberichte (z. B. Coltart 1991; King 1980; Myers 1984; Sandler 1978; 1982; Simburg 1985) verdeutlichen Behandlungsmöglichkeiten von 50-65jährigen, bei denen allerdings im Verlaufe der Behandlung bzw. von Anfang an entsprechende Modifikationen (Bianchi 1995) erfolgten.

Es ist unseres Wissens eine einzige fortlaufend erstellte, ausführliche Dokumentation einer zu Behandlungsbeginn 65jährigen, schwer depressiv erkrankten Patientin über eine gesamte psychoanalytische Behandlung verfügbar. Die Patienten litt unter einer neurotischen Problematik seit ihrer Kindheit, wobei der Symptomausbruch bis zum Zeitpunkt der Berentung von ihr vermieden werden konnte. Die Dokumentation dieser Behandlung erfolgte sowohl aus der Sicht des Analytikers durch Stundenprotokolle als auch aus der Sicht der Patientin mit Hilfe von Tagebuchaufzeichnungen. Insgesamt umfaßte die 4 1/2jährige psychoanalytische Behandlung 490 Stunden im Liegen mit einer Frequenz von 3-4 Wochenstunden. In der Monographie sind sowohl die erreichbaren Erfolge als auch die nach Therapieende erfolgte Weiterentwicklung durch eine Katamnese-Untersuchung dargestellt (Radebold & Schweizer 1996).

Generell läßt sich heute auch in jüngeren Altersgruppen feststellen, daß Patienten relativ selten selber eine psychoanalytische Psychotherapie suchen. Gleichzeitig wird die Indikation, bezogen auf alle Psychotherapiepatienten, auch selten gesehen. Oft stehen heute einer solchen Therapiemethode Bedenken hinsichtlich der Ich-Stärke des Patienten angesichts regressiver Therapieprozesse entgegen. Wir wollen an dieser Stelle keine grundsätzliche Diskussion über einen solchen Shift in den Indikationsstellungen beginnen. Es geht uns lediglich darum, die relativ geringen Erfahrungen in der Psychoanalyse Älterer in Relation zu setzen zu der relativ geringen Anzahl psychoanalytischer Psychotherapien insgesamt.

Wir vermuten begründet, daß sich an dieser Tendenz auch in den nächsten Jahren nichts grundsätzlich ändern wird. Nur: Es wäre auch unverantwortlich, auf dem Hintergrund solcher Trends generell davon zu sprechen, psychoanalytische Psychotherapie sei bei Älteren nicht indiziert! Sie lohne nicht. Abgesehen davon, daß diese Argumente unethisch sind, zeigt gerade das im letzten Abschnitt angesprochene Beispiel, daß eine solche Behandlung dazu verhelfen kann, auch langfristig ein selbstorganisiertes Leben und dazu symptomfrei mit neuer Lebensqualität weiterzuführen.

6.9.2 Kognitiv-behaviorale Therapie bzw. Verhaltenstherapie

Die kognitiv-behavioralen Psychotherapien haben sich Ende der 60er Jahre aus der Verhaltenstherapie entwickelt mit dem Konzept vom Menschen als selbstreflexivem Wesen. Im Altersbereich bedeutsam ist unter den kognitiven Therapien die Rational Emotive Therapie (RET) (Ellis 1990). Die Grundannahme der kognitiven Therapie geht davon aus, daß kognitive Strukturen, wie Gedanken, Einstellungen und Wertsysteme, eine bedeutende Rolle bei Verhalten und Erleben spielen. Irrationale Denkstile, die mit negativen (Alters-)Erwartungen verknüpft sind, können sich beispielsweise als depressiogene Spirale im Sinne einer sich selbst erfüllenden Prophezeihung zuspitzen. Ellis (1990) hat 12 derartige irrationale Denkstile zusammengestellt, die prinzipiell für den Altersbereich zutreffen können: z. B., man müsse in allen Bereichen äußerst kompetent, intelligent und erfolgreich sein. Als altersspezifische Konzepte können die Auseinandersetzungen mit negativen Altersbildern (z. B., Inaktivität ist gleich Nutzlosigkeit) und die notwendige Anpassung an altersbedingte Veränderungen angesehen werden. Im deutschsprachigen Raum nehmen die Arbeiten über verhaltenstherapeutische Konzepte zu (Übersichten bei Bäurle et al. 2000; Heuft et al. 2000).

Auch für die Anwendung bewährter verhaltenstherapeutischer Programme gibt es, ähnlich wie bei den psychodynamischen Methoden, eine zurückhaltende Indikationsstellung (s. Tab. 18), da die gerontologischen Ergebnisse zur Lernfähigkeit bis ins hohe Alter nicht breit rezipiert werden. Unter solch einem Blickwinkel stehen Alter und Intervention gradezu in einem Widerspruch zueinander. Als Vorteile verhaltenstherapeutischer Interventionen und Behandlungen werden insbesondere bei Älteren folgende gesehen (Hautzinger 1994; 1997; Hirsch 1991; Heuft et al. 2000):

- die Gegenwarts- und Problemorientierung;
- die Zerlegung komplexer Ziele in Teilziele;
- Vermeidung von regressionsförderndem Setting und Betonung der Kompetenzen des Patienten;
- Vermittlung rascher Erfolgserfahrungen;
- direkte und kontinuierliche Beobachtung von Effekten; Erfolgskontrollen;
- Anwendung der Methodik auch von Paraprofessionellen und Mediatoren;
- Verfügbarkeit eines breiten Methodenrepertoires, das verschiedensten Gruppen älterer Menschen gerecht werden kann, von in physischer oder psychischer Hinsicht kaum oder gar nicht Beeinträchtigten, die sich Optimierung ihrer Möglichkeiten, Erweiterung ihres Lebensraumes wünschen bis hin zu in ihren psychischen und kognitiven Funktionen schwerst gestörten geriatrischen Patienten;
- Kombinations- und Erweiterungsmöglichkeit mit anderen Ansätzen und Therapieformen.

Tab. 18: Die verhaltenstherapeutischen Behandlungstechniken bei alten Menschen mit ihren typischen Indikationsbereichen und Settinggestaltung

Verhaltenstherapeutische Behandlungstechnik	Typische Indikationen	Setting
– Kognitive Umstrukturierung (Ellis 1990)	Negative Altersbilder	Einzel- oder Gruppen-psychotherapie (10-20 Sitzungen)
– Lösung von Alltagspro-blemen (Moberg & Lazarus 1990)	Unbewältigte altersbedingte Veränderungen im Alltag	Einzel- oder Gruppen-psychotherapie (10-20 Sitzungen)
– Störungsspezifische Therapiemanuale der Depression (Yost et al. 1986)	Depressive Störungen	Einzel- oder Gruppen-psychotherapie (10-20 Sitzungen)
– Störungsspezifische Therapieansätze der Angst-behandlung durch operantes Konditionieren	Angststörungen	Einzel- oder Gruppen-psychotherapie (10-20 Sitzungen)
– Realitäts-orientierungs-training (ROT) (Haag & Noll 1996)	Selbständigkeit und Selbst-sicherheit – auch bei dementen Patienten	Einzel- oder Gruppen-psychotherapie (10-20 Sitzungen)

Während zunächst insbesondere in der Interventionsgerontologie (Lehr 1979) eine relativ technologische Auffassung der Verhaltenstherapie vorherrschte, wurde durch die kognitiv-behaviorale Wende verstärkt die Therapie als Problemlösungsversuch aufgefaßt (der Patient als „reflexives Subjekt"). Zunehmend mehr wurden dabei die sogenannten Selbstkontrollverfahren und insbesondere kognitive Modelle benutzt (Junkers 1995). Empirische Untersuchungsergebnisse belegen, daß die subjektive Belastung pflegender Angehöriger eines älteren Patienten vor allem durch adäquate Lösungen für den Umgang mit Verhaltensproblemen entscheidend verringert wird. Da es häufig Verhaltensprobleme sind, die eine Heimeinweisung auslösen, kann in den Fällen, in denen ein Zusammenleben von beiden Seiten gewünscht wird, ein solcher Schritt verhindert werden.

Pflegekräfte sind sich oft gar nicht bewußt, daß sie unselbständiges Verhalten von Älteren durch Zuwendung und Aufmerksamkeit verstärken, während selbständiges Verhalten ignoriert und somit gelöscht wird. Verhaltensanalyse und Verhaltenstherapie ermöglichen es, solche regelhaften Zusammenhänge zu erkennen, die unerwünschtem und dysfunktionalem Verhalten zugrundeliegen und systematisch Umweltbedingungen so zu gestalten, daß angestrebtes Verhalten erleichtert wird. Selbstkontrollansätze können Älteren helfen, ihr Verhalten selbständig und nach selbstgesetzten Zielen zu verändern. Damit wird zugleich ihre Handlungsfreiheit und ihr Selbsthilfepotential erhöht.

Nach der vorliegenden Literatur wird die kognitive Verhaltenstherapie (Haag &

Bayen 1996; Hautzinger 1994; 1997; Hirsch 1991) in zunehmendem Maße für die Behandlung von depressiven Syndromen über 60jähriger sowohl als Einzelbehandlung und insbesondere auch als Gruppenbehandlung im ambulanten und stationären Setting genutzt.

Behandlungsbeispiel 28: Problem Depression

Eine 74jährige Hausfrau war wegen Apathie, Kraftlosigkeit, Rückzug und Gleichgültigkeit, verbunden mit sich verschlechterndem Sehvermögen und Gedächtniseinbußen mehrere Wochen lang ohne großen Erfolg medikamentös behandelt worden. Der Appetit und der Schlaf waren ungestört. Das Interesse an anderen Menschen, selbst an ihrer Familie, hatte sie fast völlig verloren. Sie war davon überzeugt, ihren Kindern eine schlechte Mutter gewesen zu sein und ihren Haushalt vernachlässigt zu haben; für diese Versagen gehöre sie bestraft.

Eine Verhaltensanalyse zusammen mit der Patientin und ausführliche Kontakte zu Ehemann und Kindern erbrachte als Probleme und Ziele den Wiederaufbau von angemessenen, vor allem angenehmen Aktivitäten, die Bearbeitung der fehlerhaften Überzeugungen, eine schlechte Person zu sein, und die Arbeit an Fertigkeiten, mit ihrem alltäglichen Leben selbständig besser zurechtzukommen. Die Interventionen wurden unter Einbezug der Familie und der Klinikstation geplant. Zuerst wurde eine Liste angenehmer Aktivitäten erstellt: diese umfaßte Spaziergänge, Besuche, Besichtigungen, künstlerische und handwerkliche Betätigungen, kirchliche Aktivitäten, kochen, vorgelesen bekommen, Radio hören u. a. Gemeinsam wurden die Tage geplant, mit der Station und den dortigen Behandlungsplänen abgestimmt. In abgestufter, zunehmend anspruchsvollerer Weise wurden Aktivitäten der Liste in die Tat umgesetzt. Dabei übernahm die Patientin schrittweise die Verantwortung. Einzelne Mitpatienten, und an den Wochenenden die Familie, wurden mit in diesen Aktivitätsaufbau einbezogen. Parallel dazu wurden die fehlerhaften Überzeugungen der Patientin bearbeitet. Gedanken, Überzeugungen und Einstellungen wurden dabei durch genaues Beobachten ihres Auftretens und ihrer Angemessenheit, durch Analysieren und Prüfen ihrer Richtigkeit sowie das Erproben alternativer Sichtweisen und Realitätstesten therapeutisch angegangen. Dabei kamen zwangsläufig eine Reihe von früheren Konflikten und unerledigten Erfahrungen zur Sprache, die das eigene Elternhaus, den Beginn ihrer Ehe und die Kriegsjahre betrafen. Auch kamen Befürchtungen zu Tage, die sie bislang daran gehindert hatten, ihrem Mann und ihren Kindern gegenüber Forderungen zu stellen. Dieser Teil der kognitiven Interventionen erstreckte sich über den gesamten Therapiezeitraum, parallel zur Bearbeitung der anderen Ziele. Das dritte Ziel der Behandlung war die Bearbeitung der Bewältigung der alltäglichen Dinge zuhause. Dies wurde nach der Entlassung zusammen mit dem Ehemann angegangen. Es wurde zuerst eine Liste aller notwendigen Dinge erstellt. Danach wurden davon die überflüssigen und entbehrlichen Dinge gestrichen. Der Ehemann und die Patientin übernahmen jeweils die Verantwortung für bestimmte, festgelegte Dinge. Für das tägliche Kochen, die Bügelwäsche und den wöchentlichen Putztag wurden Hilfen überlegt, wie z. B. eine Putzfrau einmal wöchentlich für drei Stunden, Bügelwäsche in die Wäscherei, Teilnahme am fahrbaren Mittagstisch während den Werktagen, am Wochenende wechselten sich beide Töchter bei der Essensversorgung ab usw.

Nach *insgesamt zwölf Wochen, davon acht in der Klinik* und insgesamt 23 Therapiegesprächen wurde die Behandlung erfolgreich beendet. Nachkontrollen nach sechs Monaten und einem Jahr zeigten das Fortbestehen der positiven Veränderungen.

Ein typisches Gruppenprogramm für depressive ältere Menschen mit 12 definierten Schritten (Hautzinger 1997) kann z. B. so aussehen:

1. Sitzung: Verständnis von Depression, Zusammenhang von Denken, Handeln und Fühlen

2. Sitzung: Problem- und Verhaltensanalyse

3. Sitzung: Zusammenhang von vorausgehenden und nachfolgenden Bedingungen, Verhaltenskontrolltechniken

4. Sitzung: Entspannungstrainings (PMR) als Methode zur Kontrolle des „Fühlens"

5. Sitzung: Handeln, Tun und Stimmung, Auswertung der Liste angenehmer Aktivitäten

6. Sitzung: Fortführung des Themas Handeln und Fühlen, Tagesprotokoll

7. Sitzung: Thema Fühlen und Denken, Gedankenlisten

8. Sitzung: Gedankenmuster analysieren, Techniken zur Kontrolle automatischer Gedanken

9. Sitzung: Thema Handeln und Fühlen, Stimmungs- und Tätigkeitenprotokolle auswerten

10. Sitzung: Fortführung des Themas Denken und Fühlen, Einführung der EbG-Technik

11. Sitzung: Einführung des Themas Soziale Kompetenz, Zusammenhang von Handeln, Denken und Fühlen am Beispiel sozialer Situationen

12. Sitzung: Thema Zeit nach Gruppenende, Wiederholung der Gruppeninhalte, persönlichen Handlungsplan festlegen

In den verfügbaren verhaltenstherapeutischen Studien sind die untersuchten Personen zwischen 62 und 82 Jahre alt, wobei sich die meisten im Alter zwischen 66 und 74 Jahren befanden. Das typische Behandlungssetting stellte die ambulante Gruppenbehandlung dar. Die berichteten Therapielängen liegen zwischen 5 und 46 Sitzungen bei einer mittleren Therapiedauer von 12 Sitzungen, meist im wöchentlichen Abstand. Behandelt wurden die Patienten mit einer depressiven Störung (Major-Depression, Dysthymien, Anpassungsstörungen, nicht näher bezeichnete Depressionen) leichter bis mittelschwerer Ausprägung. Teilweise wurde eine antidepressive Medikation während der Gruppentherapie beibehalten. Weiterhin wurden stationäre Behandlungen von mittelschweren bis schweren depressiven Symptomen beschrieben (Bizzini et al. 2000). Eine kürzlich vorgestellte Variante der Verhaltenstherapie mit älteren Patienten wurde von dem gerontopsychologischen Meta-Modell der selektiven Optimierung mit Kompensation abgeleitet (Hautzinger 2000). Das Programm umfaßt insgesamt 12 Sitzungen zu jeweils 120 Minuten, meist in Gruppen von fünf bis sieben Älteren (65-85jährigen Menschen) und wird inzwischen auch im teilstationären und stationären Bereich sowie im Heim erprobt.

6.10 Psychotherapeutische Methoden in der Alterspsychotherapie

Einzelpsychotherapie, Gruppenpsychotherapie, sowie Paar- und Familientherapie werden bei der Behandlung über 60jähriger je nach Schulrichtung und Setting auffallend unterschiedlich häufig angewandt, untersucht man vorliegende Behandlungsberichte und zusammenfassende Darstellungen.

6.10.1 Einzelpsychotherapie

Die *ambulante Einzelpsychotherapie* stellt die Domäne tiefenpsychologisch fundierter bzw. psychoanalytischer Psychotherapie dar (Haag 1986; Radebold 1992; 1994b; 1997b; 1997c; Radebold & Schweizer 1996).

Eine andere Methoden ausschließende *stationäre Einzelpsychotherapie* erfolgt selten. In psychosomatisch-psychotherapeutischen Kliniken stellen sie eine gezielt eingesetzte Methode in Verbindung mit einer Fokalgruppenpsychotherapie innerhalb eines multimodalen Therapiesettings dar (Heuft & Ellerbrok 1995). Im Bereich der stationären Gerontopsychiatrie werden in der Regel Einzelgespräche nur anläßlich von Krisensituationen als indiziert angesehen (Bäurle et al. 2000). Weitere Anwendungsbeispiele für die fachpsychotherapeutische ambulante Praxis finden sich bei Kemper (1994) und für das stationäre gerontopsychiatrisch-psychotherapeutische Setting bei Kipp (1994).

6.10.2 Gruppenpsychotherapie

Gruppenpsychotherapie wird im Altersbereich – gemessen an Fallzahlen und Behandlungsberichten – eindeutig am häufigsten genutzt. Dies gilt insbesondere für den stationären Bereich (Übersichten z. B. Bechtler 1991; 2000; Junkers 1995; Kemper 1995; Radebold 1983; 1989a; 1989b; 1994d). Im ambulanten Bereich stellt sich die Versorgungsrealität häufig so dar, daß kaum ambulante Gruppentherapieplätze für Ältere verfügbar sind.

Als für das Instrument Gruppe wichtige Wirkfaktoren werden beschrieben: Altruismus, Gruppenkohäsion, Universalität des Leidens, intrapersonales Lernen („Input"), interpersonales Lernen („Output"), Informationen/Anleitungen, Katharsis, Identifikation, korrigierende Rekapitulation der primären Familiengruppe, Einsicht, Einflößen von Hoffnung und existenzielle Faktoren (Yalom 1996). Vielen dieser Wirkfaktoren kommt gerade bei der Behandlung Älterer entscheidende Bedeutung (Bechtler 2000) zu:

- Sich „nutzlos" erlebende Ältere gewinnen durch ihre emotionale Anteilnahme für andere und ihre aktive Teilnahme an der Arbeit der Gruppe ein besseres Selbstwertgefühl und entsprechende Selbstachtung.
- Das Zusammengehörigkeitsgefühl bietet Älteren die Erfahrung ihres Angenommenseins mitsamt ihren vielfältigen Beeinträchtigungen und Schwächen. Sie finden Gehör für ihre Klagen und Anklagen und erfahren Toleranz für Versagen und grüblerische Selbstkritik. Durch „Spiegelung" auch ihrer positiven Persönlichkeitsanteile, die ihnen in ihrem bisherigen Leben häufig versagt war, erleben sie eine narzißtische Zufuhr, die ihr auf Grund vielfältiger Verluste beeinträchtigtes Selbstwertgefühl erhöht und ihr narzißtisches Gleichgewicht stabilisiert. Zugleich spiegelt die Gruppe dem Einzelnen auch problematische Verhaltensweisen, Einstellungen etc. wider, mit denen er sich auseinandersetzen muß. Unter dem Schutz der Gruppe können diese hinterfragt werden, kann Abwehr aufgegeben und neues Verhalten ausprobiert werden. Erst bei ausreichender Sicherheit in der Gruppe können dann auch notwendige aggressive Auseinandersetzungen geführt werden.

- Die Erfahrung von Gleichaltrigen, die mit ähnlichen psychischen Schwierigkeiten zu kämpfen haben, vermittelt in der Regel erhebliche emotionale Entlastung. Im Austausch erfahren Ältere, daß nicht nur sie allein unter körperlichen Einschränkungen, psychischen Problemen und psychosozialen Schwierigkeiten mit ihrem unmittelbaren sozialen Umfeld leiden, sondern daß andere Ältere Ähnliches erleben. In der Gruppe ist es dann auch weniger beschämend, entsprechende Gefühle zuzulassen. Zugleich können die von anderen Gruppenteilnehmern eingebrachten Erfahrungen neue Erkenntnisse zur eigenen Problemlösung vermitteln.

- Mit Hilfe multipler und multilateraler Übertragungen kann der Ältere die Übertragung auf den Therapeuten, die Gruppenmitglieder und das Globalobjekt Gruppe „aufteilen". So werden die oft schwer erträglichen Übertrags-/Gegenübertragungs- sowie Eigenübertragungsprozesse gemildert. Darüber hinaus stellt die Gruppe eine große Vielfalt an Übertragungsobjekten zur Verfügung, an denen der Einzelne jeweils unterschiedliche Aspekte seiner konflikthaften, unbewußt gewordenen Erfahrung mit wichtigen Bezugspersonen im Laufe seines bisherigen Lebens wiederbeleben kann. Mit zunehmender Vertrautheit wird die Gruppe zu einem Ort, in dem die jeweiligen Gruppenmitglieder ihr „Alltagsverhalten" einbringen können. In der Interaktion der Gruppe werden die Selbsteinschätzung des Einzelnen, die Wirkung seines Verhaltens auf andere Teilnehmer deutlich, ebenso seine übertragungsbedingte verzerrte Realitätswahrnehmung. Das von den anderen Patienten gegebene „Feedback" konfrontiert den Patienten mit seinen problematischen Einstellungen, Verhaltensweisen etc. Aufgrund seiner emotionalen Auseinandersetzung eröffnet sich ihm die Möglichkeit zur Katharsis. Die gemeinsame Reflexion über das gefühlsmäßige Erleben mit der Gruppe und dem Therapeuten ermutigt Patienten häufig zu für sie neuartigen Erfahrungen. Der soziale Kontext der Gruppe stellt ein „Übungsfeld" dar, in dem der Patient neue Einsichten praktisch „ausprobieren" und damit einüben kann, um sie auch außerhalb der Gruppe erfolgreich umsetzen zu können.

- Die „existentiellen Faktoren" umfassen grundlegende Erkenntnisse vom menschlichen Dasein in der Welt. Dabei geht es sowohl um Fragen nach dem Sinn des Daseins und die Akzeptanz des Todes als auch um das Bewußtsein unserer Eigenverantwortung. Gerade für Ältere hat das Erleben zunehmender körperlicher Beeinträchtigung, Hinfälligkeit, des näherrückenden Lebensendes sowie der Konfrontation mit dem Tod naher Angehöriger und Freunde eine hohe Bedeutung. Im Lebensrückblick geht es Älteren vor allem darum, eigene Erfahrungen zu ordnen, Versäumnisse zu erkennen sowie ihr Verhalten und ihre Ziele neu zu bewerten, um das Leben als ein eigenes Ganzes zu integrieren.

- Das Mitteilen und Empfangen von Informationen „im Gruppengespräch" erweist sich erfahrungsgemäß für ältere Gruppenmitglieder, die häufiger auf Unterstützung durch Dritte angewiesen sind, als sehr hilfreich. Häufig helfen sich Gruppenteilnehmer gegenseitig mit nützlichen Ratschlägen hinsichtlich sozialer Hilfen etc. Über den Informationswert dieser Mitteilung hinaus besteht ihre therapeutische Wirksamkeit auch in dem dadurch zum Ausdruck kommenden Interesse und der emotionalen Anteilnahme an den Problemen des betreffenden Gruppenmitgliedes.

- Die insbesondere für die Anfangsphase wichtige Identifikation bietet Schutz und Sicherheit. Das identifikatorische Miterleben der therapeutischen Veränderung eines Gruppenmitgliedes, dessen Problemlage der eigenen ähnlich ist, bringt häufig großen Nutzen.

- Selbst wenn die Erfahrungen mit der primären Familiengruppe weit zurückliegen, bekommen sie häufig (im Lebensrückblick, im Verständnis der aktuellen Gruppensituation und aufgrund entsprechender Übertragungen) entscheidende zusätzliche Bedeutung.
- „Hoffnung wecken" erweist sich gerade bei Älteren in ihrer bedrohten, chronifiziert erscheinenden Krankheits- und Lebenssituation durch das Vorbild anderer als besonders wichtig. Das modellhafte Lernen, z. B. einer geglückten Adaptation an eine neue Lebenssituation, schafft Mut für den eigenen schwierigen Prozeß.

Für die therapeutische Gruppenarbeit lassen sich folgende Formen unterscheiden (Tross & Blum 1988; Bechtler 2000):

I   *Einsichtsorientierte Gruppenpsychotherapien;*
I a. Psychoanalytische Verfahren (zentriert auf einer Bearbeitung vorbewußter und unbewußter Konflikte sowie von bewußtseinsnahen Aktualkonflikten);
I b. Life-Review-Group-Therapy (zentriert auf Rückschau, Selbstprüfung und Sinnfindung);
II   *Supportive Gruppentherapien* (zentriert auf Bewältigung psychosozialer Krisen durch Verluste während des Alterns und der Anpassung an eine Lebens- und Krankheitssituation, die durch Hilfsbedürftigkeit, chronische Erkrankungen und Beeinträchtigungen bestimmt ist);
II a. Verbal/Soziale Therapien (d. h. psychodynamisch orientierte, vorwiegend auf Ich-Stärkung fokussierende problemorientierte Gesprächsgruppen, die korrigierende Erfahrungen vermitteln und soziale Kompetenzen stärken);
II b. Rehabilitations-/Aktivitätstherapien (zumeist mit Milieutherapie und kreativen Verfahren aus dem humanistischen Therapiespektrum kombiniert und in das klinische multimodale Behandlungsangebot integriert);
II c. Kognitiv-behaviorale Gruppentherapien (im Sinne einer zeitlich limitierten, strukturierten und auf Symptombesserung zentrierten Behandlung (→ Kap. 6.9.2).

Nur wenige Erfahrungsberichte liegen über die Nutzung langfristiger psychoanalytischer Gruppenpsychotherapie im ambulanten Bereich vor (Radebold et al. 1987; Radebold 1992). Von den drei (psychoanalytischen) Modellen der Gruppentherapie, nämlich „Therapie des Einzelnen *in* der Gruppe", „Therapie *der* Gruppe" und „Therapie des Einzelnen *durch* die Gruppe" (Heigl-Evers & Heigl 1968) erweist sich für Ältere das letzte Modell als besonders geeignet, da es gerade die jeweils spezifischen Schwierigkeiten und Probleme des Älteren anspricht und ihm zugleich auch eine jeweils individuelle Position in der Gruppe erlaubt.

Das Instrument Gruppe wird auch im ambulanten Bereich bei über 60jährigen genutzt und zwar in Form von Gruppen des Typs Ib sowie IIa-c. Im klinischen Bereich stellen Gruppen in vielfältiger Form einen unverzichtbaren, nicht selten sogar ausschließlichen Teil der multimodalen Behandlungskonzepte dar (Bäurle et al. 2000; Bechtler 2000). Bei dieser umfassenden Nutzung von Gruppen (insbesondere im stationären Bereich) sei allerdings kritisch angemerkt:

- Zu viele (verordnete sowie fakultative) parallele Gruppenangebote verringern die Chance, die dargestellten Wirkfaktoren umfassend zu nutzen, insbesondere durch Aufspaltung vielfältiger Übertragung, wodurch eine Distanz gegenüber neuen Erfahrungen durch die Gruppe bestehen bleiben kann.
- Viele Gruppenangebote ermöglichen auf Grund von Setting-Bedingungen und zeitlich begrenzter Aufenthaltsdauer kein Erleben eines Gruppenprozesses (z. B., wenn ein Älterer bei einem vierwöchigen Aufenthalt nach der diagnostischen Abklärung in der ersten Woche lediglich 6 bis maximal 8 Gruppensitzungen bei ständig wechselnden Teilnehmern erhält).
- Die Gruppenleiter befinden sich häufig in einer Anfängersituation mit ungenügender therapeutischer Qualifikation, generell geringerer Gruppenerfahrungen und insbesondere dann noch mit älteren Patienten. Die häufig bestehende Kombination eines Gruppenleiters (männlicher Arzt/Psychologe) und einer Kotherapeutin (weibliche Pflegekraft/Sozialarbeiterin/Rehabilitationsfachkraft) wiederholt dazu noch unhinterfragt die Ehesituation der früheren Eltern.

Für die Zusammenstellung einer Gruppe gelten die bekannten Regeln: Mitglieder aus maximal zwei Generationen, Mischung der verschiedenen Altersgruppen unter Vermeidung von Einzelpositionen, ausreichende Geschlechtermischung, möglichst Mischung unterschiedlicher Krankheitsbilder (zu den spezifischen Indikationskriterien im Alter → Kap. 6.8.2).

Die differentielle Therapieindikation (→ Kap. 6.8.3) muß die früheren, oft als schwierig und belastend erlebten Gruppenerfahrungen dieser Älteren berücksichtigen: Aufgewachsen in der Kindheitsfamilie unter zahlreichen anderen Kindern, Großfamiliensituation, Teilnahme an den Jugendorganisationen des Dritten Reiches, autoritäre Kindergarten-, Schul-, Lehr- und Universitätssituation, Erfahrungen in Kirchen, Sportvereinen, Clubs, Gewerkschaften/Parteien etc. Bei zu ablehnender Einstellung wegen dieser Erfahrungen muß unter Umständen ganz von einer Gruppenbehandlung abgesehen, eine Probebehandlung vorgeschlagen oder es müssen zusätzliche Einzelgespräche angeboten werden.

6.10.3 Paartherapie

Umfassende Kenntnisse über Partnerschaft und Sexualität während des Alterns und Altseins (s. Beiträge in Karl & Friedrich 1991) sind auffallend gering (→ Kap. 4.6). Auch die geringe Anzahl von paartherapeutischen Behandlungsberichten (Bösch 1995; Radebold 1992; Schlesinger-Kipp & Radebold 1982) läßt vermuten, daß sich weder ältere, in langfristigen Beziehungen lebende Paare noch die jüngeren Behandler auf Grund der eigenen Erfahrungen mit den Ehen ihrer jetzt alten Eltern eine Veränderung vorstellen können. Außerdem sollte das Tabu, über die Generationengrenzen hinweg sexuelle Schwierigkeiten anzusprechen, nicht unterschätzt werden. Paartherapeutische Behandlungen sind auf folgende Aspekte zentriert:

- Bei *langfristigen Paarbeziehungen* auf die Bewältigung der neuen Lebenssituation anläßlich des Ausscheidens aus dem Arbeitsprozeß; anläßlich auftretender schwerer Erkrankungen eines Partners oder jetzt auftretender sexueller Schwierigkeiten.

- Auf Hilfestellung bei Krisen (einschließlich sexueller Probleme) anläßlich von während des Alterns *neu eingegangenen Beziehungen* und
- Bearbeitung und Klärung langfristig bestehender (neurotischer) Beziehungsprobleme als Voraussetzung für ein gemeinsam gewolltes Älterwerden.

Als geeignet hierfür erweisen sich Kurz-Paartherapien (Bösch 1995; LoPiccolo 1995; Haske-Pelsoeczy 1998) wie auch eine längerfristige psychoanalytische Paartherapie (Radebold 1992).

Behandlungsbeispiel Nr. 29: Das Ehepaar (er 63 Jahre; sie 59 Jahre) suchte gezielt Hilfe für eine befriedigende Fortsetzung ihrer Ehe. Er hatte viele Jahre eine kirchliche Erziehungsinstitution geleitet und war vor kurzem – wegen mehrerer Erkrankungen (Altersdiabetes, labiler Bluthochdruck bei Adipositas) – berentet worden. Sie arbeitete in selbständiger Stellung, also unabhängig von ihm, in der gleichen kirchlichen Institution und wünschte sich ihre baldige Berentung. Ihre früh geschlossene Ehe mit anfänglich gesuchter intensiver Nähe diente offensichtlich bei ihm der Abwehr homoerotischer Neigungen und bei ihr zur Ablösung aus einer intensiven, wenn auch sehr ambivalent erlebten Beziehung zu Vater und älterem Bruder.

Bald unausgesprochen voneinander enttäuscht, schufen sie sich ein Ehearrangement, das durch die Fülle der jeweiligen Aufgabenbereiche kaum Zeit für eine eheliche Beziehung ließ: Sie kümmerte sich um die eigenen fünf Kinder, führte einen umfangreichen Haushalt mit weitreichender Selbstversorgung aus finanziellen Gründen (Garten, Haustiere) und versorgte immer wieder weitere Kinder aus der kirchlichen Erziehungsinstitution etc. Er baute diese kirchliche Erziehungsinstitution auf und aus, arbeitete in zahlreichen kirchlichen Gremien mit und war aufgrund von Freizeiten, Ferienlagern und Reisen oft außer Haus. Nach dem Erwachsenwerden der Kinder kehrte sie in ihren hauswirtschaftlichen Beruf zurück und versorgte gleichzeitig die in das Haus eingezogene eigene Mutter mit. Diese forderte seit vielen Jahren die für ein mögliches Eheleben zur Verfügung stehende Zeit, die die Patientin wohl auch bereitwillig abtrat, für sich ein.

Das eingetretene (Ehemann) bzw. bevorstehende Ausscheiden (Ehefrau) aus dem Arbeitsprozeß sowie eine schwere Erkrankung der fast 90jährigen Mutter konfrontierten das Ehepaar mit der Möglichkeit einer intensiveren Partnerbeziehung, die sowohl als Chance als auch als Bedrohung erlebt wurde.

Während einer 20monatigen Paartherapie (eine Std./Woche) wurde es möglich, sich die anfänglichen gegenseitigen Erwartungen in der Ehe, die bald einsetzenden Enttäuschungen und gegenseitigen Kränkungen, ihr sie stabilisierendes Ehearrangement einschließlich der Bedeutung der Kinder (mit denen sich die Eltern immer wieder wechselseitig verbündeten) und der im Haus lebenden (Schwieger-)Mutter, bewußtzumachen und zu klären. Damit konnte ihre in der Zwischenzeit erfolgte Berentung einschließlich der damit zusammenhängenden aktuellen Schwierigkeiten sowie die Trauer (aber auch Erleichterung) über den Tod der Mutter gemeinsam bewältigt werden. In der Abschlußphase wurde es zunehmend möglich, gemeinsame Ziele und Pläne für die zukünftige Partnerschaft zu formulieren und auch umzusetzen.

Gleichzeitig schwand die bestehende individuelle Symptomatik (bei ihr eine chronifizierte depressive Verstimmung und bei ihm multiple funktionelle Beschwerden bei schweren Schlafstörungen) fast völlig.

Bei einem katamnestischen Gespräch nach drei Jahren vermittelten beide eine stabile, befriedigende und weiterentwickelte Paarbeziehung. Nach weiteren neun Jahren berichtete ein zufällig getroffener Sohn dem Therapeuten, daß es seinen Eltern unverändert gut gehe und er beeindruckt von ihrer weiteren Entwicklung sei.

6.10.4 Familientherapie

Familientherapeutische Konzepte wurden bisher im Altersbereich nur in geringem Umfang eingesetzt. Die Familientherapie war bisher weitgehend auf die Einbeziehung der Älteren zur Klärung der Familiengeschichte und den sich daraus ergebenden Konflikten der Kernfamilie zentriert (Schlesinger-Kipp & Radebold 1982; Radebold et al. 1987; Radebold 1989b). Es gibt kaum Ansätze, die auf eine direkte Hilfestellung für die Älteren selbst zentrieren. Die System-theoretischen Überlegungen erlaubten nicht, den Älteren als Indexpatienten, erkrankt aufgrund von Familienkonflikten zu identifizieren.

Ambulante Familientherapien können daran scheitern, daß einerseits Jüngere nach langfristigen Erfahrungen mit ihren gestörten, schwierigen Eltern bzw. Großeltern keine Bereitschaft zeigen, langfristig an einer entsprechenden Therapie teilzunehmen. Und andererseits sehen die aus der Psychoanalyse abgeleiteten Konzepte, wie z. B. die Mehrgenerationen-Familientherapie (Sperling et al. 1982) Ältere weitgehend nur als Informanten über die Familiengeschichte ohne das Ziel einer psychotherapeutischen Behandlung dieser Älteren.

Die psychoanalytisch orientierte Familientherapie beschränkte sich auf Krisenintervention in der Klinik (Kaufmann 1982) sowie in der ärztlichen Praxis (Kluge & Kluge 1982). In der Klinik bewährte sich der systemische Ansatz (Johannsen 1994; 1995) (Kap. 6.11.3). Eine aktuelle Übersicht findet sich bei Qualls (1996).

6.11 Weitere Psychotherapeutische Behandlungsmethoden

In diesem Kapitel werden kurz weitere psychotherapeutische Techniken dargestellt, die meist in Gruppensettings im Rahmen multimodaler stationärer Konzepte eingesetzt werden. Ihre Krankheitskonzepte sind teilweise wenig ausgearbeitet und berücksichtigen kaum altersspezifische Aspekte. Ihr Nutzungsgrad ist unbekannt. Die publizierten Behandlungsberichte stützen sich teilweise auf die Erfahrungen eines einzigen Autors.

6.11.1 Gesprächspsychotherapie

Die zentrale Perspektive des personzentrierten Konzeptes, die Entwicklung der Person als lebenslanger Prozeß, und das darin enthaltene Verständnis von der Person als Gestalterin ihrer (eigenen) Entwicklung, stellen gerade für die Psychotherapie mit älter werdenden Menschen eine konstruktive Voraussetzung dar. Psychotherapie soll, entsprechend diesem Verständnis, beide Perspektiven einnehmen: die Störungsperspektive und die Entwicklungsperspektive. Damit stellt Gesprächspsychotherapie insofern ein „passendes" Angebot dar, als sie einen (unter-)stützenden und gleichzeitig klärenden Beitrag zu leisten vermag, unabhängig davon, welche psychische Störung vorliegt. Dieser Beitrag wird durch die drei „Basishaltungen" in der Realisierung ermöglicht. Es gilt, den Patienten dabei zu unterstützen, sich selbst besser (vollständiger, tiefer) verstehen zu können. Die gesprächspsychotherapeutische Unterstützung führt oftmals schon zu einer deutlichen Entlastung und zur Abnahme der Auswirkung der erlebten Inkonkurrenzproblematik (Symptomatik). Sie ist für viele Patienten bereits ausreichend, weil sie dadurch (wieder) Zugang zu den eigenen personalen Ressourcen gewinnen können und ihre Problematik damit für sie wieder bewältigbar wird (Linster 1990a und b; 1994). Vermutlich wird das personzentrierte Konzept wie auch die Gesprächspsychotherapie im engeren Sinne im größeren Umfang in Beratungsstellen und Rehabilitationskliniken genutzt.

Das nachfolgende Behandlungsbeispiel 30 illustriert einen gesprächspsychotherapeutisch konzipierten Behandlungsverlauf:

Behandlungsbeispiel Nr. 30: Die Patientin ist zu Beginn der Behandlung Anfang 70. Sie kommt auf Anraten ihres Arztes (Internist), bei dem sie wegen verschiedener psychosomatischer Beschwerden seit Jahren in Behandlung ist. Seit dem Tod ihrer Mutter vor einem halben Jahr habe sich die Symptomatik (Durchfall, Angstanfälle, Weinanfälle, Durchschlafstörungen) verschlimmert. Sie mache sich Vorwürfe, ihre Mutter nicht zu sich genommen und gepflegt zu haben, auch wenn alle gesagt hätten, daß dies unrealistisch und eine Überforderung gewesen wäre. Auch aus Rücksicht auf ihren Mann habe sie diesen Wunsch erst gar nicht ins Gespräch gebracht. Sie habe mit dem Rauchen und Trinken wieder begonnen und wolle am liebsten sterben, um nicht auch in eine hilflose Lage zu kommen und dann abgeschoben zu werden.

Sie komme mit dem Haushalt und dem Alltag insgesamt nicht mehr zurecht. Auch ihre Versuche, sich mit Merkzetteln und Tages- und Wochenplänen zu helfen (mit „Plänen" sei sie als ehemalige Lehrerin sehr vertraut), würden zu einem Problem. Sie finde keinen Plan perfekt genug, vergesse die Zettel und verliere die Übersicht. Sie sei daher verstärkt auf die Hilfe ihres Mannes angewiesen, was ihre Selbstvorwürfe und Selbstanklagen noch erhöhe. Sie sei für ihren Mann eine große Belastung und sicherlich auch ein Ärgernis, weil sie in ihrer Hilflosigkeit immer wieder Wutausbrüche habe, ihn beschimpfe und in der Küche Geschirr an die Wand schmeiße.

Die diagnostische Abklärung – in Abstimmung mit dem Internisten – ergibt aktuell folgendes Bild: Anpassungsstörung (F43.2), die von einer schweren depressiven Episode abgelöst wird (F32.2). Auch früher habe die Patientin immer wieder depressive Episoden gehabt. Der Befund wird testdiagnostisch gestützt (SCL-90; FPI; Kieler Änderungssensitive Symptomliste – KASSL). Der Behandlungsplan sieht für die erste Phase von etwa drei Monaten 2-3 Kontakte pro Woche vor, um einen stabilisierenden Rahmen herzustellen und die krisenhafte Entwicklung möglichst aufzufangen. Erst danach sollte versucht werden, die zugrundeliegende persönliche Problematik zu bearbeiten.

Die Patientin fühlt sich schon in den ersten Sitzungen angenommen und verstanden und nutzt das gesprächspsychotherapeutische Angebot für sich. Dies führt zu einer deutlichen Entlastung, die sich auch positiv auf ihre Beziehung zum Ehemann auswirkt. Unsicherheit und Zweifel treten in den Behandlungsstunden jedoch auch häufig auf. Die Patientin stellt die Zuwendung, Wertschätzung und Empathie des Therapeuten immer wieder in Frage. Sie empfindet sich als lästig, unverständlich und verabscheuenswert. Man solle besser keine Zeit mit ihr verschwenden. Sie „rüttelt" immer wieder am Therapeuten und dem therapeutischem Angebot. Sie sei eine Person, die nichts gelten lassen könne, immer wieder Fragen stellen und sich mit Fragen rumquälen müsse. Dies gehöre zu „ihrer Natur".

Das Erleben der therapeutischen Situation und der therapeutischen Beziehung wird zunehmend konstruktiv in die therapeutische Arbeit einbezogen. Die Patientin läßt sich auf die „Erlaubnis" des Therapeuten ein, alle Gefühle zuzulassen und auch die Beziehung zum Therapeuten immer wieder in Frage zu stellen, und zu versuchen, zu verstehen, wann oder „warum" sie etwas tut. Das Angebot entlastet die Patientin, sie darf sich so zeigen, wie ihr zumute ist. Sie gewinnt zunehmend Zugang zu ihren Gefühlen, vermag sie besser und länger zuzulassen und „auszuhalten". Parallel dazu nimmt die Symptomatik ab, die Patientin stellt auch das Rauchen und Trinken ein.

In der nächsten Phase der Behandlung steht die Klärung der Gefühle im Mittelpunkt. Die Patientin entdeckt Parallelen zwischen dem Leben ihrer Mutter und ihrem Leben. „Genau wie ihre Mutter, die es ,versäumt' hatte, ihr eigenes Leben (als Künstlerin) zu leben und einen ,bequemen Weg' als wohlbehütete Tochter und Ehefrau wählte, habe auch sie ,versäumt', ein eigenes Leben zu führen und ihre Begabung ungenutzt verkümmern lassen. Sie versteht mit Erschrecken, daß ihre Vorwürfe und Beschuldigungen auch an ihre Mutter gerichtet sind, die es versäumt hatte, für ihre Tochter zu sorgen und dafür einzutreten, daß die Tochter die Hilfe und Unterstützung erhält, die sie gebraucht hätte, um ihre Talente zu entfalten und ein eigenes Leben führen zu lernen". Die Wut, nicht verstanden zu werden und sich nicht verständlich machen zu können und damit auch sich selbst und das eigene Leben zu verpassen, wird der Patientin zugänglich. Es erleichtert sie, noch vor ihrem eigenen Lebensende diesen schlimmen und tiefen Punkt herausgefunden zu haben. Eine weitere Reduktion der Symptomatik ist zu verzeichnen.

Die Gesprächspsychotherapie umfaßte ca. 80 Kontakte und dauerte 15 Monate. Die positiven Effekte der Therapie wurden testdiagnostisch belegt. Die Ein- und Zweijahreskatamnese bestätigt den positiven weiteren Verlauf. Neu auftretende körperliche (orthopädische) Beschwerden oder Veränderungen in ihrer Lebenssituation verunsichern und ängstigen die Patientin allerdings immer wieder sehr, jedoch ohne daß ein „Rückfall" auftrat. In solchen Situationen nahm sie Kontakt zum Therapeuten auf, wobei sie einmal drei und einmal fünf Termine wahrnahm.

6.11.2 Gestalttherapie

Ziel der Gestalttherapie bei Älteren ist zu lernen, was für das Individuum fördernd und was schädlich ist. Es gilt, ein Gespür dafür zu gewinnen, wie der ältere und alte Mensch seine Selbstregulation blockiert. Ein gewisses „Disengagement" im Sinne einer Erfahrung nach innen wird zwar als der Integration von Erlebnissen und Erfahrungen des Lebens förderlich angesehen. Jedoch soll mit Hilfe multipler Stimulierung auf körperlicher, emotionaler und kognitiver Ebene Involutionsprozessen entgegengewirkt werden. Der selbstbewertende Rückblick auf das eigene Leben läßt sich so auffinden (Petzold 1979). Daher machen die Komplexität der letzten Lebensphase, der Chancenreichtum und die Verwundbarkeit des letzten Abschnittes der Lebensspanne es erforderlich, in der Arbeit mit alten Menschen soziotherapeutisches, pädagogisches, psychotherapeutisches und medizinisches Handeln nicht voneinander zu trennen (Petzold 1985).

Die verschiedenen Aktivitäten des alten Menschen werden im Sinne eines Zeitplanes strukturiert. Für die therapeutische Arbeit stehen ein konfliktzentriertes, ein erlebniszentriertes und ein übungszentriertes Vorgehen im Mittelpunkt. Weiterhin ist die körperliche Aktivierung fester Bestandteil des therapeutischen Programmes einschließlich Kontakttraining, intellektuellem Training und Planung von Freizeitaktivitäten.

6.11.3 Systemische Therapie

Die systemische Therapie versteht sich eher als eine lösungs- und ressourcenorientierte Kurzzeittherapie auf der Basis des Konstruktivismus. Sie versucht, neue Informationen zu erzeugen, Anstöße zu geben und die Handlungsspielräume der Beteiligten zu erweitern, indem brachliegende Ressourcen wieder ins Spiel gebracht werden, feste Überzeugung und Muster durch Umdeutung aufgeweicht werden, so daß die Beziehungsdynamik in einem neuen Licht erscheinen kann. Es werden zwischen 5 und 10 therapeutische Sitzungen mit dem System vorgesehen, allerdings mit längeren Zeiträumen von 4 Wochen bis hin zu halbjährlichen Intervallen zwischen den einzelnen Sitzungen. Das System braucht jeweils Zeit, um das, was in einer Sitzung von ca. 1-2 Stunden Dauer erörtert und in einer Abschlußintervention zusammengefaßt und evtl. als Aufgabe formuliert wurde, im Alltag auszuprobieren und neue Erfahrungen zu machen.

Dieses Vorgehen setzt auf Seiten der Therapeuten viel Kreativität voraus. Am besten ist diese dadurch zu erzielen, indem zwei Therapeuten die Beratung durchführen, wobei der eine in der Rolle des Beobachters auftreten kann. Durch diese Position kann die notwendige Neutralität gewährleistet werden. Die Therapie kann bei einem niedergelassenen Therapeuten oder im Rahmen einer Klinikbehandlung durchgeführt werden.

Im Rahmen der stationären Behandlung des Index-Patienten wird relativ häufig eine systemische Intervention eingesetzt: nämlich bei oder kurz nach der Aufnahme des Patienten und dann wieder im Abstand von einigen Wochen. Eine Alternative stellt die sog. Angehörigenvisite dar. Jeweils einmal pro Woche wird von Seiten der therapeutischen Mitarbeiter eine Visite des Patienten zusammen mit seinen Angehörigen durchgeführt. Die Angehörigenvisite nutzt die Möglichkeit der häufigeren Rückkopplung mit den Angehörigen des Systems, wobei mittels kleinerer Interventionen mögliche Änderungen des Kontextes, der Konstruktion der Lebenswelt und der Interaktionsdynamik zuhause, öfter als dies im Rahmen von Familiengesprächen möglich wäre, erörtert und ausprobiert werden kann.

Ein weiteres wichtiges Instrument der systemischen Praxis besteht in der Erstellung des Genogramms der Familie oder auch des Institutogramms, das im Gespräch zusammen mit der Familie oder den Institutionsmitgliedern entwickelt wird.

Im methodischen Vorgehen haben sich in der systemischen Praxis zwei Techniken ganz besonders bewährt: Die Hypothesenbildung und das zirkuläre Fragen.

Behandlungserfahrungen bei über 60jährigen liegen insbesondere für depressive und paranoide Systeme sowie für Demenzsysteme vor (Johannsen 1992; 1994; 1995). Zusätzlich erfolgt ihre Anwendung bei Paartherapien (Minder 2000).

6.11.4 Entspannungsverfahren

Entspannungsverfahren werden bei über 60jährigen häufig sowohl ambulant als auch stationär bei funktionellen, depressiven und demenziellen Störungen eingesetzt. Am häufigsten wird das *Autogene Training* (AT) genutzt, gefolgt von *Progressiver Muskelrelaxation* nach Jacobson (1990), *Yoga, Hypnose* und *Funktionelle Entspannung* (Elschenbroich 2000). Die publizierten Behandlungsberichte zeigen eine (katamnestisch belegte) langzeitige Nutzung durch Ältere (Übersicht bei Hirsch 1994d; 1995b).

Das als „Basistherapeutikum" angesehene Autogene Training ist auch bei Älteren häufig indiziert. Es kann mit Erfolg eingesetzt werden:

▦ Zur Prävention, d. h. zur allgemeinen Gesundheitsprophylaxe, und um zu lernen, sinnvoll zu altern; u. a. in Form von Gruppenkursen z. B. an Volkshochschulen, Senioren-Akademien oder in Altenheimen.
▦ Als psychotherapeutische Intervention – je nach Krankheitsbild des Älteren – für Einzelne oder in Verbindung mit mehreren. In geriatrischen oder gerontopsychiatrischen teilstationären oder stationären Einrichtungen wird AT im Rahmen eines mehrdimensionalen aufgebauten Behandlungskonzeptes verwendet.
▦ Zur Rehabilitation z. B. bei Älteren mit Lähmungen nach einem Schlaganfall, Parkinson-Syndrom oder bei beginnenden demenziellen Prozessen. Gerade die durch das Autogene Training erreichbaren positiven vegetativen Veränderungen fördern sehr eindrucksvoll Konzentration, Merkfähigkeit, Motorik, soziale Kompetenzen sowie das allgemeine Wohlbefinden und eine zukunftsorientierte Lebenseinstellung.

Die Progressive Relaxation nach Jacobson wird oft bei der systematischen Desensibilisierung eingesetzt und insbesondere in der Verhaltenstherapie mit Älteren zur Einleitung der VT-Übungen genutzt (→ Kap. 6.9.2).

Nachdem auch der Einsatz von Entspannungsverfahren lange Zeit bei über 60jährigen als unmöglich, sogar kontraindiziert, angesehen wurde, besteht jetzt die Gefahr, daß durch die Gruppenleitung von vornherein und zu schnell entsprechende Modifikationen eingeführt werden (Hirsch 1995).

Ältere mit Schlafstörungen, chronischen Schmerzzuständen, depressiven Symptomen, Konzentrations- und Merkfähigkeitsstörungen, sowie Ängsten vor dem Altern und Sterben, können durch das Autogene Training ihre Symptome verringern, sowie ein inneres Gleichgewicht wiederfinden und erhalten.

Behandlungsbeispiele 31: So berichtete z. B. ein 67jähriger Patient, der an chronischen Rückenschmerzen litt, daß er durch konsequentes Autogenes Training unter Verwendung formelhafter Vorsatzbildungen diese deutlich verringern und seine Schonhaltung aufgeben konnte. – Eine 70jährige Patientin, die seit Jahrzehnten an Migräne litt, erreichte durch regelmäßiges Training, daß die Migräneanfälle seltener auftraten und die Schmerzen sich im Anfall deutlich verringerten. – Ein weiterer älterer Patient mit einer essentiellen Hypertonie, dessen Blutdruckwerte auch unter einer Mehrfach-Medikation erheblich schwankten, konnte durch kontinuierliches Üben eine Stabilisierung des Blutdruckes erreichen. Die Medikamenteneinnahme konnte erheblich verringert werden. Zudem fühlte sich der Patient wesentlich ausgeglichener und gelassener.

6.11.5 Kreative Verfahren

Seit langem wird mit Hilfe kreativer Verfahren versucht, verbal nicht erreichbare über 60jährige anzusprechen bzw. die verbalen Interventionen und die Entspannungsübungen auf diese Weise zu ergänzen. Meist in stationären multimodalen Settings eingesetzt, werden Patienten aller Störungsgruppen, insbesondere depressiv Erkrankte aber auch Demente behandelt.

Die berichteten Erfahrungen beziehen sich auf die *Musiktherapie* (Übersichten bei Muthesius 1997 und Müller-Schwartz 1994; Holtermann & Lechner 2000).

Erfahrungen mit weiteren kreativen Verfahren, z. B. *Gestaltungstherapie* oder *Kunsttherapie* (Dunker 1994) und mit *Tanztherapie* (Bräuninger 2000) sind bisher nur vereinzelt beschrieben worden, sie werden jedoch zumindest in psychosomatisch-psychotherapeutischen Kliniken relativ häufig eingesetzt.

6.11.6 Katathymes Bilderleben (KB)

Das Katathyme Bilderleben (KB) wird auch bei Alterspatienten methodisch entsprechend der Technik bei jüngeren Patienten oder Kindern durchgeführt. Die bestehenden Indikationen sind altersunabhängig. Insbesondere wird KB bei Älteren als Kurzpsychotherapie benutzt (Erlanger 1995; 1997). Dabei ergibt sich allerdings zu Beginn einer KB-Therapie ein wichtiger Unterschied: Die Vorstellung und die Bilder, die nach der Vorgabe des Standardmotivs Wiese, Berg, Haus usw. auftreten, sind anfänglich Erinnerungsbilder, die aber bald übergangslos in den Strom der unbewußten Phantasien eintauchen. Bei alten Menschen bestehen signifikant längere Anfangsphasen, in denen Erinnerungsbilder dominieren. Dies wird im Zusammenhang mit der rein numerisch höheren Anzahl von Erinnerungen, aber auch mit der im Alter ja stets anzutreffenden Bereitschaft, sich früheren, oft „schöneren vergangenen Zeiten" zuzuwenden, diskutiert.

Psychotherapien mit KB kommen im Alter nach einer gewissen Einstiegsphase häufig mit größeren Abständen zwischen den einzelnen Sitzungen aus, weil die Menschen in der Regel Zeit haben, sich mit den aufgedeckten Zusammenhängen und den gewonnenen Einsichten zu befassen und nicht so abgelenkt sind wie junge Patienten. KB bringt eine Fülle vergessenen Materials ins Bewußtsein, regt erfahrungsgemäß auch Nachtträume an und fördert Kreativität und Aktivität.

6.11.7 Life-Review-Therapy

Die praktische therapeutische Anwendung des Life Review wurde zuerst von dem Psychiater Butler 1963 berichtet. Bis dahin wurde die spontane Tendenz alter Menschen, aktiv Lebenserinnerungen zu produzieren, aus psychiatrischer Sicht eher als „psychologische Dysfunktion" betrachtet. Nach dieser Publikation wurde in einer großen Zahl empirischer Arbeiten nachgewiesen, daß Life Review kein pathologischer, sondern eher ein adaptiver Prozeß ist, der eine bedeutende Rolle bei der Einstellung auf den Alternsprozeß hin spielt (Haight 1991).

> In der Literatur zum Thema Lebensrückblick werden bisher keine eindeutig operationalisierten Begriffe verwandt. Birren & Deutchman folgend „meint *Autobiographie* den persönlichen Bericht einer individuellen Lebensgeschichte. *Life Review* beschreibt die bewußte Sammlung von Ereignissen und Gefühlen einer spezifischen Lebensgeschichte, die nicht notwendigerweise schriftlich fixiert sein muß. *Reminiscence* stellt das Erinnern vergangener Ereignisse oder Gefühle ohne irgendein spezifisches Ziel und ohne Versuch

auf Vollständigkeit im Hinblick auf den Lebenslauf dar" (1991, S. 115). Somit werden Erinnerungen, die durch Reminiscence wachgerufen werden, über den Prozeß des Life Review in größere Lebenskontexte eingeordnet.

Der mentale Prozeß des Sicherinnerns, des Rückblickens und der Bewertung zurückliegender Erfahrungen bekommt für das aktuelle Leben des alten Menschen eine stabilisierende und integrierende Funktion dadurch, daß zurückliegende Lebenserfahrungen im Hinblick auf die aktuelle Entwicklungsaufgabe bewertet werden. Auf diese Weise werden Erinnerungen erneut vergegenwärtigt und durchgearbeitet, so daß sie jetzt (möglicherweise erstmals) akzeptiert und (neu) in das aktuelle Selbstkonzept integriert werden können. Der innere Prozeß der *Reorganisations-* und *Reintegrationspotentiale* der Persönlichkeit wird im Hinblick auf die aktuellen Entwicklungsaufgaben (→ Kap. 2.3) unterstützt.

Form und Inhalt des Erinnerns und des Life Review zeigen sehr individuelle Züge. Dies wird auf dem Hintergrund der Befunde von Thomae (1970) zur Subjektivität der persönlichen Interpretation und der grundlegenden Prinzipien der Kognitionstheorien des Alterns verstehbar. Danach erklären sich Verhaltensweisen oder Anpassung im Alter mit den zugehörigen Motiven und Affekten nicht über objektive Kriterien, sondern über eine subjektive Auseinandersetzung mit einem Ereignis oder einer Aufgabe im Alter. Die persönliche Auseinandersetzung mit einer solchen Aufgabe ist wiederum Folge von aus der Biographie (→ Kap. 2.2 und 2.4) heraus gestützten Erwartungen. Die heraufkommenden Erinnerungen werden entsprechend einem persönlichen Erfahrungshorizont, der vom individuellen Bild der Vergangenheit und dessen Bedeutung für die aktuellen Erfordernisse bestimmt wird, eingeordnet und interpretiert. Der Lebenslauf weist daher immer eine subjektive Gliederung auf (Lehr 1987). Es ist empirisch gesichert, daß weniger normative Ereignisse als vielmehr sehr persönliche Entwicklungsprozesse und Bewertungen im Lebensrückblick besondere Bedeutung gewinnen. Daher sollte man gegenüber dem Versuch, das Verständnis des je individuellen Lebenslaufes theoretischen Vorannahmen unterzuordnen, Vorsicht walten lassen.

Die signifikanten persönlichen Konstrukte, die ihren Ausdruck im Life Review finden, umfassen auch den sensorischen Aspekt der Erinnerung. Einfälle kommen in Form *visueller, auditiver, olfaktorischer, gustatorischer* und *taktiler* Bilder wieder zum Bewußtsein. Dieser sensorische Aspekt der Erinnerungen findet in der folgenden Schilderung einer 79jährigen Frau in Bezug auf ihre Mutter einen sehr lebendigen Ausdruck: „Ich erinnere mich an meine Mutter... als ob es gestern gewesen wäre. Ich sehe sie in der Küche... Brot backend... und es ist nicht nur das Brot, das ich rieche. Ich kann die Stärke ihrer Schürze riechen. Sie trug stets frisch gestärkte Schürzen in der Küche." (Sherman 1991, S. 32).

Auf diesem Hintergrund kann Life Review zunächst als ein *physiologischer psychischer Prozeß* verstanden werden, der sich günstigenfalls spontan in den Alltag einfügt. Life Review stellt kein eigenständiges Psychotherapie-Verfahren dar, da es im Gegensatz zu den beiden psychotherapeutischen Grundverfahren aktiv kein alternatives Verhaltensmuster und keine Veränderung der Konfliktpathologie anstrebt. Allerdings spielt umgekehrt Life Review vor allem in den psychoanalytischen Psychotherapien (→ Kap. 6.9.1) alter Menschen eine wesentliche Rolle, zumal oft vorausgegangene ungelöste Konflikte verantwortlich für eine Affektpathologie im Alter sind. Zugespitzt könnte man fragen, ob die Notwendigkeit zu einer psychotherapeutischen

Behandlung im Alter auch das Ergebnis eines „versäumten" Life Review im Lebens- lauf sein könnte.

Life Review kann eigenständig oder extern durch Fragen angeregt werden. In Beratungssituationen kann Life Review unterstützend begleitet werden, wobei die eigentliche Arbeit durch den im Life Review stehenden Menschen selbst erfolgt. In der Literatur werden für Life-Review-Prozesse zwei Hauptrichtungen unterschieden: (1) Entweder erfolgt Life Review chronologisch mit halboffenen strukturierten Fragen zu einer Reihe von Themen im Zusammenhang mit spezifischen Entwicklungs- bzw. Lebensphasen wie Kindheit, Adoleszenz, mittleres Erwachsenenalter oder höheres Alter, oder (2) Life Review wird themenzentriert durchgeführt, indem sich die Fragen auf ein bestimmtes Thema beziehen und dessen Veränderungen über den Lebenslauf herausarbeiten. Beispielsweise können solche Themen die Hauptentscheidungen des Lebens, die Sicht der Familie, Arbeit und Karriere, Bedeutung des Geldes, Gesundheit und Körpererleben, sexuelle Identität, Hoffnungen und Ziele, Liebe und Haß, Bedeu- tung der Kunst, Lebensüberzeugungen oder die Einstellung zum Tod etc. sein.

Diese Basistechniken werden beim Umgang mit spezifischen Erfordernissen von Gruppen alter Menschen entsprechend modifiziert. Die begleitete Erinnerung scheint eher für die Verbesserung der Kommunikationsmuster und der Gruppenkohäsion psy- chotischer, emotional labiler und verwirrter geriatrischer Patienten geeignet (Lesser et al. 1981; Lowenthal & Marrazzo 1990). Für diese Patientengruppen wird auf jede Selbstkonfrontation verzichtet, um eher positive Erinnerungen, oft unterstützt durch multisensorische Imaginationen, zu fokussieren. Entsprechende sensorische Qualitä- ten der Erinnerung helfen, wie oben bereits geschildert, bei der Generierung der alten Bilder. So unterstützen Musik, Photographien, Gedichte oder Gerüche das Bewußt- werden von zurückliegenden Szenen. Als Gerüche werden z.B. mit Erfolg frisch gemähtes Gras, Heu, Zimt und Kerzenrauch verwandt.

In letzter Zeit wurden Life-Review-Techniken, die geschriebene, gesprochene und interaktive Komponenten miteinander verbinden, beschrieben (Roth & Kenyon 1995). Beispielhaft seien hier die geführte autobiographische Technik von Birren und die Intensive-Journal-Methode von Progoff erwähnt (Birren & Deutchman 1991; Progoff 1975). Bei der geführten Autobiographie wird die persönliche Sicht zum Alterungspro- zeß und Lebenslauf zunächst schriftlich niedergelegt und anschließend in einem Grup- pensetting ausgetauscht. Die Intensive-Journal-Methode kann sowohl allein als auch in der Gruppe durchgeführt werden, indem ein Arbeitsbuch, das in vier Hauptthemen und verschiedene Unterthemen gegliedert ist, bearbeitet wird, mit dem Ziel, die Betreffenden darin zu unterstützen, ihre Aufmerksamkeit auf zahlreiche Ebenen ihres Lebens nacheinander zu fokussieren. Ziel eines solchen Prozesses ist, ein vertieftes Selbstbewußtsein sowie eine fortschreitende Integration und Stärkung der inneren Kräfte für die anstehenden Entwicklungsaufgaben zu erreichen. Die letztgenannte Technik hat sich speziell bei alleinlebenden alten Menschen bewährt, die nicht die Möglichkeit haben, gesprächsweise mit anderen ihre Erinnerungen auszutauschen.

Da Life Review als eine selbstgesteuerte Hilfe mit dem Ziel einer persönlichen Entwicklung verstanden werden kann, halten wir es für wünschenswert, diese Technik in Beratung, Altenpflege und ergotherapeutischer Arbeit mit alten Menschen noch bekannter zu machen. Kontraindikationen sind stets da zu betrachten, wo Menschen von sich aus signalisieren, daß sie Life Review im allgemeinen oder im Hinblick auf spezielle Themen nicht verkraften können. Hier sollte von den Begleitern eines Life-

Review-Prozesses keinerlei Druck ausgeübt werden, da sich in dieser Abwehr von Rückblick z. B. eine für das Individuum wichtige Abwehr traumatischen Materials zeigen kann.

Es zeigt sich jedoch, daß auch Menschen mit traumatischen Lebenserfahrungen (→ Kap. 3.3) über den biographiezentrierten Austausch mit Altersgleichen entlang anderer Themen durchaus profitieren können. Während von gesellschaftlicher Seite Beratungsmöglichkeiten und institutionelle Hilfsangebote zur Unterstützung von Entwicklungsschwierigkeiten in jüngeren Lebensaltern entwickelt wurden (wie z. B. Ausbildungshilfen, Zusammenleben vor der Ehe und Geburtsvorbereitungskurse), wurde der Übergang in das Alter bisher weithin als Entwicklungsaufgabe ignoriert. Life Review erscheint als eine Möglichkeit, diesen Übergang, eingebettet in zahlreiche Begegnungs-Settings, zu erleichtern. Damit könnte das Potential lebenslanger Erfahrungen (→ Kap. 2.5) als signifikante soziale und persönliche Ressource adäquater genutzt und dabei die Integration der Persönlichkeit und die für diese Entwicklungsaufgaben notwendige Stärkung des Selbstwertgefühls gefördert werden. Nicht vergessen werden soll jedoch, daß in Deutschland und Österreich auch 55 Jahre nach Ende des II. Weltkrieges Erinnern schwer fällt und z. T. mit erheblichen Widerständen zu kämpfen hat. Dies ist sicher einer der Gründe, daß Erinnerungsarbeit mit Älteren so lange nicht genutzt wurde (Osborne et al. 1997).

6.11.8 Interpersonelle Psychotherapie

Bei der interpersonellen Psychotherapie (IPT) handelt es sich um ein speziell auf die Behandlung von Depressionen zugeschnittenes Verfahren (Klerman et al. 1984).

Das Konzept der IPT ist im gewissen Sinne atheoretisch. Es wird davon ausgegangen, daß Depressionen durch verschiedene Faktoren (z. B. biologische Vulnerabilität, Persönlichkeitsmerkmale, Verlusterlebnisse) verursacht sein können. Unabhängig von den Ursachen werden Depressionen stets in einem psychosozialen interpersonellen Kontext gesehen. Das Verstehen und Bearbeiten dieses Kontextes wurde als entscheidend für ihre Besserung und für die Prävention eines Rückfalls betrachtet. Dadurch liegt der Schwerpunkt der Behandlung auf der Bewältigung interpersoneller Probleme, die mit dem Auftreten der Depression zusammenhängen, sowie auf der Linderung depressiver Symptome. Die Hauptziele der Behandlung werden erreicht durch:

▪ Explizites Diagnostizieren der Depression sowie detaillierte Information des Patienten über Ursachen, Symptome, Behandlungsformen und Verlauf von Depressionen.
▪ Identifikation eines interpersonellen Problembereichs, der mit der aktuellen depressiven Episode in einem Zusammenhang steht und
▪ Entwicklung von Strategien zur Klärung und Lösung interpersoneller Probleme.

Die IPT-Late-Life (IPT-LL) wurde für ambulante, nichtpsychotische, unipolare Altersdepressive konzipiert und wird inzwischen auch im deutschsprachigen Raum angewandt (Dykierek et al. 1997; Dykierek & Schramm 2000). Die Einzelsitzungen finden in der Regel wöchentlich statt. Im stationären Rahmen wird die IPT-LL mit einer Frequenz von ca. zwei Sitzungen pro Woche durchgeführt. Die Sitzungslänge wird der psychischen und somatischen Befindlichkeit der Patienten angepaßt (in der Regel: 30-50 Minuten).

Die für den IPT-LL vorgenommenen Altersmodifikationen beziehen sich auf Flexibilität, Therapeutenrolle, multiprofessionelle Zusammenarbeit, Problemfokus, Übertragungsaspekte und Multimorbidität. Als generelle Therapieregel gelten: wiederholte Wertschätzung selbst der kleinsten Fortschritte, Akzeptanz der Grenzen von Psychotherapie und Akzeptanz von realistischen Altersproblemen, die nur schwer einer Lösung zugänglich sind.

Der therapeutische Prozeß umfaßt ca. 12-20 Sitzungen, die sich etwa in folgende Phasen einteilen lassen: die Anfangssitzung (1.-3. Sitzung), die mittlere Phase (4.-13. Sitzung) und die Beendigungsphase (14.-16. Sitzung). Die in der IPT angewandten Techniken sind größtenteils anderen Therapieschulen entlehnt. Folgende Techniken sind für die IPT-LL von besonderer Relevanz: Explorative Techniken, Ermunterung zum Gefühlsausdruck, Klärung, Einsetzen der therapeutischen Beziehung, Techniken zur Verhaltensänderung und Kommunikationsanalyse.

6.12 Zum Behandlungsverlauf

Gerade für Ältere gestaltet sich der Beginn einer psychotherapeutischen Behandlung oft schwierig. Situation, Gesprächsform einschließlich Stundenverlauf, bestehende Regeln und verabredete Settings sind unbekannt oder erscheinen sogar irritierend bis befremdlich (erst die jetzige Altersgeneration sucht eher aktiv Psychotherapie, da sie bereits über frühere diesbezügliche Erfahrungen verfügt!). Dazu besteht, wie oben dargelegt, eine als schwierig bzw. gefühlsmäßig beunruhigend empfundene Übertragungskonstellation (→ Kap. 6.5.3). Die (bewußter als bei Jüngeren) zu gestaltende *Arbeitsbeziehung* sichert dann durch das *Arbeitsbündnis* den Behandlungsprozeß ab. Folgende Hilfestellungen von Seiten des Behandlers erweisen sich förderlich:

- Eindeutige klare Verabredungen bezüglich Kassenregelung/Finanzierung/Rechnungsbegleichung, Terminfestlegungen und Ausfallregelungen, Urlaubsplanungen etc. (zu häufig wird von jüngeren Behandlern erwartet, daß Ältere unbegrenzt Zeit haben, von sich aus alle zu spät oder sogar gar nicht eingebrachte Regeln akzeptieren und dann noch verständnisvoll reagieren!).
- Strikte Einhaltung üblicher Umgangs- und Höflichkeitsformen (über 60jährige beurteilen auf Grund ihrer Erziehung Jüngere entsprechend ihren Verhaltens- und Umgangsformen).
- Eine klare eindeutige Sprache (ohne psychologisches Fachvokabular) macht unsere Interventionen und Deutungen verständlich(er)!
- Häufigeres klärendes Nachfragen sowie die spezifische Frage, inwieweit der Ältere mit der Behandlungssituation zurechtkommt, unterstützen die Arbeitsbeziehung zusätzlich.
- Bei deutlichen Wissens- und Informationsdefiziten Älterer erweist sich manchmal ein Hinweis, wo und in welcher Form geeignete Informationen zu bekommen sind, zusätzlich als hilfreich.
- Zur Ausstattung des Behandlungsraumes (→ Kap. 6.16.1).

Die anfängliche *umgekehrte Übertragung* (➝ Kap. 6.5.3) verändert sich bald in die *regelhafte* Übertragungskonstellation. Dazu tragen bei: wahrgenommene professionelle Kompetenz des Behandlers, ein sich auf Grund der beschriebenen Schritte stabilisierendes Arbeitsbündnis sowie verstärkt von dem Älteren zugelassene (regressive) Wünsche nach Verständnis, Sicherheit, Schutz wie auch Trost. Allmählich werden so die Jüngeren (nur bei ausgeprägt regressiven Patienten sofort von Anfang an) jetzt auch von den Älteren (zunächst vorbewußt bis unbewußt) in die Position von „Eltern" eingesetzt. Die Älteren stützen sich auf die allmählich erlebte Fachkompetenz, fordern Ratschläge ein, suchen Bündnispartner gegen Partner, Kinder, Umwelt etc. Wiederum sind die jüngeren Behandler, die sich unverändert in der Position von „Kindern" oder „Enkelkindern" erleben, verunsichert bis irritiert. Sie sind es nicht gewohnt, daß ein derartiges Ansinnen bisher von ihren eigenen Eltern/Großeltern an sie gerichtet wurde, noch fühlen sie sich dazu „lebenserfahren" genug. Dazu erweist sich diese veränderte Übertragungskonstellation immer wieder fragil. Insbesondere bei Ärger, Enttäuschungen und Vorwürfen (aber auch zur Abwehr libidinöser Bedürfnisse) kann sich erneut ein Wechsel zur umgekehrten Übertragungskonstellation einstellen. Um den Behandlungsprozeß nicht zu gefährden, bedarf es immer wieder der gemeinsamen Klärung, Deutung und respektierenden Bearbeitung, insbesondere der aggressiven Impulse.

Im Verlauf längerfristiger Psychotherapien zeigen sich außerdem vielfältige *multigenerationelle* wie auch *gleichberechtigte* Übertragungen (➝ Kap. 6.5.3). Die multigenerationellen Übertragungen gründen auf entscheidenden Beziehungen aus dem gesamten Lebenslauf (ältere Verwandte, Nachbarn in Mutter- und Vaterfunktion, Großeltern, Lehrer/Erzieher, Jugendführer, Vorgesetzte, jüngere Geschwister, Schulfreunde wie auch Partner). Immer wieder gestaltet sich die Frage der personellen und zeitlichen Zuordnung der Übertragungsangebote schwierig. Nachgefragte örtliche und zeitliche Umstände, übereinstimmende Persönlichkeitszüge, Verhaltensweisen, Ereignisse und Gefühle mit den damaligen Personen, Alterszuordnungen etc. klären häufig bisher unbekannte, manchmal in ihrer Wichtigkeit weit verdrängte frühere Beziehungen.

Gerade bei schwierigen Erfahrungen mit den jetzt alten, teilweise schon verstorbenen Eltern und Großeltern wie auch mit Kindern/Enkelkindern und anderen Jüngeren werden aus einer „Sandwich-Position" Beziehungen zu Gleichaltrigen erhofft und auch wiederbelebt. Diese „gleichberechtigte" Übertragung (➝ Kap. 6.5.3) stützt sich auf frühere Erfahrungen mit Geschwistern/Schulfreunden/Arbeitskollegen. Aufgrund der augenblicklichen Bedürfnisse wird dabei oft die bestehende reale Altersdifferenz geleugnet. Für Behandler, die sich gleichfalls in der mittleren Position zwischen der jüngeren und älteren Generation befinden, stellt dieses Übertragungsangebot eine verführerische Situation dadurch dar, daß sie sich mit ihren Patienten gegen die anderen Generationen verbünden, sich gemeinsam Phantasien über die Zeit nach dem Ende der Berufstätigkeit überlassen möchten und sich auch gegenseitig nach dem Zurechtkommen mit dem Altern fragen können (z. B. insbesondere zwischen Männern oder zwischen Frauen!).

Erst das konsequente Durcharbeiten dieser vielfältigen Übertragungsangebote erlaubt schließlich dem Patienten eine realistische Sicht des Alters und der Position seines jüngeren Behandlers, d. h. auch seiner beruflichen Kompetenzen und gleichzeitig seiner altersbedingt geringeren Lebenserfahrungen.

Parallel zu dem chronologischen Alter kommen dem *heimlichen, gewünschten, gefühlten* und *symbolischen* Alter entscheidende Bedeutung zu. Das *heimliche* Alter bezieht sich auf das Alter, in dem sich der Patient in seinen Phantasien und Träumen vorbewußt bis unbewußt befindet. Im Verständnis von Träumen Älterer kann es beispielsweise sehr wichtig sein, das Alter des Träumers im Traumgeschehen selber zu beachten. Das heimliche Alter verkörpert seine früheren Anteile von Kindheit/Jugendzeit und jüngerem Erwachsenenalter und nähert sich in der Regel während eines Behandlungsprozesses allmählich dem chronologischen Alter an (d. h. die im Augenblick regressiv besetzten Anteile werden akzeptiert, integriert und treten allmählich an Bedeutung zurück).

Das *gewünschte* Alter verdeutlicht die Position/Lebenszeit, in der man, motiviert durch frühere Vorstellungen/Phantasien, während seines Alterns leben möchte – manchmal z. B. „jenseits von gut und böse". Das *gefühlte* Alter verdeutlicht den augenblicklichen Zustand von „noch ganz jung" bis zu „uralt". – Das *symbolische* Alter drückt sich in der Bedeutung entsprechender Geburtstage, so insbesondere des 50., 60., 65., 70. oder 80. Geburtstages aus. Die jeweils persönliche Bedeutung muß allerdings genau erfragt werden. Symbolische Bedeutung kommt auch dem Lebensjahr zu, in dem man selbst älter als der betreffende Elternteil wird sowie den sogenannten „Jahrestagen", teilweise erst in wiederbelebter Erinnerung nach 10, 20 oder sogar 25 Jahren.

Psychoanalytisch Tätigen ist die psychosomatische Behandlungstechnik eher unbekannt, auf eingebrachte oder selbst beobachtete körperliche Reaktionen Älterer zu achten, sie als Ausdruck des augenblicklichen Befindens und ob ihrer Bedeutung zu verstehen. Darüber erfahren wir auch, wie der Ältere auf Symptome und damit auf Krankheiten/Behinderungen reagiert, wie seine Compliance gegenüber Behandlungsmaßnahmen/Medikamenteneinnahme ist und wie er insgesamt mit seinem Körper umgeht. Öfter wird dadurch erst die spezifische Körperbiographie von Männern und Frauen deutlich. Man erinnere sich außerdem, daß organische Krankheiten Älterer gerade oft durch schleichenden Verlauf, geringe und unspezifische Symptomatik und geringe Schmerzen charakterisiert sind. Im Zweifel ist also auch eine gezielte somatische Abklärung anzuregen.

Mit zunehmendem Alter der Patienten wird eine laufende Behandlung immer wieder durch einen Verlust, teilweise sogar durch mehrfache Verluste von wichtigen Menschen, bedroht. Menschen ziehen weg oder werden ins Heim aufgenommen, sie verändern sich oder erkranken und sterben. Bei solchen Anzeichen heißt es immer wieder, das „Unvorstellbare" (einschließlich aller Ambivalenz) zu denken und zu fühlen, sich mit dem Verlust auseinanderzusetzen, zu trauern und alle Anteile eines verlorenen Menschen in das bestehende innere eigene Bild aufzunehmen und möglichst zu integrieren. Um diesen Trauerprozeß zu ermöglichen, muß die Behandlung manchmal verlängert werden. Es kann auch notwendig werden, gemeinsam nach wiederzubelebenden und neuen Kontaktmöglichkeiten zu forschen, um einer drohenden Vereinsamung vorzubeugen.

Die Beendigung einer (insbesondere längeren) psychotherapeutischen Behandlung bedeutet oft in Realität, eine lebenswichtige stützende und hilfreiche Beziehung aufzugeben. Das Therapieende entspricht außerdem symbolisch möglicherweise bei über 75jährigen dem Lebensende. Wichtig ist von Anfang an, auch bei Älteren anläßlich von Unterbrechungen (Urlaub, Kur, Erkrankung), auf ihre spezifischen Reaktionen zu achten (z. B. Verleugnung, depressive Reaktion, Vorwürfe etc.). Spätestens ab dem letzten Drittel der Behandlung muß das Thema Beendigung und damit Trennung sowie Abschied gezielt angesprochen werden, um den Ablösungsprozeß zu ermöglichen. Gerade sehr alte, vereinsamte Ältere benötigen Hilfe, um sich ihrem Trauerprozeß zu stellen. Manchmal hilft das Angebot, bei Schwierigkeiten bzw. Veränderungen den Behandler erneut aufsuchen zu können. Nach allen Erfahrungen wird dieses Angebot relativ selten und dazu nur nach langem Zeitabstand benötigt, es erweist sich jedoch intrapsychisch als auffallend hilfreich. Nur wenige Patienten benötigen anschließend aufgrund ihrer chronifizierten Erkrankung eine begleitende weitere Hilfe (z. B. eine Wochenstunde im Monat).

6.13   Weitere wichtige psychotherapeutische Aufgaben

6.13.1 Regression, Progression, Stabilisierung

Die nachfolgend zu besprechenden Patientengruppen benötigen jeweils spezifische Behandlungskonzepte, die in der Regel Sozio-/Milieutherapie, (Psycho-)Pharmakotherapie sowie Psychotherapie umfassen und sich insbesondere bei demenziell Erkrankten am Verlauf orientieren müssen. Als vorrangige Ziele bestehen die Aufrechterhaltung bzw. Erneuerung der Ich-Stabilisierung auf möglichst hohem psychosozialen und psychosexuellen (Erwachsenen-)Niveau. Ein weiteres Ziel ist die Abschwächung drohender Verschlechterungen infolge fortschreitender Erkrankung. Zur Erreichung dieser Ziele ist es notwendig, die Kooperation von Patient, pflegendem/versorgendem Familienangehörigen (Partner und oft [Schwieger-]Töchter) und den häufig zahlreichen professionellen Helfern immer wieder zu stabilisieren und dem Krankheitsverlauf anzupassen. Dieses koordinierte Vorgehen kann manchmal ausschließlich in der häuslichen Wohnumgebung realisiert werden.

Viele dieser schwerkranken Patienten fallen in ihrer chronifizierten bzw. fortschreitenden Krankheitssituation gegenüber ihrem familiären Umfeld auf durch bisher unbekannte Reaktionen, Verhaltensweisen, Gefühlszustände und Interaktionsformen, die aus psychoanalytischer Sicht als *regressive Verhaltensweisen* bezeichnet werden. Diese wirken oft nahe am *Primärprozeß*, d. h., Fähigkeiten zur Selbstreflexion und Selbstkritik, wie sie zum *Sekundärprozeß* gehören, treten zurück. Daraus resultieren naturgemäß konfliktträchtige, schwierige Behandlungs-, Pflege- und Versorgungssituationen.

Wie an anderer Stelle deutlich gemacht, muß sich das Ich eines älter werdenden Menschen sowieso mit fortbestehenden oder reaktivierten (innerpsychischen, intra- und intergenerationellen) Konflikten, mit Aktualkonflikten sowie Trauma-Reaktivierungen bzw. Retraumatisierungen und mit anstehenden psychosozialen Aufgaben sowie mit Bedrohungen, Verlusten, Attacken, Kränkungen und Beschämungen auseinandersetzen. Seine Objektbeziehungen (Veränderungen, Verluste und Todesfälle) und seine Umwelt (sozialer Status, materielle Sicherheit, Wohnumfeld, Unterbringung und Versorgung) wandeln sich manchmal fast ständig. Mit ansteigendem Alter ist von einer potentiellen Zunahme dieser Veränderungen auszugehen. Außerdem kann das Ich zusätzlich zu bereits bestehenden Defiziten und Einschränkungen bzw. Hemmungen weitere Schädigungen erleiden (→ Kap. 6.8.2) Dann wäre das Ich von seiner Ausstattung her nicht mehr in der Lage, seine Aufgaben wie bisher adäquat zu erfüllen.

In der Regel wird das Ich des psychosexuell und psychosozial erfahrenen Erwachsenen auch im höheren und hohen Lebensalter, gestützt auf lebenslang genutzte und erprobte Abwehrmechanismen zunächst versuchen, diese anstehenden Aufgaben in gewohnter Weise zu bewältigen. Bestehende Autonomie, vorhandene Ich-Stärken und konfliktfreie Bereiche, eine bisherige befriedigende Lebensführung bei stabilen und befriedigenden Objektbeziehungen, ein zufriedenstellender Lebensrückblick, sowie die Übereinstimmung zwischen erlebtem Leben und Selbstbild bei genügender früherer Anerkennung durch die Umwelt, bieten dafür gute Voraussetzungen. Im Falle notwendiger Abwehr nutzt und verstärkt das Ich (unbewußt) zunächst seine bisher lebenslang angewandten Mechanismen, einschließlich der während der Erwachsenenzeit erworbenen reiferen Abwehrformen. *Erst wenn diese Maßnahmen nicht ausreichen,* greift das Ich auf den Abwehrmechanismus der Regression zurück. Die jetzt auftretenden regressiven Phänomene sind zunächst als **adaptative regressive Schritte im Dienste des Ich** zu interpretieren. Sie werden von den Betreffenden und der Umwelt als Anpassung an sein Älterwerden erlebt und akzeptiert. Häufiger entwickeln sie sich in einem Zeitraum von Jahren bis sogar Jahrzehnten. Diese adaptativen regressiven Schritte können unterschiedliche Aspekte des Es, des Ich und des Über-Ich umfassen:

- Die während der Erwachsenenzeit erworbenen reiferen Abwehrmechanismen werden durch frühere, aus der späteren Kindheit, Jugendzeit und im jüngeren Erwachsenenalter stammende abgelöst; gleichzeitig verstärken sich bestimmte Charakterzüge.
- Unreif (primärprozeßhaft) erscheinende Verhaltensweisen, sowie Interaktionsformen unterschiedlicher psychosexueller Entwicklungsstufen zeigen sich bei stärkerem Hervortreten zugehöriger Phantasien, Gefühle und Träume. Genitale Triebbefriedigungen können dann durch anale oder auch orale Partialtriebbefriedigungen abgelöst werden.
- Normen und Gebote des Über-Ich, die teilweise auf die Umwelt projiziert oder in ihr als Hilfe gesucht werden, werden verstärkt zur Abwehr herangezogen.
- Der Rückzug von der Außenwelt manifestiert sich in geringeren Besetzungen von (neuen) Objekten und führt zu einer stärkeren Besetzung von Körperfunktionen im Sinne einer narzißtischen Regression.
- Unreifere Abwehrmechanismen wie Identifizierung mit dem Aggressor, Idealisierung, Verleugnung und Projektion treten auf; es läßt sich dann eine zunehmende Wiederbelebung von Erinnerungen aus Kindheit und Jugendzeit beobachten.
- Durch den engen Bezug auf konstante Objektbeziehungen und die vertraute (Wohn-)Umwelt sowie einen zwanghaft geordneten Tagesablauf wird versucht, mit Hilfe der äußeren Unveränderlichkeit innere Stabilität und damit Scheinautonomie zu erhalten.

Wenn im Alter plötzlich einsetzende (lebens-)bedrohliche Krankheiten mit weitreichenden Beeinträchtigungen, Schädigungen oder hoch besetzte, kumuliert oder unerwartet auftretende weitere Verluste auf ein beeinträchtigtes Ich treffen, kann ein Zusammenbruch der Ich-Funktionen als Ausdruck einer **pathologischen Regression** erfolgen.

Diese pathologische Regression ist prinzipiell reversibel. Sie läßt sich von der adaptativen Regression hinsichtlich des ablaufenden Tempos, der Schwere der Ausprägung und einer zunächst fehlenden Akzeptanz durch das Individuum unterscheiden:

- Die Reaktions- und Verhaltensweisen sind unangemessen und wirken undifferenziert im Vergleich zu früheren, sorgfältig ausgeführten Handlungen.
- Die Möglichkeiten zur Abwehr erscheinen deutlich geschwächt, mehr begrenzt und sind unflexibler; es bestehen geringere Möglichkeiten zum Kennenlernen und zum Umgang mit neuen Erfahrungen und Veränderungen.
- Die Realitätsprüfung ist eingeschränkt oder zeigt eine schnellere Dekompensationsneigung.
- Die Kommunikation zur Umwelt ist weniger symbolisch und mehr konkret.
- Ansichten werden generalisiert und sind nicht mehr differenziert; Konzepte und Ideen führen sofort zu einer sensomotorischen Bewältigung im Sinne des Agierens. Die verringerte interne Verarbeitungsmöglichkeit wird ersetzt durch eine größere Externalisation von Gefühlen, Affekten und Motiven.
- Der Realitätsbezug beruht auf dem „Hier-und-jetzt-Prinzip" bei jeglicher sich bietenden Gelegenheit; er bezieht sich nicht mehr auf die Wirklichkeit einer vergangenen und/oder zukünftigen Zeitdimension; die persönliche Autonomie ist stärker abhängig von dem gegenwärtigen Einfluß externer Personen, von Dingen und Institutionen.

Akute paranoide Episoden wie auch akute oder länger anhaltende **hirnorganisch anmutende Verwirrtheitszustände** stellen mögliche Manifestationsformen derartiger pathologischer Regressionen dar. Nicht immer überleben die so Erkrankten diesen Zustand einer schweren Ich-Regression. Wir überblicken „plötzliche" Todesfälle in solchen Zuständen, die sich auch unter sorgfältiger Erhebung der organischen Befunde nur so klären ließen. Ein Behandlungskonzept für *regressiv* Erkrankte muß folgende psychodynamisch relevanten Teilaspekte berücksichtigen:

- Kennenlernen des Älteren in seiner bisherigen Identität als Erwachsener, einschließlich früher Fähigkeiten und Interessen (Ich-Leistungen; Ressourcen);
- Fortführung bekannter oder Etablierung neuer stabiler sozialer bzw. professioneller Beziehungen mit einem verläßlichen Übertragungsangebot; ständig wechselnde Pflegepersonen wären in diesem Sinne kontraindiziert (s. u.);
- Zur-Verfügung-Stellen einer vertrauten, Sicherheit vermittelnden, überschaubaren (Wohn-)Umwelt.

Zu den unbedingt zu vermeidenden regressionsfördernden Maßnahmen zählen:

- Verweigerung der Identität des Älteren etwa durch fehlende direkte Ansprache, Ansprache ohne Namensnennung, Vermeidung alltäglicher Höflichkeitsformen, Benutzen einer „Baby"-Sprache (Sachweh 1999) und durch die psychische Neutralisierung als „Fall".
- Ständiger Wechsel der Bezugspersonen.
- Pflege, Bewahrung und unter Umständen Kontrolle des Betroffenen, unter dem Leitbild „braver, sauberer und ruhig im Bett liegender Patient", ohne Abstimmung

unter den Professionellen über einen an fördernden Zielen überprüften Gesamtbehandlungsplan.

- ▣ Vermeidung von Anforderungen und damit Förderung der eingeschränkten Aktivität sowie aufgezwungene Unselbständigkeit, ohne den Älteren an den vielen alltäglichen Entscheidungsprozessen zu beteiligen.

- ▣ Ständige Überforderung der pflegenden Angehörigen sowie fehlende Unterstützung ihrer notwendigen Autonomie, Eigeninteressen sowie ihres Privatlebens, da deren *stellvertretende Ich-Kapazität* sich schließlich auch erschöpft.

Unter dieser Perspektive stellen eine adäquate, ausreichende und differenzierte (Psycho-)Pharmakotherapie, zusätzliche rehabilitative Maßnahmen/aktivierende Pflege, Anleitung/Fortbildung und Supervision für die professionellen Mitarbeiter, Schaffung einer geeigneten Pflege- und Versorgungssituation entscheidende *Ich-stabilisierende Maßnahmen* dar. Um es deutlich zu sagen: Regressive Phänomene sind nicht an sich Kennzeichen des älteren Menschen, sondern oft das Ergebnis eines Regression begünstigenden oder gar Regression erzwingenden Umgangs mit ihm.

> **Behandlungsbeispiel Nr. 32:** Die 82jährige Frau lag schon lange auf der Pflegeabteilung. In der Alltagsroutine waren die wenigen Kenntnisse über ihre Biographie verlorengegangen. Besuch erhielt sie keinen mehr. Häufig war sie zu Ort und Zeit nicht mehr orientiert und erkannte ihre Pflegekräfte nicht mehr. Sie näßte und kotete ständig ein. Die Pflegekräfte beschränkten sich bei ihr auf die notwendigen körperlichen Maßnahmen. Eines Tages kam eine ältere Schwester mit einem bunten Kissen mit Patchwork-Arbeit an ihrem Bett vorbei. Die 82jährige Frau richtete sich plötzlich auf, zeigte auf das Kissen und signalisierte, es anfassen zu wollen. Plötzlich sagte sie zum großen Erstaunen der Schwester: „Das habe ich auch immer gemacht." In dem mühseligen Gespräch – sie hatte bis dahin nur noch unzusammenhängend geredet – wurde deutlich, daß sie als ehemalige Schneiderin viele Patchwork-Arbeiten angefertigt hatte. Als die Schwester sie dann fragte, ob sie solche Arbeiten wieder machen wollte und ihr trotz Bedenken der anderen Pflegekräfte Stoffreste, eine große Nadel und Faden mitbrachte, begann die Bewohnerin zuerst ungelenk, dann immer schneller, das erste Kissen anzufertigen. Sie selber und die Schwester waren sehr stolz auf die Arbeit, die überall herumgezeigt wurde. Plötzlich war die Bewohnerin eine von allen geschätzte Partnerin auf der Abteilung. – Innerhalb kurzer Zeit verschwand ihr regressiver Zustand. Sie war wieder orientiert, stand auf, zog sich selber an und kontrollierte wieder ihren Stuhl und Urin. Sie konnte wieder etwas für andere bedeuten, da sie in mehreren Zimmern anderer Bewohner und auch den Pflegekräften auf der Station Unterricht in Patchwork-Arbeit gab.

Wird das erforderliche Behandlungskonzept bei so verstandenen regressiven Prozessen realisiert, so lassen sich häufig erneute psychosoziale Stabilisierungen sowie immer wieder beeindruckende Verbesserungen aufgrund entsprechender progressiver Schritte beobachten.

6.13.2 Suizidale Patienten

Das theoretische Verständnis suizidaler Psychodynamik war lange Zeit auf das aggressive Geschehen zentriert. Die suizidale Handlung wurde als Wendung der Aggression gegen sich selbst verstanden. Ein erweiterter Zugang wurde durch die Sichtweise der

Suizidalität als narzißtische Krise möglich, die die spezifische Objektbeziehung zur Problematik von Suizidenten verdeutlicht (→ Kap. 3.5). Danach ist einer narzißtischen Kränkung der Verlust oder die Enttäuschung durch ein Objekt oder ein Objektsymbol vorausgegangen, das für die Stabilität des narzißtischen Gleichgewichts von entscheidender Bedeutung war. Das verlorene bzw. verloren geglaubte Objekt wird zum Ziel unbewußter Aggression, dadurch aber zusätzlich gefährdet. Um das Objekt zu schützen, wird es introjiziert und die Aggression gegen das Selbst gewendet. Somit geht es um eine spezifische Aggression, nämlich um ohnmächtige Wut nach einer narzißtischen Kränkung.

Gerade das Altern birgt die Gefahr narzißtischer Kränkungen: Schwierigkeiten bei der Versorgung eigener basaler Bedürfnisse, erneute Abhängigkeiten, Konflikte um Einfluß- und Machtausübung, Veränderung der psychosexuellen Identität, der körperlichen Attraktivität und der generativen Potenz. Manche Menschen sind im Laufe ihres Lebens wiederholt in narzißtische Krisen geraten, andere reagieren im hohen Alter erstmals suizidal, wenn bestimmte Kränkungen nicht mehr kompensiert werden können, auch weil es weniger äußere Ausgleichs- und Beziehungsmöglichkeiten gibt (Teising 1992).

Bei dem (an über hundert 60-90jährigen Patienten in suizidalen Krisen erprobten) *zweiseitigen Behandlungskonzept* (Teising 1995) geht es aus psychotherapeutischer Sicht zunächst um die Suche nach dem kränkenden Anlaß. Er ist den Betroffenen bewußt und wird von suizidalen Patienten in einem angemessenen Rahmen auch benannt. Nach Suizidversuchen ist es wichtig, möglichst ohne großen Zeitverlust ein Gesprächsangebot zu machen, um konfliktverdeckenden Abwehrmechanismen, die rasch wieder etabliert werden, zu begegnen. Der kränkende Anlaß geht der Suizidhandlung in den meisten Fällen nur kurze Zeit voraus. Der unbewußte Hauptgrund liegt in einem zentralen Konflikt, der aus der Biographie heraus verständlich werden kann. Erst durch seine Kenntnis wird die Bedeutung des kränkenden Anlasses, der als solcher banal erscheinen mag, verstehbar.

Die parallel notwendigen *sozialen Hilfen* greifen im Umfeld des Patienten ein und können für die Stabilisierung akuter Krisen von besonders großer Wichtigkeit sein. Sie sollten allerdings sorgfältig überlegt und ihre Bedeutung für das Erleben und die soziale Umwelt des Patienten überprüft werden. Die erforderlichen sozialarbeiterischen Angebote zeichnen sich dadurch aus, daß sie auf konkrete Bedürfnisse eingehen. Familiäre Ressourcen können überprüft und eröffnet werden; öffentliche Hilfsangebote, von denen der Betroffene unter Umständen bisher keine Kenntnis hat und deren Zugangsschwelle er alleine nicht überschreiten würde, können vermittelt werden.

Behandlungsbeispiel Nr. 33: Der 80jährige Patient lag auf einer chirurgischen Station, nachdem er einen Fenstersturz in suizidaler Absicht mit einer Knöchelfraktur überlebt hatte. Die zuständige Sozialarbeiterin, die am Tage nach dem Sturz mit dem Patienten Kontakt aufgenommen hatte, schilderte Herrn A. als freundlichen, zuvorkommenden, älteren Herrn, der nach einem Besuch bei seinem Hausarzt eine „Kurzschlußhandlung" begangen habe, die er selbst nicht verstehe. Er hatte sie gebeten, ihm Unterarmstützen zu besorgen, er wollte auf eigene Verantwortung das Krankenhaus verlassen. Liegen und den Genesungsprozeß seiner konservativ versorgten Fraktur abzuwarten, das könnte er zuhause viel besser. In einem Mehrbettzimmer im Krankenhaus könnte er nicht schlafen. Die Sozialarbeiterin hatte Herrn A. merkwürdig „normal" empfunden. Sie konnte seinen Wunsch nachvollziehen und neigte dazu, ihm die gewünschte Hilfe zukommenzulassen.

Da sie mit Suizidpatienten sehr erfahren war, war ihr jedoch die Bagatellisierung des Anlasses aufgefallen und sie hatte vom Konflikt des Patienten noch nichts verstehen können. Deshalb initiierte sie bei Herrn A. ein vertiefendes diagnostisches Gespräch.

Der Behandler hatte dann den Eindruck, entgegen der Schilderung der Sozialarbeiterin einen anderen Menschen vor sich zu haben. Der Patient war abweisend, wollte kein Wort mit ihm reden, schickte ihn aus dem Zimmer. Der Behandler war recht ratlos, fühlte sich zu Unrecht beschimpft, war enttäuscht, hatte er doch einen netten Herrn erwartet. Jetzt saß er einem verstockten, trotzig wirkenden Mann gegenüber. Er vermutete seine Entschlossenheit zu einer erneuten suizidalen Handlung, dachte daran, daß er vor dem Sprung aus dem Fenster ja beim Hausarzt gewesen war und sagte ihm: „Ich habe den Eindruck, bisher noch nicht recht verstanden zu haben, worum es geht. Meine Kollegin hat mir von Ihrem Hausarztbesuch berichtet. Ich würde gern Ihren Arzt anrufen, um etwas darüber zu erfahren". Der Patient fuhr ihn wütend an, das verbitte er sich, um dann in sich zusammenzusinken und heftig zu weinen. Er meinte, gerade darum gehe es ja, der Hausarzt habe bei seinem Besuch die vertrauten Medikamente abgesetzt und ihm Insulinspritzen verordnet. Jetzt solle zunächst täglich die Gemeindeschwester zu ihm kommen, um die Spritzen zu applizieren; allmählich sollte er es selbst lernen. Es wurde deutlich, daß sich der Patient von dem Insulin enorm bedroht fühlte.

Herr A. berichtete, daß vor zwei Jahren seine Frau eine Woche, nachdem sie begonnen hatte, Insulin zu spritzen, gestorben sei. Er sah nach dem Arztbesuch seinen Tod vor Augen und habe dem zuvorkommen wollen. Er bestätigte die Vermutung, daß er geplant hatte, nach Hause zu gehen, um sich endgültig das Leben zu nehmen.

Nachdem Herr A. darüber gesprochen hatte, wirkte er sehr erleichtert und dankbar. Der kränkende Anlaß zu seinem Suizidversuch war deutlich geworden. In 15 weiteren, später dann ambulant geführten Gesprächen konnte auch der unbewußte Hauptgrund erhellt werden. Der Patient hatte den Tod seiner Frau vor zwei Jahren noch nicht betrauern können. Er hatte mit ihr eine sehr enge, symbioseähnlich anmutende Ehebeziehung gelebt. Sie war biographisch gesehen wohl direkt an Stelle der seinerzeit unerwartet verstorbenen Mutter getreten. Wie später deutlich wurde, machte er einen ärztlichen Kunstfehler für den Tod seiner Mutter verantwortlich, der sich in seinem subjektiven Erleben beim Tode der Ehefrau wiederholt hatte (Insulin-Spritzen).

Im Laufe der Behandlung konnte darüber gesprochen werden, wie brutal und zerstörerisch er den Vater erlebt hatte. Stellvertretend für den Vater hatte im unbewußten Erleben des Patienten der Hausarzt die Mutter zerstört. Der Vater war im Krieg umgekommen, was den Sohn mit einem fast bewußten Triumphgefühl erfüllte. Er blieb bei der Mutter als „Sieger" und war ihr bis zum Tode treu, fürchtete aber latent immer die Rache des Vaters, der er sich jetzt gegenübersah, als der Hausarzt die Spritze verordnete, mit der seine Frau, fast ein Teil seines Selbst, „getötet" worden war. Er war nicht in der Lage, seine ohnmächtige Wut zu äußern. Stattdessen wünschte er sich zu seiner Frau, suchte die harmonische Geborgenheit, die er im Tode bei ihr finden wollte.

Der gemeinsame Nenner zwischen Hauptgrund und kränkendem Anlaß war klar geworden. In der Interaktion hatte sich Herr A. der Sozialarbeiterin als netter, lieber auf Harmonie und Konfliktfreiheit bedachter, älterer Herr gezeigt. Auf sie hatte er seine Erfahrungen mit wichtigen weiblichen Bezugspersonen übertragen, sie sollte ihm eine Stütze sein und Gehstützen besorgen. Dem Behandler hingegen begegnete er aggressiv, weil dieser ihn als Arzt und in der Übertragung als väterlicher Rivale potentiell mit dem Tode bedrohte. Weil es gelang, seine Attacke nicht persönlich, sondern als Ausdruck aus seiner Übertragung heraus und damit als Ausdruck seines Konfliktes und seiner Not zu verstehen, konnte es gelingen, mit diesem Patienten ins Gespräch zu kommen. Nachdem er seine Problematik selbst ein Stück verstehen konnte, war er nicht mehr suizidal.

In der akuten Situation konnte die Sozialarbeiterin die „stützende" Funktion ein Stück weit erfüllen. Sie kümmerte sich um die Sicherstellung einer Diät für die Zeit nach dem stationären Aufenthalt, vermittelte Herrn A. die Teilnahme an einer Diabetesschulung, bei der er auch lernte, sich selbst Spritzen zu applizieren und (besonders wichtig!) neue Kontakte zu anderen Diabetikern herzustellen. Von Bedeutung war ferner die Vermittlung eines klärenden Gesprächs mit dem Hausarzt, in dem es um die Todesursache seiner Frau und um die Notwendigkeit der Insulintherapie ging.

Zwei Jahre nach Beendigung der Gespräche berichtete der Patient A. in einem Katamnesegespräch, daß er durch die Insulinbehandlung, die er als Todesurteil empfunden hatte, jetzt gerade unabhängiger geworden sei als vorher.

Es hat sich daher bewährt, suizidale Patienten mit Hilfe multiprofessioneller Teams, bestehend aus Ärzten, Psychologen und Sozialpädagogen/-arbeitern mit regelmäßigen Fallbesprechungen zu behandeln. Im stationären Rahmen der Akutbehandlung sollten auch die organmedizinisch tätigen ärztlichen und pflegerischen Mitarbeiter der Krankenstation in die Teambesprechungen miteinbezogen werden.

6.13.3 Patienten mit paranoiden Entwicklungen

Patienten mit paranoiden Entwicklungen stellen eine zahlenmäßig relativ kleine, für ihre Umwelt sehr auffallende und häufig psychiatrische Institutionen beschäftigende Gruppe dar. Differentialdiagnostisch gut von früheren schizophrenen Psychosen abgrenzbar, entwickelt sich ihre Symptomatik in der Regel erst im mittleren bis höheren Lebensalter. Häufiger schon lebenslang isoliert lebend, fördern mißtrauische Persönlichkeitszüge (→ Kap. 3.9) und Sinneseinschränkungen (insbesondere die des Hörens) ihre Manifestation. Teilweise bestehen zusätzliche Symptome einer hirnorganischen Störung. Manchmal zeigt sich eine akut auftretende paranoide Symptomatik im Rahmen eines Durchgangssyndroms. Die Patienten beschuldigen ihre Umwelt, klagen sie an oder ziehen sich verängstigt zurück. Aus psychodynamischer Sicht zeichnen sich diese Kranken durch einige spezifische Aspekte aus:

- Der Abwehrmechanismus der Projektion bestimmt nachhaltig die klinische Symptomatik.
- Die wahnhaften Inhalte beziehen sich offensichtlich auf abzuwehrende genitale, aber auch orale, anale und ebenso aggressive Triebimpulse (z. B. das Erleben von ständiger Vergewaltigung, Schädigung oder ständigem Samenabzug, von Folterungen, aber ebenso von Vergiftungen, Vergasungen oder Bestrahlungen).
- Diese so unübersehbar körpernah geschilderten Erfahrungen bzw. Schädigungen erfolgen dazu durch direkt benennbare nahestehende Personen (Ehepartner, Geschwister, Schwäger oder andere Verwandte ebenso wie Nachbarn oder Studenten), zu denen entweder eine langjährige hochambivalente Beziehung bestand oder auf die sich die Inhalte vieler Phantasien bzw. Tagträume beziehen.

Bekanntlich sind psychopharmakologische Behandlungsversuche und rationalisierende Interaktionsformen in der Regel ohne Erfolg. Versteht man Symptome als intrapsychische unbewußte Kompromißbildungen, so sind diese, wie auch die sich manifestierenden Abwehrmechanismen, direkt psychotherapeutisch nicht zugänglich, da sie als Ich-synton erlebt werden. Wird die paranoide Symptomatik im Gespräch weder bagatellisiert noch ihr entscheidende Bedeutung zugemessen, ermöglicht eine Ich-stützende Vorgehensweise (→ Kap. 6.13.1) zusammen mit einem immer wieder erfolgenden positiven Beziehungsangebot eine allmähliche Besserung. Eine stabilere Beziehung erlaubt diesen Patienten dann, über Schwierigkeiten und Sorgen, insbesondere auch über Konflikte gerade mit den von der Projektion betroffenden Personen zu sprechen.

Berichte zur Gruppenarbeit mit paranoid Erkrankten (in einer psychiatrischen Universitätsambulanz und in einer sozialpsychiatrischen Beratungsstelle) belegen die Möglichkeit einer Gruppentherapie (Holzwarth 1985; Poppe 1984). Eine zu jedem Älteren aufgebaute individuelle Beziehung ermöglichte den in diesen Beratungsinstitutionen arbeitenden Sozialarbeiterinnen, die Gruppe zu beginnen. Trotz erheblichen Mißtrauens erreichen die Gruppen eine gewisse Kohäsion dadurch, daß eine gemeinsame Projektion als Abwehr gegen eine beunruhigende, verführerische oder bedrohliche Umwelt geschaffen wird. Im Schutz dieser Situation gelingt es, eigene Schwierigkeiten und Probleme anzusprechen und in gewissem Umfang zu klären. Die paranoide Symptomatik tritt in den Hintergrund und aufgrund der erreichten psychischen Stabilität erfolgten während einer mehrjährigen Behandlung deutlich weniger erneute stationäre Einweisungen (Radebold 1992, S. 226-230).

6.13.4 Patienten mit Suchtstörungen

Die älteren Abhängigkeitskranken umfassen folgende Gruppen (Soeder 1989):

- Gewohnheits- und Geselligkeitstrinker mit Toleranzminderung/Toleranzknick ab dem 50. Lebensjahr;
- Alkoholabhängige, die bereits in jüngeren Jahren eine Entwöhnungsbehandlung absolviert hatten und nach zum Teil langjähriger Abstinenz rückfällig werden, weil sie den Belastungen des Alternsprozesses nicht gewachsen sind.
- Spätalkoholismus infolge von eintretenden Altersschicksalen, wie Verlust des Partners, Trennung, Scheidung, Tod, Verlust von Sozialkontakten oder Verlust der Arbeit.

Langjährige modellhafte Erfahrungen (Soeder 1984; 1989; Voßmann & Wernado 1996) verdeutlichen die Möglichkeiten eines altersgruppenspezifischen multimodalen Therapieangebotes, welches sich auf eine nichtdirektive Gruppenpsychotherapie und weitere Gruppenangebote stützt. Beispielhaft sei hier ein altersspezifisches Therapiekonzept erwähnt, das eine viermonatige stationäre Behandlung mit Verlängerungsmöglichkeiten auf sechs Monat umfaßt. 79 % der über 55 Jahre alten Suchtkranken (im Vergleich zu 58 % der unter 55jährigen) schlossen 1993/1994 ihre Behandlung erfolgreich ab (Voßmann & Wernado 1996). Von diesen Autoren stammt auch der nachfolgende Fallbericht, der deutlich macht, daß im Hintergund solcher Entwicklungen nicht selten schwerste traumatische Erfahrungen stehen können (→ Kap. 3.3). Leider verfügen nur wenige Suchtkliniken (1994 insgesamt in der BRD nur drei) über ein spezielles Behandlungskonzept für über 55jährige Abhängigkeitskranke.

Behandlungsbeispiel Nr. 34: Die 68jährige Patientin wurde in Ostpreußen geboren. Ihr erstes traumatisches Erlebnis hatte sie mit 7 Jahren, als ein jüngerer Bruder, auf den sie aufpassen sollte, vom Heuschober stürzte und dabei tödlich verunglückte. Im Alter von neun Jahren, wurde sie von ihrem Lehrer, der gleichzeitig Ortsgruppenleiter war, sexuell mißbraucht. Aus Angst vor Repressalien unternahmen die Eltern nichts. Im Januar 1944 mußte sie mit ihrer Mutter vor den herannahenden Russen flüchten. Auf der Flucht wurde sie und ihre Mutter von acht Russen vergewaltigt. Nach vielen Irrfahrten mit weiteren Kränkungen und Verletzungen („keiner wollte uns Flüchtlinge haben") fanden sie Unterkunft bei einem Bauern im Siegerland.

Da sie, bedingt durch die Kriegswirren, zwei Jahre keine Schule besuchen konnte, wurde sie Ostern 1947 „mit einem schlechten Zeugnis aus der Volksschule entlassen". Anschließend absolvierte sie eine Lehre als Kürschnerin. 1954 heiratete sie. Aus der Ehe gingen drei Töchter und ein Sohn hervor. Zur Familie gehörte auch ihre kranke Mutter, die, nachdem sie an einem Hirntumor operiert worden war, bis zu ihrem Tode pflegebedürftig war. Kurz nach der Heirat wurde auch ihr Mann krank. Er litt lange Zeit unter starken Kopfschmerzen. Nach vielen Untersuchungen wurde auch bei ihm ein Tumor festgestellt. Zu allem Unglück stellte sich heraus, daß ihr Sohn Legastheniker war und wegen Schulschwierigkeiten die Sonderschule besuchen mußte.

Neben der kranken Mutter, dem kranken Mann, dem lernbehinderten Sohn hatte die Patientin den Haushalt und drei Töchter zu versorgen. 1977 kam es zum körperlichen und seelischen Zusammenbruch. Die Patientin fing an, Beruhigungsmittel zu nehmen. 1980 starb die Mutter nach fast 15jähriger Pflege. Nach der Berufsausbildung verließen die Kinder nach und nach das Haus. Die Patientin und ihr Mann lebten sehr isoliert und abgekapselt. Im März 1990 starb ihr Mann. Die Patientin zog sich mit ihrem Schmerz und ihrer Trauer völlig in sich zurück. Es kam zur Vereinsamung. Die Kinder wollten sie zwar in ihre Familien aufnehmen, die Patientin lehnte es jedoch immer wieder ab. Im Alkohol suchte sie Trost und Vergessen.

Die viermonatige stationäre Behandlung erbrachte trotz der langen Suchtanamnese eine stabile Alkoholentwöhnung. Bei Älteren, die derart viele Belastungen im Leben bewältigt haben, sind oft auch Ressourcen (Ich-Stärken) verfügbar, mit denen sich die Behandler verbünden können.

6.13.5 Patienten mit demenziellen Störungen

Bei dementen Patienten gilt es, unterschiedlichste Konzepte und Prinzipien in der Behandlung zu integrieren. Parallel zur Regulierung der somatotherapeutischen Basismedikation und der Nutzung psychopharmakotherapeutischer Möglichkeiten zur Beeinflussung psychischer Begleitsymptome und des dementiellen Syndroms kommt nichtmedikamentösen Interventionen zentraler Stellenwert bei dem Bemühen zu, die Auswirkung der Erkrankung auf den Patienten selbst oder seine Umgebung zu lindern (Gutzmann 1997). Erst in den letzten Jahren in ihrer Bedeutung zunehmend anerkannt, werden sie allmählich in die stationären multimodalen Behandlungskonzepte integriert (Bauer 1994; Hirsch 1994c; Wächtler 1997; Wächtler et al. 1996).

Das in Abb. 30 dargestellte Modell von Lawton (1981) bietet einen theoretischen Bezugsrahmen für die Beeinflussung des dementen Individuums durch Umgebungsvariable.

In dem dynamischen Verhältnis zwischen dem alten Menschen und seiner Umgebung kommt es nach dieser Modellvorstellung darauf an, daß die Umgebung Aufforderungscharakter gewinnt. Der so auf den Betreffenden ausgeübte Aufforderungsdruck sollte im Idealfall auf die jeweiligen Fähigkeiten/Kompetenzen abgestimmt sein und

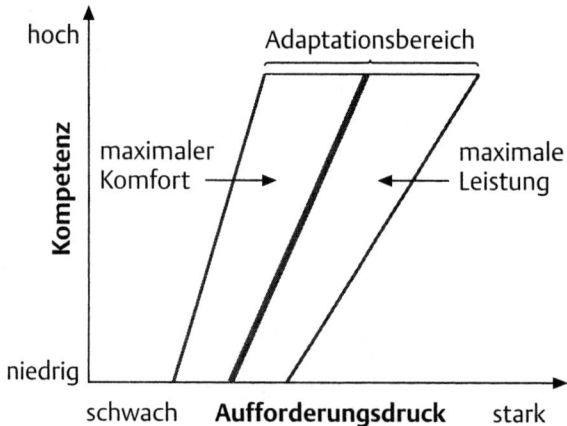

Abb. 30: Kompensationsvermögen und Umweltbedingungen als Determinanten individuellen Verhaltens (Gutzmann 1997, S. 50; nach Lawton 1981)

bei möglichen Änderungen (z. B. im Rahmen des Fortschreitens des Krankheitsprozesses) auch neu geregelt werden können. Demente können durch ein wenig mehr an Stimulation aus der unterfordernden Deprivation herausgeführt werden. Bei zu starker Stimulation resultiert wegen des geringeren Adaptationsspielraumes ein leistungshemmender Streß. Somit kommt bei Dementen der Umgebung eine weitaus entscheidendere Bedeutung zu als für gesunde alte Menschen. Die Therapie muß sich stets des Bewegungsspielraumes bewußt sein, den Erkrankung und Alter zulassen.

Die (Psycho-)Therapieplanung innerhalb des Gesamtbehandlungsplanes muß sich am Krankheitsbild und Verlauf orientieren. Die beiden diagnostischen Hauptgruppen (→ Kap. 4.9) verlangen unterschiedliche (psycho-)therapeutische Behandlungskonzepte:

▪ Die Demenz vom Alzheimer-Typ (DAT) gilt in der allgemeinen und auch fachlichen Öffentlichkeit als die typische psychische Alterserkrankung. Dazu tragen ihre mit dem Alter zunehmenden Prävalenzzahlen, ihre absolute Zunahme aufgrund der demographischen Veränderungen sowie die sich abzeichnenden psychopharmakologischen Behandlungsmöglichkeiten bei. Die gesetzmäßige Progredienz der Krankheit verlangt eine ständige Anpassung der therapeutischen Zielsetzungen und eine immer stärkere Verlagerung der Hilfestellung in die Umwelt. Nach der ambulanten Diagnostik erfolgt nur bei einem geringen Teil eine stationäre oder tagesklinische gerontopsychiatrische Behandlung aufgrund psychischer Symptome bzw. Verhaltensauffälligkeiten. Erst in der Schlußphase benötigt bei mittelschwerer bis schwerer Ausprägung eine größere Gruppe einer spezifischen Institutionalisierung. Psychiatrisch bzw. gerontopsychiatrisch weitergebildete Ärzte/Pflegekräfte sowie allgemeine soziale Dienste helfen, entsprechend der Indikation notwendige Behandlungen bzw. eine Versorgung zu gestalten. Angehörige erhalten zunehmend mehr Hilfestellung durch Beratung und Angehörigengruppen.
▪ Patienten mit einer Multiinfarkt-Demenz (MID) benötigen u. U. zunächst eine akutmedizinische, internistische, neurologische oder neurochirurgische Behand-

lung und anschließend nach einer akuten Durchblutungsstörung eine stationäre Rehabilitation. Es gibt jedoch auch bei einer MID einen eher schleichenden Krankheitsverlauf mit jeweils nur geringen, jedoch „sprungartig" verlaufenden Verschlechterungen. Gestützt auf den jeweiligen individuellen Rehabilitationserfolg kann erneut eine lang anhaltende Phase weitreichender Selbständigkeit im häuslichen Rahmen erreicht werden. Die bei 15-20 % der Patienten zusätzlich auftretende depressive Symptomatik erfährt bisher kaum fachpsychiatrische Hilfestellung. Patient und Angehörige werden mit Zentrierung auf die organische Erkrankung oft durch den Hausarzt und pflegerische bzw. soziale Dienste versorgt.

Nichtmedikamentöse Therapieformen, die Tab. 19 in einer Übersicht dargstellt, werden bisher überwiegend in der Klinik eingesetzt.

Tab. 19: Nichtmedikamentöse Therapieansätze bei demenziellen Störungen (nach Gutzmann 1997, S. 51)

Therapie	Zielgruppe	Zielgröße
Verhaltenstherapie	Auch demente Patienten	Umschriebenes Verhalten verändern
Tiefenpsychologisch fundierte Psychotherapie	Auch kognitiv gestörte Patienten	Anpassung an innere Realität
Realitätsorientierung	Demente Patienten	Orientierung; Selbständigkeit
Erinnerungstherapie	Auch demente Patienten	Lebenszufriedenheit
Musik-, Kunsttherapie	Auch demente Patienten	Emotionalität; Kreativität
Validation	Demente Patienten	Selbstwertgefühl
Selbsterhaltungstherapie	DAT-Patienten	Personale Identität
Milieutherapie	Auch demente Patienten	Therapeutisches Umfeld

Alle Verfahren, oft unterschiedlich kombiniert (Übersichten bei Hirsch 1994c; Wächtler et al. 1996; Gutzmann 1997) müssen folgende Aspekte berücksichtigen:

▪ Chance zur möglichst aktiven Adaptation für den dementen Patienten durch Einforderung bestehender bzw. reaktivierbarer Fähigkeiten/Kompetenzen unter ständiger Überprüfung von Über- bzw. Unterforderung während des gesamten Krankheitsverlaufes mit jeweiliger Anpassung des Behandlungsplanes.
▪ Nutzung von Gruppenangeboten (allgemeine Wirkfaktoren → Kap. 6.10.2).
▪ Regelmäßige Überprüfung der gemeinsamen Zielvorstellungen unter den beteiligten Mitgliedern/Mitarbeitern des familialen, sozialen und professionellen Versorgungssystems.
▪ Dauerhafte Unterstützung der Familienangehörigen (Erhaltung der Autonomie unter Vermeidung von Überforderung, zeitweilige Entlastung etc.) durch psychoso-

ziale Beratung/Gruppenangebote. Als letzte Aufgabe besteht die Trauerarbeit nach Verlust des dement Erkrankten.

Einzelpsychotherapeutische Erfordernisse bzw. Möglichkeiten bestehen im Frühstadium bei Alzheimer-Patienten (Bauer 1997; Bauer & Bauer 1997) und bei sich verstärkenden neurotischen Konflikten bzw. einem Aktualkonflikt. Bisher wurden bei MID-Patienten nach Durchblutungsstörungen tiefenpsychologisch fundierte Kurzpsychotherapien versucht.

6.13.6 Langfristig Erkrankte

Häufiger als in anderen Lebensphasen stellt sich für die Psychotherapeuten bei über 60jährigen die Aufgabe, schwerkranke Menschen während ihrer Erkrankungen sowie in der Sterbephase zu begleiten. Entscheidend ist dabei, daß sich der Ältere in diesem Prozeß begleitet erlebt und sich auch innerlich auf die Beziehung stützen kann. Für den Behandler ist es nicht erlaubt, auf Grund von Eigenübertragungs- oder Gegenübertragungsproblemen „allmächtig" das Sterbenwollen oder das Nichtsterbenwollen zu unterstützen.

Notwendige Entscheidungen muß der schwer- oder sterbenskranke Ältere noch immer selbst treffen. Die therapeutische Aufgabe ist, ihm die Situation, die damit zusammenhängenden Konflikte und Ängste, die noch bestehenden Aufgaben sowie seine derzeitigen Beziehungen zur Umwelt bewußtzumachen und soweit zu klären, daß er die notwendigen Entscheidungen selbst treffen kann. Folgende Aufgaben einer psychotherapeutischen Hilfestellung bei sterbenden älteren Patienten bestehen (Kruse 1989c):

- Psychische Weiterentwicklung zur Hinnahme des Todes, indem für den Sterbenden die Möglichkeit geschaffen wird, seine innere Situation, seine Trauer und die Ängste zu verbalisieren;
- „Erlösung" von physischen und psychischen Schmerzen auf Grund der Chronizität von Einschränkungen und Schmerzzuständen mit geändertem Ziel, dem älteren Patienten, Schutz, Sicherheit und Halt zu geben, so daß er sich nicht völlig zurückzieht, sich als „verlassen" erlebt und in dieser Verlassenheit extreme Ängste aussteht. Dabei bedarf es der Geduld und der Bereitschaft, diesem Patienten auch in weiteren Krisensituationen beizustehen;
- Außerdem besteht die Aufgabe, in einem Dialog mit einem anderen Menschen das zurückliegende Leben, die augenblickliche Situation sowie die zukünftige Situation zu thematisieren und dem Sterbenden zu helfen, wenn er nach einem tieferen Verständnis seines Lebens sucht;
- Der sterbende ältere Patient soll möglichst lange seine Selbstverantwortung aufrechterhalten und den Aufgabencharakter des Lebens möglichst lange verwirklichen können, um eine zu frühe und zu weitgehende Abhängigkeit zu vermeiden; und
- schließlich kann es Aufgabe des Psychotherapeuten sein, den sterbenden Patienten und seine Angehörigen zusammenzuführen, zwischen ihnen das Gespräch zu fördern und mit dazu beizutragen, daß das Sterben eine Aufgabe nicht nur des Einzelnen, sondern auch der Familie wird.

6.14   Therapiemodifikationen

Seit den Anfängen einer Alterspsychotherapie (Meerloo 1961), teilweise sogar normsetzend (Strotzka 1975; Müller 1982), und bis heute (Hoff 1998) wurden auffallend
selbstverständlich grundsätzliche Modifikationen psychotherapeutischer Behandlungen von über 60jährigen vorgeschlagen bzw. als notwendig angesehen. Generell gilt,
daß wir *keine andere Psychotherapie* für Ältere benötigen.

Art, Dauer und Chronifizierung des vorliegenden Krankheitsbildes, die Lebenssituation, eine organische und hirnorganische Komorbidität und Behinderungen bzw.
Einschränkungen erfordern die Berücksichtigung der allgemeinen und insbesondere
die altersspezifischen Indikationskriterien (→ Kap. 6.8.2) sowie die sich daraus ergebende differentielle Therapieindikation (→ Kap. 6.8.3). Dadurch können bestimmte,
in den einzelnen Kapiteln erwähnte Therapiemodifikationen notwendig werden.

> **Behandlungsbeispiel Nr. 35:** Die 68jährige Patientin erkrankte bald nach ihrer Beren-
> tung als Leiterin einer Bildungseinrichtung an einem Karzinom. Die ernste Prognose war
> ihr bekannt. Da sie um das 45. Lebensjahr herum eine längere psychodynamische Psy-
> chotherapie wegen eines neurotischen Konfliktes wahrgenommen hatte, suchte sie jetzt
> wieder psychotherapeutische Hilfe. Im Vordergrund stand ihre depressive Verstimmung
> und der Wunsch, möglichst viele Abwehrkräfte für die notwendige somatische Behand-
> lung mobilisieren zu können. Ihr Ziel war, wieder ein Stück Lebensqualität zu erreichen.
> Es wurde gemeinsam eine psychoanalytische Psychotherapie mit einer Stunde pro
> Woche vereinbart. Diese half der Patienten sehr, mehrere Krankenhausaufenthalte, die
> Zytostatikatherapie mit ihren Nebenwirkungen und die Bestrahlungen zu ertragen und
> gleichzeitig neue Lebensmöglichkeiten mit vielen Kontakten zu gestalten. In der End-
> phase der Erkrankung wurde die Behandlung in gemeinsamem Einverständnis in eine
> begleitende Hilfestellung umgewandelt. Dadurch gelang es, mehrere kurze wahnhafte
> Episoden aufzufangen. Vor ihrem Tod erfolgten auch noch einige Hausbesuche.

Wie das Behandlungsbeispiel 35 zeigt, sind zunächst keine wesentlichen Modifikationen in der Settingvereinbarung notwendig. Die ständigen Hinweise auf prinzipiell bei
über 60jährigen notwendige Modifikationen psychotherapeutischer Behandlungen lassen sich unseres Erachtens zurückführen auf:

- Früher nur in geringem Umfang durchgeführte eigene, insbesondere längere
  Behandlungen über 60jähriger.
- Nicht ausreichende psychotherapeutische Weiterbildungsqualifikation bei zusätz-
  lich kaum vorhandener Erfahrung in der Behandlung Älterer.
- Ein defizitäres Altersbild (→ Kap. 6.2).
- Vermeidung einer zu nahen langfristigen psychotherapeutischen Beziehung im
  Sinne von Eigenübertragungskonflikten (→ Kap. 6.5.3).

Diese begrenzten Veränderungen wurden im Sinne einer sich selbst erfüllenden Pro-
phezeiung dann der „Rigidität" der Älteren angelastet. In den oft komplexen psycho-
somatisch-somatopsychischen Problemlagen kommt es oft besonders im Sinne einer
differentiellen Therapieindikation darauf an, genau den Behandlungsauftrag von den
eigenen Wünschen und Hoffnungen zu unterscheiden und für diese Ziele angemessene
Methoden auszuwählen.

6.15 Stationäre Psychotherapie

Die erste Übersichtspublikation zu Aufgaben, Formen und Möglichkeiten stationärer Psychotherapie (Bäurle et al. 2000) verdeutlicht, daß mit Hilfe der bestehenden Versorgungsstrukturen (speziell in Deutschland) im wesentlichen zwei Gruppen über 60jähriger stationär behandelt werden:

■ In den *psychosomatisch-psychotherapeutischen Akut- und Rehabilitationskliniken* werden in zunehmendem Umfang 50-70jährige behandelt (Lange et al. 1995). Auf Grund der bei dieser Population noch relativ geringen somatischen und hirnorganischen Komorbidität besteht ein entsprechend niedriger zusätzlicher Bedarf an allgemeiner Hilfestellung, Pflege sowie an zusätzlicher ärztlicher und medikamentöser Behandlung. Für eine relevante weitere Teilgruppe an Patienten mit erstmals im Alter begonnener Alkohol- und Medikamentenabhängigkeit erfolgt ein spezifisches Angebot (→ Kap. 6.13.4). Die Aufenthaltsdauer beträgt in Rehabilitationskliniken durchschnittlich zwischen vier und sechs Wochen, in Akutkliniken je nach Indikation zwischen vier und zwölf Wochen.

■ Auf den *Psychotherapiestationen in der Gerontopsychiatrie* werden 65-80jährige vorwiegend mit depressiver (aber auch paranoider und dementieller) Symptomatik behandelt. Manchmal erfolgt ein spezifisches Behandlungsangebot für depressiv Erkrankte auf einer Depressions-Station (Wolfersdorf et al. 2000). Insgesamt zeichnen sich diese Patienten durch den Status einer organischen Multimorbidität mit entsprechenden Einschränkungen bzw. Behinderungen und durch das zusätzliche Risiko einer hirnorganischen Komorbidität aus. In der Regel werden neben der gerontopsychiatrisch-psychotherapeutischen Behandlung allgemeine psychosoziale Hilfestellung, Pflege, ärztliche und medikamentöse Behandlung benötigt. Dieser erhöhte personelle und materielle Aufwand steigt mit dem Alter an. Die Aufenthaltsdauer beträgt durchschnittlich 3-4 Monate.

Wie Abb. 31 zeigt, werden Patienten mit ≥50 Jahren in psychosomatisch-psychotherapeutischen Kliniken mit steigendem Alter relativ häufiger verhaltenstherapeutisch behandelt. Erstaunlich ist der hohe Anteil explizit als integrativ bezeichneter Settingkonzepte.

Folgende (Patienten-)Gruppen bedürfen auf jeden Fall einer zumindest regional vorzuhaltenden stationären Psychotherapie:

■ Über 60jährige in akuten Krisensituationen (Suizidalität, akute Dekompensation bei (Partner-)Verlust, Krankheit etc.) für notwendige stationäre Stützung und Sicherheit.

■ Über 60jährige mit spezifischen psychischen Krankheitsbildern (z. B. sich wiederholende depressive Erkrankungen mit früheren bzw. vorangegangenen Suizidversuchen, erstmals im Alter auftretende mittelgradige bis schwere Depressionen oder anderen psychischen Störungen wie Angsterkrankungen oder Somatisierungsstörungen, erstmals auftretende Sucht-Erkrankungen, beginnende demenzielle Syndrome, paranoide Syndrome).

■ Über 60jährige mit schweren Anpassungs- und Belastungsstörungen bei organischer Komorbidität, Multimorbidität und/oder psychosozialen Problemkumulatio-

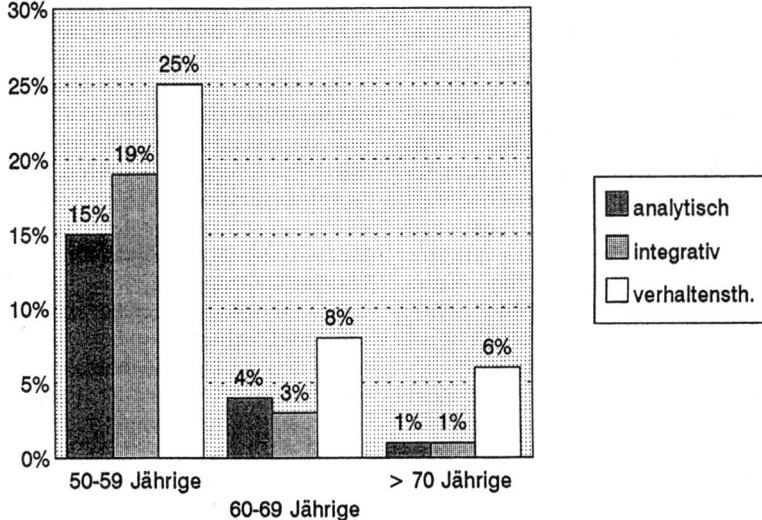

Abb. 31: Anteil älterer Patienten in psychosomatisch-psychotherapeutischen Akut- und Rehabilitationskliniken – Zusammenhang von Alter und Behandlungskonzept (Lange et al. 1995, S. 247)

nen; eine unzureichende häusliche Versorgung wäre eine relative Indikation, die in akuten Situationen auch ihre Berechtigung hat.

- Über 60jährige, die nicht auf ausreichende, mehrfach gezielt eingesetzte Psychopharmakotherapie ansprechen (z. B. bei depressiven Störungen in 5-10 %), bei denen wegen vorbestehender Medikation die Gabe von Psychopharmaka kontraindiziert ist oder die Psychopharmaka nicht tolerieren.
- Über 60jährige der obigen Gruppen mit abgestuften Behandlungserfordernissen (z. B. stationäre Behandlung mit nachfolgender Tagesklinik und anschließender psychotherapeutischer Weiterbehandlung im ambulanten Setting).
- Über 60jährige, für die auf Grund fehlender Versorgungsstrukturen bisher keine lokale ambulante Behandlung möglich ist (relative Indikation).

Der syndromalen Diagnose nach ICD-10 kann man bekanntlich den Schweregrad der Erkrankung nicht ansehen. Mit einer Angststörung kann man noch seinen Verpflichtungen nachgehen oder so schwer beeinträchtigt sein, daß man ohne Hilfe nicht mehr zuhause zurechtkommen kann. Daher empfiehlt sich, zusätzlich den Beeinträchtigungsschwere-Score (BSS) (→ Kap. 2.1; 8) bei der Indikation zu einer stationären Psychotherapie mit anzugeben.

Manchmal ist eine *stationäre Intervallbehandlung* zur psychosozialen Stabilisierung des erreichten psychotherapeutischen Erfolges einer sehr langen einmaligen stationären Therapie vorzuziehen. Die zwischengeschaltete Phase zuhause ermöglicht das Training der Alltagskompetenzen und hilft, die Kontaktc in dic Umgcbung zu pflegen.

Das multimodale Therapieangebot umfaßt in der Regel ein (verordnetes) Basisprogramm einschließlich Tagesstrukturierung, mehrere (verordnete) Psychotherapie-Angebote sowie (wahlweise) entwicklungs- und interessenfördernde weitere Angebo-

	Mo	Di	Mi	Do	Fr	Sa
7.00						
8.00	FRÜHSTÜCK					
9.00		Schwestern-Visite	Oberarzt-Schwestern-Visite	Gruppen-therapie	Schwestern-Visite	Arzt-Schwestern-Visite
10.00	Gruppen-therapie		Gestaltungs-			
11.00		Sprechstunde Körperarzt	therapie			
12.00	MITTAGESSEN					
13.00						
14.00	Schwestern-Visite	Einzel-Psychotherapie	Stations-Voll-versammlung	Einzel-Psychotherapie	Einzel-Psychotherapie	
15.00	Konzentrative Bewegungs-therapie		Schwestern-Visite	Schwestern-Visite	Schwestern-Visite	
16.00						
17.00	ABENDESSEN					
18.00	BESUCHSZEIT (bis 22.00 h)					

Abb. 32: Therapieplan für ältere Patienten in einer psychosomatisch-psychotherapischen Akutklinik (Heuft & Senf 1992)

te. Für die stationäre psychosomatisch-psychotherapeutische Akutbehandlung sprechen wir zurecht von einer *Hochdosispsychotherapie*, die unter dem Gesichtspunkt der differentiellen Therapieindikation auch nicht für alle über 60jährigen gleichermaßen geeignet ist. Abb. 32 gibt den Behandlungswochenplan einer solchen Akutbehandlung wieder. Bei drei Einzeltherapiestunden über sechs Wochen, drei diagnostisch-therapeutischen Vorgesprächen und vier ambulanten psychotherapeutischen Gesprächen nach Ende der stationären Zeit kommt man auf eine Dosis von 25 Einzeltherapiestunden. Das entspricht einem Kontingent, das sonst als ambulante Kurzpsychotherapie über einen Zeitraum von sechs Monaten und mehr mit jeweils einer Wochenstunde verteilt sein würde. Hinzu kommen die in Abb. 32 angesprochenen weiteren Psychotherapiemethoden wie Gestaltungs- bzw. Kunsttherapie, Konzentrative Bewegungstherapie (KBT) oder auch Musiktherapie und der Einfluß des psychotherapeutischen Gesamtmilieus.

Voraussetzung dafür sind ein Team von qualifiziert aus- und weitergebildeten Mitarbeitern verschiedener Berufsgruppen, einschließlich der Pflegekräfte mit spezieller Qualifikation im Altersbereich sowie entsprechende personelle, sachliche und räumliche Ressourcen. Fortbildung und Supervision stellen weitere unabdingbare Voraussetzungen dar.

Im Gegensatz zu allen anderen Berufsgruppen wechseln die Assistenzärzte aufgrund ihrer fachärztlichen Weiterbildung im Altersbereich, der nicht selten am unteren Ende der Wertigkeit im Vergleich mit anderen Stationen einer Klinik steht, zu häufig. Außerdem orientiert sich das psychotherapeutische Behandlungsangebot aufgrund der Personalsituation immer noch zu sehr an gerade vorhandenen Behandlungsqualifikationen und weniger an den Behandlungsanforderungen des bestehenden multimodalen Therapiekonzeptes.

Die Einbeziehung des Körpers erfolgt in der stationären Akutbehandlung durch Methoden wie die Konzentrative Bewegungstherapie (KBT), in der Gerontopsychiatrie bisher weitgehend durch die umfassende und möglichst integrierte Behandlung körperlicher Erkrankungen sowie durch die somatische Rehabilitation (Verbesserung von Funktionen, Ausgleich von Defiziten etc.), Hilfsmittelversorgung sowie durch Stabilisierung und Verbesserung von Ich-Ausstattung und Ich-Funktionen. Dies wird erreicht durch die Zusammenarbeit unterschiedlicher Professionen wie Ergotherapeuten, Krankengymnasten, Rehabilitationsfachkräfte, Logopäden, Sozialarbeiter, Sozialpädagogen, Pflegekräfte und Ärzte mit gerontopsychiatrischen/geriatrischen Fachkenntnissen.

Eine stärkere Einbeziehung des Körpers in die Behandlung kann dadurch erreicht werden, daß die subjektive Bedeutung bestehender Störungen, das körperliche Wohlbefinden, persönliche Körperpflege sowie neue Körpererfahrungen (z. B. Erlernen des Schwimmens, bewußt erprobte regressivere Umgangsformen), stärker berücksichtigt werden. Diese Ansätze verlangen ein zusätzliches, fakultativ wählbares Angebot, welches teilweise auch durch Fachpflegekräfte bei entsprechender Fortbildung vermittelt werden kann.

6.16   Weitere wichtige Einflußfaktoren auf Behandlungsplanung und Verlauf

6.16.1 Geeigneter Behandlungsrahmen

Lage, Erreichbarkeit und Ausstattung der ambulanten Praxisräume hängen fast ausschließlich von den höchst individuellen (Design-)Interessen der im mittleren Erwachsenenalter stehenden Psychotherapeuten ab und orientieren sich zusätzlich an den angenommenen Bedürfnissen der 25-45jährigen „Ideal"-Patienten. Schon 55-60jährige, aber erst recht noch ältere Patienten, bringen durch ihre physiologischen Veränderungen, ihre zusätzliche körperliche Komorbidität mit daraus ableitbaren Behinderungen und Einschränkungen besondere, unbedingt zu berücksichtigende Bedürfnisse mit:

- Eine städtische Lage mit guter Anbindung an öffentliche Verkehrsmittel sowie ausreichenden Parkplätzen ermöglicht eine gute Erreichbarkeit. Dagegen erweisen sich eine stadtnahe oder sogar ländliche Praxislage als deutlich ungünstiger.
- Ein bequemer sicherer Zugang (sicherer Belag auf dem Zugangsweg), gute Außenbeleuchtung und ein gut lesbares Praxisschild erleichtern Erstkontakt sowie Praxisbesuche in Herbst, Winter und Frühling.
- Schon eine Praxis im 1. Stock (insbesondere bei enger Treppe, fehlendem Handlauf

auf beiden Seiten und schlechter Beleuchtung) ist für viele bewegungseinge-
schränkte Patienten schwer erreichbar. Praxisräume in höheren Stockwerken ohne
Fahrstuhl erweisen sich in der Regel als unerreichbar. Eine psychotherapeutische
Universitätsambulanz im zweiten Stock mit einer engen Wendeltreppe, eine Ambulanz für Ältere mit steilem Zugang oder eine Beratungsstelle für Ältere in einer
dunklen, schlecht erreichbaren engen Straße ohne Parkmöglichkeiten schließen
von vorneherein bestimmte Gruppen Älterer aus!

- Die Praxisräume sind in der Regel nicht altersgerecht ausgestattet. Aus den bevor-
zugten weichen und tiefen Sitzmöbeln kommt man mit entsprechenden Rücken-
und Gelenkbeschwerden schlecht heraus. Höhere Sitze, ausreichende Polsterung,
Rücken- und Armlehnen erweisen sich für das 50minütige Sitzen im Erstgespräch
und in der Einzelbehandlung oder für das 90minütige Sitzen während einer Gruppenpsychotherapie als eindeutig geeigneter. Ebenso fehlt es oft (insbesondere auch
in den Warteräumen) an guter Beleuchtung und ausreichender Heizung.

- Über 60jährige Patienten haben nach dem Ausscheiden aus dem Arbeitsprozeß in
ihrer Lebenssituation andere Lebensstrukturen: sie bevorzugen daher Behandlungstermine am späten Vormittag oder am frühen Nachmittag. Abendtermine
erweisen sich insbesondere auch im Herbst und Winter als ungünstig. Außerdem
erfordern sie möglicherweise zusätzliche Transportbemühungen durch Partner,
Familienangehörige und Nachbarn und fördern somit die Abhängigkeit.

Diese Hinweise gelten selbstverständlich nicht nur für die Durchführung von Einzelpsychotherapien, sondern ebenso für Gruppenpsychotherapien und für Paar- und
Familientherapien. Sie beziehen sich auch auf die Ausstattung von Beratungsstellen,
Ambulanzen, Tageskliniken und stationären Einrichtungen wie Klinikabteilung und
Heime. Immer wieder sind ungeeignete Sitzmöbel, schlechte Beleuchtung und
ungenügende Schallisolierung und Klimatisierung (überheizte, zugige oder zu trocke-
ne Räume) anzutreffen. Oft bieten die Räume, wenn sie für mehrere Zwecke genutzt
und immer wieder umgeräumt werden, keine Sicherheit und ruhegebende Atmosphäre
– von einer ansprechenden Farbausstattung, Gardinenauswahl und Gestaltung mit Bildern ganz zu schweigen. Damit soll nicht von vorneherein jeder über 60jährige zu
einem hilfsbedürftigen Älteren gemacht werden. Diese Hinweise verdeutlichen jedoch
notwendige äußere Voraussetzungen, will man mit der Alterspsychotherapie wirklich
ernstmachen.

6.16.2 Die Angehörigen

Bei den Therapiezielen jüngerer Patienten orientieren wir uns oft an dem Idealbild
eines autonomen Erwachsenen, der wegen seiner neurotischen, aus Kindheit und
Jugendzeit stammenden und sich an seinem persönlichen und beruflichen Umfeld wiederholenden Beziehungsstörungen unsere Hilfe sucht. Begleitung durch Partner anläßlich des Erstgesprächs, Anrufe von Angehörigen sowie insbesondere Wünsche nach
einem Gespräch zu Dritt oder sogar mit Partner allein werden von vielen traditionell
sozialisierten Psychotherapeuten abgelehnt, als „agierender" Übergriff erlebt und
praktisch nie vom Psychotherapeuten selber initiiert.

Auch über 60jährige vermitteln zunächst und für lange Zeit – unbewußt unterstützt durch unseren und ihren eigenen Wunsch – das Bild von selbständig und selbstbewußt in einer Partnerschaft oder sogar allein lebenden Menschen. Erst im Verlauf längerer Behandlungen wird deutlich, in welchem Umfang gerade bei unseren 70-75jährigen Patienten tragende intragenerationelle (zu Partner, zu Geschwistern und Freunden) und intergenerationelle (zu noch lebenden Eltern, insbesondere zu Kindern und Enkelkindern) Beziehungen bestehen und aktiv wechselseitig gestaltet werden. Angesichts abnehmender Kontakte zu noch Älteren und Gleichaltrigen (Wegzüge, Heimaufnahmen, Todesfälle) werden innerfamiliäre Kontakte bedeutsamer, unterstützt durch die „zweite Abhängigkeit im Lebenszyklus", sowie bedingt durch die zunehmende eigene Hilfsbedürftigkeit.

Angehörige Älterer treten bei ambulanten und insbesondere stationären psychotherapeutischen Behandlungen in vielfältiger Weise in Erscheinung: Bei ambulanten Behandlungen begleiten die Angehörigen die Patienten als Ehepartner oder Kinder. Die Angehörigen übernehmen Transportaufgaben, sie informieren über Absagen anläßlich von Erkrankungen. Im stationären Bereich begleiten sie die Alternden zur Aufnahme, regeln die Formalitäten, besuchen sie regelmäßig u. a. m. Die dafür verantwortlichen (unbewußten) Motive sind vielfältig: Sorge, Anteilnahme, Neugier bezüglich des zukünftigen Behandlers, Informationswunsch über die bisherige (gemeinsame) Geschichte mit Vermittlung des eigenen Standpunktes, einschließlich der Vorwürfe, Enttäuschungen und Klagen über „schwierige" Verhaltensweisen. Außerdem spielt eine Beunruhigung über mögliche Veränderungen des Älteren bezüglich seiner Person und bezüglich der Beziehungen durch die Psychotherapie, sowie Befürchtungen bezüglich einer Psychiatrisierung („Mein Mann ist doch nicht verrückt") eine große Rolle.

Wenn über 60jährige von Angehörigen begleitet werden, sollte dies aufgrund der dargestellten Perspektive als *Kontaktangebot* aufgefaßt werden. Man begrüßt die Angehörigen im Wartezimmer, stellt sich vor und verdeutlicht gleichzeitig durch das Hereinbitten des Patienten die mögliche diagnostische Zweierbeziehung. Falls der Wunsch nach einem Gespräch zu Dritt direkt geäußert wird, bespricht man dieses am Ende des Erstgesprächs zunächst mit dem Patienten selbst, auch wenn er hochbetagt und über Strecken hilfsbedürftig ist. Die Beobachtung der Begleitung durch einen Angehörigen führt zu der Frage nach ihrer Bedeutung. Die Nachfrage klärt in der Regel die Beziehung und auf wessen Wunsch und aufgrund welcher Motive diese Begleitung erfolgte.

Spätere Wünsche nach einem Gespräch zu Dritt bzw. einem Einzelgespräch mit Angehörigen müssen selbstverständlich vorab in der laufenden Psychotherapie angesprochen und geklärt werden, um die Zweierbeziehung der Behandlung zu schützen. Ein Gespräch mit Angehörigen gegen den erklärten Willen des sich in Behandlung befindlichen Patienten beschädigt in der Regel die bestehende therapeutische Beziehung. Bei drohenden Notfallsituationen, wie einer von den Angehörigen beobachteten Selbstgefährdung des Alternden, muß u. U. reflektiert von dieser Regel abgewichen werden. Zum frühestmöglichen Zeitpunkt sollte der Patient jedoch über einen solchen Kontakt „hinter seinem Rücken" informiert werden. Die Begründung für das therapeutische Handeln kann dem Patienten später eventuell eine nachträgliche „Erlaubnis" angesichts der Notlage ermöglichen.

Gerade bei Gesprächswünschen während einer laufenden Behandlung können eigene Probleme der Angehörigen, Wünsche nach einer gemeinsamen (Paartherapie) oder zusätzlichen alleinigen Behandlung sowie ausgeprägte familiäre Schwierigkeiten sichtbar werden. Manchmal versuchen die Angehörigen, ihre eigenen neurotischen Konflikte in die Behandlung des Älteren mit einzubringen, wie das nachfolgende Fallbeispiel verdeutlicht.

> **Behandlungsbeispiel 36:** Eine 80jährige Patientin bat während ihrer Kurzpsychotherapie um eine gemeinsame Behandlungsstunde mit Sohn und Schwiegertochter, da der Sohn eine spezifische Ursache für die vorliegende Depression vermute. In diesem (Familien-)Gespräch erklärte der Sohn abrupt und direkt, daß nach seiner Ansicht die langjährige problematische Ehe seiner Mutter (mit seinem vor drei Jahren verstorbenen Vater) dafür verantwortlich sei. Nach seiner Ansicht hätte sich der Vater, im Falle seines Weiterlebens, bestimmt getrennt. Für diese schockierende Behauptung ergaben sich im weiteren Gesprächsverlauf keine nachvollziehbaren Hinweise; auch nicht von Seiten der bis dahin stumm dabei sitzenden Schwiegertochter. Nach einer Stützung der fassungslosen Patientin konnte sie sich dann in den nächsten Stunden nachhaltig mit ihrer seit langem gestörten Beziehung zu ihrem einzigen Sohn befassen. (Erst später stellte sich heraus, daß die Schwiegertochter wegen eigener Eheproblematik eine Psychotherapie begonnen hatte.)

Selbstverständlich können auch Angehörige zur Trauerarbeit nach dem Tod, nach einem Suizid, wegen fortschreitender unheilbarer Erkrankungen oder eines akuten Herzinfarktes Unterstützung benötigen. Ein direktes Gesprächsangebot anläßlich der Todesmitteilung hilft häufig, Trauer besser zulassen zu können und die verstorbenen Eltern oder den Partner wenigstens rückwirkend besser zu verstehen.

> **Behandlungsbeispiel 37:** Eine 68jährige Patientin suchte nach der Diagnose einer malignen Systemerkrankung psychotherapeutische Hilfe, um einen möglichen persönlichen Anteil zu klären. Mehrere Jahre lang erlebte sie immer wieder schwerwiegende Verschlechterungen ihres körperlichen Zustandes – für Monate unterbrochen durch weitreichende Remissionen. Nach ihrem Tode war es für ihre beiden Söhne wichtig, die (in wichtigen Teilen ihnen bis dahin unbekannte) Lebensgeschichte ihrer Mutter kennenzulernen, um die eigene schwierige Jugend besser zu verstehen.

Anläßlich von Suiziden Älterer befürchtet der Behandler oft als Jüngerer Vorwürfe und Beschuldigungen durch die Angehörigen, die diese zu ihrer eigenen Entlastung von Schuldvorwürfen auf die Behandler allgemein oder speziell auf den Psychotherapeuten richten können.

> **Behandlungsbeispiel 38:** Eine 68jährige Patientin, die zwei Jahre an einer Gruppenpsychotherapie mit Teilnehmern zwischen 50 und 70 Jahren teilgenommen hatte, suizidierte sich zwei Monate nach Beendigung dieser Behandlung. Anstatt der erwarteten Vorwürfe erfuhr der Therapeut von den drei Söhnen bei einem gemeinsamen Gespräch, daß die Mutter seit der Jugend mehrfach (dem Psychotherapeuten allerdings unbekannt gebliebene) Suizidversuche unternommen hatte. Mit Hilfe der Gruppenpsychotherapie konnte die Patientin nach Einschätzung der Söhne endlich ihre schwierige und angespannte familiäre Situation klären und gleichzeitig innerlich – in der Gruppe so nicht bemerkt – Abschied nehmen.

Im Gespräch mit den häufig relativ gleichaltrigen Kindern der älteren Patienten besteht immer wieder für die Psychotherapeuten die Verführung, sich mit diesen unbewußt gegen den Älteren zu verbünden oder im Familiengespräch Partei gegen die eigenen älteren Patienten zu ergreifen. Die zumindest in der Klinik mögliche Anwesenheit eines weiteren Behandlers hilft, eigenes Mitagieren zu reflektieren und damit einzuschränken.

6.16.3 Die medizinischen Objekte

Während des Alterns und Altseins erfordern die physiologischen Veränderungen und die zunehmende Multimorbidität mit nachfolgenden Einschränkungen vielfältige medizinische Behandlung durch Primär- und Fachärzte. Hinzu tritt die Notwendigkeit einer allgemeinen Versorgung durch unterschiedliche Dienste, soziale Unterstützung durch Sozialarbeit bis hin zu Besuchsdiensten, Rehabilitation (Physiotherapie, Krankengymnastik und Logopädie) sowie Pflege (Haus- und Krankenpflege). Dadurch ergeben sich zahlreiche, teilweise langanhaltende Kontakte zu Mitgliedern verschiedener Berufsgruppen. Auch die bei über 75-80jährigen zunehmende Vereinsamung infolge des Verlustes gleichaltriger und auch jüngerer Beziehungen durch Wegzüge, Immobilität, Heimaufnahmen oder Tod fördert zusätzlich Wünsche nach stabilen professionellen, jetzt auch private Bedürfnisse abdeckenden Beziehungen als Ersatz für verlorengegangene private familiale Beziehungen.

Diese sich konstituierenden Beziehungen zu *medizinischen Objekten* (d. h. Fachkräfte einschl. ihrer Maßnahmen wie Diagnostik, medikamentöse Behandlungen, operative Eingriffe, Versorgung, Pflege etc.) (Hirsch 1994a) können unabhängig voneinander verlaufen, sich gegenseitig beeinflussen, teilweise miteinander (bewußt) konkurrieren oder zum Zwecke des Agierens (unbewußt) genutzt werden.

Angesichts einer in der Regel langfristigen Beziehung und Bindung an einen Hausarzt stellt der Beginn einer längerfristigen psychotherapeutischen Behandlung eine mögliche Zäsur für die bisherige Beziehung dar:

- Weiß der Hausarzt, der den Patienten aktuell oder später weiterbehandeln soll, überhaupt um die Behandlung? Wenn nein, wird so eine ggf. notwendige Kontaktaufnahme zumindest erschwert. Mit diesem Sachverhalt später konfrontiert, können irritierte, verärgerte und ablehnende Reaktionen des Hausarztes nicht ausbleiben. Behandlungen, auch mit Psychopharmaka, erfolgen dann ohne Abstimmung (⇒ Kap. 6.16.5).
- Wenn ja: hat der Hausarzt den Patienten wegen „schwierigen, störenden" Verhaltens „abgeschoben" oder fühlt er sich durch den Psychotherapeuten in seiner Kompetenz gemindert oder abgewertet?
- Welche Bedeutung mißt der Hausarzt der psychotherapeutischen Behandlung bei? Hält er sie für wichtig, nebensächlich oder sogar kontraindiziert? Kennt er doch insbesondere seinen männlichen Patienten bisher als „normal", zumindest ohne Konflikte oder Schwierigkeiten.
- Wieweit verändert sich die Beziehung des älteren Patienten zu seinem Hausarzt aufgrund möglicher zusätzlicher Selbständigkeit, durch Abbau des Respekts vor ärztlicher Autorität und deutlicherem Einbringen eigener Wünsche und Vorstellungen über seine laufende Behandlung? Patienten beginnen, bisherige ärztliche Maßnahmen kritisch zu reflektieren, selbständig Medikamente zu reduzieren oder sogar

abzusetzen, gegebene Behandlungsvorschläge zu hinterfragen oder sogar die behandelnden Psychotherapeuten diesbezüglich um Rat zu fragen.

- Oft bleibt ebenso unbekannt, in welchem Umfang Erkenntnisse aus der laufenden Psychotherapie oder Kommentare agierend benutzt werden, oder ob bei einer psychotherapeutisch schwierigen Situation durch Klagen über neue bzw. vermehrt auftretende Symptome beim Hausarzt andere und damit „bessere" Behandlungsmaßnahmen durchgesetzt werden.

Diese hier exemplarisch an der Behandlung beim Hausarzt verdeutlichten interaktionellen Schwierigkeiten lassen sich selbstverständlich auch gegenüber Angehörigen und anderen an der Behandlung, Versorgung, Pflege des Alternden beteiligten Berufsgruppen antreffen. Hier werden oft eindeutig die „Lieblingskinder" von den „bösen und undankbaren Kindern" unterschieden. Manchmal möchten Ältere in einer regressiven Situation auch die „Eltern"-Objekte gegeneinander ausspielen. Selbstverständlich lassen sich derartige Probleme und unbewußte Interaktionsangebote auch bei Patienten im jüngeren und mittleren Erwachsenenalter beobachten. Bei Älteren bekommt diese Problematik dadurch eine schwerwiegendere Bedeutung, daß die professionellen Mitarbeiter in der Regel auf Dauer und sogar wegen des Alterns mit weiter zunehmender Intensität gebraucht werden – also auch nach Abschluß der psychotherapeutischen Behandlung.

In dieser Situation empfiehlt sich von vornherein zu deklarieren, daß die laufenden körperlichen Behandlungen bei den bisherigen behandelnden Ärzten verbleiben, aber alle mit Gesundheit und Krankheit zusammenhängenden Fragen als zusätzlich wichtig für die Psychotherapie anzusehen sind. Damit bleibt die Beziehung zu den behandelnden Ärzten erhalten. Gleichzeitig kann die intrapsychische Bedeutung aller diesbezüglicher Maßnahmen verstanden werden, sich jeweils ergebende Beziehungsaspekte geklärt und auf erforderlich werdende Maßnahmen adäquat reagiert werden.

Die Notwendigkeit einer Kontaktaufnahme zu behandelnden Ärzten ergibt sich bei konkurrierenden bzw. den Patienten wahrscheinlich schädigenden Maßnahmen. In der Regel erbringt dann das direkte Gespräch eine Klärung. Meist sind die Älteren selbst in der Lage, entsprechende Schwierigkeiten anzusprechen, da sie ihre Beziehungen im Verlaufe der Psychotherapie realistischer, unabhängiger und damit erwachsenengerechter gestalten können.

Davon unabhängig stellen sich für den ärztlichen Fachpsychotherapeuten die Fragen nach der eigenen Verordnung von Psychopharmaka während laufender psychotherapeutischer Behandlungen (⇒ Kap. 6.16.4) und für alle Fachpsychotherapeuten nach der im Altersbereich notwendigen Kooperation mit geriatrisch-gerontopsychiatrisch tätigen Ärzten, sowie der erforderlichen Kenntnis lokaler bzw. regionaler Angebote unterschiedlicher Versorgungssysteme im Altersbereich.

6.16.4 Die Bedeutung von Psychopharmaka

Die häufigste medizinische Behandlungsform über 60jähriger stellt die Verordnung von Medikamenten dar. Nach Herz-Kreislaufmitteln sind Psychopharmaka die am zweithäufigsten verschriebene Medikamentengruppe. Insgesamt schon im Vergleich zu jüngeren Altersgruppen überproportional häufig verordnet, steigt ihre Einnahme –

insbesondere bei Frauen – mit zunehmendem Alter weiter an. Besondere Bedeutung kommt dabei den Benzodiazepinen mit ihrem Abhängigkeitspotential zu, deren Verordnung jetzt wieder zunimmt. Die Verordnung der Psychopharmaka erfolgt in über 50 % durch die Primärärzte, die oft so die psychischen Begleiterscheinungen körperlicher Erkrankungen behandeln (Weyerer & Zimber 1997; Wolter-Henseler 1996). Dabei werden psychische Störungen insgesamt von Seiten der Primärärzte nur teilweise als solche erkannt (Aksari et al. 1997).

Da sich Psychotherapie-suchende bzw. in Psychotherapie Befindliche über 60jährige auf Grund ihrer körperlichen Komorbidität in der Regel in hausärztlicher und häufig zusätzlicher fachärztlicher Behandlung befinden, müssen bereits in der Diagnostik die Psychopharmaka-Verordnungen erhoben werden. Hierbei ist zwischen *spezifischen Wirkungen, Nebenwirkungen, Bedeutungen für* und *Auswirkung auf die Interaktion* zu unterscheiden. Beispielhaft sei hier auf das ⇒ Kap. 3.4 hingewiesen, wo wir die Antidepressiva angesprochen haben. Übersichten finden sich bei Böker & Hell (2000), Förstl (1997) und Möller (1997). Noch wenig bekannt sind die Nebenwirkungen, die sich sowohl bei der alleinigen Einnahme von Psychopharmaka und durch ihre Kombination mit anderen Medikamenten bei Alternden ergeben.

Bezüglich der *unbewußten Bedeutung* von Medikamenten ist an den Doppelsinn des Wortes Pharmakon zu erinnern: Jedes Heilmittel ist potentiell ein Gift; die Göttin der Heilkräuter, Hekate, ist einerseits eine böse Hexe, andererseits eine dem Heilgott Apollo verwandte weise Hexe. Diese im Mythos verankerte Vorstellung erinnert an das kleinianische Konzept der Spaltung (in eine „gute nährende" und eine „böse verfolgende, vergiftende" Brust). Eine weitere Bedeutung des Medikaments kann in seiner *Funktion als Übergangsobjekt* gesehen werden. Insbesondere der Umgang mancher Patienten mit Tranquilizern und ihre entspannende Wirkung erinnert an die von Winnicott beschriebenen früheren Beziehungserfahrungen, die zwischen der Ebene vollständiger Abhängigkeit von einem Anderen und einer reiferen Beziehungsebene angesiedelt sind. Weiterhin kann den Neuroleptika die symbolische Bedeutung eines „kontrollierenden Vaters" (Danzinger 1998) zukommen.

Bei Alterspatienten kann ein Medikament unbewußt auch mit *magischen Heilserwartungen* im Sinne eines „Jungbrunnens" verknüpft sein. Seine Einnahme soll, wie in der Werbung versprochen, Vitalität, Lebenskraft und Potenz vermitteln, die körperlichen und geistigen „Verschleißerscheinungen" des Alters aufheben oder zumindest hinausschieben. Lebenslang eingenommen, könnte so ein Medikament Schutz gegen das Altern, gegen den befürchteten Verfall und gegen den Tod bedeuten. Ähnliche Wichtigkeit können auch bereits seit vielen Jahren eingenommene Hausmittel haben. Der Vorschlag, sie abzusetzen, enthält dann vorbewußt für die Älteren das *Gebot,* sich von allen auf die Verjüngung beziehenden Phantasien zu trennen, sowie das *Verbot,* sich zukünftig aller entsprechender Möglichkeiten zu bedienen. Letztendlich wird ein solcher Schritt als Hinweis auf die Unbehandelbarkeit des Alterns und den eigenen Tod verstanden. Entsprechend kann die Weiterverordnung von Medikamenten durch den Arzt signalisieren, dieser habe seine Patienten „noch nicht aufgegeben".

Weiterhin kann die Verordnung von Medikamenten im Sinne einer *oralen Zuwendung* als „ständige Fütterung" erlebt werden, die dann allerdings täglich mehrfach erfolgen muß. Das Absetzen bedeutet Liebesentzug, wenn der Behandler nicht in der Lage ist, das Absetzen auf andere Weise, z. B. durch Zuwendung, häufigerer Anwesenheit etc. auszugleichen (der Behandler als „Droge") (Balint 1980). Manchmal lassen sich paranoide Reaktionen beobachten, insbesondere wenn die Verordnung von Medi-kamenten oder ihre Nebenwirkungen verschwiegen werden. Schlimmstenfalls werden Beschuldigungen des Vergiftens und des Kunstfehlers geäußert (Goldfarb 1969; Safir-stein 1972).

Für den Behandlungsprozeß ist zwischen der Frage der Weiterführung einer laufen-den Psychopharmakotherapie und der Frage ihres Einsatzes (von Anfang an oder erst-mals/erneut) während einer Psychotherapie zu unterscheiden. Die orientierende Frage im Erstinterview informiert, ob, in welchem Umfang, seit wann und durch welche Behandler Psychopharmaka verordnet wurden und welche spezifischen Wirkungen sowie Nebenwirkungen auftraten. Die zweite Frage nach der möglichen Bedeutung klärt weitere Möglichkeiten ab: Die Spanne reicht von Gleichsetzung mit einer „che-mischen Zwangsjacke" über ausgeprägten inneren Protest (mit entsprechend geringer Compliance) bis hin zur ersehnten „Droge". Selbstverordnete (frei käufliche) oder zumindest in der Dosierung selbstbestimmte (z. B. anläßlich von Angstzuständen) Medikamente verdeutlichen den Wunsch nach Autonomie (unbewußt im Sinne von „Übergangsobjekten", die Sicherheit und gleichzeitig Unabhängigkeit von der Umwelt garantieren). Stets sollte in der Diagnostik auch nach der Einnahme frei verkäuflicher Medikamente (Schmerzmittel; Abführmittel etc.) gefragt werden.

Die älteren Patienten bringen oft eine Anamnese unbefriedigender, erfolgloser Psy-chopharmakabehandlungen mit, die sich durch vorliegende neurotische Störungen, posttraumatische Belastungsstörungen etc. erklären lassen. Bereits abgesetzte Psycho-pharmakaverordnungen fallen in die Verantwortung der Patienten selbst. Reduzierung der Medikation anläßlich der verabredeten Psychotherapie sollten durch die Patienten mit dem ursprünglichen Verordner geklärt werden. Ggf. kann auch eine konsiliarische Beratung der Behandler untereinander im Einvernehmen mit dem Patienten sehr sinn-voll sein.

Als ebenso entscheidend für die Verordnung von Psychopharmaka, sei es von Anfang an parallel oder während der Behandlung in bestimmten Situationen, müssen die jeweiligen Bedürfnisse bzw. Ängste der Behandler angesehen werden (Hirsch & Schneider 1990). Im Erstinterview auftauchende Phantasien über notwendig zu ver-ordnende Psychopharmaka sollten stets auch als Hinweis auf eigene Wünsche, die Behandlung abzulehnen oder die Verantwortung dafür zu teilen oder an andere zu delegieren, reflektiert werden. Weiterhin kann der Griff zum Rezeptblock während einer laufenden Behandlung ein weites Spektrum eigener Gefühle verdeutlichen: All-machtsgefühle, Distanzierung, Konkurrenz etwa zu dem mitbehandelnden Hausarzt, Zweifel an dem eigenen Behandlungsansatz bis hin zur ansteigenden Angst, z. B. vor Suizidalität (Hirsch 1994b).

Folgende Gründe können die zusätzliche Verordnung von Psychopharmaka not-wendig machen:

- Als Prä-Medikation zur Ermöglichung von Psychotherapie: z. B. bei Angstzustän-den, psychotischen Erlebnisreaktionen;
- zur Förderung der Kommunikationsfähigkeit: z. B. bei depressiven Patienten;
- zur Dämpfung von Triebspannung: z. B. bei Suizidgefahr, Panik- und Depersonali-sationszuständen, bei Hypomanie sowie Erregungszuständen;
- zur „Straffung" von Denkprozessen: z. B. bei Patienten mit Zuständen nahe des Primärprozesses;

▪ z. B. bei phobischen Patienten und bei Patienten während der Rehabilitation, wenn nach einem Schlaganfall eine depressive Verstimmung einsetzt;
▪ zur Unterstützung von laufenden Schmerzbehandlungen und
▪ zur unterstützenden Behandlung bei Beginn oder über einige Zeit oder über die Gesamtdauer der Behandlung, z. B. bei Patienten mit depressiven Syndromen oder Psychosen aus dem schizophrenen Formenkreis im Rahmen eines multimodalen klinischen Behandlungskonzeptes.

Dabei stellt sich die wichtige Frage, durch wen die Psychopharmaka verordnet werden: durch die Primärärzte, die mitbehandelnden Psychiater oder die ärztlichen Psychotherapeuten selbst. Hier lassen sich keine eindeutigen Empfehlungen aussprechen: einerseits wird die Trennung zwischen Psychotherapie und Psychopharmakotherapie teilweise als erforderlich angesehen – sie erfordert dann aber eine entsprechende Kooperation unter den ärztlichen Behandlern. Andererseits verdeutlicht die selbst vorgenommene Verordnung gerade Älteren das Interesse an ihrer bio-psycho-sozialen Gesamtsituation und die eigene Kompetenz, wenn diese wirklich vorhanden ist. Die psychologischen Psychotherapeuten bedürfen auf jeden Fall einer engen Kooperation mit einem gerontopsychiatrisch erfahrenen Arzt für diese (aber auch andere) Fragen parallel zur laufenden Behandlung.

Manchmal weisen erst Veränderungen von Stimmung und/oder Antrieb darauf hin, daß der in psychotherapeutischer Behandlung befindliche Patient zusätzlich durch den behandelnden Hausarzt entsprechende Psychopharmaka verordnet erhielt (z. B. als Depot-Neuroleptikum). Auch diese Situation bedarf einer genauen Abklärung in der Psychotherapie: War der ärztliche Behandler überhaupt über die laufende Psychotherapie informiert? „Agierte" der Patient durch entsprechende Klagen bei seinem Hausarzt? Wurde der Hausarzt von Seiten des Patienten in einer Konkurrenzsituation erlebt? Fühlte sich der Patient von dem eigenen Psychotherapeuten „aufgegeben"?

Entscheidend bleibt, jede der mit der Verordnung von Psychopharmaka zusammenhängenden Fragen als wichtigen Bestandteil der laufenden Psychotherapie in dem Dreieck von psychotherapeutischem Behandler, dem Patienten und seinem behandelnden (Haus-)Arzt. Bleibt die Frage der Psychopharmakaverordnung – wie viele andere Gesundheit und Krankheit betreffende Fagestellungen auch – ausgeklammert, so vermittelt der psychotherapeutische Behandler seinem Patienten nachdrücklich, daß er sich mit diesen für ihn so wichtigen Fragen nicht befassen will.

Ein Therapieziel bezüglich der Medikation könnte auch sein, die Compliance notwendiger Psychopharmaka, z. B. zur Rezidivprophylaxe zu erhöhen. Eine solche *Verbesserung der Compliance* kann darüber hinaus auch bei anderen notwendigen medikamentösen Dauertherapien, wie etwa der Diabetes-Einstellung, sehr bedeutsam sein. Es wäre auch wieder eine Eigenübertragungs-Falle für den Psychotherapeuten (→ Kap. 6.5.3), würde er bei älteren Patienten grundsätzlich davon ausgehen, aufgrund des Alters sei es sowieso ohne Belang, ob vorgeschlagene somatische Behandlungsprogramme eingehalten werden oder nicht („Was hat denn der Ältere noch vom Leben, wenn er jetzt auch noch ständig an seinen Zucker denken soll!?"). In diesen Fällen gilt es, die Verleugnung der somatischen Therapiemaßnahmen ebenso zu analysieren wie deren extrem ängstliche Erfüllung.

6.16.5 Wesentliche Kooperationen

Die Diagnostik aus einer bio-psycho-sozialen Gesamtsicht, die die psychosomatischen Aspekte ebenso wie die soziale Situation des älteren Patienten berücksichtigt, führt zu einem Gesamtbehandlungsplan. Dieser bezieht mögliche körperliche und hirnorganische Störungen sowie die Folgen medikamentöser Polypragmasie in die Überlegungen zu den Therapiezielen mit ein. Die im Alter notwendige Einbeziehung des Körpers in den therapeutischen Prozeß verlangt eine gute Kooperation mit geriatrisch und gerontopsychiatrisch ausgewiesenen Ärzten, die derartige diagnostische und auch therapeutische Aufgaben konsiliarisch übernehmen.

Im Gegensatz zu den in der Regel zu häufig und zu lange körperlich voruntersuchten und behandelten jüngeren Patienten haben wir den Eindruck, bei Älteren sollte man sich nicht zu sicher darauf verlassen, sie seien ausreichend untersucht und über die notwendigen Behandlungsmaßnahmen informiert worden. Nicht selten scheuen die Patienten selber auch notwendige diagnostische Maßnahmen aus Angst. Neu auftretende Symptome werden von Patient und Arzt u. U. gemeinsam dem „normalen" Alternsprozeß zugeordnet oder teilweise durch mehrere Behandler parallel medikamentös angegangen.

Bei den älteren Patienten zeigen sich oft schon im Erstinterview, manchmal jedoch auch erst im Verlauf einer Psychotherapie, vielfältige Problemkumulationen, die Informations- und weiteren Beratungsbedarf, Notwendigkeit von Hilfsdiensten etc. signalisieren. Dazu stellen sich häufiger Fragen nach selbst auszuübenden sozialen Aufgaben, nach Umsetzung vorhandener Interessen und nach Möglichkeiten von Freizeitaktivitäten im lokalen und regionalen Bereich – also nach spezifischen Angeboten im Altersbereich. Bestimmt hat Psychotherapie nicht die Aufgabe einer „Informations- und Vermittlungsstelle". Die Aufgabe der bio-psycho-sozialen Gesamtsicht verlangt jedoch neben der stärkeren Berücksichtigung des Körpers unter den Aspekten von Krankheit und Gesundheit, bei Alternden soziale Aspekte und ihre Stärken (→ Kap. 2.4.1) mit einzubeziehen. Dies setzt allerdings die Kenntnis entsprechender kompetenter Ansprechpartner, vorhandener Angebote und Institutionen voraus. Häufig kann über diese Wege auch vermittelt werden, daß überhaupt psychotherapeutische Behandlungen über 60jähriger vor Ort durchgeführt werden!

6.17 Notwendige eigene Psychohygiene

Alternspsychotherapie, Gerontopsychosomatik und Gerontopsychiatrie stellen anspruchsvolle Arbeitsfelder dar. Sie verdeutlichen oft schneller und intensiver als andere Fächer bestehende *Grenzen* und können zu *psychischen Belastungen* führen, die in diesem Kapitel weiter unten beschrieben werden. Wie die angeführten Fallbeispiele zeigen, führt die diagnostische und psychotherapeutische Arbeit zu Erfahrungen

▪ mit über 60jährigen Patienten, die unter einer depressiven, phobischen, zwanghaften oder hirnorganischen Symptomatik unterschiedlicher Schweregrade mit teils deutlicher Suizidalität leiden. Ihre Erkrankungen treten wiederholt auf, chronifizieren teilweise oder verschlechtern sich (wie die demenziellen Störungen) unaufhaltsam. Sie sind oft von körperlicher Multimorbidität mit Einschränkungen oder Behinderungen begleitet. Deutlich häufiger als bei Patienten im jüngeren bzw. mittleren Alter kommt es daher zu Todesfällen unter der Psychotherapie.

- mit chronifizierten konflikträchtigen Familien- und Paarbeziehungen, die schwer veränderbar erscheinen. Die bisherige Entwicklung der neurotisch Erkrankten konfrontiert mit enttäuschenden und unbefriedigenden Lebensentwürfen und -verläufen, die nicht mehr einfach „korrigiert" werden können.
- Psychotherapeutische Behandlungsmöglichkeiten bestehen insbesondere bei über 60jährigen nur für bestimmte Teilgruppen. Befriedigende Behandlungsergebnisse können immer wieder durch erneute Belastungen, ausgeprägte Veränderungen oder Verluste eingeschränkt werden. Dadurch kann beim Behandler rascher ein *Insuffizienzgefühl* entstehen, während sich umgekehrt durch die erfolgreiche Behandlung jüngerer Patienten auch rasch ein *Omnipotenzgefühl* entwickeln kann.
- Gelungene Psychotherapien Älterer können beim Behandler auch ein Gefühl eigener „Mächtigkeit" hervorrufen.
- Stationäre Behandlungen ≥60jähriger Patienten erfordern zunächst ein intensives Behandlungsangebot. Im Kontrast dazu erweisen sich die erreichbaren Behandlungserfolge oft als begrenzt.
- Die stationäre psychosomatisch-psychotherapeutische und gerontopsychiatrische Behandlung wird häufig zusätzlich durch knappe (und sich in Zukunft wohl noch weiter verknappende) Ressourcen (Personalausstattung, finanzielle Mittel, Raumsituation) erschwert.
- Professionelle Tätigkeit im Altersbereich genießt in der (Fach-)Öffentlichkeit wenig Anerkennung.

Grenzen können überwiegend in der Person des Psychotherapeuten, in der Person des Patienten und in der Interaktion zwischen beiden liegen (Eckert et al. 1996). Diese für den Altersbereich bestehenden Grenzen wurden bereits weiter oben beschrieben. Die Weiterbildungssituation für ärztliche und die Ausbildungssituation für psychologische Psychotherapeuten in einem je bestimmten Lebensalter bringt zusätzliche, teilweise erhebliche Belastungen mit sich.

Die *jüngeren Ärzte/Psychologen* befinden sich bei ihrer Weiter- bzw. Ausbildung durchschnittlich im Alter zwischen 25-33 Jahren. Die innere und äußere Ablösung von ihrem Elternhaus fällt zusammen mit der Gestaltung einer ersten stabilen Partner- und Familiensituation. Diese Schritte erfolgen begleitet durch die Selbsterfahrung bzw. Lehranalyse. Aus der Perspektive dieses Lebensabschnitts wird die Arbeit mit Älteren (= Eltern) eher gemieden anstatt gesucht.

Die Weiterbildung zum Facharzt verlangt das Kennenlernen vielfältiger Arbeitsfelder der Psychiatrie/Inneren Medizin/Psychosomatik und Psychotherapie, in denen der vernetzte professionelle Umgang mit Älteren eingeübt werden kann (➝ Kap. 9). Für Psychologen werden entsprechende (Qualifikations-)Stellen in diesen Institutionen angeboten. Für beide Gruppen besteht jedoch eine schwierige Situation: Ohne curricular vermittelte gerontologische, geriatrische, gerontopsychosomatische und gerontopsychiatrische Vorkenntnisse werden sie in ihrer allgemeinen psychiatrischen bzw. psychotherapeutischen Weiterbildung mit alternden Patienten konfrontiert. Plötzlich sollen sie Gruppen stationär behandlungsbedürftiger Alterspatienten auch psychotherapeutisch behandeln. Die jüngeren Ärzte/Psychologen erleben sich verständlicherweise leicht überfordert. Weiterhin leiden sie an der geringen Anerkennung ihrer Arbeit im beruflichen und privaten Umfeld sowie an der narzißtischen Kränkung wegen der vorhersagbaren relativ umgrenzten psychotherapeutischen Behandlungserfolge. Daraus können bei den in ihrer beruflichen Entwicklung stehenden Psychotherapeuten psychosomatische Belastungsreaktionen, depressive Verstimmungen mit Selbstvorwürfen und sogar gerontophobische Reaktionen resultieren (Schneemann 1987).

Hohes Engagement, Zuwendung und Interesse an älteren Patienten erbringen manchmal gerade in der Anfängersituation auch beeindruckende Behandlungsergebnisse. Diese Autoren berichten allerdings in der Regel dann nicht mehr über weitere Behandlungserfahrungen (Radebold & Schlesinger-Kipp 1983). Vermutlich verlassen sie aufgrund nachfolgender frustrierender Erfahrungen den Altersbereich als Arbeitsfeld wieder.

Auch Ärzten und Psychologen mit bereits *abgeschlossener* psychiatrischer bzw. psychotherapeutischer Weiter-/Ausbildung mangelt es zunächst ebenso an entsprechender Felderfahrung, da ihnen weder Kenntnisse in Alternspsychotherapie vermittelt, noch Möglichkeiten zum Erwerb von praktischen Erfahrungen unter Praxisanleitung oder Supervision geboten wurde. Sie mußten bisher ihre entsprechende Feldkompetenz autodidaktisch erwerben.

Wenn mit 40-45 Jahren eine *berufliche Position* erreicht werden konnte, sind die Beziehungen zur Generation der Eltern und Großeltern inzwischen stabil und erwachsenengerecht geregelt, oder sie wurden weitgehend abgebrochen. Diese persönliche Situation in Verbindung mit ausreichenden Lebenserfahrungen erlaubt häufig, besser mit Älteren psychotherapeutisch arbeiten zu können. Schwere Erkrankungen der Eltern bzw. der Großeltern, Hilfs- und Pflegebedürftigkeit, sowie ihr drohender Verlust können allerdings wieder zur Vermeidung der Arbeit mit Älteren führen. Diese Zusammenhänge zeigen, daß es in der **Berufsbiographie eines Psychotherapeuten** durchaus verschiedene Phasen von Interesse an der Alterspsychotherapie geben kann.

Der symbolisch hochbesetzte 50. oder 60. Geburtstag bringt vielfältige, zunehmend nicht mehr zu verdrängende persönliche Fragen mit sich: Wie will ich altern? Welche Pläne, Phantasien und Vorstellungen bestehen? Welche Risikofaktoren, Krankheiten und Einschränkungen sowie zusätzliche Lebensmöglichkeiten liegen vor mir? Welche Ängste vor dem Altern werden spürbarer (Battegay 1997; Hellwig 1997; Ohlmeier 1998)? Aufgrund dieser Fragen können Neugier und Interesse an der psychotherapeutischen Arbeit mit Älteren wachsen. Psychotherapeuten können auch von ihren älteren Patienten lernen. Aber genauso können zunehmende Ängste dazu führen, diese Arbeit erst recht zu vermeiden. Psychotherapie mit in Relation Jüngeren verspricht Anerkennung und Teilhabe an ihrer Jugendlichkeit mit ihren vielfältigen Entwicklungsmöglichkeiten.

Unabdingbare Voraussetzungen für eine erfolgreiche psychotherapeutische Arbeit mit über 60jährigen sind spezifischer Erkenntniserwerb ($\rightarrow$ Kap. 6.5.2), abgeschlossene psychotherapeutische Weiterbildungsqualifikation, Feldkompetenz, Praxisanleitung sowie (mindestens zunächst) begleitende regelmäßige fachkompetente Supervision ($\rightarrow$ Kap. 6.19).

Jüngeren Ärzten/Psychologen (ebenso wie jüngeren Angehörigen anderer Berufsgruppen) ist anzuraten, nach ersten (hoffentlich befriedigenden) Erfahrungen aus dem Altersbereich herauszuwechseln, um zunächst weitere psychotherapeutische/psychiatrische Arbeitsfelder kennenzulernen und gleichzeitig die eigene Weiterbildung abzuschließen. Die danach bewußt gesuchte Rückkehr in den Altersbereich ermöglicht dann, unter geeigneten Begleitumständen langfristig und erfolgreich (und auch als Vorbild für die Jüngeren) zu arbeiten.

In der Regel erweist sich eine ausschließliche psychotherapeutische Arbeit mit über 60jährigen auf Dauer als zu schwierig und belastend. Als günstig für die ambulante Praxis erscheint die Behandlung von Patienten aller Altersgruppen – also selbstverständlich auch von über 60jährigen. Für Ärzte/Psychologen mit Leitungsfunktionen im stationären Bereich empfiehlt sich die parallele längerfristige psychotherapeutische Behandlung mehrerer Älterer; zum Ausgleich dient dann die Wahrnehmung von Aufgaben in Leitung und Management, in der Konzeptentwicklung und Planung, in der Konsiliartätigkeit, der Aus-, Fort- und Weiterbildung sowie Praxisanleitung und Supervision.

6.18   Erreichbare Erfolge

Die empirischen Ergebnisse der Psychotherapieforschung bei älteren Patienten haben wir im → Kap. 7 zusammengefaßt. Hier geht es uns um die Darstellung des qualitativen Aspektes von Outcome-Forschung in der Alterspsychotherapie.

Empirische Aussagen über Art, Umfang und Outcome psychotherapeutischer Behandlungen bei über 60jährigen müssen sich an den vorgegebenen psychotherapeutischen Zielsetzungen (→ Kap. 6.6) orientieren und sind wegen der notwendigen Vergleichbarkeit an ein operationalisiertes Standard-Setting gebunden. Oft werden rein störungsspezifische Therapieangebote untersucht, in die Patienten ohne wesentliche weitere Erkrankung und mit allenfalls ergänzender Psychopharmakotherapie aufgenommen werden. Für die Versorgungsrealität Älterer haben solche Studien nur begrenzte Aussagekraft. Die Aus- und Weiterbildungsqualifikation der Psychotherapeuten wird selten deutlich, Trainingserfahrungen im Bereich der Alterspsychotherapie werden oft in den Publikationen nicht erkennbar. Als mögliche Behandlungserfolge lassen sich auch bei Älteren grundsätzlich erreichen:

- Die Behandlung führt auf der Symptomebene zur Verringerung oder Aufhebung der Symptomatik.
- Die Behandlung ermöglicht, sich mit der derzeitigen eigenen Alterssituation auseinanderzusetzen, sie zu klären, adäquater zu bewältigen oder sich ihr entsprechend anzupassen (allgemeine Therapieziele → Kap. 6.6).
- Die Behandlung kann zu einer Stabilisierung der derzeitigen psychosozialen und auch psychosexuellen Situation führen (spezifische Therapieziele → Kap. 6.6).
- Die Behandlung kann nach Wegfall (in der Regel langfristiger) neurotischer Einschränkungen im Sinne einer Entwicklungsförderung zu weiterer psychosozialer und psychosexueller Entwicklung in unterschiedlichen Teilbereichen führen.

Diese prinzipiell erreichbaren Erfolge werden durch die wiedergegebenen Behandlungsbeispiele beider psychotherapeutischen Grundorientierungen und weiterer Methoden verdeutlicht. Wie erwähnt (→ Kap. 6.1) liegen Behandlungserfahrungen im deutschsprachigen Raum erst ab 1975 und in größerem Umfang erst ab 1985/90 vor. Daher mangelt es auch an Katamnesen. Die wenigen vorliegenden längerfristigen Katamnesen (z. B. Radebold 1992; Radebold & Schweizer 1996) sprechen dafür, daß bei zwischen dem 60. und 70. Lebensjahr psychotherapeutisch behandelten Patienten eine jahrzehntelange psychosoziale und psychosexuelle Stabilisierung ohne erneute psychische bzw. psychosomatische Symptomatik erreicht werden kann. Diese Stabilität ermöglicht einen langfristigen Anpassungsprozeß an das Altern und erlaubt, auch schwerwiegende Belastungen (Partnerverlust; schwierige Familienverhältnisse; eigene Erkrankungen mit nachfolgenden Behinderungen) relativ stabil zu bewältigen. Alterspsychotherapie hat somit auch einen erkennbaren *protektiven Effekt*. Die erreichten Erfolge können durch folgende Aspekte in Frage gestellt werden:

- Erneute Verluste/neu auftretende Erkrankungen (➜ Behandlungsbeispiele 22; 34);
- Fortschreitende unbehandelbare Erkrankungen;
- Zunehmende Vereinsamung bei über 80jährigen;
- Sich verstärkt auswirkende (unbehandelte bzw. sich als unbehandelbar erweisende) neurotische Persönlichkeitszüge bzw. Persönlichkeitsstörungen (➜ Behandlungsbeispiel 25).

Auf diesem Hintergrund werden auch Ursachen für Behandlungen mit geringem oder fehlendem bzw. nur kurzfristigem Erfolg aufklärbar:

- Der Behandler befindet sich in einer Anfänger-Situation, d. h. er verfügt aufgrund der gerade erst begonnenen bzw. laufenden psychiatrischen bzw. psychotherapeutischen Weiterbildung über keine Qualifikation und wenig Erfahrungen auch in der Behandlung jüngerer Altersgruppen.
- Die Behandlung erfolgte trotz einer unzutreffenden Diagnose (fehlende Positiv-Diagnose) oder bei unterschätzter zusätzlicher organischer/hirnorganischer Erkrankung.
- Die allgemeinen und altersspezifischen Indikationskriterien blieben unbeachtet, ebenso wie die Kontraindikationen.
- Bestehende Chronifizierung, fehlender Leidensdruck sowie unrealistische Therapieziele wurden nicht ausreichend beachtet.
- Der Einfluß einer problematischen Übertragungskonstellation (insbesondere Passung eines positiven Übertragungsangebotes, Eigenübertragungsprobleme sowie ausgeprägte negative Übertragung) wurde unterschätzt.
- Der Behandlungsauftrag wurde nicht ausreichend abgeklärt.
- Für die vorliegende psychische bzw. psychosomatische Störung wurde ein ungeeignetes Behandlungsverfahren ausgewählt (undifferenziertes Behandlungsangebot aufgrund der gerade stationär verfügbaren Behandlungsmöglichkeiten; ausschließliche Gruppentherapie anstatt zusätzlicher Einzelbehandlung; übersehene Indikation für zumindest begleitende Psychopharmakotherapie; fehlender Zugang des Patienten zu der vorgeschlagenen Behandlungsform etc.).
- Übersehene bzw. bezüglich ihres Einflusses unterschätzte zwischenzeitliche Veränderungen der intra- und intergenerationellen Beziehungen oder ablaufender organischer bzw. hirnorganischer Erkrankungen ohne Einführung dann eventuell notwendiger Behandlungsmodifikationen.

Die aktuelle Aufgabe der Qualitätssicherung (⇒ Kap. 8) verlangt zukünftig den Einsatz standardisierter Erhebungen zur Erfolgsbeurteilung auch in katamnestischen Studien und polyzentrischen Therapiestudien (⇒ Kap. 7). Entscheidende Voraussetzung für die Differenzierung unterschiedlicher therapeutischer Wirkfaktoren ist allerdings, von einem definierten (Standard-)Setting auszugehen, um darauf aufbauend notwendige Modifikationen adäquat vornehmen und bewerten zu können. Damit sprechen wir uns gegen einen psychotherapeutischen Eklektizismus als einer unreflektierten Polypragmasie aus.

6.19   Weiterbildung, Supervision, Balintgruppenarbeit

Die professionelle Arbeit im Altersbereich verlangt eine ausreichende Qualifikation. Unabhängig von den intensiv diskutierten Entwicklungen der Weiter- und Ausbildungs-curricula in Deutschland, Österreich und der Schweiz besteht die Aufgabe, sich mit Hilfe von Fortbildung entsprechende qualifizierte Kenntnisse zu erwerben. Im deutschsprachigen Raum bestehen dafür z. Zt. folgende Möglichkeiten:

- Vermittlung von Informationen bei den jährlich stattfindenden (Arbeits-)Tagungen „Psychoanalyse und Altern" (ab 1989 in Kassel), für „Verhaltenstherapie im Alter" (ab 1990 in München), für „Gerontopsychosomatik und Alternspsychotherapie" (ab 1992 am Universitätsklinikum Essen und ab 2000 am Universitätsklinikum Münster) und durch die als Fortbildungsveranstaltung konzipierte Tagung „Psychotherapie und Alter" (ab 1989 zunächst in Erlangen und jetzt fortlaufend in Bonn) sowie durch die zweijährig stattfindenden Kongresse der „Deutschen Gesellschaft für Gerontopsychiatrie und -psychotherapie (DGGPP)".
- Durch die „Weiterbildung für PsychotherapeutInnen in Gerontopsychotherapie" des ÖAGG (ab 1999 im Geriatriezentrum am Wiener Wald/Österreich).
- Durch Weiterbildungsangebote in Alternspsychotherapie für Deutschland (erstmalig ab Herbst 1999 in Kassel) und für die Schweiz (erstmalig ab Herbst 1999 in Münsterlingen/Bodensee) in Zusammenarbeit mit dem Lehrinstitut für Alternspsychotherapie (Prof. Dr. Radebold, Kassel).

Die Weiterbildungsordnung für den Facharzt für Psychiatrie und Psychotherapie sowie den Facharzt für Psychotherapeutische Medizin und die Ausbildungsordnungen für psychologische Psychotherapeuten schreiben neben Theorie und kontrollierten Behandlungen entsprechende Selbsterfahrung vor. Je nach psychotherapeutischem Grundverfahren erfolgt diese in Form einer Lehranalyse/Lehrtherapie und/oder Gruppenselbsterfahrung. Offen ist, mit welcher Zielsetzung, auf welche Art und Weise und in welchem Umfang eine Selbsterfahrung für die psychotherapeutische Arbeit mit Älteren benötigt wird. Während ihrer psychotherapeutischen Weiter-/Ausbildung befinden sich Ärzte/Psychologen in der Regel zwischen dem 30. und 40. Lebensjahr. In dieser Situation stehen ihre Eltern im mittleren Erwachsenenalter bzw. am Übergang ins Altern – ebenso wie auch ihre Lehranalytiker/Lehrtherapeuten oder Gruppenleiter. Die Selbsterfahrung ist somit auf die Aufarbeitung von Konflikten in Kindheit und Jugendzeit, auf die Auseinandersetzung mit ihren Eltern in diesem in der Regel „jüngeren" Altersabschnitt und auf die Ablösung von ihnen zentriert. Die Beziehungen zu den um eine Generation älteren Großeltern treten dabei weitgehend zurück.

Psychotherapeutisch Tätige benötigen jedoch für ihre Arbeit mit älteren Patienten eine Reflexion der jetzigen Beziehungen zu ihren alt werdenden, alt gewordenen oder bereits verlorenen Eltern/Großeltern, eine Reflexion der eigenen Altersbilder und entsprechender Ängste vor dem und Wünsche an das Altern sowie Klärung etwaiger bedrückender Erfahrungen. Bewährt haben sich dafür sowohl die auf das Thema Altern und Altsein zentrierte **Selbstreflexion in der Gruppe** (angeboten z. B. während der Weiterbildungen für Alternspsychotherapie), als auch die regelmäßige, berufsgruppenbezogene oder berufsgruppenübergreifende **Balint-Gruppenarbeit** (Hirsch 1993; 1995; Jovic 1995).

Insbesondere die *multiprofessionell* ausgerichtete Balint-Gruppenarbeit kann zusätzlich gerontologische Anliegen in der Praxis fördern sowie die fixierten Abstände und Vorurteile zwischen den Berufsgruppen, den Institutionen und der Öffentlichkeit verringern (Hirsch 1993), weil

- der Druck der Verantwortlichkeit für Betreuung, Behandlung und Pflege kranker Älterer auch für Nicht-Ärzte Realität ist;
- durch die spezifische Balint-Arbeit die von der Gerontopsychosomatik angestrebte patientenorientierte Gesamtdiagnostik und eine multimodale Behandlungsplanung erreicht werden kann;
- die Kreativität und Phantasie der Mitarbeiter gefördert, der Gefahr des „Ausbrennens" und der Resignation begegnet werden kann;
- die Zusammenarbeit, der gegenseitige freie Austausch von Erfahrungen und Gefühlen gefördert und damit die selbstreflexive Kompetenz gefördert werden kann;
- starre institutionelle Rahmenbedingungen in die Beziehungsdiagnostik einbezogen und relativiert werden können;
- unbewußte manipulative Prinzipien im Umgang mit dem Patienten, die aus Angst vor dem Auftauchen unbewußter Wünsche und Gefühle eingesetzt werden, bewußt gemacht und durch emanzipatorische Haltungen aufgehoben werden können.

Auch Supervisoren verfügen derzeit noch kaum über entsprechende Feldkompetenz (Radebold 2000c). Die wenigen durchgeführten Forschungen (Sprung-Ostermann & Radebold 1994) und die publizierten Supervisionserfahrungen aus einer gerontopsychiatrischen Klinik (Hirsch 1993; Kenny 2000), aus einer Psychosomatischen Klinik (Peters 1997) sowie aus einem Altenheim (Hirsch 1993) belegen auch die mit dieser Arbeit verbundenen Spannungen. Diese zu benennen sollte jedoch nicht zur Resignation führen, sondern einen Ansporn darstellen, sich mit ihnen bewußt auseinanderzusetzen, um die psychosomatische, psychotherapeutische und psychiatrische Versorgung alter Menschen weiter zu verbessern.

Eine isolierte Weiterbildung zum „Alterspsychotherapeuten" würde einer sozialen Segregation der über 60jährigen Vorschub leisten. Dagegen sollte der Erwerb von alterspsychotherapeutischen Kenntnissen (Vorschläge dazu bei Hirsch & Radebold 1994; Hirsch 1999b; 2000) bei fortgeschrittener psychotherapeutischer Weiterbildung im Rahmen der fachärztlichen Weiterbildung und in der Ausbildung zum psychologischen Psychotherapeuten verbindlicher Bestandteil der Curricula werden. Ohne diese Voraussetzung dürfte sich die Qualität psychotherapeutischer Versorgung Älterer auch mittelfristig kaum sichern lassen.

7   Outcome-Studien zur Psychotherapie im Alter

Im folgenden Abschnitt werden die unter den „harten" Kriterien einer Evidence-based Medicine (EBM) evaluierten internationalen Studien zum Erfolg psychotherapeutischer Behandlungen alter Menschen in einer Übersicht zusammengefaßt. Wenn hierbei stellenweise kriteriengeleitet sehr kritisch diskutiert werden muß, sei dabei nicht vergessen, daß – trotz aller notwendigen Kritik – die Datenlage im Bereich der Psychotherapie z. T. wesentlich besser ist als bei weit verbreiteten und teilweise teuren somatischen Interventionen.

Zunächst sei festgehalten, daß kontrollierte Outcomestudien mit genügend langen Katamnesezeiträumen (über zwei bis sechs Jahre) selbst bei jüngeren Erwachsenen selten sind: Weltweit gibt es z. B. zur *Langzeitpsychoanalyse* vermutlich nur sieben quantitativ-empirische Studien mit Prädiktion des Outcome (Hamburger et al. 1967; Kantrowitz et al. 1990a, 1990b; Kernberg et al. 1972; Klein 1960; Sashin et al. 1975; Weber et al. 1974; Bräutigam et al. 1990) und fünf weitere quantitative Studien ohne Outcomeprädiktion (Erle 1979; Erle & Goldberg 1984; Knapp 1960; Lower et al. 1972). Bei den verhaltenstherapeutischen Behandlungsansätzen ist die Datenlage insgesamt deutlich besser, da die Methode qua definitionem mit umschriebenen (und daher leichter operational kontrollierbaren) Therapiezielen arbeitet.

Die Psychotherapie alter Menschen sei wissenschaftlich gesehen in der BRD absolut unterentwickelt, so Häfner (1986). Immerhin ist die Forschung inzwischen über das Stadium hinausgewachsen, mit Hilfe von Kasuistiken zu zeigen, daß Psychotherapie mit alten Menschen überhaupt wirksam und erfolgreich ist. Neben Problemen der Psychotherapieforschung im allgemeinen (z. B. Testvalidierung für die Altersgruppe) treten praktische Probleme der Erfolgsbeurteilung bei höherer Wahrscheinlichkeit interkurrenter Körperkrankheiten oder Verlusten. Zudem fehlen zumindest für die psychoanalytische Psychotherapie noch anerkannte metatheoretische Bezugssysteme zur Frage der Genese neurotischer und funktioneller Symptome im Alter (Vorschläge dazu bei Heuft 1993).

Da sich ein quantitativer Vergleich der vorliegenden Studien in Analogie zum methodischen Ansatz von Grawe et al. (1994) aufgrund der Datenlage noch verbietet, muß sich die Darstellung auf eine kritische Übersicht beschränken. Berücksichtigt sind alle seit 1970 publizierten Studien zur Psychotherapie im Alter mit ihren quantitativen und qualitativen Outcomekriterien sowie Katamnesedaten, soweit diese in den Publikationen genannt wurden.

Die *kognitiv-behavioralen* Studien beziehen sich auf einen sehr variablen therapeutischen Ansatz: von der Arbeit mit blinden Patienten, die sich über Telefon zusammenschlossen (Evans & Jaureguy 1981; 1982), Gruppen zur Selbstkontrolle und Desensibilisierung (z. B. Fry 1994) und Trainingsgruppen für soziale Fertigkeiten (z. B. Berger & Rose 1977) bis hin zu bibliotherapeutischen Behandlungen von Depressionen (Scogin et al. 1987; 1989; 1990). Insgesamt beziehen sich die meisten Studien auf depressive Probleme. Unter den *humanistischen* Ansätzen brachte die Telefongesprächspsychotherapie von Rönnecke et al. (1976) eine Besserung der Lebenszufriedenheit. Gerade an solchen Studienansätzen läßt sich deutlich machen, daß bezogen auf die Frage der Wirkfaktoren einzelner Psychotherapiemethoden, zumal wenn sie keinen ausformulierten theoretischen Bezugsrahmen für das Alter haben, der Zusammenhang mit dem beobachteten Therapieerfolg offen bleibt.

Die *Reminiscing*therapie bleibt in einer Metaanalyse verschiedener Therapieansätze mit Errechnung der Gesamteffektgröße (Burckhardt 1987) unter dem Signifikanzniveau. Die Art des Reminiscing (mangels Operationalisierung evtl. auch Life-review-Therapie), ob informativ, evaluativ oder obsessiv, scheint Rückwirkungen auf das Ergebnis zu haben. So wurde beobachtet, je obsessiver sich ein Patient „erinnert", desto negativer sei das Therapieergebnis – interpretiert als Unzufriedenheit mit der Vergangenheit (Coleman 1974).

Die Übersicht der seit 1970 publizierten Outcomestudien von Psychotherapie bei alten Menschen, die verschiedene Psychotherapieverfahren bzw. Methoden bei alten Patienten miteinander vergleichen, zeigt bei großen methodischen Vorbehalten, daß keine Effektivitätsunterschiede evaluiert werden können. Diese Aussage bildet jedoch letztlich die Wirklichkeit des therapeutisch Erreichbaren in keiner Weise ab, da vor allem hinsichtlich der Outcomekriterien zwischen den einzelnen Studien enorme qualitative Unterschiede zu verzeichnen sind. Einen weiteren schweren Mangel stellen die in der Regel völlig unklaren Eingangskriterien der Patienten zu Therapiebeginn dar.

In Studien, die Prozeß- und Patientenvariablen berücksichtigen, zeigt sich, daß die Therapeut-Patient-Beziehung in *kognitiv-behavioralen* und *psychodynamischen* (psychodynamic, so die US-amerikanische Bezeichnung in der Literatur) Pychotherapien ein guter Prädiktor für den Therapieerfolg ist, wenn sie vom Patienten selbst eingeschätzt wird (Marmar et al. 1989). Ältere Frauen wählen nach Dorman & Mitchell (1970) lieber ältere Therapeuten, ältere Männer legen keinen Wert auf ein besonderes Alter ihres Therapeuten. Nach Knight (1988) brauchen Menschen über 80 Jahre (n = 125) eine längere Therapie, um den gleichen Therapieerfolg zu erreichen wie jüngere Alte. Dies mag für sehr alte Patienten bedenkenswert sein.

In der Metaanalyse von Smith & Glass (1977) über 375 verschiedene Psychotherapiestudien jeglicher Altersgruppen ist Alter mit dem Therapieerfolg nicht grundsätzlich korreliert. Das bedeutet insbesondere auch, daß das Alter eines Patienten kein negativer Prädiktor für Therapieerfolg ist.

Zum Verständnis dieser Befunde sei daran erinnert, daß unabhängig vom chronologischen Lebensalter die interindividuelle Variabilität mit steigendem Lebensalter immer weiter zunimmt. Kritisch bleibt anzumerken, daß in den bisherigen Studien kaum die Notwendigkeit gesehen wurde, die Entwicklungsmöglichkeiten alter Menschen im Kontext ihrer psychosozialen Rahmenbedingungen (Stichwort: finanzielle Ressourcen), ihrer individuellen Bildungsgeschichte (Stichwort: Schulbesuch contra wirtschaftliche Not) und politischen Biographie (Stichwort: mehrfacher Umbruch der politischen Systeme in Ost und West sowie zwei Weltkriege) zu reflektieren. Es wurde auch bisher nicht untersucht, welche Rolle der körperliche Alternsprozeß unabhängig von möglichen schweren Körperkrankheiten für die psychotherapeutische Aufgabenstellung spielt. Hier offenbart sich der zentrale Mangel an altersspezifischen Entwicklungs-, Erfahrungs- und Kognitionsmodellen.

Ein Überblick über die wichtigsten vergleichenden Therapiestudien zur **Gruppen-**

psychotherapie zeigt, daß meist die Behandlung *depressiver* Störungen untersucht wurde, gefolgt von Angststörungen. Am besten untersucht sind die *kognitiv-behavioralen* Verfahren: in 10 der evaluierten 13 Studien. *Life Review* oder *Reminiscence* ist in vier Studien eine Therapiebedingung, während *psychodynamische* Therapie in drei Studien untersucht wurde. Der Ergebnisvergleich der vorliegenden Studien zeigt jedoch keine klare Überlegenheit für ein bestimmtes Therapieverfahren. Als wirksam in der Reduktion von Depression erwiesen sich in den meisten Studien psychodynamische und kognitiv-behaviorale Verfahren, aber auch die Techniken Life Review bzw. Reminiscence. In der Besserung von Angst-Symptomen (wobei in vielen Studien Angst über Fragebögen gemessen wird und nicht genau spezifiziert wird, ob es sich um Angststörungen im Sinne der ICD-10 oder des DSM-IV handelt) sind die Ergebnisse widersprüchlich bezogen auf die kognitiv-behavioralen Verfahren. In den Studien, in denen Entspannungstechniken eingesetzt wurden, ergaben sich Hinweise auf deren Wirksamkeit.

Es liegen vier **Metaanalysen** zur Wirksamkeit psychosozialer und psychotherapeutischer Interventionen auf das *Befinden* (Effektvariablen: Lebenszufriedenheit, Positivität des Affektes, Depression) $\geq$55jähriger bzw. $\geq$60jähriger vor (Burckhardt 1987; Okun et al. 1990; Pinquart 1998; Scogin & McElreath 1994). In die Metaanalysen eingeschlossen wurden Studien, die eine Kontrollgruppe nutzten und in denen Effektstärken angegeben oder aus den dargestellten Ergebnissen berechenbar waren. Bemerkenswert ist, daß in diesen Metaanalysen nur sehr wenige Studien mit psychodynamischer Therapie einbezogen wurden, da sie meist die Einschlußbedingungen nicht erfüllten. In allen Metaanalysen erwiesen sich psychotherapeutische Interventionen (sowohl in der Individual- als auch in der Gruppenbedingung) im Vergleich zu Kontrollgruppen als wirksam, wobei Angaben zu Effektstärken unterschiedlich ausfallen. Die untersuchten Psychotherapieverfahren im engeren Sinne waren Kognitive Psychotherapie und Verhaltenstherapie, Reminiscence bzw. Life Review, teilweise mit Entspannungsverfahren.

Pinquart, der 1998 die meisten Studien in seine Meta-Analyse einschließen konnte, ermittelte eine Verbesserung der *selbstbeurteilten* Depression und der anderen Befindensmaße um etwa eine halbe Standardabweichung ($d_{Dep} = 0{,}42$, SD = 0,40; $d_{Bef} = 0{,}47$; SD = 0,56). Für die fremdbeurteilte Depressivität betrug die Verbesserung $d_{Frem} = 1{,}15$ (SD = 0,75). Seine Effektstärken liegen damit unter denen in den früheren Metaanalysen ermittelten, was der Autor damit begründet, daß mit zunehmender Zahl an Veröffentlichungen zur Psychotherapie im Alter auch die Wahrscheinlichkeit der Publikation für Studien steigt, die keine Therapieerfolge berichten können, was die mittlere Effektstärke über alle Studien senkt.

Bei Pinquart fällt die Verbesserung des selbstbeurteilten Befindens nach Einzeltherapie stärker aus als nach Gruppentherapie, während zuvor Scogin & McElreath (1994) keine Überlegenheit von Gruppen- vs. Einzeltherapie ermitteln konnten. Allerdings wurde bei Pinquart als Effizienzkriterium nur das Befinden berücksichtigt. Gruppentherapie könnte sich bei Zugrundelegen anderer Effizienzkriterien, wie z. B. Verbesserung interpersoneller Kompetenzen, Erweiterung des sozialen Netzwerkes als besonders wirksam erweisen.

Untersucht wurde auch die Altersabhängigkeit der Effektstärken der Therapieverfahren. Eine solche Alterskorrelation fand sich *nicht* für die *selbstbeurteilte* Depressivität und die übrigen Befindensmaße. Dagegen fiel die Verbesserung der *fremdbeur-*

teilten Depressivität bei ≥70jährigen Teilnehmern deutlich geringer aus als bei den <70jährigen.

Während frühere Untersuchungen keine Überlegenheit eines Verfahrens sichern konnten, erwiesen sich bei Pinquart die Selbstkontrolle erhöhende, d. h. behaviorale Verfahren als effizienter. In zeitlich kürzeren Interventionen (kürzer als der Mittelwert aller untersuchten Studien von 18 Sitzungen) zeigten sich stärkere Veränderungen als in längerdauernden Interventionen.

Therapeuten mit höherer Qualifikation (Erfahrung im Umgang mit Senioren) erwiesen sich als erfolgreicher als Therapeuten ohne diese Erfahrungen. Als Konsequenz seiner Ergebnisse forderte Pinquart eine Verbesserung der theoretischen und praktischen Ausbildung der Therapeuten, die mit alten Menschen arbeiten, verstärkten Einsatz kontrollerhöhender (kognitiv-behavioraler) Interventionen, sowie Planung von Effizienzstudien auch für die psychodynamischen Verfahren in der Gruppentherapie mit alten Menschen.

8 Qualitätssicherung in der Alterspsychotherapie

Da die Psychotherapie mit ihren beiden Grundverfahren (psychoanalytische Psychotherapie und kognitiv-behaviorale Psychotherapie) sowie der systemischen Perspektive in den beiden Grundverfahren Teil der Krankenversorgung in unserem Gesundheitssystem ist, kann sie sich heute der Erarbeitung von geeigneten *Instrumenten* und *Strukturen zur Qualitätssicherung* nicht mehr verschließen. Bei der daraus erwachsenden notwendigen Diskussion sollte nicht übersehen werden, daß die Richtlinienpsychotherapie bereits seit Jahrzehnten ein *externes Monitoring* der Behandlungsplanung und auch der Verläufe von Langzeitbehandlungen im sog. *Gutachterverfahren* erforderte. Dem Kostenträger muß über einen zunächst anonymen Gutachter ein Behandlungsplan aufgrund der abgeschlossenen Diagnostik mit Prognoseeinschätzung vorgelegt werden. Kritisch wird zu diesem Monitoring diskutiert, daß es kein direktes Nachfrage- und Rückmeldesystem gibt, und daß Therapieergebnisse oder gar katamnestische Verläufe überhaupt nicht betrachtet werden.

Auf **Qualität der medizinischen Versorgung** hat jeder Versicherte Anspruch. **Qualitätssicherung** ist seit dem 1. 1. 1989 für das bundesdeutsche Gesundheitswesen im Fünften Sozialgesetzbuch (§ 137ff.) **gesetzlich vorgeschrieben**. Damit soll gewährleistet werden, daß Patienten die Behandlung erhalten, die nach dem Stand der Forschung für ihre Problemlage optimal ist. Da der Gesetzgeber 1988 durch das Gesundheitsreformgesetz (GRG) die Durchführung qualitätssichernder Maßnahmen für alle Bereiche der Medizin zur Pflicht gemacht hat, gilt dies auch für die Psychotherapie in der Krankenversorgung. Daß die Tagespolitik dazu neigt, Begriffe wie Qualitätssicherung den dahinterliegenden Konzepten zu enteignen und sie mit Inhalten von Lenkung und Ressourcenallokation zu konnotieren, macht gerade die Notwendigkeit deutlich, die Möglichkeiten von Qualitätssicherung mit Hilfe vereinbarter Rahmenbedingungen klar herauszustellen und abzugrenzen.

Wie Abb. 33 auf einer Zeitachse verdeutlicht, hat der Gesetzgeber auf die Initiative der WHO 1984 und die nachfolgende Verpflichtung der europäischen Mitgliedsstaaten, bis 1990 effektive Verfahren zur Qualitätssicherung einzuführen, reagiert.

„Die Qualitätssicherung gehört zu den Strukturelementen der Gesundheitsreform. Mit dieser Reform soll das gesamte Leistungsangebot der modernen Medizin für jeden Versicherten – jetzt und in der vorhersehbaren Zukunft – verfügbar bleiben, damit jeder im Einzelfall alle erforderlichen Gesundheitsleistungen – und d. h. auch in der erforderlichen Qualität – erhält. Es gibt bei uns keine Zweiklassenmedizin: Auf Qualität hat jeder Versicherte Anspruch. Die Qualitätssicherung steht in einem unmittelbaren inhaltlichen Zusammenhang mit einer humanen Krankenversorgung der Versicherten. Die Verpflichtung der Krankenkassen und der Leistungserbringer, auf eine humane Krankenbehandlung hinzuwirken, ist im § 70 Abs. 2 des Fünften Sozialgesetzbuches gesondert bestimmt. Auch mit diesem ausdrücklichen Bekenntnis zur Qua-

1984 WHO   Ziel 31: „Bis zum Jahr 2000 soll es in allen Mitgliedsstaaten Strukturen und Verfahren geben, die gewähr-
leisten, daß die Qualität der Gesundheitsversorgung
laufend verbessert und Gesundheitstechnologien bedarfs-
gerecht weiterentwickelt und eingesetzt werden."

**Verpflichtung der europäischen Mitgliedsstaaten, bis 1990
effektive Verfahren zur QS einzuführen**

1988 in Deutschland Gesundheitsreformgesetz (GRG)

§ 115b SGB V: QS beim ambulanten Operieren
§§ 135 u. 136 SGB V: QS im vertragsärztlichen Bereich
§§ 137 u. 137a, b SGB V: QS in der stationären Versorgung

Fragen der *Strukturqualität* und der *Qualifikationsvoraus-
setzungen* regelt das Weiterbildungsrecht.

Aufgabe der deutschen Bundesärztekammer nach § 137a Abs. 2:

„Für die Leistungen, deren Qualität nach Abs. 1 gesichert
werden soll, beschließt die Bundesärztekammer Anforderungen für entsprechende Qualitätssicherungsmaßnahmen, soweit sie die ärztliche Berufsausübung betreffen.
Bei der Entwicklung der Anforderungen ist den Spitzen-
verbänden der Krankenkassen und der Deutschen Kran-
kenhausgesellschaft Gelegenheit zur Stellungnahme zu
geben. Die Stellungnahmen sind in die Entscheidung einzubeziehen."

*Abb. 33: Verpflichtung und Entwicklung zur Qualitätssicherung (QS) in der Fach-
psychotherapie*

lität und Humanität hat der Gesetzgeber deutlich gemacht, daß es beim Gesundheitsreformgesetz nicht allein um die finanzielle Sicherung der gesetzlichen Krankenversicherung geht, sondern um die Gewährleistung der humanen, zeitgemäßen und wirksamen Krankenbehandlung" (Jagoda 1990, zit. nach Kordy 1992).

Die **Bundesärztekammer** hat die Aufgaben der Qualitätssicherung in § 137a Abs. 2
festgelegt mit dem Ziel einer „*Verbesserung der Patientenversorgung im Sinne einer*

ergebnisorientierten, unaufwendigen Qualitätssicherung" (Dt. Ärzteblatt 94 [1997]: 1705-1706).

Unverzichtbare Voraussetzung und Grundlage jeder Qualitätssicherung sind geeignete Dokumentationssysteme. Die **Psy-BaDo** ist *die* gemeinsame **Basisdokumentation** der in der Arbeitsgemeinschaft Wissenschaftlich-Medizinischer Fachgesellschaften (AWMF) vertretenen Fachgesellschaften AÄGP, DÄVT, DGMP, DGPM, DGPPN, DGPT, DGPR und DKPM sowie der Vereinigung leitender Ärzte der Psychosomatisch-Psychotherapeutischen Krankenhäuser und Abteilungen in Deutschland. Diese Fachgesellschaften haben die Psy-BaDo mit dem erklärten Ziel entwickelt, ein Konzept zur Dokumentation und Qualitätssicherung zu erarbeiten, das

- praktikabel
- zeitökonomisch
- therapieschulenübergreifend
- für die ärztliche und psychologische Psychotherapie gleichermaßen geeignet
- für den ambulanten und stationären Versorgungssektor gemeinsam nutzbar
- gestuft einsetzbar, je nach Fortgang der Diagnostik des Therapieprozesses
- modular ergänzbar bei speziellen Fragestellungen ist.

Eine Reihe der erwähnten Fachgesellschaften hat in ihrer Mitgliederschaft bis zu 50 % psychologische Mitglieder. Daß die psychologischen Fachverbände bei der Entwicklung zunächst nicht mitbeteiligt waren, hat historische Gründe. Da der Beginn der Entwicklung der Psy-BaDo bis in die Mitte der 90er Jahre zurückliegt, fanden sich seinerzeit keine psychologischen Fachverbände, die Interesse oder Kraft aufzubringen bereit gewesen wären, sich der Herausforderung einer gemeinsam konzipierten Qualitätssicherung zu stellen. Für die Zukunft ist nach erfolgter Verabschiedung des Gesetzes über psychologische Psychotherapie als einem eigenständigen Heilberuf zu erhoffen, daß weitere Erprobung, Etablierung und ggf. auch Weiterentwicklung dieses Konzeptes gemeinsam zwischen den ärztlichen und psychologischen Fachverbänden erfolgen wird. Das Thema ist zu wichtig und auch zu sensibel, als daß die Inhalte einer Qualitätssicherung in der Fachpsychotherapie durch berufspolitische Implikationen deformiert werden sollten.

Aus den bereits erwähnten selbstgesetzten Vorgaben heraus erklärt sich der Aufbau der Psy-BaDo, der im folgenden kurz zusammenfassend skizziert wird (Übersicht bei Heuft & Senf 1998).

8.1   Grundlagen und Prinzipien der Qualitätssicherung

Es lassen sich 3 **Ebenen der Qualitätsicherung** unterscheiden (Tab. 20; nach Donabedian 1966).

Strukturqualität

Die Strukturqualität definiert sich in erster Linie über Aus- und Weiterbildungscurricula, Zulassungs- und Prüfungsvorschriften der PsychotherapeutInnen bzw. der in einer

Tab. 20: Ebenen der Qualitätssicherung

Strukturqualität	ist in erster Linie gerichtet auf die Qualifikation des medizinischen und paramedizinischen Personals (z. B. Schwestern), die Gestaltung des Versorgungsangebotes (Setting) und die räumlich-baulichen Voraussetzungen; die Qualifikationsvoraussetzungen regelt das Weiterbildungsrecht bzw. Aus- und Fortbildungscurricula.
Prozeßqualität	ist gerichtet auf die sachgerechte Durchführung diagnostischer und therapeutischer Maßnahmen; Grundlagen sind die Basisdokumentation, Diagnose- und Klassifikationsschemata und die Erfassung der Behandlungsdosis als Voraussetzungen für die Kontrolle der Prozeßqualität.
Ergebnisqualität	betrachtet Aspekte der Heilung, Besserung oder Verschlechterung, katamnestisch gesicherte Heilungsdauer, gewonnene Lebensqualität, therapiebedingte Komplikationen etc.; Grundlagen zur Sicherung der Ergebnisqualität sind Effektivitäts- und Effizienzstudien, Evaluationsstudien, Erfassung therapeutischer Zielsetzungen sowie Zufriedenheitsangaben der Patienten.

Praxis oder Klinik beschäftigten MitarbeiterInnen. – Es gibt in jüngster Zeit verstärkte Bemühungen, neben den seit 6-10 Jahren etablierten Fachtagungen für Alterspsychotherapie, Gerontopsychiatrie und Gerontopsychosomatik in Bonn, Kassel und Essen spezialisierte curriculare Weiterbildungen in Alterspsychotherapie anzubieten (in Bonn und in Kassel) (→ Kap. 6.1 und 6.19). Zusammen mit der in der ärztlichen Weiterbildungsordnung verankerten fakultativen Weiterbildung „klinische Geriatrie" wird damit ein Kanon möglicher spezialisierter Weiterbildungen erkennbar, der sicher zukünftig zur Definition besonderer Merkmale einer Strukturqualität herangezogen werden wird.

Die Strukturqualität wird sinnvollerweise für eine Praxis oder Klinik alle 1 bis 2 Jahre jeweils einmal ermittelt und hat – vorbehaltlich gravierender struktureller Veränderung – für den gesamten Folgezeitraum Gültigkeit.

Fragen nach den strukturellen Voraussetzungen für eine stationäre Psychotherapie in Kliniken richten sich darüber hinaus auf (a) die Personalausstattung (Heuft et al. 1993) und den Umfang des qualifizierten therapeutischen Angebotes für die Patientenversorgung, (b) Möglichkeiten zur externen und internen Supervision, Aus- und Weiterbildung, Chef-/Oberarzt-Visiten, (c) die materielle Ausstattung, wie z. B. geeignete Räume und Materialien für die speziellen Therapien (Gruppen-, Gestaltungs-, Musik-, Konzentrative Bewegungstherapie usw.), Gestaltung der Patientenzimmer sowie Gestaltung der Räume zur Förderung einer therapeutischen Gemeinschaft.

Prozeßqualität

Die Prozeßqualität operational und valide zu erfassen, ist nicht nur in der Psychotherapie, sondern in der gesamten Medizin ein schwieriges Problem. Ähnlich wie z. B. in der Psychotherapie trotz aller Forschungsbemühungen die Interaktionen einzelner Settingelemente einer stationären Behandlung noch nicht sicher bestimmt werden können, so können in der Inneren Medizin die Wechselwirkungen verschiedener Medikamente in einem Patienten oder in der Chirurgie der Heilungsverlauf nach sachgerechtem operativem Eingriff auch nicht immer mit Sicherheit vorausgesagt werden.

Die Psy-BaDo erfaßt unter dem Aspekt der Prozeßqualität bei ambulanten Behandlungsverläufen die *Therapiedosis* über die Abrechnungsziffern und bei stationären Behandlungen die *Verweildauer* sowie die Therapiedosis über die Klassifikation Therapeutischer Leistungen (KTL) (vgl. dazu Müller-Fahrnow et al. 1993). Auf diesem Wege werden Therapieabbrecher, Fehlstunden oder notwendige Zusatzinterventionen, z. B. bei Krisen, abgebildet.

Ergebnisqualität

Die Erfassung der Ergebnisqualität orientiert sich zwar an der Ergebnisforschung der Psychotherapie, sie folgt jedoch nicht primär den methodischen Prinzipien der Forschung. Insoweit sind Instrumente zur Messung und Erfassung der Ergebnisqualität gefragt, die nicht nur den speziellen klinischen und therapeutischen Erfordernissen und Bedingungen des Fachgebietes angemessen, sondern in der therapeutischen Praxis einer Alterspsychotherapie auch anwendbar sind. Das entspricht auch den Vorgaben des Gesetzgebers und der Bundesärztekammer.

Diesen Grundsatz verwirklicht die Psy-Bado durch die Einführung der **Individuellen Therapieziele (ITZ)**, womit besonderer Wert auf die Abbildung der qualitativen Aspekte des Outcome gelegt worden. Der Einsatz Individueller Therapieziele basiert auf der Methodik des ***Goal-attainment-scaling (GAS)*** (Kirusek & Sherman 1968). Parallel zu der Dokumentation der Individuellen Therapieziele werden dem Patienten und dem Therapeuten bei Therapiebeginn und Therapieende Fragebögen zur Veränderungsdokumentation mit vorgegebenen Items vorgelegt.

8.2   Berufsgruppen-interne Qualitätssicherung

Wie Abb. 34 verdeutlicht, wird als Alternative zwischen der rein internen Qualitätssicherung einerseits und der aus den genannten Gründen sehr problematischen externen Qualitätssicherung andererseits die Berufsgruppen-interne Qualitätssicherung vorgeschlagen. In Analogie zu dem Peer-review-System diskutiert etwa ein Qualitätszirkel niedergelassener Fachpsychotherapeuten die Differentialindikation, einzelne Behandlungsverläufe oder Behandlungskonzepte von bestimmten Krankheitsgruppen auf dem Hintergrund der eigenen klinischen Berufserfahrung, der aktuellen Literatur und der über die Psy-BaDo erhobenen ergebnisorientierten Daten. Da sowohl auf der Ebene der Niedergelassenen als auch der Klinikleiter enorme wirtschaftliche Risiken bestehen, wird nur die Vertraulichkeit innerhalb einer solchen Berufsgruppen-internen Qualitätssicherung das Offenlegen gerade der problematischen Therapieverläufe ermöglichen (Köhler 1997).

Berufsgruppen-interne Qualitätssicherung

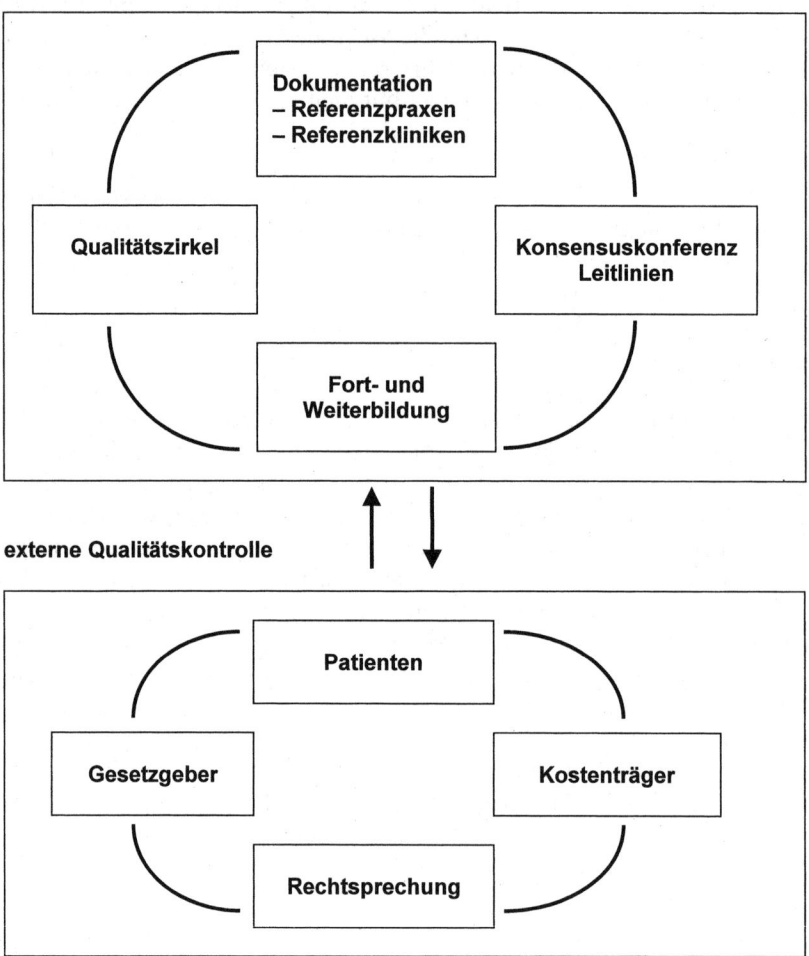

externe Qualitätskontrolle

Abb. 34: Modell der Berufsgruppen-internen Qualitätssicherung versus externer Qualitäts-kontrolle

Qualitätszirkel

Solche Berufsgruppen-internen Qualitätszirkel sind auch gut vorstellbar, wenn sie sowohl von ambulant wie stationär Tätigen gemeinsam besetzt wären. Ein immenser qualitätssteigernder Effekt könnte hier vor allem durch eine Verbesserung der Koordination innerhalb der ambulant-stationär-ambulanten Versorgungskette resultieren (z. B. zwischen Gerontopsychiater – Gerontopsychiatrischer Fachabteilung – Fachpsychotherapie – Gerontopsychosomatischem Behandlungsschwerpunkt oder innerhalb eines Gerontologischen Zentrums). **Fachgebiets-übergreifende Qualitätszirkel** lassen sich auch dann noch als Berufsgruppen-interne Qualitätssicherung beschreiben, wenn im Zentrum solcher Qualitätszirkel die Arbeit mit bestimmten Störungsgruppen/Syndromen steht. Zu denken ist z. B. an Fachgebiets-übergreifende Qualitätszirkel bei alten Schmerzpatienten, in denen Vertreter auch der beteiligten somatischen Fachdisziplinen (Geriater, Gerontopsychiater, Gerontopsychosomatiker, psychologische Psychotherapeuten) gemeinsam arbeiten.

Externe Qualitätssicherung

Unter dem Blickwinkel der externen Qualitätssicherung sollten die Kostenträger lediglich erwarten können, daß ein Nachweis über die regelmäßige Teilnahme an einem Qualitätszirkel durch den entsprechenden Fachpsychotherapeuten geführt wird. Zugriff auf patientenbezogene Daten, die zum Zwecke der internen oder Berufsgruppen-internen Qualitätssicherung erstellt werden, kann nicht nur aus datenschutzrechtlichen Bestimmungen nicht zugestimmt werden. *Durch einen Zugriff der Kostenträger etc. auf diese Daten würde auf Grund der angestrebten externen Kontrolle das Prinzip der Qualitätssicherung außer Kraft gesetzt.*

Auch in Abb. 34 ist die externe Qualitätssicherung bewußt in eine Polarität zur Berufsgruppen-internen Qualitätssicherung, die im eigentlichen Sinne auch eine externe Qualitätssicherung darstellt, gestellt und wird als „externe Qualitätskontrolle" bezeichnet. Die Wege der externen Qualitätskontrolle, z. B. durch die Patienten, muß etwa über die Schiedsstellen oder den Rechtsweg möglichst transparent und angemessen erreichbar sein. Es darf jedoch keine Vermischung zwischen diesen verschiedenen Anliegen geben.

So berechtigt das Kontrollanliegen der Kostenträger auch ist, es muß dennoch sichergestellt werden, daß Qualitätssicherung nicht als Entscheidungshilfe zur Ressourcen-Rationierung mißbraucht wird. Hier sind gesundheitsökonomische und politische Entscheidungen unumgänglich, die in einem demokratischen Willensbildungsprozeß letztlich außerhalb der Bemühungen Berufsgruppen-interner Qualitätsicherung liegen müssen.

Die auch bei der Berufsgruppen-internen Qualitätssicherung zu beachtenden datenschutzrechtlichen Bestimmungen sind bei Heuft & Senf (1998) übersichtsartig aufgeführt.

Der Vorteil einer, auf der hier vorgeschlagenen Weise dokumentierten größeren Zahl ambulant durchgeführten Psychotherapie bei alten Menschen würde mit Sicherheit auch einer möglichen Skepsis der Kostenträger hinsichtlich der Ergebnisqualität begegnen helfen.

8.3   Aufbau der Psy-BaDo

Die Versuche, eine einheitliche Basisdokumentation vorzuschlagen, haben sowohl im psychiatrischen Fachgebiet als auch im psychosomatisch-psychotherapeutischen Fachgebiet vor Etablierung des Facharztes für Psychotherapeutische Medizin schon „Tradition" (z. B. Dilling et al. 1982 unter Rückgriff auf Hollingshead & Redlich 1958 sowie Kleining & Moore 1968).

Die Entwicklung der Psy-BaDo stützt sich daher zum überwiegenden Teil auf

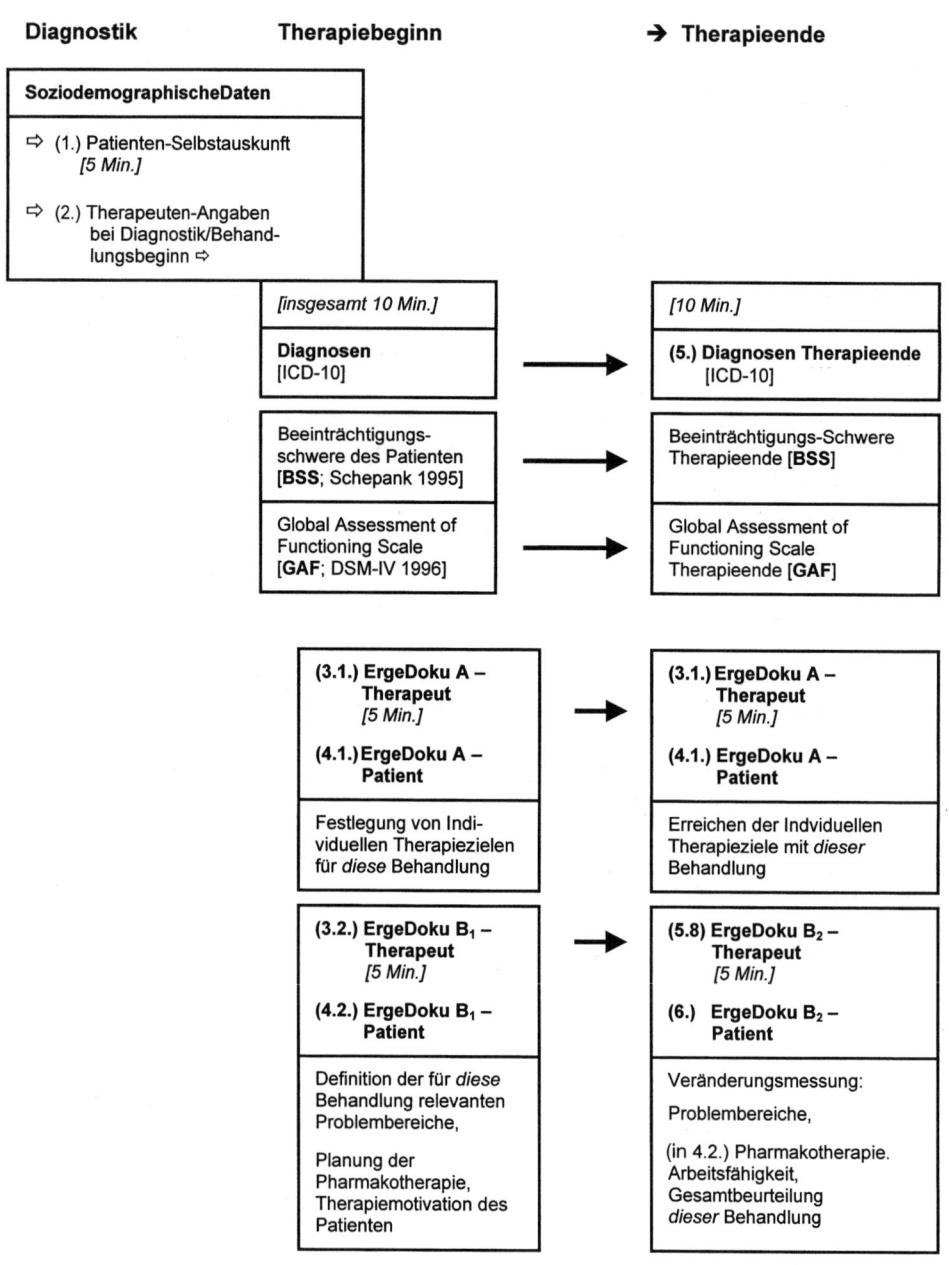

Diagnostik   **Therapiebeginn**   → **Therapieende**

Abb. 35: Struktur der Psy-BaDo. Die jeweils vorangestellten Ziffern verweisen auf die jeweiligen Dokumentationsbogen (Erläuterungen im Text)

publizierte und eingeführte Instrumente zur Basisdokumentation, insbesondere auf die *DKPM-BaDo* (Broda et al. 1993a; 1993b), die *Basisdokumentation des Wissenschafts-rates der AHG* (Meermann 1993; 1995), den *Fachausschuß Psychosomatik des Wis-*

senschaftsrates der AHG 1994 (Zielke et al. 1993) und die *psychiatrische Basisdokumentation* gemäß den Empfehlungen der DGPPN (Cording et al. 1995; dazu auch Haug & Stieglitz 1995; Berger & Gaebel 1997). Die Struktur der Psy-BaDo (Abb. 35) umfaßt neben reliabel erfaßbaren soziodemographischen Variablen die **Diagnosen**, den **Beeinträchtigungsschwere-Score** (BSS; Schepank 1995; in der Adaptation für Patienten ≥60 Jahre: Schneider et al. 1997) (→ Kap. 2.1) sowie die **Global Assessement of Functioning Scale** (GAF; 1987). Bei Behandlungsende erfolgt die Ergebnisdokumentation mit der Erfassung der Diagnosen und einer erneuten Einschätzung des **Beeinträchtigungsschwere-Scores** (BSS) sowie über die Einschätzung des Erreichens von zu Beginn formulierten **Individuellen Therapiezielen (ErgeDoku A)** und eine allgemeine **Veränderungsdokumentation von Befindensstörungen und Problembereichen des Patienten (ErgeDoku B$_2$)** jeweils aus Patienten- sowie Therapeutensicht, deren Relevanz zu Behandlungsbeginn in einer parallelisierten Form erfragt worden war (**ErgeDoku B$_1$**).

Da es keine Qualität ärztlicher oder psychologischer psychotherapeutischer Leistung per se gibt, ist Qualität immer im Hinblick auf die am einzelnen Patienten orientierten angestrebten Behandlungsziele definiert. Damit ist Qualität als eine „Wertung" direkt von der konkreten Zielvorstellung abhängig. Unter Berücksichtigung auch von identischen Krankheitsbildern können diese Ziele, bezogen auf unterschiedliche Patienten, durchaus unterschiedlich sein (Hoffmann 1998).

Diesen Grundsatz verwirklicht die Psy-Bado durch die Aufnahme **Individueller Therapieziele (ITZ)**, womit besonderer Wert auf die Abbildung der qualitativen Aspekte des Outcome gelegt wird. Parallel zu der Dokumentation der Individuellen Therapieziele werden dem Patienten und dem Therapeuten bei Therapiebeginn und Therapieende *Fragebögen zur Veränderungsdokumentation* mit 10 vorgegebenen Items vorgelegt.

Die **Individuellen Therapieziele (ITZ)**, die sowohl von den Patienten wie von den Therapeuten zu Behandlungsbeginn erstellt und zu Behandlungsende bewertet werden, ermöglichen innerhalb der **Psy-BaDo** eine qualitative Ergebnisdokumentation, die weit über die in der Qualitätssicherung bisher ganz überwiegend verwendeten Fragebögen und Testuntersuchungen hinausgeht. Sie trägt dem individuellen Verlauf einer jeden Psychotherapie Rechnung und ist zugleich durch eine a priori Festlegung der durch die Behandlung angestrebten Therapieziele ein wichtiges Erfolgsmaß.

Das Individuelle Therapieziel ist definiert als das angestrebte Behandlungs-Ergebnis (Outcome), das bezogen auf *diesen* individuellen Patienten mit seinen speziellen Möglichkeiten unter Einsatz eines definierten bestimmten Behandlungsverfahrens und Behandlungssettings und der zur Verfügung stehenden Zeit prospektiv als erreichbar erwartet wird.

Sowohl **Patienten** als auch **Therapeuten** benennen bis zu **fünf therapierelevante Ziele**. Diese sollen den Behandlungsauftrag des Patienten und die therapeutischen Möglichkeiten des Behandlers für genau die jetzt geplante Behandlung reflektieren. Die verschiedenen Therapieziele sollten möglichst **differente Bereiche** (wie z. B. körperliche, psychische, psychosoziale Probleme, Beziehungsprobleme im privaten oder beruflichen Bereich etc.) erfassen und möglichst *konkret* formuliert sein. Die Therapeuten erläutern durch 1 bis 3 Kriterien (die Patienten: 1 bis 3 Beispiele), woran sie am Behandlungsende feststellen können, in welchem Ausmaß das jeweilige Ziel erreicht wurde.

Mit der **Psy-BaDo** wird eine **möglichst konkrete, erlebens- und verhaltensnahe Formulierung der ITZ** angestrebt, um für die Evaluation der ITZ zu Behandlungsende mit Hilfe der fixierten Kriterien (Beispiele) eine sichere, überprüfbare Einschätzung über den Grad tatsächlicher Therapiezielrealisierung zu erreichen. Erfahrungsgemäß laufen die Therapeuten leicht Gefahr, die Individuellen Therapieziele (ITZ) eher zu „abstrakt" zu formulieren: „Der Patient soll eine Übertragungsneurose entwickeln", oder „Der Patient soll am Expositionstraining teilnehmen" sind kein Therapieziele im Sinne der Outcome-Dokumentation sondern *behandlungstechnische Ziele*. Die Patienten sind erfahrungsgemäß in ihren Formulierungen erlebens- und verhaltensnäher. Dieser Unterschied läßt sich nicht alleine durch den theoretischen Vorsprung der Therapeuten erklären, sondern auch durch eine bei vielen Psychotherapeuten verbreitete Angst, daß der Patient durch eine konkrete Zieldefinition der Behandlung möglicherweise in Bezug auf seine Entwicklung eingeengt werden könnte.

Die Therapieziele werden im **ambulanten Bereich** zum Ende des diagnostisch-therapeutischen Prozesses und im **stationären Bereich** nach Möglichkeit am Ende der ersten Woche formuliert. In jedem Falle ist es wichtig, daß ein Behandlungsbündnis hergestellt werden konnte.

Am **Ende der Behandlung** wird die Einschätzung der Therapieziele von Seiten des Patienten und des Therapeuten jeweils nach dem Abschlußgespräch in einem 5stufigen Rating vorgenommen (mehr als erreicht/erreicht/teilweise erreicht/nicht erreicht/entfallen).

8.4   Optionen im Rahmen einer erweiterten Dokumentation

Die **Psy-BaDo** ist als Kernmodul eines Dokumentationssystems im Rahmen von Qualitätssicherung zu verstehen und mit anderen Instrumenten je nach Fragestellung modular ergänzbar (z.B. OPD [Arbeitskreis OPD 1998]; GBB [Brähler & Scheer 1995]; SCL-90-R [Franke 1995]; PSKB-Se [Rudolf 1991]). Dabei besteht jedoch im Bereich der Alterspsychotherapie die grundsätzliche Schwierigkeit, daß die in den Selbstauskunftsskalen berichteten psychogenen Beschwerden (Schepank 1995a) von somatisch begründeten (Alters-)Symptomen nicht leicht unterschieden werden können. – Der Gießener Beschwerdebogen (GBB) ist auch für alte Menschen normiert. – Der PSKB, der an einer „Normalbevölkerungsstichprobe" normiert ist und die Identifizierung behandlungsbedürftiger Patienten auf 4 symptomnahen und 5 persönlichkeitsbezogenen bzw. interaktionellen Skalen (Rudolf et al. 1994) ermöglicht, ist noch nicht für die Behandlung alter Patienten normiert worden.

Natürlich wird man sich bei der Bewertung des Therapieoutcome zunächst vor allem auf die begründete Einschätzung der Therapeuten (oder dritter Experten) stützen. Es wird jedoch zukünftig immer wichtiger, bei den differentiellen Therapieindikationen den Patienten über Nutzen und Risiken aufzuklären und auf diesem Hintergrund mit ihm das oder die ITZ eindeutig zu besprechen. Bei einer späteren inhaltlichen Evaluation der ITZ-Formulierungen läßt sich dann z. B. nachvollziehen, ob ein wesentlicher Teil der Patienten zu hohe Zielerwartungen an eine stationäre Kurzpsychotherapie hatte, oder ob etwa durch eine psychosomatisch-psychotherapeutische Behandlung nicht veränderbare körperliche (Alterns-)Symptome genannt wurden. – Für die Diskussion der Relevanz von Qualitätssicherungsdaten erscheint die erkennbare Unterscheidung zwischen „Erreichen von Therapiezielen" und den allgemeinen Angaben, ob sich die Behandlung „gelohnt" habe, wesentlich. Diese Ergebnisse sprechen insbesondere dafür, den auf Seiten der Kostenträger häufig favorisierten Patienten-Zufriedenheitsfragebögen allgemeiner Natur mit Skepsis zu begegnen. Selbstverständlich ist die Formulierung von ITZ ethischen Normen und Grenzen verpflichtet.

Um dies besonders zu betonen, formulieren die Patienten, nachdem das therapeutische Arbeitsbündis geschlossen wurde, ihre eigenen Therapieziele unabhängig von denen der Therapeuten. Daß die alten Patienten dazu gut in der Lage sind, konnte im Rahmen einer Pilotstudie belegt werden. Allerdings fiel auf, daß im Alter die Zahl der ITZ insgesamt signifikant niedriger war als bei den jüngeren Patienten – und zwar sowohl bei den Therapeuten als auch bei den Patienten. Solche Beobachtungen können im Rahmen von Qualitätssicherungsmaßnahmen den Einstieg zu weiteren Überlegungen bilden: U. U. könnte dieses Ergebnis mit den niedrigeren Behandlungserwartungen bei Älteren zusammenhängen.

Die (Gesundheits-)Politik und die Kostenträger müssen begreifen, daß – wenn wirklich Qualitätsmanagement im Sinne von Qualitätssicherung gemeint und gewollt ist – die Berufsgruppen-intern stringent durchgeführte, jedoch vor Sanktionseingriffen geschützt erfolgende Qualitätssicherung die einzige ist, die die im Ganzen sehr guten Psychotherapeuten noch besser werden läßt. Auch wenn der Vergleich hinken mag: ein Autokonzern würde niemals die Qualitätsbeauftragten der Konkurrenz „vor Ort" Daten erheben lassen. Dabei käme außer grotesker Verweigerung auch nichts Konstruktives heraus. Erst in dem Moment, in dem das Entdecken von Qualitätsmängeln als ein wertvoller Erkenntnisschatz „in der eigenen Firma" betrachtet wird, dessen Entdeckung nicht mit Angst, sondern mit Ansporn begleitet wird, wird Bereitschaft zur kritischen Selbstreflexion und Veränderung gefördert.

Darüber hinaus diskutieren wir die Ansammlung von hochsensiblen biographischen bzw. konfliktbezogenen Daten, wie sie die BfA in ihrem Qualitätssicherungsprogramm für sich in Anspruch nimmt, unter dem Blickwinkel der ärztlichen Schweigepflicht äußerst kritisch. Wenn Rehabilitanten in psychosomatischen Fachkliniken wirklich wüßten, welch umfangreiche Dokumentation personenbezogener Daten ihrem Rentenversicherungsträger nach Ablauf der Heilmaßnahme zugeht – und daß diese Daten praktisch nie wieder aus ihren Akten herausnehmbar sind, selbst wenn sie nach Jahren längst die besagte Problematik erfolgreich bewältigt oder gelöst hätten, würde sicher ein tieferes Nachdenken beginnen.

9 Vernetzung gemeindenaher geronto-psychosomatischer Behandlungskonzepte

Unsere eigenen Untersuchungen in einer geriatrischen Akutklinik mit 120 Betten und einer durchschnittlichen Verweildauer der Patienten von 19,2 Tagen an der Memory Clinic Essen zeigen die Bedeutung einer Vernetzung von qualifizierter somatischer und psychosomatischer Differentialdiagnose bei alten Menschen unter Einbeziehung der komplexen psychosozialen Problematik. Eine solche Vernetzung könnte in einem gerontologischen Zentrum realisiert werden, dessen Strukturen in Abb. 36 zusammengestellt sind. Psychosomatik und Psychotherapeutische Medizin bietet in der *zentralen Dezentralisierung* eines gerontologischen Zentrums als „Querschnittsfach" auf dem Wege der konsequenten Nutzung des Konsiliar-Liaison-Dienstes ein hervorragendes Integrationspotential.

> Der Begriff *gerontologisches Zentrum* wird hier gewählt, weil er kompromißhaft sowohl die Qualitäten eines *geriatrischen* Zentrums (als Teil der Inneren Medizin und weiterer somatischer Fachdisziplinen) und eines *gerontopsychiatrischen* Zentrums (als Teil der psychiatrischen Versorgung) einschließen könnte. Keineswegs sollen in einem solchen Zentrum überwiegend nur psychologische Aspekte (Gerontologie als Spezialdisziplin der Psychologie) bearbeitet werden. Ohne die Grenzen der einzelnen medizinischen Fächer zu verwässern, bleibt das zentrales Anliegen eine notwendige interdisziplinäre Behandlung Alternder.

Beispielhaft für die Notwendigkeit eines „quervernetzten" Ansatzes sei an die verschiedenen Angststörungen im Alter in Relation zu ihrer Phänomenologie bei alten Menschen unter Berücksichtigung der zugehörigen Ich-Stärke erinnert (→ Kap. 3.6). Wir hatten Angst-Affekte jeweils theoriegeleitet nach dem Organisationsniveau der Persönlichkeitsstruktur von der präpsychotischen über die angstneurotische und die depressive Angst bis zu den Phobien unter Bezugnahme auf die ICD-10-Klassifikation gegliedert. Der gerontopsychosomatische Psychotherapeut hat die Aufgabe, unter Berücksichtigung des tatsächlichen somatischen und psychiatrischen Befundes den geäußerten Angstaffekt seines alten Patienten in seiner lebensabschnittbezogenen Besonderheit und in Relation zur diagnostizierten Ich-Stärke zu ermitteln und daraus eine differentielle Psychotherapie-Indikation (→ Kap. 6.8.2) zu entwickeln.

Da in fast allen internistischen Allgemeinkrankenhäusern der Anteil alter Patienten hoch ist, ist durch ein gerontologisches Zentrum auch ein qualifizierender Effekt auf die gesamte Arbeit in dem Versorgungsgebiet zu erwarten.

Ausgehend von einer in der Regel kleineren (ca. 18 bis 30 Betten umfassenden) Abteilung für Psychotherapeutische Medizin als Ort der Weiterbildung und der „Intensivtherapie" im Gebiet wird ein erheblicher Teil des psychosomatisch-psychotherapeutischen Potentials als Konsiliar- und Liaisondienst durchzuführen sein (vgl. zur Konzeption Senf & Heuft 1995, und zur Personalbedarfsberechnung Heuft et al. 1993). Während im Konsiliardienst der Facharzt für Psychotherapeutische Medizin vor allen

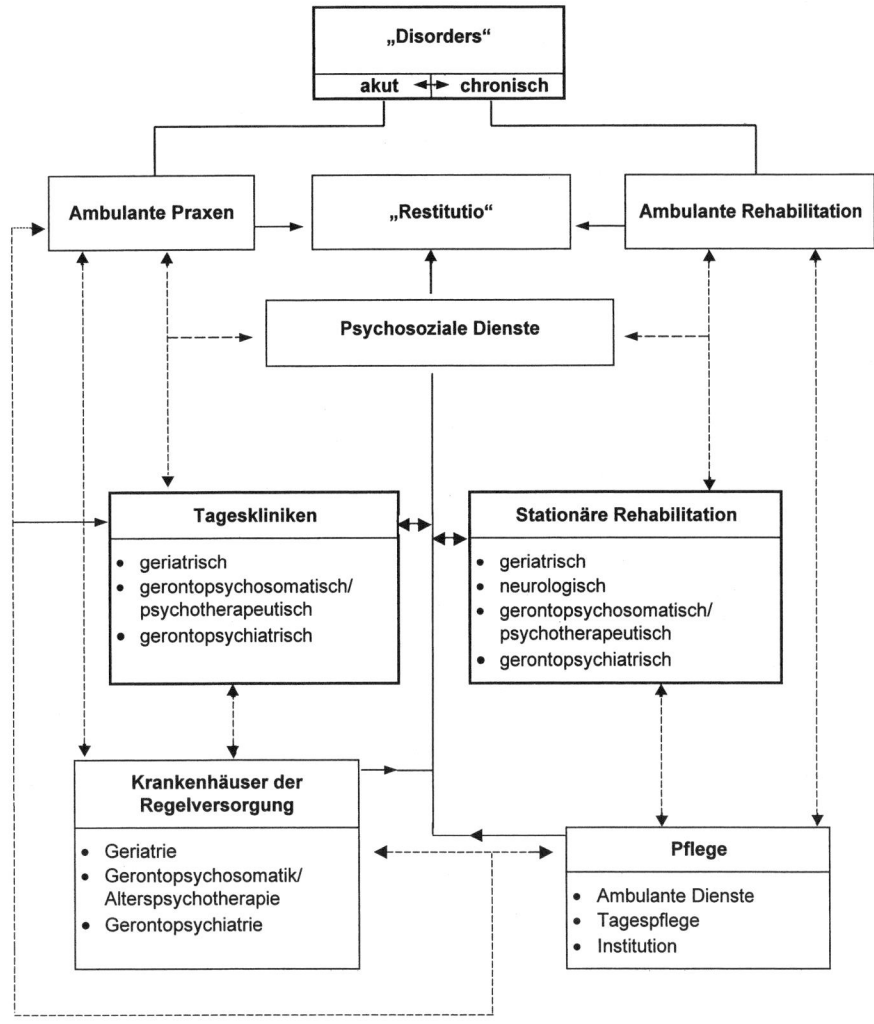

Abb. 36: Vernetzungsmodell vorhandener oder zu schaffender institutioneller Strukturen zu einem gerontologischen Zentrum

Dingen unmittelbar mit dem Patienten und gegebenenfalls mit den Angehörigen arbeitet und die somatische Station über die Ergebnisse und Vorschläge unterrichtet, steht er im Liaisondienst vor allem auch direkt dem somatischen Behandlungsteam beratend (z. B. im Umgang mit schwerkranken Patienten) zur Verfügung und steigert damit die Kompetenz aller Mitarbeiter, die mit dem Patienten arbeiten.

Die Psychiatrie-Enquête der Bundesregierung hat zuletzt 1988 die Empfehlung gegeben, psychosomatische Abteilungen an Allgemeinkrankenhäusern einzurichten. Nach älteren Schätzungen waren 11,8 %. (Zimmer 1974) bzw. 18 % (Glass et al. 1978) aller Krankenhaustage von Patienten in Allgemeinkrankenhäusern durch psychosoziale Faktoren begründet. In amerikanischen Verbundstudien konnte gezeigt werden

(Fulop et al. 1987), daß somatisch Erkrankte mit psychischer Komorbidität eine signifikant längere Krankenhausverweildauer haben als ausschließlich somatisch Kranke.
Nach der Entlassung aus der somatischen Krankenhausbehandlung führte die Persi-
stenz somatischer Störungen durch psychische Probleme zu einer hochsignifikant
erhöhten Wiederaufnahmerate mit erneuter Krankenhausverweildauer (Mayou et al.
1988).

Nach einer Untersuchung von Steuber & Müller (1983) gaben internistische Chef-
ärzte bei immerhin 8 % ihrer Patienten eine behandlungsbedürftige psychiatrische
bzw. psychosomatische Morbidität an. Bei Befragungen internistischer Stationsärzte
stieg der diagnostizierte Anteil an psychosomatischen Problemstellungen auf 20 % der
stationär behandelten Patienten an (Schleberger-Dein et al. 1994). Dagegen wird der
„wahre" Anteil von psychischen und psychosomatischen Störungen je nach Fachabteilung auf zumindest 20-40 % geschätzt, wobei mindestens 10 % als behandlungsbedürftig gelten. In Anspruch genommen wird der Konsiliar-/Liaisondienst allerdings nur bei
durchschnittlich 1-4 % aller Patienten (vgl. z. B. Herzog & Scheidt 1991). Im Vergleich zwischen den Altersgruppen 40-59jähriger versus über 60jähriger zeigten sich
im psychosomatischen Konsiliardienst keine wesentlichen Unterschiede hinsichtlich
der Schwere der körperlichen Erkrankung, jedoch ein erhöhter Anteil neurotischer
Symptome und depressiver Erkrankungen bei der Gruppe der über 60jährigen (Fritzsche et al. 1995), wobei die notwendige Wahrnehmung von Entwicklungspotentialen
alter Menschen noch in den Anfängen steckt. Gerade die Einführung der fakultativen
Weiterbildung „Klinische Geriatrie" in die ärztliche Weiterbildungsordnung seit 1992,
die in einer ganzen Reihe von organmedizinischen Fächern (wie z. B. der Inneren
Medizin) erworben werden kann, macht die Notwendigkeit integrativer Ansätze auch
bei alten Menschen zur Optimierung des Behandlungserfolges und der notwendigen
„richtigen" Weichenstellung für Rehabilitationsansätze bereits im Akutkrankenhaus
deutlich. Mumford et al. (1984) zeigten, daß ein solcher Behandlungsansatz auch aus
ökonomischer Perspektive gerade bei alten Menschen sinnvoll ist.

In einer ganzen Reihe von amerikanischen Studien ist die positive Beeinflussung
von Krankheitsverläufen durch adaptierte psychotherapeutische Interventionen bzw.
Einbindung eines (in Amerika mit einer traditionell anderen Entwicklung: psychiatrischen) Liaisondienstes, z. B. auf kardialen Intensivstationen, bei quälenden Nebenwirkungen chemotherapeutischer und radiologischer Behandlung von Karzinom-Patien-
ten und nach Schenkelhalsfrakturen (Levitan & Kornfeld 1981) nachgewiesen worden.

In der „zentralen Dezentralisierung" eines gerontologischen Zentrums (Abb. 37)
erhebt der gerontopsychosomatische Dienst keinen hegemonialen Anspruch. Er steht
deshalb in dem Schema sowohl auf der Seite der Regelversorgung (Leistungsträger:
Krankenkassen) als auch auf der Seite der Rehabilitation (Leistungsträger: Krankenkassen oder Pflegeversicherungs- oder Rentenversicherungsträger) konsequent „zwischen" den geriatrisch-somatischen und den gerontopsychiatrischen Therapie- bzw.
Rehabilitationsansätzen auf den verschiedenen Behandlungsebenen.

Mit einem solchen Konzept ist keine gravierende Kostenausweitung verbunden, da
im wesentlichen die Effektivität der Zusammenarbeit vorhandener Institutionen und
Qualifikationen erhöht wird. Probeberechnungen haben darüber hinaus ein erhebliches
Einsparungspotential bei Fehlbelegungen und bei in ihrer Effizienz bisher nicht sicher
belegten therapeutischen Maßnahmen zeigen können. Die Folgen von Tranquilizer-
und Hypnotika-Medikationen bei dem hohen Leidensdruck funktioneller Somatisie-

rungen im Alter mit der problematischen Rückwirkung auf Vigilanz und selbständige Lebensführung bei einem eben noch kompensierten mentalen Status können kaum überschätzt werden. – Daher ist es aus wissenschaftlichen und ökonomischen Gründen wichtig, daß gerontopsychosomatisch-psychotherapeutische Behandlungsangebote niederschwellig in der Regelversorgung erreichbar sind. Zu einer gerontopsychosomatischen Regelversorgung gehört

- eine Einbindung in die regionale Versorgungsstruktur (idealerweise in ein Gerontologisches Zentrum);
- kurzfristige Erreichbarkeit eines ersten ausführlichen diagnostischen Termins;
- Kommunikation der Diagnostiker mit dem gesamten medizinischen und psychosozialen Umfeld;
- psychotherapeutische Akutversorgung (Fokal- und Kurztherapien);
- Möglichkeit zur Durchführung stationärer Behandlungen in multimodalen Therapie-Settings, basierend auf den psychoanalytischen und kognitiv-behavioralen Grundverfahren.
- Institutsambulanz zur prä- und poststationären Behandlung (u. U. mit Vermittlung in ambulante längerfristige Behandlung);
- differentielles stationäres und teilstationäres Therapieangebot unter Einsatz ausgearbeiteter Therapiemethoden mit prospektiv formulierten Therapiezielen ($\rightarrow$ Kap. 6.6 und 8);
- ständige Evaluation der Inanspruchnahme, der Strukturqualität der beteiligten Institutionen und der Ergebnisqualität der Interventionen im Sinne eines Qualitätsmanagements.

Wünschenswert ist die Weiterentwicklung solcher regional vernetzter Strukturen auch in den nächsten Jahren.

Literatur

Kursivgesetzte Literatur-Stellen sind aktuelle, deutschsprachige Publikationen bzw. Übersichtsarbeiten zum Thema *Gerontopsychosomatik* bzw. *Alterspsychotherapie*

Abrams RC, Horowitz SV (1996) Personality disorders after age 50 – A metaanalysis. J Personality Disorder 10: 271-281

Aksari P, Sandholzer H, Muder C, Duwe H, Stoppe G (1997) Pharmakotherapie von Depressionen im Alter – Ergebnisse einer Umfrage in Kassel. In Radebold H et al (Hrsg) Depressionen im Alter. (S 153-155) Steinkopff, Darmstadt

Alexopoulos GS et al (1993) The course of geriatric depression with „reversible dementia" – A controlled study. Amer J Psychiat 150: 1693-1699

Alzheimer A (1911) Über eigenartige Krankheitsfälle des späteren Alters. Z ges Psychiat Neurol 4: 356-385

Arbeitskreis zur Operationalisierung Psychodynamischer Diagnostik (Hrsg) (1996) Operationalisierte Psychodynamische Diagnostik (OPD). (2.Aufl 1998) Huber, Bern

Arolt V, Schmidt EH (1992) Differentielle Typologie und Psychotherapie depressiver Erkrankungen im höheren Lebensalter – Ergebnisse einer epidemiologischen Studie in Nervenarztpraxen. Z Gerontopsych Psychiat 5: 17-24

Avis NE, McKinlay SM (1991) A longitudinal analysis of women's attitudes towards the menopause – Results from Massachusetts women's health study. Maturitas 13: 65-79

Bäurle P (2000) Das Konzept der Psychotherapiestation K1 Münsterlingen. In Bäurle P; Radebold H, Hirsch RD, Studer K, Schmid-Furstoss U, Struwe B (Hrsg) Klinische Psychotherapie mit älteren Menschen. (S 35-43) Huber, Bern

– Radebold H, Hirsch RD, Studer K, Schmid-Furstoss U, Struwe B (Hrsg) (2000) Klinische Psychotherapie mit älteren Menschen. Huber, Bern

Balint M (1980) Der Arzt, sein Patient und die Krankheit. (5.Aufl) Klett-Cotta, Stuttgart

Balk U (1992) Rehabilitation für ältere Arbeitnehmer. In Mühlum A, Oppl H (Hrsg) Handbuch der Rehabilitation. (S 381-400) Luchterhand, Neuwied

Baltes MM, Montada L (Hrsg) (1996) Produktives Leben im Alter. Campus, Frankfurt/M

Baltes PB, Baltes MM (1990) Psychological perspectives on successful aging: The model of selective optimization with compensation. In Baltes PB, Baltes MM (eds) Successful aging – Perspectives from the behavioral sciences.(pp 1-17) Cambridge University Press, NewYork

– Smith J (1990) Weisheit und Weisheitsentwicklung – Prolegomena zu einer psychologischen Weisheitstheorie. Z Entwicklungspsychologie und Pädagogische Psychologie 22: 95-135

– Kliegl R (1992) Further testing of limits of cognitive plasticity – Negative age differences in a mnemonic skill are robust. Developmental Psychology 28: 121-125

– (1999) Alter und Altern als unvollendete Architektur der Humanontogenese. Z Gerontol Geriat 32: 433-448

Bandura A (1989) Human agency in social cognitive theory. American Psychologist 44: 1175-1184

Barkholt C, Naegele G (1995) Armut durch Pflegebedürftigkeit – Das ungelöste Problem deutscher Sozialpolitik. In Hanesch W (Hrsg) Sozialpolitische Strategien gegen Armut. (S 404-428) Westdeutscher Verlag, Opladen

Battegay R (1997) Der Einfluß des Alters in der Psychotherapie auf Patient und Therapeut. In Wenglein E (Hrsg) Das dritte Lebensalter. Psychodynamik und Psychotherapie bei älteren Menschen. (S 49-67) Vandenhoeck & Ruprecht, Göttingen

Bau H (1994) Behandlungskonzepte der analytischen Psychologie. In Radebold H, Hirsch RD (Hrsg) Altern und Psychotherapie. (S 55-62) Huber, Bern

Bauer J (1994) Die Alzheimer-Krankheit. Schattauer, Stuttgart

– Qualmann J, Bauer H (1995) Psychosomatische Aspekte bei der Alzheimer Demenz und bei vaskulären

Demenzformen. In Heuft G, Kruse A, Nehen HG, Radebold H (Hrsg) Interdisziplinäre Gerontopsycho-somatik. (S 214-228) MMV Medizin-Verlag, München

– (1997) Möglichkeiten einer psychotherapeutischen Behandlung bei Alzheimer-Patienten im Frühstadium der Erkrankung. Nervenarzt 6: 421-424

– Bauer H (1997) Psychotherapie bei Alzheimer-Patienten im Frühstadium. In Mundt CH, Linden M, Barnett W (Hrsg) Psychotherapie in der Psychiatrie. (S 263-267) Springer, Wien NewYork

Bauriedl T (1980) Beziehungsanalyse. Suhrkamp, Frankfurt

Bayen UJ, Haag G (1996) Verhaltensmedizinische Konzepte bei Älteren. Deutscher Ärzteverlag, Köln

Bechtler H (Hrsg) (1991) Gruppenarbeit mit älteren Menschen. Lambertus, Freiburg/Br

– *(2000) Gruppenpsychotherapie mit älteren Menschen. Reinhardt, München Basel*

Bergener M (1998) Epidemiologie psychischer Störungen im höheren Lebensalter. In Kruse A (Hrsg) Psychosoziale Gerontologie. Bd. I: Grundlagen. (S 87-105) Hogrefe, Göttingen

Berger M, Gaebel W (1997) Qualitätssicherung in der Psychiatrie. Springer, Berlin Heidelberg NewYork

Berger MM, Berger LF (1973) Psychogeriatrische Gruppenbehandlungen. In Sager CJ, Kaplan HS (Hrsg) Handbuch der Ehe-, Familien- und Gruppentherapie, Bd 3 (S 931-950) Kindler, München

Berger RM, Rose SD (1977) Interpersonal skill training with institutionalized elderly patients. J Gerontol 32: 346-353

Bergius R (1957) Formen des Zukunftserlebens. Barth, München

Bergson H (1994) Zeit und Freiheit. Europäische Verlagsanstalt, Hamburg

Bericht zur Lage der Psychiatrie in der Bundesrepublik Deutschland (1975) Zur psychiatrischen und psychotherapeutisch-psychosomatischen Versorgung der Bevölkerung; Deutscher Bundestag, Drucksache 7/4200

Bianchi H (1995) Psychoanalyse im späteren Lebensalter. In Jovic NI, Uchtenhagen A (Hrsg) Psychotherapie und Altern. (S 43-60) Fachverlag Zürich

Bion WR (1962) Learning from experience. Heinemann, London

Birren J (1959) Principles of research on aging. In Birren J (ed) Handbook of aging and the individual. (pp 3-42) Chicago University Press

Birren JE, Deutchman DE (eds) (1991) Guiding autobiography groups for older adults. The John Hopkins University Press, Baltimore

Bizzini L, Favre C, Bäurle P (2000) Kognitive Therapie in kleinen Gruppen mit älteren Menschen: Das CTDS Programm. In Bäurle P et al (Hrsg) Klinische Psychotherapie mit älteren Menschen. (S 90-94) Huber, Bern

Bochnik HJ (1987) Nervenarzt-Studie. Bestandsaufnahme und Situationsanalyse ambulanter nervenärztlicher Tätigkeit. Köln, Studienbericht

Böhme K (1980) Zur praktischen Versorgung von Suizidenten. Nervenarzt 51: 152-158

Böker H, Hell D (2000) Aufgabe und Bedeutung von Psychopharmaka in der stationären Behandlung. In Bäurle P et al (Hrsg) Klinische Psychotherapie mit älteren Menschen. (S 184-194) Huber, Bern

Bösch J (1995) Paar- und Sexualtherapie mit älteren Menschen. In Jovic N, Uchtenhagen A (Hrsg) Psychotherapie und Altern. (S 295-309) Fachverlag, Zürich

Borchers A, Miera S (1993) Zwischen Enkelbetreuung und Altenpflege. Die mittlere Generation im Spiegelbild der Netzwerkforschung. Campus, Frankfurt/M

– (1997) Soziale Netzwerke älterer Menschen. In Deutsches Zentrum für Altersfragen (Hrsg) Wohnbedürfnisse, Zeitverwendung und soziale Netzwerke älterer Menschen. Expertisenband 1 zum Zweiten Altenbericht der Bundesregierung. (S 176-200) Campus, Frankfurt/M

Brähler E, Unger U (1994) Sexuelle Aktivität im höheren Lebensalter im Kontext von Geschlecht, Familienstand und Persönlichkeitsaspekten – Ergebnisse einer repräsentativen Befragung. Z Gerontol 27: 110-115

– Scheer JW (1995) Der Gießener Beschwerdebogen (GBB). Handbuch, 2. Aufl. Huber, Bern

Bräuninger I (2000) Tanztherapie mit Menschen in der zweiten Lebenshälfte – Möglichkeiten der Angst- und Suchtbewältigung. In Bäurle P et al (Hrsg) Klinische Psychotherapie mit älteren Menschen. (S 136-141) Huber, Bern

Bräutigam W (1978) Reaktionen – Neurosen – Abnorme Persönlichkeiten. (4.Aufl) Thieme, Stuttgart

– Senf W, Kordy H (1990) Wirkfaktoren analytischer Therapie aus Sicht des Heidelberger Katamneseprojekts. In Lang H (Hrsg) Wirkfaktoren der Psychotherapie. (S 189-198) Springer Heidelberg

Brandtstädter J, Renner G (1990) Tenacious goal persuit and flexible goal adjustment – Explication and age-related analysis of assimilative and accommodative strategies of coping. Psychology and Aging 8: 58-67

– Rothermund HK (1998) Bewältigungspotentiale im höheren Alter – Adaptive und protektive Prozesse. In Kruse A (Hrsg) Psychosoziale Gerontologie, Bd I: Grundlagen. Hogrefe, Göttingen

Broda M, Dahlbender RW, Schmidt J, von Rad M, Schors R (1993a) DKPM-Basisdokumentation. Eine einheitliche Basisdokumentation für die stationäre Psychosomatik und Psychotherapie. Psychother Psychosom med Psychol 43: 214-18

– – – – – (1993b) DKPM-Basisdokumentation. Stationäre Psychosomatik und Psychotherapie. Psychother Psychosom med Psychol 43: 219-23

Brody JA, Freels S, Miles TP (1992) Epidemiological issues in the developed world. In Grimley Evans J, Williams TF (eds) Oxford textbook of geriatric medicine. (pp 14-20) Oxford University Press

Buchheim P, Cierpka M, Scheibe G, Braun P (1990) Beziehungsmuster von Patienten mit Angststörungen. Prax Psychother Psychosom 35: 95-110

Bundesärztekammer (Hrsg) (1998) Gesundheit im Alter. Deutscher Ärzteverlag, Köln

Bundesministerium für Arbeit und Sozialordnung (Hrsg) (1993) Nachberufliche Tätigkeitsfelder älterer Menschen. Bonn

Bundesministerium für Familie und Senioren (Hrsg) (1994) Materialien zum Modellprogramm Seniorenbüro. Bonn

Burckhardt CS (1987) The effect of therapy on the health of the elderly. Res Nurs Health 10: 277-285

Butler RN (1963) The life review: an Interpretation of reminiscence in the aged. Psychiatry 256: 65-76

Caspar FM, Grawe K (1982) Analyse des Interaktionsverhaltens als Grundlage der Problemanalyse und Therapieplanung. Forschungsberichte des Psychologischen Instituts der Universität Bern

Christian P (1986) Das Personenverständnis im modernen medizinischen Denken. (4.Aufl) Mohr, Tübingen

Cicchetti D, Rogosch FA (1996) Equifinality and multifinality in developmental psychopathology. Development and Psychopathology 8: 597-600

Cierpka M (1989) Zur Diagnostik von Familien mit einem schizophrenen Jugendlichen. Springer, Berlin Heidelberg New York

– (Hrsg) (1996) Handbuch der Familiendiagnostik. Springer, Berlin Heidelberg New York

Ciompi L (1988) Außenwelt, Innenwelt: Die Entstehung von Zeit, Raum und psychischen Strukturen. Vandenhoeck & Ruprecht, Göttingen

Colarusso CA, Nemiroff RA (1981) Adult development. Plenum Press, New York

– Nemiroff RA (1987) Clinical implications of adult developmental theory. Am J Psychiatry 144: 1263-1270

Coleman PG (1974) Measuring reminiscence characteristics from conversation as adaptive features of old age. Int J Aging Hum Dev 5: 281-294

Coltart NE (1991) The analysis of an elderly patient. Int J Psychoanal 72: 209-220

Cooper B (1980) Die Rolle von Lebensereignissen bei der Entstehung von psychischen Erkrankungen. Nervenarzt 51: 321-331

– Sosna U (1983) Psychische Erkrankungen in der Altenbevölkerung. Nervenarzt 54: 239-249

Cording C, Gaebel W, Spengler A, Stieglitz RD, Geiselhart H, John U, Netzold DW, Schönell H (1995) Die neue psychiatrische Basisdokumentation. Eine Empfehlung der DGPPN zur Qualitätssicherung im (teil-)stationären Bereich. Spektrum 24: 3-38

Cosford PA, Elains A (1992) Eating disorders in late life – A review. Int J Geriat Psychiat 7: 491-498

Cumming E, Henry WE (1961) Growing old. The process of disengagement. Basic Books, New York

Danzinger R (1998) Wahnsinn Psychiatrie – Psychiatrische Institutionen als Symptombildung. In Meissel D, Eichberger G (Hrsg) Sozialpsychiatrie und Psychotherapie. Edition Promente, Linz

Deutsche Gesellschaft für Psychotherapie, Psychosomatik und Tiefenpsychologie (DGPPT) (1989) Praxisstudie zur psychotherapeutischen Versorgung. DGPPT, Hamburg

Diagnostisches und Statistisches Manual Psychischer Störungen DSM-IV (1996) Saß H, Wittichen H-U, Zaudig M (Hrsg) Hogrefe, Göttingen Bern Toronto Seattle

Diener HC, Dichgans J (1994) Zerebrale Durchblutungsstörungen. In Gross R, Schölmerich P, Gerok W (Hrsg) Die Innere Medizin. (S 1185-1194) Schattauer, Stuttgart

Dilling H (1981) Zur Notwendigkeit psychotherapeutischer Interventionen zwischen dem 50. und 80. Lebensjahr. Vortrag Weltkongress für Gerontologie, Hamburg

– Balck F, Bosch G, Christiansen U, Eckmann F, Kaiser K, Kunze H, Seelheim H, Spangenberg H (1982) Die psychiatrische Basisdokumentation. Spektrum der Psychiatrie und Nervenheilkunde 11: 147-60

Donobedian A (1966) Evaluating the quality of medical care. Milbank Memorial Fund Quarterly 44: 166-203

Dorman H, Mitchell H (1970) Preferences for older versus younger counselers among a group of elderly persons. J Counseling Psychol 26: 514-518

Dritter Altenbericht der Bundesregierung (2000) Altern 2000 – Rückblick auf 10 Jahre Altenpolitik und zukünftige Politikfelder. Bundesministerium für Familie, Senioren, Frauen und Jugend, Bonn

Drossman DA (1998) Presidental address – Gastrointestinal illness and the biopsychosocial model. Psychosom Med 60: 258-267

Dührssen A (1954/55) Das Problem der auslösenden Konfliktsituation in der Diagnostik psychogener Erkrankungen. Z Psychosom Med 1: 45-51

Dunker D (1994) Kunsttherapie bei Demenzkranken. In Hirsch RD (Hrsg) Psychotherapie bei Demenzen. (S 167-172) Steinkopff, Darmstadt

Dykierek P, Schramm E, Berger M (1997) Multimodale stationäre Psychotherapie zur Behandlung von Altersdepressionen. In Radebold H et al (Hrsg) Depressionen im Alter. (S 215-218) Steinkopff, Darmstadt

– – (2000) Interpersonelle Psychotherapie zur Behandlung von Altersdepressionen. In Bäurle P et al (Hrsg) Klinische Psychotherapie mit älteren Menschen. (S 95-100) Huber, Bern

Eckert J, Hautzinger M, Reimer C, Wilke E (1996) Grenzen der Psychotherapie. In Reimer C, Eckert J, Hautzinger M, Wilke E (Hrsg) Psychotherapie. Ein Lehrbuch für Ärzte und Psychologen. (S 525-535) Springer, Berlin Heidelberg NewYork

Eckhardt-Henn A, Hopf HC, Tettenborn B, Thomalske C, Hoffmann SO (1998) Psychosomatische Aspekte des Schwindels. Aktuelle Neurologie 3: 96-102

Egartner E, Henrich G, Hersbach P, Sellschopp A, Breuninger H (1995) Psychosozialer Beratungsbedarf – Ein Vergleich von Frauen und Männern im Osten und Westen der Bundesrepublik Deutschland. Psychother med Psychol 45: 321-328

Egle TU, Kissinger D, Schwab R (1991) Eltern-Kind-Beziehung als Prädisposition für ein psychogenes Schmerzsyndrom im Erwachsenenalter. Psychother Psychosom med Psychol 41: 247-256

– Hoffmann SO, Steffens M (1997) Pathogene und protektive Entwicklungsfaktoren in Kindheit und Jugend. In Egle TU, Hoffmann SO, Joraschky P (Hrsg) Sexueller Mißbrauch, Mißhandlung, Vernachlässigung. Erkennung und Behandlung psychischer und psychosomatischer Folgen früher Traumatisierungen. (Kap 11) Schattauer, Stuttgart

Eissler K (1963) Die Ermordung von wievielen seiner Kinder muß ein Mensch symptomfrei ertragen können, um eine normale Konstitution zu haben? Psyche 17: 241-261

Ellis A (1990) Treating the widowed client with Rational-Emotiv Therapy (RET). Psychother Patient 6: 105-111

Elschenbroich G (2000) Funktionelle Entspannung mit älteren Menschen. In Bäurle P et al (Hrsg) Klinische Psychotherapie mit älteren Menschen. (S 130-135) Huber, Bern

Engel PA (1997) Aging and care of the aged – A bio-psycho-social perspective. In Uexküll Th v (ed) Psychosomatic medicine. (pp 779-787) Urban and Schwarzenberg, München

Enquete-Kommission des Deutschen Bundestags (1998) Demographischer Wandel. Herausforderungen unserer älter werdenden Gesellschaft an den einzelnen und die Politik. Zweiter Zwischenbericht. Bonner Universitäts-Druckerei

Erikson EH (1950/1987) Childhood and society. Norton, NewYork; deutsch (1987) Kindheit und Gesellschaft Ernst Klett, Stuttgart

– (1982) The life cycle completed. Norton, NewYork London

Erlanger A (1995) Katathymes Bilderleben. In Jovic N, Uchtenhagen A (Hrsg) Psychotherapie des Alterns. (S 177-188) Fachverlag, Zürich

– (1997) Katathym-Imaginative Psychotherapie mit älteren Menschen, Reinhardt, München Basel

Erle JB (1979) An approach to the study of analyzability and analysis – The course of forty consecutive cases selected for supervised psychoanalysis. Psychoanal Q 48: 198-228

– Goldberg DA (1984) Observations on assessment of analyzability by experienced analysts – Report on 160 cascs. J Am Psychoanal Assoc 32: 715-737

Erlemeier N (1998) Suizidalität im Alter. In Kruse A (Hrsg) Psychosoziale Gerontologie, Bd. 1: Grundlagen. (S 299-314) Hogrefe, Göttingen

Ernst C (1997) Epidemiologie depressiver Störungen im Alter. In Radebold H, Hirsch RD, Kipp J, Kortus R, Stoppe G, Struwe B, Wächtler C (Hrsg) Depressionen im Alter. (S 2-12). Steinkopff, Darmstadt

Evans RL, Jaureguy BM (1981) Group therapy by phone – A cognitive behavioral program for visually impaired elderly. Soc Work Health Care 7: 79-90
– – (1982) Phone therapy outreach for blind elderly. Gerontologist 22: 32-35

Fachausschuß Psychosomatik des Wissenschaftsrates der AHG (Hrsg) (1994) Basisdokumentation Psychosomatik in der Verhaltensmedizin. 10 Jahre Qualitätssicherung in der Rehabilitation auf der Grundlage klinischer Behandlungsdaten. Verhaltensmedizin heute 2: 11-71
– (Hrsg) (1995) Verhaltensmedizinische Psychosomatik. Klassifikation therapeutischer Leistungen (KTL) in den Psychosomatischen Fachkliniken der AHG. Allgemeine Hospitalgesellschaft, Hilden
Fachinger B (1999) In Bundesvereinigung für Gesundheit (Hrsg) Dokumentation des Weltgesundheitstages, Bonn
Ferring D, Filipp SH, Klauer T (1994) Korrelate der Überlebenszeit bei Krebspatienten – Ergebnisse einer Follow-back-Studie. In Heim E, Perrez M (Hrsg) Krankheitsverarbeitung. (S 63-73) Hogrefe, Göttingen
Fichter MM (1990) Verlauf psychischer Erkrankungen in der Bevölkerung. Springer, Berlin Heidelberg New York
Filipp SH (1992) Could it be worse? The diagnosis of cancer as a prototype of traumatic life events. In Montada L, Filipp SH, Lerner MJ (eds) Life crises and experiences of loss in adulthood. (pp 46-67) Erlbaum, Hillsdale/NJ
Finch CE (1996) Biological bases of plasticity during aging of individual life histories. In Magnusson D (ed) The life span development of individuals – Behavioral, neurobiological and psychosocial perspective. (pp 488-511) Cambridge University Press
Förstl H (Hrsg) (1997) Lehrbuch der Gerontopsychiatrie. Enke, Stuttgart
Foa EB, Steketee G, Olasov B (1989) Behavioral/Cognitive conceptualization of posttraumatic stress disorder. Behav Ther 20: 155-176
Fooken I (1999) Geschlechterverhältnisse im Lebenslauf. In Jansen B, Karl F, Radebold H, Schmitz-Scherzer R (Hrsg) Soziale Gerontologie. (S 441-452) Beltz, Weinheim Basel
Franke GH (1995) Handbuch zur Symptom-Check-Liste SCL-90-R. Beltz, Weinheim
Frankl V (1979) Der Wille zum Sinn. Huber, Bern
Franz M, Schellberg D, Schepank H (1995) Indikatoren und Einflußfaktoren des Langzeitspontanverlaufs psychogener Erkrankungen – Ein Extremgruppenvergleich. Psychother Psychosom med Psychol 45: 41-51
– Lieberz K, Schmitz N, Schepank H (1999) Wenn der Vater fehlt. Epidemiologische Befunde zur Bedeutung früher Abwesenheit des Vaters für die psychische Gesundheit im späteren Leben. Z Psychosom Med 45: 260-278
Freedman AM (1986) Psychosoziale und psychotherapeutische Maßnahmen bei älteren depressiven Patienten. In Kielholz P, Adams C (Hrsg) Der alte Mensch als Patient. Deutscher Ärzteverlag, Köln
French TM (1952) The integration of behavior. University of Chicago Press
Freud A (1963) The concept of developmental lines. Psychoanalytic Study of Child 18: 245-265
Freud S (1895) Studien über Hysterie. GW I (S 75-312)
– (1898) Die Sexualität in der Ätiologie der Neurosen. GW I (S 491-516) Fischer, Frankfurt/M
– (1905) Drei Behandlungen zur Sexualtheorie. GW V (S 27145)
– (1915) Einige Charaktertypen aus der psychoanalytischen Arbeit. GW X (S 363-391) Fischer, Frankfurt/M
– (1917) Vorlesungen zur Einführung in die Psychoanalyse. GW XI Fischer, Frankfurt/M
– (1920) Jenseits des Lustprinzips. GW X (S 1-69)
– (1923) Das Ich und das Es. GW XIII (S 237-289)
Freund A, Smith J (1997) Die Selbstdefinition im hohen Alter. Zeitschrift für Sozialpsychologie 28: 44-59
Fritzsche K, Stein B, Herzog T, Dornberg M, Heiß HW, die ECLW (1995) Krankheiten im Alter aus Sicht des psychosomatischen Konsildienstes. In Heuft G, Kruse A, Nehen HG, Radebold H (Hrsg) Interdisziplinäre Gerontopsychosomatik. (S 135-149) MMV Medizin-Verlag, München
Fry PS (1994) Cognitive training and cognitive behavioral variables in the treatment of depression in the elderly. Clinical Gerontologist 3: 25-45
Fulop G, Srain J, Vita J, Hammer JS, Lyons JS (1987) Impact of psychiatric comorbidity on length of hospital stay for medical/surgical patients: A preliminary report. Am J Psychiat 144: 308-314

Gehlen A (1966) Urmensch und Spätkultur. Athenäum, Bonn

Gerhardt U (1998) „Und daß ich Rente kriege." Zur Dynamik des gesellschaftlichen Alterns. In Kruse A (Hrsg) Psychosoziale Gerontologie, Bd 1: Grundlagen. (S 253-275) Hogrefe, Göttingen

Gill MM (1954) Psychoanalysis and exploratory psychotherapy. J Am Psychoanal Ass 2: 771-797

Glass RJ, Mulvihill MN, Smith H, Peto R (1978) The 4 score – An index for predicting a patient's nonmedical hospital days. Am J Public Health 67: 751-755

Global Assessment of Functioning Scale (GAF) (1989) In Diagnostische Kriterien und Differentialdiagnosen des Diagnostischen und Statistischen Manuals Psychischer Störungen DSM-III-R. (S 40ff) Beltz, Weinheim

Goldfarb AI (1969) The psychodynamics of dependency and the search for aid. In Kalish R (ed) The dependencies of old people. University of Michigan, Ann Arbor

Gowers SG, Crisp AH (1990) Anorexia nervosa of an 80-yr-old woman. Brit J Psychiat 157: 754-757

Grawe K, Donati R, Bernauer F (1994) Psychotherapie im Wandel – Von der Konfession zur Profession. (3.Aufl) Hogrefe, Göttingen

Greenson RR (1975) Technik und Praxis der Psychoanalyse. Klett, Stuttgart

Grimm IS, Friedman LS (1990) Inflammatory bowel disease in the elderly. Gastroenterol Clin North Am 19: 361-389.

Groen J (1982) Psychosomatic aspects of aging. In Groen J (ed) Clinical research in the psychosomatic medicine. Van Gorkum, Assen

Guderian C (1996) Therapie – ist das was für mich? Kösel, München

Gutzmann H (1997) Therapeutische Ansätze bei Demenzen. In Wächtler C (Hrsg) Demenzen. (S 40-59) Thieme, Stuttgart

Haag A (1986) Zur psychoanalytisch orientierten Psychotherapie depressiver Syndrome im Alter. (S 111-118) Steinkopff, Darmstadt

Haag G, Bayen UJ (1996) Verhaltenstherapie. In Senf W, Broda M (Hrsg) Praxis der Psychotherapie. (S 458-461) Thieme, Stuttgart NewYork

– Noll P (1996) Realitätsorientierungstraining. In Linden M, Hautzinger M (Hrsg) Verhaltenstherapie. Techniken, Einzelverfahren und Behandlungsanleitungen. (3.Aufl S 256-259) Springer, Berlin Heidelberg New York

Häfner H (1986) Psychische Gesundheit im Alter. Fischer, Stuttgart NewYork

– (1994) Psychiatrie des höheren Lebensalters. In Baltes P, Mittelstraß J, Staudinger U (Hrsg) Alter und Altern – Ein interdisziplinärer Studientext. (S 151-179) DeGruyter, Berlin

Haight BK (1991) Reminiscing: the state of the art as a basis for practice. Int J Aging Hum Dev 33: 1-32

Hamann A, Greten H (1999) Neue Optionen für die Adipositas-Therapie. Deutsches Ärzteblatt 96: A-3240-3242

Hamburger D, Bibring G, Fisher C, Stanton A, Wallerstein R, Weinstock H, Haggard E (1967) Report of the ad hoc committee on central fact gathering data of the American Psychoanalytic Association. J Am Psychoanal Assoc 15: 841-861

Hartmann H (1939/1960) Ich-Psychologie und Anpassungsproblem. Klett, Stuttgart

Haske-Pelsoeczy H (1998) Sexualität im Alter. In Borner M (Hrsg) Alter – Psychotherapie, Beratung und Begleitung älterer Menschen. Szondi-Institut, Zürich

Haug HJ, Stieglitz RD (1995) Qualitätssicherung in der Psychiatrie. Enke, Stuttgart

Hautzinger M (1994) Behandlungskonzepte der Verhaltenstherapie In Radebold H, Hirsch RD (Hrsg) Psychotherapie und Altern. (S 63-72) Huber, Bern

– (1997) Kognitive Verhaltenstherapie bei Depressionen im Alter. In Radebold H et al (Hrsg) Depressionen im Alter. (S 60-68) Steinkopff, Darmstadt

Havighurst JR (1956) Research on the developmental task concept. School Rev 63: 215-223

Heckhausen J, Schulz R (1995) A life-span theory of control. Psychological Review 102: 284-304

Heidegger M (1979) Sein und Zeit. Mohr, Tübingen

Heigl-Evers A, Heigl F (1968) Analytische Einzel- und Gruppenpsychotherapie – Differentia spezifica. Gruppenpsychotherapie und Gruppendynamik 2: 21-52

– – (1984) Was ist tiefenpsychologisch fundierte Psychotherapie? Prax Psychother Psychosom 29: 234-244

Heim E (1998) Coping – Erkenntnisstand der 90er Jahre. Psychother Psychosom med Psychol 48: 321-337

Heimannn P (1962/63) Bemerkungen zur analen Phase. Psyche 16: 420-439

Heimannsberg B, Schmidt CJ (Hrsg) (1992) Das kollektive Schweigen. Nationalsozialistische Vergangenheit und gebrochene Identität in der Psychotherapie. Edition Humanistische Psychologie, Köln

Hellwig A (1997) Der ältere Psychotherapeut. In Wenglein E (Hrsg) Das dritte Lebensalter. Psychodynamik und Psychotherapie bei älteren Menschen. (S 95-104) Vandenhoeck & Ruprecht, Göttingen

Helmchen H, Baltes MM, Geiselmann B, Kanowski S, Linden M, Reischies FM, Wagner M, Wilms, HU (1996) Psychische Erkrankungen im Alter. In Mayer KU, Baltes P (Hrsg) Die Berliner Altersstudie. (S 185-220) Akademie Verlag, Berlin

Herzog T, Scheidt C (1991) Zur Wirksamkeit psychiatrischer und psychosomatischer Konsil-/Liaisondienste am Allgemeinkrankenhaus. Spekt Psychiat Nervenheilk 20: 146-150

Heuft G (1990a) Bedarf es eines Konzepts der Eigenübertragung? Forum Psychoanal 6: 299-315

– (1990b) Zukünftige Forschungsperspektiven einer psychoanalytischen Gerontopsychosomatik – Persönlichkeit und Alternsprozeß. Z Gerontol 23: 262-266

– (1992) Suizidale Krisen bei alten Menschen. TW Neurologie Psychiatrie 6: 645-651

– Rudolf G, Öri C (1992) Ältere Patienten in psychotherapeutischen Institutionen. Z Psychosom Med 38: 358-370

– Senf W (1992) Stationäre fokaltherapeutische Behandlung Älterer – Konzeption und erste Ergebnisse. Z Gerontol 25: 380-385

– (1993) Psychoanalytische Gerontopsychosomatik – Zur Genese und differentiellen Therapieintegration akuter funktioneller Somatisierungen im Alter. Psychother Psychosom med Psychol 43: 46-54

– Herpertz S (1993) Stationäre Psychotherapie im Alter – Fokaltherapeutische Behandlung einer 68jährigen Patientin mit Zwangssymptomen. Prax Psychother Psychosom 38: 227-237

– Senf W, Janssen PL, Pontzen W, Streeck U (1993) Personalanhaltszahlen in Psychotherapeutischen und Psychosomatischen Krankenhäusern und Abteilungen der Regelversorgung. Psychother Psychosom med Psychol 43: 262-70

– (1994) Persönlichkeitsentwicklung im Alter - ein psychologisches Entwicklungsparadigma. Z Gerontol 27: 116-121

– Marschner C (1994) Psychotherapeutische Behandlung im Alter – State of the art. Psychotherapeut 39: 205-219

– Ellerbrok G (1995) Stationäre psychoanalytische Fokaltherapie im Alter. In Jovic N, Uchtenhagen A (Hrsg) Psychotherapie des Alterns. (S 131-141) Fachverlag, Zürich

– *Kruse A, Nehen HG, Radebold H (Hrsg) (1995a) Interdisziplinäre Gerontopsychosomatik. MMV Medizin-Verlag, München*

– – Lohmann R, Senf W (1995b) Psychosomatische Aspekte des Schmerzerlebens im Alter – Ergebnisse aus der ELDERMEN-Studie. Z Gerontol Geriat 28: 349-357

– Lohmann R, Schneider G (1996) Alter und Sexualität. Gynäkologe 29: 375-381

– Hoffmann SO, Mans EJ, Mentzos S, Schüßler G (1997a) Das Konzept des Aktualkonfliktes und seine Bedeutung für die Therapie. Z psychosom Med 43: 1-14.

– – – – – (1997b) Die Bedeutung der Biographie im Konzept des Aktualkonflikts. Z Psychosom Med 43: 24-28

– Nehen HG, Haseke J, Gastpar M, Paulus HJ, Senf W (1997c) Früh- und Differentialdiagnose von 1000 in einer Memory Clinic untersuchten Patienten. Nervenarzt 68: 259-269

– *(1998) Gerontopsychosomatik und Alterspsychotherapie. Aktuelle Konzepte und Behandlungsansätze. Psychother Psychosom med Psychol 48: 232-242*

– Senf W (Hrsg) (1998) Praxis der Qualitätssicherung in der Psychotherapie – Das Manual zur Psy-BaDo, entsprechend den Empfehlungen der Psychotherapeutischen Fachgesellschaften. Thieme, Stuttgart NewYork

– *(1999a) Die Bedeutung der Trauma-Reaktivierung im Alter. Z Gerontol Geriat 32: 225-230*

– (1999b). Gerontopsychosomatik – Ein Konzept wird zehn Jahre alt. Z Psychosom Med 45: 201-208.

– Radebold H (1999) Psychosomatik. In Jansen B et al (Hrsg) Soziale Gerontologie. (S 297-308) Beltz, Weinheim

– Teising M (Hrsg) (1999) Alterspsychotherapie – Quo vadis? Westdeutscher Verlag, Opladen

– *Haag G, Bayen UJ (2000) Alte Menschen. Psychoanalytische Psychotherapie und Verhaltenstherapie. In Senf W, Broda M (Hrsg) Praxis der Psychotherapie. (S 625-633) Thieme, Stuttgart*

– Langkafel M (2000) Somatisierungssyndrome in der Gastroenterologie. In Kapfhammer HP, Gündel H(Hrsg) Diagnostik und Therapie von Somatiserungssyndromen. Thieme, Stuttgart (im Druck)

Hiatt H (1971) Dynamic psychotherapy with the aged patients. Amer J Psychother 25: 591-601

Hildebrand HP (1982) Psychotherapy with older patients. Brit J Med Psychol 55: 19-28

Hinze E (1987) Übertragung und Gegenübertragung in der psychoanalytischen Behandlung älterer Patienten. Psyche 41: 238-253

- *(Hrsg) (1996) Männliche Identität und Altern. Psychosozial 19: 1-73*
- Hirsch RD, Schneider HK (1990) Psychopharmaka und Psychotherapie im Alter. In Hirsch RD (Hrsg) Psychotherapie im Alter. (S 43-54) Huber, Bern
- (1991) „Lernen ist immer möglich" - Verhaltenstherapie mit Älteren. Reinhardt, München
- Bruder J, Radebold H, Schneider HK (1992) Multimorbidität im Alter. Huber, Bern Göttingen Toronto
- (1993) Balintgruppe und Supervision in der Altenarbeit. Reinhardt, München Basel
- (1994a) Medizinische Objekte in der Psychotherapie. In Radebold H, Hirsch RD (Hrsg) Altern und Psychotherapie. (S 83-92) Huber, Bern
- (1994b) Psychotherapie und Psychopharmaka. In Radebold H, Hirsch RD (Hrsg) Altern und Psychotherapie. (S 177-190) Huber, Bern
- (Hrsg) (1994c) Psychotherapie bei Demenzen. Steinkopff, Darmstadt
- (1994d) Entspannungsverfahren. In Radebold H, Hirsch RD (Hrsg) Altern und Psychotherapie. (S 93-104) Huber, Bern
- Radebold H (1994) (Psycho-)Therapeutisches Aufgabenspektrum für die im Altersbereich tätigen Berufsgruppen. In Radebold H, Hirsch RD (Hrsg) Altern und Psychotherapie. (S 191-202) Huber, Bern
- (1995a) Supervision und Balintgruppe. In Jovic NJ, Uchtenhagen A (Hrsg) Psychotherapie und Altern. (S 332-344) Fachverlag, Zürich
- *(1995b) Autogenes Training. In Jovic NI, Uchtenhagen A (Hrsg) Psychotherapie und Altern. (S 163-176) Fachverlag, Zürich*
- (1997) Übertragung und Gegenübertragung in der Psychotherapie mit alten Menschen. In Wenglein E (Hrsg) Das dritte Lebensalter. Psychodynamik und Psychotherapie mit älteren Menschen. (S 68-94) Vandenhoeck & Ruprecht, Göttingen
- (1999a) Gegenwärtige Grenzen und notwendige Entwicklungen der Alterspsychotherapie. Spektrum 28: 94-97
- (1999b) Weiterbildungsanforderungen für Alterspsychotherapeuten. In Heuft G, Teising M (Hrsg) Alterspsychotherapie – Quo vadis? (S 152-167) Westdeutscher Verlag, Opladen
- *(1999c) Gewalt gegen pflegebedürftige Menschen: Gegen das Schweigen – Berichte von Betroffenen. HsM-Bonner Initiative gegen Gewalt im Alter, Bonn*
- (2000) Anforderungen an eine Weiterbildung für Psychotherapie mit alten Menschen. In Bäurle P et al (Hrsg) Klinische Psychotherapie mit älteren Menschen. (S 282-289) Huber, Bern
- Höhn C (1997) Bevölkerungsentwicklung und demographische Herausforderungen. In Hradil S, Immerfall S (Hrsg) Die westeuropäischen Gesellschaften im Vergleich. (S 24-49) Westdeutscher Verlag, Opladen
- Høeg P (1995) Der Plan von der Abschaffung des Dunkels. Hanserverlag, München
- Hoff P (1998) Neurotische Belastungs- und somatoforme Störungen im Alter. In Blonski H (Hrsg) Neurotische Störungen im Alter. (S 13-22) Asanger, Heidelberg
- Hoffmann H (1998) Qualitätssicherung im Krankenhaus. Das Krankenhaus 2: 43-6.
- Hoffmann SO (1994) Angststörungen. Psychotherapeut 39: 25-32
- *Hochapfel G, Eckhardt-Henn A, Heuft G (1999) Neurosenlehre, Psychotherapeutische und Psychosomatische Medizin. (6.Aufl) Schattauer, Stuttgart New York*
- Hollingshead AB, Redlich FC (1958) Social class und mental illness. New York
- Holtermann K, Lechner U (2000) Musiktherapie mit älteren Menschen. In Bäurle et al. (S. 142-148)
- Holzwarth U (1985) Gruppenpsychotherapie mit paranoiden Senioren. Gruppenpsychotherapie und Gruppendynamik 21: 15-24

- Imhoff AE (1981) Die gewonnenen Jahre. Beck, München
- Infratest (1993) Hilfe- und Pflegebedarf in Deutschland 1991 – Möglichkeiten und Grenzen selbständiger Lebensführung. Bundesministerium für Familie und Senioren, Bonn

- Jacobson E (1990) Entspannung als Therapie. Progressive Relaxation in Theorie und Praxis. Pfeiffer, München
- *Jansen B, Karl F, Radebold H, Schmitz-Scherzer R (Hrsg) (1999) Soziale Gerontologie. Beltz, Weinheim*
- Jaspers K (1956) Philosophie. Springer, Berlin Göttingen Heidelberg
- Johannsen J (1992) Systemische Therapie mit Älteren. In Hirsch RD, Bruder J, Radebold H, Schneider HK (Hrsg) Multimorbidität im Alter. Herausforderung für die Psychotherapie. (S 118-128) Huber, Bern
- (1994) Systemische Therapie. In Radebold H, Hirsch RD (Hrsg) Altern und Psychotherapie. (S 125-132) Huber, Bern

– (1995) Systemische Therapie mit alten Menschen. In Jovic NI, Uchtenhagen A (Hrsg) Psychotherapie und Altern. (S 319-313) Fachverlag, Zürich

Jovic NI (1995) Die Rolle der Balint-Gruppen in der krankenhausexternen Betreuung älterer Menschen. In Jovic NI, Uchtenhagen A (Hrsg) Psychotherapie des Alterns. (S 345-355) Fachverlag, Zürich

– *Uchtenhagen A (Hrsg) (1995) Psychotherapie des Alterns. Fachverlag, Zürich*

Jung A, Köhn FM, Haidl G, Schill WB (1995) Der Alterungsprozeß des Mannes aus andrologischer Sicht. In Heuft G, Kruse A, Nehen HG, Radebold H (Hrsg) Interdisziplinäre Gerontopsychosomatik. (S 107-119) MMV Medizin-Verlag, München

Junkers G (1995) Klinische Psychologie und Psychosomatik des Alterns. Schattauer, Stuttgart

Kahana RJ, Morgan AC (1998) Psychoanalytic contributions to geriatric psychiatry – Psychotherapy, clinical psychoanalysis and the theory of aging. In Pollock GH, Greenspan ST (eds) The course of life – Completing the journey. (Vol. VII) Intern Univ Press, Madison

Kanfer F, Reinecker H, Schmelzer D (1991) Selbstmanagement-Therapie. Springer, Berlin Heidelberg New York

Kantrowitz JL, Katz AL, Paolitto F (1990a) Follow up of psychoanalysis five to ten years after termination: I. Stability of change. J Am Psychoanal Assoc 38: 471-496

– – – (1990b) Follow up of psychoanalysis five to ten years after termination: II. Development of the self-analytic function. J Am Psychoanal Assoc 38: 636-654

Karl F, Friedrich I (Hrsg) (1991) Partnerschaft und Sexualität im Alter. Steinkopff, Darmstadt

Karlbauer-Helgenberger F, Zulley J, Buttner P (1996) Altersprobleme. In Margraf J (Hrsg) Lehrbuch der Verhaltenstherapie, Bd 2 (S 415-447) Springer, Berlin Heidelberg New York

Kasper S, Möller HJ, Müller-Spahn F (1997) Depression – Diagnose und Pharmakotherapie. Thieme, Stuttgart

Katschnig H (1980) Methodische Probleme der Life-Event-Forschung. Nervenarzt 51: 332-343

Kaufmann R (1982) Erfahrungen in der Krisenintervention bei Älteren durch familientherapeutische Hilfestellung. In Radebold H, Schlesinger-Kipp G (Hrsg) Familien- und paartherapeutische Hilfen bei älteren und alten Menschen. (S 87-92) Vandenhoeck & Ruprecht, Göttingen

Keller B (1996) Rekonstruktion von Vergangenheit. Westdeutscher Verlag, Opladen

Kellett J, Trimble M, Thorley A (1976) Anorexia nervosa after the menopause. Brit J Psychiat 128: 555-558

Kemper J (1990) Alternde und ihre jüngeren Helfer. (2.Aufl) Reinhardt, München Basel

– (1994) Alterspsychotherapie in der nervenärztlichen Praxis. In Radebold H, Hirsch RD (Hrsg) Altern und Psychotherapie. (S 133-142) Huber, Bern

– (1995) Psychodynamische Gruppentherapie Alternder. In Jovic NI, Uchtenhagen A (Hrsg) Psychotherapie und Altern. (S 190-213) Fachverlag, Zürich

Kenny B (2000) Supervision auf einer Psychotherapiestation für ältere Menschen – Ein Erfahrungsbericht. In Bäurle P et al (Hrsg) Klinische Psychotherapie mit älteren Menschen. (S 223-226) Huber, Bern

Kernberg OF, Burstein E, Coyne L, Appelbaum A, Horwitz L, Voth H (1972) Psychotherapy and psychoanalysis – Final report of the Menninger Foundation Psychotherapy Research Project. Bull Menninger Clin 36: 3-275

Khan M (1977) Das kumulative Trauma. In Kahn M Selbsterfahrung in der Therapie. Theorie und Praxis. (S 50-70) Kindler, München

King PH (1980) The life cycle as indicated by the transference in the psychoanalysis of the middle-aged and elderly. Int J Psychoanal 61: 153-160

Kipp J (1994) Alterspsychotherapie in der Nervenklinik. In Radebold H, Hirsch RD (Hrsg) Altern und Psychotherapie. (S 153-160) Huber, Bern

– *Jüngling G (2000) Einführung in die praktische Gerontopsychiatrie. Zum verstehenden Umgang mit alten Menschen. (3.Aufl) Reinhardt, München Basel*

Kirusek TJ, Sherman RE (1968) Goal-attainment-scaling – A general method for evaluating comprehensive community mental health programs. Community Ment Health J 4: 443-53

Kisker KP, Lauter H, Meyer JE, Müller C, Strömgren E (Hrsg) (1989) Alterspsychiatrie. (3.Aufl) Springer, Berlin Heidelberg New York

Klein H (1960) A study of changes occuring in patients during and after psychoanalytic treatment. In Hoch P, Zubin J (eds) Current approaches to psychoanalysis. (pp 151-175) Grune & Stratton, New York

Kleining G, Moore H (1968) Soziale Selbsteinstufung (SSE) – Ein Instrument zur Messung sozialer Schichten. Kölner Zeitschr Soziol Sozialpsychol 20: 502-52

Klemp GO, McClelland DC (1986) What characterizes intelligent functioning among senior managers? In Sternberg RJ, Wagner RK (eds) Practical intelligence in an everyday world. (pp 31-50) Cambridge University Press, New York

Klerman GL, Weissman H, Rounsaville B, Chevron E (1984) Interpersonal psychotherapy of depression. Basic Books, New York

Kliegl R, Smith J, Baltes P (1989) Testing the limits and the study of adult age differences in cognitive plasticity and mnemonic skills. Developmental Psychology 25: 247-256

Kluge C, Kluge P (1982) Familientherapeutische Möglichkeiten für höhere und hohe Alter im Rahmen einer ärztlichen Praxis. In Radebold H, Schlesinger-Kipp G (Hrsg) Familien- und paartherapeutische Hilfen bei älteren und alten Menschen. (S 117-124) Vandenhoeck & Ruprecht, Göttingen

Knapp P (1960) Discussion of criteria for analyzability. In Criteria for analyzability, Panel S Guttman, Reporter. J Am Psychoanal Assoc 8: 141-151

Knight B (1988) Factors influencing therapist-rated change in older adults. J Gerontol 43: 111-112

Kockott G (1985) Die Sexualität im höheren Lebensalter. In Bergener M, Kark B (Hrsg) Psychosomatik in der Geriatrie. (S 57-64) Steinkopff, Darmstadt

Köhler D (1997) Evolutionäre Qualitätssicherung. Konzept zur Verbesserung der Ergebnisqualität. Deutsches Ärzteblatt 94: B-24-5

Körner J (1990) Übertragung und Gegenübertragung. Eine Einheit im Widerspruch. Forum Psychoanal 6: 87-104

Kohli M (1994) Altern in soziologischer Perspektive. In Baltes P, Mittelstraß J, Staudinger U (Hrsg) Alter und Altern – Ein interdisziplinärer Studientext. (S 231-259) DeGruyter, Berlin

–   Künemund H (1997) Nachberufliche Tätigkeitsfelder. Konzepte, Forschungslage, Empirie. Kohlhammer, Stuttgart

Kohut H (1973) Narzißmus. Eine Theorie der Behandlung narzißtischer Persönlichkeitsstörungen. Suhrkamp, Frankfurt/M

Kordy H (1992) Qualitätssicherung – Reiz und Modewort. Z Psychosom Med 38: 299-309

Krampe RT (1994) Maintaining excellence – Cognitive-motor performance in pianists differing in age and skill level. Edition Sigma, Berlin

Kruse A (1987a) Kompetenz bei chronischer Krankheit im Alter. Z Gerontol 20: 355-366

–   (1987b) Biographische Methode und Exploration. In Jüttemann G, Thomae H (Hrsg) Biographie und Psychologie. (S 119-137) Springer, Berlin Heidelberg New York

–   (1989a) Psychologie des Alters. In Lauter H, Kisker P, Mayer E, Strömgrens H (Hrsg) Psychiatrie der Gegenwart, Band VIII: Alterspsychiatrie. (S 1-59) Springer, Berlin Heidelberg New York

–   (1989b) Psychosoziale Folgen des Schlaganfalls im höheren Lebensalter. In Jakobi P (Hrsg) Psychologie in der Neurologie. (S 201-225) Springer, Berlin Heidelberg New York

–   (1989c) Psychotherapie bei chronischen Krankheiten im Alter. Überblick über empirische und theoretische Beiträge. In Speidel H, Strauß B (Hrsg) Zukunftsaufgaben der psychosomatischen Medizin. (S 12-36) Springer, Berlin Heidelberg New York

–   (1990a) Kompetenz im Alter in ihren Bezügen zur objektiv gegebenen und subjektiv erlebten Lebenssituation. Habilitationsschrift. Fakultät für Sozial- und Verhaltenswissenschaften, Universität Heidelberg

–   (1990b) Potentiale im Alter. Z Gerontol 23: 235-245

–   (1990c) Psychologisch-anthropologische Beiträge zum Verständnis des Alternsprozesses. In Schmitz-Scherzer R, Kruse A, Olbrich E (Hrsg) Altern – Ein lebenslanger Prozeß der sozialen Interaktion. Steinkopff, Darmstadt

–   (1994). Alter im Lebenslauf. In Baltes P, Mittelstraß J, Staudinger U (Hrsg) Alter und Altern – Ein interdisziplinärer Studientext. (S 331-355) DeGruyter, Berlin

–   Schmitt E (1994) Wurden die in der Lagerhaft erlittenen Traumatisierungen wirklich verarbeitet? In Heuft G, Kruse A, Nehen HG, Radebold H (Hrsg) Interdisziplinäre Gerontopsychosomatik. MMV Medizin-Verlag, München

–   (1995a) Entwicklungspotentialität im Alter. Eine lebenslauf- und situations-orientierte Sicht psychischer Entwicklung. In Borscheid P (Hrsg) Alter und Gesellschaft. (S 63-84) Wissenschaftliche Verlagsgesellschaft, Stuttgart

–   (1995b) Menschen im Terminal-Stadium und ihre betreuenden Angehörigen als „Dyade" – Wie erleben sie die Endlichkeit des Lebens, wie setzen sie sich mit dieser auseinander? – Ergebnisse einer Längsschnittstudie. Z Gerontol Geriat 28: 154-163

–   Schmitt, E (1995a) Formen der Selbständigkeit in verschiedenen Altersgruppen – Empirische Analyse und Description von Aktivitätsprofilen. Z Gerontopsychol -psychiatrie 8: 227-236

– – (1995b) Die psychische Situation hilfs- und pflegebedürftiger älterer Menschen. Z Gerontopsychol - psychiatrie 8: 273-287

– (1996a) Alltagspraktische und sozioemotionale Kompetenz. In Baltes MM, Montada L (Hrsg) Produktives Alter. (S 92-106) Campus, Frankfurt/M

– (1996b) Geriatrie – Gesundheit und Kompetenz im Alter. Aufgaben der Prävention und Rehabilitation. In Althoff PJ, Leidel J, Ollenschläger G, Voigt P (Hrsg) Handbuch der Präventivmedizin. (S 601-628) Springer, Berlin Heidelberg NewYork

– (1997) Psychosoziale Einflußfaktoren depressiver Symptome im Alter. In Radebold H, Hirsch R, Kipp J, Kortus R, Stoppe G, Struwe B, Wächter C (Hrsg) Depressionen im Alter. (S 18-32) Steinkopff, Darmstadt

– *(Hrsg) (1998a) Psychosoziale Gerontologie, Bd I: Grundlagen. Jahrbuch der Medizinischen Psychologie 16. Hogrefe, Göttingen*

– *(Hrsg) (1998b) Psychosoziale Gerontologie, Bd II: Intervention. Jahrbuch der Medizinischen Psychologie 16. Hogrefe, Göttingen*

– Schmitt E (1998) Die psychische Situation hilfsbedürftiger älterer Menschen – Eine ressourcen-orientierte Sicht. Z Klin Psychol 27: 118-124

– (1999) Weltgesundheitstag der WHO 1999. Schriftenreihe der Bundesvereinigung für Gesund, Bonn

– Lehr U (1999) Reife Leistung. Psychologische Aspekte des Alterns. In Naegele G, Niederfranke A (Hrsg) Die vielen Gesichter des Alterns. (S 187-238) Westdeutscher Verlag, Opladen

– (2000) Ethische Fragen der Intervention. In Wahl HW, Tesch-Römer C (Hrsg) Interventionsgerontologie. Kohlhammer, Stuttgart

– *Schmitt E (2000) Wir haben uns als Deutsche gefühlt. Lebensrückblick und Lebenssituation jüdischer Emigranten und Lagerhäftlinge. Steinkopff, Darmstadt*

Kusch M, Petermann F (1998) Konzepte und Ergebnisse der Entwicklungspsychopathologie. In Petermann F (Hrsg) Lehrbuch der Klinischen Kinderpsychologie. (3.Aufl S 53-93) Hogrefe, Göttingen

Kutter P (1997) Altern in selbstpsychologischer Sicht. In Radebold H (Hrsg) Altern und Psychoanalyse. (S 54-76) Vandenhoeck & Ruprecht, Göttingen

Lamprecht F (1990) Plädoyer für eine Geronto-Psychosomatik. Psycho 16: 900-908

Lange, C, Peters M, Radebold H (1995) Zur Versorgung älterer Patienten in Psychosomatischen Kliniken. In Heuft G, Kruse A, Nehen HG, Radebold H (Hrsg) Interdisziplinäre Gerontopsychosomatik. (S 243-252) MMV Medizin-Verlag, München

Lawton MP (1975) The Philadelphia Geriatric Center Moral Scale: A revision. Journal of Gerontology 30: 85-89

Lawton M (1981) Sensory deprivation and the effect of the environment on management of the patient with senile dementia. In Miller NE, Cohen GD (eds) Clinical aspects of Alzheimer's disease and senile dementia. (pp 227-251) Raven, NewYork

Lazarus LW (1988) Self psychology – Its application to brief psychotherapy with the elderly. J Geriat Psychiat 21: 109-126

Lehr U, Dreher D (1969) Determinants of attitudes toward retirement. In Havighurst R, Munnichs B (eds) Adjustment to retirement – A cross-national study. (pp 116-137) Van Gorkum, Assen

– (1977) Psychologie des Alterns. Quelle & Meyer, Heidelberg

– (Hrsg) (1979) Interventionsgerontologie. Steinkopff, Darmstadt

– (1978a) Kontinuität und Diskontinuität im Lebenslauf. In Rosenmayr L (Hrsg) Die menschlichen Lebensalter – Kontinuität und Krisen. (S 315-339) Piper, München

– (1978b) Seniorinnen – Zur Situation älterer Frauen. Steinkopff, Darmstadt

– (1987) Erträgnisse biographischer Forschung in der Entwicklungspsychologie. In Jüttemann G, Thomae H (Hrsg) Biographie und Psychologie. (S 217-248) Springer, Berlin Heidelberg NewYork

– Thomae H (Hrsg) (1987) Formen seelischen Alterns. Ergebnisse der Bonner Gerontologischen Längsschnittstudie. Enke, Stuttgart

– (1995) Zur Geschichte der Entwicklungspsychologie der Lebensspanne. In Kruse A, Schmitz-Scherzer R (Hrsg) Psychologie der Lebensalter. (S 3-14) Steinkopff, Darmstadt

– (1997) Gesundheit und Lebensqualität im Alter. Z Gerontopsychol -psychiatrie 10: 277-287

– (1998) Altern in Deutschland. Trends demographischer Entwicklung. In Kruse A (Hrsg) Psychosoziale Gerontologie, Bd. 1: Grundlagen. (S 13-34) Hogrefe, Göttingen

– Thomae H (2000) Psychologie des Alterns. Quelle & Meyer, Wiesbaden

Leslett P (1991) A fresh map of life – The emergence of the third age. Weidenfeld, London

Lesperance F, Frasure-Smith N, Talajic M (1996) Major depression before and after myocardial infarction – Its nature and consequences. Psychosom Med 58: 99-110

Lesser J, Lazarus LW, Frankel R, Havasy S (1981) Reminiscence group therapy with psychotic geriatric inpatients. Gerontologist 21: 291-296

Levitan SJ, Kornfeld DS (1981) Clinical and cost benefits of liaison psychiatry. Am J Psychiat 138 (7): 90-93

Lewis J, Johannsen KH (1982) Resistances to psychotherapy with the elderly. Amer J Psychother 36: 497-504

Lewrenz H, Friedel B (1996) Krankheit und Kraftverkehr. Gutachten des gemeinsamen Beirates für Verkehrsmedizin beim Bundesministerium für Verkehr und beim Bundesministerium für Gesundheit. (5. Aufl) Schriftenreihe des Bundesministeriums für Verkehr, Bonn

Linden M, Förster R, Oel M, Schlötelborg R (1993) Verhaltenstherapie in der kassenärztlichen Versorgung. Eine versorgungsepidemiologische Untersuchung. Verhaltenstherapie 3: 101-111

– (1999) Wen behandeln Verhaltenstherapeuten wie in der kassenärztlichen Versorgung? Fortschr Neurol Psychiat 67: 14

Linster HW (1990a) Gesprächspsychotherapie mit älteren Menschen. In Hirsch RD (Hrsg) Psychotherapie im Alter. Huber, Bern Stuttgart Toronto

– (1990b) Gesprächspsychotherapie mit älteren Menschen. Z Gerontopsychol -psychiatrie 3: 144-153

– (1994) Behandlungskonzept der Gesprächspsychotherapie. In Radebold H, Hirsch RD (Hrsg) Altern und Psychotherapie. (S 73-82) Huber, Bern

– (2000) Gesprächspsychotherapie. In Wahl HW, Tesch-Römer C (Hrsg) Angewandte Gerontologie in Schlüsselbegriffen. (S 127-134) Kohlhammer, Stuttgart

Loch W (1967) Über theoretische Voraussetzungen einer psychoanalytischen Kurztherapie. Jb Psychoanal 4: 82-101

Lohmann R, Heuft G (1997) Biographical reconstruction of WWII experience – An exploration of German rememberence. Int J Aging Hum Dev 45: 67-83

LoPiccolo J (1995) Postmodern sex therapy for erectile failure. In Rosen R, Leiblum S (eds) Erectile disorders. Guilford, NewYork

Lowenthal RI, Marrazo RA (1990) Milestoning: evoking memories for resocialization through group reminiscence. Gerontologist 30: 269-272

Lower R, Escoll P, Huxster H (1972) Bases for judgments of analyzability. J Am Psychoanal Assoc 20: 610-621

Luhmann N (1990) Konstruktivistische Perspektiven. Westdeutscher Verlag, Opladen

Malan DH (1965) Psychoanalytische Kurztherapie. Huber, Bern; Klett, Stuttgart

Maltsberger JT, Buie DH (1974) Countertransference hate in the treatment of suicidal patients. Arch Gen Psychiat 30: 625-633

Marmar CR, Gaston L, Gallagher LD, Thompson LW (1989) Alliance and outcome in late-life depression. J Nerv Ment Dis 177: 464-472

Martin GM, Austad SN, Johnson TE (1996) Genetic analysis of aging – Role of oxidative damage and environmental stresses. Nature Genetics 13: 25-34

– (1998) The genetics of aging. Aging 10: 148-149

Marxkors R, Wolowski A (1999) Unklare Kiefer- und Gesichtsbeschwerden. Abgrenzung zahnärztlich-somatischer von psychischen Ursachen. Hanser, München

Maturana HR (1987) Kognition. In Schmidt SJ (Hrsg) Der Diskurs des radikalen Konstruktivismus. (S 89-118) Suhrkamp, Frankfurt/M

Mayer KU (1994) Bildung und Arbeit in einer alternden Bevölkerung. In Baltes P, Mittelstraß J, Staudinger U (Hrsg) Alter und Altern – Ein interdisziplinärer Studientext. (S 518-543) DeGruyter, Berlin

– *Baltes PB (Hrsg) (1996) Die Berliner Altersstudie. Akademie Verlag, Berlin*

– – Baltes MM, Borchelt M, Delius J, Helmchen H, Linden M, Smith J, Staudinger U, Steinhagen-Thiessen E, Wagner M (1996) Wissen über das Alter(n) – Eine Zwischenbilanz der Berliner Altersstudie. In Mayer KU, Baltes P (Hrsg) Die Berliner Altersstudie. (S 599-634) Akademie Verlag, Berlin

Mayou R, Hawton K, Feldmann J (1988) What happens to medical patients with psychiatric disorder? J Psychosom Research 32: 541-549

McKhann G, Drachmann DA, Folstein M, Katzman R, Price D, Stadlan EM (1984) Clinical diagnosis of

Alzheimer's disease – Report of the NINCDS-ADRDA WORK GROUP under the auspices of department of health and human services task force on Alzheimer's disease. Neurology 34: 939-943

Meerloo JA (1961) Modes of psychotherapy in the aged. J Amer Geriat Soc 9: 225-234

Meermann R (1993) Verhaltenstherapie in der Klinik. Versorgungssituation, Behandlungsergebnisse, Wirksamkeit. Nervenheilkunde 12: 451-57

– (1995) Strukturelle Auswirkungen des Qualitätssicherungsprogramms der Rentenversicherung in einer psychosomatischen Rehabilitationsklinik. Praxis der Klinischen Verhaltensmedizin und Rehabilitation 8: 282-290

Mentzos S (1976) Interpersonale und institutionalisierte Abwehr. Suhrkamp, Frankfurt/M

– (1982) Neurotische Konfliktverarbeitung. Fischer, Frankfurt/M

Mergler NL, Goldstein MD (1983) Why are there old people? Human Development 26: 72-90

Miller DK, Morley JE, Rubenstein LZ, Pietruszka FM (1991) Abnormal eating attitudes and body image in older undernourished individuals. J Am Geriatr Soc 39: 462-466

Minder J (2000) Systemische Psychotherapie – Paartherapie. In Bäurle P et al (Hrsg) Klinische Psychotherapie mit älteren Menschen. (S 123-129) Huber, Bern

Minnemann E, Schmitt M, Sperling U, Jüchtern JC (1997) Formen des Alterns – Sozialer, gesundheitlicher und biographischer Kontext. Z Gerontopsychol -psychiatrie 10: 251-257

Mitscherlich A, Mitscherlich M (1967) Die Unfähigkeit zu Trauern. Grundlagen kollektiven Verhaltens. Piper, München

Moberg P, Lazarus LW (1990) Psychotherapy of depression in the elderly. Psychiatric Annals 20: 92-96

Möller HJ (1997) Medikamentöse Behandlung der Derpression im höheren Lebensalter. In Radebold H et al (Hrsg) Depressionen im Alter. (S 41-50) Steinkopff, Darmstadt

Moeller ML (1977) Zur Theorie der Gegenübertragung. Psyche 31: 142-166

Mönning M, Sabel O, Hartje A (1997) Rechtliche Hintergründe der Fahrdiagnostik. Z Neuropsychologie 8: 62-71

Monasevic M (1995) Balint-Gruppenarbeit in der Psychogeriatrie. In Jovic NI, Uchtenhagen A (Hrsg) Psychotherapie und Altern. (S 356-362) Fachverlag, Zürich

Morin CM, Colecchi C, Stone J, Sood R, Brink D (1999) Behavioral and pharmacological therapies for late-life insomnia. A randomized controlled trial. JAMA 281: 991-999

Motel A (1997) Finanzielle Leistungen der Älteren an ihre Kinder. In Grunow D, Herkel S, Hummel HJ (Hrsg) Leistungen und Leistungspotentiale älterer Menschen. Bilanz und Perspektive des intergenerationellen Lastenausgleichs in Familie und sozialem Netz. (S 16-30) Gerhard-Mercator-Universität, Duisburg

Müller Ch (1967) Alterspsychiatrie. Thieme, Stuttgart

– (1982) Psychotherapie in der Alterspsychiatrie. In Helmchen H, Linden M, Rüger U (Hrsg) Psychotherapie in der Psychiatrie. (S 298-302) Springer, Berlin Heidelberg NewYork

Müller T, Paterok B (1999) Schlaftraining. Hogrefe, Göttingen

Müller-Fahrnow W, Sakidalki B, Sommerhammer B, Wittkopf S (1993) Die Klassifikation therapeutischer Leistungen (KTL) für den Bereich der medizinischen Rehabilitation. Praxis der klinischen Verhaltensmedizin und Rehabilitation 6: 254-263.

Müller-Hohagen J (1988) Verleugnet, verdrängt, verschwiegen – Die seelischen Auswirkungen der Nazizeit. Kösel, München

Müller-Schwartz (1994) Musiktherapie mit Demenzkranken. In Hirsch RD (Hrsg) Psychotherapie bei Demenzen. (S 159-166) Steinkopff, Darmstadt

Mumford E, Schlesinger HJ, Glass GV, Patrick C, Cuerdon T (1984) A new look at evidence about reduced cost of medical utilization Following mental health treatment. Am J Psychiat 141: 1145-1158

Munnichs J (1966) Old age and finitude. Karger, Basel

Murrel SA, Meeks S, Walker J (1991) Protective functions of health and self-esteem against depression in older adults facing illness or bereavement. Psychology and Aging 6: 352-360

Muslin HA (1992) The psychotherapy of the elderly self. Brunner-Mazel, NewYork

Muthesius D (1997) Musiktherapeutische Beiträge zu einem veränderten psychosozialen Versorgungsbedarf alter, erkrankter Menschen. Musiktherapeutische Umschau 18: 79-93

Myers WA (1984) Dynamic therapy of the older patient. Aronson, NewYork London

Naegele G (1998) Lebenslagen älterer Menschen. In Kruse A (Hrsg) Psychosoziale Gerontologie, Bd. 1: Grundlagen. (S 106-128) Hogrefe, Göttingen

Needham J (1931) Chemical embryology. Macmillan, London

Nemiroff R, Colarusso C (1985) The race against time. Psychotherapy and psychoanalysis in the second half of life. Plenum Press, NewYork London

Noam GG (1997) Clinical-Developmental Psychology – Toward developmentally differentiated interventions. In Damon W, Sigel I, Renninger KA (eds) Handbook of child psychology. (5thed pp 585-634) Wiley, NewYork

Nuttin J (1985) Future time perspective and motivation. Leuven University Press

Oesterreich K (1993) Gerontopsychiatrie. Forschung, Lehre, Praxis, Perspektiven. Quintessenz, München

Ohlmeier D, Radebold H (1972) Übertragungs- und Abwehrprozesse in der Initialphase einer Gruppenanalyse mit Patienten im höheren Lebensalter. Gruppenpsychother Gruppendyn 5: 289-302

– (1998) Vom Älterwerden des Psychoanalytikers. In Teising M (Hrsg) Altern – Äußere Realität, innere Wirklichkeiten. Psychoanalytische Beiträge zum Prozeß des Alterns. (S 281-292) Westdeutscher Verlag, Opladen

Okun M, Olding R, Cohn C (1990) A meta-analysis of subjective well-being interventions among elders. Psychol Bulletin 108: 257-266

Olbrich E (1987) Kompetenz im Alter. Z Gerontol 20: 319-330

– (1995) Möglichkeiten und Grenzen der selbständigen Lebensführung im Alter – Einführung und Überblick über die Studie. Z Gerontopsychol -psychiatrie 8: 199-212

Osborne C, Schweitzer P, Trilling A (1997) Erinnern. Ein Handbuch zur Biografiearbeit mit älteren Menschen. Lambertus, Freiburg

Oster P, Schlierf G (1998) Die gesundheitliche Situation älterer Menschen. In Kruse A (Hrsg) Psychosoziale Gerontologie, Bd. 1: Grundlagen. (S 79-86) Hogrefe, Göttingen

Otto U (1995) Seniorengenossenschaften. Modell für eine neue Wohlfahrtspolitik? Leske + Budrich, Opladen

Oxman TE, Berkman LF, Kasl S (1992) Social support and depressive symptoms in the elderly. Amer J Epidemiology 135: 356-368

Perrig-Chiello P, Perrig WJ, Stähelin HB, Krebs-Roubicek D, Ehrsam R (1996) Autonomie, Wohlbefinden und Gesundheit im Alter – Das Basler IDA-Projekt. Z Gerontol Geriat 29: 95-109

Perry CJ (1993) Longitudinal studies of personality disorders. J Personality Disorder (Supp) 63-85

Peters M (1997) Psychotherapeutische Behandlung Älterer – Welchen Problemen begegnet eine psychosomatische Klinik? In Radebold H (Hrsg) Psychoanalytische Blätter, Bd. 6. (S 139-157) Vandenhoeck & Ruprecht, Göttingen

– (2000a) Aspekte der Psychotherapiemotivation Älterer und Möglichkeiten ihrer Förderung. In Bäurle P et al (Hrsg) Klinische Psychotherapie mit älteren Menschen. (S 25-33) Huber, Bern

– (2000b) Zum Stellenwert von Einzel- und Gruppentherapie in der tiefenpsychologischen stationären Behandlung Älterer. In Bäurle P et al (Hrsg) Klinische Psychotherapie älterer Menschen. (S 116-122) Huber, Bern

Petzold H (1979) Der Gestaltansatz in einer integrativen psychotherapeutischen, soziotherapeutischen und agogischen Arbeit mit alten Menschen. In Petzold H, Bubolz E (Hrsg) Psychotherapie mit alten Menschen. (S 261-294) Junfermann, Paderborn

– (1985) Mit alten Menschen arbeiten: Bildungsarbeit, Psychotherapie, Sozialtherapie. Pfeiffer, München

Piaget J (1978) Das Weltbild des Kindes. Klett-Cotta, Stuttgart

Pinquart M (1998) Wirkungen psychosozialer und psychotherapeutischer Interventionen auf das Befinden und das Selbstkonzept im höheren Erwachsenenalter – Ergebnisse von Metaanalysen. Z Gerontol Geriat 31: 120-126

Platt D (1972) Biologie des Alterns. Quelle & Meyer, Heidelberg

Pöldinger W (1988) Erkennung und Beurteilung der Suizidalität. In Hippius H, Schmauß M (Hrsg) Aktuelle Aspekte der Psychiatrie in Klinik und Praxis. (S 57-64) Zuckschwerdt, München Bern Wien

Pöppel E (1997) Neurobiologische Grundlagen des Psychischen. Vier Türme Verlag, Münsterschwarzach

Pollock GH (1981) Aging or aged – Development or pathology. In Greenspan SI, Pollock GH (eds) Adulthood and the aging process. (pp 549-589) National Institute of Health, Maryland

Poppe HJ (1984) Bedeutung und Konsequenzen des psychoanalytischen Zugangs für ältere Patienten in einer sozialpsychiatrischen Beratungsstelle. fragmente 10: 141-147

Progoff I (1975) At a journal workshop. Dialogue House Library, New York

Psychiatrie-Enquête (1975) Bericht zur Lage der Psychiatrie in der Bundesrepublik Deutschland – Zur psychiatrischen und psychotherapeutisch/psychosomatischen Versorgung der Bevölkerung. Deutscher Bundestag, Drucksache 7/4200

Qualls SH (1996) Family therapy with aging families. In Zarit S, Knight B (eds) A guide to psychotherapy and aging. (pp 121-138) American Psychological Association, Washington DC

Radebold H, Richter I (1970) Zur Rehabilitation von Aphasikern. Rehabilitation 9: 124-129
- (1972a) Gruppenpsychotherapie und geriatrische Sozialarbeit. In Kanowski S (Hrsg) Gerontopsychiatrie 2. Janssen Symposien, Düsseldorf
- (1972b) Der psychotherapeutische Zugang zu Patienten mit einer cerebralen Gefäßinsuffizienz. Z präklin Geriat 2: 195-200
- (1973) Regressive Phänomene im Alter und ihre Bedeutung in der Genese depressiver Erscheinungen. Z Gerontol 6: 409-419
- Bechtler, H, Pina I (1973) Psychosoziale Arbeit mit älteren Menschen. Lambertus, Freiburg/Br
- (1974) Zur Indikation direkter und indirekter psychotherapeutischer Verfahren im Bereich der Geriatrie. Act geront 4: 479-483
- (1976) Psychoanalytische Gruppentherapie mit älteren und alten Menschen. II. Mitteilung über spezifische Aspekte. Z Gerontol 9: 128-142
- (1979) Psychosomatische Probleme in der Geriatrie. In Uexküll Th v (Hrsg) Lehrbuch der Psychosomatischen Medizin. (S 728-744) Urban und Schwarzenberg, München
- Schlesinger-Kipp G (Hrsg) (1982) Familien- und paartherapeutische Hilfestellung im Altersbereich. Vandenhoeck & Ruprecht, Göttingen
- – (1983) Gruppenpsychotherapie und Gruppenarbeit im Alter – Ein Literaturbericht. In Radebold H (Hrsg) Gruppenpsychotherapie im Alter. (S 12-63) Vandenhoeck & Ruprecht, Göttingen
- (Hrsg) (1983) Gruppenpsychotherapie im Alter – Erfahrungen mit unterschiedlichen Ansätzen, einschließlich der therapeutischen Gruppenarbeit mit alten Menschen und ihren Angehörigen. Vandenhoeck & Ruprecht, Göttingen
- (1986) Die Lebenssituation des Älteren und ihre Wahrnehmung und Beurteilung durch den Jüngeren – dargestellt am Beispiel eines psychoanalytischen Erstinterviews mit einem 68jährigen Mann. (S 152-158) Stauda, Kassel
- Rassek M, Schlesinger-Kipp G, Teising M (1987) Zur psychotherapeutischen Behandlung älterer Menschen. Erfahrungen aus einer psychiatrischen Institutsambulanz. Lambertus, Freiburg/Br
- (1989a) Psychotherapie. In Kisker KP, Lauter H, Meyer JE, Müller CH, Strömgren E (Hrsg) Psychiatrie der Gegenwart, Bd. 8: Alterspsychiatrie. (3.Aufl S 313-346) Springer, Berlin Heidelberg New York
- (1989b) Psycho- und soziotherapeutische Behandlungsverfahren. In Platt D, Oesterreich K (Hrsg) Handbuch der Gerontologie, Bd. 5: Neurologie, Psychiatrie. (S 418-443) Fischer, Stuttgart
- (1990) Zur Indikationsstellung der Psychotherapie bei über 50-60jährigen. In Schneider W (Hrsg) Indikationen zur Psychotherapie. (S 115-132) Beltz, Weinheim
- (1992) Psychodynamik und Psychotherapie Älterer. Springer, Berlin Heidelberg New York
- (1994a) Möglichkeiten und Grenzen. In Radebold H, Hirsch RD (Hrsg) Altern und Psychotherapie. (S 27-34) Huber, Bern
- (1994b) Psychoanalytische Psychotherapie und Psychoanalyse im höheren und hohen Erwachsenenalter. Z psychoanal Theorie Praxis 9: 439-451
- (1994c) Das Konzept der Regression – Ein Zugang zu spezifischen, bei dementiellen Prozessen zu beobachtenden Phänomenen. In Hirsch RD (Hrsg) Psychotherapie bei Demenzen. (S 63-70) Steinkopff, Darmstadt
- (1994d) Gruppenpsychotherapie. In Radebold H, Hirsch RD (Hrsg) Altern und Psychotherapie. (S 105-112) Huber, Bern
- Hirsch, RD (Hrsg) (1994) Altern und Psychotherapie. Huber, Bern
- (1995) Der Gerontopsychiater zwischen Gerontophobie und Gerontophilie. In Hirsch RD, Kortus R, Loos H, Wächtler C (Hrsg) Gerontopsychiatrie im Wandel – Vom Defizit zur Kompetenz. (S 21-30) Bibliomed, Hamburg
- *Schweizer R (1996) Der mühselige Aufbruch – Über Psychoanalyse im Alter. Reihe „Geist und Psyche". Fischer, Frankfurt/M*
- (1997a) Psychoanalytische Psychotherapie von Depressionen im Alter. In Radebold H et al (Hrsg) Depressionen im Alter. (S 51-59) Steinkopff, Darmstadt

– (1997b) Möglichkeiten und Grenzen stationärer Psychotherapie. In Radebold H et al (Hrsg) Depressionen im Alter. Steinkopff, Darmstadt

– (1997c) Kurzpsychotherapie mit Erwachsenen im höheren und hohen Alter. Schweizer Archiv Neurol Psychiat 148: 215-220

– *(Hrsg) (1997d) Altern und Psychoanalyse. Vandenhoeck & Ruprecht, Göttingen*

– *Hirsch RD, Kipp J, Kortus R, Stoppe G, Struwe B, Wächtler C (Hrsg) (1997) Depressionen im Alter. Steinkopff, Darmstadt*

– (1998) Körperliche Krankheiten Alternder und ihre innerpsychische Bedeutung. In Teising M (Hrsg) Altern – Äußere Realität, innere Wirklichkeit. Psychoanalytische Beiträge zum Prozeß des Alterns. (S 141-156) Westdeutscher Verlag, Opladen

– (1999) Psychoanalyse. In Jansen B, Karl F, Radebold H, Schmitz-Scherzer R (Hrsg) Soziale Gerontologie. (S 309-323) Beltz, Weinheim

– *(2000a) Abwesende Väter – Auswirkungen einer im Zweiten Weltkrieg beschädigten Kindheit. Vandenhoeck & Ruprecht, Göttingen*

– (2000b) Die Entdeckung des Körpers – Zentrale Aufgabe der Alternspsychotherapie. In Bäurle P et al (Hrsg) Klinische Psychotherapie mit älteren Menschen. (S 195-199) Huber, Bern

– (2000c) Supervisionsaspekte. In Bäurle P et al (Hrsg) Klinische Psychotherapie mit älteren Menschen. (S 219-222) Huber, Bern

Reimer C (1981) Zur Problematik der Helfer-Suizidant-Beziehung – Empirische Befunde und ihre Deutung unter Übertragungs- und Gegenübertragungsaspekten. In Henseler H, Reimer C (Hrsg) Selbstmordgefährdung. (S 1-27) Frommann-holzboog, Stuttgart

Reisberg B, Ferris SH, Crook T (1982) The global deterioration scale (GDS) – An instrument for the assessment of primary degenerative dementia. Am J Psychiat 139: 1136-1139

Rentsch (1994) Philosophische Anthropologie und Ethik der späten Lebenszeit. In Baltes P, Mittelstraß J, Staudinger U (Hrsg) Alter und Altern – Ein interdisziplinärer Studientext. (S 283-304) DeGruyter, Berlin

Resch F (1996) Entwicklungspsychopathologie des Kindes- und Jugendalters. Beltz, Weinheim

Ribera-Casado JM (1999) Ageing and the cardiovascular system. Z Gerontol Geriat 32: 412-419

Riley MW, Riley JW (1994) Individuelles und gesellschaftliches Potential des Alters. In Baltes P, Mittelstraß J, Staudinger U (Hrsg) Alter und Altern – Ein interdisziplinärer Studientext. (S 437-460) DeGruyter, Berlin

Rönnecke B, Becker M, Bergeest G, Freytag C, Jürgens G, Steinbach J, Tausch A (1976) Gespräche über Telefon zwischen alten Menschen und gesprächspsychotherapeutisch vorgebildeten Psychologen oder Laienhelfern. Z Gerontol 9: 455-462

Rosen WG, Terry RD, Fould PA, Katzman R, Peck A (1980) Pathological verification of ischemic score in differentiation of dementia. Ann Neurol 7: 486-488

Rosenmayr L (1983) Die späte Freiheit. Severin & Siedler, Berlin

– (1990) Kräfte des Alters. Atelier, Wien

Roth M (1993) Klinische und neurobiologische Perspektiven bei der Untersuchung psychischer Erkrankungen im höheren Lebensalter. In Möller HJ, Rohde A (Hrsg) Psychische Krankheiten im Alter. (S 14-31) Springer, Berlin Heidelberg New York

Roth-Greminger G (1995) Psychotherapie im Alter aus der Sicht der Jungschen Psychologie. In Jovic N, Uchtenhagen A (Hrsg) Psychotherapie des Alterns. Fachverlag, Zürich

Rothacker E (1932/1965) Schichten der Persönlichkeit. (8.Aufl) Bouvier, Bonn

Rothe JP (1993) Nicht mehr Auto zu fahren – ein kritisches Lebensereignis. Z Verkehrssicherheit 39: 12-16

Rudolf G, Grande T, Porsch U (1988) Die Berliner Psychotherapiestudie. Z Psychosom Med 34: 24-28

– (1991) PSKB-Se – ein psychoanalytisch fundiertes Instrument zur Patienten-Selbsteinschätzung. Z Psychosom Med 37: 350-60

– Manz R, Öri C (1994) Ergebnisse psychoanalytischer Therapien. Zsch psychosom Med 40: 25-40

– (1996) Der Prozeß der depressiven Somatisierung. In Rudolf G (Hrsg) Psychotherapeutische Medizin. Ein einführendes Lehrbuch auf psychodynamischer grundlage. 3. Aufl., Enke, Stuttgart

Rudinger G, Kruse A (1998) Bilder des Alters und Sozialstruktur. Abschlußbericht. Bundesministerium für Familie, Senioren, Frauen und Jugend, Bonn

Rückert W (1999) Demographie. In Jansen B, Karl F, Radebold H, Schmitz-Scherzer R (Hrsg) Soziale Gerontologie. (S 142-154) Beltz, Weinheim

Russel J, Morgan G (1992) Is tardive anorexia nervosa a discrete diagnostic entity? Australian & New Zealand J Psychiat 26: 423-435

Sachverständigenrat für die Konzertierte Aktion im Gesundheitswesen (1996) Gesundheitswesen in Deutschland. Kostenfaktor und Zukunftsbranche, Bd. 1: Demographie, Morbidität, Wirtschaftlichkeits- reserven und Beschäftigung. Nomos, Baden-Baden

Sachweh S (1999) „Schätzle hinsitze". Kommunikation in der Altenpflege. Lang, Frankfurt/M

Sadavoy J (1996) Personality disorder in old age – Symptom expression. Clinical Gerontologist 16: 19-36

Safirstein S (1972) Psychotherapy for the geriatric patient. NY State J Med 72: 2743-2748

Salthouse T (1991) Theoretical perspectives on cognitive aging. Erlbaum, Hillsdale/NJ

– (1996) The processing-speed theory of adult age differences in cognition. Psychological Review 103: 403-428

Sandler A (1978) Problems in the psychoanalysis of an aging narcisstic patient. J Geriat Psychiat 11: 5-36

– (1982) A developmental crisis in an aging patient – Comments on development and adaptation. J Geriat Psychiat 15: 11-32

Sashin J, Eldered S, van Amerongen S (1975) A search for predictive factors in institute supervised cases – A retrospective study of 183 cases from 1959-1966 at the Boston Psychoanalytic Institute. Int J Psycho- anal 56: 343-359

Saunders AM et al. (1993) The prevalence of dementia, depression und neurosis in later life – The Liver- pool MRC-AlPHA study. Int J Epidem 22: 838-847

Sborowitz (Hrsg) (1979) Der leidende Mensch. Personale Psychotherapie in anthropologischer Sicht. (5. Aufl) Diederichs, Düsseldorf

Scheidt C, Seidenglanz K, Dieterle W, Hartmann A, Bowe N, Hillenbrand D, Sczudlek G, Strasser F, Stras- ser P, Wirsching M (1998) Basisdaten zur Qualitätssicherung in der ambulanten Psychotherapie. Ergeb- nisse einer Untersuchung in 40 psychotherapeutischen Fachpraxen, Teil 1: Therapeuten, Patienten, Interventionen. Psychotherapeut 43: 91-101

Schepank H (1987) Psychogene Erkrankungen in der Stadtbevölkerung. Eine epidemiologisch-tiefenpsy- chologische Feldstudie in Mannheim. Springer, Berlin Heidelberg NewYork

– (1995) Der Beeinträchtigungsschwere-Score (BSS). Beltz, Weinheim

Schleberger-Dein U, Stuhr U, Haag A (1994) Die psychosomatisch-psychosoziale Bedarfs- und Versor- gungssituation im Akutkrankenhaus – Ergebnisse einer Befragung internistischer Stationsärzte und -ärz- tinnen. Psychother Psychosom med Psychol 44: 99-107

Schlesinger-Kipp G, Radebold H (1982) Familien- und Paartherapie im höheren und hohen Lebensalter. Eine Literaturübersicht. In Radebold H, Schlesinger-Kipp G (Hrsg) Familien- und paartherapeutische Hilfen bei älteren und alten Menschen. (S 12-41) Vandenhoeck & Ruprecht, Göttingen

– (Hrsg) (1995) Weibliche Identität und Altern. Psychosozial 18: 3-90

Schmähl W, Fachinger U (1998) Armut und Reichtum – Einkommen und Einkommensverwendung älterer Menschen. Zentrum für Sozialpolitik, Universität Bremen.

Schmidt T, Schwartz FW, Walter U (1996) Physiologische Potentiale der Langlebigkeit und Gesundheit im evolutionsbiologischen und kulturellen Kontext – Grundvoraussetzungen für ein produktives Leben. In Baltes MM, Montada L (Hrsg) Produktives Leben im Alter. (S 69-130) Campus, Frankfurt/M

Schmitz-Scherzer R (2000) Sterbebegleitung – Eine thanatologische Perspektive. In Bäurle P et al (Hrsg) Klinische Psychotherapie mit älteren Menschen. (S 227-233) Huber, Bern

Schneemann N (1987) Über die Gerontophobie der Ärzte. MMG 12: 125-134

Schneider G, Heuft G, Senf W, Schepank H (1997) Die Adaptation des Beeinträchtigungs-Schwere-Score (BSS) für Gerontopsychosomatik und Alterspsychotherapie. Z Psychosom Med 43: 261-279

– – Lohmann R, Nehen HG, Kruse A, Senf W (1999) Psychogene Beeinträchtigung und aktuelle Befind- lichkeit im Alter – Welche Chancen eröffnet die biographische Perspektive? Psychother Psychosom med Psychol 49: 195-201

Schreuder JN (1996) Posttraumatic re-experiencing in older people: Working through of covering up? Amer J Psychother 50: 231-242

Schubert H (1992) Hilfenetze älterer Menschen. Ergebnisse einer egozentrierten Netzwerkanalyse im länd- lichen Raum. Institut für Entwicklungsplanung und Strukturforschung, Hannover

Schüßler G, Bertl-Schüßler A (1992) Neue Ansätze zur Revision der Psychoanalytischen Entwicklungs- theorie. Z Psychosom Med 38: 77-87 und 101-114

– (1995) Lehrbuch der Psychosomatischen Medizin und Psychotherapie. Uni-Med, Lorch

Schulz-Jander E (Hrsg) (1999) Erinnern und Erben in Deutschland. Versuch einer Öffnung. Euregio-Ver- lag, Kassel

Scogin F, Hamblin D, Beutler LE (1987) Bibliotherapy for depressed older adults – A self-help alternative. Gerontologist 27: 383-387

– Jamison C, Grochneaur K (1989) Comparative efficacy of cognitive and behavioral bibliotherapy for midly and moderately depressed older adults. J Consult Clin Psychol 57: 403-407
– – Davis N (1990) Two-year follow-up of bibliotherapy for depression in older adults. Journal of Consulting and Clinical Psychology 58: 665-667
– McElreath L (1994) Efficacy of psychosocial treatments for the geriatric depression – A quantitative review. J Cons Clin Psychol 62: 69-74
Segal H (1958) Fear of death – Notes of the analysis of an old man. Int J Psycho Anal 39: 178-181
Semel VG (1996) Modern psychoanalytic treatment of the older patient In Zarit SH, Knight BG (eds) A guide of psychotherapy and aging. (pp 101-120) American Psychological Association, Washington DC
Senf W, Heuft G (1995) Facharzt-Weiterbildung „Psychotherapeutische Medizin" in der stationären psychotherapeutisch-psychosomatischen Regelversorgung. Psychotherapeut 40: 155-62
Settlage CF (1998) Transzendenzerfahrungen im hohen Alter – Kreativität, Entwicklung und Psychoanalyse im Leben einer Hundertjährigen. In Teising M (Hrsg) Altern – Äußere Realität, innere Wirklichkeiten. (S 243-280) Westdeutscher Verlag, Opladen
Shanan J (1986) Konsequenzen psychologischer Alterstheorien für die Psychogeriatrie. In Bergener M (Hrsg) Depressionen im Alter. (S 9-21) Steinkopff, Darmstadt
Share L (1996) Dreams and the reconstruction of infant trauma. Int J Prenatal and Perinatal Psychology and Medicine 8: 295-316
Sherman E (ed) (1991) Reminiscence and the self in old age. Springer, New York
Shock NW (1984) Normal human aging – The Baltimore longitudinal study of aging. Government Printing Office, Washington DC
Siegrist J (1980) Die Bedeutung von Lebensereignissen für die Entstehung körperlicher und psychosomatischer Erkrankungen. Nervenarzt 51: 313-320
Simburg EJ (1985) Psychoanalysis of the older patient. J Amer Psychoanal Ass 33: 117-132
Simeone I (1995) Die Depression – Über die therapeutische Beziehung im Rahmen einer analytisch orientierten Psychotherapie. In Jovic NI, Uchtenhagen A (Hrsg) Psychotherapie und Altern. (S 75-100) Fachverlag, Zürich
Singer T (1999) Testing-the-Limits in einer mnemonischen Fähigkeit – Eine Studie zur kognitiven Plastizität im hohen Alter. Dissertation. Max-Planck-Institut für Bildungsforschung, Berlin
Sinnott JD (1986) Sex-roles and aging – Theory and research from a system perspective. Karger, Basel
Skarpelis-Sperk S (1992) Arbeit und Wirtschaft im demographischen Wandel. Forum Demographie und Politik 2: 35-59
Smith J, Fleeson W, Geiselmann B, Settersten R, Kunzmann U (1996) Wohlbefinden im hohen Alter – Vorhersagen aufgrund objektiver Lebensbedingungen und subjektiver Bewertung. In Mayer KU, Baltes P (Hrsg) Die Berliner Altersstudie (S 497-524). Akademie Verlag, Berlin
Smith J, Baltes MM (1998) The role of gender in very old age – Profiles of functioning and everyday life patterns. Psychology and Aging 13: 676-695
Smith ML, Glass GV (1977) Meta-analysis of psychotherapy outcome studies. Am Psychologist 32: 752-760
Soeder M (1984) Erfahrungen mit älteren Abhängigkeitskranken. In Radebold H (Hrsg) Gerontopsychiatrie. Janssen, Düsseldorf
– (1989) Abhängigkeit und Sucht. In Platt P, Oesterreich K (Hrsg) Handbuch der Gerontologie, Bd 5: Neurologie, Psychiatrie. (S 337-356) Fischer, Stuttgart
Sperling E, Massing A, Reich G, Georgi H, Wöbbe-Mönke E (Hrsg) (1982) Die Mehrgenerationen-Familientherapie. Vandenhoeck & Ruprecht, Göttingen
Spitz RA (1965) The first year of life. A psychoanalytic study of normal undeviant development of object relations. Int Univ Press, New York
Sprung-Ostermann B, Radebold H (Hrsg) (1994) Untersuchungen zur Supervision im Altersbereich. Themata Nr. 103, Kuratorium Deutsche Altershilfe, Köln
Sroufe A, Egeland B, Kreutzer T (1990) The fate of early experience following developmental change – Longitudinal approaches to individual adaptation in childhood. Child Development 61: 1363-1373
Statistisches Bundesamt (1999) Die EU in Zahlen. Wiesbaden
Staudinger U, Marsiske M, Baltes P (1995) Resilience and reserve capacity in later adulthood – Potentials and limits of development across the life span. In Cicchetti D, Cohen D (eds) Developmental Psychopathology, Vol 2: Risk, disorder and adaption. (pp 801-847) Wiley, New York
– (1996) Psychologische Produktivität und Selbstentfaltung im Alter. In Baltes MM, Montada L (Hrsg) Produktives Leben im Alter (S 344-373). Campus, Frankfurt/M

– Freund AM, Linden M, Maas I (1996) Selbst, Persönlichkeit und Lebensgestaltung im Alter – Psychologische Widerstandsfähigkeit und Vulnerabilität. In Mayer KU, Baltes PB (Hrsg) Die Berliner Altersstudie. (S 321-350) Akademie Verlag, Berlin

– – (1998) Krank und „arm" im hohen Alter und trotzdem guten Mutes? Untersuchungen im Rahmen eines Modells psychologischer Widerstandsfähigkeit. Zeitschrift für Klinische Psychologie 27: 78-85

Steiner M (1998) Ambulante Langzeitbetreuung älterer Menschen im Rahmen des Gerontopsychiatrischen Zentrums Hegibach. In Borner M (Hrsg) Alter – Psychotherapie, Beratung und Begleitung älterer Menschen. (S 119-128) Szondi-Institut, Zürich

Steinhagen-Thiessen E, Gerok W, Borchelt M (1994) Innere Medizin und Geriatrie. In Baltes P, Mittelstraß J, Staudinger U (Hrsg) Alter und Altern – Ein interdisziplinärer Studientext. (S 124-150) DeGruyter, Berlin

– Borchelt M (1996) Morbidität, Medikation und Funktionalität im Alter. In Mayer KU, Baltes P (Hrsg) Die Berliner Altersstudie. (S 151-184) Akademie Verlag, Berlin

Steuber H, Müller P (1983) Psychisch Kranke im Internistischen Krankenhaus – Ergebnisse einer Umfrage. Psychiat Prax 9: 20-23

Strotzka H (1975) Psychotherapie alter Menschen. In Strotzka H (Hrsg) Psychotherapie – Grundlagen, Verfahren, Indikationen. (S 426-429) Urban und Schwarzenberg, München

– (1978) Psychotherapie der Lebensalter. In Rosenmayr L (Hrsg) Die menschlichen Lebensalter – Kontinuität und Krisen. (S 395-409) Piper, München

Stuhlmann W (1992) Angst und Selbstsicherheit bei alten Patienten. Z Gerontol 25: 373-379

Stuhr U, Haag A (1989) Eine Prävalenzstudie zum Bedarf an psychosomatischer Versorgung in den Allgemeinen Krankenhäusern Hamburgs. Psychother med Psychol 39: 273-281

Sullivan HS (1953) The interpersonal theory of psychiatry. Norton, New York

Süttemann G, Thomae H (1987) Biographie und Psychologie. Springer, Berlin Heidelberg NewYork

Svanborg A (1985) Health, productivity, and aging – Interventions. In Butler RN, Gleason HP (eds) Productive aging. (pp 87-91) Springer, NewYork

Swaab DF (1991) Brain aging and Alzheimer's disease, „wear and tear" versus „use it or lose it". Neurobiol Aging 12: 317-324

Sydow K v (1992) Weibliche Sexualität im mittleren und höheren Erwachsenenalter – Übersicht über vorliegende Forschungsarbeiten. Z Gerontol 25: 113-127

– (1994) Die Lust auf Liebe bei älteren Menschen. (2.Aufl) Reinhardt, München Basel

– *Reimer C (1995) Psychosomatik der Menopause – Literaturüberblick 1988-1992. Psychother Psychosom med Psychol 45: 225-236*

Talley NJ, O'Keefe EA, Zinsmeister AR, Melton LJ (1992) Prevalence of gastrointestinal symptoms in the elderly – A population-based study. Gastroenterology 102: 895-901

Teising M (1992) Alt und lebensmüde – Suizidneigung bei älteren Menschen. Reinhardt, München Basel

– (1995) Psychotherapeutische Intervention bei suizidalen älteren Menschen. In Jovic N, Uchtenhagen A (Hrsg) Psychotherapie des Alterns. (S 151-162) Fachverlag, Zürich

– *(Hrsg) (1998) Altern – Äußere Realität, innere Wirklichkeiten. Psychoanalytische Beiträge zum Prozeß des Alterns. Westdeutscher Verlag, Opladen*

Tews H (1974) Soziologie des Alterns. Quelle & Meyer, Heidelberg

Thomae H (1951) Persönlichkeit – Eine dynamische Interpretation. Bouvier, Bonn

– (1970) Theory of aging and cognitive theory of personality. Human Development 13: 1-16

– (1983) Alternsstile und Altersschicksale. Huber, Bern

– (1985) Dynamik des menschlichen Handelns. Bouvier, Bonn

– (1996) Das Individuum und seine Welt. Hogrefe, Göttingen

Thomä H, Kächele H (Hrsg) (1989) Lehrbuch der psychoanalytischen Therapie, Bd. 1: Grundlagen. Springer, Berlin Heidelberg NewYork

Thomas U (1997) Depressive Symptomatik bei älteren Frauen als Resultat lebenslanger (Sozialisation zu) Abhängigkeit und Passivität –Ergebnisse einer empirischen Untersuchung. In Radebold H et al (Hrsg) Depressionen im Alter. (S 112-113) Steinkopff, Darmstadt

Tress W (1986) Die positive frühkindliche Bezugsperson – Der Schutz vor psychogenen Erkrankungen. Psychother Psychosom med Psychol 36: 51-57

Tross S, Blum JE (1988) A review of group therapy with the older adult – Practice and research. In MacLennan B, Saul S, Weiner MB (eds) Group therapies for the elderly. (pp 3-32) Internat Univ Press, New York

Uexküll Th v (1984) Zeichen und Realität als anthroposemiotisches Problem. In Oehler K (Hrsg) Zeichen und Realität. Akten des 3. Semiotischen Kolloquiums, Hamburg. Stauffenberg, Tübingen

Verwoerdt A, Pfeiffer E, Wang HS (1969) Sexual behavior in senescence II. Changes in sexual activity and interest of aging men and women. J Geriatric Psychiatry 2: 163-180
Vierter Familienbericht (1986) Die Situation der älteren Menschen in der Familie. Bundesministerium für Jugend, Familie und Gesundheit, Bonn, Drucksache 10/6145
Viidik A (1999) The biological aging is our inescapable fate – but can we modify it? Z Gerontol 32: 384-389
Voßmann U, Wernado M (1996) Alkoholabhängigkeit im Alter –Erscheinungsbild und Behandlung. Erfahrungen mit einem altersspezifischen Therapiekonzept in einer Suchtklinik. Sucht aktuell 8: 13-22

Wächtler C, Hirsch RD, Kortus R, Stoppe G (Hrsg) (1996) Demenz – die Herausforderung. Egbert Ramin, Singen
– (Hrsg) (1997) Demenzen. Thieme, Stuttgart
Wagner HJ (1999) Forensische Gerontologie – Interdisziplinäre Probleme und Aufgaben. Deutsches Ärzteblatt 96: A-3032-3034
Wagner M, Schütze Y, Lang F (1996) Soziale Beziehungen alter Menschen. In Mayer KU, Baltes P (Hrsg) Die Berliner Altersstudie. (S 301-319) Akademie Verlag, Berlin
Walker A (1999) Aging in Europe – Challenges and consequences. J Gerontol Geriat 32: 390-397
Weber J, Bradlow P, Moss L, Elinson J (1974) Predictions of outcome in psychoanalysis and analytic psychotherapy. Psychiatr Quart 40: 1-33
Weisser G (1972) Sozialpolitik. In Bernsdorf W (Hrsg) Wörterbuch der Soziologie, Bd 3 (S 769-776) Fischer, Frankfurt/M
Weizsäcker V v (1940) Der Gestaltkreis – Theorie der Einheit von Wahrnehmen und Bewegen. Barth, Leipzig
Weltgesundheitsorganisation (1986) Charta der 1. Internationalen Konferenz zur Gesundheitsförderung. Ottawa-Erklärung. WHO, Genf
Wenglein P (Hrsg) (1997) Das dritte Lebensalter. Psychodynamik und Psychotherapie bei älteren Menschen. Vandenhoeck & Ruprecht, Göttingen
Werner EE, Smith RS (1982) Vulnerable but invincible – A longitudinal study of resilient children and youth. McGraw Hill, New York
Wernicke TF, Geiselmann B, Linden M, Helmchen H (1997) Prävalenz von Depressionen im Alter. Die Berliner Altersstudie. In Radebold H et al (Hrsg) Depressionen im Alter. (S 81-83) Steinkopff, Darmstadt
– Linden M (1997) Psychopharmakotherapie bei Depressionen im Alter – Die Berliner Altersstudie. In Radebold H et al (Hrsg) Depressionen im Alter. (S 152-153) Steinkopff, Darmstadt
Weyerer S, Zimber A (1997) Psychopharmakagebrauch und -mißbrauch. In Förstl H (Hrsg) Lehrbuch der Gerontopsychiatrie. Enke, Stuttgart
Willi J (1975) Die Zweierbeziehung. Rowohlt, Reinbeck
Wilhelm-Gößling C (1998) Psychopharmaka-Verordnungen. Nervenarzt 69: 999-1006
Winnicott DW (1974) Reifungsprozesse und fördernde Umwelt: Studien zur Theorie der emotionalen Entwicklung. Kindler, München
Wojnar J, Bruder J (1995) Psychosomatische Störungen bei Demenzkranken. In Heuft G, Kruse A, Nehen HG, Radebold H (Hrsg) Interdisziplinäre Gerontopsychosomatik. (S 205-213) MMV Medizin-Verlag, München
Wolfersdorf M, Schüler M, Le Pair A (2000) Klinische Psychotherapie mit älteren depressiven Patienten. In Bäurle P et al (Hrsg) Klinische Psychotherapie mit älteren Menschen. (S 150-161) Huber, Bern
Wolowski A (1995) Psychosomatische Störungen jenseits des 60. Lebensjahres im Bereich der Zahnmedizin. In Heuft G, Kruse A, Nehen HG, Radebold H (Hrsg) Interdisziplinäre Gerontopsychosomatik. (S 162-178) MMV Medizin-Verlag, München
Wolter-Henseler DK (1996) Gerontopsychiatrie in der Gemeinde. Forum Bd 30, KDA, Köln
Wyss D (1981) Die tiefenpsychologischen Schulen von den Anfängen bis zur Gegenwart. (4.Aufl) Vandenhoeck & Ruprecht, Göttingen

Yalom ID (1996) Theorie und Praxis der Gruppenpsychotherapie. Pfeiffer, München

Yost EB, Beutler LE, Corbbishley MA, Allender JR (1986) Group cognitive therapy – A treatment approach for depressed older adult. Pergamon Press, Oxford

Zarbock G (1996) Individualisierung statt Standardisierung – Verhaltenstherapie als biographisch orientierte Neuerfahrung. Verhaltenstherapie 6: 244-251

Zaudig M, Hiller W (1995) SIDAM Handbuch. Huber, Bern Stuttgart Toronto

Zeiss AM, Lewinsohn PM, Rohde P (1996) Functional impairment, physical disease and depression in older adults. In Kato JN, Mann T (eds) Handbook of Diversity Issues in Health Psychology: Issues of age, gender and orientation and ethnicity. (pp 161-184) Plenum Press, New York

Zentralinstitut für die kassenärztliche Versorgung in der Bundesrepublik Deutschland (1999) Patientenorientierte Bedarfsermittlung und -planung in der ambulanten psycho-therapeutischen Versorgung – Gutachten, Köln

Zielke M (1993) Basisdokumentation in der stationären Psychosomatik. Prax klin Verhaltensmed Reha 6: 218-26

Zimmer J (1974) Length of stay in hospital bed misutilization. Med Care 14: 453-462

Zivian M, Gekoski T, Knox V, Larson W (1994) Psychotherapy for elderly – Public opinion. Psychotherapy 31: 492-502

Zweiter Altenbericht der Bundesregierung (1998) Wohnen im Alter. Bundesministerium für Familie, Senioren, Frauen und Jugend, Bonn

Sachverzeichnis

Peter Osten

Die Anamnese in der Psychotherapie

Klinische Entwicklungspsychologie in der Praxis

Mit einem Geleitwort von Hilarion Petzold
2., völlig neu bearb. und erw. Auflage 2000. 553 Seiten
UTB-L (3-8252-8197-3) gb

In der psychotherapeutischen Anamnese wird die Vorgeschichte psychischer und psychosomatischer Störungen ermittelt. Die Entstehung dieser Störungen läßt sich nachzeichnen, indem man die Forschungsergebnisse der Säuglings-, Kleinkind- und Lebenslaufforschung anwendet. Dieser diagnostische Transfer wird in der überarbeiteten Auflage des Standardlehrbuchs zur psychotherapeutischen Anamnese geleistet. Der Autor erläutert praxisrelevante Theorien und Forschungsergebnisse der klinischen Entwicklungspsychologie und gibt dem Therapeuten in ausführlichen Praxisteilen hilfreiche Anamnese-Checklisten, Interventionsbeispiele und Hinweise für die Anwendung internationaler Klassifikationssysteme bis hin zur mediengestützten Exploration an die Hand.

Pressestimmen zur Erstauflage

„Das Buch von Osten besticht durch seine Vielseitigkeit, seine Neutralität, seine reichlichen Literaturhinweise." *Deutsches Ärzteblatt*

„Der Autor integriert in diesem Buch neue Forschungsergebnisse aus der Säuglingsforschung, der Emotionsforschung und der Lebenslaufforschung zu einem konsistenten klinischen Anamnese-Ansatz." *Medizin Literatur*

Ernst Reinhardt Verlag München Basel

Gottfried Fischer / Peter Riedesser

Lehrbuch der Psychotraumatologie

2. Aufl. 1999. 383 Seiten. 17 Abb. 20 Tab. UTB-L (3-8252-8165-5) gb

„Die Psychotraumatologie beschäftigt sich mit der Erforschung seelischer Verletzungen in Entstehungsbedingungen, aktuellem Verlauf sowie ihren unmittelbaren und Langzeitfolgen.

In den psychotherapeutischen Universitätskliniken von Hamburg und Köln widmet man sich der Forschung auf diesem neuen Wissensgebiet, das als eigenständiges Fach etabliert werden soll.

Der allgemeine Teil des Lehrbuches befaßt sich hauptsächlich mit einem Verlaufsmodell der psychischen Traumatisierung, im speziellen Teil werden die Themen Holocaust, Folter und Exil, Kindheitstrauma, Vergewaltigung und Gewaltkriminalität näher erläutert. 27 Kasuistiken und ein Glossar mit 117 Fachtermini runden ein Lehrbuch ab, das ohne Übertreibung als das Standardwerk einer jungen Disziplin bezeichnet werden kann."   *Deutsches Ärzteblatt*

„Hier stellt sich ein äußerst vielschichtiges Forschungsfeld im Aufbruch vor. Psychotraumatologie als eigenständige Disziplin ist ein Novum in der Geschichte der Medizin."   *DIE ZEIT*

„Es ist nicht übertrieben, dieses Buch einen Paukenschlag zur Grundlegung eines neuen Faches zu nennen, von dem manche Wissenschaftler sicher sagen würden, es sei doch ein Teil ihrer bereits etablierten Disziplinen."   *Süddeutsche Zeitung*

Ernst Reinhardt Verlag München Basel

Hildegard Bechtler

Gruppenpsychotherapie mit älteren Menschen

(Reinhardts Gerontologische Reihe; 18)
2000. 149 Seiten. (3-497-01520-2) kt
Mit einem Geleitwort von Hartmut Radebold

Wenn ältere Menschen psychisch erkranken, kann eine analytisch orientierte Psychotherapie helfen. Eine Gruppentherapie kann bei den älteren, manchmal vereinsamten
Menschen therapeutisch besonders wirksam sein. Geben und Nehmen, die Erfahrung
der Gemeinschaft und des Leidens anderer helfen, die eigenen psychischen Belastungen besser zu verarbeiten. Wie kann man den Gruppenprozeß speziell bei älteren
Menschen wirksam werden lassen? Was muß man über das Verhältnis des Einzelnen
zur Gruppe, Übertragung und Gegenübertragung, Widerstand und Gruppendynamik
wissen? Diese Fragen werden in dem vorliegenden Buch praxisbezogen beantwortet.
Dabei werden auch besondere Aspekte des institutionellen Rahmens und der Gruppenleitung (Supervision oder Co-Therapie) berücksichtigt.

Aus dem Inhalt

Allgemeine Aspekte der Psychotherapie älterer Menschen
Zum gegenwärtigen Stand der Gruppentherapie mit alten Menschen
Spezifische Wirkfaktoren der therapeutischen Gruppenarbeit mit älteren Menschen
Die Gruppe als therapeutisches Interaktionsfeld
Was vor Beginn der Gruppentherapie zu bedenken ist
Verlauf der therapeutischen Arbeit, Interventionen des Leiters im Gruppenprozeß
Spezielle Aspekte der Gruppenleitung
Zur therapeutischen Arbeit mit spezifischen Zielgruppen

Ernst Reinhardt Verlag München Basel

Johannes Kipp / Gerd Jüngling

Einführung in die praktische Gerontopsychiatrie

Zum verstehenden Umgang mit alten Menschen

(Reinhardts Gerontologische Reihe; 19)
3., neu bearb. Aufl. 2000. 286 Seiten. 12 Abb. (3-497-01521-0) kt
Frühere Auflagen sind unter dem Titel „Verstehender Umgang mit alten Menschen. Einführung in die praktische Gerontopsychiatrie" erschienen.

Häufig sind psychische Erkrankungen im Alter fehlgeschlagene Versuche, mit lebensgeschichtlich bedeutenden Verlusten fertig zu werden. Die vorliegende Einführung in die praktische Gerontopsychiatrie, die jetzt in der 3., neu bearbeiteten Auflage im Ernst Reinhardt Verlag erscheint, bietet für alle Berufsgruppen, die mit alten, psychisch kranken Menschen zu tun haben, aber auch für Angehörige eine fundierte Grundlage. Das Buch informiert über Diagnostik, Therapie und über optimale Versorgungsmöglichkeiten. Zahlreiche Fallbeispiele führen die fachgerechte Umsetzung vor Augen. Im Zentrum stehen dabei die zwischenmenschliche Beziehung und der „verstehende Zugang".

Aus dem Inhalt

Altern und die Entstehung psychischer Alterskrankheiten:
 Theorien des Alterns. Vorbeugung psych. Erkrankungen. Verstehensproblem in der Beziehung zu alten Menschen
Gerontopsychiatrische Krankheitslehre oder Antworten auf Verluste: Trauern heißt Abschiednehmen. Rituale als Antwort aufs Alleinsein. Angst. Sexualität. Flucht in die Aktivität. Depression. Psychosomatik. Krankheit zum Tode
Praxisfelder der Gerontopsychiatrie: Alte Menschen in der eigenen Wohnung. Versorgungssystem der Altenhilfe. Finanzielle und rechtliche Regelungen
Umgang, Pflege und Therapie in der Gerontopsychiatrie:
 Körperliche Zuwendung. Realitätsorientierungstraining. Gruppenarbeit. Therapien. Psychopharmaka

Ernst Reinhardt Verlag München Basel

Rolf D. Hirsch

Lernen ist immer möglich

Verhaltenstherapie mit Älteren

(Reinhardts Gerontologische Reihe; 2)
2., aktualisierte Auflage 1999. 171 Seiten. 6 Abb. (3-497-01475-3) kt

Was Hänschen nicht lernt, lernt Hans nimmermehr. Rolf Hirsch räumt auf mit dieser überholten Vorstellung, der Mensch sei im Alter zu starr und zu uneinsichtig. Alte Menschen sind durchaus in der Lage, Neues zu lernen, ihr Verhalten gezielt zu ändern. Ein im Laufe des Lebens „erlerntes störendes Verhalten" kann auch *ver*lernt werden. Die Verhaltenstherapie bietet eine ganze Palette von Methoden an. Das Buch ermutigt, mit älteren und alten Menschen zu arbeiten, gibt erprobte Konzepte weiter und ist nicht zuletzt auch ein Gewinn für kundige ältere Leser.

„Dem Autor gelingt es, die zugrundeliegende Theorie so anschaulich und verständlich darzustellen, daß Berührungsängste, Verhaltenstherapie zu praktizieren, beseitigt werden." *Altenheim*

„Mit der Zunahme der Alten-Population gewinnen Prävention und Rehabilitation zunehmend an Bedeutung. Hierzu kann Verhaltenstherapie einen wichtigen Beitrag leisten. Sehr ermutigend ist die (mit verschiedenen Beispielen belegte) Überzeugung des Autors von der „Therapierbarkeit" dieser allgemein als „schwierig" geltenden Klientengruppe. Nachdrücklich empfohlen." *ekz-Informationsdienst*

Ernst Reinhardt Verlag München Basel

Rolf D. Hirsch / Michael Hespos

Autogenes Training bis ins hohe Alter

Basistherapeutikum und Gesundheitsförderung

(Reinhardts Gerontologische Reihe; 9)
2000. 255 Seiten. 10 Abb. 9 Tab. (3-497-01321-8) kt
Unter Mitarbeit von Christian Luscher, Oskar Mittag und Dietmar Ohm;
Zeichnungen von Wilhelm Dieterich

Das Autogene Training ist das am häufigsten eingesetzte Entspannungsverfahren. Für ältere Menschen ist es ein bewährtes »Basistherapeutikum«, da es an vorhandenen Fähigkeiten ansetzt. In sechs Übungen kann – unter Anleitung – das Entspannen erlernt werden. Jede Übung wird verständlich erläutert, Hilfen zur Durchführung werden vorgeschlagen und mögliche Störfaktoren besprochen. Durch das Üben entsteht nicht nur ein neues Körpergefühl, sondern auch ein positives psychophysisches Gleichgewicht mit verbesserter Lebensqualität, Kreativität und Gelassenheit. Das Autogene Training fördert damit letztlich auch Selbstsicherheit und kognitive Fähigkeiten.

Die Autoren geben in diesem Buch auch ihre Erfahrung mit AT bei spezifischen Problemen älterer Menschen wie chronischen Leiden, Medikamenteneinnahme etc. weiter. Durch zahlreiche Fallbeispiele und praktische Tips werden die Erläuterungen anschaulich ergänzt.

Aus dem Inhalt

Theoretischer Teil: Des Lebens Weite und Enge. Der alternde Körper. Sinn und Ziele der Entspannung. Indikatoren und Kontraindikatoren. Einsatzmöglichkeiten
Praktischer Teil: Voraussetzungen. Übersicht über den Kursverlauf. Übungen. Konzentration. Formelhafte Vorsatzbildung. Autogene Imagination
Aspekte zum Autogenen Training: Basistherapeutikum. Multimorbidität. Progressive Relaxation. Prävention
Untersuchungsergebnisse: Fachdiskussion. Ergebnisse über die Wirkung bei älteren Menschen

Ernst Reinhardt Verlag München Basel

Harald Blonski (Hrsg.)

Alte Menschen und ihre Ängste

Ursachen, Behandlung, praktische Hilfen

(Reinhardts Gerontologische Reihe; 11)
1995. 237 Seiten. (3-497-01354-4) kt

Angst gehört zu unserem Leben und so wie bestimmte Formen der Angst mit der Kindheit eng verbunden sind, haben auch alte Menschen ihre Ängste. Dazu gehören die Angst vor gesundheitlichen Einbußen und den dadurch bedingten Einschränkungen, vor der Endgültigkeit des Daseins und des Gewesenen, vor dem Tod, vor der Unumkehrbarkeit aller Lebensläufe. Konkrete Ängste um Finanzen oder einen Heimeinzug o. ä. kommen im Einzelfall hinzu. Dieses Buch erklärt aus der Warte unterschiedlicher Wissensgebiete und Praxisfelder die Ängste alter Menschen und zeigt Möglichkeiten der Behandlung bzw. des sinnvollen Umgangs mit Angst und Angststörungen im Alltag auf.

Aus dem Inhalt

Ängste und Angststörungen im Alter – Medizinische und psychotherapeutische Ansätze – Angst im Alter aus psychiatrischer Sicht – Angst und Alter: eine psychoanalytische Annäherung – Behandlung von Angst und Aggression bei Demenz – Teilstationäre und ambulante Behandlungsstrategien bei Angststörungen im Alter – Mit Angst umgehen in der stationären Altenhilfe – Mit Angst umgehen in der häuslichen Krankenpflege – Angst und Glaube. Erfahrungen eines Seelsorgers

„Dieses anspruchsvolle Buch ist ein Gewinn für alle engagierten professionellen Helfer in der Geriatrie." *Diakonie-Schwester*

Ernst Reinhardt Verlag München Basel

Harald Blonski (Hrsg.)

Wahn und wahnhafte Störungen im Alter

Ursachen, Behandlung, praktische Hilfen

(Reinhardts Gerontologische Reihe; 14)
1997. 179 Seiten. (3-497-01417-6) kt

Wahn und wahnhafte Störungen sind oft ein schwer zugängliches Phänomen, umso mehr, wenn im Alter noch weitere Erkrankungen hinzukommen. Zu den Wahninhalten zählen vor allem die Vorstellungen, bestohlen, verfolgt oder vergiftet zu werden, aber auch Schuld-, Versündigungs- und Verarmungsphantasien.

Dieses kompetente, psychiatrische Fachbuch befaßt sich mit der Symptomatik, der Diagnostik und den therapeutischen Möglichkeiten. Es zeichnet sich auch dadurch aus, daß es dem Leser für die Praxis im Heimalltag, in der Tagesklinik, dem ambulanten Dienst etc. erprobte Vorschläge für Betreuung und Pflege anbietet.

Aus dem Inhalt

J. Kipp: Wahn bei alten Menschen aus psychiatrischer Sicht – ein verstehender Zugang

E. Krebs-Roubiček: Pharmakologische Behandlung von Wahnsymptomen und Wahnerkrankungen alter Menschen

Th. Fuchs und M. Haupt: „Beistandswahn" im Verlauf einer paranoiden Alters-psychose

M. Schunk: Möglichkeiten und Grenzen tagesklinischer Behandlung

R. Lohscheller: Eine besondere Art der Übergangspflege bei alten Menschen mit Wahnstörungen

W. Schumacher und J. Spahr: Probleme und Lösungsansätze im Heimalltag

B. Lauffer-Spindler und A. Kenner: Wahnerkrankungen aus der Sicht des Sozial-psychiatrischen Dienstes für alte Menschen. Ein Erfahrungsbericht

Ernst Reinhardt Verlag München Basel

Johannes Kemper

Alternde und ihre jüngeren Helfer

Vom Wandel therapeutischer Wirklichkeit

Unter Mitarbeit von Helga Geiger, Anette Helmrich und Josef Seyfried
(Reinhardts Gerontologische Reihe; 1)
2., aktualisierte Auflage 2000. 288 Seiten. 24 Abb. (3-497-01529-6) kt

Der Pflegenotstand, das Burn-out-Syndrom und der rasch wachsende Anteil Alternder stellen uns heute vor neue Fragen, die konkrete und individuelle Antworten verlangen. Die moderne Psychoanalyse und die Verhaltenstherapie liefern Lösungen, die weit über bisherige Helferhaltungen hinausreichen. Zahlreiche Fallbeispiele aus dem ambulanten und stationären Feld demonstrieren Probleme und Möglichkeiten einer neuen Beziehung zum Alternden. Wie sehr sich dabei die klassischen Vorstellungen von den hilfsbedürftigen Alten relativieren, wird am Beispiel seelischer Erkrankungen von Helfern belegt.

„Kempers Ansatz wird durch die von ihm reichlich eingestreuten Fallbeispiele und Berichte eigener Erfahrungen sehr anschaulich und gut verständlich. Eine sinnvolle Ergänzung bilden die Berichte. Sie machen dieses komplizierte Verhältnis von Jung und Alt verstehbar. Kempers Buch eignet sich nicht nur für Angehörige von Pflegeberufen. Es ist genauso allen zu empfehlen, die Altenarbeit mit rüstigen älteren Menschen machen, die mit Älteren in ihrem Umkreis leben, die selber ihr Handeln gegenüber Älteren verstehen wollen, kurzum für uns alle."

Der Humanist

Ernst Reinhardt Verlag München Basel

Johannes Kemper

Schlafstörungen im Alter erklären und behandeln

(Reinhardts Gerontologische Reihe; 10)
1995. 207 Seiten. Mit 15 teils farbigen Abb. (3-497-01341-2) kt

Mit zunehmendem Alter der Menschen verändert sich auch ihr Schlaf. Viele nehmen dies als lästige Gegebenheit hin. Manche kompensieren mit Schlafmitteln. Nur die wenigsten sind sich darüber im klaren, welch grundlegende Einschnitte ein gestörter Schlaf mit sich bringt. Nächtliche Atemregulationsstörungen erhöhen gerade bei Alternden das Risiko eines Herzinfarktes. Alpträume haben oft tagelange Verstimmungen zur Folge. Der fehlende Schlaf dementiell Erkrankter bringt große pflegerische Schwierigkeiten mit sich. Bisher reagierte man darauf überwiegend mit Medikamenten. Wenn wir aber den Schlaf als die gelungene Kommunikationsform eines Menschen mit sich und seiner Umwelt verstehen, so ergeben sich weit natürlichere Behandlungsformen, die in diesem Buch anhand von Beispielen beschrieben werden.

Aus dem Inhalt

Diagnose und Verbreitung von Schlafstörungen – Verhaltenstherapie und Psychoanalyse bei Schlafstörungen – Gruppentherapie bei Schlafstörungen – In Heim und Klinik – Apnoe – Das Restless-legs-Syndrom – Schlaf und Depression – Der Schlaf als Hüter des Traumes – Verzeichnis von Schlafambulanzen, Schlaflaboratorien – Klassifikation der Schlafstörungen (ASDA)

Ernst Reinhardt Verlag München Basel

Hans-Wolfgang Hoefert / Birgit Kröner-Herwig (Hrsg.)

Schmerzbehandlung

Psychologische und medikamentöse Interventionen

1999. 288 Seiten. Zahlr. Abb. und Tab. (3-497-01451-6) gb

Kopfschmerzen, Migräne, Rückenschmerzen – das sind nach heutigen Erkenntnissen keine rein körperlichen Symptome, die mit Medikation in den Griff zu bekommen sind. Neben der somato-medizinischen Behandlung haben sich längst psychosomatische und psychologische Ansätze etabliert, und psychologische Intervention ist heute aus der Schmerzbehandlung oft nicht mehr wegzudenken.

Ein Team von Fachautoren – alle besitzen therapeutische Erfahrung – beleuchten das Thema Schmerz sowohl aus medizinischer als auch aus psychologischer Perspektive. Den Autoren geht es dabei um eine kritische Darstellung medizinischer und psychologischer Methoden, so daß der Leser nicht nur einen aktuellen Überblick über den neuesten Stand der Forschung, sondern auch Hilfen zur Orientierung und zur Beurteilung verschiedener Schmerztherapien erhält.

Aus dem Inhalt

Zum Stand der Schmerzbehandlung in Deutschland
Anthropologische Aspekte
Schmerzbereiche: Chronischer Rückenschmerz. Kopfschmerzen. Verhaltensmedizin der Migräne. Kopfschmerzen bei Schulkindern
Einsatz von Schmerzmitteln: Schmerzmittelkonsum. Opioide zur Behandlung chronischer Schmerzen. Der Einsatz von Psychopharmaka
Psychologische Schmerzinterventionen: Verhaltenstherapie und psychologische Intervention bei chronischem Schmerz. Neue Wege in der Behandlung chronischer Rückenschmerzen. Selbsthilfetraining für Jugendliche mit chronischen Kopfschmerzen
Service: Schmerz-Gesellschaften. Schmerz-Selbsthilfegruppen. Ausgewählte Schmerzkliniken und -ambulanzen

Ernst Reinhardt Verlag München Basel

Wolfgang Larbig / Volker Tschuschke (Hrsg.)

Psychoonkologische Interventionen

Therapeutisches Vorgehen und Ergebnisse

2000. 214 Seiten. 5 Abb. 7 Tab. (3-497-01511-3) gb

Das vorliegende Buch befaßt sich mit der wissenschaftlichen Überprüfung psychothe-rapeutischer Verfahren bei Krebskranken. Am Beispiel verschiedener Krebsdiagnosen beschreibt es Indikationskriterien, therapeutische Vorgehensweisen sowie Behand-lungsergebnisse unterschiedlicher psychoonkologischer Therapieformen. Alle Beiträge demonstrieren überzeugend den bedeutsamen Einfluß der psychoonkologischen Behandlung auf den Krankheitsverlauf, die positive Bewältigung der Erkrankung und die Überlebensdauer von Krebserkrankten. Das interdisziplinär orientierte Buch schließt eine Lücke in der Palliativmedizin und gibt Ärzten, Psychotherapeuten und Psychologen, die theoretisch und praktisch mit der Problematik der Krebserkrankung konfrontiert sind, Ermutigung und wichtige Anstöße.

Aus dem Inhalt

Ernst Reinhardt Verlag München Basel